Welt und Bewußtsein

Hartmut Heuermann

Welt und Bewußtsein

Eine Topographie der inneren Erfahrung

PETER LANG
Frankfurt am Main · Berlin · Bern · Bruxelles · New York · Oxford · Wien

Die Deutsche Bibliothek - CIP-Einheitsaufnahme

Heuermann, Hartmut:

Welt und Bewußtsein : eine Topographie der inneren Erfahrung /
Hartmut Heuermann. - Frankfurt am Main ; Berlin ; Bern ;
Bruxelles ; New York ; Oxford ; Wien : Lang, 2002
ISBN 3-631-39388-1

Der Autor dankt dem
Busch-Freisinger Museum (Boston)
durch Vermittlung der VG Bild und Kunst (Bonn)
für die freundliche Genehmigung zum Abdruck
Lyonel Feiningers „Vogelwolke" (1926)
auf dem Umschlag.

Gedruckt auf alterungsbeständigem,
säurefreiem Papier.

ISBN 3-631-39388-1
© Peter Lang GmbH
Europäischer Verlag der Wissenschaften
Frankfurt am Main 2002
Alle Rechte vorbehalten.

Das Werk einschließlich aller seiner Teile ist urheberrechtlich
geschützt. Jede Verwertung außerhalb der engen Grenzen des
Urheberrechtsgesetzes ist ohne Zustimmung des Verlages
unzulässig und strafbar. Das gilt insbesondere für
Vervielfältigungen, Übersetzungen, Mikroverfilmungen und die
Einspeicherung und Verarbeitung in elektronischen Systemen.

Printed in Germany 1 2 3 4 6 7

www.peterlang.de

Inhaltsverzeichnis

Einleitung 7

1 An den Wurzeln des Bewußtseins
1.1 Der unzerstörbare Zauber: Magie 21
1.2 Die ursprüngliche Wahrheit: Mythos 41
1.3 Brücken zwischen Innen und Außen: Symbolik 61
1.4 Das entmachtete Ich: Hypnose und Trance 77
1.5 Gegen den Strom der Zeit: Regressionen 99
1.6 Der Zusammenbruch des inneren Raums: Schizophrenie 117

2 Im Reich der Phantasien
2.1 Phantasie – was ist das? 141
2.2 Die zwei Gesichter der Wünsche: Nacht- und Tagtraum 156
2.3 Sehnsucht nach der verlorenen Hälfte: Erotische Phantasien ... 175
2.4 Die Heimstatt des Grauens: Angst- und Horrorphantasien 198
2.5 Das barbarische Erbe: Gewaltphantasien 218
2.6 Der Feind in anderer Haut: Rassistische Phantasien 238
2.7 Das lebendige Böse: Dämonische Phantasien 259
2.8 Die Seele am Abgrund: Apokalyptische Phantasien 283

3 Jenseits empirischer Grenzen
3.1 Dem Hier und Jetzt entrückt: Mystische Transzendenz 307
3.2 Eins mit dem All: Kosmisches Bewußtsein 323
3.3 Die enthüllte Zukunft: Prophetie 336
3.4 Mental durch Himmel und Hölle: Psychedelische Reisen 354
3.5 Rendezvous mit dem Gevatter: Nahtod-Erfahrungen 372
3.6 Die Stimme des Zensors: Was die Kirche sagt 388

4 Transformationen des Wirklichen
4.1 Inkubationszeit des Geistes: Kreative Ideen 405
4.2 Das dritte Auge des Homo faber: Erfindergeist 427
4.3 Die Verlockung der Macht: Ideologisches Denken 442
4.4 Wege ins weltliche Paradies: Utopisches Bewußtsein 460

Literaturverzeichnis 477

Register 479

Einleitung

„Erkenne dich selbst!" soll dereinst eine Inschrift am Portal des Apollo-Tempels im antiken Delphi gelautet haben, berichtet Cicero. Ein bedenkenswerter Appell als Ausdruck der vielleicht tiefsten philosophischen Weisheit, die in der abendländischen Geschichte vor der Formulierung des Kantschen Kategorischen Imperativs gefaßt wurde. „Erkenne dich selbst!" – das läßt sich übersetzen in eine Fülle mitschwingender Varianten wie „Erforsche dein Inneres!", „Werde dir klar über die Bedingungen deines Menschseins!", „Schließe Bekanntschaft mit deiner Seele!", „Bestimme deine Möglichkeiten und Grenzen!", „Bekenne dich zu deiner wahren Natur!", „Leg Rechenschaft ab über das Gute und Böse in dir!", Übe dich in Selbstreflexion!" oder vergleichbare Appelle, die den Menschen zu seiner eigenen Beurteilungsinstanz berufen und ihm daraus Gewinn, nämlich ein Mehr an Humanität, versprechen. Im Portal des Tempels stand eingemeißelt, was eine klassische Wahrheit darstellt und deshalb universaler Leitstern menschlichen Denkens und Handels sein sollte: das Prinzip, daß die wesentlichen Dinge des menschlichen Lebens *innere* Dinge sind, daß die eigentliche Welt die *innere* Welt ist und daß der wirkliche Erfahrungsgrund im *Innern* zu suchen ist; daraus abgeleitet die Pflicht, Selbsterkenntnis zum Zentrum geistigen Strebens zu machen.

Dem widerspricht (scheinbar) die Tatsache, daß wir Heutigen zunehmend dazu neigen, das Außen unserer Lebenswelt als maßgebend für die Form unserer Existenz anzusehen, daß wir das Objektive im Außen erblicken und das Subjektive (eher verschämt) im Innern verstecken. Die Topik der äußeren Welt erweckt den Anschein, als habe sie schärfere Konturen als die ‚Landschaft' unseres eigenen Bewußtseins. Registriert von der sinnlichen Wahrnehmung vermittelt sie uns den Eindruck einer Konkretheit, der in der Gedanken- und Gefühlswelt kein Pendant findet. In Wirklichkeit haben wir es mit einem dialektischen Verhältnis, einem permanenten Austausch von Innen und Außen zu tun, der in seiner Rückbezüglichkeit vital wichtig ist, aber seine humane Qualität erst durch das Innen erhält – wie immer das Außen definiert wird. Das Außen mag in dieser oder jener Form bestehen, über die sich philosophisch endlos streiten läßt, insofern als sich über die Verläßlichkeit unserer sinnlichen Wahrnehmung endlos streiten läßt: Ist das Außen objektiv gegeben, wie die Empiristen meinen? Oder wird es vom menschlichen Bewußtsein konstruiert, wie die Kantianer und Konstruktivisten glauben? Der Disput darüber währt seit Jahrtausenden. Der Realitätsstatus der äußeren Welt ist hoffnungslos kontrovers. Über eine nur ungefähre konsensuelle Bestimmung des Realen gelangen wir nicht hinaus.Das Innen jedoch ist – zumal für den Menschen der Moderne – mit seinem *Selbst*-Bewußtsein zweifelsfrei (wenn auch definitorisch nicht einwandfrei) gegeben; über seine Existenz haben wir unmittelbare Gewißheit, und zwar auch dann, wenn wir sie nicht erst durch ein mühsames „Cogito, ergo sum" begründen müssen. Sämtliche Regungen und Empfindungen, die wir spüren, spüren wir innen. Sämtliche Gedanken, die wir fassen, fassen wir innen. Sämtliche Erfahrungen, die wir verarbeiten, verarbeiten wir innen. Sämtliche Entscheidungen, die wir treffen, treffen wir innen – mögen wir uns dieser Innerlichkeit auch selten bewußt sein, weil sie uns allzu selbstverständlich geworden ist. Zugestanden: Das Außen kann alles Mögliche hervorrufen und beeinflussen, es kann uns zu lebensnotwendigen Aktivitäten veranlassen, uns einerseits wertvolle Impulse vermitteln und andererseits lästige Steine in den Weg rollen. Den total verinnerlichten Menschen gibt es nicht; er wäre auf Dauer nicht lebensfähig. Aber der letztinstanzliche ‚Verhandlungsort' all dessen ist innen – ganz gleich, ob wir diesen Ort nun als Geist, Psyche, Bewußtsein, Ich, Selbst oder anders bezeichnen. Wir können unter Umständen die Ich-Grenzen auflösen, wir können erheblicher geistiger Konfusion zum Opfer fallen, wir können im Extremfall an unserer Identität zweifeln, wir können uns für Gott oder Satan halten; aber selbst, wenn uns solches widerfährt, verlieren wir selten das Empfinden: die Vorgänge gehören zu uns, sie geschehen mit uns – im Innern.

Dem widerspricht (wiederum scheinbar) die Tatsache, daß es nach dem Glauben vieler Menschen eine Transzendenz gibt, die das Humane überschreitet und den Menschen in der Gewißheit wiegt, eine höhere Macht oder Instanz trete sorgend und schützend für ihn ein – wie dies bei hergebrachten Gottesvorstellungen der Fall ist. Gemeint sind Vorstellungen, die Gott dem Menschen gegenüberstellen und in einer Art Ich-Du-Verhältnis ein göttliches Außen postulieren. Selbst wenn man der Hypothese der Existenz einer solchen *externen* Instanz folgt, wird man doch unabweisbar sagen müssen, daß sie nur *intern* erkannt werden kann. Ein Gottesbegriff, der die Divinität ganz im Außen, im traditionellen Himmel der Mythen und Religionen, ansiedelt, muß so lange ein bedeutungsloser Begriff bleiben, solange er nicht auf das Innerseelische des Menschen bezogen wird, um dort erfahrbar zu sein. Ein außerhalb des menschlichen Erfahrungskreises existierender Gott ist, wie der Psychologe Carl Gustav Jung einst sagte, „ein Begriffspopanz". Selbst Mystiker, die von sich behaupten, ein so enges, unmittelbares Verhältnis zu Gott zu unterhalten, daß sie ganz im Göttlichen aufgehen, mit ihm identisch werden, müssen diese Erfahrung letztendlich auf sich als Menschen rückbeziehen, wollen sie nicht so vermessen sein, sich selbst für Gott zu halten. Sie kehren nach ihren visionären Erfahrungen stets zu sich selbst zurück, und sie können von diesen Erfahrungen auch nur im begrenzten Horizont des menschlichen Selbst berichten. Der Bezirk des Menschlichen gilt auch dann, wenn Übermenschliches ihn erweitert; denn wie sollte es als *über*menschlich erkannt werden, würde es sich menschlichem Maß entziehen? Die Immanenz kann – unter den waltenden historischen Bedingungen – von der Transzendenz nicht aufgehoben werden. Das Innen ist, so lange wir leben, unsere intimste Realität.

Auch heute, fast zweieinhalb Jahrtausende nach Delphi, würde kein Philosoph und kein Psychologe Zweifel an der Sinnhaftigkeit menschlicher Selbsterforschung hegen, und es würde kein Philosoph oder Psychologe der These widersprechen, daß einige der gravierendsten Probleme der Menschheit – ihre ewigen Mißverständnisse, ihre Konflikte, Fehlleistungen und Illusionen – auf mangelnde Selbsterkenntnis zurückzuführen sind: auf die Schauspielereien, die Menschen für sich und andere vollführen; auf die Überheblichkeit, mit der sie Mitmenschen kränken oder verärgern; auf falsche Einstellungen, die sie ihrer Umwelt gegenüber einnehmen; auf Eitelkeiten, die sie pfauenhaft zur Schau stellen, auf die Unkenntnis, die sie von ihrer seelischen Entwicklung und die der Gattung insgesamt haben; vor allem aber auf die Ignoranz, die sie ihrem eigenen Innern und ihren wahren Motiven gegenüber zeigen.

Natürlich besteht zwischen Selbsterkenntnis und Fremderkenntnis ein Unterschied. Nehmen wir die Grundbedeutung des lateinischen Wortes *individuum* (das Unteilbare) ernst, müssen wir uns in das Faktum des Getrenntseins der Organismen fügen. Wir werden der biologischen Grenzen zwischen Eigenem und Fremdem gewahr und erkennen dadurch bedingte konstitutionelle Differenzen. Wir spüren eine fremde Mentalität. Dennoch sind beide Erkenntnisformen miteinander verwandt. Zwischen ihnen besteht eine Korrelation, deren Basis die menschliche Natur ist – einerseits ihre Einheitlichkeit, andererseits ihre Vielfältigkeit. „Ihrer Natur nach sind die Menschen fast gleich, nur in ihren Handlungsweisen entfernen sie sich weit voneinander", schrieb einst Konfuzius. Wer sich selbst gründlich kennt, hat – wenn auch keine Gewähr – so doch eine gute Voraussetzung für die Kenntnis anderer. Wer sich selbst auszuloten versteht, darf erwarten, daß Charakter und Denkweise seiner Mitmenschen ihm nicht verschlossen bleiben. Wer das Humanum in sich selbst entdeckt, wird es, sofern er es denn sucht, auch in anderen finden – sogar in denen, die ihm sozial und kulturell fernstehen. Er läßt sich nicht von ihnen täuschen, weil er sich selbst nicht täuscht. Er ist ihnen gegenüber offen, weil er sich selbst gegenüber ehrlich ist. Kurzum: Er erwirbt das Maß an Menschenkenntnis, das eine Grundvoraussetzung sowohl für verständnisvolle Wertschätzung seiner Mitmenschen als auch für begründete Kritik an ihnen darstellt. Er entwickelt in sich ein besonderes Sensorium, eine Art menschliches Radar, das ihm Positionen und Koordinaten signalisiert, die er zu seiner eigenen Orientierung im Leben benötigt, um Fehlsteuerungen und Kollisionen zu vermeiden. Noch kürzer ließe sich sagen: er bildet sich; denn daß Selbst*erkenntnis* eine Voraussetzung für Selbst*bildung* ist, dürfte außer Frage stehen. Läßt man dies als richtig gelten, müßte man den Schluß ziehen, daß die Erforschung und Kultivierung der Topik des Bewußtseins die vornehmste und wichtigste Aufgabe des heutigen Menschen darstellt – sowohl als Selbstzweck für die Gestaltung eines reicheren persönlichen Lebens wie auch als Fremdzweck für die Schaffung einer besseren Gesellschaft. Dies ist jedoch ganz offenkundig nicht der Fall. Das Gegenteil ist beobachtbar: Wenn es einen Zug der Zeit gibt, über den pauschal zu reden erlaubt sein mag, dann ist dies der Zug einer zunehmenden *Veräußerlichung* des Lebens, eines gesellschaftlich-zivilisatorischen Trends, der Selbstentfremdung statt Selbsterkenntnis fördert. Unter den herrschenden psychosozialen und kulturellen Bedingungen kommen die Dinge gebieterisch von außen, sie besetzen von dort ziemlich rücksichtslos das Innen und berauben es fortschreitend seiner eigenen Gestaltungsfreiheit und Entwicklungsmöglichkeit – nicht unbedingt mit artikuliertem tyrannischen Anspruch, nicht mit offen repressiver Absicht, sondern eher schleichend: über lockende Angebote und subtile Beeinflussungen, die durchaus nicht die Regeln unserer „freiheitlich-demokratischen Grundordnung" verletzten und dennoch, gewissermaßen hinter unserem Rücken, die (mentale) Freiheit einschränken. Einige Stichworte dazu genügen: Die Modelle unseres sozialen Daseins werden sensationalistisch von den Medien aufbereitet und in Mustern vermittelt, die überwiegend von Talk-Shows, Seifenopern und allen möglichen „Events" beherrscht werden. Die Modelle unseres Menschenbildes werden von Pop-Größen, Filmstars und Sportidolen geliefert, somit von Figuren symbolisiert, über deren kulturelle Bedeutsamkeit man, vorsichtig formuliert, geteilter Meinung sein kann. Die Modelle unseres Konsumentendaseins werden bis zur Übersättigung von der Werbung vorgegeben und in dem konkretisiert, was sich „life-style" nennt. Die Modelle unseres Weltwissens werden von Computerbildschirmen und Internet-Seiten geprägt und in Wahrnehmungsmuster gezwängt, von deren möglicherweise deformativer Wirkung auf die innere Wahrnehmung wir derzeit noch wenig wissen. Unser Vorstellungsvermögen wird weiter veräußerlicht dadurch, daß sogenannte virtuelle Realitäten in Konkurrenz treten zu der gewohnt äußeren Wirklichkeit.

Zusätzliche Faktoren, die einer Kultivierung interner Landschaften nicht gerade förderlich sein dürften, sind: die hohe Standardisierung von Lebensabläufen, die extreme Arbeitsteilung und Spezialistenzucht im Berufsleben, die Professionalisierung fast aller Tätigkeiten, die Taylorisierung betrieblicher Arbeitsvorgänge, die Verrechtlichung praktisch aller sozialen Verhältnisse, die Umwandlung sämtlicher Erkentnis zu sogenannter Information. – Das Fatale an diesen Tendenzen besteht darin, daß sie Lebensumstände als selbstverständlich setzen, die es keineswegs sind. Kurzum: Das Außen ist in eben dem Maße überbesetzt, in dem das Innen unterbesetzt ist. Doch dieses Mißverhältnis wird offenbar wenig wahrgenommen, zumindest als solches selten problematisiert. Als „eine Kultur, die am Bewußtsein ihrer selbst wenig Interesse hat," charakterisiert der Ethnologe Hans Peter Duerr[1] unsere Gegenwartskultur und weist auf Defizite hin, die aus einem Maximum an externen Angeboten gegenüber einem Minimum an interner Selbstversicherung resultiert. Gewiß, es gibt die Aussteiger, die Dissoziierten, die E-remiten, die den gesellschaftlichen Status als unerträglich empfinden und sich auf regenerative Reisen in die Gefilde fernöstlicher Philosophien begeben. Es gibt die ewigen ‚Sucher', die unentdeckte Schätze persönlicher Sinngebung und Erfüllung in den Botschaften esoterischer Religionen zu finden hoffen. Es gibt die Eskapisten, die einem ungeliebten Leben durch Flucht in attraktive Kunstwelten zu entkommen suchen. Und es gibt die Kultur- und Gesellschaftskritiker, die die offenkundigen Defizite geflissentlich diagnostizieren und kompensatorisch nach geeigneten Therapeutika Ausschau halten: Nicht von ungefähr prägte Hans Magnus Enzensberger in den 60er Jahren den Begriff der „Bewußtseinsindustrie", um kritisch auf ein bedenkliches Außen-Innen-Gefälle hinzuweisen, in dem das selbstentwickelte Authentische immer mehr vom präfabrizierten „Ersatz" verdrängt wird.[2] Nicht von ungefähr hatte der amerikanische Soziologe David Riesman schon Jahre zuvor seine Theorie von zwei, geschichtlich aufeinanderfolgenden Gesellschaftsformen entwickelt, die er als „inner-directed" gegenüber „other-directed" bezeichnete, worunter er den Verlust persönlicher innerer Gewißheit an das gesellschaftliche System äußerer Normierung verstand.[3] Dies waren scharfsinnige Diagnosen mit deutlichen Warnsignalen, aber der Zug der Zeit fuhr, die Signale mißachtend, weiter und gewinnt inzwischen ständig an Momentum.

Mag in unserer Gesellschaft ostentativ auch von „Selbstverwirklichung" und „Selbstbestimmung" die Rede sein – solche Rede ist trügerisch; denn die großen Taktgeber des Lebens sind nicht die Kräfte des Selbst, sondern die Zwänge des Marktes und der Medien, der Wirtschaft und der Werbung. Es ist der urbane

---

1 Duerr (1983), S. 143.
2 Enzensberger (1964); vgl. dazu auch Kausch (1988).
3 Riesman u. a. (1950).

Lebensstil und sein zivilisatorischer Anpassungsdruck, der die Topik des persönlichen Innern zunehmend (ver)formt. Was sich in diesem Rahmen verwirklicht, sind nicht Selbst-Bewußtsein und Selbsterkenntnis, sondern, sofern sich das Selbst selbst in den Blick nimmt, schlecht kaschierter Hedonismus und Egoismus. „Ich bestreite nicht", bemerkt Carl Gustav Jung, „daß die zivilisierte Gesellschaft bedeutsame Errungenschaften zu verzeichnen hat. Aber die Errungenschaften sind mit enormen Verlusten erkauft worden, deren Ausmaß wir noch kaum abzuschätzen vermögen."[4] Die Verluste resultieren aus einer Einschränkung oder Außerkraftsetzung von Bewußtseinsfunktionen, welche die innere mit der äußeren, die psychische mit der physischen Welt eigentlich zur Deckung bringen müßten.

Wendet man den Blick zurück in die Geschichte und versucht, abgesunkene Lebensstile und frühere Bewußtseinsformen zum Vergleich heranzuziehen, fällt sofort auf, wie radikal sich das Innen-Außen-Verhältnis verschoben hat. Es läßt sich feststellen, daß es vor zweitausend Jahren, etwa zur Zeit Christi Geburt, ja sogar noch vor tausend Jahren, also im Frühmittelalter, umgekehrt gelagert war: das Wesentliche geschah innen, und herzlich wenig geschah im Außen. Der Mensch war weitgehend auf seine eigenen Ressourcen angewiesen, wollte er ein geistig befriedigendes und seelisch erfülltes Leben führen. Nahmen äußere Instanzen Einfluß, so waren es die großen Propheten und Seher, die Priester und Poeten, die den Takt angaben für das, was die Menschen bewegte. Es war die Epoche eines mythischen Lebensgefühls, das in einer inneren Affekt- und Glaubensstruktur verankert war und dem Außen denkbar wenig an Bedeutung zumaß. Gewiß, in der Antike gab es die Saturnalien, die Mysterienkulte, es gab Fest- und Triumphzüge, „Brot und Spiele", deren Show-Effekte man nicht ignorieren darf, obwohl solche Effekte selten das primäre Anliegen waren. Im Mittelalter gab es die kirchlichen Feste und sakralen Riten, die feudalen Ritterturniere und sportlichen Wettkämpfe; es gab die Gaukler und Sänger, das vulgäre Spektakel der öffentlichen Hinrichtungen, und bei allem war ein stimulierender Unterhaltungswert im Spiel. Aber im historischen Vergleich war all das äußerst karg gegenüber der überbordenden Fülle an einschlägigen Aktivitäten, die das moderne Leben an ‚Äußerlichkeiten' inszeniert.

Zu den geistigen Abstumpfungen durch unsere Zivilisation, die zu ihrem Ausgleich nach ständigen sinnlichen Stimulierungen verlangen, schreibt Aldous Huxley:

Aus den Zeugnissen der Religion und den erhalten gebliebenen Denkmälern der Dichtkunst und der bildenden Künste geht sehr deutlich hervor, daß die Menschen fast immer und überall der inneren

---

4 Jung u. a. (1988), S. 52.

Sicht der Dinge mehr Bedeutung beimaßen als dem objektiv Existierenden und gefühlt haben, daß das mit geschlossenen Augen Gesehene eine größere spirituelle Bedeutung besaß als das, was sie mit offenen Augen sahen. Der Grund? Vertrautsein erzeugt Verachtung, und die Aufgabe, sich am Leben zu erhalten, reicht in ihrer Dringlichkeit von der chronischen Langeweile bis zur akuten Qual. [...] Vertrautheit erzeugt Gleichgültigkeit. Wir haben zu viele reine, starke Farben bei Woolworth gesehen, um sie an sich als entrückend zu empfinden. Und hier können wir anmerken, daß die moderne Technik durch ihre erstaunliche Fähigkeit, uns zuviel des Besten zu geben, dazu neigt, die herkömmlichen Materialien zu entwerten, die früher dazu dienten, Visionen herbeizuführen. Die Festbeleuchtung einer Stadt zum Beispiel war dereinst ein seltenes Ereignis, das man sich für Siege und Nationalfeiertage, für Kanonisationen und Krönungen vorbehielt. Nun ereignet sie sich allnächtlich und preist die Vorzüge von Schnäpsen, Zigaretten und Zahnpasta an.[5]

Drei Anmerkungen sind hier allerdings notwendig zur Vorbeugung gegen drohende Mißverständnisse:

1. Die eingetretenen Verschiebungen sind nicht unbedingt identisch mit generellen Verschlechterungen der Qualität des Lebens; sie lassen sich nicht auf simple Art deuten im Sinne von *besser* vs. *schlechter,* sondern erfordern eher die Aufstellung einer psychokulturellen Bilanz mit Verlust und Gewinn. Sie müssen relativ bezogen werden auf einen Bewußtseinsmodus, vom dem mit Grund vermutet werden darf, daß er – tendenziell – der beste ist: ein Modus, in dem der Austausch von Innen und Außen ein gesundes Gleichgewicht aufweist, das den vitalen Bedürfnissen der meisten Menschen am ehesten entgegenkommt. In dem dynamisch-bipolaren Verhältnis von Außen und Innen dürfte extreme Innerlichkeit ebenso problematisch sein wie ihr krasses Gegenteil. Man erinnere sich des historischen Falles des heiligen Antonius, jenes ägyptischen Eremiten aus dem vierten Jahrhundert, der sein asketisches Leben und die gewählte Weltverachtung mit dem Preis schwerer Halluzinationen bezahlte. Und man erinnere sich – am Gegenpol – des zeitgenössischen Falls der Marylin Monroe, jener glamourösen US-Schauspielerin, deren Zusammenbrüche und schließlicher Tod den Tribut an eine ‚Veräußerlichung' ihrer Person darstellt, der ihre Psyche offensichtlich nicht gewachsen war. Der Heilige hatte sich vom gesellschaftlichen Leben fast total isoliert; der Filmstar wurde nahezu vollkommen ‚vergesellschaftet'. Der vitale Austausch von Innen und Außen war gestört, beide wurden auf je besondere Weise seelisch deformiert und mußten leiden.

2. Die beobachtbaren Verschiebungen bedeuten auch nicht, daß ein Leben in inneren Welten für den (über)zivilisierten Menschen unseres Jahrhunderts nicht mehr lebbar ist, etwa weil diese Welten bewußtseinsgeschichtlich in Verlust geraten wären. Es gibt nichts in der Bewußtseinsgeschichte, dessen der Mensch im Fortgang dieser Geschichte total und definitiv verlustig gehen könnte. Es gibt lediglich Erfahrungs- und Erlebnismodi, die sich, da nicht in Anspruch genom-

---

5 Huxley (1989), S. 88–89.

men, deaktivieren und insofern Einbußen bedeuten. Es gibt Dimensionen und Schichten des Bewußtseins, die im Prozeß mentaler Evolution von anderen überlagert werden, aber dennoch grundsätzlich disponibel bleiben. Und es gibt Aktivitäten des Bewußtseins, die als Folge historischer Veränderungen oder modischer Verirrungen wenig beachtet und vernachlässigt werden. Das eigentliche Problem, mit dem wir es zu tun haben, ist keines der Obsoletheit oder Nichtverfügbarkeit bestimmter Bewußtseinsformen. Es ist viel eher ein Problem der Ignoranz ihrer kulturellen und mentalen Bedeutung gegenüber. Das Prinzip, daß alles Wesentliche in unserem Leben innen geschieht, hat unvermindert Geltung, aber es wird in seiner Tragweise verkannt: Zu wenig ist uns im täglichen Umgang mit der Außenwelt bewußt, daß die Kräfte, die dort das Humanum bewirken, von innen nach außen wirken, daß – um Beispiele zu nennen – ideologisches Denken, das die Welt umzumodeln bestrebt ist, innen gestiftet wird; daß kreative Ideen, die uns äußerlich voranbringen sollen, innen konzipiert werden müssen; daß Symbole, die das Außen deuten und bedeuten, ihre Potenz von innen her erlangen; daß utopische Träume, die ein besseres Leben versprechen, innen geboren werden usw. Energetisch wirkt hier stets das Innen, bevor es gestalterisch dem Außen irgendeinen Stempel aufprägt. Doch wir nehmen dies erst zur Kenntnis, wenn die inneren Vorgänge äußere Früchte tragen. Das Prinzip ist also nicht aufgehoben, es wird nur verschleiert durch einen Lebensstil, der sich einseitig dem Außen als scheinbarem Garanten und Maßstab für Realität verschrieben hat.

Die innere Welt ist, auch wenn wir ihre Unverzichtbarkeit und Bedeutsamkeit gebührend würdigen, keine ausnahmslos ‚schöne' Welt. Ihre Topographie ist, wie wir sehen werden, vielgestaltig und (teilweise) schrecklich: Die Gipfelerlebnisse, deren Menschen fähig sind, können beseligend, und die Abgründe, an die sie geraten, entsetzlich sein. Bietet ihre Erforschung einerseits die Chance zu einer positiven Selbsterkenntnis, die als bereichernd, wenn nicht beglückend, empfunden wird, kann das Ausloten tieferer Gefilde den Zugang zu negativen Erfahrungen öffnen, deren Bekanntschaft nicht unbedingt zu den erhebenden Zuständen im Leben gehört. Aber auch das Wissen um solche Abgründe ist notwendig, weil es humanes Wissen ist und insofern der Selbsterkenntnis dient. Neben allen möglichen anderen Regionen kennt das Innen zwei polare Sphären, für deren Beschreibung noch keine besseren Metaphern gefunden worden sind als „Himmel" und „Hölle" und die, auch wenn wir alle konkret-lokalen Vorstellungen darüber abgelegt haben, ihre seelische Gültigkeit behalten. Problemlösend ist nicht der Rückzug in die Innerlichkeit – er würde nur in veränderter Form das Problem des heiligen Antonius wieder heraufbeschwören und die geistige Gesundheit gefährden –, sondern die Kenntnis ihrer mannigfaltigen Erscheinungen und Gestaltungen zur angemessenen Perspektivierung der Äußerlichkeit.

Was aber ist dieses Innen, dem eine derart wichtige und zentrale Rolle in unserem Leben zukommt? Wodurch ist es konstituiert? Wie läßt es sich fassen? So naheliegend diese Fragen sind, so schwierig, ja fast unmöglich, sind sie zu beantworten, und zwar sowohl von Laien als auch von Wissenschaftlern. Nähern wir uns dem Phänomen laienhaft-intuitiv, sind wir fraglos davon überzeugt: Das Innen existiert, das sagt uns unser Gefühl für eine ganzheitliche Körperseele. Aber, wollen wir es irgendwo irgendwie fassen, stellen wir fest: Es existiert nicht. Unsere subjektive Gewißheit hat kein objektives Pendant. Die Fähigkeit, mit der wir über das Außen nachdenken, kann nicht auf das eigene Innere angewandt werden, um festzustellen, wie es funktioniert. Wir neigen dazu, das Innen mit dem Bewußtsein gleichzusetzen. Aber die Bestimmung von Bewußtsein hat sich als eine der heikelsten Aufgaben erwiesen, die Denker und Forscher gleich welcher Couleur jemals in Angriff genommen haben. Nach dem Hirnforscher Marvin Minsky läßt sich Bewußtsein überhaupt nirgendwo dingfest machen, sondern entsteht durch „Emergenz", d. h. durch sich evolutionär entwickelnde Kooperation unzähliger Zellen, Strukturen, Fasern, Verbindungen etc. im gesamten Organismus, als deren Resultat sich allmählich das herausgebildet hat, was wir „Bewußtsein" nennen.[6] Nach dem Neurowissenschaftler Steven Pinker entspricht diese Instanz einer komplexen „informationsverarbeitenden Maschine" mit zahlreichen Sensoren, Steuerungssystemen, Schaltkreisen, Simulatoren, Modulen, Datenbanken, Zeittaktgebern, Konfliktlösungsprogrammen etc., die den Bauplänen und Funktionsweisen von Computern verräterisch ähnlich sind. Bildung von Bewußtsein ist hier identisch mit einer spezifischen zerebralen Verarbeitung von Information.[7] Der Biologe Humberto Maturana betrachtet das menschliche Bewußtsein als ganz und gar sprachabhängig.[8] Bewußtsein entsteht erst mit der Sprache und lebt von der Sprache. Außerhalb sprachlicher Strukturen und deren Funktionen kann es kein Bewußtsein geben, also sind die Sprachzentren des Gehirns die Schöpfer von Bewußtsein. Der Psychologe Julian Jaynes vertritt eine Art mentale Urknalltheorie. Für ihn gibt es Bewußtsein überhaupt erst seit ca. 3000 Jahren, und zwar infolge eines „Zusammenbruchs der bikameralen Psyche", d. h. durch hirnanatomisch eingetretene Verschiebungen in der Funktion der rechten gegenüber der linken Hirnhälfte.[9] Wiederum anders

---

6 Minsky (1990).
7 Pinker (1998).
8 Maturana (1990).
9 Jaynes (1988).

der Neurologe Antonio Damasio: Er leitet die Bildung des Bewußtseins von Veränderungen ab, die aus der Interaktion von Organismen entstehen. Diese Veränderungen hinterlassen chemische Spuren im Gehirn, die vom Menschen als Gefühle registriert werden, woraus zuerst ein „Kernbewußtsein", sodann allmählich ein „erweitertes Bewußtsein" gebildet wird. Also sind es Gefühle, die am Anfang aller Vorstellung davon stehen, was und wer wir sind.[10] Demgegenüber haben verschiedene fernöstliche Denker den Gedanken vorgetragen, daß nicht das Zentralorgan des Gehirns, sondern daß Bauch oder Rückgrat der Sitz dessen sei, was den Menschen als Körper-und-Geistwesen auszeichnet. Hier vermuten sie die Energiezentren, die letzlich alle energetischen Vorgänge steuern und zur Wirkung haben, daß das Bewußtsein instandgesetzt wird, menschliches Dasein zu erfassen und ‚höheres' Sein zu ermessen.

Alle solche Versuche einer anatomischen Festlegung von Bewußtsein müssen ihrerseits mit dem Widerspruch von Platonikern rechnen, die das Innen eher mit einer immateriellen Seele identifiziert sehen möchten, oder mit dem Einspruch derjenigen, die mit dem Begriff überhaupt wenig anfangen können und lieber Herz oder Gemüt oder Geist an die Stelle setzen würden. Welcher Theorie oder Philosophie wir auch den Vorzug geben – es kommen sofort Komplikationen dadurch ins Spiel, daß konkurrierende oder verwandte Konzepte wie Ich, Selbst, Persönlichkeit, Identität, Mentalität oder Subjektivität sich ‚einmischen', die das Phänomen in mehr Facetten auffächern, als theoretisch einheitlich beschreibbar sind. Die Realität des Innen ist tatsächlich ein viel größeres Rätsel, als es bei flüchtigem Hinsehen erscheint. Die beteiligten Disziplinen sind denn auch arg zerstritten, und obgleich die Einsicht in die Notwendigkeit ganzheitlicher Betrachtung allenthalben dämmert, verteidigen Psychologen, Psychoanalytiker, Ethnologen, Anthropologen, Neurologen und Philosophen eifersüchtig die Reviere ihrer auseinanderstrebenden Theorien. Doch die Wissenschaftsgeschichte lehrt: Fachwissenschaftliche Spezialisierungen, die zu Fixierungen geraten, fordern ihren Tribut in Form von unproduktiven Kontroversen unter den Wissenschaftlern und unerfreulicher Konfusion in der Öffentlichkeit.[11] Sie befriedigen womöglich den Intellekt der Streithähne, aber leisten wenig für die Gesellschaft.

Wollen wir dem Strudel fachlicher Auseinandersetzungen entgehen und dennoch nicht vor der Aufgabe kapitulieren, die vielgestaltige Landschaft innerer Welt in Augenschein zu nehmen, steht nur der Weg über eine allgemeine Phänomenologie der Bewußtseinsformen offen. Er muß einem ‚topographischen' Interesse folgen, den Dschungel kontroverser Theorien soweit als möglich meiden und das ins Auge fassen, was bei einer Reise durch die Bewußtseinssphären

---

10 Damasio (2000).
11 Vgl. Heuermann (2000).

sichtbar wird. Anders gewendet: Es geht hier nicht um eine wissenschaftliche Erklärung dessen, was Bewußtsein ist und wie es entsteht, sondern um eine Darlegung dessen, wie es sich ausprägt, was es leistet und und wie es wirkt. Es geht um mehr Licht in einer Landschaft, von der für die nicht-wissenschaftliche Öffentlichkeit zu viel im Dunkeln liegt. Der naturwissenschaftlich-medizinische Laie zieht wenig Gewinn aus der Kenntnis hirnanatomischer Strukturen oder neuronaler Prozesse, welche Rolle diese auch für die Bildung des Bewußtseins spielen mögen, aber er profitiert von der Kenntnis einer Topographie der geistigen Welt, die ihn als kulturelles Wesen auf jeden Fall berührt – sei es privat oder öffentlich, positiv oder negativ.

Teil 1

An den Wurzeln des Bewußtseins

1.1 Der unzerstörbare Zauber: Magie

Magie – bereits der Klang des Wortes wirkt beschwörend, von seiner lexikalischen Bedeutung und deren Konnotationen ganz abgesehen. Würden wir einschlägige Signale ernst nehmen, die uns stetig und ständig aus unserer hyperzivilisierten Umwelt erreichen – insbesondere diejenigen, welche populäre Kultur und Werbung aussenden –, müßten wir konsequenterweise annehmen, daß wir in einem magischen Zeitalter leben, d. h. bewußtseinsgeschichtlich vor Hunderten, wenn nicht Tausenden von Jahren, als unsere mentalen Lebensgesetze tatsächlich noch andere waren. Zauberei, Magie und Mirakel scheinen irgendwie durch die Maschen des aufgeklärten Bewußtseins geschlüpft zu sein. Übernatürliches scheint sich in mannigfacher Gestalt erfolgreich gegen seine Auflösung durch Logik und Wissenschaft gewehrt zu haben. Die „Entzauberung der Welt", von der der Soziologe Max Weber schon vor einem Dreivierteljahrhundert sprach und womit er den Fortschritt abendländischer Zweckrationalität in Denken und Handeln meinte,[12] ist irgendwo steckengeblieben. Zumindest hat sie längst nicht alle kulturellen Nischen erobern können, die grundsätzlich für solche Eroberungen in Frage kommen. Wenn es dem modernen Menschen magisch zumute wird, vergißt er offenbar Rationalität und Aufklärung und sucht Bezirke seiner Seele auf, wo die Realität ein anderes Gesicht bekommt. Ob dies einfach dem Aberglauben einer rückständigen Minderheit zugeschrieben werden kann oder einen generellen Zug der Zeit darstellt, wird zu prüfen sein.

Schon eine kleine, willkürliche Blütenlese aus den Gefilden zeitgenössischer Kultur illustriert das Phänomen: Da gibt es in Prag die berühmte und vielbesuchte Touristenattraktion der „Laterna Magica"; da figurierte ein populärer amerikanischer Basketball-Spieler unter dem Namen Earvin „Magic" Johnson; da sind die Disney-World Vergnügungsparks bekannt als „das magische Königreich"; da trällerte Perry Como vor Jahr und Tag seinen populären Song „Magic Moments"; da tritt der Varieté-Künstler David Copperfield als „der größte Magier aller Zeiten" auf; ein bekanntes Parfum erzeugt „the magic of passion"; einem italienischen Likör wird nachgesagt, er habe „magische Kräfte"; in einer Comic-Book-Serie genießt ein gewisser Miraculix hohen Respekt wegen seines buchstäblich umwerfenden „Zaubertranks". Filmregisseure und Drehbuchschreiber haben eine ausgesprochene Vorliebe für Themen und Titel, die mit Magie in Verbindung stehen: Alfredo und Angelo Castiglioni führten Regie für *Magia Nuda*, Menahem Golan drehte *Der Magier*, Richard Attenborough *Magic*, Donald Swanson *Der Zaubergarten*, Serge Friedman *Les Magiciennes*, Nicholas Corea *Der Zauberbogen*, Luchino Visconti *Hexen von heute*. Der Fern-

---
12 Weber (1984), S. 17, 27 f., 36 f.

sehsender RTL II präsentierte eine ganze Filmserie unter dem Obertitel „Magic Movie".

Doch es geht weiter: Populäre Literaten schreiben sich die Finger wund in dem Bemühen, den zeitgenössischen Menschen mit den Praktiken jenes vergangenen Zeitalters bekannt zu machen, in dem das magische Bewußtsein herrschte. In der Gattung *Fantasy* mit ihrer Untergattung *Sword and Sorcery* wimmelt es von Magiern, magischen Kräften, magischen Beschwörungen und magischen Geschehnissen. L. Frank Baum produzierte jahrzehntelang die weltweit gelesene Cartoon-Serie *The Wizard of Oz*. J. R. R.Tolkien machte seine Trilogie *Der Herr der Ringe* zu einem Kultphänomen. Michael Ende publizierte *Die unendliche Geschichte*. Marion Zimmer Bradley schrieb den Bestseller *Die Nebel von Avalon*, John Updike den populären Roman *Die Hexen von Eastwick*. Joanne K. Rowling lancierte die phänomenale *Harry-Potter*-Serie – sämtlich literarische Entwürfe einer Welt, in der Magie als Wirklichkeitsprinzip waltet. Nimmt man den Gattungsbegriff näher unter die Lupe, stellt sich tatsächlich heraus, daß es sich bei Fantasy-Motiven weniger um das wild gesponnene Garn zügelloser Phantasterei, als vielmehr um kalkulierte Versuche einer imaginativen Wiederbelebung und ästhetischen Verarbeitung eines abgesunkenen Weltbilds handelt. Ob derartige Versuche – im phänomenologischen Sinne – ernst zu nehmen sind, ist damit freilich noch nicht gesagt.

Auf dem Feld der Esoterik behauptet die Magie eine kulturelle Bastion, die, obwohl oft verspottet und kritisiert, niemals wirklich gefährdet war und die heute ihren Anspruch forciert geltend zu machen versucht. Eine kulturelle Dialektik sorgt offenbar dafür, daß, je mehr die Zweckrationalität in unserer Welt ihre Herrschaft ausdehnt, um so heftiger eine Abwehr mobilisiert wird, die von okkultistisch-spiritistischen Positionen aus erfolgt. Es ist so, als seien viele Zeitgenossen unwillig, den Kurs der mentalen und gesellschaftlichen Evolution nachzuvollziehen. Sie können oder wollen sich geistig nicht von der Magie verabschieden. Sie pflegen ein psychisches Erbe der Menschheit (oder das ihrer eigenen Kindheit). Kurt Seligmann mutmaßt: „In unserer Gesellschaft gibt es vielleicht ebenso viele Astrologen, Chiromanten und Zukunftsdeuter wie im alten Rom. Mystische und esoterische Sekten, deren Veröffentlichungen den Buchmarkt überschwemmen, nehmen ständig zu. Und auch hinter allem wissenschaftlichen Denken wartet noch immer die Magie."[13] So bestreitet zum Beispiel der Smaragd-Verlag (Neuwied) sein gesamtes Verlagsprogramm erfolgreich mit Magie. Auf der Frankfurter Buchmesse 2000 offerierte er Neuerscheinungen unter so verräterischen Titeln wie *Mein magischer Garten, Die magische Katze, Im Zauberkreis der Feen und Elfen, Das keltische Baumhoroskop, Einweihung*

---

13 Seligmann (1988), S. 386

in das Hexeneinmaleins, sogar *Magie in der Küche.* Der Titel *Leahs Liebeszauber* wurde mit dem Kommentar angepriesen: „Leah Levine, bekannt aus Funk und Fernsehen, weiht uns in die Geheimnisse der Magie der Liebe ein – Kerzenzauber für die Liebe, Harmoniezauber in Partnerschaften, Trennnungszauber, Zauber gegen Fremdgehen usw. – ein wahrlich zauberhaftes Buch für das schönste Thema der Welt." Wer hier Ironie entdecken will, kann das tun. Aber es ist alles andere als klar, ob diese intendiert war.

Schauen wir uns in der bunten Welt der Werbung um, treffen wir serienweise auf ,Fallstudien' zu den Wundern weißer Magie. Die empirischen Gesetze von Raum und Zeit, Ursache und Wirkung, Möglichem und Unmöglichem scheinen aufgehoben, und der Wunderglaube führt ein scheinbar unanfechtbares Regiment: Allenthalben sind gute Feen für geplagte Hausfrauen wunderwirksam tätig; Reinigungs- und Waschmittel erzielen wahrlich mirakulöse Resultate bei der Schmutzbekämpfung; Wäsche- und Kleidungsstücke machen aus gewöhnlichen Zeitgenossen strahlende Göttinnen und Götter; Kosmetika zeitigen die unglaublichsten Metamorphosen bei der Verschönerung von Haut und Haar; Alkoholika haben die erstaunlichsten Effekte auf die erotische Ausstrahlung und Verführungsmacht schöner Frauen; Nahrungsmittel sorgen für veritables Entzücken auf den Zungen und Gesichtern ihrer Konsumenten; neue Automobilmodelle bewirken dramatisch-mystifizierende Veränderungen von Mensch und Natur; Zigaretten lösen die glückseligsten Gemütszustände bei Rauchern aus, usw. Würden – nach dem Erlöschen menschlicher Kultur auf unserem Planeten – außerirdische Besucher es unternehmen, unser Leben aus Komponenten gängiger Werbung zu rekonstruieren, gewönnen sie ein höchst wundersames Bild: Magie als soziales Regulativ. Klar ist: Ein einschlägiges Interesse der Öffentlichkeit an Magie muß vorhanden sein, damit der ,Kult' sich überhaupt erklären läßt. Unklar bleibt: Wird hier mit Magie bloß ,kokettiert' oder wird sie weltanschaulich wirklich in Anspruch genommen? Bestimmt Magie (noch) die Innerlichkeit unseres Erlebens oder handeln wir mit den Äußerlichkeiten abgegriffener Metaphern? Mit anderen Worten: Stehen hier ernsthaft bestimmte Facetten unseres kulturellen Bewußtseins zur Debatte oder geht es eher darum, ein lukratives Gesellschaftsspiel zu spielen und kommerziellen Erfolg per kulturellem Atavismus einzuheimsen?

Es lohnt sich, stellvertretend einen Fall aus der Werbung etwas näher anzuschauen, um das Paradoxon zu ergründen, weshalb das aufgeklärte Bewußtsein sich wieder und wieder von Vorstellungen locken läßt, deren Psychologie tendenziell infantil oder archaisch ist: Vor einigen Jahren lancierte der Tabakkonzern Reemtsma eine Werbekampagne für seine Zigarettenmarke „West". Der ausgewählte Slogan lautete: „Test the West", die dazu entworfene Bildserie operierte mit einem typisch magischen Motiv. Das Konzept bestand darin, in einer photographischen Konfiguration jeweils zwei Personen abzubilden und über die Verlockung der Zigarette einander ‚näherkommen' zu lassen. Konstant blieben die Zweiergruppierung und der Slogan, verändert wurden Geschlecht, Physiognomie, Kleidung und (zuweilen) ethnische Zugehörigkeit der Personen. Variationen über ein Thema. Es handelte sich stets um die gleiche soziale und kommunikative Grundsituation: An eine abgebildete Figur tritt eine zweite Figur heran und offeriert dieser ein Zigarette. Der besondere Pfiff der stereotyp wiederkehrenden Situation liegt darin, daß es sich bei der ersten Figur ausnahmslos um eine auffällig unkonventionelle (exzentrisch gekleidete oder absonderlich frisierte oder körperlich deformierte oder unzufrieden dreinschauende) Person handelt, während die Rolle der zweiten Figur von einer attraktiven, (buchstäblich) bezaubernden jungen Person wahrgenommen wird. Die erste, grotesk, schrullig oder freakisch anmutende Figur ist zigarettenlos, die andere im Besitz des ‚kostbaren' Objekts, das freundlich angeboten wird: „Test the West!" Die Botschaft ist klar: Versuch es mit mir und meiner Zigarette, und du erlebst die erstaunlichste Verwandlung deines Lebens!

In einer verfilmten Variante wird der immanente Wirkungsmechanismus besonders deutlich: Dort tritt z. B. ein grantig ausschauender Professor in einem lächerlich wirkenden Talar vor die Tür eines ehrwürdigen Universitätsgebäudes. Es regnet. Seine ohnehin mißmutige Miene verdüstert sich noch mehr, als es ihm wegen der Nässe nicht gelingt, einen Zigarrenstummel anzuzünden. Feengleich manifestiert sich eine hübsche junge Dame, bietet sowohl einen schützenden Schirm als auch die obligate Zigarette, woraufhin der Academicus den widerspenstigen Zigarrenstummel wegschleudert und sein verdrießliches Antlitz sich aufhellt. Die aromatische Zigarette tritt an die Stelle der kalten Zigarre; die anmutige Freundlichkeit der jungen Fee verdrängt die wettergetrübte Griesgrämigkeit des alten Professors. Mirakulös verwandelt sich das Negative ins Positive. Ganze Dichotomien werden hier ins Spiel gebracht und aufgelöst: schlecht wandelt sich zu gut, alt zu jung, häßlich zu hübsch, griesgrämig zu fröhlich, unfreundlich zu freundlich, ohne Geschmack zu schmackhaft. „The West" wirkt wahre Wunder.

Nun dürfte für eine Deutung unstrittig sein, daß die Sache auf der Ebene kritisch-rationaler Analyse keinen Sinn ergibt und daß sie, würde man ihr ausschließlich dort beggnen, auch wirkungslos bliebe. Es gibt keine guten Geister, die nach Art weißer Magier mit Zigaretten als Wunschobjekten die Menschen just dann beglücken, wenn sie solcher Beglückung zufällig bedürftig erscheinen. Und selbst wenn es sie gäbe, hätte ihre angebotene Ware nicht den mirakulösen Effekt, den die Werbung suggeriert. Das vermittelte Weltbild stimmt nicht, und es bedarf keines großen Scharfsinns, um diese Unstimmigkeit zu entdecken. Der analytische Verstand entlarvt, wenn er eingeschaltet wird, sofort den suggestiven Trick. Er durchschaut die werbepsychologische Gaukelei, die darauf abzielt, den Konsumenten zu übertölpeln. Wer informiert darüber ist, wie derartige Werbung zustande kommt, und wer überdies vielleicht noch Nichtraucher ist, zeigt sich ungerührt. Und bliebe es bei solcher Einstellung, hätte das Produkt nicht die geringste Chance, vom Konsumenten gekauft zu werden. Die aufwendige Kampagne liefe ins Leere, weil das Bewußtsein auf den impliziten magischen Appell nicht reagiert.

Aber: Aus den Werbeetats der Konzerne fließen Millionen und Abermillionen in solche Kampagnen, und hätten die Werbepsychologen keinerlei Anhaltspunkte für ihre Wirksamkeit, würde der ganze Aufwand wohl kaum betrieben. Ob sie selbst an Magie glauben oder nicht, ob sie etwas von der Phänomenologie des magischen Bewußtseins verstehen oder nicht – sie wissen, daß man Menschen mit Suggestionen ‚verzaubern' kann. Ihnen ist bekannt, daß Bewußtseinszustände fluktuieren und nicht unveränderlich rational sind. Kritisches Urteil und analytisches Denken lassen sich überrumpeln und außer Kraft setzen – sofern man dies geschickt genug anstellt.

Tatsächlich sind die Grundstruktur des bildhaften Vorgangs und die von ihm intendierte Wirkung erkennbar magisch. Wir können sogar mit Berechtigung sagen: Die Werbepsychologie von heute geriert sich als Sachwalterin der weißen Magie von gestern. Auf der Ebene magischer ‚Gesetze' macht die Sache durchaus Sinn, denn das Objekt der Zigarette wird mit eben jener übernatürlichen Potenz ausgestattet, die das archaische Bewußtsein sakralen Gegenständen wie Talismanen, Amuletten, Totems, Fetischen zuschreibt. In der bekannten marxistischen Floskel vom „Warenfetischismus" kann tatsächlich mehr archaische Wahrheit stecken, als die konsumkritisch-antikapitalistisch gemeinte Metapher zu erkennen gibt. Denn für das magische Weltbild gilt: Gebraucht ein Magier, Zauberer, Schamane, Medizinmann einen geheiligten Gegenstand in der zeremoniell richtigen Art und Weise, so kann er mit Hilfe seiner Wirkungskraft positive oder negative Effekte von ihm auf andere Gegenstände, einschließlich Menschen und Tiere, übertragen. Er kann die Kraft beschwören und beherrschen, von der angenommen wird, daß sie dem Gegenstand virtuell innewohnt und für andere Gegenstände zum Segen oder Fluch werden kann. Hat er diese evokative Fähigkeit, bedeutet dies, daß – zumindest momentan – seine eigene Macht größer ist als die dem Objekt innewohnende und daß letztere sich gefügig zeigt. Die Zigarette erscheint hier somit nicht in ihrer puren Objekthaftigkeit als Gebilde aus Tabak, sondern in ihrer wunschgeborenen Wirksamkeit als Instrument beglückender Verwandlung. Sie ist der Gegenstand eines Magiers (Werbefachmanns), der weiß, daß menschliche Gefühle über Bilder manipulierbar sind. Es herrscht das uralte Prinzip „sympathetischer Magie",[14] wonach Dinge aus der Ferne durch eine geheime Sympathie aufeinander wirken und Impulse von einem Phänomen auf andere übergehen können. Dieses alte Prinzip wird unter neuen Bedingungen belebt und stößt auf psychische Resonanz.

Damit nähern wir uns dem Kern des Problems und seiner immanenten Paradoxie. Es sind hier – wie in der Werbepsychologie allgemein, in Bereichen der populuären Kultur, der Esoterik usw. – Residuen des magischen Weltgefühls involviert, vermeintlich abgelegte Gewohnheiten des Denkens und Fühlens, die zwar nicht unser Alltagsbewußtsein beherrschen, aber sich unter bestimmten Umständen als reaktivierbar erweisen. Ohne das Wissen um solche Residuen würde wohl keine Werbeagentur Anstrengungen in eine Kampagne investieren, wie sie „Test the West" vorführt. Trotz der manifest irrealen Prämisse in der Darstellung ist ein realer Kern des Wunschdenkens im Spiel, der – bei passionierten Rauchern – vom Verlangen nach Nikotingenuß genährt wird. Das Bild fungiert als objektives Äquivalent der subjektiven Sucht. Es ist der mit magisch-ästhetischen Mitteln inszenierte Appell zu rauchen, die attraktive Legitimierung einer gefährlichen Neigung, die trügerische Verlockung zu selbstzerstörerischem Verhalten. Bedienen wir uns der etablierten Beschreibungskategorien magischer Praxis, so können wir sagen, daß sich hinter der weißen Magie der Zigarettenfee die schwarze Magie (sprich: Verkaufs- und Konsumideologie) der Tabakindustrie verbirgt: Beglückung als Verführung, Sinnengenuß als Ausbeutung, Verheißung als Schädigung. So betrachtet hat die Sache sogar etwas Teuflisches, denn der Versucher tritt an die schwache Seele heran, verspricht (mental) Glückseligkeit, aber bewirkt (gesundheitlich) Verderbnis.

Schauen wir näher hin, entpuppt sich die magische Struktur freilich als pseudo-magisch und kulturell defizient: Denn der Betrachter/Konsument erfährt das Magische ja nicht – wie sein ferner Vorfahr – in unmittelbarer Konfrontation mit seiner eigenen Emotionalität, seinen ureigenen Wünschen, seinem totalen Weltbild, sondern in mittelbarer, medialisierter Verschlüsselung durch die Konsumindustrie. Es ist keine spontane Erfahrung, die hier ausgelöst wird, sondern eine werbepsychologisch programmierte Reaktion. Es ist kein echter Kult, der das Magische einbettet, sondern eine Verführungstechnik, die sich seine Strukturen zunutze macht. Die Werbewelt funktioniert auf der Ebene der Magie nur dadurch, daß sie das Magische vorfabriziert und seine Bilder technisch reproduziert – und dies in der (nur bedingt realistischen) Erwartung, daß diese Technik auch funktioniert. Ihre Funktionsweise ist aber ausschließlich die einer Fremdsuggestion, nicht die einer Eigenkonzeption. Und was sie erreicht, erreicht sie

---

14 Siehe dazu Frazer (1989), S. 15 ff.

über das mehr oder minder raffinierte Kalkül einer Agentur, nicht über das kompulsive Handeln des magischen Menschen. Während wir einen möglichen magischen Effekt anerkennen, dürfen wir nicht die Differenz ignorieren, die besteht zwischen dem kommerziellen Kalkül einer bestimmten Berufsgruppe, die Konsumenten zum Rauchen (oder anderen Aktivitäten) anstiften will, und den kulturellen Usancen einer ethnischen Gruppe oder Gesellschaft, die ganz im Zeichen eines magischen Weltbilds lebt. Und was hier für „Test the West" Geltung hat, gilt *mutatis mutandis* auch für Film, Literatur, Video-Spiele, Comics und andere Kulturprodukte. Ihre Magie ist gewissermaßen geliehen, vorübergehend und unter besonderen Bedingungen gestiftet, also nicht authentisch. Sie ist dem Leben ‚übergestülpt', nicht aus ihm heraus entwickelt. Vielfach (z. B. im Film) ist sie erkennbar fiktionalisiert und wird zum Gegenstand von Unterhaltung, manchmal (z. B. im Okkultismus) lebt sie in prekärer Konkurrenz zum aufgeklärten Weltbild und wird zum Ziel von Spott und Kritik. Wie auch immer: Die Magie ist keine *réalité vécue*, denn das magische Zeitalter gibt es für uns heutige Mitteleuropäer nicht mehr. Es gibt lediglich Menschen, die, ontogenetisch bedingt, für magische Residuen anfälliger sind als andere und sie höher wertschätzen als andere. Auch gibt es Individuen, deren Zwangsvorstellungen Symptome zeigen, die denen des magischen Menschen ungefähr analog sind. Und es gibt Zeitgenossen, die nostalgisch auf eine versunkene Zeit zurückblicken, als das (heute so nüchterne) Leben vermeintlich ‚zauberhaft' war. Woher sonst die Attraktivität von Harry Potter?

Was aber ist ‚echtes' magisches Bewußtsein und wie prägt sich das dazugehörige Weltbild aus? – Evolutionspsychologen sind sich einig, daß die menschliche Seele einen langen Entwicklungsgang durch verschiedene Phasen hinter sich hat und daß das magische Bewußtsein darin eine frühe Phase markiert. Was die Seele durchlaufen hat, ist ein Weg zu allmählich wachsender Bewußtheit ihrer selbst und – virtuell – zur Überwindung unbewußter Fixierung auf ihre Ursprünge. Ist menschliches Leben am Anfang weitgehend ohne Selbst-Bewußtsein – entweder weil es, genetisch betrachtet, noch stark dem Animalischen verhaftet ist, oder weil es, religiös betrachtet, noch im Zustand originärer ‚Unschuld' weilt –, durchläuft es danach einen Wachstums- und Entfaltungsprozeß, der mit mannigfachen Transformationen und Mutationen einhergeht. Was unbewußt war, wird bewußt. Was schlummerte, wird wach. Was im Dunkeln weilte, tritt ans Licht. Was gestaltlos war, formt sich. Was sprachlos war, beginnt zu sprechen. Das magische Bewußtsein gilt als das erste Stadium seelischer Entwicklung nach Verlassen des Urzustands, mithin als frühe Wegemarke in Richtung auf ein bewußtes Menschentum. Natürlich wissen wir über die allerersten Anfänge der seelischen Entwicklung unserer Ahnen recht wenig. Die Ursprünge verlieren sich im Dunkel der Urzeit; ihre Spuren sind schwach und schwer verfolgbar, die empirischen (paläontologischen) Anhaltspunkte für eine Rekonstruktion spärlich. Nur sehr vorsichtig kann man von der Ontogenese auf die Phylogenese ‚zurückrechnen', und nur skizzenhaft lassen sich die Entwicklungslinien zeichnen:

Der Urzustand, der die schwer bestimmbare Schwelle vom Animalischen zum Menschlichen markiert, muß ein Zustand gewesen sein, in dem seelisches Leben sich in der Dumpfheit und Dunkelheit einer kollektiv gebundenen Verfassung abspielte. Es war präpersonal und präverbal – vor der Persönlichkeitsbildung, vor der Sprachbefähigung des Menschen liegend. Vorsichtige Datierungen besagen, daß der Zustand vor drei bis vier Millionen Jahren mit den sogenannten Hominiden begann und vor ungefähr zweihunderttausend Jahren endete. Vegetativ bestimmte Programme und instinkthaft geleitete Verhaltensweisen herrschten vor, die der Seele eine bestenfalls keimhafte Form der Existenz gestatteten. Man kann sagen, das Leben war protopsychisch geprägt, aber psychisch noch unausgebildet. Es war Leben in einer relativ konturlosen, sprich raum- und zeitlosen Welt, deren allumschließender Charakter der Lebenserfahrung eines Embryos im Mutterleib ähnlich gewesen sein muß. Die Seele wußte noch nichts von sich selbst, ihrer zukünftigen Wächter- und Leitfunktion für den Organismus. War diese Existenz auch vielleicht nicht gänzlich unbewußt, so war sie doch bewußtseinsfern – ohne unterscheidbares Ich-Gefühl im Verhältnis zum Weltganzen, ohne geistiges Instrumentarium zur Erfassung und Deutung der Wirklichkeit, ohne Differenzierungsvermögen für Innen und Außen: „Der Urmensch" schreibt Ken Wilber, „ begann seinen Weg eingehüllt in die unbewußten Bereiche von Natur und Körper, von Pflanze und Tier. Er erfuhr sich anfänglich als ununterscheidbar von der Welt, wie sie sich bis dahin entwickelt hatte. Die *Welt* des Menschen, Natur, Materie, pflanzliches Leben und animalische Körper ... waren undifferenziert, eingebettet, miteinander verschmolzen und ununterschieden. Sein Ich war eine naturhafte Welt; seine naturhafte Welt war sein Ich."[15]

In der Tiefen- und Entwicklungspsychologie hat man diesen Zustand vor der seelischen Morgendämmerung „uroborisch" genannt, und zwar deshalb, „weil in ihr [der frühesten Entwicklungssphase] das Symbol des Uroboros, der Kreisschlange, dominiert, das charakteristisch ist für die totale Unabgetrenntheit, in der alles in alles mündet, von allem abhängt und mit allem zusammenhängt."[16] Mit dem Bild der kreisförmigen Verschlungenheit des Uroboros wird zum Ausdruck gebracht, daß für die schlummernde Seele eine Totalität des Lebens be-

---

15 Wilber (1981), S. 38.
16 Neumann (1949), S. 297.

steht, die in sich selbst ruht und um sich selbst kreist – diesseits jeder Fähigkeit, Anfang und Ende in der Zeit, Strukturen im Raum, Ursache und Wirkung im Lebensprozeß unterscheiden zu können. Der uroborische Zustand ist eine Daseinsform, in der als Folge vollkommener Abwesenheit identitätsstiftender Funktionen und kategorienbildender Fähigkeiten das Leben rezeptiv erfahren, aber noch nicht bewußt aktiv gestaltet werden kann. Es herrscht eine psychophysische Verschmelzung, die bewirkt, daß seelische Impulse sich körperlichen Regungen anverwandeln und umgekehrt, und die es noch nicht zuläßt, daß sich Geistiges und Stoffliches sondern. Der Mensch ist dem geheimnisvollen Wirken einer umfassenden *Wirk*-lichkeit ausgesetzt, ohne ihr denkend und deutend den eigenen Stempel aufprägen zu können.

Aus ihrem eigenen Potential im Austausch mit der Umwelt schöpfend, verharrt die Psyche indes nicht in diesem Zustand unbewußt undifferenzierter Einheit, sondern begibt sich auf den Weg energetischer Transformationen, der sie zur allmählichen Entwicklung und Ausdifferenzierung ihrer selbst führt. Die Morgendämmerung des Seelenlebens bricht an. Sie gestattet ein schrittweises Heraustreten aus dem Dunkel höhlenhafter Geborgenheit und bewirkt zaghafte Lösung aus dem Bannkreis unbewußter Befangenheit. Der Mensch beginnt, sich seiner eigenen Existenz bewußt zu werden und, obwohl noch immer auf das innigste mit ihr verflochten, sich als von der Welt getrennt zu sehen. Im diffusen Licht erster geistiger Erleuchtung wird er seiner selbst gewahr, ertastet sich die Orientierung und erfährt die Wirklichkeit nicht mehr als einfach nulldimensioniert, sondern schon als schemenhaft strukturiert und konturiert. Von einer Kreatur, die von Naturkräften ergriffen wird, entwickelt er sich zu einem Wesen, das anfängt, die Natur selbst zu begreifen. Ihm gelingt es, sich vom Uroboros zu emanzipieren und seinem Einfluß naturgebundener Ganzheitlichkeit *peu-à-peu* den Anspruch seelischer Differenziertheit entgegenzusetzen. Die präpotente Macht des Unbewußten wird eingeschränkt dadurch, daß seinem Herrschaftsbereich Energien entzogen werden, die zur Stärkung ich-bildender Kräfte neuen Einsatz finden. Es sind Anzeichen einer Tendenz erkennbar, die Dominanz unifizierender Kräfte zu brechen und einen Prozeß diversifizierender Strebungen in Gang zu setzen. Es werden erste zaghafte Willenskräfte mobilisiert, um Handlungs- und Verteidigungsbereitschaft in der Innenwelt gegenüber den Bedrohungen aus der Außenwelt zu entwickeln.

Was in der Bewußtseinsevolution auf den *uroborischen* Zustand folgt, ist die ihn transzendierende *magische* Phase. Hier beginnt das spezifisch Humane. Man muß sich freilich im klaren darüber sein, daß dieser Phase noch kaum etwas von der geistigen Freiheit und Beweglichkeit eignet, die wir Heutigen mit dem *homo sapiens* in Verbindung bringen. Zwar ist der Mensch nun nicht mehr bloß naturhaft mit der Welt verschmolzen, doch bleibt er auf vielerlei Weise magisch mit ihr verbunden. Das heißt, er ist seelisch eingebettet in ein Beziehungsgeflecht wirkender Kräfte, die ihn durchdringen und die sein noch schwaches Ego seinerseits zu durchdringen trachtet. Die Seele gehört gewissermaßen noch nicht sich selbst – dazu ist sie zu wenig verinnerlicht –, sondern partizipiert an größeren Einheiten und höheren Mächten: der schützenden Gruppenseele der Sippe einerseits und der furchteinflößenden Macht der Dämonen andererseits. Obwohl danach strebend, den Bann des Unbewußt-Naturhaften und Ungeteilt-Welthaften zu brechen, ist das Seelenleben durchaus noch bestimmt von kollektiven Mächten, die die Grenzen des Individuums überschreiten und ihm einen bescheidenen Platz in der Totalität von Natur und Gemeinschaft anweisen. Und obgleich der Prozeß der Sonderung von Subjektivem und Objektivem, Geistigem und Körperlichem zaghaft begonnen hat, herrscht nach wie vor eine enge Verflochtenheit von Innen und Außen, von Seele und Natur. Das Subjekt spiegelt sich noch stark im Objekt, das Objekt bemächtigt sich leicht des Subjekts. Über ein verzweigtes Netz sympathetischer Beziehungen ist das Lebenwesen Mensch gleichsam verwoben mit anderen Lebewesen – seien sie real wie die Pflanzen und Tiere, seien sie eingebildet wie die Dämonen. Menschheit und Menschsein sind aufgehoben in einem Universum allbeseelter und -belebter Mächte, in dem sämtliche Einzelkreaturen wie an einen Stromkreis angeschlossen sind, der sie durchpulst. Als „participation mystique" hat der Ethnologe Lucien Lévy-Bruhl dieses Verflochtensein alles Lebendigen bezeichnet.[17] Es handelt sich dabei um einen Vitalkonnex, den das magische Bewußtsein herstellt, um trancehaft mit der Realität zu verschmelzen. Der logisch denkende, sprachbegabte, Begriffe prägende, reflektierende, analysierende Geist ist noch nicht auf die Bühne des Entwicklungsgeschehens getreten. „Magie ist Tun ohne Wissen", hat der Romanautor Gustav Meyrink einmal geschrieben.[18]

In dieser Phase prägt kein festgefügtes, intellektuell entworfenes Koordinatensystem das Leben, sondern ein aus seelischer Teilhabe erwachsender pandämonistischer Zauber. Hier leitet kein gedanklich gefaßtes Bestimmtes den Menschen, sondern ein numinos wirkendes Unbestimmtes. In der magischen Welt ist Göttliches nicht von Menschlichem, Menschliches nicht von Tierischem, Tierisches nicht von Pflanzlichem kategorial abgetrennt. Die Dinge befinden sich in einem Strom, in dem alles, sich wandelnd, alles sein und auf alles wirken kann. Sofern der Geist sich befähigt sieht, die Totalität der Welt zu deuten, bedient er sich magischer Bilder und sakraler Symbole, die ihrem vitalen Urgrund stark verhaftet sind. Sofern er Versuche unternimmt, der Macht der Natur seine eige-

---

17 Lévy-Bruhl (1966), S. 37.
18 Zit. nach Gebser (1986), S. 105.

ne Macht entgegenzusetzen, entwickelt er Rituale, die beobachtete Vorgänge imitieren und deren geheimnisvollen Abläufe zur Machtaneignung zelebrieren. Beschwörung statt Erklärung ist, formelhaft verkürzt, der vorherrschende *modus operandi* des magischen Menschen zur Lebenssicherung und Naturbewältigung. Die Gestirne nehmen Einfluß auf den Lauf des Lebens, also versucht der Mensch, Einfluß auf den Lauf der Gestirne nehmen. Die Fruchtbarkeit der Erde bestimmt das Wohlergehen des Stammes, also versucht der Stamm, die Fruchtbarkeit der Erde zu beschwören. Das Wetter prägt die Lebensbedingungen, also muß man für den Eintritt günstiger Bedingungen ‚gutes Wetter machen'. Die Tiere leben als engste kreatürliche Nachbarn der Menschen, also versuchen die Menschen, sich die Eigenschaften solcher Kreaturen anzueignen. Allenthalben sind es solche vitalen Korrespondenzen, die, vom analogisierenden und assoziierenden ‚Denken' gestiftet, das Lebensgefühl und den Lebensablauf im magischen Zeitalter bestimmen – Sympathie im ursprünglichen Sinne des Wortes.

Allenthalben ist die magische Welt eine Welt von erstaunlicher Durchlässigkeit und Wandelbarkeit. Die Dinge fließen, gehen ineinander über und wechseln ihre Gestalt. Ist unser gegenwärtiges Weltbild ein Bild der relativ festgefügten Klassen und Kategorien, der Identitäten und Objektivitäten, in dem wir glauben, objektive Erscheinungen hinreichend von subjektiven Vorstellungen sondern zu können, ist das magische Bild ein solches der Fluktuationen und Impressionen, die in keine durchgängig festgefügte Ordnung überführt werden können. Das Kosmische verschmilzt mit dem Geistigen, das Geistige durchdringt das Naturhafte, das Naturhafte bestimmt das Gesellschaftliche, und dieses ist wiederum nicht trennbar von seinen religiösen, moralischen, sozialen u. a. Komponenten. Ein gigantisches, wechselvolles Spiel psychischer Kräfte findet statt. Mikro- und Makrokosmos spiegeln einander und unterliegen denselben ‚Gesetzen'. Alles besitzt Implikationen für alles andere; alles basiert auf magischen Entsprechungen und Beeinflussungen. Es ist ein schlechthin Fließendes und Flüchtiges, das sich jedem Versuch widersetzt, an ihm scharfe Konturen zu unterscheiden und stabile Grenzen zu errichten. Der magische Mensch hat keinerlei Bedürfnis für klare Abgrenzungen, feste Kategorienbildungen oder abstrakte Bestimmungen. Viel zu sehr fühlt er sich einer lebendigen Natur verpflichtet, um intellektuell irgendwelche Konzepte oder Kategorien bilden zu können. Es fehlt ihm jede feste Grenzscheide zwischen dem bloß Vorgestellten und dem wirklich Wahrgenommenen, zwischen Materiellem und Ideellem, zwischen Bild und Sache. Infolgedessen präsentiert sich seine Welt als um vieles plastischer und changierender als die unsere – von Kräften durchwirkt, die es allenthalben gestalten und verändern, auflösen und neu bilden. In dieser ungeteilt-unteilbaren Wirkungssphäre finden ständige Übergänge statt. Hier kann prinzipiell alles aus allem anderen hervorgehen und alles zu allem anderen werden: Götter zu Menschen, Menschen zu Tieren, Tiere zu Pflanzen, Pflanzen zu Steinen und umgekehrt. Es kann die Welt aus dem Panzer einer Schildkröte gebildet werden; es kann die Sonne aus einem großen Stein entstehen; es können Menschen aus tierischen Vorfahren kreiert werden, wie umgekehrt Tiere sich auch zu Menschen wandeln können, usw. Eine verläßliche Differenzierung von Individuen ist dieser Anschauung tatsächlich fremd, da für das Leben ohne Bedeutung, eine kategoriale Zuordnung zu Art und Gattung nach Maßgabe bio- oder zoomorpher Systeme nicht existent, da der Erfahrung des Lebensflusses widersprechend. Was sich hier ausdrückt ist das Prinzip der *Metamorphose*, ein Phänomen, das Zeugnis ablegt von dem, das niemals *ist*, sondern ständig *wird*, von einer Welt, die nicht (wie die Gebilde der logisch-empirischen Erkenntnis) in relativer Bestimmtheit verharrt, sondern von Moment zu Moment als eine andere zu erscheinen vermag – je nach dem Willen der Mächte, denen das Werk der Gestaltung und Zerstörung obliegt, je nach den Wünschen und Ängsten der Menschen, die ihr Inneres auf das Äußere projizieren. Metamorphosen spiegeln eine Auffassung der Natur, die dem Bewußtsein als von zauberisch-verwandlerischen Kräften beherrscht erscheint und diese Erscheinung bildhaft konkretisiert. (Noch im 17. Jahrhundert gründet das obsessive Interesse der Alchimisten an der Herstellung des Edelmetalls Gold nicht auf dem schnöden Wunsch, sich bequem Reichtümer zu verschaffen, sondern auf einer Naturlehre des Wandels, wonach die stoffliche Welt hierarchisch gegliedert ist und die niederen in die höheren Formen und umgekehrt transformierbar sind. Die Alchimie ist das langlebigste wissenschaftliche Kind der Magie.)

Der „participation mystique" zugehörig ist das *animistische* Lebensgefühl. Animismus (von lat. *Anima* = die Seele) ist das Prinzip universaler Beseeltheit und Belebtheit. Alles Seiende bildet ein lebendiges Kontinuum, auf dem Spirituelles und Materielles, Belebtes und Unbelebtes, Humanes und Nicht-Humanes an einem energiespendenden Lebensstrom teilhaben. Auf diesem Kontinuum walten Kräfte, die weniger als objektive Auswirkungen naturhafter Prozesse in Erscheinung treten als vielmehr die subjektiven Erscheinungsformen projizierter und introjizierter Impulse darstellen, welche die Psyche in Form von Angst und Wunschvorstellungen bewegen. Daher werden alle Beziehungen zwischen Mensch und Kosmos, Mensch und Natur, Mensch und Mitmensch dem gleichen Prinzip des Beseeltseins unterworfen. Der Animismus, auch Pandämonismus genannt, entspringt der Disposition der jungen Seele, sämtlichen Dingen dieser Welt dämonische Beweggründe zuzuschreiben, spezifische Wirk- und Zauberkräfte, die wesentlich nach dem Vorbild der eigenen Empfindungen und Strebungen strukturiert sind, freilich ohne daß diese Zusammenhänge psychologisch

durchschaut und ohne daß die zugrundeliegenden Ursache-Wirkungs-Verhältnisse erkannt würden. „Das anfängliche Universum ist kein Geflecht kausaler Sequenzen, sondern eine Ansammlung von Ereignissen, die als Verlängerung der eigenen Aktivität auftauchen", stellt der Entwicklungspsychologe Jean Piaget fest.[19]
Der Animismus/Pandämonismus entsteht aus der Projektion des dramatisch-dynamischen Geschehens im eigenen Innern in die wahrgenommenen Ereignisse im fremden Äußeren, zugleich aber auch umgekehrt aus der Introjektion bewegender Beobachtungen des Äußeren in die auf psychische Resonanz gestimmte Welt des Inneren. Der Schauplatz der Welt ist das Spiegelbild der Seele und umgekehrt – ein Szenarium für Wunder, Mysterien und Schrecknisse der verschiedensten Art. Für das so konstituierte Bewußtsein ist schlechthin nicht denkbar, daß die umgebende Wirklichkeit nach anderen ‚Gesetzen' operieren könnte als die es selbst bewegenden Impulse; es kann sich nicht vorstellen, daß es Objekte oder Phänomene geben könnte, die entweder eines Seelenlebens gänzlich entbehren oder deren Seelenleben nach anderen Prinzipien als den eigenen abläuft, wobei solche Vorstellung eben nichts *Psychologisches* im heutigen Sinne an sich hat, sondern aus einem Weltgefühl erwächst, welches das Dasein allenthalben und gleichermaßen als belebt ansieht – die höheren wie die niederen Formen, das Organische wie das Anorganische. Es herrscht eine einfache, alles umspannende Analogie. Unbelebte Materie, tote Objekte, indifferente Natur – das sind Vorstellungen, die dem Animismus ganz und gar fremd sind.
Beseelt sein heißt geistige Potenz besitzen, und geistige Potenz besitzen heißt Macht ausüben können. Aus dieser Matrix erwächst im magischen Weltbild der Geisterglaube. Geister sind die ‚natürlichen' Erscheinungsformen einer Wahrnehmungs- und Glaubensdisposition, die jederzeit imstande ist, das Innen nach außen zu kehren, das Halluzinierte als das Perzipierte anzunehmen und damit das zwanghaft Vorgestellte zum faktisch Gegebenen zu münzen. Geister – mögen sie als Dämonen, Gespenster, Kobolde, Feen, Heinzelmännchen oder anders erscheinen – sind die symbolischen Produkte einer Welterfahrung, die impulsiv dazu neigt, Gefühlsregungen so in Bildvorstellungen zu verwandeln, daß ihnen zweifelsfreie Realität zukommt. (Eben dies geschieht – werbepsychologisch transformiert – mit der oben erwähnten Zigaretten-Fee, sofern wir sie als Manifestation eines ‚magischen' Wunsches nach Nikotingenuß ernstnehmen.) Das Mitschwingen des magischen Menschen in Natur- als Psychoprozessen macht die Geister zu allgegenwärtigen und allmächtigen Wesen, und aufgrund dieser Gegenwärtigkeit und Mächtigkeit werden sie zu regulierenden Kräften in Natur und Gesellschaft. Ihnen wird Glaube und Respekt gezollt. Edward Tylor, Pionier

---

19 Piaget (1975), S. 212.

der Animismus-Forschung, schreibt: „Geisterwesen, so glaubt man, beeinflussen und kontrollieren die Geschehnisse der materiellen Welt ebenso wie das menschliche Leben im Diesseits und Jenseits; und da man annimmt, daß sie mit Menschen verkehren, Gefallen oder Mißfallen an menschlichen Handlungsweisen finden, führt früher oder später der Glaube an ihre Existenz natürlich und – wie man sagen könnte – zwangsläufig zu aktiver Verehrung und Beschwichtigung."[20]

Der magische Mensch fühlt und denkt so, daß er auf alle imaginären Wesen, mit denen er sich irgendwie identifiziert, sein eigenes Bild projiziert, so daß zwischen den imaginären Wesen und dem sie hervorbringenden Menschen eine dynamische Beziehung entsteht, die im animistischen Geisterglauben hervortritt. Geister als die Symbole einer allbeseelten Welt sind somit die Vorstufen einer Identifizierung des Selbst mit der Seele, Anzeichen eines keimenden Ichs mit dämmernder Bewußtheit, Vorschein einer Differenzierung von Ich und Nicht-Ich. Indem das relativ Konturlose langsam Konturen gewinnt, schält sich allmählich das spezifisch Humane heraus. Es entäußert sich der menschliche Geist; denn wie übernatürlich, phantastisch, irrational, abergläubisch uns seine Entäußerungen auch immer anmuten mögen, sie tragen das Signum des Menschlichen auch dort, wo sie noch den groteskesten Verzerrungen und wahnhaftesten Entstellungen unterliegen. Somit haben wir es bewußtseinsgeschichtlich schon mit ersten zaghaften Emanzipationsversuchen des menschlichen Geistes zu tun, die über die Jahrtausende zunehmend an Momentum und Richtungsstabilität gewinnen. Der Geist beschwört die guten Geister und versucht, die bösen zu bannen, um seine eigene Macht zu sichern. Er bannt das Außen, um das Innen zu stabilisieren. Im Grunde beschwört er sich also selbst. Jean Gebser schreibt: „ Alle Mantik, aller Zauber ... und alle jene unzählig vielfältigen anderen Formen, in denen der magische Mensch der Natur zu begegnen versucht, haben hier ihre Wurzel. Und nicht nur unsere Maschinen und unsere Mechanik, auch die heutige Machtpolitik entspringen letztlich dieser magischen Wurzel: die Natur, die Umwelt und die Anderen müssen beherrscht werden, damit der Mensch nicht von ihnen beherrscht werde."[21]

Das führt uns zu einer wichtigen Erkenntnis: Das scheinbar Übernatürliche der Geister ist keineswegs übernatürlich; vielmehr ist es das Natürliche unter bestimmten evolutionspsychologischen Bedingungen sinnlicher Wahrnehmung und magischen Glaubens. Die Evolution kennt zwar allerlei Besonderheiten und Ungereimtheiten, sie kennt Krankhaftes und Unerklärliches, aber sie kennt kein

---

20 Tylor (1913), Bd. 2, S. 426 - 427.
21 Gebser (1986), S. 88, 96.

Übernatürliches. Das vermeintlich Übernatürliche ist in Wahrheit ein Aspekt des Natürlichen, d. h. der anthropopsychischen Tendenz, der gesamten Welt den Stempel des eigenen Seelenlebens aufzuprägen, sie danach zu deuten und zu beherrschen. Übernatürlich würden die Geister erst dann, wollte man sie als eigenständige Wesenheiten postulieren, deren Unabhängigkeit von psychodynamischen Prozessen beweisbar wäre. Solches Postulat gehört zu den Irrtümern der Okkultisten und Spiritisten; denn, wie selbst Hans Bender, Deutschlands großer Experte für Paranormales, betont: „Die Existenz eines ‚leibfreien' Psychischen ist niemals von der Parapsychologie nachgewiesen worden." [22]

Dies impliziert gleichzeitig, daß es Geister (in einem bestimmten Sinne) tatsächlich gibt. Ihr spöttisches Belächeln von seiten des sich aufgeklärt dünkenden Bewußtseins rechtfertigt sich nicht mit dem Wissen um die Nicht-Existenz der Geister, sondern bestenfalls mit dem Wissen um eine evolutionär erklommene Bewußtseinsstufe, die im Normalfall ohne Geister auskommt. Der Glaube wird zum Aberglauben, die Magie zum Hokuspokus nicht durch den rational geführten Beweis ihrer Lächerlichkeit, sondern durch mentale Überwindung im Zuge fortschreitender Erkenntnis ihrer Unbrauchbarkeit oder Unzweckmäßigkeit. Die Geisterwelt ist keineswegs ein Kuriositätenkabinett menschlicher Narretei, sondern ein (halb)versunkenes Land seelischer Erfahrung. Es ist dumm, den Geisterglauben zu belächeln; denn solches Belächeln reflektiert eine intellektuelle Überheblichkeit, eine fragwürdige psychische Erhabenheit, welche gegenüber den Tatsachen der Bewußtseinsgeschichte blind ist. Nicht selten kehren die Geister nämlich zurück, um – in dieser oder jener Gestalt, unter diesen oder jenen Bedingungen – ‚angestammte Rechte' einzufordern. Nicht selten werden wir von ihnen überrumpelt, ohne darauf gefaßt zu sein. Shakespeare wußte das, ebenso wie Goethe, E.T.A. Hoffmann, Charles Dickens, Heinrich Heine, Henry James oder Stephen King in unserer Zeit. Eltern, die ihre Kinder unvoreingenommen beobachten, wissen das. Psychiater, die Zwangsvorstellungen von Patienten zu kurieren versuchen, ebenso. Mag der aufgeklärte Mensch sich auch gegen diese Sendboten des magischen Zeitalters gewappnet wähnen und jeden Spuk verspotten – die Spuren des Animismus sind zu tief in das seelische und kulturelle Leben eingezeichnet, als daß ihre Transzendierung effektive Ausmerzung bedeuten könnte. Der Schriftsteller H. P. Lovecraft bemerkt: „... die Empfindsamen sind immer unter uns, und bisweilen überfällt eine seltsame Anwandlung von Phantasie einen dunklen Winkel selbst des allerdicksten Schädels, so daß kein Aufwand an rationaler Erklärung, an Reform oder freudscher Analyse den lockenden Reiz des Kamingeflüsters oder der Waldeinsamkeit ganz aus der Welt schaffen kann." Für Lovecraft handelt es sich um ein untilgbares Huma-

---

22 Bender (1970), S. 63.

num, ein Gattungsmerkmal, das tief im geistigen Erleben der Menschheit verwurzelt und „viel zu sehr Bestandteil unseres innersten biologischen Erbes [ist], als daß es an zwingender Macht verlieren könnte... ."[23]

Bei nüchterner Einschätzung aus heutiger Sicht präsentiert sich das magische Bewußtsein freilich als höchst ambivalent. Denn die *participation mystique* bedeutet – auf der einen Seite – eine naturhafte Eingebundenheit im Sinne humaner Beschränktheit. Der magische Mensch steckte in Fesseln, die sein Nachfahre abgeworfen hat. „Seine Majestät, das Ich," wie Sigmund Freud das Ego halb spöttisch, halb respektvoll anredete,[24] existierte noch nicht, und die geistige Autonomie, auf welche sich die Philosophen der Aufklärung so viel zugute halten, war noch in weiter Ferne. Die quasi embryonale Seele mußte allerlei Zwänge durchleben, die notwendig als angsteinflößend oder quälend empfunden wurden. Terror und Panik dürften an der Tagesordnung gewesen sein, wo Naturkräfte als Dämonen tobten, die sich nicht einfach bannen ließen. Von Selbstbestimmtheit des Verhaltens und Durchschaubarkeit von Naturvorgängen konnte noch keine Rede sein. Der Dämonenglaube setzte unabweisbare äußere Realitäten – und keineswegs nur freundliche.

Andererseits bedeutete das partizipative Verhältnis eine Befähigung zu Wahrnehmungen und Orientierungen, die uns Heutigen zumeist abgehen. Der magische Mensch war mit einem feinen Sensorium für Naturprozesse ausgestattet, das seinem aufgeklärt-urbanen Nachfahren kaum mehr zu Gebote steht. Wir haben es bei den Transformationen unseres Seelenhaushalts durchaus nicht mit einer unanfechtbaren Fortschrittsbilanz, sondern eher mit einer Gewinn-Verlust-Rechnung zu tun. Ethnologen sind heute sehr zurückhaltend, wenn es um die Beschreibung von Menschen geht, die frühere Forschergenerationen bedenkenlos als „Primitive" etikettierten. Sie wissen: Was als „Primitivität" galt, war vielfach unverstandene Andersartigkeit. Was als „Hokuspokus" abgetan wurde, war in Wirklichkeit unverstandene Kulturtechnik. Verbürgte Fähigkeiten des magischen Menschen betreffen zum Beispiel telepathische Wahrnehmungen, Fern-Sehen und Fern-Wissen, über deren zerebrale Bedingungen Parapsychologen und Neurologen sich heute noch den Kopf zerbrechen, die selbst von den hartgesottensten Rationalisten aber nicht geleugnet werden können. Sie betreffen auch Kommunikations- und Austauschprozesse mit Fauna und Flora, die man am besten mit der Ursprungsbedeutung des Begriffs *Kommunion* beschreibt. In totemistischen Riten erleben wir Grenzüberschreitungen zur Tierwelt, die, wollten wir sie als bloße Einbildungen abtun, ein gehöriges Maß an

---

23 Lovecraft (1987), S. 8.
24 Freud (1941c), *G. W.* Bd. 7, S. 220.

kultureller Arroganz reflektierte. In mentalen Exerzitien erleben wir Fähigkeiten, die, wollten wir sie einfach in Frage stellen, nichtsdestoweniger ‚real' blieben. Die im Leben von Naturvölkern zentralen Medizinmänner oder Schamanen behaupten z. B. mit großer Regelmäßigkeit, daß sie „fliegen" können – sowohl im Diesseits als auch im Jenseits, und in der Ethnopsychiatrie wird seit langem heftiger Streit über die Frage geführt, was es mit diesem Phänomen auf sich hat. Leugnen läßt es sich nicht, aber sich auf eine Erklärung einigen kann man auch nicht: Sind es Träume, Halluzinationen, Trance-Zustände, Sinnestäuschungen, Einbildungen oder noch andere, übersinnliche Vorgänge, die hier ein echtes Mysterium begründen? Jedenfalls muß es mit der Naturnähe des magischen Menschen und der starken energetischen Besetzung seines Unbewußten zusammenhängen, daß er über Kräfte verfügte, die der ich-zentrierte, auf Logik und Vernunft gepolte Mensch der Neuzeit weitgehend eingebüßt hat. Ohne Frage gibt es naturbedingte Mehrleistungen, die der magische Vorfahr uns Spätgeborenen voraus hatte. Man kann diese Phänomene zu den parapsychologischen oder mysteriösen Erscheinungen rechnen, an denen sich Wissenschaftler seit Jahrzehnten die Zähne ausbeißen; aber man muß sich davor hüten, zwischen Magischem und Parapsychologischem ein Gleichheitszeichen zu setzen, wie dies populärwissenschaftlich oftmals geschieht.[25] Das Magische ist eine Bewußtseinsform, die in der Urzeit des Menschen dessen ‚normale' Geistesverfassung darstellt und uns Heutigen residual in dieser oder jener Form erhalten geblieben ist. Das Parapsychologische ist ein Komplex seelischer und/oder neuronaler Erscheinungen, die – unabhängig von ihrem zeit-räumlichen Auftauchen – keiner befriedigenden wissenschaftlichen Erklärung zugeführt werden können.

Vor einigen Jahren wurde die intellektuelle Welt des Westens ‚aufgeschreckt' durch eine Buchserie, die der (aus Peru stammende) amerikanische Anthropologe Carlos Castañeda veröffentlichte: den achtbändigen Don-Juan-Zyklus.[26] Als authentische Feldforschungsberichte eines Ethnologen ausgegeben, in Wirklichkeit aber eher so etwas wie Wissenschaftsallegorien, verstanden sich die Bücher als Einführung in das magische Weltbild der in Mexikos Sonora-Wüste lebenden Yakui-Indianer. Der Zyklus war ein großangelegter Versuch der Aktualisierung dieses Bildes, gleichzeitig jedoch eine kühne Herausforderung an den abendländischen Rationalismus. In einer kecken Kampfansage an alle, die ihren wissenschaftlich fundierten Wirklichkeitsbegriff für den einzig maßgeblichen

---

25 Vgl .z. B. Langbein (o. J.)
26 Deutsch unter den Titeln *Die Lehren des Don Juan, Eine andere Wirklichkeit, Reise nach Ixtlan, Der Ring der Kraft, Der zweite Ring der Kraft, Die Kunst des Pirschens, Das Feuer von innen* und *Die Kraft der Stille*, sämtlich beim S. Fischer Verlag 1980 ff. erschienen.

halten, zeigte Castañeda den Riß im Universum, der durch Entfremdung von den Wurzeln des Bewußtseins eingetreten ist. Nicht nur war das magische Weltbild aus seiner Sicht weit davon entfernt, obsolet zu sein, sondern es besaß in seiner Andersartigkeit gegenüber dem aufgeklärt-empirischen Bild sogar mannigfache Überlegenheit. Die Kontroverse um den Zyklus war dementsprechend heftig. In der Arena der Auseinandersetzungen kämpften nicht nur Ethnologen und Anthropologen, sondern auch Philosophen, Kulturhistoriker, Psychiater, Religions- und Literaturwissenschaftler. Die Voten schwankten zwischen dem Vorwurf wohlfeiler Scharlatanerie und dem Respekt vor genialer transkultureller Phänomenologie.

Im Mittelpunkt des Zyklus stehen der alte Yakui-Indianer Juan Matus, wegen seiner Weisheit Don Juan genannt, und der junge Ethnologie-Student Carlos, offenkundig Castañedas *alter ego*. Don Juan ist ein „brujo", ein Zauberer oder Schamane, der das uralte geheime Wissen seines Stammes tradiert, den „Yakui-Weg des Wissens". Als weiser und gestrenger Meister der Magie führt er den zähen Rationalisten Carlos in die andere, die „nicht-alltägliche Wirklichkeit" der Zauberer ein. Dazu schickt er seinen Initianden durch eine Serie von Drogentrips in der Wüste von Sonora auf den „Weg des Wissenden", befähigt ihn zu allerlei unerklärlich-übersinnlichen Wahrnehmungen und erschüttert nachhaltig seine Ansichten von der Wirklichkeit. Er lehrt ihn aus dem Erfahrungsschatz der Zauberer die Anwendung alternativer Bewußtseinstechniken (mit und ohne Drogeneinfluß), diskutiert scharfsinnig die (aus seiner Sicht) brüchigen, da viel zu einseitigen Prämissen im Weltbild des „Westmenschen" und verhilft seinem Schüler zu einer gründlichen Revision seiner weltanschaulichen Perspektiven. Carlos lernt in einer sechs Jahre währenden Umerziehung eine ihm völlig neue innere Ordnung kennen. Die Einweihung in das Yakui-Wissen wird zu einer systematischen Demontage seiner Gewißheit, „daß wir die Realität des alltäglichen Lebens als Gegebenheit hinnehmen dürfen" und „daß unsere vom gesunden Menschenverstand diktierten Ansichten über die Welt endgültig seien". Denn anders als die dem „Westmenschen" vertraute Alltagswelt besteht Don Juans magische Wirklichkeit nicht aus unbewegten Körpern als diskreten Objekten in Raum und Zeit, sondern aus einem bewegten Netz von Mächten und Kräften, die über raumzeitliche Fixierung erhaben sind. Keine Entitäten als festumschriebene Phänomene befinden sich im Zentrum seines Realitätsbewußtseins, sondern Fähigkeiten und Formen als Quellen transformativer Energie. Diese Wirklichkeit kennt Metamorphosen und Mirakel, sie ist bis auf den heutigen Tag animistisch, ein Spiegel dessen, was einst die Geistesverfassung der Mehrheit der Menschheit war.

„Ich zeige dir", kündigt Don Juan an, „wie man eine Krähe wird" – und tatsächlich fühlt Carlos als gelehriger Schüler wenig später, wie ihm Vogelbeine wachsen, wie ein Schwanz aus seinem Nacken und Flügel aus den Wangenknochen sprießen und schließlich sogar seine Augen die Umgebung vogelartig in seitlicher Richtung betrachten. Er breitet die Flügel aus und fliegt: „Das letzte Bild, an das ich mich erinnere, waren drei silberne Vögel. Sie strahlten ein leuchtendes, metallenes Licht aus, beinahe wie nichtrostender Stahl, aber stark, sehr lebhaft und bewegt. Ich mochte die Vögel, wir flogen zusammen."[27] Er unterhält sich in aller Freundschaft mit einem Coyoten, trifft auf eine riesige Mücke, die mit ihren Flügeln nach seinen Augen schlägt, und fühlt sich vom Wind, von den „Wesen der Nacht" und einem mannsgroßen Nachtfalter verfolgt. Die schwarze Magierin La Catalina, die Don Juan ihm als „würdige Gegnerin" bestimmt hat, fordert ihn bald in Gestalt eines Hundes, dann wieder als Amsel zum Kampf auf Leben und Tod heraus.

Es verwundert nicht, daß Carlos nach solchen ‚Reisen' unter quälenden Zweifeln an der Glaubwürdigkeit seiner Wahrnehmung leidet. Da scheinen die Gesetze der Physik und der Logik außer Kraft gesetzt; da spottet die Raumvorstellung der Zauberer der euklidischen Geometrie; da läuft die Zeit bald vorwärts, bald rückwärts oder bleibt einfach stehen; da sind feste Körper auf einmal so transparent, daß sie buchstäblich durch-schaut werden können; da erscheint das Zusammentreffen widersprüchlicher Ereignisse als ein einziger Hohn auf den aristotelischen Satz vom Widerspruch. Es kann ein Mensch sowohl ein Mensch als auch plötzlich ein Vogel oder ein Coyote sein; es können Objekte wie Vogelfedern oder Maiskörner ganz gewöhnliche Gegenstände, unter anderen Bedingungen dann aber auch bedeutungsschwere Symbole sein. Wunder über Wunder fast wie in *Alice im Wunderland.* Ist das auch wirklich geschehen? fragt Carlos seinen Lehrer immer wieder. Ist das auch wirklich alles wahr? Bin ich wirklich geflogen, war ich wirklich eine Krähe, habe ich wirklich mit dem Coyoten gesprochen? Wenn die Welt der Zauberer und die Alltagswelt inkompatibel sind, welche Welt ist dann real? Folgender typischer Dialog:

„Wirklich, Don Juan, du und ich sehen die Dinge verschieden. Angenommen, um nur ein Beispiel zu geben, einer, mit dem ich studiere, wäre hier bei mir gewesen, als ich das Teufelskraut nahm. Wäre es ihm möglich gewesen, mich fliegen zu sehen?"
„Da bist du wieder mit deinen Fragen, was würde geschehen wenn ... Es ist sinnlos so zu reden. Wenn dein Freund oder irgendjemand anders die zweite Dosis des Krauts nimmt, kann er nicht anders als fliegen. Wenn er dich also nur beobachtet hätte, hätte er dich vielleicht fliegen sehen oder auch nicht. Das hängt von ihm selbst ab."
„Aber ich meine, Don Juan, wenn du und ich einen Vogel fliegen sehen, sind wir uns einig, daß er fliegt. Aber wenn zwei meiner Freunde mich hätten fliegen sehen, wie ich es letzte Nacht tat, hätten sie dann beide geglaubt, daß ich geflogen bin?"

---

27 Castañeda (1980), S. 138.

„Ja, vielleicht. Du glaubst, daß Vögel fliegen, weil du sie fliegen siehst. Fliegen ist eine bekannte Sache bei Vögeln. Aber du stimmst nicht anderen Dingen zu, die Vögel tun, weil du sie niemals bei Vögeln gesehen hast. Wenn deine Freunde von Männern wüßten, die mit dem Teufelskraut fliegen, würden sie sich einig sein."

„Ich will es noch anders sagen, Don Juan. Ich wollte sagen, wenn ich mich mit einer schweren Kette an einem Felsen festgemacht hätte, wäre ich dann genauso geflogen, weil mein Körper nichts mit meinem Fliegen zu tun hatte?"

Don Juan sah mich kopfschüttelnd an. „Wenn du dich an einen Felsen kettest", sagte er, „dann, befürchte ich, wirst du mit einem Felsen an seiner schweren Kette fliegen müssen."[28]

Zwei Aspekte verdienen, unabhängig von Castañedas ‚Philosophie', Betonung:

1.Es gibt keine mental und kulturell ungefilterte Wahrnehmung von Wirklichkeit. Es gibt keine von inneren Dispositionen unabhängige Außenwelt. Es gibt kein für alle Menschen verbindliches Regelwerk als „Kulturgrammatik". Don Juan macht deutlich, daß die erlebte Welt durch mental entwickelte und kulturell definierte Praktiken des Wahrnehmens, Fühlens, Denkens und Handelns usw. erst reflexiv hervorgebracht wird. Das Innen setzt das Außen, denn selbst, wenn wir annehmen, daß es das Außen unabhängig vom Innen gibt, haben wir keine Möglichkeit, dies objektiv zu überprüfen; denn wir können nicht aus der Kapsel unseres Menschseins und seiner Bindung an ein Bewußtsein heraustreten. Die Frage, ob es Zauberei gibt oder nicht, ob Menschen fliegen können oder nicht, läßt sich deshalb nicht an irgendwelchen vermeintlich objektiven Kriterien festmachen, sondern muß auf den Bewußtseinshorizont derjenigen bezogen werden, die sie innerhalb der von ihnen gesetzten Grenzen beantworten. Und diese, stets bewußtseinsabhängigen Grenzen sind variabel und relativ. In ihren Bezirken ist das aktivierbar, was ein gegebenes mentales Potential jeweils als aktivierbar zuläßt. Hans Peter Duerr, der sich intensiv mit Castañeda auseinandergesetzt hat, schreibt:

Wir fliegen weniger, als daß unsere gewöhnlichen ‚Ich-Grenzen' verfliegen, und so mag es durchaus sein, daß wir uns plötzlich an Orten wiederfinden, an denen unser ‚Alltagsleib', dessen Grenzen sich nicht mehr mit den Grenzen unserer Person identifizieren, sich *nicht* befindet. Eine derartige Erweiterung unserer Person könnte sicher mit einem Wort wie ‚fliegen' umschrieben werden, was vermutlich nur denjenigen exotisch erscheinen wird, die der Meinung anhängen, daß die Bedeutung der Begriffe, die wir verwenden, vollkommen durch die Standardsituationen, in denen wir sie gelernt und bislang gebraucht haben, fixiert seien... .[29]

2. Die vermeintlich überwundenen Phasen unserer Bewußtseinsbildung, wie archaisch sie auch erscheinen, sind mit ihrer Überwindung nicht einfach verschwunden. Sie lassen sich nicht abhaken, so wie man Kalendertage der Vergangenheit abhakt, um sich auf Gegenwart und Zukunft einzustellen. Sie bleiben

---

28 Castañeda (1980), S. 107.
29 Duerr (1983), S.103.

grundsätzlich verfügbar und lassen sich – entweder über den Weg spontaner Regression oder über gezielte Verfahren mentaler Wiederbelebung – reaktivieren. Wenn der Zauber der Magie unzerstörbar ist, so deshalb, weil unsere mentale Vergangenheit unzerstörbar ist. Wir können sie nicht auslöschen und vergessen, ebensowenig wie wir unsere mentale Gegenwart auslöschen und vergessen können. Bestenfalls können wir sie unterdrücken und so tun, als existiere sie nicht, doch vor einem (gelegentlichen) Zurücksinken sind wir nicht gefeit. Dies bedeutet freilich nicht, daß wir eine kollektive Option auf mögliche Rückkehr in das magische Zeitalter hätten. Die mentalen Transformationen, die stattgefunden und uns dem magischen Bewußtsein ‚entfremdet' haben, sind gültig. Das Weltbild, das wir – zu unserem Nutzen oder Schaden – entwickelt haben, ist gültig. Es überlagert frühere Bilder, und weder sind wir dazu imstande noch wären wir gut beraten, diese Entwicklung rückgängig machen zu wollen. Die Anfälligkeit vieler abendländischer Menschen für den Reiz magischer Denk- und Erlebnisweisen kann nicht umschlagen in Rückfälligkeit der ganzen Gesellschaft. Evolution und Geschichte wirken auf unserer Bewußtsein wie prägende Stempel, ein totales Eintauchen in den *modus vivendi* einer versunkenen Zeit ist nicht möglich. Insofern ist das Locken der Zigaretten-Fee (wie das ihrer zahlreichen Verwandten in der Werbung) nur die Spur einer magischen Versuchung. Und insofern ist die Sehnsucht nach Magie nur das ferne Echo unserer Bewußtseinsgeschichte, die ihre eigenen Anfänge nicht vergißt.

1.2 Die ursprüngliche Wahrheit: Mythos

Eignet dem Begriff der Magie jenes eigenartige kulturelle Fluidum, das wir beschrieben haben, besitzt der Mythos-Begriff eine durchaus vergleichbare Qualität; ist er doch ebenso von einer Aura des unbestimmt Schillernden umgeben und ist er ebenso schwer belastet mit kulturhistorischen Hypothesen. Psychologisch ist er so ehrfurchteinflößend, wie er semantisch unpräzise ist – umwabert von allen möglichen (verschwommenen oder falschen) Vorstellungen, die ihm Qualitäten zuschreiben, die er entweder gar nicht besitzt oder nicht so besitzt, wie unterstellt; befrachtet mit den verschiedensten Bedeutungen und Erwartungen, die ihn phänomenologisch verformen und ihm im öffentlichen Sprachgebrauch Gewalt antun. Es gibt nicht sehr viele Begriffe in der Gegenwartskultur, die so diffus und intransigent sind wie der Mythos-Begriff, und es gibt nicht viele Vorstellungskomplexe, mit denen zu ihrem Schaden so gedankenlos umgegangen wird wie mit dem des Mythos. Häufigkeit der Verwendung und Klarheit der Bedeutung stehen in einem krassen Mißverhältnis.

Es hilft in dem terminologischen Wirrwarr, das den Begriff umwuchert, auch nicht weiter, sich der Urbedeutung des griechischen Wortes *mythos* zu versichern in dem Bemühen, die Konfusion zu beseitigen. Denn philologische Prüfung zeigt: das Urwort war bereits diffus, und seine modernen Ableitungen und Übertragungen haben das sprachlich-begriffliche Problem nur noch weiter verunklart. Die Kernbedeutungen im klassischen Griechisch waren *Rede, Wort, Gedanke, Erzählung, Nachricht, Geschichte, Fabel, Legende*. Zusätzlich gab es jedoch eine Fülle von Nebenbedeutungen, die von diesem schwach determinierten Wortzentrum wegführen und weitere Lexeme an der Peripherie ansiedeln: *Spruch, Sprichwort, öffentliche Rede, Botschaft, Meldung, Gerücht, Gespräch, Unterredung, Meinung* u. a. Man kann fragen, wie ein derartiges lexikalisches Chamäleon überhaupt überleben konnte, ja, wie es seine Macht in allen europäischen Sprachen behaupten und seine kulturelle Aura erweitern konnte. Die wortgeschichtlich-begriffliche Karriere ist wahrlich bemerkenswert.

Schauen wir auf die Alltagsetikettierung verschiedener Erscheinungen der zeitgenössischen Kultur, finden wir die unerfreuliche Verschwommenheit sofort bestätigt: Da besitzen bedeutende Persönlichkeiten ihren eigenen Mythos, wenn sie hinreichend berühmt sind (z. B. Marlene Dietrich); da erhalten Automobile der Spitzenklasse ihren eigenen Mythos, weil sie wegen ihrer Exklusivität auffallen (z. B. Rolls-Royce oder Ferrari); da werden Medienprodukte zum Mythos, wenn sie öffentliche Aufmerksamkeit erregen und ungewöhnliche Attraktivität beanspruchen (z. B. die *Star Wars*-Serie); da werden historische Figuren zum Mythos, wenn die Geschichte sie mit besonderer Signifikanz ausstattet (z. B. König Ludwig II. von Bayern); da werden touristische Unternehmungen zum Mythos, sofern ihnen der Ruf des Wagemutigen oder Abenteuerlichen vorauseilt (z. B. die Nordwest-Passage), und so weiter. All dies erweckt den Anschein, als besäßen ‚Objekte' der äußeren Welt die Fähigkeit, sich spezielle, nichtalltägliche Qualitäten anzueigenen, die sie mit jener geheimnisvollen Aura ausstatten, die den Mythos markiert. Solche Aura ist zumeist semantisch positiv konnotiert – auf mysteriöse Weise Respekt, Bewunderung oder gar Ehrfurcht erweckend. Die ‚Objekte' beanspruchen im Einerlei des Alltags eine herausgehobene Bedeutung, sie ziehen Aufmerksamkeit auf sich und genießen populäre Wertschätzung.

Zugleich aber kann der Mythos-Begriff negativ konnotiert sein und pejorative Bedeutung erlangen. Diese schimmert auf, sobald irgendjemand den herausgehobenen Status der Objekte anzweifelt, ihnen die ‚Wahrheit' abspricht und sie mit falschen, fiktiven, illusionistischen Prämissen in Verbindung bringt. „Dies ist ein Mythos" oder „Das halte ich für einen Mythos" lautet die Rede, wenn der (wie auch immer geartete) Anspruch des Großen, Bedeutsamen, Bemerkenswerten, Vorbildlichen eines Sachverhalts nicht anerkannt wird. „Mythos" wird dann fast zu einem Schimpfwort, das, wo nicht offene Verachtung, so doch deutliche Vorbehalte und Distanz signalisiert. Solche Sprachverwendung impliziert den Standpunkt eines überlegenen Wissens, von dem aus anderes, früheres, tradiertes Wissen als inadäquat, da überholt oder verfehlt angesehen wird. Es kann zu gesellschaftlichen Situationen kommen, da Individuen oder Gruppen bestimmte Mythen (oder was sie dafür halten) weltanschaulich heftig attackieren. So wenn sie bespielsweise zu dem Schluß gelangen, man müsse endlich „mit dem Mythos aufräumen", Männer seien Frauen überlegen oder Schwarze seien dümmer als Weiße oder Politiker seien am Gemeinwohl interessiert. Mythos ist in solchen Fällen ein Synonym für Falschheit oder Gefährlichkeit von Überzeugungen – nicht weit entfernt von fragwürdig erscheinenden Phantasien oder Ideologien, deren Inhalte man im Licht kritischer Überprüfung für unhaltbar ansieht. Mythos kann somit auch zu einem Kampfwort werden, das öffentliche Kontroversen reflektiert und unterschiedliche Perspektiven gestattet. In der griechischen Bedeutungsvariante *Gerücht* scheint dieser negative Aspekt einer distanzierend-relativierenden Sichtweise bereits anzuklingen.

Solche populären Begriffsverwendungen lassen sich hinwiederum nur schwer vereinbaren mit etablierten wissenschaftlichen Verwendungsweisen, z. B. mit der philologischen Auffassung, wonach es sich bei Mythen in erster Linie um Erzählungen oder Geschichten handelt – zumeist solche von beträchtlichem Alter und kulturhistorischer ‚Würde': Geschichten von Göttern und Dämonen, Geschichten von der Weltschöpfung und dem Weltende, Geschichten von Heroen und deren Widersachern – zum Beispiel, wie der Held Gilgamesch das Monster Tiamat erschlug, wie Prometheus den Menschen das Feuer schenkte, wie Herkules den Augias-Stall ausmistete, wie der junge Paris die schöne Helena entführte, wie Luzifer den Engelssturz herbeiführte und in die Hölle verdammt wurde, wie das Jesus-Kind in einem Stall zu Bethlehem geboren wurde – das sind die ‚phantastischen' Stoffe, aus denen Mythen gewoben werden, die in einem historisch-kulturellen Kontext dann eine Mythologie, ein System oder eine Sammlung von ‚ehrwürdigen' Texten, ergeben.

Danach sind Mythen die Frühformen der Literatur, antike Vorläufer moderner Dramen und Romane, die für Philologen hauptsächlich von historisch-gattungsmäßigem Interesse sind, aber weltanschaulich keine unmittelbare Aktualität beanspruchen. Sie erzählen etwas, aber was sie erzählen gilt meist als abgesunken wie die archaischen Zauberformeln. Oder sie erklären etwas; aber was sie erklären, hat in einer ‚aufgeklärten' Welt keinen logisch-wissenschaftlichen

Erklärungswert mehr. Mythen sind auf dieser Ebene der Betrachtung nicht weit von Märchen entfernt. Ihrem Weltbild ist etwas Kindliches eingeschrieben; denn es sind gewissermaßen Dokumente aus der mentalen Kindheit der Menschen. Dies ist jedoch sofort wieder einzuschränken: Sind solche Geschichten nämlich „heilige" Geschichten, Narrationen, die den Ursprungskern einer lebenden Religion bilden, werden sie für die jeweilige Schar der Gläubigen zur Grundlage ihres Glaubens und für Theologen zur Basis ihrer Verkündigungs- und Deutungsarbeit. In solchen Fällen besitzen sie eine ursprüngliche Wahrheit,[30] die – zumal in den größeren Religionen – für sakrosankt erklärt wird. Diese wird im Laufe der Zeit zu kosmologischen Systemen ausgearbeitet, die ganze Weltbilder erklären, rechtfertigen und festigen. In der Bewußtseinsgeschichte ist die mythische Wahrheit die erste Wahrheit, über die reflektiert und diskutiert werden konnte, denn der magische Mensch tat weder das eine noch das andere. In der Tat: für diejenigen, die an sie glauben, sind Mythen *denk-notwendig* wahr – sowohl im affektiven wie im kognitiven Sinne. Man erinnere sich: Bevor der Darwinismus seinen vernichtenden Angriff gegen die biblische Schöpfungslehre lancierte, war die alttestamentarische Geschichte in Genesis 1 die Glaubensbasis für Juden, Christen und Moslems gleichermaßen. Für die Fundamentalisten unter ihnen ist sie dies heute noch, und auf die Gruppe der sogenannten Kreationisten unter den Naturwissenschaftlern übt sie immerhin noch allegorischen Einfluß aus. Hier ist Mythos die narrative Wurzel der Religion, aus der die Existenz und Rolle Gottes sowie die Modalitäten seines Verhältnisses zu den Menschen abgeleitet werden. Hier ist Mythos erzählte Metaphysik.

Von den so gefaßten Begriffen gibt es wiederum Abweichungen, die das Phänomen weder einem kulturellen Archiv überholter Vorstellungen überantworten noch unbedingt in einer religiösen Sphäre ansiedeln. Ethnologen, Soziologen und Psychologen gehen eher von säkularen Funktionen des Phänomens aus – sei es, daß sie mythische Erzählungen von Naturvölkern als gültige Kodizes ihres Verhaltens und Welterklärens betrachten; sei es, daß sie Kommunikationsformen in der zeitgenössischen Zivilisation als von allerlei „Mythologemen" durchwoben ansehen; oder sei es, daß sie im modernen Menschen ein psychisches Substrat, eine Bedürfnisstruktur, aufdecken, die das vermeintlich aufgeklärte Denken an eine mythische Basis rückbindet. Unter solchen Perspektiven erscheint der Mythos als gültiger *modus vivendi,* dem nichts Archaisches oder ‚Abgewracktes' eignet, sondern der lediglich seine historischen und anthropologischen Erscheinungsformen wandelt. Hier ist Mythos ein aktuelles performatives Konzept, das unlösbar mit der geistigen und sozialen Welt des Menschen verbunden und zu ihrer Beschreibung unverzichtbar ist. Es meint ein universa-

---

30 Vgl. Hübner (1985).

les, modellbildendes Muster, das als der Denk- und Deutungsfähigkeit des Menschen *per naturam* eingeschrieben angesehen wird. Hans Blumenberg bezeichnet den Mythos in diesem Sinne als ein überzeitlich gültiges Verfahren der „Strukturierung gegen die Unerträglichkeit von Raum und Zeit."[31]

Alles in allem haben wir also eine begriffliche Mixtur vor uns, die dem prüfenden Intellekt recht unbekömmlich erscheint. Doch werfen wir, bevor der Versuch einer Klärung unternommen wird, noch einen Blick auf ein augenfälliges Beispiel aus der zeitgenössischen Kultur, an dem sich das Mythos-Problem stellvertretend ‚aufhängen‘ und gut veranschaulichen läßt: das kalifornische Hollywood, die große „Traumfabrik", die Kult- und Kulturstätte, wo Mythen angeblich als Massenware produziert und erfolgreich in die ganze Welt exportiert werden. Es gibt etliche Medienwissenschaftler, die sich das Phänomen Hollywood vorgenommen und seine Mythenträchtigkeit untersucht haben. Einer von ihnen ist der Franzose Edgar Morin.[32]

Morin kommt zu wahrlich erstaunlichen Beobachtungen: In der von ihm analysierten Welt des Films, der Sozietät seiner „Sterne" und „Sternchen", der Bedeutung seiner kultischen Formen und der Struktur seiner symbolischen Konnotate, herrscht ganz und gar der Mythos, und zwar so uneingeschränkt und unangefochten, daß der Eindruck entsteht, in den Gefilden Hollywoods hätten die Rationalisierung des abendländischen Menschen und die Säkularisierung seiner Welt nie stattgefunden: „Hollywood ist tatsächlich die Stadt der Wunder, in der das mythische Leben wirklich und das wirkliche Leben mythisch ist. Hier sind die Himmlischen Gefilde: eine legendäre Stadt, aber zugleich eine ihre eigene Legende lebende Stadt. Ein Traumschiff, das im wirklichen Leben ankert. Ein kalifornisches Shangri-La, aus dem das Elixier der Unsterblichkeit fließt."[33]

An diesem denkwürdigen Ort läßt Morin die gesamte Phänomenologie des antiken Mythos fröhliche Urständ feiern. Da ist allenthalben die Rede von „göttlichen Mysterien", von „mythischem Prestige" oder „mythischer Essenz", da geht es um „stellare Liturgie" und „die Magie der Stimmen, Lieder und Musik", da hat man es mit der „königlichen Omnipotenz" der Stars, ihren „elementaren mythischen Qualitäten", ihrer „Unsterblichkeit" zu tun. Da werden den Kinohelden illustre Ahnen wie Theseus, Herkules oder Lancelot zuerkannt, den Heldinnen archetypische Modelle wie Aphrodite, Artemis oder Helena zugesellt. Es durchleben die Figuren Metamorphosen (wie „sterbende Götter") und werden wiedergeboren (wie Osiris, Attys und Dionysos). Das Pantheon der Gottheiten

---

31 Blumenberg (1979), S. 110.
32 Morin (1961).
33 Ebd., S. 68.

scheint lebendig wie zu antiken Zeiten, ihre abenteuerlichen oder amourösen Geschichten sind vital wie ehedem. Man muß nur tief genug blicken, um ihr Überleben als eine profunde kulturelle Realität wahrzunehmen – eine Realität, die unter der Oberfläche ephemerer Erscheinungen anthropologische Grundmuster sakralen Lebens erkennen läßt. Man muß nur die tiefenstrukturellen Analogien richtig deuten, um die Invarianzen bemerken und die Mythizität der durchlebten Erfahrungen angemessen beurteilen zu können. Die mentale Evolution des Menschen hat hier offenbar nicht stattgefunden, die Säkularisierung der Gesellschaft auf die den Träumen anheimgegebenen Medienkultur wenig Einfluß genommen. Morin behauptet:

Als Gesamtphänomen betrachtet wiederholt die Geschichte der Stars, in ihren eigenen Maßstäben, die Geschichte der Götter. [...] Einige dieser Wesenheiten haben zunehmend Körper und Substanz angenommen, eine Form gewonnen, sich ausgeweitet, sind zu Göttern und Göttinnen erblüht. Und ebenso wie bestimmte bedeutende Götter des antiken Pantheons sich in göttliche Helden der Erlösung verwandeln, vermenschlichen sich die göttlichen Stars und werden neue Vermittler zwischen der phantastischen Welt der Träume und dem irdischen Leben der Menschen.[34]

In der Essenz, d. h. hinter den Akzidentien glamouröser Fassaden, sensationeller Effekte und kinematographischer Kunstgriffe, geht es bei den praktizierten Kultformen um nichts Geringeres als um die zentrale Erfahrung aller Religion, das Ringen um Erlösung des Menschen. Die Helden der Leinwand erscheinen als Erlöserfiguren, messianische Gestalten, die angerufen und angehimmelt werden, damit sie die Schar der Gläubigen segnen und diese höherer metaphysischer Seinsformen teilhaftig werden. Die Fans bilden Kongregationen, die in demutsvoller oder fordernder Erwartungshaltung der Errettung aus den Niederungen des Banalen und Profanen harren:

DieEvolution der antiken Götter entspricht einer tiefgreifenden soziologischen Evolution. [...] Die neuen ‚assimilierbaren' Stars entsprechen einem zunehmend tiefen Bedürfnis der großen Masse der Bevölkerung nach individueller Erlösung. [...] Die Helden fungieren halb zwischen Göttern und Menschen; kraft desselben Impulses streben sie nach dem Status von Göttern und versuchen, die Sterblichen aus ihrem grenzenlosen Elend zu befreien.[35]

Danach lebt der Mensch des Medienzeitalters, der sich von der Kunstwelt Hollywoods vereinnahmen läßt, in einer mythischen Welt. Und dies, obgleich Morin sich der Tatsache durchaus bewußt ist, daß die beschriebenen Phänomene keineswegs urwüchsig, sondern fabriziert sind, daß die Medienkultur – diesseits ihrer mythischen Resonanz – einem kommerziellen Kalkül entspringt und daß die Filmindustrie den Charakter weltumspannend operierender Wirtschaftsun-

---

34 Morin., S. 33–34.
35 Ebd., S. 34.

ternehmen aufweist. Er weiß, daß ausgefeilte Konstruktionen erarbeitet werden und erzkapitalistische Kalkulationen im Spiel sind; dennoch sieht er die Mythizität der Phänomene keineswegs an der Artifizialität der Produkte scheitern. Man könnte schnöde einwenden: Die Unsterblichen des Olymp waren auf lukrative Vertragsabschlüsse nicht angewiesen; sie hatten keine Finanzberater und mußten keine Steuergesetze beachten, aber die Götter Hollywoods (nebst Managern, Produzenten, Drehbuchschreibern) wollen Geld verdienen. Und man könnte zynisch fortfahren: Die Haupttriebfeder für die Fabrikation der Träume dürfte kaum sehr viel mit dem *tremendum et fascinosum* allmächtiger Gottheiten, dafür umso mehr mit den ‚Segnungen' des allmächtigen US-Dollar zu tun haben. Doch dem Unsterblichkeitsstatus der Arrivierten tut dies offenbar keinerlei Abbruch. Die Karriere der Stars wird sorgfältigst vorbereitet, systematisch lanciert und betriebswirtschaftlich durchgerechnet. Von den ersten Leinwandtests bis zum finalen Triumph bei den *Academy Awards* darf nichts dem Zufall überlassen bleiben. Morin typisiert den Aufstieg eines Sternchens, das den vorgezeichneten Weg von Probeaufnahmen in Hintertreppenstudios bis zur Apotheose in den Himmlischen Gefilden der Traumstadt beschreitet:

Sind die Tests positiv verlaufen, begibt sich die junge Schöne nach Hollywood. Gleich unter Vertrag genommen, wird sie von Masseuren, Kosmetikern, Zahnärzten, sogar Chirurgen umgemodelt. Sie lernt zu gehen, legt ihren Akzent ab, man bringt ihr Singen, Tanzen, Stillsitzen und die richtige Haltung bei. Sie erhält Unterricht in Literatur, Ideengeschichte. Der ausländische Star, den Hollywood erst einmal zu einem Starlet zurückstutzt, erlebt, wie ihre Schönheit transformiert, neu komponiert, Max-Factorisiert wird, und sie lernt amerikanisches Englisch. Das Studio entschließt sich dazu, sie zu lancieren und fabriziert eine märchenhafte Geschichte, deren Heldin sie ist. Sie muß brauchbaren Stoff für die Kolumnisten liefern; schon wird ihr Privatleben vom grellen Licht der Projektoren beleuchtet. Schließlich gibt man ihr die Hauptrolle in einem größeren Film. Apotheose: der Tag, an dem ihre Fans an ihren Kleidern zerren: sie ist ein Star[36]

Hier werden Mythen also regelrecht fabriziert, Götter und Göttinnen als mythische ‚Objekte' systematisch kreiert, Apotheosen planvoll inszeniert. Es entsteht der Eindruck: Mythen lassen sich in der modernen Welt durch Glamour erzeugen, Sakralität aus Popularität schöpfen. Daher ja auch die populäre Metapher von der „Traumfabrik". Mittels einer gut geölten Maschinerie lassen sich machtvolle Symbole herstellen, welche die Differenz zwischen Ehedem und Heute, zwischen Sein und Bewußtsein verwischen. Helden sind Helden, Idole sind Idole, und Erlöser sind Erlöser – gleich welcher Provenienz, gleich in welchem Kontext. Die phänomenale Welt Hollywoods wird ineinsgesetzt mit dem phänomenologischen Zustand des Mythos. Erlösung – Unsterblichkeit – Vergötterung – Heldentum – Mysterien – dies sind die Ingredienzien, die Kulturpro-

---

36 Morin, S. 54–55.

dukten offenbar beigemengt sein müssen, damit sie mythisch werden können. Daß Mythos aber primär ein Bewußtseinszustand ist, eine *innere* Konstitution voraussetzt, die – wie die Magie – ein charakteristisches Menschen- und Weltbild hervorbringt, geht hier (wie in allen Anwendungen des Begriffs, die ihn äußerlich, auf ausgewählte ‚Objekte', anwenden) verloren. Gerät diese Einsicht aber in Verlust, bleibt auch der Wesenskern des Phänomens, seine seelische Matrix, verborgen. Jean Gebser schreibt: „War das Charakteristische der magischen Struktur die Bewußtwerdung der Natur, so war das Charakteristische der mythischen Struktur die *Bewußtwerdung der Seele*".[37] Dies ist in der Tat der Mutterboden, aus dem das mythische Denken erwächst, und dieser Boden muß vorhanden sein, soll – in Vergangenheit oder Gegenwart – irgendein Mythos irgendwo wachsen. Davon ausgehend müssen wir versuchen, den Dunst der widersprüchlichen Vorstellungen zu durchdringen und das seelische Phänomen besser zu perspektivieren:

Der Mythos-Begriff läßt sich allgemein bestimmen als eine (im logischen Sinne) *nicht beweisfähige, kollektive Affekt- und Glaubensstruktur*, die sich auf der Grundlage einer spezifischen Erfahrungsweise des Menschen, als eine mentale *facultas* der Gattung konstituiert und eigene Wahrheit beansprucht. Mythisch ist, evolutionspsychologisch betrachtet, die Phase, die auf die magische Phase folgt und sich, historisch betrachtet, ungefähr vom Beginn der antiken Hochkulturen bis zur Epoche der europäischen Aufklärung erstreckt. Es ist eine Phase wachsender Bewußtwerdung, die zugleich eine Tendenz zur dämmernden Ichwerdung einschließt. Ihre frühen Symbole sind Himmel und Hölle, Sonne und Nacht, Erde und Meer, die als Äquivalente seelischer Erfahrung und Differenzierung wiederkehrende Verwendung finden. Ihre anfänglichen Motive sind Reise- und Suchmotive, die als kosmische Reisen, Meerfahrten und Unterweltsbesuche explorative Tätigkeiten der erwachenden Seele spiegeln. Ihre auffällig ‚übernatürlichen' Erfahrungsmuster deuten an, daß hier die Psyche weniger mit der Welt als mit sich selbst beschäftigt ist.

Die mythische Phase wird ihrerseits gefolgt von der mental-ichhaften, rational bestimmten Phase. Dies ist der Beginn der Neuzeit, der Zeit des unabhängig denkenden, verstandesmäßig handelnden Menschen, da der Logos seine Ansprüche anmeldet und die Herrschaft des Mythos erfolgreich herausfordert. In der von Philosophen so genannten Mythos-Logos-Dichotomie der abendländischen Kultur wird dem Mythos in erster Linie die emotional begründete Erlebnis- und imaginativ wirksame Ausdrucksfähigkeit des Menschen, dem Logos seine kognitiv begründete Denk- und Analysefähigkeit zugeschrieben. Aller-

---

37 Gebser (1986), S. 107.

dings begegnen diese ‚Fakultäten' selten in Reinkultur, sondern sind eher komplementär angelegt. Sie konkurrieren miteinander und ergänzen einander, und keine ist vollkommen frei von Residuen, die noch aus der magischen Phase stammen. So wie das magische vom mythischen Bewußtsein überformt wird, so wird das mythische vom rationalen Bewußtsein überformt, und zwar dergestalt, daß die jeweils erworbenen Grundanlagen potentiell erhalten bleiben.[38] Schon im antiken Menschen, zur Zeit der griechischen Aufklärung (ca. 500 v. Chr.), koexistierten Mythos und Logos und waren in vielfältiger Form miteinander verschlungen. Infolgedessen gab es damals (wie im übrigen auch heute) Fluktuationen, die dadurch zustandekommen, daß in neu erworbenen (neokortikalen) Bewußtseinsschichten die älteren Schichten verfügbar bleiben. Der Mensch hat damit zwar die Möglichkeit, sich vom mythischen Denken zu emanzipieren, wie er dies z. B. in der modernen Wissenschaft weitgehend getan hat; aber diese Möglichkeit bedingt keine Notwendigkeit. Er kann in den Mythos ‚zurückfallen', ganz so wie er unter Umständen in die Magie zurückfallen kann. Es ist auch nicht ungewöhnlich, daß ein und derselbe Mensch in bestimmten Bezirken seines Lebens und Erlebens (z. B. in Religion und Kunst) mythisch gestimmt ist, während er in anderen (z. B. bei der beruflichen Arbeit) vollkommen verstandesmäßig eingestellt ist. Nimmt man allerdings den gesamten Prozeß, d. h. die generelle Wachstumstendenz des Geistes in den Blick, ist es gerechtfertigt, die Bewußtseinsgeschichte des abendländischen Menschen als eine allgemeine Bewegung vom Mythos zum Logos zu beschreiben.[39]

Ebenso wie die Magie wird der Mythos allmählich depotenziert, der Logos zunehmend gestärkt. In den meisten wichtigen Sphären heutigen Lebens (in Wissenschaft, Wirtschaft, Technik, Verkehr und Politik) hat der Logos eine Vorherrschaft gegenüber dem Mythos erobert, wenn auch keine uneingeschränkte und ungefährdete. So wie das magische Bewußtsein es verstanden hat, sich bestimmte kulturelle Nischen zu reservieren, wo dem Logos das Lebensrecht bestritten wird, ebenso hat es das mythische Bewußtsein geschafft, sich ‚Schutzzonen' einzurichten, wo der logisch operierende Verstand keinen Zutritt erhält. Die Genese des Mythos entspringt dem affektiv-kognitiven Bedürfnis des Menschen nach Welterklärung, -deutung und -beherrschung auf einer dem Logos entweder nicht zugänglichen oder von ihm nicht gewählten Ebene der Auseinandersetzung mit der Welt. Die Seele, die sich selbst zu begreifen sucht, versucht gleichzeitig, die Welt zu begreifen. Die Befriedigung dieses Bedürfnisses zeitigt multiple Wirkung, insofern als der Mythos ganz verschiedene psychische,

---

38 Wie wir weiter unten zeigen werden, gibt es Bewußtseinsforscher, welche die Entwicklung eines „kosmischen Bewußtseins" als die nächste, bevorstehende Phase ansehen.
39 Vgl. Nestle (1975).

kulturelle und soziale Leistungen erfüllt. Diese lassen erkennen, daß es ein ganzes Spektrum an Strebungen gibt, die vom Logos und seinen Erscheinungsformen nicht oder nicht gleich wirksam befriedigt werden können. Dazu zählen in der Hauptsache:

- Mobilisierung psychischer Energien (im Dienst wachsender Bewußtwerdung)
- Stiftung religiöser, politischer u. a. Glaubensüberzeugungen
- Projektion transzendenter Sinnsetzungen und Erwartungen
- Ausbildung ritueller Praktiken (symbolische Handlungen)
- Festigung sozialen Zusammenhalts (Gruppensolidarität)
- Entwicklung von Wertsystemen und -bewußtsein („gelebte' Ethik)
- Bereitstellung ordnender Welterklärungsmuster (ätiologische Modelle)
- Legitimierung von Macht (mythenhaltige Ideologien)
- Schaffung ästhetischer Konventionen/Traditionen (mythische Kunst).

In seinem grundsätzlichen Leistungsvermögen ist der Mythos also sehr viel umfassender und vielfältiger, als die meisten ihm verliehenen Bedeutungen und Bedeutungsvarianten ahnen lassen. Aus der Matrix seiner Bewußtseinsstruktur kann er einen ganzen Lebensstil hervorbringen, der Heiliges ebenso wie Profanes, Öffentliches ebenso wie Privates reguliert. Wir sehen jetzt bereits, daß Morins Hollywood-Bild nur einige wenige Aspekte von dem präsentiert, was das mythische Bewußtsein prinzipiell zu erzeugen imstande ist. (Darauf kommen wir unten zurück.)

An den Erscheinungsformen des Mythos müssen *latente* von *manifesten* Aspekten unterschieden werden. Unter die latenten Aspekte fallen die *inneren* Voraussetzungen der Mythenbildung, alle Anlagen der Spezies Mensch, welche die generativen Prozesse auslösen, als deren Resultate der manifeste Mythos auftritt. Intensive Gefühlslagen, Traumbilder, Visionen oder Halluzinationen, die nach psychoanalytischer Lehre sowohl als Quellen wie auch als Vorstufen mythischer Bildhaftigkeit in Frage kommen, zählen zu den latenten Aspekten, solange sie nur als innerseelische Prozesse erfahrbar sind. Symbolische Formen, narrative Strukturen, künstlerische Artefakte, rituelle Praktiken zählen zu den manifesten Aspekten, da sie, den innerseelischen Bereich überschreitend, für die sinnliche Wahrnehmung objektivierbar und für den Intellekt verstehbar werden. Der manifeste Mythos, wie immer er in Erscheinung tritt, setzt also auf jeden Fall eine latente Matrix für seine Entstehung voraus. Bevor sich irgendetwas äußerlich mitteilt, muß es innerlich vorgeprägt sein. Demzufolge gibt es *den* Mythos als Disposition oder seelische Grundstruktur und *die* Mythen als deren kulturelle Erzeugnisse, was bereits darauf hindeutet, daß es von Natur aus keine mythischen ‚Objekte' geben kann. Jean Gebser drückt die beiden Aspekte, bezogen auf die Morgendämmerung des mythischen Zeitalters, so aus:

Mythos: Das ist ein Schließen von Mund und Augen; und da es damit ein schweigendes Nach-Innen-Sehen (und ein Nach-Innen-Hören) ist, ist es ein Ansichtigwerden der Seele, die gesehen, dargestellt, die gehört, hörbar gemacht werden kann. Und Mythos: das ist dies Darstellen, dies Hörbar-Machen; es ist: die Aussage, der Bericht ... über das Erblickte und Gehörte. Was das eine Mal stummes Bild war, ist das andere Mal tönendes Wort; das Innen-Erschaute und gleichsam Erträumte findet seine polare Entsprechung und Bewußtwerdung in der dichterisch gestalteten Aussage.[40]

In der Genese des Mythos sind zudem, will man der Mythogenität einer Erfahrung gerecht werden, *endogene* von *exogenen* Faktoren zu unterscheiden. Endogene Faktoren sind innere Wirkungskräfte, die aus dem Energiehaushalt der Psyche schöpfend, dem mythischen Fühlen, Denken und Handeln eine bestimmte Färbung und Richtung verleihen. Mythenforscher psychologischer und psychoanalytischer Ausrichtung neigen naturgemäß dazu, den endogenen Faktoren die entscheidende Rolle zuzusprechen. So haben Carl Gustav Jung[41] und die Jungianer mit der Entwicklung der Archetypentheorie den Versuch gemacht, alle Mythen aus bestimmten seelischen Konfigurationen abzuleiten, welche die verinnerlichten Grunderfahrungen der Menschheit speichern und sie transhistorisch wiederkehrend zum Ausdruck bringen, wie z. B. den Archetyp der „Großen Mutter" als psychischen Niederschlag der Grunderfahrung der Maternität. Für die Jungianer sind alle Mythen archaisch, seit unvordenklichen Zeiten seelisch vorgeprägt, selbst wenn sie aktuell in modisch-modernem Gewand daherkommen.

Exogene Faktoren sind jene äußeren Kräfte, die, in der empirischen Wirklichkeit auf das menschliche Seelenleben wirkend, die Psychodynamik der mythenbildenden Prozesse beeinflussen, ihre Mechanismen ggf. auch erst auslösen. Mythenforscher aus dem gesellschaftswissenschaftlich-politischen Lager tendieren naturgemäß zur Betonung exogener Faktoren. So haben Karl Marx und die Marxisten beim Umgang mit dem Mythos-Problem – getreu dem Prinzip, daß das Sein das Bewußtsein bestimmt – versucht, die Entstehung ‚progressiver' Mythen aus den gesellschaftlichen Machtverhältnissen früher Kulturen abzuleiten, z. B. Prometheus zum Vorreiter revolutionären Bewußtseins zu küren. Für die Marxisten sind die interessantesten Mythen frühe Zeugnisse des Klassenkampfs. Psychohistorische Untersuchungen lassen allerdings erkennen, daß von einer Wechselwirkung der Faktoren auszugehen und den äußeren dabei eine eher ge-

---

40 Gebser (1986), S. 114.
41 Siehe Jung (1976), *G. W.* Bd. 9.

nerative, den inneren eine eher transformative Funktion zuzusprechen ist.[42] ein Beispiel zu geben: Wir dürfen annehmen, daß die Erlösungsbedürftigkeit Um des Menschen ein Universalphänomen darstellt, das grundsätzlich als mythogen gelten darf. Gleichzeitig müssen wir anerkennen, daß Erlösungsmythen nicht historisch invariant auftreten, sondern in ihrer Sprache von den jeweiligen Verhältnissen geprägt sind, unter denen sie zustandekommen. Die Erlösung, die der Glaube an Jesus Christus verspricht, ist eine andere als die, welche der Glaube an Siddharta Gautama, den Buddha, in Aussicht stellt.

Ob latent oder manifest, endogen oder exogen – *Kollektivität* ist eine Grundvoraussetzung jedweder Mythenbildung. Ganz gleich, welche Einflüsse seine Entstehung begünstigen, der Mythos bedarf, um zum Mythos werden zu können, der kollektiven Resonanz, einer Zustimmung der Gläubigen. Das heißt, er ist als religiöses, soziales, politisches oder künstlerisches Phänomen stets gruppenpsychologisch fundiert. Eben darin liegt seine glaubens- und überzeugungsstiftende Potenz. Der Mythopoet, der eine mythische Erzählung ‚komponiert', ist insofern nur der Exponent seiner Gruppe, ein inspirierter Sprecher, der artikuliert und damit affirmiert, was das Kollektiv als wahr und richtig empfindet. Wer dem betreffenden Kollektiv – handle es sich um eine religiöse Sekte, eine ethnische Gruppe, eine kultische Fan-Gemeinde oder ein ganzes Volk – nicht angehört, wird seinen Mythen entweder indifferent oder reserviert oder gar feindlich gegenüberstehen. Er ist jemand, der pejorativ sagen kann: „Ich halte dies (oder jenes) für einen Mythos", d. h. für einen falschen Glauben.

Das Kriterium der Kollektivität verweist, da die Gruppenpsyche[43] älter ist als die individuelle Psyche, auf eine relativ frühe Stufe mentaler und kultureller Entwicklung. „In einem gewissen Sinne sind die Mythen wortgewordene Kollektivträume der Völker."[44] In der kollektiven Vereinnahmung des mythischen Menschen finden wir ein wichtiges Bindeglied zwischen Magie und Mythos, insofern als beide zu ihrer Entfaltung – primär – einer affektiven Partizipation bedürfen, die sich – sekundär – in verschiedene imaginative Gemeinsamkeiten auffächert. Mit anderen Worten: *Es gibt keinen individuellen Mythos.* Wo nämlich die Kollektivität in Individualität übergeht (wie infolge der europäischen Aufklärung), löst sich tendenziell der Mythos auf, und eine Entmythisierung findet statt. Wo jedoch die Individualität in Kollektivität zurückschlägt (wie z. B. in Nazi-Deutschland), kann es – vorübergehend – zu einer Remythisierung kommen. Allerdings gibt es keine evolutionspsychologischen Anhaltspunkte

---

42 Siehe Gulian (1972) für die marxistische, Abell (1957) für die psychohistorische Position..
43 Ob es eine Gruppenseele (i. e. S.) gibt, ist umstritten. Auf jeden Fall gibt es aber eine mythische Gleichgestimmtheit, eine homologe Erlebnisweise, wie sie z. B. auch in Massenpsychosen zum Ausdruck kommen kann.
44 Gebser (1986), S. 116.

dafür, daß die abendländische Menschheit geschlossen ins mythische Zeitalter zurückmarschieren könnte. Eine Regression solch gigantischen Ausmaßes dürfen wir für den Mythos (wie zuvor für die Magie) ausschließen. Die mythische Kollektivität hat ihre Wurzeln im affektiven, unbewußten oder vorbewußten Bereich. Hieraus erklärt sich, da menschliches Seelenleben primär unbewußt abläuft, genetisch ein älteres ‚Recht' des mythischen gegenüber dem rationalen Denken, ebenso wie sich ein entsprechendes Recht der magischen gegenüber der mythischen Erfahrungswelt erklärt. Wo Formen der Rationalisierung des Mythos Platz greifen, wie z. B. in der Theologie, sind deren Ursprünge, ungeachtet der erklommenen Stufe an Rationalität, auf affektive Wurzeln rückführbar. Die typischen Triebfedern sind tiefe emotionale Regungen wie Angst und Sehnsucht, Freude und Trauer, Haß und Liebe, Triumph und Zerknirschung, Hoffnung und Verzweiflung, Bewunderung und Verachtung, Eifersucht und Ehrfurcht usw., Gefühlslagen mithin, aus denen sich möglicherweise jene prägenden Konfigurationen bilden, die Jung als Archetypen bezeichnet. Sorgen lebensweltliche Umstände (exogene Faktoren) nun für einen starken, gerichteten Strom solcher Affekte, ist die Entstehung des Mythos wahrscheinlich. Es formt sich eine Glaubensstruktur von kultureller Verbindlichkeit, die Individuen zusammenschließt. Insofern ist der Mythos stets eine Umsetzung kollektiver Affektzustände – wie immer solche Zustände von Mythengläubigen auf der einen Seite und Kritikern oder Skeptikern auf der anderen beurteilt werden, ob als höhere Erleuchtungen, gottgewollte Fügungen, gefühlsmäßige Verirrungen, kollektive Wahnbildungen oder anders.

Dem Mythos stehen prinzipiell verschiedene Medien oder ‚Kanäle' zur Verfügung, über die er sich objektiviert, um aus dem latenten (inneren) in den manifesten (äußeren) Zustand hinüberzutreten. Im Zuge seiner Vergegenständlichung ist er auf eine mehr oder minder systematische Transformation affektiver Impulse in kognitive Strukturen und/oder rituelle Handlungen angewiesen. Andernfalls bliebe er gestaltlos, zwar erlebbar, aber nicht kommunizierbar; er ermöglichte keine öffentliche Teilhabe. In einem globalen Sinne, insoweit sie genereller Kommunizierbarkeit des Mythos dienen, können wir heute alle Medien als ‚Sprachen' des Mythos bezeichnen. In einem engeren Sinne, insoweit sie spezieller Kommunizierbarkeit dienen, müssen wir verbale von anderen (bildlichen, rituellen, musikalischen, filmischen, architektonischen) Ausdrucks- und Verständigungsformen unterscheiden. Der klassische Mythopoet, den Gebser im Sinn hat und der sich seiner natürlichen Sprache bedient, ist im Konzert anderer Mythopoeten nurmehr eine Möglichkeit, keine Notwendigkeit. Abhängig von kulturgeschichtlich-technischen Rahmenbedingungen kann sich ein und derselbe Mythos mehrerer Sprachen bedienen. Tatsache ist ja, daß die klassischen Mythen Griechenlands und Roms fast alle doppel- oder mehrsprachig auftraten: in der Literatur, der Malerei, der Architektur, der Musik. Gleiches gilt für das Christentum. Tatsache ist ebenso, daß die cinematischen Mythen Hollywoods oftmals aus literarischen Quellen schöpfen und daß, sobald sie kollektive Resonanz erzeugt haben, allerlei Paraphernalia (z. B. Souvenir-Artikel) entstehen.

Auf der manifesten Ebene erscheinen die Gegenstände der mythischen Sprache (i. w. S.) normalerweise als ‚große' Gegenstände oder wichtige Themen, wobei diese Wichtigkeit in direktem Zusammenhang mit dem Gewicht exogener Faktoren steht. Für die Gruppe oder Gesellschaft, die den jeweiligen Mythos hervorbingt, handelt es sich um seelische Erfahrungen von erheblicher Signifikanz und starker Resonanz. Es steht existentiell viel auf dem Spiel: Entdeckungen, Eroberungen, Staatsgründungen, Umwälzungen, Bedrohungen, Katastrophen, Migrationen, Rettungen, Erleuchtungen, Heilsversprechungen u. dgl. ‚Stürme im Wasserglas' oder ‚Teetassen-Tragödien', die zu den Banalitäten des Lebens gehören, eignen sich nicht als Sujets für mythische Behandlung. Lappalien und Trivialitäten der alltäglichen Welt, die im bürgerlichen Realismus durchaus ihren Platz finden, geben keinen Anlaß zu Mythisierungen. Daraus erklären sich drei Eigentümlichkeiten mythischer Symbolsprache: eine zumeist nicht-realistische Behandlung des Themas, welche die empirischen Grenzen der Raumzeitlichkeit überschreitet, um zu inneren oder seinstranszendenten Erfahrungen vorzustoßen; eine stark affektive Besetztheit des Themas, in der sich die eher emotionale als rationale Tiefenwirkung der Erfahrungen spiegelt; und eine kollektive Resonanz, die den Reflex über-individueller Betroffenheit darstellt.

Kehren wir jetzt zum Phänomen Hollywood als Fabrikationsstätte populärer Mythen zurück: Obgleich Morins Sicht als viel zu pauschal und deshalb kritisierbar gelten muß, kann man der zeitgenössischen Medienwelt bei aller gebotenen Differenzierung den Mythos nicht einfach nehmen und ihren Produkten die Mythogenität *in toto* absprechen. Zwei paradigmatische Fälle, die wir für Anschauungszwecke herausgreifen, bestätigen das: der populäre Mythos, der mit George Lucas' *Star Wars*-Serie gestiftet wurde, und der blühende Kult, der um das Rock'n'Roll-Idol Elvis Presley gewoben wurde. In beiden Fällen haben wir aufgrund zahlreicher, auch sozialwissenschaftlich erhärteter Indikatoren Veranlassung, die Erscheinungsformen mit dem mythischen Bewußtsein derjenigen Gruppen in Verbindung zu bringen, die im phänomenologischen Sinne gläubig sind.

Bei den *Star Wars*-Filmen haben wir es mit der Kreation eines elaborierten mythologischen Systems zu tun, das auf einer narrativen (sprach- und bildvermittelten) Struktur basiert. Dieses System – mit zahlreichen Anleihen bei Motivik und Symbolik der klassischen Mythologie – hat nachweislich mythische Wirkung. Es ist tatsächlich mehr als die übliche in Hollywood gefertigte Unterhaltungsware, die ebenso schnell rezipiert wie vergessen wird. Ähnlich wie die gattungsverwandte „Trekkie-Religion", die aus Gene Roddenberrys TV-Serie *Star Trek* hervorgegangen ist, aktivieren George Lucas' grandiose Leinwandepen Energien und mobilisieren Massen. Eine kollektive Resonanz ist unverkennbar. Gesellschaftswissenschaftler, die diese Quasi-Religion analysiert haben, bestätigen: *Star Wars* und *Star Trek* sind nicht nur film- und fernsehgerechte Abenteuerserien im Stil unzähliger anderer Projektionen des Science-Fiction-Genres; es sind nationale Kulturphänomene von internationaler Ausstrahlung, mythogene Inspiratoren, welche die Fans zum Glauben an die veredelnde Macht überlegener Technik in der Hand überlegener Menschen in einer der Gegenwart überlegenen Zukunft anregen.[45] Als Lucas sich nach sechzehnjähriger Abstinenz dazu entschloß, der ursprünglichen Trilogie drei sogenannte „Prequels" folgen zu lassen, war die weltweite Resonanz im Vorfeld der Premiere von *Star Wars: Episode I – The Phantom Menace* am 19. Mai 1999 schon größer als bei der Urfassung von 1977. Was die christliche Lehre heute nur noch eingeschränkt vermag, nämlich wahren Enthusiasmus (von gr. *entheos* = gotterfüllt) zu stiften, das bewirken die *Star Wars*-Filme mit ihrer Modellierung galaktischer Konfliktaustragung und epischer Sinnsuche. Was die realgeschichtliche, modernpostmoderne Erfahrung nicht mehr schafft, nämlich ein Bewußtsein von Kohärenz und Transzendenz zu entwickeln, das offeriert die Metaphysik dieser Serie in Bildern kosmischer Bedeutsamkeit. Hier werden missionarische Ziele definiert und ‚höhere' Botschaften proklamiert: Jenseits dieser Welt gibt es andere Welten. Wir sind nicht allein im Universum. Der perennierende Kampf zwischen den Mächten des Lichts und der Finsternis ist ein wahres kosmisches Drama. Es kommt darauf an, an das Gute zu glauben und dafür heroisch zu sterben. Es lohnt sich, Kreuzzüge ins Weltall zu tragen, usw.

In dem Versuch, den Mythos zu leben, sich seine Botschaft so einzuverleiben, daß sie nicht nur Gesinnung, sondern auch Handlung bestimmt, ahmen zahllose Fans ihre Idole nach. Dabei reichen die Imitationsmuster von Kleidungs- und Namenswechsel über Sprach- und Verhaltensgewohnheiten bis zu Liebeserklärungen, Mitwirkungswünschen und Drehbuchänderungsvorschlägen. Die Stars der Serie werden von den Fan-Clubs eingeladen, unter ihnen zu erscheinen und zu ihnen zu sprechen, so als seien sie Propheten und nicht Schauspieler. Es werden periodisch Tagungen veranstaltet, wie die jährlichen *Star Trek Federation Conventions,* wo die dominanten Symbole, Insignien und Riten einen lebendigen Glauben an die Macht von Mediengöttern bezeugen, deren Glorienschein

---

45 Vgl. Jenkins (1997).

für die Gläubigen heller strahlt als die verblaßten Aureolen der christlichen Heiligen. Die Inbrunst, mit der die Kultformen gepflegt werden, und das Zusammengehörigkeits- und Wertgefühl, das sie stiften, sind sozialpsychologisch bemerkenswert. Der Theologe und Kulturkritiker Robert Jewett schreibt: „Die Motivation für diese Handlungsweisen sind wahrscheinlich ebenso komplex wie diejenigen, die wir mit der christlichen Nachfolge-Ethik in Verbindung bringen. Das Verlangen, wie sein Erlöser zu sein, sich mit ihm zu vereinigen oder eigene Identität durch Imitation seiner Erscheinung oder Handlung zu gewinnen, treffen in solcher Nachahmung zusammen."[46]

Noch deutlicher wird dieser auratische Effekt, der die Handschrift des Mythos trägt, im Elvis-Presley-Kult. Hier wechselt freilich das Medium mythischer Vermittlung von einer narrativen Struktur zu musikalischen Klangmustern. Es ist keine Story, die ihr besonderes Wirkungspotential entfaltet (es sei denn, man nimmt Presleys Lebensgeschichte als Story), sondern eine Kultfigur und deren musikalischer Stil. Was Presley angeht, so ist es weder eine kulturgeschichtliche Übertreibung noch eine begriffliche Verirrung, ihn – im Erfahrungskreis der Gläubigen – als einen Erlöser, einen Heiland der heißen Rhythmen zu bezeichnen. Presley war und ist ein herausragendes Kulturphänomen, dessen Bedeutung sich nicht auf die kopflose Schwärmerei pubertierender Teenager beschränkt. In seiner Welt stiftete er effektiv seinen eigenen Mythos, eine tiefgehende und weitreichende Affekt- und Glaubensstruktur, deren kulturelle Signifikanz und psychische Resonanz alles Vergleichbare in den Schatten stellt. Er genoß einen exzeptionellen Status, der jeden Auftritt zu einer Apotheose werden ließ, denn ihm eignete eine Aura, die das Attribut des Göttlichen in mancherlei Hinsicht rechtfertigt. Er transzendierte das Maß des Menschlichen – nicht weil er selbst übermenschlich gewesen wäre, sondern weil die weltweite Elvismanie ihn mit einer kulturellen Potenz austattete, die ihn zum Übermenschen stilisierte. Der Presley-Spezialist und Journalist Greil Marcus schreibt: „Elvis war für uns alle zu groß, zu komplex – viel zu viel –, um ganz aufgenommen, vollständig wahrgenommen und verstanden zu werden, letztlich war er zu groß für uns, um mit ihm leben zu können."[47] Marcus verkennt allerdings dabei, daß diese „Größe" wesentlich eine zugeschriebene Größe war, die nur bedingt etwas mit der realen Person zu tun hatte.

Obwohl schon zu Lebzeiten legendär, trat der King des Rock'n'Roll die Lawine seines globalen Kultes aber erst dadurch los, daß er frühzeitig starb; denn hierdurch machte er sich – göttergleich – ‚unsterblich'. Sein Tod bestätigte das mythologische Gesetz, wonach messianische Gestalten (religiöse Verkünder,

---

46 Jewett u. Lawrence (1977), S. 33.
47 Marcus (1993), S. 48.

politische Führer, begnadete Künstler oder große Pop-Idole) für ihre eigene Unsterblichkeit am besten dadurch sorgen, daß sie unzeitgemäß sterben. Presleys unerwartetes Ableben am 16. August 1977 ließ seinen Mythos regelrecht wuchern. Graceland in Memphis, die Stätte seines Todes, wurde zur wichtigsten Kult- und Pilgerstätte in den USA, zu einem nationalen Schrein, jährlich aufgesucht von Hunderttausenden, deren Tränen auch heute noch davon zeugen, daß das mythische Bewußtsein darauf besteht, erkorenen Projektionsfiguren ewiges Leben zuzusprechen. Es ist nicht blasphemisch, darauf hinzuweisen, daß die zahlreichen ‚Zeugen', die ihn nach seinem Tode gesehen haben wollen, psychologisch mit denjenigen Figuren verwandt sind, die nach neutestamentarischem Bericht dem wiederauferstandenen Christus begegnet sind. Was immer aus Presleys Körper geworden ist, sein Geist überlebte in den mannigfaltigsten Formen der Beschwörung und Vergegenwärtigung – materiell in Filmen, Romanen, Biographien, Porträts, Imitationen, Souvernirs und Fetischen; spirituell in Wünschen, Träumen, Phantasien, Halluzinationen, Gebeten und Riten. Die Presley-Ikonographie ist wahrlich beeindruckend – eine gigantische Projektionswand kollektiver Wunsch- und Erinnerungsbilder, die, gefördert durch die technisch ermöglichte Omnipräsenz des King, alle Symptome aufweisen, die wir aus der Geschichte religiöser Glaubensvorstellungen der Menschheit her kennen.

Also gibt es doch ‚Objekte' von auratischer Qualität, die eigene Mythen stiften? Also hat Morin doch recht, wenn er die Erlöserfiguren von heute und ehedem auf eine Stufe stellt? – Nur scheinbar. Wir müssen dem Sachverhalt tiefer auf den Grund gehen:

Die seelische Resonanz, welche die beschriebenen Phänomene ausgelöst haben, ist nicht das Resultat eines simplen Ursache-Wirkungsverhältnisses, in dem kulturelle Objekte ‚aktiv' werden, um gesellschaftliche Subjekte darauf positiv reagieren zu lassen. In beiden Fällen zeigt genauere Prüfung nämlich, daß die mythischen Strukturen nur in einem eingeschränkten Sinne von denjenigen gestiftet oder fabriziert worden sind, die als ihre Schöpfer gelten. Denn in beiden Fällen entpuppen sich die mythisch-kultischen Formen der Phänomene als aktuelle Reaktivierungen von Grundmustern, die tiefenstrukturell angelegt und seelisch vorgeprägt sind. Presley konnte nur deshalb zum Erlöser avancieren, weil sein charismatischer Status in Verbindung mit unzeitgemäßem Tod ihn in eine Reihe von Götterhelden (oder –heldinnen) stellte, die von Osiris und Adonis über Jesus Christus, Jeanne d'Arc, Eva Perón, Ernesto „Che" Guevara, John F. Kennedy bis zu James Dean, Jimi Hendrix, Prinzessin Diana und Curt Kobain reicht – das archetypische Motiv des „sterbenden Gottes". Als exogener Faktor traf Presley auf eine endogene Disposition, aus der heraus viel mehr auf ihn projiziert wurde, als er selbst verkörperte und leistete. Als akzidentelle Erscheinung entprach er einem essentiellen Bedürfnis – zumindest bei denjenigen, deren Konstitution sie für das quasi-religiöse Phänomen ansprechbar machte. Und George Lucas' elaborierte *Star Wars*-Mythologie konnte nur deshalb als populärer Mythos reüssieren, weil die Serie nachweislich auf der Struktur des Heldenmythos basiert, wie sie von dem Mythenforscher Joseph Campbell phänomenologisch beschrieben[48] und von Lucas kommerziell ‚ausgebeutet' wurde. *Star Wars* ist eine mediale Transposition der Metaphysik des Helden-Zyklus auf die Ebene der *space fantasy*, mithin ein Stück angewandter Mythologie. Der exzeptionelle Erfolg der Filme zeigt, daß die Struktur des Helden-Mythos (zumindest residual) lebendig ist und daß ein Werk, welches Hollywood normalerweise als Fiktion anbietet, plötzlich mythische Statur erlangen kann.

Sofern hier individuelle Kreationen zu würdigen sind, sind es also keine mythogenen Schöpfungen *ab ovo*, sondern eher mythenträchtige Wiederholungen *in vitro*. Was Hollywood, seine Autoren, Regisseure und Stars leisten, ist keine Erfindung von Mythen, denn Mythen werden nicht erfunden, sondern es ist „Arbeit am Mythos", wie Hans Blumenberg diesen Vorgang genannt hat[49] – die nicht endende Umwandlung, Neubearbeitung, Wiederverwendung, Verstärkung von Themen und Motiven, die den Tiefen kollektiver Menschheitserfahrung entstammen und national, regional, temporal, medial rekreiert und adaptiert werden. Es sind Phänomene, die das Medienzeitalter antezedieren und den Wirkungskreis der Traumfabrik überschreiten. „Mythische Massage" nennt Robert Jewett den Proliferationsprozeß, in dem die Medien ihre Verstärkerfunktion in bezug auf präetablierte Bilder so wahrnehmen, daß sie in einem Kontinuum unendlicher Abwandlungen lebendig bleiben.[50]

Die Metapher ist passend, aber: Solche „Massage" gewährleistet noch lange keinen mythischen Glauben als dauernde *réalité vécue* für diejenigen, die sich empfänglich dafür zeigen. Das mythische Zeitalter ist – ebenso wie das magische – unwiderruflich vergangen, und kein noch so geschickt lanciertes Kulturobjekt kann es *in toto* wiedererstehen lassen. Diese Erfahrung mußte vor über hundert Jahren bereits der junge Friedrich Nietzsche in seinem Enthusiasmus für Richard Wagners Musikdramen machen. Der geniale Philosoph sah in dem kongenialen Komponisten bekanntlich einen Verbündeten in seinem geistigen Feldzug zur Remythisierung der Welt.51 Die Forderung nach Remythisierung erwuchs bei Nietzsche aus dem Gefühl einer Bedrohung und Verarmung des Lebens durch die Arroganz eines ihm unersättlich erscheinenden Logos. Die auf-

---
48 Vgl. Campbell (1978).
49 Blumenberg (1979).
50 Siehe Jewett u. Lawrence (1977), S. 250.
51 Nietzsche (1899); dazu Salaquarda (1979).

geklärte Vernunft hatte den Menschen zwar aus den Banden des verführerischen Scheins befreit, die das mythische bewußtsein in Illusionen zu verstricken vermag, aber um den viel zu hohen Preis eines Kraft- und Sinnverlusts, den die Abwendung vom Mythos zur Folge hatte. Dre Entmythisierung des Abendlandes war für Nietzsche ein „Symptom der absinkenden Kraft, des nahenden Alters, der physiologischen Ermüdung". Das vom Logos errichtete Vernunftgebäude bot kein wahres Domizil, das den mythisch entwurzelten Menschen geistig zu beherbergen vermochte, sondern war ein labiles Gebäude aus Abstraktionern, dessen auseinanderstrebende Bestandteile in Philosophie, Wissenschaft, Religion, Kunst und öffentliche Moral des sinnstiftenden Grundsteins entbehrten. Inmitten sich auflösender Bindungen und zerrissener Horizonte war der Mensch seiner Fähigkeit zur umfassenden Anschauung der Welt und seiner selbst verlustig gegangen.. Der ursprüngliche, ekstatisch vom Leben erfüllte, „dionysische" Mensch hatte sich zu dem end- und fruchtlos über sich und sein Schicksal räsonierenden, „sokratischen" Menschen gewandelt. In den geschichtlichen Trümmern der vom Mythos zurückgelassenen Mythologeme konnte dieser „ohne festen und heiligen Ursitz" keinen Halt mehr finden; aber in den vom modernistischen Logos an die Stelle gesetzten Konstruktionen vermochte er sich erst recht nicht beheimatet fühlen. In dieser Situation sollte Richard Wagners „Gesamtkunstwerk" der Schlüssel für die effektive Wiederbelebung der dionysischen Seele durch Musik und Drama sein. Seine Opern sollten den Weg zurück in die Gefilde des Mythos weisen und von den Menschen freudig als „Evangelium der Weltharmonie" empfangen werden.

Die beschworene Remythisierung fand natürlich nicht statt; und Wagner verstand sich auch nicht als der Erfüllungsgehilfe des Programms, das der enthusiastische Nietzsche sich ausgemalt hatte. Das Ganze war spätromantische Schwärmerei. Dennoch kann man sagen: die Kampagne war nicht gänzlich erfolglos, denn die „Wagnerianer" unter den Musikliebhabern pilgern auch heute noch jährlich zum Schrein des Meisters nach Bayreuth, und wir dürfen mutmaßen, daß der dort veranstaltete Kult, phänomenologisch betrachtet, durchaus dem vergleichbar ist, den die *Star Wars*-Gemeinde andernorts inszeniert. Wahrscheinlich ist es auch kein Zufall, daß Wagners musikalisches Prunkstück, *Der Ring des Nibelungen,* ebenso auf dem mythologischen Substrat des Heldenmythos basiert wie *Star Wars*. Hier wirkt etwas nach. Die ‚Sprachen' der Objekte sind zwar verschieden, aber die Grundstruktur der mythogenen Erfahrung ist vergleichbar.

Bei phänomenologischer Analyse zeigt sich freilich, daß die von Hollywood fabrizierten Mythen notorisch instabil und ephemer sind. Die Rede von der „Unsterblichkeit" ist nicht mehr als eine wunschgeborene hyperbolische Ausdrucksweise. Historisch gesehen sind die allermeisten „unsterblichen" Götter aus dem Pantheon Hollywoods bemerkenswert kurzlebig, und soziologisch betrachtet rekrutieren sich die meisten Fan-Kongregationen aus der Gruppe pubertierenden Jugendlicher, Menschen also, deren Ich-Stärke – entwicklungsbedingt – schwach ausgeprägt ist und die zur Selbstfindung Identifikationsangebote benötigen. Dadurch werden die mythisierten Lichtgestalten von gestern rasch zu den ‚abgewrackten' (entmythisierten) Akteuren von heute, und die metaphysisch angestrebte „Erlösung" wird zur nostalgisch erinnerten Unterhaltung. Nie ist in unserem nachaufklärerischen Jahrhundert ausgeschlossen, daß Entmythisierungen stattfinden und Archetypen zu Stereotypen ‚verkommen'. Nie kann verhindert werden, daß die Mythizität, die *eine* Gruppe seinem Medienobjekt zuspricht, zur Fiktionalität ‚degeneriert', die eine andere in demselben Objekt wahrnimmt. Jederzeit kann der Logos durch Widerstand, Aufklärung oder Kritik eingreifen und dem Mythos die Herrschaft streitig machen. Jederzeit kann der kulturelle Pluralismus das Wiederaufleben eines mythologischen Motivs zu einer Modeerscheinung machen, die sich ebenso schnell verflüchtigt wie sie entsteht. Mythos als aktive Partizipation von Gläubigen ist etwas anderes als Mythologie als konservierter Bestand an Bildern. Das zweite ist das abgesunkene Residuum des ersten. Wenn beide wieder zur Deckung gelangen dadurch, daß alte Mythologie neue Mythizität generiert, so ist dies ein historischer Zufall, kein kulturelles Gesetz.

Die ursprüngliche Wahrheit des Mythos ist eine ambivalente und in der zeitgenössischen Welt stets gefährdete Wahrheit. Die seelische Fähigkeit, die wir – nach wie vor – für ihre Konzeption besitzen, ist weder eine Notwendigkeit, der wir unwillkürlich unterliegen, noch eine Möglichkeit, die wir willkürlich nutzen können. Es ist eher eine Zufälligkeit, die sich aus der schwer kalkulierbaren Interaktion von seelischen Bedürfnissen und gesellschaftlichen Bedingungen ergibt. Daß der Mythos ein starkes Energetikum sein kann, das Kräfte zu bündeln und richten vermag, daran darf man nicht zweifeln (man denke an den sogenannten Erfolgsmythos der US-Amerikaner, dem die Wirtschaftskraft des Landes unendlich viel verdankt.). Daß er aber auch ein starkes Tonikum sein kann, das zu betäuben und verführen vermag, das ist ebenso unbezweifelbar (man denke an den mythischen Führerkult der deutschen Nationalsozialisten, der eine Katastrophe vorbereiten half). Der Mythos garantiert *eo ipso* keine Richtigkeit oder Vertretbarkeit im Sinne aufgeklärter Moral. Zur ‚ewigen' Wahrheit kann die ursprüngliche Wahrheit in einer Zeit rapiden geschichtlich-gesellschaftlichen Wandels nur für diejenigen werden, die fundamentalistisch gläubig und entschlossen sind, unbeirrbar an solchem Glauben festzuhalten. Doch in solcher Verweigerungshaltung den Erfordernissen der Geschichte gegenüber stecken erhebliche Risiken.

1.3 Brücken zwischen Innen und Außen: Symbolik

Wenn unser Leben sich als ein fortlaufender Austausch von Innen und Außen vollzieht, als Vorgang einer vitalen, wechselseitigen Dynamik, die unser Innen an das Außen bindet und das Außen dem Innern mitteilt, dann muß es Brücken geben, kommunikative Vermittler, die diesen Austausch regeln. Es muß Verfahren geben, die die Daten der sinnlichen Wahrnehmung einerseits und die Impulse der seelischen Erfahrung andererseits mit Bedeutung versehen und die Austauschprozesse dadurch sinnhaft gestalten. Das Außen muß zur inneren Anschauung gebracht werden, das Innen zur äußeren Abbildung gelangen. Gäbe es für solche Repräsentation keine Möglichkeit, wäre das Innen rein selbstbezüglich (und damit isoliert) und das Außen rein gegenständlich (und damit a-human). Ein solcher Zustand ist schwer vorstellbar, er wäre wahrscheinlich identisch mit dem geistigen Tod des Menschen, seinem Rückfall in eine animalische Bewußtseinsform. Die für den Regelungsprozeß erforderlichen Mittel sind die verschiedenen vom Menschen entwickelten Symbolsysteme.1 Sie sind es, die den notwendigen Austausch herstellen, strukturieren und semantisieren – vornehmlich über die natürlichen Sprachen, aber darüber hinaus über sämtliche Ausdrucks- und Verständigungsmittel, die para-sprachliche Funktionen versehen: rituelle Aufführungen, bildhafte Darstellungen, künstlerische Gestaltungen, theatralische Inszenierungen sowie alle künstlich-zeichenhaften Anwendungen (die Formelsprachen der Wissenschaften, das Notationssystem der Musik, die digitalisierten Daten der Computer etc.). Sie alle lassen sich als Symbolsysteme (i. w. S.) auffassen, die als Mediatoren zwischen innerer Gedanken- und Erlebniswelt und äußerer Lebenswelt auftreten und dem *homo sapiens* erst dadurch ein spezifisch humanes, will sagen: über die Natur hinausweisendes kulturelles Leben ermöglichen. Der Mensch ist, wie Ernst Cassirer es ausdrückt, „ein symbolerzeugendes Tier".[52] Symbolbildung ist eine Grundfunktion unseres Bewußtseins. Symbole sind die Stützen jeder von uns entworfenen Weltordnung.

Wenn im folgenden von Symbolik die Rede ist, soll der Begriff jedoch in einem engeren Sinne verstanden und angewandt werden, nämlich in Abgrenzung zu allen sprachlichen oder para-sprachlichen Zeichen, die die Welt zwar äußerlich *bezeichnen*, aber nicht innerlich *bedeuten*. Dies bedarf der Erläuterung:

Auf den Schweizer Sprachwissenschaftler Ferdinand de Saussure geht die These zurück, daß sprachliche Zeichen willkürlich gesetzt seien. „Le signe est arbitraire", stellte de Saussure kategorisch fest[53] Zwar hatten Aristoteles und an-

---

52 Cassirer (1997), S. 7.
53 Saussure (1997), S. 23.

dere Denker bereits eine ähnlich „nominalistische" Auffassung vertreten, aber eher spekulativ entwickelt als empirisch-systematisch begründet. De Saussure wies nach, daß es wissenschaftlich nicht möglich ist, zwischen dem verwendeten Zeichen und dem von ihm Bezeichneten eine notwendige, essentielle oder naturwüchsige, Beziehung festzustellen. Verschiedene Sprachen bezeichnen dieselben Sachverhalte je verschieden, so daß die Systeme, obschon nicht völlig deckungsgleich, so doch im Prinzip austauschbar sind. Es sind nicht die Sachverhalte, die zwingend („naturalistisch") ihre zugehörigen Wörter und Begriffe hervorbringen, sondern die Konventionen von Sprachbenutzern, die darüber befinden, welches Wort welche Sache bezeichnen soll. Dies ist, vom logisch-analytischen Standpunkt gesehen, unabweisbar richtig. Man kann sich leicht vorstellen, daß infolge einer neuen Konvention z. B. bei den Verkehrsampeln, neue Farben in Funktion treten. Grundsätzlich wäre es ja möglich, Blau, Rosa und Weiß an die Stelle von Grün, Gelb und Rot zu setzen, ohne daß die Verkehrsregelung unter dem neuen Zeichensystem notwendig leiden müßte. Dementsprechend wäre es auch denkbar, die etablierte Sprache einer Sprachgemeinschaft gegen eine andere auszutauschen, ohne daß die Kommunikation zusammenbrechen müßte. Es bedürfte dazu nur bestimmter Voraussetzungen: die neue Sprache müßte allgemein verfügbar sein, und die Sprachbenutzer müßten zu dem Wechsel bereit sein. Systemisches Denken nach Art de Saussures führt dazu, Systeme (gleicher Funktion) für austauschbar zu halten, weil sie gewissermaßen horizontal, auf derselben Ebene liegend, betrachtet werden. Aber wir werden sehen, daß es so einfach nicht ist, sobald wir die Dinge vertikal, d. h. als Tiefenwirkung geprägt durch die Bewußtseinsgeschichte, anschauen.

In der Symbolik (im hier gemeinten engeren Wortsinn) herrschen andere, nämlich psychohistorische Bedingungen, und bei näherer Analyse ihrer Funktionen bricht Saussures These zusammen. Warum dies so ist, läßt sich durch Hinweis auf den Unterschied von Zeichen und Symbol begründen. Es handelt sich um einen wesentlichen Unterschied, der in der Alltagssprache zwar oft verwischt wird, aber die Topographie unserer inneren Welt ganz merklich bestimmt. Carl Gustav Jung, der vielleicht sachkundigste Symbolforscher des 20. Jahrhunderts, schreibt:

Der Mensch verwendet, um etwas mitzuteilen, das gesprochene oder geschriebene Wort. Seine Sprache steckt voller Symbole, aber oft gebraucht er auch Zeichen oder Bilder, die keine genaue Beschreibung geben, zum Beispiel Abkürzungen und Buchstabenfolgen wie etwa UN, UNICEF, oder UNESCO, oder auch bekannte Schutzmarken, Namen von medizinischen Erzeugnissen, Dienstabzeichen und Insignien. Diese wären an sich bedeutungslos, haben aber durch allgemeinen Gebrauch eine erkennbare Bedeutung erlangt. Es sind jedoch keine Symbole, sondern Zeichen für bestimmte Dinge. Das, was wir Symbol nennen, ist ein Ausdruck, ein Name oder auch ein Bild, das uns im täglichen Leben vertraut sein kann, das aber zusätzlich zu einem konventionellen Sinn noch besondere Nebenbedeutungen hat. Es enthält etwas Unbestimmtes, Unbekanntes und für uns Unsichtbares. [...] Ein Wort oder ein Bild ist symbolisch, wenn es mehr enthält, als man auf den ersten Blick erkennen kann. Es hat dann einen weiteren ‚unbewußten' Aspekt, den man wohl nie ganz genau definieren kann. So gelangt der menschliche Geist bei der Erforschung von Symbolen zu Vorstellungen, die sich dem Zugriff des Verstandes entziehen[54]

Ein Beispiel: Im sogenannten christlichen Abendland ist es weithin üblich, Geburts- und Todestag eines Menschen bildhaft oder piktographisch durch einen Stern bzw. ein Kreuz zu markieren. Vertraut mit dieser Konvention, die uns in Todesanzeigen und auf Friedhöfen begegnet, weiß jeder Christenmensch, was diese Markierungen bedeuten: den Zeitpunkt der Geburt gegenüber dem Zeitpunkt des Todes des betreffenden Individuums. Was als jeweilige Referenz dahintersteht, ist der mythische Stern von Bethlehem, der bei Christi Geburt über dem Geburtsort des Erlösers gestanden haben soll, sodann das Kreuz von Golgatha, an dem neutestamentarischer Überlieferung zufolge der Gekreuzigte starb. Der Leser einer Todesanzeige oder der Betrachter eines Grabsteins hat nun – theoretisch – die Wahl,[55] ob er die beiden Markierungen eher als Zeichen oder als Symbole auffaßt. Je nachdem, wie er wählt, spielen sich in seinem Innern jedoch ganz unterschiedliche Szenarien ab. Nach der Zeichenlehre (Semiotik) handelt es sich hier um willkürliche Festlegungen, die bei Bedarf austauschbar wären. Man könnte sich durchaus alternativ das Piktogramm einer Sonne bzw. eines Totenschädels vorstellen. Beide Zeichen würden im Prinzip ihre Funktion ebensogut erfüllen können wie Stern und Kreuz – vorausgesetzt, es wären *nur* Zeichen, d. h. rein sachbezogene Referenten zu den biographischen Eckdaten eines Menschen, Statthalter für pure Fakten, nicht mehr und nicht weniger. Der Zeichen-Interpret würde dementprechend die beiden Daten als Fakten registrieren und damit seine Wißbegier intellektuell befriedigt haben. Er kennt nun die Lebensdaten der Person, und mehr wollte er von vornherein nicht wissen. Anders der Symbol-Interpret, bei dem wir einmal annehmen, daß er ein gläubiger, für Symbolsprache besonders empfänglicher Christ sei. Sicher wird auch er die biographischen Eckdaten des Verstorbenen registrieren, aber zugleich noch mehr. Er wird die von Jung so genannten „Nebenbedeutungen" wahrnehmen: Eventuell wird er sich die Passionsgeschichte Christi vergegenwärtigen mit allen Assoziationen, die hier möglich sind (Qual, Opfertod, Auferstehung, Erlösung, ewiges Leben u. a.). Er wird sich möglicherweise die Frage stellen, ob der Verstorbene ein Leben im Zeichen der Symbolik, also ein Leben *in Christo,* geführt und an die Auferstehung geglaubt hat. Er zieht denkbarerweise Parallelen zwischen dem Martyrium Christi und dem Leidensweg des betreffenden Menschen.

---

54 Jung (1988), S. 20–21.
55 Praktisch hat er sie natürlich nicht, wenn er weltanschaulich gebunden ist.

Möglicherweise überkommen ihn jedoch Zweifel hinsichtlich der Erlösungschancen, wie Christus selbst ja nicht frei von Angst und Zweifel war, als die Stunde seiner Hinrichtung nahte. Kurzum, der ‚Symbolist' bewegt sich emotional in einem Feld religiöser Assoziationen, ausgelöst durch den ursprünglich sakralen Charakter von Symbolen, die der ‚Semiotiker' lediglich als Zeichen registriert. Er spürt eine den Symbolen immanente geistige Macht, die der andere nicht verspürt. Er taucht in eine spirituelle Aura, die in der gegebenen Situation seinem Intellekt wenig sagt, aber seine religiöse Glaubensfähigkeit in Anspruch nimmt. Es ist klar, daß Stern und Kreuz beim ‚Symbolisten' eine ganz andere seelische Resonanz auslösen als beim ‚Semiotiker'. Zeichen verweisen mittelbar auf Sachverhalte außerhalb ihrer selbst, Symbole evozieren unmittelbar mentale Zustände durch ihre eigene Präsenz. Wir sehen jetzt, daß die gängige Definition des Symbols als eines „Sinnbilds" irreführend ist; denn hätten wir es mit einem Bild zu tun, das auf einen erschließbaren Sinn verweist, handelte es sich um ein Zeichen. Abgesehen davon, daß Symbole nicht notwendigerweise Bilder sind, suggeriert „Sinnbild" ja, daß Bild und Sinn dissoziierbar sind, was bei einem echten Symbol nicht der Fall ist. Hier ist der Sinn das Bild (oder Objekt) und das Bild der Sinn.

Ein anderes Beipiel: Sämtliche Staaten und Nationen dieser Welt führen zur Kennzeichnung ihrer Identität nicht nur Namen, sondern Nationalflaggen in bestimmten Farben und (manchmal) mit bestimmten Motiven (Piktogrammen). Diese Flaggen sind Zeichen durchaus im Saussureschen Sinne, denn sie sind – im Prinzip – willkürlich gewählt und gegen andere austauschbar. Irgendjemand hat sie irgendwann erfunden und irgendwie für ihre Einführung gesorgt. Es gibt keinen zwingenden Grund, weshalb die deutsche Flagge die Farben Schwarz, Rot, Gold führen sollte. Zur Zeit des Kaiserreichs waren die Farben bekanntlich Schwarz, Weiß, Rot, und grundsätzlich sind geschichtliche Entwicklungen denkbar, die in fernerer Zukunft vielleicht einen erneuten Farb- oder Formwechsel veranlassen. Eine Zeicheninterpretation von Nationalflaggen wird also auf die nüchterne Tatsache hinweisen, daß es praktisch und nützlich ist, Nationen durch Farben und Formen zu differenzieren, weil dies eine rasche und mühelose Erkennung ermöglicht. So betrachtet erfüllen die Flaggen z. B. bei einer internationalen Konferenz die gleiche Funktion wie die Namensschilder der Konferenzteilnehmer. Es sind konventionalisierte Bequemlichkeiten zur Identifikation der Teilnehmer(-Staaten).

Anders im Falle einer potentiell wirksamen Symbolik: Betrachten die Einwohner eines bestimmten Landes ihre Flagge als Symbol, kommen ganz andere Komponenten des Umgangs mit dem Objekt ins Spiel: Sie grüßen die Flagge, respektieren sie, verehren sie, identifizieren sich damit. Sie empfinden bei ihrem

Anblick womöglich Stolz, Stärke, Wehmut, Dankbarkeit, Sehnsucht oder vergleichbare Emotionen. Sie zelebrieren Riten in Anwesenheit der Flagge und sind affektiv davon berührt. Nicht von ungefähr werden bei Bestattungszeremonien die Särge verdienter Politiker oder Militärs mit Flaggen bedeckt. Und nicht von ungefähr legt das Militär allergrößten Wert auf Kulthandlungen, bei denen Flaggen im Mittelpunkt stehen. Hier kommen soziale Verpflichtungen und weltanschauliche Bindungen ins Spiel. Die Flagge rührt an den Corps-Geist derjenigen, die sich mit ihr identifizieren. Die Flagge ‚kollektiviert' die Menschen, die sich unter ihr versammeln oder in ihrem Geiste leben. Andererseits: Glauben Personen oder Gruppen Veranlassung zu haben, sich von ihrer eigenen Nation distanzieren oder einer anderen Nation ihre Mißachtung ausdrücken zu müssen, geschieht es, daß sie dies durch öffentliches Verbrennen oder Zerreißen der Flagge kundtun. Die positive Aura des Symbols, Ehrfurcht, schlägt um in eine negative Aura, Haß. Doch sowohl das ehrfurchtsvolle Grüßen wie auch das zornige Verbrennen sind bedeutungsträchtige symbolische Handlungen, die nur dann inszeniert werden, wenn die Handlungen einem Symbol gelten, das *als solches* wirkt. Hier arbeiten „Vorstellungen, die sich dem Zugriff des Verstandes entziehen", wie Jung sagt. Kein Zeichen würde derartige Affekte mobilisieren. Daher gilt für das gesamte Feld der Symbolik der psychologische Grundsatz *Wirklich ist was wirkt*. Denn das seelisch Wirksame ist mächtiger als das intellektuell Begreifbare.

Damit sind wir am Kern des Phänomens. Symbole können, rein phänomenal betrachtet, in ganz verschiedener Gestalt auftreten: als Menschen, Götter, Dämonen, Naturobjekte, technische Gegenstände, künstlerische Artefakte, Bilder und eben auch als Zeichen. Doch wie immer sie auftreten, ihr Kriterium ist – phänomenologisch betrachtet – eine spezifische Wirkung. Auch dann, wenn sie gleichzeitig als Zeichen dienen, sind sie auf jeden Fall mehr als Zeichen und fungieren anders als Zeichen. Denn sie haben Macht, sie lösen seelisch etwas aus, sie aktivieren Gefühle. Sie *be*deuten die Welt in einem Sinne, in dem gewöhnliche Objekte, Figuren oder Zeichen sie nicht bedeuten. Nicht zufällig ist die Ursprungsform des konventionalisierten Symbols die Hieroglyphe, in der äußeres Zeichen und innerer Vorgang, graphische Form und sakrale Bedeutung „konkreszent" sind, wie Cassirer es nennt,[56] d. h. sich unvermittelt zu einer geistigen Einheit zusammenschließen. Symbole dringen durch und bewirken Engagement. Dies verdanken sie einer besonderen schöpferischen Vorstellungskraft, welche die Wahrnehmungsdaten über die Vorgänge und Dinge unseres Alltagsbewußtseins hinausheben. Solange Symbole vital sind, können wir ihnen nicht indifferent gegenüberstehen, so wie wir Verkehrszeichen teilnahmslos gegenü-

---

56 Cassirer (1964), S. 27.

berstehen können. Sie lassen uns nicht kalt, denn wir partizipieren an einer Psychodynamik, die im Innern unwillkürlich etwas in Gang setzt. Dabei läßt sich niemals *in abstracto* bestimmen, worum es sich handelt: es können bestimmte Gefühle sein, die für uns charakteristisch sind, es können Einsichten sein, die plötzlich aufleuchten, es können Erinnerungen sein, die wir vergessen oder verdrängt hatten, es können Tröstungen sein, die uns guttun, es können Ängste sein, die uns verunsichern. Bei der Bedeutungsermittlung von Symbolen gibt es einen nicht auflösbaren semantischen Rest, der – schwer bestimmbar – irgendwo in unserem Innern angesiedelt ist. Deshalb sind Symbole niemals Konzepte, die uns intellektuell befriedigen, oder Informationen, die uns sachlich weiterführen. Selbst in stark abgegriffener, säkularisierter und konventionalisierter Form bewahren sie zumeist eine, wenn auch schwache, Potenz, die sie aus gewöhnlichen Sprach- und Kommunikationselementen heraushebt.

Lösen sie aber nichts aus, bewegen sie uns in keinster Weise und werden einfach *ad notam* genommen, dann haben wir es nicht mit Symbolen zu tun. Entweder sind es dann Zeichen wie die erwähnten Piktogramme, oder es sind Objekte ohne geistige Potenz oder Figuren ohne Charisma oder Bilder ohne Affektgehalt. Daraus erhellt die psychohistorische Dynamik des Phänomens. Es unterliegt Wandlungen: Die Symbole von gestern können die Zeichen von heute werden, wenn sie ihre Potenz einbüßen. Umgekehrt können die Objekte, Figuren, Zeichen von gestern zu Symbolen von heute werden, sobald sie sich repotenzieren. In der kulturellen Gegenwart lassen sich interessante gegenläufige Prozesse beobachten: Der Vorgang der fortschreitenden Säkularisierung religiösen Lebens im Westen hat zu einer allgemeinen *Depotenzierung* sakraler Symbolik geführt. Das christliche Kreuz bedeutet den meisten Menschen heute nicht mehr viel, weil der christliche Mythos verblaßt. Demgegenüber hat – gleichsam kompensatorisch – die geradezu explosive Verbreitung der populären Kultur jedoch zu einer *Repotenzierung* von Symbolik geführt: Man denke an die glamourösen Objekte und Fetische, mit denen sich heute die Idole der Leinwand und Musikszene umgeben, sowie an die heiß begehrten ‚Reliquien' von Mediengöttern, welche die Fan-Kongregationen sammeln und verehren. Wir haben dies oben geschildert und dabei erwähnt, daß solche Objekte eine erstaunliche Macht über die Psyche derjenigen ausüben, die sie zu Kultgegenständen erheben. Sie mögen Außenstehenden profan erscheinen, für die ‚Gläubigen' sind sie quasi-sakral. Hier herrscht beträchtliche funktionale Varianz. So besteht zum Beispiel ein wesentliches Charakteristikum des Romans *Der Name der Rose* von Umerto Eco darin, daß die mannigfach verwendeten Zeichen, Symbole, Allegorien und Mythologeme in ihren Funktionen ständig wechseln, einerseits zwar textuell konstant auftreten, andererseits aber semantisch oszillieren, wie z. B. das Zentralmotiv des Labyrinths. Ecos Werk läßt sich als „Superzeichen" auffassen, d. h. als ein komplexes Gesamtzeichensystem, das sich aus verschiedenen (theologischen, poetologischen, kosmologischen, geometrischen u.a.) Subsystemen zusammensetzt und als solches ein kunstvoll geknüpftes Netz aus interagierenden Bedeutungsträgern bildet – mit der Folge, daß wir als Leser gezielt auf die Zeichenhaftigkeit der Repräsentanz von Welt im Kopf aufmerksam gemacht werden. Was davon symbolisch wirkt, ist freilich nicht generell bestimmbar. Gewiß ist nur, daß es der *Name* der Rose ist, der das *Objekt* der Rose im Bewußtsein verankert und es dadurch geistig verfügbar macht.

Symbole können öffentlich wirksam und privat wirksam sein, je nachdem ob eine Gruppe, ein Volk, eine Nation eine bestimmte Symbolik pflegt und sie konventionalisiert, oder ob ein Einzelmensch seine eigenen Symbole schafft und mit ihnen lebt. Es gibt wirkungsmächtige nationale Symbole (z. B. Tempel, Kathedralen, Monumente), die emotional ein jeweils großes Kollektiv auf sich vereinigen, aber es kommt ebensogut vor, daß ein Mensch, ganz auf sich gestellt, ein Artefakt herstellt, das – dauerhaft oder vorübergehend – nur für ihn symbolisch bedeutsam ist. Die sakralen Symbole der großen Weltreligionen sind mehrheitlich öffentliche, stark konventionalisierte Symbole, die einer großen Zahl von Gläubigen geläufig und von ihnen verinnerlicht sind. Meist begegnen sie in einem größeren, mythischen Kontext. Ähnliches gilt für die säkularen Symbole, die nationalkulturell oder international anerkannte Künstler verwenden und die dann zum geistigen Inventar bestimmter Grupppen gehören. Aber daneben dürfte es in Kunst und Literatur Symbole zuhauf geben, die hermetisch gegen ‚Popularisierung' geschlossen sind, weil sie nur im Geist ihrer Schöpfer ‚aufleuchten' und als Symbole unkommuniziert bleiben. Beipielsweise kommt in Marcel Prousts berühmtem Romanzyklus *Auf der Suche nach der verlorenen Zeit* (1913 ff.) leitmotivisch ein Stück Teegebäck vor, das für den Erzähler eine singuläre persönliche Symbolkraft entfaltet (es ist ein sinnlich-assoziativer Schlüssel zur Erschließung von Jugenderinnerungen), jedoch ansonsten bedeutungslos bleibt. Die Wirkung dieses privaten Symbols kann vom Leser nicht unmittelbar erlebt, sondern nur mittelbar nachvollzogen werden. So dürfte es aber auch im Alltag eher unscheinbarer Zeitgenossen vorkommen, daß sie in bestimmten Objekten ihrer Lebenswelt einer Symbolkraft teilhaftig werden, die ihren Mitmenschen vollkommen entgeht. Ein Gärtner oder Botaniker, der eine bestimmte Blume favorisiert, kann unter Umständen eine Offenbarung naturhafter Schöpferkraft erleben, wo andere nur einen zufälligen Farbtupfer in der Landschaft sehen. Daß bestimmte Kunstwerke oder Musikstücke stark individualisierte Symbolkraft entwickeln können, ist uns allen geläufig. Und daß wir meist daran scheitern, diese Kraft über den Verstand definieren zu wollen, ist ebenso bekannt.

Wenn solchermaßen von Symbolen Brücken zwischen dem Innen und Außen geschlagen werden, die von psychohistorischen Umständen, d. h. sowohl kollektiven als auch individuellen Faktoren abhängig sind, heißt dies – etwas anders gewendet –, daß symbolische Wirkungen und Bedeutungen kontextabhängig und variabel sind. Deshalb ist es problematisch, nach Art von Nachschlagewerken Lexika der Symbole zu erstellen, in denen Bedeutungen fixiert werden wie bei nicht-symbolischen Wörtern, Begriffen oder Zeichen. Zwar gibt es nach Überzeugung der Vertreter der Jungschen Psychologie einen Bestand an Urbildern, deren Symbolkraft transhistorisch, universell und unerschöpflich ist – die Archetypen[57] Darin ruht und darum organisiert sich – nach Jung – das Seelenleben der gesamten Menschheit. Aber die Archetypen sind, genau genommen, präformierte seelische Energien, innere Konfigurationen, aus denen Bilder erst hervorgehen, keine sinnlich feststehenden Muster. Und auch bei ihnen läßt sich zeigen, daß, wenn sie Bilder erzeugen, diese in unterschiedlichen Kontexten unterschiedlich figurieren. Sind sie auch im individuellen oder kollektiven Unbewußten beheimatet, also tiefenstrukturell vorgeprägt, so sorgen Kultur und Geschichte doch für ganz unterschiedliche oberflächenstrukturelle Realisationen. So gibt es nach Auffassung der Jungianer, wie oben erwähnt, den Archetypus der „Großen Mutter" als seelischen Niederschlag des naturgegebenen Prinzips der Maternität.[58] Die Große Mutter ist aber keine irgendwo auffindbare und konkret identifizierbare Figur, sondern eine seelische Matrix, eine psychodynamische Kraft, die das Urweibliche schlechthin markiert und als solches mannigfache Symbole des Weiblichen generiert: die Erdmutter, die Muttergöttin, das Mutter-Monster, die natürliche Mutter nebst einer Vielzahl von Abkömmlingen (Nymphen, Feen, Hexen, Nixen, Zauberinnen, Königinnen, in jüngerer Zeit auch Mediengöttinnen). Naturphänomene wie Seen, Ströme und Quellen, Gestirne wie der Mond, selbst Institutionen wie die „Mutter Kirche" oder die „Alma Mater" (Universität) können an diesem Komplex partizipieren. Doch auch für Jungianer steht außer Frage: Längst nicht jedes Symbol ist archetypisch fundiert, so daß der Freiheit symbolischer Schöpfung grundsätzlich keine Grenzen gesetzt sind. Symbole sind nicht nur aus unvordenklichen Zeiten tradierbar, sie sind auch von der heutigen Bewußtseinsindustrie fabrizierbar. Zudem sind sie von jedem kreativen Menschen individuell erzeugbar.

Wer den Ursprung eines Symbols aufspüren und womöglich an seiner Wirkungsmacht teilhaben will, kommt nicht umhin, seinen Kontext aufzusuchen

---

57 Siehe Jung (1976).
58 Dazu Neumann (1956).

und sich auf den psychokulturellen Boden zu stellen, aus dem das Symbol erwuchs. Der Kontext kann sakral oder er kann säkular sein; er kann von einem Kollektiv oder einer Privatperson geschaffen sein; er kann von Träumen oder Visionen gebildet oder in der historischen Welt vorgefunden werden; er kann ästhetisch geschaffen oder naturhaft gegeben sein; er kann politisch bestimmt oder auch sexuell geprägt sein; er kann tradiert und uralt, aber auch neu erfunden und jungen Datums sein. So wie die moderne Lexikographie dazu übergegangen ist, Wortbedeutungen kontextuell zu ermitteln und wiederzugeben, so muß die Symbolforschung *a fortiori* auf das jeweilige Umfeld achten, in dem Symbole auftauchen und Wirkung entwickeln. So wechselhaft der Kontext, so wechselhaft die Symbolik. Ist die angestammte Heimat von Symbolen auch die Affektstruktur des magisch-mythischen Bewußtseins, so gibt es die verschiedensten Umfelder in Kunst und Poesie, Musik und Architektur, Theater und Film, die auch dann symbolträchtig sein können, wenn sie nicht mythisch sind.

Hier stoßen wir auf ein begriffliches und psychologisches Problem, das leicht zu Konfusionen führen kann. Durch eintretenden Bewußtseins- und Funktionswandel können Symbole sich nämlich zu Metaphern transformieren (und umgekehrt), ohne daß sie als Objekte ihre Beschaffenheit verändern. Während Symbole in ihrer Wirkung auf einem Vorgang semantischer *Expansion* basieren dadurch, daß Objekte sich im Kopf des Betrachters gewissermaßen mit Bedeutung aufladen, entstehen Metaphern durch einen Prozess der *Substitution* dadurch, daß ein (nicht leicht bestimmbares, abstraktes) Eigentliches durch ein (leichter verfügbares, bildhaft-konkretes) Uneigentliches ersetzt wird. So kann zum Beispiel das satanische Pinzip einmal symbolisch, ein andermal metaphorisch figurieren: Tritt der Leibhaftige, wie meist in der christlichen Ikonographie, als schrecklich anzusehende Gestalt auf, so kann er symbolisch wirken, wenn sich mit ihm unmittelbar die metaphysische oder mythische Wirkungsmacht des Bösen assoziiert. Als Symbol löst Satan dann Angst oder Beklemmung aus. Wird sein Bild jedoch von solcher Macht dissoziiert und aus weltanschaulicher und/oder emotionaler Distanz betrachtet, kann er mittelbar als Metapher figurieren, als uneigentlicher Stellvertreter eines Prinzips, das in seiner Eigentlichkeit bildhaft gar nicht dargestellt werden kann. In dieser Funktion löst er bei aufgeklärten Menschen eventuell noch ästhetisches Interesse aus, aber mehr als ein geistesgeschichtliches Kuriosum sehen sie nicht in der Figur. Zeitgeist, Kontext und Funktion bestimmen also die Wirkung.

Es empfiehlt sich, die Symbolträchtigkeit von Objekten in diesem Sinne zu illustrieren: Zu den alltäglichen Gebrauchsgegenständen unserer Zivilisation gehören Spiegel – leicht herstellbare, bequem benutzbare, mannigfach verwendbare Objekte. Als Utensilien sind diese Objekte so gewöhnlich und häufig, daß wir selten Gedanken an die Tatsache ‚verschwenden', daß Spiegel zu den kulturell verbreitetsten und psychologisch mächtigsten Symbolen überhaupt zählen. Unsere tägliche Erfahrung im Umgang mit Spiegeln sagt uns, daß es sich um Instrumente handelt, die die optische Fähigkeit besitzen, die visuell wahrnehmbare Welt zu reflektieren und auf diese Weise (scheinbar) zu verdoppeln – zwar seitenverkehrt und nur zweidimensional, aber so, daß die fehlende dritte Dimension von unser Wahrnehmungsgewohnheit leicht ergänzt werden kann. Wir wissen: das Gegenständliche der Welt ist zwar nur einmal gegeben, aber wir finden nichts dabei, wenn es sich dank einer galvanisierten Glasplatte oder einer polierten Metalloberfläche redupliziert und virtuell noch einmal erscheint. Es ist der Gewohnheitsfaktor, der den mirakulösen Spiegel zu einem ‚ordinären' Gegenstand degradiert; es ist unsere Einstellung auf Äußerliches, Oberflächliches, Phänomenales, die ihn im Alltag weitgehend seiner Magie beraubt. Zum Symbol kann der Spiegel jedoch in dem Moment werden, da wir seine äußere Objekthaftigkeit und das, was sie rein physikalisch leistet, ausblenden und die Verbindung zum innerlich Subjektiven herstellen. Seit jeher eignet Spiegeln mehr als die Fähigkeit, die äußere Welt ins menschliche Auge zurückzuwerfen; sie haben die geheimnisvolle Macht, diese Welt zu deuten, ihre Essenz zur Erscheinung zu bringen. Der Spiegel ist der Schnittpunkt, an dem die sichtbare phänomenale Welt und die verborgene (spirituelle, seelische, ideelle) Wirklichkeit aufeinandertreffen. In der platonischen Philosophie existiert für die Auslegung des Symbols eine alte Tradition, wonach der Spiegel die wechselseitigen Beziehungen zwischen der physischen Welt und der metaphysischen Region veranschaulicht. In der christlichen Theologie gibt es eine verwandte Deutung, wonach die Seele in dieser oder jener Weise die Gegenwart Gottes spiegelt. Sie gibt Auskunft über die Verfassung des Menschen als eines göttlichen Geschöpfs. In der prophetischen Tradition dient das Symbol als magisches Fenster zu Visionen der Zukunft, als Instrument, in dem innerlich aufsteigende Bilder äußerlich sichtbare Konturen gewinnen. Doch ob philosophisch, theologisch oder prophetisch: In der tradierten Bedeutung kann jede Spiegelung das wesentliche Sein (Essenz) hinter der zufälligen Erscheinung (Akzidenz) sichtbar machen. Sie hat demnach revelatorische oder erschließende Funktion in bezug auf eine Wahrheit, die dem Betrachter der phänomenalen Welt verborgen bleibt. Sie offeriert eine Form ‚höherer' Erkenntnis.

Im Zuge geschichtlichen Wandels verschiebt sich allerdings der Kontext und eine merkliche Bedeutungsverlagerung tritt ein: Im Spiegel tritt keine wie auch immer gefaßte Transzendenz in Erscheinung, sondern er reflektiert zunehmend die innere Problematik des Menschen, seine Verunsicherung durch eine als bruchstückhaft erlebte Welt und seine oft qualvollen Bemühungen um Selbsterforschung. Schon gegen Ende des 18. Jahrhunderts setzt sich zunehmend die Verwendung des Spiegels zur Darstellung von Bewußtseinsinhalten und Ich-Projektionen durch. In der Romantik findet das Symbol ein nahezu obsessives Interesse bei denjenigen, die in die tieferen Schichten ihres Selbst hinabzusteigen bestrebt sind. Obwohl es auch weiterhin der Knotenpunkt zwischen dem Bekannten und dem Unerforschten bleibt, weisen die Konnotationen verstärkt auf innere, im Dunkeln verborgene Substanzschichten. Daß Vampire keine Spiegelbilder werfen, weil sie ihre unsterbliche Seele verloren haben, ist Ausdruck einer romantischen Phantasie, für die Symbole die kreativsten Gestaltungs- und Anschauungsmittel überhaupt sind. Der Spiegel kündet jetzt Krisenerscheinungen an und wirft Störungen des Persönlichkeitszentrums auf den Betrachter zurück. Er wird zum Medium eines Austausches, das zunehmend Perspektiven auf ein Inneres eröffnet, das in Unordnung geraten ist, auf Dinge, die den Menschen beunruhigen, ihn an sich und der Welt zweifeln lassen, ihn in die Selbstentfremdung treiben. Während er äußere Gestalt und Physiognomie reflektiert, enthüllt der Spiegel eine problembefrachtete Identität, im Extremfall nur noch deren zertrümmerte Reste. Der moderne Mensch, der in den Spiegel blickt, sieht sich kaum mehr als ganzheitlich gefügtes Geschöpf Gottes, sondern als sich selbst wahrnehmendes Subjekt mit allerlei inneren Blessuren. Spätestens mit der Psychoanalyse am Beginn des 20. Jahrhunderts wird klar, daß interne Spannungen zu neurotischen Abspaltungen und seelischen Fragmentierungen führen können, die symbolhaft in deformierten Bildern hervortreten. Entstellte Spiegelungen, getrübte oder zerbrochene Spiegel, verlorene Spiegelbilder sind nun Motive, die das Schlüsselsymbol modifizieren, es einer Bewußtseinslage anpassen, die sich innerer Wahrheiten nicht mehr sicher wähnt. Zersplitterte Bilder begründen in einem oft nahezu verzweiflungsvollen Ringen um innere Gewißheit und Selbsterkenntnis den Verlust ganzheitlicher Ordnung und Orientierung. – Zur geschichtlichen Illustration:

In dem antiken Mythos vom Jüngling Narcissus, der sein eigenes Spiegelbild im Wasser erblickte und sich darin verliebte, kommt im Abendland erstmalig die symbolische Qualität der Erfahrung von Spiegelungen zum Ausdruck. Seit dieser Episode, von Ovid in seinen *Metamorphosen* (ca. 10 n. Chr.) erzählt, kann jede Spiegelfläche, sei sie aus Wasser, Metall oder Glas, dem Betrachter Wunschbilder vorspiegeln. Narcissus nahm, über ein Gewässer gebeugt, seine eigene Schönheit wahr und war davon überwältigt. Wir dürfen annehmen, daß sein Antlitz wirklich sehr anmutig war, aber das Entscheidende ist nicht diese ‚objektive' ästhetische Tatsache, sondern ihr subjektives seelisches Echo. Das Spiegelbild offenbarte etwas von tiefer, nachhaltiger Konsequenz: den Grund für die Selbstliebe des Jünglings. Nach seiner Selbstwahrnehmung im Wasser war Narcissus ein anderer. Er wies fortan alle Avancen des weiblichen Geschlechts ab, machte die in ihn verliebte Nymphe Echo dadurch unglücklich und verzehrte sich in unstillbarer Sehnsucht nach seinem eigenen Ich. Da der Jüngling eine vollkommene Vereinigung mit seinem Spiegelbild anstrebte, stürzte er aus selbstversunkener Unachtsamkeit ins Wasser und ertrank. Nach seinem Tode wurde er (laut Ovid) in die nach ihm benannte Blume verwandelt. Das Spiegelsymbol beleuchtet hier die Gefahr des Selbstverlustes eines Menschen, der, seiner selbst bewußt geworden, sich nicht aus seiner Ich-Bezogenheit lösen kann. Die exzessive Selbstliebe offenbart eine Verirrung auf dem Wege der Selbstverwirklichung. Bekanntermaßen erschien dieser symbolische Vorgang Sigmund Freud als so bedeutungsvoll und psychologisch ‚wahr‘, daß er ihn zur Entwicklung seiner Theorie des frühkindlichen Narzißmus heranzog, jener Theorie, wonach das Ich nicht nur ein anderes Individuum als „Liebesobjekt", sondern ursprünglich sich selbst auswählt, um erotische Strebungen zu befriedigen. Behauptet sich diese Disposition bis ins Erwachsenenalter hinein, d. h. wird sie zu einer Fixierung, kann es sein, daß sich die Person der Welt entfremdet, sich von anderen Menschen abschließt und einen frühen Tod findet. Nach Freud sind wir alle – mehr oder minder – narzißtisch veranlagt, und diese Disposition kann nichts anderes sein als das Ergebnis einer gewissen Selbstbespiegelung, der Reflex des primären Wunsches nach Liebe, Anerkennung, Befriedigung.

Eine ähnliche Symbolik begegnet uns in dem Grimmschen Märchen von *Schneewittchen*: Das bekannte „Spieglein, Spieglein an der Wand" enthält nicht nur das Verlangen der „bösen Königin" nach objektiver Wiedergabe ihrer Schönheit, sondern ist ein Moment der Selbstoffenbarung durch Innenschau. Die Königin ist selbstverliebt wie Narcissus, pervertiert ihre Selbstliebe jedoch durch eine mörderische Eifersucht auf eine andere Person. Sie erfährt beim Blick in den magischen Spiegel, daß sie zwar schön, aber nun einmal nicht die Schönste im Lande ist. Schneewittchen, ihre verhaßte Stieftochter, der sie nach dem Leben trachtet, ist schöner als sie, und alle Versuche, diese Tatsache zu leugnen oder zu manipulieren, schlagen fehl. Wichtig ist hier, daß die Königin in der Rede des Spiegels, Schneewittchen sei tausendmal schöner als sie, eine Bestätigung ihrer Angst und ihres Zorns erhält. Der Spiegel ist die Nahrungsquelle ihrer permanenten Eifersucht. Aber, selbst wenn er – märchenkonform – sprechen kann, ist er keine von der Königin unabhängige Informationsquelle, sondern eine Wiedergabe dessen, was sie intuitiv schon wußte, zumindest dunkel ahnte. Nach jedem Mordversuch fürchtet sie, daß er fehlgeschlagen sein könnte. Und nach jedem weiteren Versuch offenbart der Spiegel neben der Wahrheit des Fehlschlags auch die latenten Regungen eines schlechten Gewissens. Weshalb sonst die periodische Befragung? In die Befragung des Objekts geht das unterschwellig subjektive Wissen ein, daß Schneewittchen am Leben und schöner ist als sie, und damit übernimmt das Instrument die Funktion eines Orakels, das eine unbequeme Wahrheit ausspricht – eine Wahrheit, die bei gewissenhafter Selbsterforschung auch ohne das Hilfsinstrument evident geworden wäre. Hier ist der Spiegel das Symbol einer verdrängten Erkenntnis, die, zu vollem Bewußtsein gebracht, nicht verkraftet wird und so zur selbstverschuldeten Katastrophe führt. Er signalisiert eine pathogene Abweichung von Ich und Ich-Ideal, deren seelische Spannung ein neurotisches Leiden bewirkt, das die Zerstörerin schlußendlich selbst zerstört. Vor „Angst und Schrecken" fällt die Königin auf Schneewittchens Hochzeit tot zu Boden, weil sie dem Triumph der lebendigen Wahrheit nicht ins Auge zu sehen vermag.

„Zu den beunruhigendsten Gegenständen unseres Alltags", bemerkt Hans D. Baumann, „gehören Spiegel, denn sie eröffnen uns eine Welt, die zwar mit der unserer Erfahrung identisch ist, in der wir uns sogar selbst nachweislich befinden – die für uns aber trotzdem völlig unzugänglich ist, da sich die Grenzfläche nicht überwinden läßt."[59] Die Überwindung der Grenzfläche – just das ist das Anliegen vieler Literaten und Künstler, die den Spiegel als Schnittstelle von diesseitiger und jenseitiger Welt betrachten und nur schwer akzeptieren können, daß hinter der Grenze nichts sein soll. Nachdem Lewis Carroll mit seinem skurrilen Kinderbuch *Alice im Wunderland* (1865) einen internationalen Überraschungserfolg erzielte, schickte er dem Werk wenige Jahre später eine Fortsetzung hinterher: *Alice hinter den Spiegeln* (1872). Das Buch fiktionalisiert den ununterdrückbaren Gedanken, daß hinter dem Spiegel eben doch etwas existiert, eine andere Wirklichkeit, eine Gegenwelt, eine Antithese zur Normalität. Der Spiegel als Übergangspforte statt als Reflektor. Die kindliche Protagonistin gelangt in ein phantastisches Reich, das die Konventionen und Koordinaten der viktorianischen Gesellschaft gründlichst auf den Kopf stellt. Es liegt hinter einem großen Spiegel über dem Kamin des elterlichen Wohnzimmers. Das Symbol verrät hier wiederum die Annahme differierender Welten, einer bekannten und einer unbekannten, einer erschlossenen und einer unerschlossenen (sprich: zu erschließenden). Aber der Kontext, in dem das Symbol jetzt Verwendung findet, ist nicht der einer ideellen Erhöhung oder metaphysischen Offenbarung, sondern der einer satirischen Umkehrung. Der Spiegel, den Alice durchquert, ist ein Zerrspiegel, der, indem er eine buchstäblich ver-rückte Welt zugänglich macht, hinterlistig auf die Verrücktheit der eigenen aufmerksam macht. Genau genommen reflektiert er nichts, sondern er stellt etwas in Frage: die eingebleute, überkonventionalisierte Perspektive des Menschen auf seine eigene Welt, die

---
[59] Baumann (1989), S. 322.

geistig limitierende Macht von Lebens- und Denkgewohnheiten. Er erzeugt Kontrafakturen der vertrauten Wirklichkeit und hebelt deren Konventionen dadurch aus.

Als ‚vernünftiges' viktorianisches Kind stößt Alice allenthalben auf bizarre Objekte und absurde Figuren, die ebenso unsinnig wie scharfsinnig ihre Vernunft herausfordern und sie verwirren. Sie muß lernen, daß im Spiegel-Land spiegelverkehrt geschrieben wird, daß Gedichte, die man aufsagt, Wirklichkeit werden, daß Schachfiguren sprechen können, daß sie willkürlicher Verwandlung fähig sind. Während Alice stets versucht, ihrem eigenen gesellschaftlichen Regelsystem treu zu bleiben, führen ihre Gegenspieler dieses mittels einer aberwitzigen, aber in sich folgerichtigen Logik *ad absurdum*. Sie verwickeln sie in Wortspiele, die wörtlich genommen werden, und verdrehen wörtlich zu nehmende Aussagen, so daß sie zum Spiel werden. Sie überrumpeln Alice mit strengen Schlußfolgerungen, die absurd, aber unwiderlegbar sind. Sie gebrauchen eine Sprache von rätselhafter Doppeldeutigkeit, die allen Prinzipien des *common sense* ins Gesicht schlägt. Sie hebeln die Gesetze des Raumes aus, indem sie strikt die Bewegungsgesetze der Spiegelwelt (Vertauschung von links und rechts) zur Anwendung bringen. In diesem wundersamen Land herrscht eine heiter verrückte Anarchie, die gleichwohl dem strengsten Reglement unterworfen ist. Der Spiegel verschafft den Zugang zu einer verkehrten Welt, die ein Traum sein könnte, aber für einen Traum viel zu ‚logisch' und für dessen übliche Phantasmen viel zu ironisch ist. Die Ambivalenz dieser Welt hinter dem Spiegel wirft die verwirrende Frage auf, wie real das Reale überhaupt sein kann und wo es seine Herrschaft an eine subversive Phantasie verliert, die es so gründlich umkrempelt, daß eine Art intellektueller Schwindel resultiert.

In Oscar Wildes Roman *Das Bildnis des Dorian Gray* (1890) figuriert ein Porträt symbolisch als Spiegel einer fortschreitenden Korruption des Charakters eines Menschen. Während der Held, Dorian Gray, trotz jahrelanger ruinöser Exzesse seine Jugendlichkeit und Schönheit bewahrt, verzeichnet sein auf einem Dachboden verstecktes Bildnis wie ein moralischer Buchhalter alle physischen Spuren seines lasterhaften Lebens. Das Objekt ist ein künstlerisches Abbild, kein wirklicher Spiegel, es fungiert jedoch spiegelgleich, indem es den körperlichen Verfall festhält, über den Dorian Grays Person erhaben zu sein scheint – eine Variante des Themas psychischer Spaltung, das Jahre zuvor publikumswirksam von Robert Louis Stevenson in *Dr. Jekyll und Mr. Hyde* (1886) behandelt worden war. Auf dem Porträt erscheinen die Züge des Bösen, die sein Antlitz entstellen müßten, nachdem er sich schrankenlos hedonistisch dem Laster verschrieben hat. Ganz wie ein magischer Spiegel besitzt das Porträt eine geheime Offenbarungskraft. Es reflektiert keine empirische Wirklichkeit, sondern enthüllt moralische Wahrheit. Es ist der heimliche Konservator der verbrecherischen Triebe und zügellosen Lüste seines ‚Vorbilds', der versteckte Zeuge seines monströsen Seelenlebens. Auch hier steht die symbolische Handlung, das Motiv der Spiegelung, im Dienst einer verdrängten, aber ununterdrückbaren Wahrheit. Die riskante Dissoziation von Körper und Seele, Leben und Moral, Illusion und Wahrheit, die Dorian Gray vorgenommen hat, fordert ihren Preis, den der Dandy in Form seiner schließlichen Selbstzerstörung zahlen muß. Als er im Affekt des Zorns auf sein unbequem revelatorisches Bildnis einsticht, um es zu zerstören, ersticht er sich selbst. Finaler Rollentausch: das mysteriöse Porträt zeigt ihn jetzt in aller Glorie wiedergewonnener Jugend und Makellosigkeit, während der blendend aussehende Jüngling sich in die häßlich verschrumpelte Leiche eines alten Mannes verwandelt. So behandelt Wildes Roman das soziale Leben als Erfahrung eines moralisch falsch angelegten, spiegelverkehrten Daseins.

In *Angel Heart* (1987), einem mit bedeutungsschwangeren Symbolen befrachteten Horror-Film von Alan Parker, tritt im zeitgenössischen Amerika der Leibhaftige auf, seiner Berufung getreu wie je und eh auf Seelenfang. Er findet ein Opfer in dem jungen Johnny Favorite, einem Schlagersänger, dem er den üblichen faustischen Pakt anbietet: Ruhm und Geld zu Lebzeiten gegen die kostbare Seele zum Zeitpunkt seines Todes. Während der Teufel als respektabler Bürger unter dem Pseudonym Louis Cyphre (= Luzifer) agiert, seinen Teil des Paktes einhält und seinem Protégé zu einer glanzvollen Karriere verhilft, versucht Johnny Favorite, sich alsbald seiner verbrecherischen Verpflichtung, Luzifer junge Männer als Blutopfer bei Schwarzen Messen zuzuführen, zu entziehen. Unter der Last seines Gewissens wird er psychotisch, verschwindet mit Hilfe von Freunden in einer psychiatrischen Klinik und schlüpft in eine andere Identität. Nach seiner Entlassung beginnt er ein neues Leben und läßt sich als Privatdetektiv unter dem Namen Harry Angel in New York nieder, nichts aus seiner Vergangenheit erinnernd, nichts von seinem *alter ego* wissend. Totaler Gedächtnisverlust. Der Teufel wäre freilich nicht der Teufel, würde er nicht auf Erfüllung des Paktes drängen, und so beauftragt Louis Cyphre den Detektiven Harry Angel mit der Suche nach dem verschwundenen Johnny Favorite. Harry Angel sucht sich also selbst, und mit jedem Schritt der Annäherung an das Objekt der Suche nähert sich der ‚gefallene Engel' dem Subjekt seiner früheren Identität – ein außerordentlich schwieriger und schmerzvoller Prozeß der Ich-Findung, unterliegt die Wiederentdeckung seiner wahren Identität doch schwerster Hemmung. Hier kommt, gegen Ende des Films, das Symbol des zerbrochenen Spiegels ins Spiel: Harry Angel, mit der satanisch-blutigen Vergangenheit des Johnny Favorite konfrontiert, erblickt sein zerquältes Antlitz im Spiegel. Unter dem enormen Streß dämmernder, aber immer noch abgewehrter Erkenntnis und mit rasend pochendem Herzen – daher der Titel des Films –, zerschlägt er das Glas. Symbolisch zerschlägt er damit das fragile Gebäude seiner falschen Identität. Was ihm von den gläsernen Fragmenten zurückgespiegelt wird, ist ein Bild physischen Jammers und psychischer Qual: eine zerstörte menschliche Persönlichkeit. Louis Cyphre hat sein Ziel erreicht und reklamiert höhnisch lächelnd sein Opfer.

So regulieren variable Umfelder die wechselnde Verwendung und Bedeutung von Symbolen. Das Spiegelsymbol fungiert hier nur als Exemplum. Die Möglichkeiten seiner kulturellen Einbettung könnten leicht erweitert und das Verfahren der Veranschaulichung auf Hunderte anderer Symbole übertragen werden. Man denke an die große Zahl sakraler Symbole in den Weltreligionen, an die mannigfachen Natursymbole in Malerei, Poesie und Philosophie, an die wandelbaren sexuellen Symbole in Traum und erotischer Kunst, an die dekorativen Symbole in Bauwerken und technischen Konstruktionen. Oder man denke an den geradezu dramatischen Bedeutungswandel, den das Symbol des Hakenkreuzes durchgemacht hat: Ursprünglich ein sakrales Symbol der Hindus (Rad der Sonne), in der nordischen Mythologie ein Symbol des Blitzes (Thors Hammer), wurde es bei den Nationalsozialisten zunächst ein Kampfabzeichen für die NSDAP, dann ein politisch-ideologisches Symbol der gesamten Bewegung, um heute entweder als neutrales (depotenziertes) Zeichen für faschistische Gesinnung oder als verhaßtes Symbol eines mörderischen Regimes zu figurieren. Neo-Nazis versuchen derzeit, es zu repotenzieren und ihm die verblichene Aura zurückzugeben. Da es kaum etwas in der menschlichen Erfahrung gibt, das nicht symbolisiert werden kann, gliche eine weitere Auflistung von Symbolen hier einer Aufreihung gleichartiger Perlen auf ein und derselben endlosen Kette.

Ein Gedanke muß jedoch hinzugefügt werden: So tiefgreifend und vital bedeutsam die Wirkung von Symbolen auch sein kann, im epistemologischen Sinne beweisen sie nichts und über ultimative Wahrheit sagen sie nichts. Denn was sie enthüllen, das verbergen sie. Sie beinhalten nicht nur unbewußte, assoziative und damit zufällige Komponenten, sondern zielen auf unergründbare Aspekte unseres Bewußtseins von Wirklichkeit. Sie verkörpern stets etwas Unbestimmtes, das sich der Bestimmung entzieht, und dieses Unbestimmte ist – wie das Hakenkreuz-Symbol zeigt – nicht grundsätzlich gefeit vor fragwürdigen Inanspruchnahmen als Folgen ideologischer Verirrung oder wahnhafter Fixierung. Das heißt, Symbolik nimmt keine Rücksicht auf Erkenntniskritik und moralisches Urteil. Wenn unsere Sinne auf reale Erscheinungen reagieren und diese vermittels Symbolik aus dem Bereich der Realität in den Bereich des Geistes übertragen, oder wenn umgekehrt die Psyche innere Zustände erzeugt und diese vermittels Symbolik ins sinnlich wahrnehmbare Außen wendet, sind die Symbole als Mediatoren buchstäblich in der Mitte: Sie sind weder die äußere Welt noch das innere Leben, sondern – wenn man so will – ein hilfsweise eingegangener Kompromiß zwischen beiden, das Resultat einer seelischen Brückenkonstruktion. Da die Psyche weder ihre eigene Natur noch die der ihr äußerlichen Welt *sicher* erkennen kann, bleiben Symbole Hilfsmittel, die Wahrheit ‚simulieren‘ und damit in spezifischer Weise humanisieren. Zum Beispiel: Wir wissen nicht, wer oder was Gott im Sinne seiner eigenen Göttlichkeit ist, statt dessen haben wir unzählige Symbole für den Versuch, ihn menschlich begreiflich und bildhaft anschaulich zu machen. Oder: Wir wissen nicht, was Liebe im essentiellen Sinne ist, und kapitulieren wieder und wieder vor der Schwierigkeit einer Definition. Aber wir behelfen uns mit allerlei Symbolisierungen des von ihr verursachten Zustands. Wir wissen auch nicht, was das Böse im metaphysischen Sinne ist, also sind wir auf (satanische oder dämonische) Verbildlichungen angewiesen, denen wir Symbolcharakter zusprechen. Als (denkbare) Organe reiner Wahrheit oder purer Erkenntnis scheitern Symbole an den Bedingungen ihres eigenen Zustandekommens. Als Brückenkonstruktionen führen sie uns aus der inneren zur äußeren Welt (und umgekehrt), aber nicht zum Absoluten.

1.4 Das entmachtete Ich: Hypnose und Trance

Das menschliche Bewußtsein (oder was wir so nennen) ist in mancherlei Hinsicht rätselhaft. Doch in der vielköpfigen Familie von Phänomenen, die für Seelenkundler und Bewußtseinsforscher ‚Problemkinder‘ darstellen, gibt es so etwas wie ein schwarzes Schaf: die Hypnose. Als Kuriosität wandert sie hin und her zwischen Laboratorien und Jahrmärkten, Kliniken und Varietétheatern, Lehrbüchern und populären Mythen. Unter Laien ist sie Gegenstand der wildesten Spekulationen, unter Fachleuten das Objekt der heftigsten Kontroversen. Ähnlich wie die Phänomene der Magie, der Mystik, der Telepathie, der Prophetie steht die Hypnose im Ruch des Geheimnisvollen und Unerklärlichen, einer Qualität, die sich nicht nur befriedigender wissenschaftlichen Erklärung widersetzt, sondern auch unsere alltägliche Anschauung von Raum, Zeit, Personalität und Kausalität auf den Kopf stellt. Dieses Mysterium kommt nicht von ungefähr, scheint doch die bloße Möglichkeit der Existenz von Hypnose all unseren ‚natürlichen‘ Vorstellungen von bewußter Selbstkontrolle auf der einen und von psychologisch entwickelten Persönlichkeitstheorien auf der anderen Hohn zu sprechen.

Pathologische Verirrungen ausgeschlossen, glauben wir zu wissen, wer wir sind, und wir glauben ebenso zu wissen, bis zu welcher Grenze wir willens sind, uns von anderen beeinflussen zu lassen. Wir sind verpflichtet auf die Zentralinstanz unseres Bewußtseins, auf das ‚majestätische' Ich. Diese Instanz durch ein fremdes Ich entmachtet zu sehen, unsere festgefügten Koordinaten und bewährten Kontrollen durch eine bestimmte Psychotechnik umgemodelt zu erleben – das stellt unsere Annahmen über Stabilität und Grenzen der Person auf eine harte Probe. Das kommt, um im Bild zu bleiben, einer Majestätsbeleidigung gleich. Tatsächlich schlagen die beobachtbaren Effekte der Hypnose unserem aufklärerischen Ideal vom autonomen Individuum und dessen kostbar gehüteter Identität ziemlich unverfroren ins Gesicht. Ihre Wirklichkeit und Wirksamkeit sind indessen zu gut belegt, um sie in Zweifel ziehen zu können.

Erwiesenermaßen kann in der Hypnose ein weit über das Normmaß hinausschießendes Fähigkeitspotential aufgerufen werden, das die kuriosesten und unglaublichsten Dinge in Szene setzt: Ein erfahrener Hypnotiseur kann – vorausgesetzt, er hat es mit ansprechbaren Partnern zu tun – (fast) beliebig auf der Klaviatur sinnlicher Wahrnehmung, physischer Reaktionen, emotionaler Zustände oder sensomotorischer Handlungen seiner Subjekte spielen. Er kann sie zum Lachen, Weinen, Grimassenschneiden, Gestikulieren, Simulieren, Rollenspielen, Deklamieren und vielem mehr veranlassen, im nächsten Moment aber auch zu totaler Bewegungs- und Anteilnahmslosigkeit verdammen. Auf Kommando können Schmerzen und Unbehagen aufgerufen und ins Überdimensionale gesteigert werden, mit dem nächsten Kommando die solche Zustände auslösenden Nervenimpulse völlig abgeblockt werden. Wird eine tief hypnotisierte Person zum Beispiel angewiesen, ihre Hand eine Minute lang in eiskaltes Wasser zu tauchen, unter Hinweis darauf, wie angenehm das sei, vollzieht sie freudig und ohne Klage die Handlung. Sagt man ihr dagegen, sie habe sich höllisch die Finger verbrannt, zeigt sie alle Symptome physischer Pein. Macht man ihr weis, sie sei blind, reagiert sie nicht einmal reflexhaft auf grelles Licht vor den Augen. Kündigt man an, sie werde jetzt gleich einen tollen Witz zu hören bekommen, schüttet sie sich aus vor Lachen über so lapidare Bemerkungen wie „Das Gras ist grün". Legt man ihr nahe, kräftig über ein ihr widerfahrenes Unrecht zu schimpfen, poltert sie ohne Hemmung los und droht den vermeintlichen Verursachern.

Es hat den Anschein, als sei die Persönlichkeit durch hypnotische Suggestion gänzlich ummodelbar, wobei tiefenhypnotische Effekte bei manchen Menschen geradezu Wundersames bewirken können: Das Identitätsgefühl zum Beispiel läßt sich so radikal umkrempeln, daß das Subjekt sich, je nachdem, als Tier, als Greis, als Kleinkind oder anderes aufführt oder sich wie ein Psychotiker gebärdet. Kulturell erworbene Fähigkeiten wie Rechnen lassen sich unter Suggestion so weit ihrer inhärenten Logik berauben, daß im Kopf absurde mathematische Systeme entstehen, z. B. solche, die auf die Zahl drei verzichten. Oder: Emotional und sozial entwickelte Mechanismen wie Sympathie und Antipathie lassen sich hypnotisch so weitgehend umpolen, daß Menschen Mitmenschen, die ihnen verhaßt sind, leidenschaftlich umarmen oder andere, denen sie in Liebe verbunden sind, mit Verachtung strafen. Bühnenhypnotiseure nutzen solche Verhaltenssteuerung bekanntlich aus, um Menschen vorzuführen und ihr Publikum damit zu belustigen, wobei es ein offenes Geheimnis ist, daß viel von dem, was sie inszenieren, trickreiche Theatralik darstellt. Seriöse Hypnotiseure, seien es Bewußtseinsforscher oder Therapeuten, meiden solche ‚Kunststückchen'. Sie können Verhaltensweisen wie die geschilderten zwar induzieren, verfolgen aber ganz andere Absichten.

Wie erklären sich die spektakulären Transformationen? Was geschieht im Innern eines hypnotisierten Menschen? – Zeichnen wir zunächst die Schritte nach, die typischerweise zur Induktion hypnotischer Zustände eingeleitet werden. Sie können variieren, bewegen sich jedoch in einem prozeduralen Rahmen, den die meisten Hypnotiseure trotz unterschiedlicher Techniken einhalten:

Der erste Schritt verlangt gewöhnlich vom Subjekt, sich bequem zu plazieren, und zwar so, daß kein physischer Aufwand zur Aufrechterhaltung der Körperposition notwendig ist. Die Person erhält die Anweisung, sich nicht zu bewegen und sich so weit wie möglich zu entspannen. Hiermit sollen mehrere Effekte erzielt werden: Ist man nervös, ängstlich oder beunruhigt über das, was mit einem geschieht, manifestiert sich dieser Zustand in erhöhter Muskelspannung, in gesteigertem Blutdruck, in der Ausschüttung von Streßhormonen und weiteren neuro-physiologischen Aktivitäten des Gehirns. Es kommt zu einer für die Hypnose ungünstigen ‚Verkrampfung'. Durch eine bequeme Position hingegen verringern sich innere wie äußere Spannungen, die Nervosität läßt nach, und der Organismus wird ruhiger. Dadurch wird die Möglichkeit zur Veränderung des Bewußtseins verbessert. Zugleich werden im Ruhezustand die kinästhetischen Rezeptoren sensibilisiert, so daß – wie bei der Schlafvorbereitung – der Weg nach Innen geöffnet wird. Das Tagesbewußtsein senkt sein Operationsniveau ab und reduziert die dem Ich-System zugeführte Energie zur Aufrechterhaltung seiner Wachfunktionen. Die Gehirnwellen, insbesondere die Alpha-Wellen, nehmen in den beiden Hemisphären des Gehirns einen gleichmäßigeren Verlauf. Eine Dämpfung des sympathischen Nervensystems findet statt, und das sogenannte trophotrope (auf Reize ansprechende) Reaktionsmuster des Menschen ändert sich.

Zweitens weist der Hypnotiseur die Versuchsperson an, nur noch auf seine Stimme zu hören und möglichst alle persönlichen Gedanken oder Empfindungen, die intervenieren könnten, auszublenden. Normalerweise sucht unsere Wahrnehmung wie ein Radargerät die Umwelt ständig nach Signalen ab, um den lebenswichtigen Austausch von Innen und Außen aufrechtzuerhalten und seine adäquate Auswertung/Umsetzung zu gewährleisten. Diese Suche verlangt eine fortlaufende Zufuhr von Energien, die für den permanenten Informationsfluß zwischen den verschiedenen Systemen und Subsystemen des Organismus benötigt werden. In einer Feedback-Schleife bleiben diese aktiv, solange die Wachfunktionen aktiv sind: Sobald unsere Sinne irgendwelche Wahrnehmungen registrieren, müssen wir entscheiden, wie wichtig oder unwichtig sie sind, ob sie früheren Wahrnehmungen und Erfahrungen entsprechen oder nicht, ob sie Eindrücke von der Umwelt verändern oder nicht, ob sie Handlungen auslösen oder nicht usw. Werden nun die dafür benötigten Energien den zuständigen Subsystemen entzogen dadurch, daß die Wahrnehmung sich auf eine einzige Reizquelle, den Hypnotiseur, reduziert, schwächt sich insgesamt das Ich-System und das Bewußtsein verändert seine Qualität.

Drittens gibt der Hypnotiseur dem Subjekt die Instruktion, nicht darüber zu reflektieren, was ihm gesagt wird, sondern alles Gesagte nur passiv aufzunehmen. Ergeht zum Beispiel die Anweisung „Ihr Arm ist schwer", soll keine Gedankenkette ausgelöst werden nach Art eines Räsonnements wie: „Er sagt, der Arm fühlt sich schwer an, bin gespannt, ob das wirklich eintritt. Wenn ein Gewicht drauf läge, ja dann ... Aber einfach so? Na ja, woll'n mal sehen." Im normal aktiven Wachzustand denkt der Mensch fortwährend über die Dinge nach, die ihm mitgeteilt werden, darüber was sie für ihn bedeuten und was sie möglichenfalls bewirken. Dies hat ein relativ hohes Aufmerksamkeitsniveau zur Folge, das zahlreiche Subsysteme für die Entscheidungs- und Bewertungsprozeduren in Anspruch nimmt. Es ist so, als fände im Kopf unaufhörlich eine vielstimmige Debatte mit ständigen Forderungen und Anweisungen statt, die es schwierig macht, Ruhe zu stiften, um auf andere Vorgänge in der Innenwelt zu ‚lauschen'. Somit hat auch dieser Schritt den Zweck, den permanenten, sich aus Wahrnehumgen, Überlegungen, Folgerungen bildenden Bewußtseinsstrom einzudämmen und dadurch die funktionale Dominanz des aktiven Ich-Systems einzuschränken. Wie bei einem herunterzufahrenden Elektrizitätswerk wird ein Teil der zerebralen Schaltkreise schrittweise stillgelegt.

Viertens wird meistens der Rat gegeben, die Aufmerksamkeit nicht nur auf die Stimme des Hypnotiseurs zu richten, sondern den Blick auf einen bestimmten Gegenstand zu fixieren. In Frage kommen dafür brennende Kerzen, leuchtend farbige Blumen, glitzernde Steine, ästhetische Muster auf einer Decke u. dgl.

Die Fixierung des Blickes engt den Wahrnehmungsraum ein, da auf dem Sehfeld des Gehirns konstant nur noch ein und dasselbe Objekt erscheint. Im normal aktiven Wachzustand kommt dies kaum jemals vor, da wir unsere Blicke ständig schweifen lassen, den Fokus dauernd ändern und fixierte Objekte meist schnell wieder verlassen. Bei längerer starrer Einstellung auf ein Objekt stellen sich visuelle Nebeneffekte ein: die Retina ermüdet, farbige Ringe erscheinen um den Gegenstand herum, Schatten bilden sich und verschwinden wieder, das Objekt scheint sich zu bewegen oder zu entschwinden. Da es sich bei solchen Erscheinungen um ungewöhnliche Perzeptionen handelt, haben diese die Tendenz, das System der eingespielten Wahrnehmungsfunktionen abzuschalten und ein verändertes Wirklichkeitsgefühl zu induzieren. Das Empfinden der Person für Raum und Zeit gewinnt subjektiv andere Qualitäten. Da es die Anweisungen des Hypnotiseurs und weniger die selbstinduzierten Körpereffekte zu sein scheinen, die spürbar in die Befindlichkeit des Subjekts eingreifen, erlangt der Hypnotiseur ein besonderes Prestige, das dem eines Schamanen oder Magiers nicht unähnlich ist. Genießt er ob seiner ungewöhnlichen Fähigkeiten schon vorher einen gewissen Kredit, so gewinnt er als Akteur in der konkreten Situation nun zusätzliches Vertrauen. Autorität und Charisma erleichtern jedem Hypnotiseur das Geschäft.

Fünftens suggeriert der Hypnotiseur seinem Subjekt, daß es sich zunehmend schläfrig oder müde fühlt. Dies ruft assoziativ Erinnerungen an Einschlaferfahrungen und –gewohnheiten hervor, die den Induktionsvorgang ebenfalls fördern. Da Einschlafen mit einer fortschreitenden Deaktivierung der Wachfunktionen einhergeht, verfolgt diese Suggestion einen transformativen Zweck zur Außerkraftsetzung der entsprechenden Systeme. Der Vorgang wird von einem Schwinden des Körpergefühls begleitet und verstärkt damit die Passivität, die ohnehin schon vorbereitet war durch die entspannte Körperhaltung. Außerdem evoziert die Erwähnung von Ruhe und Schlaf Erinnerungen an das Schwinden des Identitäts- und Persönlichkeitsgefühls, wie wir es aus der Einschlafphase kennen und wie es dem Schwinden des Körpergefühls parallel läuft. Da den Systemen jetzt nur noch geringe Energien zur Aufrechterhaltung der Aufmerksamkeit zugeführt werden, fällt das Individuum in einen Zustand passivrezeptiver Erwartung. Man weiß, es stehen als wohlig empfundene Veränderungen im Organismus bevor. Identitäts- und Körpergefühl spielen nur noch untergeordnete Rollen und schwinden oftmals ganz.

Sechstens weist der Hypnotiseur darauf hin, daß der induzierte Schlaf sich vom natürlichen Schlaf unterscheidet, insofern als die Person imstande bleibt, akustisch seine Stimme zu hören und verhaltensmäßig auf die Stimme zu reagieren.⁶⁰ Dies ist notwendig, weil die Hypnose zwar dem natürlichen Schlaf gleicht, aber nicht mit ihm identisch ist, und der Hypnotiseur verhindern will, daß die Versuchsperson effektiv in Schlaf sinkt. Er schafft also einen schlaf*ähnlichen* Zustand, in dem die Möglichkeit zur verbalen Kommunikation, die im natürlichen Schlaf unterbrochen ist, intakt bleibt. Die Suggestion, daß das Subjekt den Hypnotiseur (und nur ihn) hören kann, wird wirksam durch die Aufrechterhaltung der Funktion bestimmter sprachlicher Subsysteme, die im Schlaf normalerweise inaktiv sind. Diese merkwürdige Selektivität der Wahrnehmung (Konzentration auf eine – und *nur* eine – Stimme unter Ausblendung aller anderen äußeren Reize) ist einer der am wenigsten aufgeklärten Vorgänge der Hypnose.

Schließlich gehen, nachdem der induzierte Zustand genügend Ruhe und Entspanntheit erkennen läßt, die Hypnoseanweisungen zu simplen Befehlen über, die bestimmte motorische Aktivitäten zur Folge haben, zum Beispiel das Heben oder Senken eines Arms. Hiermit greift der Hypnotiseur bereits tief in das Identitätsgefühl des Subjekts ein, denn sofern im Alltagsbewußtsein überhaupt eine verhaltensregulierende innere Stimme gehört wird, ist es die eigene: „Jetzt versuche ich mal..." ; „ich sollte eigentlich..."; „ich kann aber doch nicht einfach...". Nun aber ‚usurpiert' die Stimme des Hypnotiseurs diese Rolle, und das Bewußtsein übernimmt sie in das eigene System, obwohl die Stimme – paradoxerweise – als fremde Quelle identifizierbar bleibt. Psychoanalytiker nennen dies das „Übertragungselement" der Hypnose und führen sein Zustandekommen auf die Stimmen der Eltern und deren gläubige Verinnerlichung durch das Kind zurück. „... eine solche Gläubigkeit, wie sie der Hypnotisierte für seinen Hypnotiseur bereit hat, findet sich außer der Hypnose im wirklichen Leben nur beim Kinde gegen die geliebten Eltern", schreibt Freud,⁶¹ wobei er diese Gläubigkeit als eine seelische Erbschaft aus der Frühzeit des Menschen auffaßt, da das geheimnisvolle Mana der Primitiven, die grenzenlose Macht von Göttern, die unbeschränkte Autorität von Patriarchen als eine Realität wirkte, an die man passiv-masochistisch seinen Willen verlor. Das gebieterisch oder schmeichlerisch gesprochene Wort war die Wirklichkeit.

Der Vorgang behält insofern etwas Mysteriöses, als der heutige Mensch unter normalen Umständen in der Lage ist, Stimmen nicht nur akustisch zu unterscheiden, sondern in ihrer phonetischen Charakteristik auch unterschiedlichen Personen zuzuordnen, sie als fremd oder vertraut zu identifizieren. Damit behält er verschiedene Optionen für eine Reaktion. Offenbar wird diese kognitive Fä-

---

60 Insofern ist der Begriff Hypnose mißverständlich, denn griechisch *hypnos* heißt Schlaf oder Schlummer, und das Wort bezeichnet auch den Gott des Schlafes. Der Initiator des psychologischen Begriffs, der schottische Arzt Charles Braid, zielte jedoch auf induzierte Trance.
61 Freud (1942b), *G. W.* Bd. 5, S. 307.

higkeit unter dem affektiven Einfluß der ‚Beschwörung' des Hypnotisieurs jedoch ausgeschaltet. Seine auf unterbewußte Mechanismen wirkende Autorität suspendiert die Fähigkeit zur bewußten Prüfung ihrer ‚Zulässigkeit'. Das Sprachcherkennungssystem versieht unter den eingetretenen Umständen seine diskriminierende Funktion nicht mehr. „Sie hören jetzt nur noch meine Stimme und fühlen sich immer schläfriger und schläfriger..." – dies ist ein gängiges Sprechmuster, das so lange wiederholt wird, bis das Subjekt bei gelungener Hypnose auf Geheiß nicht mehr imstande ist, beispielsweise die verschränkten Finger voneinander zu lösen, oder den schlaff herabhängenden Arm zu bewegen. Derart simple Aufträge werden meist dazu verwandt, während des Anlaufstadiums der Hypnose deren Wirksamkeit zu testen.

Für die hypnotisierte Person entsteht durch die Erfahrung einer fremden Steuerung der eigenen Motorik ein ungekanntes Körpergefühl. Die einzelnen Glieder scheinen sich ferngesteuert zu bewegen, was nicht nur das normale Empfinden für Körper und Körperkontrolle ummodelt, sondern auch die etablierten Naturgesetze der Schwerkraft und Kausalität auf den Kopf zu stellen scheint. Aber in eben dem Maße, in dem es dem Hypnotiseur gelingt, dieses Gefühl zu induzieren, unterwandert er das Ich-System des Patienten und übernimmt (partiell) dessen Kontrolle. Er schafft sich gewissermaßen einen mentalen Untertan, buchstäblich ein Subjekt. Die verwandelte Identität dieses Subjekts ist eine teils unterdrückte, teils erweiterte Identität, die nunmehr den Hypnotiseur einschließt und ihm willig bestimmte Leitungsfunktionen überträgt.

Entscheidend für die Wirksamkeit einer Hypnose ist allerdings nicht die Entspannung – sie stellt nur eine unabdingbare Voraussetzung dar – , sondern die Veränderung der *inneren* Realität, die von einer Aktivierung des Vorstellungsvermögens oder der Imagination der hypnotisierten Person ausgelöst wird. Der Hypnotiseur bringt sie dazu, momentan in einer veränderten internen Wirklichkeit aufzugehen, die erlebnismäßig an die Stelle der realen Situation tritt. Wenn die hypnotisierte Person in ihrer Phantasie etwa einen beruhigenden Spaziergang am Meer unternimmt, dort den Sonnenuntergang genießt, die Meereswellen rauschen hört, zeigt sie all die körperlichen und seelischen Reaktionen, die wir mit einer solchen Gefühlslage in Verbindung bringen (trophotrope Reaktion mit Abnahme der Atem- und Pulsrate, Blutdrucksenkung, Verringerung der Zahl der weißen Blutkörperchen etc.). Versetzt sie der Hypnotiseur demgegenüber in eine aufwühlende Situation der Kindheit zurück, in der sie vielleicht ungerecht behandelt wurde, oder induziert er eine familiale Konfliktsituation, die einst zornige Gefühle auslöste, so bewirkt er den gegenteiligen Effekt, nämlich eine ergotrope Reaktion (Zunahme von Atem- und Pulsfrequenz, Steigerung des Blutdrucks, Ausschüttung von Streßhormonen u. a.). Das jeweils Entscheidende ist das innere Szenarium, das die eidetischen (bilderzeugenden) Fähigkeiten des Menschen so aktiviert, daß spontane Bilder Realitätsstatus gewinnen und die ihnen gemäßen psychosomatischen Reflexe hervorrufen. Es ist die Inszenierung kleiner Psychodramen und den von ihnen verursachten Gefühls- und Stimmungslagen, auf welche die meisten Hypnotiseure Wert legen. Darauf beruhen die therapeutischen Ansatzkräfte der Hypnose.

Obwohl die Macht, die der Hypnotiseur über seine Subjekte ausübt, ihn in die Position einer besonderen Verantwortung stellt, die er auch mißbrauchen kann, sind Sensationsberichte über Verbrechen unter Hypnose mit großer Vorsicht zu genießen. Anderslautenden Darstellungen aus Film und Literatur zum Trotz gibt es nur sehr wenige dokumentierte Fälle, die eine kausale Beziehung zwischen Hypnose und sozialschädlichem oder unsittlichem Verhalten erkennen lassen. Die Annahme, daß der Zustand Hypnotisierter deren moralische Urteilskraft so weit herabzusetzen vermag, daß sie zu Missetaten gezwungen werden können, ist unberechtigt. Mordlust kann nicht hypnotisch suggeriert werden, Gewaltakte lassen sich nicht über innere Bilder determinieren – ein Hinweis darauf, daß das Ich-System zwar weitgehend transformiert aber nicht beliebig manipuliert oder ganz zerstört werden kann. Im Regelfall gibt es eine kritische Schwelle, die nicht überschritten wird. Nur dort, wo soziopathische Neigungen schon vorab im Spiel waren, können Hypnose-Effekte sich verstärkend auswirken. Die Forscher Bärbel und Walter Bongartz stellen dazu fest: „In der Hypnoseforschung geht man heute im allgemeinen davon aus, daß kriminelle, zerstörerische Handlungen durch Hypnose *allein* nicht bewirkt werden können, wenn nicht schon zuvor ein enges Abhängigkeitsverhältnis besteht, das allein schon die Tat erklären könnte. Wenn Hypnose scheinbar erfolgreich verwendet wurde, bildet diese nur den Rahmen für die Ausführung des Delikts, in dem letztlich ein seit längerem bestehendes Abhängigkeitsverhältnis ausgenutzt wird." Sie folgern daraus: „Der Hypnotiseur ist wie ein König, der nur mit Zustimmung seiner Untertanen regieren kann, nicht aber gegen ihren Willen."[62]

Eine Erklärung für diese Machteinschränkung des Hypnotiseurs finden wir in folgendem Sachverhalt: Während einer Hypnose fungieren im Prinzip zwei ‚Instanzen' im Subjekt: eine logische, analysierende Instanz, die sich in der Realität der Versuchssituation befindet und *beobachtet*, was der Therapeut macht, und eine andere, von der aktuellen Situation losgelöste Instanz, die *erlebt*, was in der inneren Realität geschieht. Beide wissen scheinbar nichts voneinander, arbeiten aber dennoch zusammen. Dies markiert auch die Andersartigkeit von Hypnose und Schlaf. Die Qualität der hypnotischen Erfahrung, ob relativ flach oder relativ tief, wird nun bestimmt durch diejenige Aktivität, welche während

---

62 Bongartz (1999), S. 33, 34.

der Hypnose in den Vordergrund tritt: das Beobachten *oder* das Erleben. Da jedoch selbst bei intensivstem Erleben das Beobachten kaum jemals ganz ausgeschaltet ist, kann Widerstand mobilisiert und die Hypnose beendet werden, sobald eine Verletzung verinnerlichter Normen droht. Ergo: Das Subjekt ist zwar ein Untertan, aber kein Roboter oder Sklave.

Ein wichtiger Faktor tritt hinzu: Hypnose wirkt nicht immer und nicht für jeden. Ihr Erfolg basiert erfahrungsgemäß auf drei Voraussetzungen:

1. Die Versuchsperson muß eine grundsätzliche Bereitschaft mitbringen, sich hypnotisieren zu lassen, wodurch positive Erwartungen programmiert werden, die sich günstig für den Verlauf der Prozedur auswirken. Die Situation gleicht hier der eines Kranken, der sich von einem Arzt heilen lassen möchte und ihm dafür das notwendige Vertrauen entgegenbringt. Kooperationsunwilligkeit, Mißtrauen oder Distanz zum Hypnotiseur zerstören den intendierten Effekt.

2. Die Bereitschaft wird im günstigen Falle unterstützt von einem Basiswissen über das, was mit einem Menschen in Hypnose geschieht, sei es, daß dieses Wissen schon vor der ersten Sitzung erworben wurde, oder sei es, daß die Erfahrung mit der ersten Sitzung das Wissen direkt erzeugt hat. Da sich unter günstigen Umständen mit jeder Sitzung der Erfolg vertieft, ist die jeweils erste die kritische, weil von anfänglichen Unwägbarkeiten belastete, Sitzung. Oftmals zeigt sich hier bereits, ob eine Fortsetzung in Form einer Behandlungsserie angezeigt ist oder das Verfahren abgebrochen werden sollte. Ist die Versuchsperson durch ihr Vorwissen und Vertrauen auf den Hypnotiseur positiv eingestimmt, können die Effekte der Hypnose den Charakter von *self-fulfilling prophecies* annehmen. Erwartungen erzeugen ihre eigenen Realisierungen, zumindest werden diese durch jene stark erleichtert.

3. Tiefe und Nachhaltigkeit der Wirkung sind weitgehend abhängig von der Suggestibilität der Person, ihrer psychischen Eignung als Hypnosesubjekt. Ein über-stabiles Ich mit rigiden Grenzen ist eine schlechte Voraussetzung für die Anwendung dieser Technik. Sie stellt den Hypnotiseur vor Probleme, die aus der Mobilisierung von Abwehr gegen seine Rolle resultieren: Angst vor Manipulation durch eine fremde Person; Weigerung, in die tieferen Schichten des eigenen Bewußtseins zu tauchen; Ablehnung des Hypnotiseurs als Autorität – dies sind Blockaden, die von ich-starken Menschen aufgebaut werden können. Hingegen bieten hohe Absorptionsfähigkeit (die Fähigkeit, völlig in einer Aktivität aufzugehen) sowie kreatives Denken (die Fähigkeit, neue Einsichten fruchtbar zu machen) gute Voraussetzungen für die Wirksamkeit dieser Technik. Eine einfache Methode, die Ansprechbarkeit eines Menschen zu testen, besteht übrigens darin, daß sich der Hypnotiseur hinter seinem Rücken postiert und ihn auffordert, sich bedenken- und rückhaltlos nach hinten fallen zu lassen, damit er spü-

ren kann, was es heißt „loszulassen". Tritt der Betreffende mit einem Fuß zurück, um seinen Fall zu verhindern, weil er zuinnerst nicht restlos davon überzeugt ist, daß er aufgefangen wird, stellt sich hinterher fast regelmäßig heraus, daß er (zumindest für diesen Hypnotiseur) nicht ansprechbar ist. Der notwendige Rapport der Personen kommt nicht zustande. Für Forschungszwecke gibt es diagnostische Tests, wie z. B. die *Stanford-Skala hypnotischer Suggestibilität,* die statistisch verwertbare Vergleiche und Einordnungen von Individuen erlaubt. Tendenziell zeigen die statistischen Befunde, daß zwischen rechtshemisphärischer Gehirnaktivität und Hypnotisierbarkeit ein positiver Zusammenhang besteht und daß diejenigen Menschen am leichtesten zu hypnotisieren sind, die sich darauf verstehen, auf die rechte Hemisphäre zu ‚horchen' und den von dort kommenden Botschaften zu ‚vertrauen'. Ausgesprochene Verstandesmenschen (Linkshemisphäriker) sind schwer hypnotisierbar – entsprechend der Tatsache, daß solche Menschen meist auch Probleme mit Meditationsübungen haben. Sie wollen oder können ihr dominantes Ich nicht (selbst nicht vorübergehend) ausschalten und versperren sich deshalb den Weg nach innen. Gleiches gilt für Neurotiker, wenn sie es einem Therapeuten verwehren, sich per Hypnose an den verborgenen Kern ihres seelischen Leidens heranzuarbeiten.

Die Suggestibilität eines jeden Individuums kann jedoch gesteigert werden, wenn es gruppenpsychologisch eingebunden und einem kollektiven Imperativ unterworfen wird. Da die Gruppenseele (oder was so genannt wird), älter ist als die individuelle Psyche, bedeutet jede Kollektivierung eine Reduzierung der Autonomie. Gruppen- oder Masseneffekte können unter Umständen das selbstbewußteste Individuum ‚infizieren', es in das Gravitationsfeld der Gruppenseele ziehen und zu seiner eigenen Überraschung ‚gleichschalten'. Der kollektive Imperativ einer gemeinsamen Überzeugung oder vorgeschriebenen Handlung tut ein übriges, um das Individuum partiell seiner Individualität zu entfremden, wenn man hier an die Grundbedeutung des Wortes Individualität (=Unteilbarkeit) denkt. Julian Jaynes bemerkt: „Wie das religiöse Empfinden und der Glaube in einer gutbesuchten Kirche zunehmen und ehedem auch die Orakelgläubigkeit zunahmen, je mehr Menschen ins Heiligtum drängten, ebenso steigert sich auch die Wirksamkeit der Hypnose bei der Vorführung im Theater. Es ist eine sattsam bekannte Tatsache, daß ein Varieté-Hypnotiseur, der seine Kunst vor brechend vollgepackten Sitzreihen zur Schau stellt ..., weitaus exotischere Phänomene hervorzurufen vermag, als man sie in der Abgeschiedenheit von Labor oder Klinik antrifft."[63]

Auf diesen Effekt durch Kollektivierung ist es auch zurückzuführen, daß der Zustand, den ein Hypnotiseur ‚technisch' induziert, bei vielen Menschen auch

---

[63] Jaynes (1988), S. 469.

ohne Hypnotiseur eintreten kann, sobald ein spezifisches soziales Umfeld dafür gegeben ist. Er wird dann generell als Trance bezeichnet, ist in seiner Wirkung jedoch nicht grundsätzlich von der einer Hypnose verschieden. Es handelt sich um einen Zustand tiefer Selbstversenkung, in dem das Subjekt von allen Kontakten mit der Welt wie abgeschnitten erscheint, sein reflektierendes Bewußtsein ausgeblendet ist und Amnesie eintritt. Begleitet und gefördert wird der Zustand oftmals von stimmlichen Automatismen (Singsang, Gebete, Litaneien) und/oder motorischen Zwangshandlungen (Tänze, rhythmische Gebärden). Bekanntermaßen kann die Ausübung ritueller Praktiken solche Trancezustände induzieren. Die antiken Mysterien-Kulte oder die auf Haiti praktizierten Voodoo-Kulte oder der in westlichen Ländern populär gewordene Techno-Kult liefern Beispiele, bei denen die Rolle des Hypnotiseurs mittelbar vom Kollektiv wahrgenommen wird. Treten atmosphärische Faktoren (besondere Lichteffekte, einprägsame Bilder, orgiastische Musik u. dgl.) hinzu oder spielen ‚einstimmende' Drogen eine fördernde Rolle, können Zustände von beträchtlicher Tiefe resultieren. Seit altersher konstituieren Kult, Trance (Rausch) und Regression eine machtvolle Trias mit dynamischen Wechselbeziehungen, welche die Vorgänge in den ‚Untergeschossen' der Gebäude fast aller Religionen bestimmt.[64] Hier behauptet sich das magisch-mythische Erbe der menschlichen Psyche. Hier erinnern wir uns der Wurzeln unseres Bewußtseins.

Besonders disponierte Individuen sind aber auch imstande, sich aus eigenem Vermögen in Trance zu versetzen – ohne dabei auf irgendwelche sozialen oder pharmakologischen ‚Krücken' angewiesen zu sein und ohne im Strudel nichtkontrollierbarer Impulse zu versinken. Die verschiedenen Meditationstechniken, die in dieser oder jener Weise mit Selbsthypnose arbeiten, erreichen ihre regenerativen oder bewußtseinsverändernden Effekte über Trancezustände, die phänomenologisch von denen einer Hypnose nicht unterscheidbar sind. Zwar unterliegen Suggestibilität der Person auf der einen und sozialer Kontext auf der anderen Seite sehr starker Veränderbarkeit;[65] gleichzeitig sind die Effekte von Trance, Hypnose und Meditation aber so eng miteinander verwandt, daß eine kategoriale Trennung kaum möglich ist. Welche speziellen Techniken auch angewandt und welche besonderen Ziele auch verfolgt werden, erfolgreiche Meditation ist immer das Ergebnis erfolgreicher Selbsthypnose.

Einer der führenden Bewußtseinsforscher, der über systematische Beobachtun-

---

64 Vgl. Allegro (1971).
65 Es ist einleuchtend, daß Werbepsychologen sich für den Erfolg ihrer Arbeit ein möglichst suggestibles Publikum wünschen. Der stille Kummer dieser ‚Hypnotiseure des Marktes' dürfte es sein, daß viele Menschen nicht oder wenig suggestibel sind.

gen und wiederholte Experimente das Spektrum alternativer Bewußtseinszustände untersucht und ihre jeweiligen ‚Landschaften' erkundet hat, ist Charles Tart.[66] Von seinem Forscherteam wurde ein empirisches Verfahren zur Messung der Hypnosetiefe und zur Beschreibung der auftretenden Symptome entwickelt. Es basiert auf einer kontrollierten/registrierten Selbsteinschätzung von Probanden, gemessen mit der *Nord Carolina Skala* bzw. der *Erweiterten Nord Carolina Skala*. Obwohl Laborexperimente die Gefahr situationsabhängiger Verzerrungen oder Verfälschungen durch unkontrollierte Variablen mit sich bringen, konnte Tart mit seinem Verfahren gute bis sehr gute Ergebnisse erzielen. Die Skalen gestatten es, die jeweils erreichte Tiefe der Hypnose in 13 definierten Bewußtseinsdimensionen zu bestimmen, die erfahrungsgemäß mit fortschreitender Versenkung fortschreitende Veränderungen zeitigen:

- physische Entspanntheit
- schwarzes Gesichtsfeld
- innerer Friede
- Wahrnehmung der Umwelt
- eigenes Identitätsbewußtsein
- Wahrnehmung von Komik
- Gefühl für Potentialität
- Wahrnehmung der Identität des Versuchsleiters
- Einschätzung der vergangenen/vergehenden Zeit
- Bewußtsein von Zeit
- Gefühl für Einheit/Ganzheit
- spontane mentale Aktivitäten
- Spürbarkeit der Atmung

Die Skala bewegt sich für jede Dimension tendenziell zwischen *hoch* vs. *tief* bzw. *null*, oder *schnell* vs. *langsam* je nach Sachverhalt, wobei die jeweils empfundene Hypnosequalität vom Subjekt durch eine Zahl wiedergegeben wird. Die Skala für die mit der Zeit eintretenden qualitativen Veränderungen während der Hypnose (Schwankungen/Intensivierungen) reicht von 0 bis 90 bzw. (auf der erweiterten Skala) bis 130. Je höher die angegebene Zahl, desto tiefer der eingetretene Zustand in der Hypnose. Die Zahlen werden nach einem bestimmten Zeitschema mit der Frage „Zustand?" seitens des Hypnotiseurs ermittelt und müssen von der Versuchsperson spontan genannt werden. Ihre Eintragung in die Skala ermöglicht dem Forscher die Zeichnung von Verlaufskurven entlang der Zeitachse. Die Probanden erhalten u. a. folgende Instruktion:

---

66 Tart (1985); vgl. auch Tart (1991).

Null ist Ihr normaler Wachzustand. Von *1* bis *12* liegt ein Zustand, in dem Sie sich entspannt und gelöst fühlen, und zwar umso mehr, je näher die Zahlen sich der *12* nähern; in diesem Bereich können Sie solche hypnotischen Erscheinungen erleben, daß sich Ihr Arm hebt, sich schwer anfühlt oder wie von einer äußeren Kraft bewegt erscheint. Wenn Sie eine Tiefe von 20 oder mehr erreichen, fühlen Sie sich endgültig in Hypnose und können starke Veränderungen in Ihrem Körpergefühl spüren, beispielsweise daß sich Ihre Hand wie abgestorben anfühlt, wenn ich das suggeriere. Wenn Sie eine Tiefe von *25* oder mehr erreichen, können Sie intensive innere Erfahrungen wie Träume oder traumähnliche Erlebnisse durchlaufen. Bei einer Tiefe von *30* oder mehr kann es sein, daß Sie alles vergessen, was in der Hypnose zuvor geschah, wenn ich das suggeriere. Viele andere Erfahrungen sind bei dieser Tiefe möglich, etwa daß Sie in die Vergangenheit regredieren und ein Erlebnis noch einmal durchleben, daß Sie Geschmacks- und Geruchserlebnisse haben, die ich vielleicht suggeriere, oder daß Sie real vorhandene Reize nicht spüren, wenn ich das untersage. Es gibt kaum hypnotische Phänomene, die Sie bei dieser Tiefe nicht ziemlich deutlich, wenn nicht außerordentlich deutlich spüren können. *Bei 30* und jenseits ist Ihr Geist sehr ruhig und unbewegt, falls ich die Aufmerksamkeit nicht auf irgendetwas lenke, und Sie werden wahrscheinlich nichts hören außer meiner Stimme oder andere Geräusche, auf die ich eventuell aufmerksam mache.

Sie haben in früheren Sitzungen wenigstens *30* erreicht, und diese Tiefe genügt, um imstande zu sein, alle für dieses Experiment notwendigen Fähigkeiten zu lernen, aber es ist sehr wahrscheinlich, daß Sie in diesem Versuch tiefer als *30* gehen. Zum Zeitpunkt des Erreichens von *40* oder mehr haben Sie einen *sehr* tiefen hypnotischen Zustand erreicht, in dem Ihr Geist vollkommen ruhig und friedlich ist, sofern ich nicht die Aufmerksamkeit auf etwas lenke. Was immer ich Ihnen bei dieser Tiefe und darüber hinaus suggeriere, ist vollkommen real, eine totale, wirkliche, allumfassende Erfahrung, so wirklich wie nur irgendwas im Leben. Sie können alles, aber auch *alles* erfahren, was ich bei *40* und jenseits suggeriere. Ich sage nichts über die Tiefen, die noch tiefer liegen, denn wir wissen wenig darüber; falls Sie aber tiefer als *40* gehen, was ich durchaus hoffe, werde ich Sie nach diesen besonderen Erfahrungen befragen, damit wir mehr über die Tiefenhypnose herausfinden.

Denken Sie daran, daß zunehmende Zahlen von null aufwärts eine Zunahme der hypnotischen Tiefe bedeuten, vom Startpunkt des normalen Wachzustands bis zu einem Zustand, in dem Sie wirklich alles mit vollkommenem Realismus erleben können. Ihre prompten Antworten, immer wenn ich „Zustand?" frage, sind für mich Richtlinien für die erreichte Tiefe und hilfreich für eine möglichst wirksame Führung. Rufen Sie stets laut und deutlich die erste Zahl, die Ihnen in den Sinn kommt. Immer wenn ich „Zustand?" frage, wird sofort eine Zahl aus der Skala in Ihrem Kopf auftauchen und Sie rufen sie aus.[67]

Eine der aufschlußreichsten Fallstudien aus Tarts Forschung betrifft die eines 20jährigen Studenten namens William. Als Hypnosesubjekt erwies sich William als außergewöhnlich gut ansprechbar. Er hatte bereits Erfahrungen in der Hypnose, war an Bewußtseinsphänomenen und ihrer Erforschung stark interessiert und verhielt sich sehr kooperativ. Seine Vorab-Diagnose mittels der Stanford-Skala ergab den Wert von 11 aus einem erzielbaren Maximum von 12, also eine hochgradige Suggestibilität. William hatte sich, bevor er in das tiefenhypnotische Experiment einwilligte, aufgrund zahlreicher Sitzungen und Erörterungen mit Tart an die Laborumgebung schon so gewöhnt, daß verfälschende oder stö-

---

67 Tart (1985), S. 190–191.

rende Nebeneffekte nicht zu befürchten waren. Gleichzeitig verfügte er über die Fähigkeit und Bereitwilligkeit, *ex post* seine jeweiligen Zustände ausführlich und anschaulich zu schildern. Es machte ihm auch nicht die geringste Mühe, die periodisch abgefragten Zustände spontan in Zahlen auszudrücken. Zwar war ihm nicht klar, wie diese spontane Umwandlung in seinem Kopf zustande kam, er bezweifelte aber nicht, daß die Zahlen völlig adäquat die Tiefe wiedergaben, in der er sich gerade befand. Gewöhnlich erreichte er Tiefen zwischen 40 und 50 auf der Nord-Carolina-Skala. Bei dem hier relevanten Experiment gelangte er auf Tiefen von 90 und mehr, so daß er für Tart eine hochinteressante Versuchsperson abgab.

In der Dimension *physische Entspanntheit* erreichte William im Verlauf der Sitzung einen Wert von etwas über 20. In den entsprechenden Zustand fiel er sehr rasch, aber 20 war bereits das Maximum dessen, was er überhaupt angeben konnte. Einen tieferen Wert zu nennen, schien ihm weder möglich noch sinnvoll – und zwar deshalb, weil er sich jenseits von 20 seines Körpers schon nicht mehr bewußt war, also auch keine spezifischen Zustandsangaben machen konnte. Sein Körper war „nur ein Ding, etwas das ich hinter mir gelassen habe", bemerkte er. Und „Dinge" solcher Art lassen sich nicht graduell bewerten. Erreicht die körperliche Entspanntheit einen maximalen Grad, ist ein Körpergefühl nicht mehr vorhanden. Die leibliche Existenz scheint überwunden.

Für die Dimension *schwarzes Gesichtsfeld* ergab sich interessanterweise eine fast linear-kontinuierliche Tiefenentwicklung bis zum Wert von 60. William gab an, daß sein Gesichtsfeld sich unter Hypnose schnell verdunkelte und formlos wurde. Er nahm Konturen der äußeren Welt nicht mehr wahr. Dabei erfolgte allerdings nicht, wie man vermuten würde, ein allmählicher Übergang, eine visuelle Schattierung von *hellgrau* über *dunkelgrau* zu *schwarz*, sondern eine fortschreitende Intensivierung von *schwarz*. Dies erscheint insofern paradox, als – physikalisch betrachtet – die Farbe Schwarz keine Intensivierungsmöglichkeit zuläßt. Optisch ist Schwarz infolge der Brechung von Lichtstrahlen an der Oberfläche von Objekten notwendigerweise das, was es äußerlich ist: schwarz. Und schwarz wird es einem vor Augen, wenn man sich gegen jede Lichtquelle abschirmt oder der Sehnerv seinen Dienst einstellt. Mental scheint dies jedoch anders zu sein. Auf das Paradox angesprochen, war sich William des Problems wohl bewußt, insistierte jedoch auf der Fähigkeit seines Bewußtseins, die innere Welt mit verschiedenen Graden von Schwarz auszustatten. Von einer gewissen Tiefe ab war dieser Zustand dann auch nicht mehr einfach leeres oder formloses Schwarz, sondern die Schwärze ließ synästhetisch eine gewisse Formhaftigkeit erkennen – keine bekannte, konkrete Form, die William zu identifizieren oder mit irgendetwas zu vergleichen imstande gewesen wäre, sondern eher eine Potenz, eine Gestaltungskraft für schwarze Form. Jenseits von 60 schwand diese innere Wahrnehmung jedoch und spielte keine Rolle mehr.

Der Zustand des *inneren Friedens* entwickelte sich ebenfalls kontinuierlich bis zu einer Tiefe von 60. William gab an, zu diesem Zeitpunkt eine außerordentliche Ruhe und Friedhaftigkeit verspürt zu haben. Allerdings hatte der Begriff, analog zum Zustand der physischen Entspanntheit jenseits von 20, keine beschreibbare Bedeutung jenseits von 60 mehr. Offenbar hatte William in dieser Tiefe bereits nicht mehr das Identitäts- und Körpergefühl, das notwendig gewesen wäre, um den Zustand des inneren Friedens zu bewerten und seine Vertiefung zu objektivieren. Das reine Sein, das auf dieser Stufe der Ich-Auflösung zu herrschen beginnt, kennt kein psycho-physisches Sosein mehr, das ihm als Maßstab einer Bewertung dienen könnte. Der Friede ist dann einfach absolut, wohingegen jede Bewertung notwendig relativ ist.

Für die Dimension *Wahrnehmung der Umwelt* zeigte William wesentlich die erwartbaren Effekte. War im Frühzustand seiner Hypnose noch ein (wenn auch reduziertes) Registrieren des Umfelds (Inventar des Labors, Geräusche und Bewegung im Raum, Lichteinwirkung, Temperatur, Luftströmung u. dgl.) im Spiel, sank das Wahrnehmungsvermögen bald rapide ab und erreichte bei 50 einen Punkt, wo die Sinne keine Daten von außen mehr rezipierten (mit Ausnahme der Stimme des Hypnotiseurs). Für den gesamten weiteren Verlauf des Experiments blieben Williams Sinnesfunktionen auf dem Nullpunkt, so als sei die Innen- gegenüber der Außenwelt versiegelt. Es drang nichts mehr durch, die fünf Sinne waren wie stillgelegt, und nur im inneren Raum konnten Erfahrungen gemacht werden.

Beim Gefühl für die Veränderung der *eigenen Identität* war die Situation komplizierter. Im Zustand leichter Hypnose war William sich seiner normalen Identität wie auch der Anwesenheit seines Körpers voll bewußt, aber sobald er Tiefen von ungefähr 30 erreicht hatte, berichtete er, daß seine Identität „sich stärker im Kopf zentrierte", von Gefühlen im Gehirn und im Geist beherrscht wurde. Dieser Eindruck verstärkte sich und war auf der Skala registrierbar als ein Abnehmen seiner normalen Identität. Er steigerte sich weiter, bis sich bei Tiefen von 80 bis 90 ein Zustand der Schwebe einstellte. Ein sich seiner selbst bewußter „William" existierte nicht mehr. Statt dessen begann er, jenseits von 50 die Anwesenheit einer anderen Identität zu spüren, und dieses Phänomen verstärkte sich bis 80. Die sich neu aufbauende Identität war allerdings eher potentiell als real – er konnte sich denn auch nicht als eine bestimmte neue Person oder als irgendein anderes Wesen identifizieren, sondern hatte lediglich das sich steigernde Empfinden, ein inneres Vermögen für etwas zu besitzen, das jenseits einer Grenze existierte. Die Grenze wurde aber nicht überschritten, die gewandelte Identität nahm keine konkreten Konturen an, so daß sie als solche unbeschreibbar blieb.

Das sechste Phänomen, *Sinn für Komik*, ist noch rätselhafter. Es manifestierte sich um 50 herum, erreichte sein Maximum bei einer Tiefe von 70 und schwand danach wieder. Dabei war die Komik keine vom Hypnotiseur geschaffene lustige Situation oder ein von ihm erzählter Witz, sondern Williams Zustand des Amüsiertseins als direkte Folge der Hypnose. Irgendeine Instanz in seinem Kopf empfand es als belustigend, daß er sich mit so „merkwürdigen" Aktivitäten wie Tiefenhypnose und Bewußtseinsveränderung befaßte. Ohne das Phänomen erklären zu können, weist Tart darauf hin, daß bei manchen Patienten unter halluzinogenen Drogen[68] ein ähnlicher Effekt auftritt: Wenn die Droge ihre volle Wirkung entfaltet hat, kommt es bei ihnen zu Anflügen von Heiterkeit oder Amüsiertheit über die eigene Situation. Temporär werden offenbar bestimmte Systeme reaktiviert, die eine emotionale Distanz zu den eigenen Erlebnissen herstellen und dem Bewußtsein eine Beobachterrolle erlauben. Bedenkt man, daß die Wahrnehmung von Komik eine psychologisch hochdifferenzierte, kulturell vermittelte Fähigkeit darstellt, ist das Auftreten dieses Phänomens in tiefer Hypnose eine seltsame Erscheinung.

In der Dimension *Gefühl für Potentialität* begann William beim Punkt Null, sank tiefer und tiefer, um ungefähr bei 50 plötzlich den Eindruck zu haben, eine Art Gesangs- oder Summton zu vernehmen. Dieses akustische Phänomen war begleitet von dem Gefühl, daß für seinen Geist ein zunehmend größeres Erfahrungspotential erschließbar war. Die besondere Form des Gesangs verflüchtigte sich dann zwar im Fortgang der Hypnose, aber das Gefühl steigerte sich, bis William bei einer Tiefe von 80 die Überzeugung hatte, ein uneingeschränkter Bereich neuer Erfahrung stehe ihm offen. Dieser bedürfe nur der Aktivierung und Nutzung, um zu anderen Bewußtseins- und Lebensformen vorzustoßen. Hier wiederholte sich die oben beschriebene Erfahrung mit der Transformation der eigenen Identität. Was eine derartige Schwellenerfahrung letzlich bedeutet, wie trügerisch oder ‚real' sie ist, ist schwer zu bestimmen und wird von Tart nicht gesondert diskutiert.

Die Wahrnehmung der *Identität des Versuchsleiters* schärfte sich zunächst bis zu einer Tiefe von 30. William wurde sich anfänglich der Anwesenheit und Handlungen des Hypnotiseurs zunehmend bewußt. Dann jedoch schwand dieser Eindruck, und sein Gegenüber rückte wie in große Ferne. Zuletzt besaß der Versuchsleiter für seine Versuchsperson überhaupt keine Identität mehr, sondern war nur noch eine Stimme. In den tiefsten Tiefen der Hypnose war er schließlich nicht mehr als „eine amüsante, winzige Kräuselung am Rande eines unend-

---

68 Vgl. unten Kap. 3.4, S. 350 ff.

liches Meeres des Bewußtseins". Wie erwähnt ist die Frage, weshalb die Stimme von diesem progressiven Schwund unbeeinträchtigt bleibt und sowohl (akustisch) ihre Realität als auch (semantisch) ihre Autorität behält, ungeklärt. Die Transformation einer Person zu einer „amüsanten, winzigen Kräuselung" im unendlich scheinenden Bewußtseinsmeer (mit Ausnahme ihrer gebieterischen Stimme) ist einigermaßen mysteriös, setzt sie doch eine radikale Funktionstrennung der beteiligten Wahrnehmungsinstanzen voraus: einerseits weitgehende Transformationen des Alltagsbewußtseins, andererseits absolute Konstanz in der akustischen Wahrnehmung einer fremden Stimme und der Beachtung ihrer Direktiven.

Die Messungen in den (verwandten) Dimensionen *Einschätzung der vergehenden Zeit* und *Bewußtsein von Zeit* ließen erkennen, daß für William die Zeit zunächst umso langsamer verging, je tiefer er in den Hypnosezustand eintauchte. Bis zu einer Tiefe von ungefähr 40 war er in der Lage, dieses umgekehrte Verhältnis zu bemerken und zu kommentieren. Die Zeit war, obwohl subjektiv schon verändert, bewußtseinsmäßig noch präsent. Jenseits dieses Punktes wiederholte sich die Erfahrung aus Dimension 1 und 3: Der Zeitbegriff und was er für das Sensorium des Menschen gewöhnlich bedeutet, hörte auf, bedeutsam zu sein. Innere und äußere Uhr wurden als Taktgeber des Lebens und Garant seiner Ordnung irrelevant. Das Bewußtsein war dazu übergegangen, sich als zeitlos zu begreifen und keinerlei Einbuße seines Vermögens darin zu sehen. Es existierte jenseits der Zeit frei von Zeit. Sämtliche mit dem Zeitfluß verbundenen Funktionen und Konventionen waren vorübergehend suspendiert: Das Ordnungsschema von Vergangenheit, Gegenwart und Zukunft bestand nicht mehr, und die darauf basierenden Zuordnungen von *vorher* und *nachher* erschienen gegenstandslos. Dieses Resultat wirft ein Licht nicht nur auf die psychologische Relativität der Zeit, sondern auf ihren Charakter als mentales Konstrukt. Zeit ist kein objektives Datum, sondern eine zweckmäßige kulturelle Konvention. Bewußtseinsmäßig kann sie vollkommen zum Verschwinden gebracht werden.

Die Dimension *Gefühl der Einheit/Ganzheit* zeigt ein lineares Kontinuum für das sich steigernde Empfinden, die gesamte Realität als in sich einheitlich strukturiert zu erfahren. William gab an, sich als mit dem Universum mehr und mehr vereint empfunden zu haben, obwohl dies ganz und gar nicht zu seinen üblichen Erfahrungen gehörte und im Wachzustand für diese Dimension ein sehr niedriger Wert registriert worden war. Hier zeigt sich eine interessante Übereinstimmung mit dem Bewußtsein von Mystikern, die zur Erfahrung des kosmischen oder Einheitsbewußtseins bekanntlich keiner Hypnose bedürfen.[69] Daraus läßt sich phänomenologisch folgern, daß Hypnotiseure, wenn sie den Zustand einer

---

69 Zur Mystik s. Kap. 3.1, S. 303 ff.

Trance induzieren, keinen wirklich neuen Zustand schaffen, sondern etwas aktivieren und kontrollieren, wozu das Bewußtsein des Menschen potentiell befähigt ist. Mystik läßt sich im Prinzip per Hypnose induzieren.
    Erwartungsgemäß wurden Williams *spontane mentale Aktivitäten* unter dem Einfluß der Hypnose stark eingeschränkt. Die Mannigfaltigkeit und Disparatheit zerebraler Vorgänge im Wachzustand (experimentell objektivierbar z. B. in Elektroenzephalogrammen, die normalerweise einen erratisch anmutenden Verlauf der Gehirnwellen aufzeichnen) nahm kontinuierlich ab und sank bei einer Tiefe von 90 praktisch auf den Nullpunkt. Auch hier zeigt sich eine Paralellität zu meditativen und mystischen Praktiken, deren positive Tiefenwirkung auf einer Ruhigstellung des „schnatternden und hopsenden Affen" im Kopf basiert. Die Herstellung innerer Ruhe, basierend auf einer weitgehenden Eindämmung des ständig prasselnden neuronalen Störfeuers, ist ganz offensichtlich die Voraussetzung für die Erreichung derartiger Hypnosetiefe.
    In der letzten Dimension, *Spürbarkeit der Atmung*, zeigten die Daten anfänglich eine zunehmende Beruhigung und Vertiefung der Atemzüge. Je tiefer die Hypnose, desto langsamer und tiefer die Atmung – bis zu einer Tiefe von 50. Dann kam es zu einer plötzlichen Veränderung des Musters: Jenseits dieser Marke wurde die Atmung sehr flach und war fast nicht mehr wahrnehmbar, ein Zustand, der bis zur Beendigung der Hypnose konstant blieb. Zu keiner Zeit empfand William dies jedoch als eine Beeinträchtigung seines Bewußtseins oder gar Bedrohung seines Lebens. Was im Wachzustand höchstwahrscheinlich zu einem gefährlichen Sauerstoffmangel geführt hätte, wurde von seinem adaptiven System unter Hypnose schadlos gehandhabt und verkraftet – ein weiterer Nachweis für die wahrlich bemerkenswerten Veränderungen im Lebensrhythmus, deren der menschliche Organismus unter bestimmten Bedingungen fähig ist.

Weshalb Hypnosesubjekte in den Tiefen, wie sie William zugänglich waren, nicht in Gefahr geraten ‚abzustürzen' d. h. auf den Weg einer malignen Regression[70] zu geraten und psychotisch zu werden, ist das vielleicht größte Rätsel des ganzen Phänomens. Verwandte Erfahrungen in der Mystik, im Drogenrausch oder im Trancezustand sind niemals grundsätzlich frei von solcher Gefahr. Sie können für die Person quälend werden, wenn die Umstrukturierung des Bewußtseins mit einer zu weitgehenden Entstrukturierung seiner normalen Funktionen einhergeht. Wir wissen: Die Transformationen müssen in der richtigen Weise gelenkt werden, sollen sie kontrollierbar bleiben. Doch selbst geübten Mystikern widerfährt es, daß ihre Visionen einen infernalischen Charakter annehmen und die Psyche in Schrecken versetzen, und so mancher Drogenkonsument hat auf

---

70 Zum Phänomen der Regression s. u. S. 96 ff.

einer „schlechten Reise" die Erfahrung machen müssen, daß Halluzinationen der Preis für einen Trip waren, der unter seelisch und körperlich ungünstigen Voraussetzungen angetreten wurde.[71] Auf allen gewagten Reisen, welche die Psyche unternimmt, lauern an jeder Ecke – Wegelagerern gleich – pathogene Kräfte, die sich destabilisierend auswirken können. Das Forscher-Ehepaar Bongartz berichtet zum Beispiel über den Fall einer Frau, die von ihrem Hypnotiseur in die Zeit versetzt worden war, die sie als Kind in einem Nazi-Konzentrationslager verbracht hatte, woraufhin schwere psychotische Symptome auftraten.[72] Hier wirkte die Hypnose gefährlich kontraproduktiv.

Eine Erklärung für Williams bravouröses ‚Überleben' kann lediglich spekulativ angeboten werden und enthält nur karge wissenschaftlich-analytische Anhaltspunkte: Wahrscheinlich ist es die quasi-magische Aura des Hypnotiseurs, seine auf Vertrauen basierende sorgsame Führung, welche die Gefahr eines Absturzes verhindert. Es muß ein archaisches Residuum geben, das manche Zeitgenossen mit einem Charisma ausstattet, das gewöhnlichen Sterblichen der westlichen Zivilisation entweder vorenthalten bleibt oder von ihnen niemals in Anspruch genommen wird – ein Residuum, das allen abendländischen Tendenzen zur Individualisierung und Rationalisierung des Menschen trotzt. Und es muß transpersonale Kommunikationswege geben, die – wie in der Telepathie – Zentren innerhalb wie außerhalb des Bewußtseins aktivieren, die normalerweise inaktiv sind. Was der Schamane für seine Stammesgenossen, der Guru für seine Meditationsschüler, der göttliche Geist für den Mystiker, der Hohepriester für seine gläubigen ‚Schafe' darstellt – das scheint der Hypnotiseur für seine Hypnosesubjekte zu sein: eine unbezweifelte Autorität, deren Kompetenz nicht nur eine Anwendung der richtigen Psychotechnik, sondern auch eine seelenkundliche Führung der Subjekte gewährleistet, so daß ein Versinken in den unauslotbaren Tiefen des Bewußtseins verhindert wird und eine Rückkehr zur Normalität möglich bleibt. Dabei fungiert die gebieterische Stimme offenbar nur als Exekutivorgan einer Persönlichkeit, deren Stärke die ihrer Stimme weit überschreitet. Nur unter der Bedingung, daß die stimmliche Führung einer psychagogischen Führung entspricht, kann die Hypnose ihre segensreiche (regenerative, transformative, therapeutische) Wirkung ausüben.

Wie angedeutet, sind Psychologen sich aber von Herzen uneinig bei der Beurteilung und Erklärung hypnotischer Zustände. In der Geschichte des Phänomens sind denn auch schon die absonderlichsten Vorstellungen vorgetragen worden in dem Bemühen, dem Rätsel auf den Grund zu gehen. Magnetismus, Gravitation, Elektrizität, Viskosität des Blutes und andere pseudowissenschaftliche Erklä-

---

71 Siehe unten S. 363 f.
72 Bongartz (1999), S. 111.

rungen mußten herhalten, um dem Phänomen irgendein Kausalmodell überzustülpen, das es verständlich machen und ein für allemal entmystifizieren sollte. Selbst der für heutige Theorien maßgebliche Begriff der Suggestion ist eher ein deskriptiver als ein explikativer Begriff. Er läßt noch unerfreulich viel offen. Nach Julian Jaynes beweisen die vielen historischen Wandlungen des Phänomens, „daß Hypnose keine starre Reaktion auf eindeutig definierte Reize ist, sondern daß sie sich mit den Erwartungen und Voreinstellungen der Epoche ändert."[73] Für Jaynes ist die Fähigkeit nicht psychogenetisch angelegt, sondern kulturell vermittelt und sozial erlernt. Veränderte Umstände bringen veränderte Erwartungen und entsprechend veränderte Wirkungen ins Spiel. Beim Abtauchen in tiefenhypnotische Sphären handelt es sich danach nicht um wirkliche Wandlungen des Bewußtseins, sondern eher um Schauspielerei unter den Direktiven eines geschickten Regisseurs. *Simulation* und nicht, wie noch von der klassischen Psychoanalyse angenommen, *Halluzination* ist der Kern des psychischen Geschehens. Jaynes meint, es sei stets ein *Als ob* im Spiel mit einem unterdrückten *So ist es nicht* dahinter.

Diese These schauspielerischen Simulierens versucht Jaynes durch die Ergebnisse eigener Forschung zu untermauern: In einem Fall überreichte er verschiedenen Probanden ein nichtexistentes Buch mit der Bitte, die erste Textseite aufzuschlagen und den Anfang laut vorzulesen. Versuchspersonen in der beschriebenen Lage lieferten zwar alle prompt die Gesten, als hielten sie ein Buch in der Hand, und blätterten darin. In Einzelfällen waren sie zudem in der Lage, eine klischeehafte Anfangswendung, unter Umständen einen ganzen Satz aufzusagen – doch dann klagten sie regelmäßig, das Druckbild sei verwischt oder die Type zu klein zum Lesen, oder sie brachten irgendeine andere Rationalisierung ihres Unvermögens vor. Sie spielten das Spiel des Versuchsleiters, simulierten den Akt des Lesens, scheiterten aber an der Ausführung der Suggestion, das fiktive Buch enthalte einen zitierbaren Text. Würde das Vorstellungsvermögen von Hypnotisierten nach Art des Vermögens von Psychotikern funktionieren, hätten sie einen Text halluzinieren müssen. Da sie dazu nicht in der Lage waren, zeigen sich hier die Grenzen hypnotischer Suggestibilität. Suggerierte Wahrnehmungs- und Bewußtseinsveränderungen lassen den ‚harten Kern' des Wirklichen offenbar unangetastet. Im folgenden wird dies noch deutlicher:

Jaynes gab in einer anderen Situation einer hypnotisierten Person den Auftrag, quer durch ein Zimmer zu gehen, nachdem er zuvor einen Stuhl in den Weg gestellt hatte. Listigerweise erging an die Person jedoch die Mitteilung, im Zimmer befänden sich keinerlei Hindernisse. Bei vollkommenem Vertrauen auf die Richtigkeit der Angabe hätte die Person den Stuhl nun eigentlich hinweghalluzi-

---

[73] Jaynes (1988), S. 468.

nieren müssen, um dann dagegenzulaufen. Sie machte jedoch schlicht und einfach einen Bogen um das Hindernis. Die Anweisung des Hypnotiseurs wurde stillschweigend außer Kraft gesetzt, als die körperliche Gefahr einer Kollision drohte. „Die Versuchsperson", sagt Jaynes, „verhält sich so, als nähme sie den Stuhl nicht wahr – was sie natürlich doch tut, sonst würde sie keinen Bogen um ihn machen."[74] Ergo: Simulation und keine Halluzination. Interessant und scheinbar paradox ist in diesem Zusammenhang, daß nichthypnotisierte Versuchspersonen, die man auffordert, so zu tun, als seien sie hypnotisiert, in der geschilderten Situation prompt gegen den Stuhl krachen, da sie sich bemühen, sich getreu der Auffassung zu verhalten, daß die Hypnose eine tatsächliche Wahrnehmungsveränderung bewirke.

Sämtliche von Forschern entwickelten Thesen und Theorien, wie plausibel oder mangelhaft sie jeweils erscheinen mögen, lassen die Frage unbeantwortet, wie sich geistige Vorgänge in materielle (neurophysiologische, biochemische, elektrische) Prozesse übertragen, die sich als ihre natürlichen Analoga im Organismus verstehen ließen. Als Bewußtseinsforscher ist Tart, der ganz andere Schlüsse zieht als Jaynes, ehrlich genug, die Rätselhaftigkeit vieler der von ihm beobachteten Prozesse zu konzedieren. So ist ihm, wenn er Williams Identität unter dem Einfluß der Hypnose schwinden sieht und eine neue Identität sich aufzubauen scheint, völlig unklar, *wer* dann eigentlich mit ihm, dem Hypnotiseur, kommuniziert, *wer* die Zahlen ausruft und *wer* hernach die Tiefenerfahrungen beschreibt. Wenn William als Person bewußtseinsmäßig nicht mehr existiert, wer oder was existiert dann noch, um mit Tart zu sprechen? Williams Unbewußtes? Ein abgespaltener Teil seiner Persönlichkeit? Eine bislang versteckte, höhere oder niedere Bewußtseinsinstanz? Eine völlig neue Identität? Und wie kann der ‚wirkliche' William nach der Sitzung wieder sämtliche Funktionen wahrnehmen, einschließlich der einer präzisen Erinnerung, wenn er in Phasen der Hypnose gar nicht präsent und einem komaähnlichen Zustand nahe war? Hat er, wie Jaynes mutmaßen würde, nur simuliert? War er ein besonders talentierter Schauspieler? Andererseits: Wenn nach dieser Mutmaßung Simulation im Spiel ist und die Hypnose eine Art erlernbarer Schauspielerei darstellt, wenn sie den Menschen nicht wirklich transformiert, Energien nicht umlenkt, in somatische Vorgänge nicht eingreift, pathogene Störungen nicht beseitigt – wie kann sie dann das Bewußtsein erweitern?[75] Wie kann sie dann die zum Teil erstaunlichen Heilungen bewirken, von denen Mediziner berichten?[76] – Fragen über Fragen.

---

74 Jaynes., S. 474.
75 Siehe dazu Hewitt (1998).
76 Erkrankungen, die erfolgreich mittels Hypnosetherapien behandelt werden, sind z. B. Ängste, Phobien, Depressionen, chronische Schmerzen, immunologische Störungen wie Hautkrankheiten, sexuelle Fehlfunktionen, Schlafstörungen, Herz-Kreislauf-Beschwerden u.v.m. Näheres bei Bon-

Selbst das subtilste Aktivationsmuster neuronaler Vorgänge, das ein Computertomograph abzubilden vermag, gibt keine Auskunft darüber, weshalb sich unter Hypnose zum Beispiel das Zeitgefühl verflüchtigt. Selbst die schärfste physikalisch-akustische Analyse von Klangbildern, die spektographisch sichtbar gemacht werden, läßt uns im Dunkel über das Rätsel, weshalb bestimmte Arten von Musik und Rhythmik bei bestimmten Individuen über die Sensomotorik Trancezustände hervorzuzaubern vermögen. Es ist auch nicht geklärt, ob ein Mensch unter Hypnose tendenziell zu den Wurzeln seines Bewußtseins zurückkehrt, wo er eigentlich sich selbst begegnet, oder ob er effektiv ein neues, transpersonales Territorium erschließt, das ihn über sich selbst hinaushebt. Im Spannungsfeld von Beobachtung und Erklärung, in dem sich jede Wissenschaft befindet, hat die Erklärungsseite in der Bewußtseinsforschung noch erhebliche Defizite. Diese lassen sich auf folgenden Punkt bringen: Wenn unser Alltagsbewußtsein grundsätzlich in zwei Richtungen verlassen bzw. überschritten werden kann, in eine negative, zur Psychose neigende Richtung (maligne Regression) und eine positive, zur Spiritualität tendierende Richtung (transpersonales Bewußtsein) bestünde das dringlichste Problem der Bewußtseinsforschung darin, die jeweils beteiligten Vorgänge und deren Voraussetzungen so aufzuklären, daß *qualitative* Aussagen gewonnen würden. Die meisten Psychologen und Neurologen verstehen sich heute als Naturwissenschaftler und sind idealistisch-spiritualistischen Vorstellungen gegenüber skeptisch. Ihrem Credo gemäß, daß außerhalb der Natur nichts existiert und der Geist des Menschen nur eine bestimmte Manifestation seiner Natur darstellt, müßten sie imstande sein (oder sich instand setzen), die Vorgänge naturgesetzlich zu bestimmen. Nicht nur, *daß* allerlei sensomotorische, perzeptuelle, physiologische und neuronale Vorgänge beteiligt sind, wäre zu klären – darüber wissen die Forscher schon sehr viel[77] – , sondern *wie* sie beteiligt sind und *warum* sie eingeschaltet werden, wenn sich auf der einen Seite positive Wirkungen einstellen, die willkommen geheißen werden, und auf der anderen negative Effekte auftreten, die jeder meiden möchte. Von solcher Klärung sind sie weit entfernt.

---

gartz (2000) sowie Schütz (1997).
77 Vgl. Erickson (1997).

1.5 Gegen den Strom der Zeit: Regressionen

Als Subjekte der abendländischen Geschichte sind wir es gewohnt, unser Leben als eine vorwärts gerichtete, in bestimmten Phasen zweckmäßiger Entfaltung und Höherentwicklung verlaufende Bewegung anzusehen. Nicht nur entspricht es unserer persönlichen Anschauung von Wachstum und Reifung, daß das Leben ‚fortschreitet‘, sondern es stimmt auch wesentlich mit den Erkenntnissen der wissenschaftlichen Disziplinen überein, die sich mit genetisch-evolutionären Prozessen befassen – der Biologie, Anthropologie, Entwicklungspsychologie, Bewußtseinsphilosophie, Kulturgeschichte. Die Metapher vom Pfeil, der, vom Bogen des Lebens abgeschossen, eine bestimmte Bahn beschreibt, um sein Ziel zu erreichen, oder das Bild vom Fluß, der sich – aus einer Quelle gespeist – ein Bett bahnt, um darin dem fernen Meer zuzustreben – das sind gängige Vorstellungen von Lebensprozessen, denen progrediente Richtung zugeschrieben wird – sei es, daß diese als genetisch eingezeichnet aufgefaßt wird, sei es, daß sie teleologisch projiziert wird. Zwar bestätigen Erfahrungen mit Entwicklungsvorgängen längst nicht ausnahmslos die Erwartung von Fortschritt; auch ist Evolution keineswegs identisch mit Progression. Dennoch empfindet es der Mensch der Neuzeit als ein fundamentales Gesetz, daß das Leben irgendwie voranschreitet – mit seinem Willen, aber auch gegen oder ohne ihn. Zumindest ist dies ein prägendes Merkmal seines Bewußtseins seit der Entwicklung des modernen Geschichts- und linearen Zeitbegriffs, eng gekoppelt mit den jeweiligen Sinnkonstitutionen, Wert- und Zwecksetzungen, die wir mit dem Lauf des Lebens und dem Gang der Geschichte (wieder richtungsbezogene Metaphern!) in Verbindung bringen. Biologische und historische Vorgänge freizuhalten von teleologischen Vorstellungen fällt uns Menschen der westlichen Kultur recht schwer.

Die Idee, daß das Leben sich (auch nur zeitweise) rückwärts entwickeln könnte, erscheint den meisten von uns wohl ebenso absurd wie die Vorstellung, daß der Pfeil zum Bogen zurückfliegen, der Fluß zur Quelle zurückströmen könnte. Unser an Kantschen Kategorien orientiertes Zeit- und Kausalitätsbewußtsein verbietet es, daß wir uns ernsthaft mit der Möglichkeit einer Umkehr des Lebens oder einer Rückkehr in frühere Lebensphasen befassen. Schon der Gedanke an Stagnation ist vielen Menschen ein Greuel. Denn wenn die Zeit linear voranschreitet, impliziert dies logisch die Unumkehrbarkeit aller Lebensprozesse. Leben ist dann *per se* Leben in der Zeit und mit der Zeit. Leben ist kausal bestimmte Progression. Nach Kant ist es „ein unentbehrliches Gesetz der empirischen Vorstellung der Zeitreihe, daß die Erscheinungen der vergangenen Zeit jedes Dasein in der folgenden bestimmen."[78] Daß, philosophisch gesehen, die

---
78 Kant (1968), S. 234.

Zeit aber ein geistiges Konstrukt, keine natürliche Gegebenheit darstellt, kommt uns selten in den Sinn. Auch wenn wir Entwicklungs- und Reifungsprozesse nicht einfach mit Optimierung oder Perfektionierung gleichsetzen, sondern nur als Kontinuum betrachten, so folgen wir doch zumeist dem Grundsatz „Es muß vorangehen!". Wachsen, Reifen, Entwickeln, Vollenden, Voranschreiten sind positiv besetzte Begriffe, die sämtlich der nach vorne offenen Zeit bedürfen. Mag der Fortschrittsgedanke in gesellschaftspolitischer und wissenschaftlich-technologischer Anwendung inzwischen viel von seinem aufklärerischen Glanz eingebüßt haben und schon fast zu einem Odium geworden sein – daß der Mensch sich onto- wie phylogenetisch ‚vorwärts' entwickelt und dabei gewissermaßen eine Wegstrecke mit Markierungsmarken zurücklegt, bleibt eine verbreitete Vorstellung, selbst wenn sie nicht fortschrittsideologisch eingefärbt ist. Pädagogen und Entwicklungspsychologen setzen alles daran, den Menschen zur Reife zu bringen und die günstigsten Bedingungen für dieses progrediente Geschehen zu erkunden. Politiker und Ökonomen wirken ständig daraufhin, daß der Gesellschaft Phasen der Stagnation oder Rezession möglichst erspart bleiben. Wie ein Aphorismus von Julius Rodenberg besagt: „Leben ist ein stetig Streiten, ist ein ewiges Geschehen. Stille stehn heißt: Rückwärts schreiten, rückwärts schreiten untergehen."

Indes: Dieses Bild vom universal progredienten Weltgeschehen täuscht. Nicht nur weil es das Faktum biologischer Zyklik ignoriert, mögliche Irr- und Umwege der Evolution außer Betracht läßt und das Phänomen gesellschaftlicher Dekadenz übersieht, sondern weil es psychologisch nicht stimmt. Unser Leben ist nicht ausnahmslos progredient eingestellt. Setzen wir die innere Welt an die Stelle der äußeren Geschichte, sieht die Wirklichkeit sofort anders aus. Wir können uns nicht nur bewußt an Vergangenes erinnern, wenn wir es mental wiederbeleben, sondern auch unbewußt Opfer des Erinnerten werden, wenn wir regredieren. Wir können sogar in den Strom des Lebens zu früheren Zeiten eintauchen, wenn wir dafür die psychischen Voraussetzungen mitbringen. Das Leben in der gegenwärtigen Zeit und die Ausrichtung auf zukünftige Zeit hält die Möglichkeit eines Wiederdurchlebens früherer Zeit offen.

Um die Wende zum 20. Jahrhundert wurden Sigmund Freud und sein Kreis darauf aufmerksam, daß das menschliche Seelenleben, insbesondere wie es sich unterhalb der Schwelle zum Tagesbewußtsein abspielt, „zurückzufließen" vermag. Der Vater der Psychoanalyse beobachtete bei vielen seiner Patienten eine regressive Grundströmung, die dem normalerweise progressiven Energie- und Lebensfluß entgegenläuft und in eben dieser Gegenläufigkeit konfliktträchtig werden kann. Das Material seiner traumanalytischen Untersuchungen machte augenfällig, daß in den Gefilden unbewußten Seelenlebens Konstellationen anzutreffen sind, die dem Rückwärtigen stark verhaftet bleiben, und Impulse ausgelöst werden, die nach rückwärts streben. Sowohl die analytische Arbeit an Traumstrukturen als auch der klinische Umgang mit Neurotikern führten Freud zu der grundlegenden Einsicht in die Unüberwindbarkeit früher onto- wie phylogenetischer Erfahrungen als Folge der „konservativen" Anlage bestimmter Schichten der Psyche. Wie er bei seinen Patienten wiederholt beobachten konnte, hatten sie weder die stammesgeschichtliche Frühzeit der Gattung noch ihre persönliche Kindheit wirklich hinter sich gelassen. Er erkannte: Ein psychogenetisch bedingtes Beharrungsvermögen menschlicher Triebstruktur sorgt dafür, daß kindliche und vorkindliche Affekte immer wieder virulent werden können, daß seelische Erfahrungen nicht nur von der Individualgeschichte des jeweiligen Menschen, sondern von der Kollektivgeschichte der Menschheit *in toto* geprägt sind. Kindheit (in diesem doppelten Sinne) ist danach eine nie versiegende Quelle trieb- und gefühlsgespeister Energien von naturgegebener Ambivalenz: Einerseits verursachen sie fundamental notwendige Schübe im normalen Wachstums- und Entwicklungsprozeß. Andererseits üben sie einen regressiven Sog aus, wenn das Gefühlsleben des erwachsenen Menschen starken ‚primitiven' Appellen des frühen Seelenlebens unterliegt. Die strukturell einfachere, aber affektiv machtvollere Psyche des Kindes kann bewirken, daß Kinderträume und -ängste lebenslang ihre magische Aura bewahren, die sich in narzißtischen Fixierungen, mißglückten Verdrängungen, Angstneurosen und – nicht zuletzt – Regressionen auszuwirken vermag. Freud hat denn auch immer wieder betont, daß die infantile Vergangenheit des Individuums wie der Menschheit allgemein uns ständig begleitet, daß ihr Wiederaufleben in der Gegenwart jederzeit möglich und an verschiedenen Symptombildungen ablesbar ist: „Im Traume und in den Neurosen finden wir das Kind wieder mit den Eigentümlichkeiten seiner Denkweise und seines Affektlebens. Auch den Wilden, den primitiven Menschen, wie er sich im Lichte der Altertumswissenschaft und der Völkerforschung zeigt." Er glaubte, „daß im Seelenleben nichts, was einmal gebildet wurde, untergehen kann, daß alles irgendwie erhalten bleibt und unter geeigneten Umständen, z. B. durch eine so weit reichende Regression, wieder zum Vorschein gebracht werden kann."[79] Wir können versuchen, „das innere Kind"[80] zu verdrängen, wir können den barbarischen Wilden in uns unterdrücken – abschaffen können wir weder das eine noch den anderen.

Ursache für regressive Strömungen ist die Wirkungsmächtigkeit des von Freud so genannten Lustprinzips im Verhältnis zum antagonistischen Realitäts-

---
79 Freud (1942c), *G.W.* Bd. 14, S. 426.
80 Buchtitel von Arminger (1993).

prinzip. Denn im Dualismus dieser Prinzipien ist eine unaufhebbare Spannung angelegt, die das Gefühlsleben des Erwachsenen auf das des Kindes zurückzuziehen vermag. Das Lustprinzip stellt als *primum movens* wesentlich die Domäne des Kindes dar, weil das Kind diesem Prinzip relativ ungestraft frönen kann, sich nur allmählich in Richtung auf das Realitätsprinzip hin bewegt und den von ihm geforderten Entsagungen zu entsprechen bereit ist. Das Lustprinzip wird zwar von den Affektkontrollen des Realitätsprinzips überformt, bleibt aber lebenslang virulent, so daß sich ein Gravitationszentrum primärer Triebe und Gefühle ergibt, deren Beherrschung und Domestizierung ein ständiges Problem darstellen. Das Wünschbare und das Realisierbare stehen in dauernder Spannung. Das innerlich Ersehnte und das äußerlich Notwendige vertragen sich schlecht. Wie der Psychoanalytiker Norman Brown bemerkt: „Elterliche Disziplin, religiöse Ächtung körperlicher Lust und philosophische Aufwertung der Vernunft – sie alle haben den Menschen nach außen hin zwar folgsam gemacht, aber innerlich nicht überzeugt, weil er in seiner Kindheit die Frucht vom Baum des Lebens kostete und weiß, daß sie gut ist, und er dies niemals vergißt."[81]

Die späteren Umformungen und Überformungen, die die Gestalt von Verdrängungen, Rationalisierungen, Sublimierungen u. dgl. annehmen, können zusammenbrechen, sobald der schwierige Balanceakt zwischen primären Wünschen/Ängsten und sekundärer Verarbeitung gestört wird. Auf der primären, frühkindlichen Ebene streben sämtliche Triebe, nicht nur die sexuellen, auf unmittelbaren Lustgewinn. Auf der sekundären, der späteren, ich-kontrollierten Ebene kommt es zu Disziplinierungen, die der Psyche unter dem Anpassungsdruck der Wirklichkeit Aufschub, Lustminderung oder Versagung auferlegen. Neben das Motiv des Lustgewinns tritt das der Unlustvermeidung, und Unlustvermeidung ist nur durch Realitätsanpassung zu verwirklichen. Das Ich erfährt, daß es unvermeidlich ist, auf unmittelbare Befriedigung zu verzichten, will es keinen (sozialen) Schaden nehmen. Es lernt, ein gewisses Maß an Unlust zu ertragen und bestimmte Lustquellen ganz aufzugeben. Auf diese Weise verständig geworden, läßt es sich nicht mehr vom Lustprinzip beherrschen, sondern beachtet das Realitätsprinzip, was zwar keinen grundsätzlichen Verzicht auf Lust bedeutet, wohl aber eine notgedrungene Akzeptanz aufgeschobener und verringerter Befriedigung.

In seinen Spekulationen über mögliche Ursachen regressiver Strebungen ist Freud später noch weiter gegangen als in seiner ursprünglichen Annahme primärer Lust als Regressionsauslöser. In „Jenseits des Lustprinzips" (1920) befaßt er sich mit den Implikationen seiner Beobachtung, daß sich das Triebleben des Menschen, wie die Dynamik des Organischen überhaupt, durch eine immanent

---

81 Brown (1959), S. 31.

„konservative" Tendenz auszeichnet. Freud definiert dort den Trieb allgemein als einen „dem belebten Organismus innewohnenden Drang zur Wiederherstellung eines früheren Zustands", und stellt fest, daß "alle organischen Triebe konservativ, historisch erworben und auf Regression, Wiederherstellung von Früherem, gerichtet sind."[82] Dieser eigentümliche Konservatismus resultiert aus dem natürlichen Drang aller Organismen zur Spannungsvermeidung oder - minderung, einem Drang, der sich beim Menschen umso deutlicher bemerkbar macht, je weiter ihn seine Geschichte vom spannungsfreien Urzustand entfernt und je mehr sich das Verlangen danach verstärkt. Wie immer man organisches Leben auch definiert – es äußert sich auf jeden Fall im Auftreten einer variablen Menge von Reizspannungen, die vom Organismus ertragen und verarbeitet werden müssen. Höherentwicklung geht unvermeidbar mit einem Mehr an „Vitaldifferenzen" und Unlust einher; Rückentwicklung mit einem Weniger. Da der absolut spannungsfreie Zustand aber nicht der vorgeburtliche Zustand, sondern nur der Tod sein kann, schreitet Freud tatsächlich zu dem paradox anmutenden Versuch fort, die Regression auf den Tod zum Prinzip des Lebens zu erklären. Scheint auch der Lebenstrieb (als Sexualtrieb) in offenkundigem Antagonismus zum Todestrieb zu stehen, so ist der erste in Wirklichkeit nur der Wegbereiter des zweiten, er vollzieht lediglich die Umwege, auf denen der Tod sein Ziel erreicht:

Der konservativen Natur der Triebe widerspräche es, wenn das Ziel des Lebens ein noch nie zuvor erreichter Zustand wäre. Es muß vielmehr ein alter, ein Ausgangszustand sein, den das Lebende einmal verlassen hat, und zu dem es über alle Umwege der Entwicklung zurückstrebt. Wenn wir es als ausnahmslose Erfahrung annehmen dürfen, daß alles Lebende aus inneren Gründen stirbt, ins Anorganische zurückkehrt, so können wir nur sagen: Das Ziel des Lebens ist der Tod, und zurückgreifend: Das Leblose war früher da als das Lebende[83]

Was immer wir von dieser Spekulation halten (in den Fachwissenschaften hat die These wenig Anklang gefunden, in Philosophie und Poesie umso mehr) – der Tod ist auf jeden Fall die letztmögliche Station eines Rückschritts, welche die Psyche noch ansteuern kann, wenn sie Erlösung in der Selbstauslöschung, im absoluten Nirwana sucht. Nicht zufällig sind in der griechischen Mythologie Thanatos (Tod) und Hypnos (Schlaf) Zwillingsbrüder, die beide in der Unterwelt beheimatet sind. Sie werden gewöhnlich als schöne, geflügelte Jünglinge dargestellt, welche die sterbenden bzw. schlafenden Menschen davontragen – Thanatos sinnigerweise mit gesenkter oder erloschener Fackel. Hier finden wir die mythologische Verkörperung der Erkenntnis, daß vom Schlaf über das Ko-

---

82 Freud (1942d), G. W. Bd. 13, S. 38, 39.
83 Ebd., S. 40.

ma zum Tod ein regressives Kontinuum besteht, das durchlaufen werden kann, wenn der Wille zum Ertragen von Erschütterungen und Reizspannungen gänzlich erloschen ist. Todessehnsucht als pathologischer Zustand tritt auf, wenn das Streben nach Spannungsfreiheit nur noch in totaler psycho-physischer Unbelebtheit als erfüllbar angesehen wird. Der Tod verspricht die totale ‚Entspannung'. Thanatos gewährt schlußendlich, was ein vom Realitätsprinzip gezügelter, seiner natürlichen Bestimmung entfremdeter Eros nicht mehr zu gewähren vermag: Lust als Freiheit von Pein. Ruhe, Stillstand, Nicht-mehr-sein-müssen.

Es ist eine psychologische Binsenweisheit, daß Unlustvermeidung und Realitätsanpassung selten konfliktlos ablaufen. Insofern ist verständlich, weshalb die unvermeidlichen Frustrationen, die die Anpassung mit sich bringt, den Durst nach den Quellen primärer Lust unstillbar werden läßt und weshalb die Restriktionen des Realitätsprinzips zur Rebellion führen können. Das Ich verweigert irgendwann die Anpassung. Es will zurück, wenn das Vorwärts keine erstrebenswerte Perspektive mehr darstellt. Und hieraus resultiert jene Tendenz im Seelenleben der Menschen, die darin besteht, sich unter bestimmten Umständen aus der aktuellen Befindlichkeit des Lebens und problematischer Lebenserfahrung auf eine frühere, weniger komplexe, vermeintlich befriedigendere Stufe zurückzuziehen, um stark empfundenen Realitäts- und Leidensdruck aufzuheben oder zu mindern.

Regression ist ein psychodynamischer, affektiv gesteuerter Prozeß, der darauf abzielt, gestörtes seelisches Gleichgewicht zu korrigieren. Dabei können die Ursachen der Störung innerer wie auch äußerer Art sein, sowohl naturbedingt von starker subjektiver Anfälligkeit für regressive Strebungen als auch gesellschaftsbedingt von hohem objektivem Druck als Auslöser solcher Neigungen ausgehen. Da der Austausch von Individuum und Gesellschaft, von subjektiver Befindlichkeit und objektiver Sachlage jedoch in der Regel dialektisch verläuft, wirken innere und äußere Faktoren meist in vielfältiger Weise zusammen. Dann geschieht folgendes: Erlebnis-, Denk- oder Verhaltensweisen des Menschen, die entwicklungsmäßig ein bestimmtes Niveau erreicht haben, auf dem sie gewöhnlich operieren, sinken auf eine niedrigere, individual- oder stammesgeschichtlich frühere Stufe zurück, um dort das Leben gewissermaßen auf primitiverer Ebene fortzuführen, oder – wo auch dies als nicht möglich oder erstrebenswert erscheint – in Betäubung, Umnachtung oder Tod zu fliehen, um so dem Leidensdruck endgültig zu entgegen. Es ist der reaktive Versuch der Psyche, den Lebensstrom – genauer: das Schwimmen im eigenen Lebensstrom – umzukehren. Die eingeschlagene Richtung psychogenetisch-mentaler Entwicklung wird verlassen in dem Bestreben, durch Wendung auf eine bereits zurückgelegte Strecke oder schon durchlaufene Phase den Anschluß an das Leben neu zu gewinnen oder – bei Fehlschlagen solchen Bemühens – vor seinen Anforderungen zu kapitulieren. Wir haben es mit einem psychischen Abwehrmechanismus zu tun, darauf gerichtet, die unvermeidlichen Probleme, Sorgen, Unlustgefühle, Ängste und Frustrationen des Lebens so zu unterlaufen, daß sie durch Rückgriff auf ein die Probleme antezedierendes Wirklichkeitsbewußtsein (scheinbar) in-existent werden. Die Psyche weigert sich, die Welt so anzunehmen, wie sie ist, ihre Schwierigkeiten so anzugehen, wie sie sind, und verfällt dabei auf den ‚Trick', sie durch das Manöver der Regression annehmbar und traktierbar zu machen. Hauptkennzeichen dieses Manövers besteht darin, daß es mit einer Wendung von einer höheren zu einer niedrigeren Funktionsebene, einer allgemeinen Bewegungsrichtung vom Bewußten zum Unbewußten, vom Kognitivem zum Affektiven einhergeht. Stets ist eine Senkung des seelischen Strukturniveaus mit Schwächung des Ich-Systems und Rückverlagerung seiner Funktionen dabei im Spiel.[84] Im Getriebe des Lebens wird nach unten geschaltet.

Wir illustrieren dies zunächst durch ein Beispiel aus der fiktionalen Literatur, der Erzählung „Die Tür in der Mauer" (1906) des englischen Schriftstellers Herbert George Wells.[85] Wells stellt uns einen lebensüberdrüssigen Neurotiker vor, der ein so treffliches Anschauungsobjekt für die Regressionstheorie darstellt, daß der Text gut von einem Patienten auf der berühmten Couch in Freuds Behandlungszimmer stammen könnte:

Lionel Wallace, ein Vertreter der englischen Oberschicht mit glänzender politischer Karriere und einem Sitz im Regierungskabinett, wird von einer Obsession verfolgt, der zwanghaften Idee, als fünfjähriger Knabe in einer abgelegenen Straße Londons das Paradies erschaut und seitdem verloren zu haben. Er verzweifelt an der späteren Unwiederbringbarkeit seines kindlichen Erlebnisses. In jener Lebenssituation befangen, die man heute als „midlife crisis" zu bezeichnet pflegt (erfolgreich, etabliert, aber unbefriedigt), überkommt ihn die obsessive Erinnerung an eine Episode der goldenen Kindheit, die in ihrer leitmotivischen Funktion bestehende Defizite der Lebenswelt signalisiert, während sie einmal Gewesenes idealisiert. In seiner Entwicklung hat Wallace zwar wie ein Erwachsener zu denken und handeln gelernt, aber er fühlt wie ein (verletztes) Kind – der Grund für seine neurotische Spaltung. Der zivilisationsgeschädigte Politiker

---

84 Regression darf nicht mit Nostalgie verwechselt werden. Obwohl beidemal Unlustgefühle gegenüber der Gegenwart eine auslösende Rolle spielen können, ist Nostalgie eine *bewußte* Hinwendung auf bestimmte Objekte der Vergangenheit (Opas Gehrock, Omas Bauernschrank, Tante Emmas Laden u. dgl.), die idyllisiert werden, kein *unbewußter* Drang zum Durchleben früherer seelischer Zustände. Nostalgie ist eher retrospektiv als regressiv.
85 Orig. „The Door in the Wall", dt. Fassung in Wells (1980), S. 141–166.

verfolgt ein Hirngespinst, und das Hirngespinst verfolgt ihn. Seinem Freund Redmond vertraut er eines Tages an:

„Es ist nämlich so – es handelt sich nicht um Geistererscheinungen und doch – es hört sich merkwürdig an, Redmond – ich werde heimgesucht. Ich werde von etwas heimgesucht – das alles andere verblassen läßt, das mich mit Sehnsucht erfüllt..." [...] Dann fing er an, zunächst sehr stockend, doch allmählich fließender, von einem Geheimnis in seinem Leben zu berichten, von der ihn heimsuchenden Erinnerung an eine Schönheit und ein Glück, die sein Herz mit unstillbarer Sehnsucht füllten und ihm alle Interessen und das Schauspiel des irdischen Lebens trist und ermüdend und sinnlos erscheinen ließen.

Diese Schönheit und Glückseligkeit, die – in der Vergangenheit geschaut – das Lebenslicht aus der Gegenwart nimmt, liegen in einem Garten hinter einer weißen Mauer, zu dem einst eine grüne Tür dem Knaben Zutritt gewährte, als er im Stadtteil Kensington herumstromernd sich verlaufen hatte. Ein unwiderstehlicher Drang ließ ihn die Tür öffnen und jenen Garten entdecken, dessen Bild zu einer lebenslangen Heimsuchung werden sollte; ließ ihn eintreten, obwohl von vornherein die Ahnung sich seiner bemächtigte, etwas Unziemliches, Unerwünschtes zu tun – etwas, das den Zorn des Vaters wecken und zu Strafen führen würde. Doch der Impuls, den Garten zu betreten, ist so gebieterisch, daß kein Wissen und Gewissen ihn zu unterdrücken vermögen. In der Verlockung schlummert ein großes Versprechen, und der Garten hält, was seine Verlockung verspricht:

„Es lag dort etwas in der Luft, das freudig erregte, das einem das Gefühl der Leichtigkeit und des Wohlbefindens verlieh und frohe Ereignisse erwarten ließ; es war etwas an dem Anblick, das alle Farben klar und rein und zart leuchten ließ. Sobald man eintrat, war man unsagbar glücklich – wie man nur in seltenen Augenblicken, wenn man jung und fröhlich ist, auf dieser Welt glücklich sein kann. Und alles war schön... . Weißt du, als die Tür hinter mir zufiel, vergaß ich sogleich die Straße mit ihren herabgefallenen Kastanienblättern, ihren Droschken und den Karren der Händler, ich vergaß die gravitationsähnliche Kraft, die mich zu Disziplin und Gehorsam nach Hause zurückzog, ich vergaß alles Zögern und alle Furcht, vergaß alle vertrauten Dinge dieses Lebens. Ich wurde im Handumdrehen ein sehr glücklicher und wunderseliger kleiner Junge – in einer anderen Welt. Es war eine Welt von anderer Beschaffenheit, das Licht war dort wärmer, klarer und milder, es lang ein Hauch von Frohsinn in der Luft, und in der Himmelsbläue schwammen sonnenbestrahlte Wölkchen. Und vor mir lag einladend dieser lange, breite Weg, gesäumt von unkrautfreien Beeten, auf denen Blumen üppig wucherten, und dann diese zwei großen Leoparden. Ich legte ihnen meine beiden kleinen Hände furchtlos auf das weiche Fell und liebkoste ihre runden Ohren und die empfindsamen Stellen unter den Ohren und spielte mit ihnen, und es war, als ob sie einen nach Hause Gekommenen begrüßten. Ich fühlte mich ganz wie ein Heimgekehrter, und als dann ein großes, hübsches Mädchen auf dem Weg erschien und lächelnd auf mich zukam und ‚Nun?' zu mir sagte, mich hochhob und küßte, und dann wieder niedersetzte und bei der Hand nahm, gab es kein Verwundern, sondern nur das herrliche Gefühl, daß alles in Ordnung war, und Heiteres fiel mir ein, das seltsamerweise irgendwie außerhalb meines Gesichtskreises geraten war."

Die Rückkehr in die Alltagswelt setzt das Realitätsprinzip wieder in Kraft. Es bringt mit dem Schock des Verlustes die vorhersehbaren Unannehmlichkeiten: Schelte gepaart mit Spott, die einem Kind zuteil werden, das hartnäckig behauptet, während unbefugter Abwesenheit einen Paradiesesgarten inmitten einer Großstadt besucht zu haben. Und so erzeugt das herrschende Realitätsprinzip in Familie und Gesellschaft einen wachsenden Anpassungsdruck, der das spätere Leben dem frühen Erlebnis entfremdet, freilich ohne das Wünschen und Sehnen jemals sterben zu lassen. Wie Signale aus ferner Zeit tauchen in bestimmten Abständen, lockend und warnend, weiße Mauer und grüne Tür wieder auf, hartnäckig ihre unerfüllten Ansprüche einfordernd. Doch stets unterdrücken die Geschäfte des Tages oder der Ruf der Karriere den Impuls zur ‚Heimkehr' und unterbinden den entscheidenden Schritt über die Schwelle. Siebenmal seit dem Besuch des Gartens erzwingt sich die Vorstellung halluzinatorischen Zugang zum Bewußtsein, doch keinmal führt die Erinnerung zur Handlung, denn jedesmal wird sie von jenem Wirklichkeitssinn abgewiesen, dem Wallace sich als Erwachsener verpflichtet fühlt. Aber mit jedem Versäumnis zu handeln, verstärkt sich der Konflikt von Wunsch und Wirklichkeit. Die seelische Spannung steigert sich zur Zerrissenheit, der unlösbare Konflikt zur tiefen Melancholie der Vergeblichkeit. Ein psychoneurotischer Zustand tritt ein, der die empfundene Trostlosigkeit der Lage schließlich in Lebensuntüchtigkeit und -verweigerung umschlagen läßt.

Neurosen entstehen wesentlich aus einem unbewußten Festhalten an und symbolischen Wiederbeschwören von Eden (oder seinen seelischen Äquivalenten). Neurotische Symptome folgen der ‚Logik' primärer Vorgänge und stellen als solche unverarbeitete Reste aus frühen (magisch-mythischen) Stadien der Ontogenese dar. Die mittlere Phase der Kindheit, in der sich das Individuum normalerweise über das Magische hinaus entwickelt, bleibt für Wallace ein emotionaler Fixpunkt und damit ein regressiver Fluchtpunkt – Anzeichen eines fehlgeschlagenen Bemühens, die Kindheit zu überwinden, Symptom eines Wiederholungszwangs, der das Versprechen infantiler Glückseligkeit nicht vergessen kann. Die gesamte Psychoanalyse wäre sogar gegenstandslos, meint Norman Brown, „ohne die Lehre, daß die Menschheit jene Tiergattung darstellt, welche das Vorhaben verfolgt, ihre eigene Kindheit zurückzugewinnen."[86] Was Wallace offenbar nicht vergessen kann, ist jene frühkindliche Phase, die als präpersonal, vor Bildung der eigentlichen Persönlichkeit liegend, angesehen wird. Es ist die Phase, in welcher ein Differenzierungsprozeß von Bewußtem und Unbewußtem noch nicht stattgefunden hat, ein Wissen von der Trennung zwischen Subjekt und Objekt (Mutter und Kind) nicht vorhanden ist und statt dessen ein Zustand

---

86 Brown (1959), S. 84.

primärer Zusammengehörigkeit, spannungsloser Harmonie, glücklichmachender Ganzheit herrscht. In diesem Zustand sind Innen und Außen noch verschmolzen, Leben, Lebensgefühl und Lebensäußerungen noch absolut eins, Mikro- und Makrokosmos nicht unterscheidbar. Die Mutter, die das Kind vor und nach der Geburt nährt, schützt und wärmt, wird als integraler Bestandteil der Welt und des Weltgefühls empfunden. Es gibt noch kein Ich, das sich einem anderen Ich gegenüberstellen und sich als separat davon empfinden könnte. Folglich gibt es auch keine überpersonale Spannung oder Subjekt-Reibung – zumindest keine, die als solche erkannt werden könnte. Die Quellen der Befriedigung, die im wesentlichen die Mutter gewährt – das Mädchen in der Geschichte ist zweifelsfrei eine mütterliche Symbolfigur –, werden als Quellen des Lebens schlechthin erfahren. Nach allem, was wir darüber wissen, handelt es sich – eine positive Mutter-Kind-Beziehung vorausgesetzt – um eine selige, friedliche, relativ strukturlose Verfassung mit tiefen Gefühlen von Glück, Liebe und Einheit – eine Verfassung, die paradoxerweise als zugleich inhaltlos und allenthaltend, undifferenziert und doch vollkommen erlebt wird. Sie ist gekennzeichnet durch die Abwesenheit störender Spannung, Trennung, Disharmonie und die Anwesenheit von hochbefriedigender Verschmelzung, Einigung, Durchdringung. Sofern die Ursprungs- und Schöpfungsmythen dieser Welt, die ein Paradies als anfänglichen Zustand projizieren, psychologisch beschreibbare Wurzeln haben, dürften sie in eben jenem Primärzustand zu suchen sein, in dem Fusion das herrschende Prinzip darstellt. „Dieser Unio mystica, der Erfahrung der harmonischen Verschränkung der Person mit den für sie wesentlichen Teilen ihrer Umwelt, ihren Liebesobjekten, gilt das Sehnen der ganzen Menschheit", schreibt Michael Balint[87]

Für Lionel Wallace ist der Verlust des Paradieses und seiner „Liebesobjekte" schließlich nicht mehr verwindbar:

> „Ich will dir etwas sagen, Redmond. Dieser Verlust zerstört mich. Seit zwei Monaten, es werden nun bald zehn Wochen, habe ich überhaupt nicht gearbeitet, nur die wichtigsten und dringlichsten Angelegenheiten erledigt. Meine Seele ist voll Reue, die nicht zum Schweigen gebracht werden kann. Nachts – wenn es weniger wahrscheinlich ist, daß ich erkannt werde – gehe ich hinaus. Ich streife umher. Ja. Ich möchte wissen, was die Leute davon halten würden, wenn sie das erführen.. Ein Minister des Kabinetts, das verantwortungstragende Oberhaupt dieses wichtigen Ressorts, allein umherstreifend – voll Kummer – manchmal fast hörbar in Klagen ausbrechend – um einer Tür, eines Gartens willen!"

Im Zaun einer Baustelle für Ausschachtungsarbeiten in der Nähe des Parlamentsgebäudes findet Lionel Wallace eines Nachts die Tür, die er so sehnlichst sucht. Er öffnet sie, geht hindurch und – stürzt in den Tod. Die Phase der frühen Kindheit, die eine Wachstumsstufe in seiner Ontogenese sein sollte, wird für

---

87 Balint (1987), S. 83.

Wallace zur Falle. Mit seinem Schicksal deutet Wells an, daß das aus der Naivität der Kindheit entlassene Individuum der Moderne die wagnishafte Suche nach dem inneren Paradies nicht mehr erfolgreich durchführen, den magischen Ort seiner Bestimmung nicht mehr auffinden kann. Die Infantilszene kann ihre Erneuerung realiter nicht durchsetzen; sie muß sich ihre Wiederkehr als Traum oder (in diesem Fall) als Halluzination erzwingen. Ein Ausstieg aus problembewußter Ich- und Welterfahrung zwecks Einstieg in die (vermeintlich) problemlose Kindheitserfahrung ist effektiv nicht möglich – es sei denn über jenen trügerischen Weg des Selbstvergessens, der direkt in die Selbstauslöschung führt: Tod als Endstation der Regression.

Es wird an dieser Erzählung erkennbar, daß die Regression, in welcher Form sie auch auftritt, keine buchstäbliche Rückentwicklung in der Psychogenese eines Menschen darstellt, sondern nur eine seelisch ausgelöste Wiederholung früherer Phasen unter späteren, veränderten Bedingungen. Logischerweise kann es keine wirkliche Umkehr des Lebens geben – weder im biologischen noch im psychologischen Sinne. Logischerweise kann es auch keine bedeutungsgleiche Wiederholung, keine wirkliche Inbesitznahme früherer Bewußtseinszustände geben, insofern jede Wiederholung im Kontext späterer Lebensphasen durch die Wiederholung eine modifizierte Bedeutung gewinnt. Sie kann auch funktional nicht mehr mit dem ursprünglichen Verhalten identisch sein, sondern erlangt in einer anderen Lebenssituation einen anderen, jetzt *defensiven*, Stellenwert. Sie markiert eine Rückzugs- und Verteidigungsposition gegenüber den ‚Offensiven' eines Lebens, das dem Individuum ständige progressive Anpassung abverlangt. Letzten Endes ist es jedoch nur eine Frage der Perspektive, ob man mit der Regression die Vorstellung verbindet, daß ein Erwachsener mental in seine Kindheit *zurückkehrt*, oder eher den Gedanken, daß die Kindheit den Erwachsenen unter bestimmten Bedingungen *einholt*. Angemessener in bezug auf die Erzählung von Wells ist die zweite Sichtweise: Lionel Wallace wird von seiner Kindheit eingeholt, durchlebt sie symbolisch (sprich: halluzinatorisch) und findet den Tod, weil er sich aus ihrem emotionalen Gravitationsfeld nicht mehr befreien kann. Wir dürfen annehmen, daß sich der Konflikt deshalb so dramatisch gestaltet, weil eine stark empfundene, nicht auflösbare Diskrepanz zwischen positiver Kindheitserfahrung und negativer späterer Lebenserfahrung besteht, die Wallace erst zermürbt und dann zerstört.

Damit gehört sein Fall zum Typ der sogenannten malignen (bösartigen) Regression, die keine Umkehr mehr ermöglicht. Maligne Regressionen sind dadurch gekennzeichnet, daß der Kontakt zum ich-kontrollierten Tagesbewußtsein und seinen Anpassungsappellen irgendwann abreißt und die Psyche ganz und gar in den Sog überwältigender Gefühle gerät. Diese wirken letztlich desintegrativ und destruktiv, indem sie – wie bei Psychotikern – Verschiebungen von der Sekundär- zur Primärorganisation der Psyche verursachen und das Ich zur Kapitulation vor dem Ansturm infantiler oder primitiver Affekte veranlassen. Das Ich dankt gewissermaßen als Souverän des Geistes ab; seine Affekt- und Realitätskontrollen brechen zusammen; eine Destabilisierung normaler trieb- ökonomischer Verhältnisse tritt ein und eine Entpersonalisierung des Lebensgefühls macht sich breit.[88] Der strukturierte Aufbau und funktional sinnhafte Zusammenhang der psychischen Prozesse entstrukturiert sich, und das raumzeitliche Ordnungsgefüge als empirische Basis erwachsener Lebensführung gerät ins Wanken. Die bösartige Regression gleicht einem bodenlosen Strudel oder einer abgründigen Spirale, deren Bewegung unumkehrbar in Richtung Wahnsinn zeigt.Der Psychiater Gaetano Benedetti vergleicht sie mit einem entfesselten, verkehrt laufenden Uhrwerk: „... die Uhrzeiger drehen sich nur noch rasend schnell rückwärts; die Regression faßt nirgends festen Grund, sondern führt in unauslotbare Abgründe."[89] Die Psyche wird derart von heftigen Emotionen überflutet, daß diese zur einzigen, übermächtigen, wahnhaft gesteigerten Wirklichkeit werden und keine Möglichkeit mehr besteht, ihren Einfluß zu kontrollieren, d. h. den rückläufigen Energiestrom einzudämmen. Die Neurose wird zur Psychose. Der pathologische Befund heißt denn auch meistens fortschreitende Schizophrenie, der finale Zustand oftmals Suizid.

Dem zerstörerischen Effekt der bösartigen Regression gegenüber steht jedoch die heilsame Wirkung der gutartigen. Sie reicht ebenfalls unter die Oberfläche des normalen mentalen Funktionsniveaus, bleibt in ihrem Einfluß auf das Seelenleben aber unschädlich und wirkt oft heilsam. In Regressionsvorgängen können Chancen zur Wiederbelebung, zur Erweiterung des Ichs, zur Bereicherung des Seelenlebens liegen. Verlaufen sie gutartig, haben sie potentiell therapeutische Wirkung. Das Phänomen ist also durchaus bivalent, und zwar aus folgendem Grund:
Die normale Progression des Seelenlebens ist ein psychoenergetischer Prozeß permanenter Anpassung an eine sich laufend verändernde Wirklichkeit, der eine bewußt gerichtete Funktion des seelischen Energiestroms verlangt. Sie mündet in eine bestimmte Einstellung oder eine Folge wechselnder Einstellungen der Wirklichkeit gegenüber. Die Progression ist gekennzeichnet durch ein notwendiges Maß an innerer Konsequenz und zielbewußter Gerichtetheit, damit die Anpassungsforderungen des Lebens erfüllbar sind. Durch die Gerichtetheit aller

---
88 Vgl. Heinrich (1984).
89 Benedetti (1983), S. 168.

Funktionen, die im Dienste progressiver Anpassungen operieren, werden die als unpassend, unbequem, unzulässig empfundenen Strebungen ausgeschlossen (verdrängt oder umgewandelt), weil die eingeschlagene Richtung sonst nicht aufrechterhalten werden kann. Das Unpassende, wenn es nicht sublimativ umgewandelt und auf diesem Weg wieder nutzbar gemacht wird, unterliegt der Hemmung und wird dem Tagesbewußtsein entzogen.

Nun kann es durch solchen Entzug zu einseitigen, allzu starren Einstellungen kommen, die trotz hohen Funktionsniveaus nicht mehr leistungsfähig sind und die geforderten Funktionen nicht oder nicht optimal erfüllen. Nicht selten tendieren eingenommene Einstellungen nämlich zur Habitualisierung, d. h. sie stehen in Gefahr, Impulse oder Inhalte, die vom Bewußtsein *einmal* als unangemessen im Verhältnis zu gegebenen Anpassungsproblemen erkannt worden sind, als *grundsätzlich* unvereinbar mit der vorherrschenden Einstellung anzusehen. Dadurch bleiben sie ungenutzt, unausgeschöpft, inaktiv, obwohl sie möglicherweise für bestimmte Situationen höchst nützlich sein könnten. Sie tragen für das Bewußtsein gewissermaßen das Stigma des Minderwertigen und assoziieren sich mit den sonstigen ‚wertlosen' Inhalten des Unbewußten, die das Tagesbewußtsein von seinen Geschäften ausschließt. Sie werden prinzipiell gemieden, obwohl sie potentiell eine Quelle unausgeschöpfter Energien darstellen, aus denen (durch kreative Schübe, Revitalisierungen, Inspirationen) Problemlösungsansätze gewonnen werden könnten. Das Bewußtsein erkennt nicht (oder will nicht wahrhaben), daß residuale Inhalte in den Schichten des Unbewußten lagern, die potentiell fruchtbar sind. Es entsteht so die Gefahr einer Einseitigkeit der psychischen Ausrichtung, z. B. eine intellektualistische Starrheit, die in dem Bemühen, äußeren Anforderungen nachzukommen, vitale innere Quellen verschüttet. Es wird versäumt, den in den verworfenen Impulsen und Inhalten schlummernden Keimen neuer Lebensmöglichkeiten zum Wachstum zu verhelfen. Denn so, wie die Anpassung an die Außenwelt versagen kann durch regressive Einseitigkeit der Anpassungsfunktion, so kann auch die Anpassung an die Innenwelt versagen durch Einseitigkeit derjenigen Funktion, die sich nur progressiv mit der Außenwelt beschäftigt. Das eine ist der seelischen Gesundheit ebensowenig dienlich wie das andere.

Tatsächlich gibt es in progredienten Vorgängen gewonnene Einstellungen, die sich im Lebenslauf als unbewegliche und insofern unproduktive Realitätsanpassungen herausstellen und denen nur durch eine kalkulierte Rücknahme der eingenommenen Operationsbasis ihre Beweglichkeit, sprich Produktivität, wiedergegeben werden kann. Es existieren pseudo-reife, pseudo-erwachsene Einstellungen, die möglicherweise weit fortgeschrittene, aber festgefahrene Positionen markieren, deren Stagnation nur durch Regression zu beseitigen ist. Unter den

Bedingungen eingetretener Rigidität des Realitätsprinzips kann der wahre Fortschritt durchaus im temporären Rückschritt liegen, weil nur durch den kompensierenden Effekt der Regression die festgefahrene Progression wieder in Gang gebracht werden kann. Besonders dann, wenn der Psyche der erforderliche Energieschub zu einer Problemlösung fehlt oder der Intellekt sich in sterile, formalistische Problemlösungen verrannt hat, kann die kontrollierte Regression Wunder wirken. Darauf beruht der Effekt einer gutartigen Regression, die das Ich-System und seine Kontrolle über den Triebhaushalt nicht zerstört, sondern konstruktiv wirkt, indem sie Unbewußtes wieder bewußt, Vergessenes wieder erinnerbar, Verschüttetes wieder aufdeckbar macht. „Regression im Dienste des Ichs" wurde dieser Vorgang von Ernst Kris genannt,[90] dem das Verdienst zukommt, die wesentlich negative Sichtweise Freuds um diese positive Einsicht ergänzt und damit die Freudsche Orthodoxie korrigiert zu haben.

Regressionen im Dienste des Ichs zerstören nicht, sondern bauen auf, verarmen nicht, sondern bereichern, vermindern nicht, sondern erweitern. Sie können produktiv in alle Aktivitäten (Visionen, Intuitionen oder Kreationen) eingreifen, die auf seelische Energiezufuhr angewiesen sind. Nach Kris ist es möglich, „daß unter bestimmten Bedingungen das Ich die Regression handhabt, und daß die integrativen Funktionen des Ichs eine willentliche und zeitweilige Abziehung der Besetzung aus dem einen oder anderen Gebiet einschließt, um hernach seine Herrschaft gefestigt wiederzugewinnen."[91] In vielen Fällen genügen kontrollierte Regressionen von geringer Tiefe (z. B. die Herbeiführung eines entspannten Zustands, der Konsum eines gewissen Quantums Alkohol, die Versenkung in ein ästhetisches Objekt), um eine positive Wirkung zu erzielen. Das Ich geht gestärkt aus ihnen hervor. Tiefere Regressionen dieser Art können jedoch wahrlich erstaunliche Formen annehmen und unerwartete Effekte auslösen, die mit Psychopathologie nichts zu tun haben:

1985 begann die Astrologin Barbara Hand Clow mit der systematischen Transkription regressiver Bewußtseinszustände, die ihr in einer Serie von Hypnosesitzungen mit dem Psychotherapeuten Gregory Paxson zuteil geworden waren. Das Durchleben solcher Zustände ist als „Past-Life-Regression" bekannt. Das Medium faßte die Niederschriften zu einem dreibändigen Werk, der Trilogie der Bewußtseinschroniken zusammen, die in Deutschland als *Das Auge des Zentauren* (1986), *Das Herz des Christos* (1989) und *Das Siegel von Atlantis* (1992) erschienen sind.[92] Anders als in der Erzählung von Wells haben wir es hier nicht mit Fiktion, sondern mit ‚echten' Regressionen zu tun, die – obgleich

---

90 Kris (1977).
91 Ebd., S. 187.
92 Alle drei Bde. veröffentlicht vom Verlag Zweitausendeins, Frankfurt/M.

wie Fiktionen anmutend – unmittelbare psychische Erfahrungen zu sein beanspruchen. Zumindest wird das von Clow behauptet und von Paxson glaubhaft verbrieft. Das ehrgeizige Opus enthält Berichte über visionäre Reisen in frühere Leben und deren Erfahrungsbereiche. Als eidetisch begabtes Medium war Clow in der Lage, unter Paxsons Anleitung bildhaft ihre Ontogenese zu vergegenwärtigen, d. h. zu früheren Zeitpunkten des Lebens in den eigenen Bewußtseinsstrom einzutauchen und die jeweiligen Zustände bildhaft zu aktualisieren. Mehr noch: Sie war auch imstande, die Grenzen ihrer personalen Identität nach rückwärts zu überschreiten, in der Phylogenese der Menschheit Präinkarnationen ihrer selbst zu treffen und deren Welt zu erleben. Nicht die überlicherweise auftretende Regression in die eigene Kindheit ist Gegenstand ihrer Erfahrung, auch nicht das klinisch bekannte Versinken in eine psychotisch entstellte Schreckenswelt, sondern das Eintauchen in Schlüsselerlebnisse der Menschheit, die, obwohl auf personaler Ebene erlebt, transpersonal bedeutsam sind. Sie schöpfen aus „archetypischen Erinnerungsarchiven"[93], deren Bildinhalte Barbara abrufen konnte. Gegenüber den Bewußtseinsveränderungen des Studenten William, die wir oben erwähnt haben, sind Barbaras Hypnose-Erfahrungen wesentlich ichkontrollierter und bildhafter.

Die aus den Erlebnissen abgeleitete These lautet, „daß alle Orte, Zeiten und Wesen, die wir jemals gekannt haben, gesammelt als kosmische Erinnerungen existieren." Die Erinnerungen sind abrufbar unter der Voraussetzung, daß der richtige Schlüssel zum „Urgedächtnis" eingesetzt wird und die Hypnosetechnik für Past-Life-Regressionen beherrscht wird. Ist diese Voraussetzung gegeben, hält Clow es grundsätzlich für möglich, „in jedes Bewußtsein jedes Menschen zu reisen, der jemals auf der Erde gelebt hat!" Ihre eigenen Kontakte mit fernen Kulturen (Reisen ins alte Ägypten, Griechenland, Atlantis, Mexiko, Tibet, Britannien, Gallien) sowie ihre diversen Präinkarnationen als Mann *und* Frau (Priesterin, Prostituierte, Hirte, Bauer, Krieger, Hofnarr, Gelehrter u. a.) scheinen diesen Anspruch verblüffend unter Beweis zu stellen. „In jedem Band [der Trilogie] begebe ich mich als Zeitreisende in die Vergangenheit und bringe verlorengegangene Berichte über uralte Zivilisationen mit zurück – Berichte über

---

93 Der Terminus „Erinnerungsarchiv" ist allerdings mißverständlich, denn Regressionen müssen von Erinnerungen unterschieden werden. Erinnerungen entstammen der Fähigkeit des Gehirns, Informationen aus früher erlebten Zuständen oder Vorgängen zu speichern und in der Gegenwart als *bewußte* Vorstellungsakte abzurufen. Erinnerungsspuren (Engramme) in verschiedenen Regionen des Gehirns, hauptsächlich im Hippocampus, erlauben Retentionen, die im Prinzip jederzeit verfügbar sind, auch wenn sie motivationalen, emotionalen und physiologischen Einflüssen ausgesetzt sind. Während Erinnerungen aber nicht das Bewußtsein im Sinne der gegebenen personalen Befindlichkeit und Leistungsfähigkeit verändern, wirken Regressionen verändernd auf das mental vorhandene Funktionsniveau und transformieren das Ich- und Realitätsgefühl, schrauben es gewissermaßen (vorübergehend) zurück.

die Wünsche und Erfahrungen in unserer Vergangenheit. Die Menschheit ist für mich wie ein großes Erinnerungsfeld, das identisch ist mit dem kosmischen Erinnerungsarchiv und mit dem allerersten Beginn des Lebens auf der Erde aktiviert wurde."[94] Ihr Therapeut hat alle Regressionen begleitet, ausgewertet und kommentiert. Er konnte fortlaufend ihre heilend transformierenden Effekte beobachten und ist vom Erfolg derartiger Transformationen überzeugt: „Wir setzten Erinnerungen an frühere Leben als direkte Transformationsmittel für größere Entwicklungsschritte ein. Barbara gibt die machtvollsten Erfahrungen aus früheren Leben im Wortlaut wieder. Ihre Geschichte zeigt, wie eine Serie von Past-Life-Regressionen auf der Suche nach einem höheren Selbst etwas Wunderbares hervorbringt: eine ausgewogene, stark wirksame Technik für ein Wachstum in Quantensprüngen bei gleichzeitiger Integrität der Person"[95]

Die Fähigkeit, sich in vergangene Leben zurückzuversetzen, stellte sich bereits in Barbaras Jugendzeit heraus, in einer Situation, da sie der Führung eines Therapeuten noch entbehrte und deshalb Mühe hatte, die in ihre Sinne flutenden Erlebnisse zu beherrschen und zu deuten. Hier ist ein Auszug aus einer frühen Past-Life-Regression. Sie schlüpft dort in das Bewußtsein Ichors, eines altägyptischen Priesters des Osiris, der einen Fruchtbarkeitsritus zu zelebrieren hat. Das Jahr ist 1423 v. Chr., die Regierungszeit des Pharaos Amenhotep II. Zuerst einige (kursiv gesetzte) biographische Bemerkungen, dann der (gekürzte) Inhalt ihrer Regression:

Es war eine wundervolle Zeit des unbekümmerten Vorwärtsstrebens, aber insgesamt fiel ich oft genug, um zu lernen, daß jenseits der Klippen der Abgrund liegt. Adrenalin flutete in das Blut wie ein Schuß Heroin, und der intuitive Teil meines Gehirns öffnete sich für so mächtige Erinnerungen, daß ich mich heute noch frage, wie ich das überlebt habe. Ich frage mich immer noch, auf welche Weise Ichor ein Teil meines Wesens ist. Aber seit ich diesen fremdartigen ägyptischen Schatten kenne und durch das Auge des Horus sehen kann, hat Ichors Energie mich irgendwie fester in meiner jetzigen Realität verankert. Wie bei allen Schatten verschwindet das Dunkle, wenn die Sonne scheint. Nun wandert mein geistiges Auge rückwärts, zurück zur scharf umrissenen Erinnerung an einen Mythos...

Ich bin in einem kleinen Boot auf einem Seitenarm des Nils unterwegs zu einem kleinen Tempel in der Nähe von Pilä. Ich bin ein Mann, und andere Männer rudern das kleine Boot. Mein Haar wird von einer Kappe bedeckt, die mich kahlköpfig erscheinen läßt. Ich trage Sandalen und ein Lendentuch mit einem breiten Ledergürtel um die Hüften und einen großen, schweren Kopfschmuck. Ich fühle die Energie der Uräus-Schöpfungsschlange über meinem dritten Auge, und auf einer anderen Ebene sehe ich die roten, gelben und goldenen Strahlen, die von der Schlange ausgehen. Ich trage die goldenen Armreifen meiner Einweihung, und als ich mich weit zurücktreiben lasse in der Zeit, kann ich die tief in das Gold eingegrabenen Hieroglyphen lesen:

---

94 Hand Clow (1992b), S. 21.
95 Paxson in Hand Clow (1992a), S. 11.

Flinkes Auge der Schlange,
Der Wind fährt daher wie ein Wagen,
Der Wind trägt Korn und Gerste
Noch vor der Wintersonnenwende in die Speicher.
Ich bin der Herr des Korns.
Das Korn kommt von den Menschen.
Das Korn kommt mit der Sonne,
Es kommt in der Hitze der Sonne.
So sind diese Zeichen das Zeichen, wer ich bin, der göttliche Osiris.

Ich komme hierher, um die energetische Verbindung herzustellen und den Kreislauf von Saat und Ernte zu beginnen. Wenn ich nicht die Verbindung zur Energie schaffe, ist der Kreislauf im Königreich unterbrochen. Ich steige aus dem Boot und schreite den Pfad zu dem steinernen Tempel empor. Der Eingang ist ungefähr zwei Meter hoch, der Innenraum des Tempels etwa viereinhalb Meter. Alles, was ich sehe, ist karg und schroff und aus Stein. Das Licht fällt durch ein großes Kristallfenster links über mir. In der Mitte des Tempels ist eine Energiequelle. Dort befindet sich eine etwa 80 cm hohe Pyramide, und die Energiequelle liegt in der Spitze der Pyramide.
Es ist bald soweit, daß die Sonne durch den Kristall links über mir strahlt. Ich stelle mich vor die kleine Pyramide, deren Spitze bis an meinen Penis reicht. Das Licht fängt an, den Kristall links über mir zu erleuchten. Der Kristall hat etwa dreißig Zentimeter Durchmesser, und das Licht fällt hindurch wie ein Laserstrahl, und wenn die Sonne am höchsten Punkt steht, genau in die Spitze der Pyramide. Die Zeit ist da, es geschieht; das Licht fällt in einem scharfen Strahl auf die Spitze des Schlußsteins.
Ich schließe die Augen, und mein Kopf füllt sich mit bläulicher Energie, blauem Licht. Ich stehe sehr gerade, meine Beine sind leicht gespreizt und meine Hände nach hinten gewandt. In dieser Position wölbt sich mein Brustkasten nach vorn, und ich habe einen sicheren Stand und fühle mich stark. Ich schaue noch nicht in die Spitze der Pyramide, denn der Lichtstrahl hat sie noch nicht erreicht. Nun glüht der Kristall auf und beginnt zu leuchten. Die Sonne sendet einen starken Strahl in die Spitze der Pyramide. Licht und Farbe überfluten gleißend die Tempelwände und den Boden, und ich kann nicht sehen. Ich fühle all die Strahlen; es ist, als würde ich in einem Elektrizitätswerk von Stromstößen durchzuckt. Ich fühle einen heftigen Stoß in meiner königlichen Uräusschlange, und dann ist es Zeit hinabzublicken, und ich blicke hinab. In der Spitze der Pyramide liegt ein Stein, weder ein Opal noch ein Skarabäus. Als das Licht intensiver wird, sehe ich in dem Stein ein Auge. Es ist das Profil eines seitwärts blickenden Falken. Es ist ein Bild des Horus. [...]
Wie ich da meine Hände ausstrecke und die Kraft in mich einzieht, bin ich ein Werkzeug für das Zunehmen und Schwinden der Zeit, so daß die Menschen die Pflanzen wachsen lassen können. Ich bin der Herr des Getreides, ich bin Osiris. Ich fühle die ungeheure Kraft der Sonne, ich bin die Sonne! Die Kraft der Sonne kommt rundum von allen Seiten zu mir. [...]. Meine Knochen fühlen sich an, als wäre alles Mark aus ihnen herausgesogen. Aber meine Seele ist nun geladen mit Energie für die Überschwemmung des Landes durch den Nil, und meine phallische Energie wird die Saat befruchten. Ich habe den Göttern mitgeteilt, daß der Kreislauf beginnen muß.[96]

Skeptiker dürften hier den Argwohn fassen, die Erlebnisse seien das Produkt purer Phantasie, angereichert mit leicht zu erwerbenden Kenntnissen über antikes Priestertum und ägyptische Mythologie, ansonsten jedoch die Hirngespinste eines eidetisch begabten Mädchens. Auch die Mutmaßung, daß die Berichte das

---

96 Hand Clow (1992), S. 65 ff., 68.

Resultat einer starken suggestiven Induktion des Therapeuten und keine Vergegenwärtigungungen aus früheren Leben darstellen, läßt sich leicht äußern. Paxson ist jedoch von der „Realität" dessen überzeugt, was seine Patientin erzählt. Weder glaubt er an Wahn, noch argwöhnt er freie Erfindungen. Zum einen ist Barbaras Fall nur einer unter zahlreichen anderen, die psychologisch/historisch gut dokumentiert sind; zum anderen wird von spontanen Past-Life-Regressionen berichtet, in die kein Hypnotiseur jemals eingegriffen hat.[97] Therapeuten führen im wesentlichen vier sich ergänzende Beweismittel ins Feld, um die Authentizität der Regressionen zu belegen: 1. eine psychische Festigung und Symptomlinderung, die bei reinem Fabulieren nicht eintreten würde, 2. eine Genauigkeit im Detail, die auch das reichste Vorstellungsvermögen weit übersteigt, 3. eine historische Übereinstimmung, die bis in geschichtlich belegbare Fakten hineinreicht, 4. eine Befähigung zu Tätigkeiten oder ein Erwerb von Kenntnissen, die der Person zuvor nicht zu Gebote standen.

Gleichwohl ist Paxson vorsichtig genug, um für den jeweiligen Erlebnismodus der Past-Life-Regression keine geschichtliche Beweiskraft im strengen Wortsinn zu reklamieren. Die psychische Identität eines heutigen Menschen mit seinen historischen Präinkarnationen bleibt trotz aller Indizien eine unbewiesene und unbeweisbare Annahme. Er konzediert: „Sie ist genauso problematisch wie die Existenz Gottes, weil es in beiden Fällen und in allen Angelegenheiten gleicher Größenordnung keinen naturwissenschaftlichen Beweis gibt. Es ist, als ob Sie Ihre Liebe zu einem Menschen beweisen sollten. Die Indizien der Umstände, die allerdings sehr zahlreich sein können, sind das beste, was Herz und Geist erbringen können."[98] Seine Patientin ist ihrerseits von der Echtheit ihrer Erlebnisse so überzeugt, daß sie Wahngebilde oder (auto-)suggestive Täuschungen ausschließt. In den Regressionen sind ihre Sinne so wach, so aktiv, so hellsichtig, die bildlichen Vergegenwärtigungen so klar und machtvoll, daß Zweifel nicht aufkommen: „Ich konnte wirklich Jahrtausende alte Speisen schmecken, den Wind in der Ägäis hören, die bunten mittelalterlichen Holzschuhschnitzereien im Rheinland betrachten. In einer Nacht nach einer Regression mit Aspasia schwamm ich bei Meeresleuchten mit Delphinen in der Ägäis".

Freilich haben für Barbara Begriffe wie *Wirklichkeit, Beweisfähigkeit, Glaubwürdigkeit, Nachprüfbarkeit* auch keine maßgebliche Bedeutung. Der Prüfstein ist allein die erlebte Bereicherung ihrer inneren Welt, nicht deren eventuelle Korrelierbarkeit mit äußeren Daten. Und so begnügt sie sich mit einem Bekenntnis zu ihrem erweiterten Selbst, wenn sie sagt: „Ich fand es nie wichtig, ob die Leben, denen ich begegnete, wirklich vergangene Leben waren oder ein

---

97 Siehe Mills u. Lynn (2001).
98 Paxson in Hand Clow (1992a), S. 20.

Ausdruck unbewußter Bedürfnisse."⁹⁹ Und so können wir einmal mehr rätseln über die geheimnisvollen Wege des menschlichen Bewußtseins, die hier wie andernorts den Versuchen kausal-wissenschaftlicher Erklärung spotten.

1.6 Der Zusammenbruch des inneren Raums: Schizophrenie

In seiner Formung durch Zeit und Geschichte hat das Bewußtsein des Menschen zwei Momente: Es ist ein in der Gegenwart vor sich gehender Prozeß und zugleich ein von der Vergangenheit geprägtes Erfahrungsmuster – ein Muster, das verinnerlicht wurde, und deshalb erinnert, regressiv wiederbelebt, progressiv ausgewertet und mit allerlei Phantasien angereichert werden kann. In jedem Fall ist es ein dynamisches Geschehen, das unter normalen Umständen durch einen sich selbst regulierenden Austausch zwischen Innen und Außen, Ich und Welt zustandekommt. Es findet, ob wir uns dessen bewußt sind oder nicht, eine permanente Kommunikation von internen Aktivitäten und externen Einflüssen statt. Wir empfangen fortlaufend fremde Signale, Eindrücke, Anregungen etc. von außen, die wir innen verarbeiten, und wir erzeugen fortlaufend eigene Impulse, Äußerungen, Willensbekundungen etc. im Innern, die wir nach außen abgeben. Am Beispiel der Symbolik wurde dies oben bereits gezeigt.

Es ist wesentlich die Aufgabe der als Ich bezeichneten Bewußtseinsinstanz, diesen Prozeß zu überwachen, ihn so zu kontrollieren und organisieren, daß eine gesunde Balance zwischen Lebewesen und Lebenswelt gewahrt bleibt. Die subjektiven (persönlichen) Gedanken, Vorstellungen, Phantasien, Entwürfe usw., die wir im Kopf entwickeln, stoßen auf die objektiven (überpersönlichen) Umstände, welche in der Welt gegeben sind, und verändern sie – manchmal nachhaltig, manchmal geringfügig, oft kaum wahrnehmbar. Diese wiederum wirken auf die Art und Weise zurück, wie wir die innere Verarbeitung vornehmen und was wir in diesen Verarbeitungsprozeß hineinnehmen. Unter der Regie des Ichs beeinflussen Interna und Externa sich wechselseitig und kontrollieren einander. Wie in der Einleitung erwähnt, haben in den letzten Jahrzehnten zwar bedenkliche Verschiebungen zugunsten der Externa stattgefunden, aber diese ändern den Sachverhalt nicht grundsätzlich. In Jahrtausenden mentaler Evolution hat es der Mensch gelernt, eine Differenzierung von innen und außen, nah und fern, vorzunehmen, so daß einerseits Selbstbeobachtung und -kontrolle, andererseits Weltgestaltung und -veränderung möglich wurden. Das Außen wirkt als ein

---
99 Hand Clow (1992a), S. 46.

Regulativ für das Innen, und das Innen liefert Direktiven für das Leben im Außen. Dieser Wechsel verläuft dialektisch. Selbst im Schlaf, wo wir uns subjektiv geschützt und abgeschottet wähnen, holt uns die objektive Lebenswelt in Form innerer Bilder immer wieder ein – wenn auch (wegen suspendierter Ich-Funktionen) in merkwürdig entstellter Form. Erst im Koma scheint es so zu sein, daß eine vollständige Ausblendung der äußeren Wirklichkeit stattfindet und eine Art innere ‚Friedhofsruhe' herrscht.

Nun sagt uns zwar die Persönlichkeitspsychologie, daß es *introvertierte* und *extrovertierte* Typen gibt und daß die einen Befriedigung in der Kultivierung eines reichen Innenlebens finden, wohingegen die anderen eher Wert auf Außenkontakte legen. Und wir alle kennen „Eigenbrötler" auf der einen und „Betriebsnudeln" auf der anderen Seite, die dieser Typologie in etwa entsprechen. Bei ihnen intensiviert bzw. reduziert sich die relative Stärke der jeweiligen Impulse, die sie mit der Welt verbinden. Aber dies sind eher dispositionelle Unterschiede, die das prinzipielle Geschehen nicht aufheben. Auch Eremiten, die rigoros dem Weltlichen und Gesellschaftlichen abgeschworen haben, leben immer noch im Kontakt mit dem Naturgegebenen, der sie offenbar genügend beseelt und befriedigt, um ihr Leben lebenswert zu machen. Auch im Rampenlicht der Öffentlichkeit stehende Erfolgsmenschen, für die Trubel und Tamtam Lebenselixier sind, kehren sich zuweilen nach innen, um ihr Selbst zu finden und erforschen. Die Wendung nach außen bedarf in dieser oder jener Form einer Rückwendung nach innen und umgekehrt. Ein permanenter Austausch, eine ständige Rückkopplung, ist lebenswichtig, sollen die Psyche stabil und die Physis funktionsfähig bleiben.

Dieser vitale Austausch ist bei Psychotikern gestört. Hier gerät die gesunde Balance zwischen dem Innen und dem Außen aus dem Lot und die selbstregulierende Kommunikation mit der Welt ist defekt. Von einer drückenden Realität über Gebühr belastet oder durch konstitutionelle Anfälligkeit bedingt, ist das Ich seiner Kontrollaufgabe für die Funktionen des Bewußtseins nicht mehr gewachsen, und es kommt zur ‚Revolte' ich-fremder Kräfte. Der stabilisierende und selbstkorrigierende Kontakt mit der Umwelt reißt ab, die Wahrnehmung verselbständigt und das Realitätsbild verformt sich. Ihres äußeren Halts verlustig, wird die Psyche auf sich selbst zurückgeworfen, sucht im Innern ein Refugium, verirrt sich jedoch im Labyrinth ihrer eigenen konfusen Welt. Zwar findet ein Austausch immer noch statt, jedoch nicht zu den normalen, empirisch anerkannten Bedingungen eines ‚realen' Außen, sondern zu den privat geschaffenen Bedingungen des ‚irrealen' Innen. Dadurch, daß das Ich als Prüfungsinstanz für Realität und Vermittler zur Welt seine Kontrolle einbüßt, gewinnen ‚unbekannte' Mächte die Vorherrschaft, fallen in die Domäne des Ichs ein und bestimmen nun die perzeptuellen und psychischen Vorgänge. Eine Entpersonalisierung des Bewußtseins und eine Entstrukturierung seiner Systeme finden statt. Die Topographie des Bewußtseins gerät in Unordnung, der Mensch wird schizophren.

Der Begriff der Schizophrenie, 1911 von dem Schweizer Psychologen Eugen Bleuler eingeführt,[100] ist recht diffus, und die Vielzahl seiner theoretischen und klinischen Aspekte können wir hier nicht erörtern. Es handelt sich auch nicht um eine pathologisch klar definierbare Einheit, sondern um ein Ensemble verschiedener Merkmale, um ein komplexes Syndrom mit vielerlei Symptomen. Gewöhnlich unterscheidet die Psychiatrie vier Grundtypen der Schizophrenie: den einfachen, den paranoiden, den katatonischen und den hebephrenen Typ. Aber jede Differenzierung ist anerkanntermaßen schwierig, denn die Symptome wechseln miteinander und überlagern einander. Es ist auch nicht so, daß die Störung, wenn sie einmal aufgetreten ist, zwangsläufig zum allbeherrschenden Modus des Lebens wird. Das krankhafte Geschehen tritt nicht unbedingt an die Stelle des gesunden, sondern manchmal eher daneben. In einer Art ‚doppelter Buchführung' kann der Kranke, während er in einer Situation ‚verwirrt' denkt und handelt, andere Situationen durchaus adäquat verarbeiten, also das eine Mal erratisch, das andere Mal situationsangemessen agieren. Er kann sich selbst beobachten, gewissermaßen neben sich treten und registrieren, daß sein Seelenleben zutiefst gestört ist. Nur willentlich ändern kann er es nicht. Lediglich in den allerschlimmsten Fällen verwandelt sich das Innen zu „Todeslandschaften der Seele",[101] in denen auch die gesunden Anteile der Psyche absterben und das Ich-System sich irreparabel desintegriert. Folgende Erscheinungen können einzeln oder in Verbindung auftreten und bedingen den Zusammenbruch der geordneten Struktur der inneren Welt:
• das Persönlichkeits- und Identitätsgefühl des Individuums löst sich auf, so daß der Mensch (zumindest zeitweilig) nicht mehr weiß, wer er ist; fremde Identitäten können das Kommando übernehmen;
• das Lebensgefühl ‚dämonisiert' sich dadurch, daß als feindlich empfundene Kräfte in das Bewußtsein einbrechen und Bedrohungen darstellen; konträr dazu gibt es jedoch auch freundliche Wesen, die willkommen geheißen werden und inspirierend wirken;
• die Differenz zwischen innen und außen hebt sich auf, so daß Introjektionen und Projektionen für den Psychotiker Wirklichkeitsstatus annehmen; d. h. der Wahn wird für ihn zur Realität;
• die Physiologie der Sinne gerät unter den Einfluß neuronalen ‚Störfeuers', und Halluzinationen der verschiedensten Art (meistens Stimmen) können die Psyche

---

100 Bleuler (1988); s. a. Bleuler (1984).
101 Buchtitel von Benedetti (1983).

in Unruhe versetzen, Verwirrung stiften oder Terror ausüben; im gegenteiligen Sinne können sie jedoch auch Belehrungen vornehmen, Trost spenden und Mut machen;
- spontane Angst- und Panikzustände überschwemmen (ohne äußere Veranlassung) das Bewußtsein und reißen die Dämme rationaler Kontrolle ein; ebenso spontan kann es aber auch zu stark euphorischen, ja ekstatischen Zuständen kommen, die gefeiert werden wie ein Fest;
- das Gefühlsleben ist gestört, wird ambivalent und widersprüchlich: in einem unvermittelten Nebeneinander der Affekte kommt es zu Schwankungen zwischen Stumpfheit und Reizbarkeit, apathischem Verharren und aggressiven Ausbrüchen; Gegensätze, die sich sonst ausschließen, wie Liebe und Haß, Freude und Trauer, Lachen und Weinen, können koexistieren;
- regressive Tendenzen machen sich bemerkbar; die Hemmschwelle für Unmoralisches, Obszönes, Barbarisches wird gesenkt oder verschwindet ganz; der ‚Urschlamm' vom Grund der Psyche wird an die Oberfläche gespült; infantiles oder animalisches Verhalten in Wort und Tat kann die Folge sein;
- das Koordinatensystem von Raum und Zeit verschwimmt, so daß die Orientierung in der empirischen Welt schwierig wird; verläßliche Orts- und Zeitbestimmungen fallen den Kranken schwer;
- die logischen Bahnen von Sprache und Denken verwirren sich, die Fähigkeit zur kohärenten Versprachlichung oder Narrativierung von Sachverhalten schwindet, und an die Stelle treten Sequenzen zufälliger, meist absurder Assoziationen und fragmentierter Äußerungen;
- die intellektuelle Bestimmbarkeit von Ursache und Wirkung schwächt sich, so daß kausale Zusammenhänge nicht mehr klar wahrgenommen oder falsch zugeordnet werden; die Wahrnehmung registriert eine Welt, deren Strukturen den Bizarrerien des Nachttraums ähnlich sind;
- automatische Antriebe und Zwangshandlungen treten an die Stelle reflektiert motivierten Handelns; die Kranken müssen z. B. unkontrolliert lachen, schimpfen, sich selbst Verletzungen beibringen, Kleider zerreißen, Scheiben einschlagen u. ä.

Das gravierendste Merkmal des gesamten Syndroms ist für die meisten Betroffenen die Erfahrung der Entpersonalisierung, des Zerfalls des Ichs. Man muß sich die volle negative Tragweite dieses Vorgang vor Augen führen: Für den abendländischen Menschen ist das Ich das nahezu sakramentale Zentrum bewußter Entscheidungen und rationaler Lebensführung, der Hort seiner Identität, eine Schutz- und Trutzburg gegen Übergriffe ‚fremder', irrationaler Mächte. Das Ich fungiert als die wahrnehmende, perspektivierende, ordnende, lenkende und urteilende Instanz im Funktionssystem des Bewußtseins. Spätestens seit der Epoche der Aufklärung traut man ihm die Verantwortung für eine vernünftige, selbstbestimmte Lebensführung zu, vermag auch kaum jemand diesem Ideal voll zu entsprechen. Wenn nun der Schizophrene spürt, daß sein Ich an Einfluß verliert und nicht mehr Herr im Hause ist, wird er schwerstens verunsichert. Da die Instanz, die als das Ich bezeichnet wird, immateriell und unsichtbar ist, sich weder neurophysiologisch noch anatomisch dingfest machen läßt, bildet der Mensch davon ein mentales Analogon, die metaphorische Vorstellung von einem Innenraum als Sitz von Identität und Personalität, eine Art lokalisierbare Regierungszentrale für den Organismus. Wie jede Regierung wird diese als außerordentlich wichtig angesehen, und wie bei jeder Regierung wird ihre Auflösung oder Absetzung von starker Beunruhigung begleitet. Fragt uns jemand nach dem ‚Sitz' dieser Regierung, werden wir gewöhnlich auf irgendeine Stelle des Kopfes zeigen, obwohl wir keinerlei Beweis für eine derartige Lokalisierbarkeit erbringen können. Das Ich ist in dem, was wir darüber denken und aussagen können, tatsächlich nur ein Konstrukt oder ein Analogon; aber die Ich-Werdung gilt als der wichtigste Vorgang in der Ontogenese des Menschen, von der Gesellschaft wie selbstverständlich erwartet und von Erziehern intensivstens gefördert. Wie Julian Jaynes bemerkt: „Welch unbeschreiblich wichtige Rolle spielt doch das Analogon unserer selbst, das wir in unserem metaphorisch geschaffenen Raum beherbergen – dieses Ding, das einzig uns in den Stand setzt, narrativierend die Lösungen für unsere persönlichen Entscheidungsprobleme zu finden und zu wissen, wohin wir uns bewegen und wer wir sind. Und wenn es dann, wie das in der Schizophrenie geschieht, zu schwinden und der Raum, in dem es zu Hause ist, einzustürzen beginnt – was für eine grauenhafte Erfahrung muß das sein!"[102] Bei allen Schizophrenen, die an der voll ausgebildeten Form der Krankheit leiden, zeigt sich dieses Zerfallssymptom in mehr oder minder starker Ausprägung: Fragmentierung, Auflösung, Desorientierung – begleitet vom Gefühl einer Irrealität, in der die Wahrnehmung die Objekte der Umwelt in grotesker Form verzerrt und zerlegt, durchlitten im Zustand wachsender Angst ob der eigenen Hilflosigkeit den sich scheinbar verselbständigenden Dingen gegenüber.

Ein wahrlich erschütterndes Zeugnis, das uns über diesen Zustand vorliegt, ist das *Tagebuch einer Schizophrenen*,[103] der Bericht eines jungen Mädchens aus der Schweiz, das nach seiner Heilung imstande war, unter Anleitung einer Therapeutin sein Schicksal zu Papier zu bringen.[104] Die ersten Krisensymptome stell-

---

102 Jaynes (1988), S. 510.
103 Siehe Sèchehaye (1973).
104 Zitierte Äußerungen aus Sèchehaye (1973), Bleuler (1984), Jaynes (1988), Hahlweg (1998).

ten sich ein, als die Kranke, die zwölfjährige Renée, noch Internatsschülerin war. Ihre Wahrnehmung des Außen wurde zunehmend gestört. Sie wähnte sich im „Land der Erleuchtung", in einer Situation, da ihr freilich nichts offenbart wurde, sondern die Sinne ihr eine permanent grelle, wie von wattstarken Glühbirnen schmerzhaft erhellte Wirklichkeit vorgaukelten, in der die Dinge zunehmend verzerrt erschienen:

> Solche Krisen [gestörter Wahrnehmung] kamen immer häufiger. Einmal, als ich im Aufenthaltsraum war, sah ich plötzlich, wie der Saal riesengroß wurde und wie von einem schrecklichen elektrischen Licht erhellt, das keine wirklichen Schatten schuf. Alles war scharf, glatt, künstlich, bis zum äußersten angespannt; die Stühle und Tische kamen mir vor wie wahllos aufgestellte Modelle. Schüler wie Lehrerinnen schienen Marionetten zu sein, die sich sinn- und ziellos drehten. Ich erkannte nichts und niemand wieder. Es war, als hätte die Wirklichkeit sich aufgelöst, als wäre sie aus all diesen Gegenständen und Leuten entwichen. Eine entsetzliche Angst überfiel mich, und ich suchte verzweifelt nach irgendeiner Hilfe. Ich horchte auf die Gespräche, doch verstand ich die Bedeutung der Worte nicht. Die Stimmen kamen mir metallisch vor, ohne Klang und ohne Wärme. Von Zeit zu Zeit löste sich ein Wort heraus. Es wiederholte sich in meinem Hirn, wie mit dem Messer ausgeschnitten, absurd. Und wenn eine meiner Kameradinnen sich mir näherte, sah ich sie größer und größer werden... . Und dann ging ich zu meiner Turnlehrerin und sagte: „Ich habe Angst, weil alle auf ihrem Kopf einen winzig kleinen Rabenkopf haben." Sie lächelte mir freundlich zu und antwortete irgendetwas, woran ich mich nicht erinnere. Doch ihr Lächeln beruhigte mich nicht, sondern steigerte im Gegenteil meine Angst und meine Bestürzung, denn ich sah nun ihre weißen, regelmäßigen Zähne. Und diese Zähne glänzten unter dem hellen Licht, und bald nahmen sie, obwohl sie noch immer sie selber waren, mein ganzes Blickfeld ein, so als bestünde der ganze Saal nur aus Zähnen in einem unerbittlichen Licht. Eine furchtbare Angst überkam mich.

Auf vielfältige Weise wird dieser Ichschwund oder -verlust von den Betroffenen beschrieben – sofern sie noch in der Lage sind, den Vorgang kohärent zu beschreiben. Die Archive der Psychiater und Neurologen legen von diesem Prozeß der Fragmentierung reiches Zeugnis ab. Eine Patientin mußte stundenlang ununterbrochen reglos dasitzen, „um ihre Gedanken wiederzufinden". Einem anderen war zumute, als ob er „am Auslöschen" sei. Ein dritter hatte das Gefühl, daß an ihm „Seelenmord" begangen wurde. Eine Kranke mit sehr hohem Intelligenzgrad kostete es jedesmal Stunden angestrengter Mühe, „für wenige kurze Augenblicke wieder zu sich selbst zu kommen". Oftmals hat das bedrohte Ich das Gefühl, von allem um es her, von kosmischen Kräften, von bösen oder guten Mächten, ausgelöscht oder aufgesogen zu werden. Oder es kommt zu der Empfindung, auf nahezu mechanische Weise auseinandergenommen und zerstückelt zu werden. Als Bleuler den Ausdruck Schizophrenie prägte, wollte er in der Bezeichnung der Krankheit eben diese zentrale Erfahrung als ihr Identifikationsmerkmal herausstellen. Es war nicht Bewußtseinsspaltung im Sinne der Herausbildung multipler Persönlichkeiten, wie das populäre Mißverständnis von Schizophrenie oft annimmt, sondern es war Abbau, Zerfall, Auflösung des Ichs. Es war das Gefühl von Menschen, „den Verstand zu verlieren"; das Empfinden, „das Ich abbröckeln zu sehen", bis dieses schließlich die notwendige Verbindung mit dem Leben verloren zu haben schien. Es ist verständlich, daß dieser Prozeß von schaudernder Angst begleitet wird, zumal die Kranken wissen, daß in den westlichen Gesellschaften die Vollgültigkeit des Individuums von seinen intakten Ich-Funktionen abhängig gemacht wird. Im Unterschied zu anderen Kulturkreisen und früheren Epochen wird der Wahn im Abendland stark tabuisiert. Nimmt man jene Formen des Pseudo-Wahns aus, die in Nischen der populären Kultur wegen irgendwelcher ‚Kicks' kultiviert werden (wie beispielsweise bei Heavy Metal), ist sein einziger ‚legitimer' Bezirk heute die geschlossene Anstalt. Keine andere Krankheitsdiagnose ist geeignet, soviel Angst und Schrecken zu verbreiten, weshalb die Kranken auch jahrhundertelang Hatz und Mißhandlungen ausgesetzt waren. Während der Nazi-Diktatur wurden Schizophrene als „unwertes Leben" sogar umgebracht, und auch heute sind sie den meisten ‚normalen' Menschen nicht geheuer. Verständlich also das von Angst getriebene Bemühen, dem grauenerregenden Dahinschwinden des wichtigsten Teils des inneren Selbst Einhalt zu gebieten. Verständlich die Entwicklung und Anwendung von Verhaltensformen, die keine Krankheitssymptome im eigentlichen Sinne darstellen, sondern Abwehrmechanismen gegen die Symptome, Strategien gegen den drohenden Verlust. So tritt in manchen Fällen das sogenannte „Ich bin"-Symptom auf: In dem Bestreben, nicht ganz und gar die Kontrolle über sein Verhalten zu verlieren, wiederholt der Kranke in einem fort zu sich selbst: „Ich bin", „ich bin", „ich bin" oder „Ich bin der, der in allem da ist", oder: „Ich bin der Geist, nicht der Körper". Ein anderer wiederum gebraucht vielleicht beschwörend nur ein einziges Wort – zum Beispiel „Kraft" oder „Leben" – , um sich gegen die drohende Auflösung seines Bewußtseins an irgendeinen Fixpunkt zu klammern. Entsteht das Gefühl, das eigene Ich verloren zu haben, so geschieht es, daß der Kranke ganz konkret versucht, sich auf den Weg zu machen, um es zu suchen. Diese quixotische Suche wird natürlich erschwert durch das Empfinden, nicht mehr er selbst, sondern ein anderes Wesen zu sein – evtl. versteinert, besessen, verwandelt, verzaubert, hypnotisiert, ferngelenkt, manipuliert, demontiert oder operativ verändert. In Franz Kafkas berühmter Erzählung *Die Verwandlung* – ganz offensichtlich die literarische Behandlung eines Falles von Schizophrenie – ist es so, daß die Hauptfigur vermeint, ihre menschliche Gestalt an ein Ungeziefer, einen riesigen Käfer, verloren zu haben. Das Körper-Ich ist auf groteske Weise verwandelt. So absurd, wie die konkrete Suche nach dem verlorenen Ich erscheinen mag, ist sie aber nicht; denn ein wesentliches Kennzeichen der Schizophrenie liegt darin, daß, wie erwähnt, das Gesunde dem Schizophrenen selten gänzlich abhanden kommt, auch wenn es nicht in jedem Stadium nachweisbar ist. Es ist eher versteckt und verformt als total ausgelöscht. Alle Therapien entsprechen daher im Grunde einer Suche, dem Bemühen um Rekonstruktion der Elemente des zerbrochenen Ichs.

Es sind nicht nur Selbstzeugnisse von Patienten, die Einblicke in den angstbesetzten Zustand gewähren. Der Vorgang einer Desintegration oder Dissoziation läßt sich über die subjektiven Schilderungen der Kranken hinaus objektivieren: Zum Beispiel bekundet sich der Abbau der Ich-Struktur in der relativen Unfähigkeit Schizophrener, einen Menschen realitätsgetreu zu zeichnen. Gerade diese Unfähigkeit zeigt dramatisch die gestörte Kommunikation von Innen und Außen, von Wahrnehmung und Wiedergabe des Wahrgenommenen. Tatsächlich hat sich dieser Befund als so schlüssig erwiesen, daß sich daraus der sogenannte DAP-Test („Draw-a-Person"-Test) entwickelt hat, der heute routinemäßig als Indikator für Schizophrenie eingesetzt wird. Zwar tun sich nicht alle Schizophrenen mit dem Zeichnen schwer, aber diejenigen, die es tun, vermitteln damit eine relativ zuverlässige diagnostische Information. Sie lassen augenfällige anatomische Details – wie Hände oder Augen – weg; die Linienführung ist unsicher und lückenhaft; die Geschlechtsmerkmale sind häufig undifferenziert dargestellt, die Gestalt ist schief, verzerrt oder scheint auf seltsame Weise ‚demontiert'. Weil das Ich nur noch ein relativ konturloses Gefühl von sich selbst als Mensch hat, büßt es auch seine Gestaltungsfähigkeit für die menschliche Kontur ein. Die entstellte Selbstwahrnehmung entstellt das fremd Wahrgenommene. Man hat beobachtet, daß chronisch Schizophrene zuweilen nicht in der Lage sind, sich auf Fotografien wiederzuerkennen oder daß sie sich in einer Person wiederzuerkennen meinen, die zu ihnen in keiner Beziehung steht. Ein alarmierenderes Zeichen für eingetretenen Ich-Verlust kann es kaum geben.[105]

Bestätigt wird dieser Befund durch Versuche mit dem Rorschach-Test, einem persönlichkeitsdiagnostischen Verfahren, das auf der Deutung von mit Tintenklecksen bedruckten Tafeln seitens der Versuchspersonen beruht. Hier zeigen Schizophrene eine auffällige Tendenz zur „Entgrenzung" der Bilder, meßbar durch das sog. Formschärfekriterium, d. h. den prozentualen Wert für alle schlecht, unscharf oder überhaupt nicht konturierten Figuren in den gedeuteten Klecksbildern. Bei einschlägigen Versuchen hat sich das Formschärfeprozent von Schizophrenen als beträchtlich geringer erwiesen als bei Kontrollgruppen von Normalen. Die Konturen des Körperschemas lösen sich auf; die Klecksgebilde werden gewöhnlich als verstümmelte Tier- oder Menschenleiber gedeutet, was die Schwierigkeit indiziert, kategorial wirksame Grenzlinien zwischen dem Selbst und der Welt zu ziehen. Kranke mit hohem Entgrenzungswert berichten

---

105 Vgl. Röhricht (1998).

denn auch häufig von der Empfindung, ihre konkrete Gestalt zu verlieren und sich aufzulösen:

Wenn ich zerschmelze, habe ich keine Hände mehr, ich begebe mich in einen Hauseingang, um nicht zertreten zu werden. Alles fliegt weg von mir. In dem Hauseingang kann ich die Stücke meines Körpers zusammensammeln. Es scheint, als ob etwas in mich hineingetan worden wäre, was mich in Stücke reißt. Warum aber zerteile ich mich selbst in mehrere Stücke? Ich habe das Gefühl, mir fehlt der innere Zusammenhalt, meine Persönlichkeit zergeht, mein Ich schwindet dahin, und ich höre auf zu sein. Alles zerrt mich auseinander... . Das einzige, was die einzelnen Stücke noch zusammenhält, ist die Haut. Es gibt keine Verbindung zwischen den verschiedenen Teilen meines Körpers... .

Nicht nur das Ich- als Körpergefühl droht dem Schizophrenen abhanden zu kommen, sondern damit auch seine inneren Koordinaten: einerseits der Seelenraum, in den die Welt und ihre Objekte hineingenommen werden und der so angelegt ist, daß er introspektiv den Anschein von Räumlichkeit abgibt, andererseits die innere Zeit, die (unabhängig von der physikalischen Zeit) den biopsychischen Lebensrhythmus und das Gefühl für die Sequenz von Erfahrungen, ihr jeweiliges Früher oder Später, bestimmt. Dieser *inneren* Koordinaten verlustig, verliert das Ich auch den Sinn für die Bedeutung der *äußeren* Koordinaten. Die Kategorien von Raum und Zeit entschwinden in einem diffusen Gefühl des Daseins, das von einem Wirrwarr konträrer Gefühle und hoffnungslosen Verzweigungen des Gedankenstroms bestimmt wird. Die Kranken haben Mühe, sich als an einem konkreten Ort befindlich zu denken, und sind auch nicht in der Lage, Informationen auszuwerten, die Zeitangaben für erwartbare Zukunftsereignisse enthalten. Der Einsturz des inneren Raums geht mit einer typischen Orientierungslosigkeit in der Zeit einher. Gewöhnlich sind wir uns der Zeit, die ja viel abstrakter wahrgenommen wird als der Raum, in der Form bewußt, als wir sie metaphorisch als räumliches Hintereinander vorstellen und abbilden können. Wir verräumlichen die Zeit, sprechen charakteristischerweise von „Zeiträumen". Ein bestimmtes Datum kommt kalendarisch *vor* oder *hinter* einem anderen. Ein bestimmter Tag liegt *weit* von einem anderen entfernt.
Aber das für die Schizophrenie typische Schwinden des inneren Raums erschwert solche Vorstellung oder macht sie gar unmöglich. So kann man beispielsweise Schizophrene darüber klagen hören, daß die Zeit „stehengeblieben" sei, oder daß jetzt „alles viel langsamer" zu gehen oder „in einem Schwebezustand" zu sein scheine. Ein geheilter Patient schildert das rückblickend so:

Lange Zeit sind mir Tage nicht wie ein Tag und die Nächte nicht wie eine Nacht vorgekommen. Aber im einzelnen habe ich daran keine Erinnerung. Die Tageszeit bestimmte ich anhand der Mahlzeiten – da wir aber nach meinem Eindruck an jedem wirklichen Tag jedesmal die ganze Palette von von Mahlzeiten serviert bekamen, Frühstück, Mittagessen, Tee und Abendessen, und das ungefähr ein halbes dutzendmal innerhalb von zwölf Stunden, kam ich damit nicht viel weiter.

Für Angehörige einer Kultur, in der die Achtsamkeit auf derlei Hinweisreize von einem entstrukturierten Zeitgefühl abgelöst wird, bedeutet die krankheitsbedingte Einbuße des Schemas räumlicher Aufeinanderfolge soviel, wie in eine mehr oder weniger zeitlose Welt hineinversetzt zu werden. Auch dies läßt sich auf experimentellem Weg unter anderem in Reaktionszeit-Tests beobachten: Schizophrene gleich welchen Typs zeigen sich ausnahmslos unbeholfener als normal bewußte Personen, wenn es darum geht, auf in wechselnden Zeitabständen dargebotene Reize zu reagieren. Der Kranke, der des inneren Raums nicht gewahr wird, in dem er sein vorgestelltes Ich bei diesem oder jenem Tun beobachten könnte, ist auch nicht in der Lage, sich in eine Bereitschaftsposition für eventuelle Reaktionen zu versetzen. Reagiert er aber erst einmal, ist er unfähig, seine Reaktion so zu variieren, wie es die gestellte Aufgabe erfordert. Die Zeit in ihrer Sequenzialität ist ihm nicht bewußt, also ist bewußtes Handeln in der Zeit nicht möglich.

Ebenso geht mit dem Verlust des Ichs und des inneren Raum-Zeit-Gefüges auch die Fähigkeit zu ‚Als-ob'-Verhalten verloren. Da ihm die an das normale Bewußtsein geknüpfte Vorstellungskraft abgeht, kann der Kranke nicht hypothetisch denken. Er verfügt über keine Was-wäre-wenn-Imagination. Er ist unfähig zu fingiertem Handeln wie Rollenspiel oder Simulation, ja er vermag noch nicht einmal über fingierte Sachverhalte zu reden. Er ist beispielsweise nicht in der Lage, so zu tun, als trinke er Wasser aus einem Glas, wenn nicht wirklich Wasser in dem Glas ist. Fragt man ihn, was er an der Stelle des Arztes tun würde, so antwortet er unter Umständen, er sei kein Arzt. Oder: Fragt man einen ledigen Patienten, wie er sich in einer bestimmten Situation verhalten würde, wenn er verheiratet wäre, lautet die Antwort, er sei nicht verheiratet.

Demgegenüber bleibt das Gedächtnis Schizophrener zumeist grundsätzlich intakt, auch wenn seine Leistungen auf spezifische Weise deformiert werden. Ihre Erlebnisse reproduzieren Schizophrene oft so gut wie Gesunde, häufig sogar in Einzelheiten, die der Gesunde als nebensächlich abgetan und vergessen hat. Paranoide wissen häufig die Daten zahlloser unwesentlicher Ereignisse zu nennen. Ihr Schulwissen bleibt auf erstaunlich akkurate Weise erhalten oder Fertigkeiten wie Klavierspielen können nach jahrelanger Pause wieder so ausgeübt werden, als wenn überhaupt keine Zeit vergangen wäre. Werden Schizophrene geheilt, sind sie wie Renée imstande, nüchtern und verläßlich den Verlauf und die Art ihrer Störungen wiederzugeben. Daraus läßt sich schließen: Die Registrierung und Speicherung von Erfahrungen ist nicht total gestört oder blockiert, sondern nur in Teilfunktionen ihrer Wiedergabe beeinträchtigt. Sind auch viele Erinnerungen während der Krankheit durch Illusionen ‚gefälscht', so läßt sich meist nachweisen, daß daneben auch richtige Inhalte erhalten und reproduzierbar bleiben. Das Verwirrende ist nur: In *einer* Lage berichtet der Kranke über gefälschte, in *anderen* Zusammenhängen über richtige Erinnerungen. Ein kundiger Arzt kann jedoch meist feststellen, daß die Fälschungen unter dem kompulsiven Einfluß starker Emotionen, den persönlichen Wünschen und Befürchtungen des Kranken, seinen Komplexen und Wahnideen geschehen.

Es resultieren alle Arten von Illusionen, die hartnäckig und ohne Aussicht auf Korrektur geglaubt werden, da sie sich unter Umgehung kognitiver Realitätsprüfung auf affektivem Wege durchsetzen. Meistens sind sie beobachtbar, wenn der Schizophrene mit seinem eigenen krankhaften Verhalten konfrontiert wird und auf Abwehr schaltet. Er erinnert sich zum Beispiel nicht im geringsten an den Grund, der zu seiner Einweisung in eine Anstalt geführt hat – mögen die Umstände auch noch so dramatisch gewesen sein. Oder er stellt objektive Ursache-Wirkungsbeziehungen auf den Kopf: Es ist nicht wahr, daß er seine Frau verprügelt hat, vielmehr hat die Frau ihn verprügelt. Der Arzt hat ihm nicht etwa eine Injektion verabreicht, weil er erregt war, vielmehr ist er erregt worden, weil ihm der Arzt unsinnigerweise eine Injektion verabreichte. Nicht er hat nachts zum Fenster hinaus geschimpft und gelärmt, vielmehr ist er gestört worden, weil der böse Nachbar lärmte usw. Die mögliche Konfusion von zutreffenden Erinnerungen und illusionären Wünschen zeigt sich exemplarisch in einem Brief, den eine Patientin einem Arzt schrieb, der sie während ihres Klinikaufenthalts behandelt hatte:

Sehr geehrter Herr Doktor X, lieber Hans, endlich kann ich mich wieder an alles erinnern, was früher war, ehe ich wieder zu Hause war. In der Klinik war ich mit Dir, Du lieber, verheiratet und habe Dir 5 Kinder geboren, von denen zwei eingegangen sind. Die Eheringe hat uns der werte Direktor geschenkt.

Die Schreiberin erlebt die reale und die illusionäre Welt als unmittelbar nebeneinander stehend und vermischt sie. Die Ambivalenz zeigt sich bereits in der Anrede: sie ist das eine Mal korrekt, das andere Mal auf ihre Gedächtnishalluzinationen bezogen. Sie wendet sich an ihren früheren Arzt und macht aus ihm einen „lieben" Ehemann. Sie erfindet mehrere Schwangerschaften, fünf Kinder als Fabelprodukte und läßt zwei davon „eingehen", obwohl sie für all diese Ereignisse gar nicht lange genug in der Klinik war. Sie erinnert sich an den Anstaltsdirektor und stilisiert ihn zu einer Art Trauzeugen, der Eheringe verschenkt. Hier wird deutlich, wie die Erinnerung Schizophrener bestimmten Nervenbahnen folgt, plötzlich unter dem Impuls starker Emotionen die Spur wechselt, gewissermaßen entgleist, wieder auf die richtige Bahn zurückspringt, um früher oder später erneut zu entgleisen.

Mit dem Zusammenbruch des raumzeitlichen Gefüges als eines inneren Gefüges wird das kohärente Sprechen oder Erzählen stark erschwert. Die Sprache ist sequenziell; sie entfaltet sich in der Zeit; sie folgt einer von der Grammatik regulierten Logik mit spezifischen Verknüpfungen, Über- und Unterordnungen, Ursache-Wirkungs-Verhältnissen, Vorher-und-Nachher-Beziehungen. Sie strukturiert unser Selbst- und Weltbild. Sie besitzt eine Semantik, welche für alle Sprachnutzer die Referenzleistung der Sprache sichert und die bedeutungsvermittelnden Bezüge zwischen Innen und Außen, Ich und Nicht-Ich organisiert. Zwischen Sprache und Denken, sagt uns die Sprachwissenschaft, bestehen äußerst enge Beziehungen. Über Dinge berichten, narrativieren, setzt die Fähigkeit zu sequenziellem Denken voraus. Beim Schizophrenen ist es nun so, als ob alles, was im Zustand der Normalität berichtet wurde, in Assoziationen auseinanderfällt, die zwar von irgendeinem allgemeinen Thema beherrscht sein können, jedoch in keinerlei Beziehung zu einem einheitsstiftenden begriffenen Zweck oder Ziel stehen, wie es bei der normalen Narrativierung der Fall ist. Logische Gründe für die Wahl einer Verhaltensweise können nicht angegeben werden, und die Antworten auf gestellte Fragen gehen nicht von einer inneren Ordnung irgendwelcher Art, sondern von bloßen Assoziationen oder den äußeren Gesprächsumständen aus. Die Äußerungen sind spontan, erratisch, desorganisiert. Die Vorstellung, daß ein Mensch in der Lage sein sollte, über seine eigenen Verhaltensweisen und deren Beweggründe schlüssig Auskunft zu geben, oder die Fähigkeit besitzen sollte, Erfahrungen oder Meinungen anderer zusammenhängend wiederzugeben, ist nicht vorhanden. Die lebenswichtige, konventionell festgelegte Referenz von Wörtern und Sachen, Bezeichnendem und Bezeichnetem, löst sich auf, und die Referenz erscheint als bedeutungslos und willkürlich. Renée, die schizophrene Schülerin, die die ‚feindliche' Existenz der Gegenstände ihrer Umwelt als zunehmend bedrohlich erlebt, sich von ihnen verspottet und schikaniert wähnt, versucht, sie durch Benennung zu ‚bannen'. Vergeblich, denn die vertraute Bedeutung ist den Objekten entwichen und dadurch sind sie geistig nicht mehr verfügbar:

> Ich versuchte, ihrem Zugriff dadurch zu entgehen, daß ich ihren Namen aussprach. Ich sagte: „Stuhl", „Krug", „Tisch" – „Das ist ein Stuhl!" –, doch das Wort war wie abgezogen, jeder Bedeutung entleert, es hatte den Gegenstand verlassen, sich von ihm losgelöst, so daß es auf der einen Seite das „lebendige spöttische Ding" gab und auf der anderen seinen sinnentleerten Namen, wie ein seines Inhalts entleerter Umschlag. Es gelang mir nicht mehr, sie wieder zusammenzubringen. Und so blieb ich da stehen, vor ihnen, voller Angst und Schrecken. Dann beklagte ich mich und sagte: „Die Dinge schikanieren mich! Ich habe Angst."

Ist die gültige Verknüpfung von sprachlicher und Wahrnehmungsstruktur zerrissen, kommt es vor, daß die private Welt der Schizophrenen eine private Sprache hervorbringt, in der die Regeln von Syntax, Orthographie und Semantik von einem persönlichen Code verdrängt werden, der objektiv kaum entschlüsselbar ist, aber subjektiv als völlig richtig empfunden wird. Die Labilität des Weltgefüges im Kopf der Schizophrenen spiegelt sich in einer ihr entsprechenden Labilität des Sprachgefüges. Die Entstrukturierung findet innen statt, hat aber außen ein Pendant. Ein Paranoider schrieb:

Zentraleuropa und Zentraleuropaaera Nr. 3258 Eernst Gisler Trauung auch dder Schlüssel ddurch Herr Pfarrer Dr. Studer Kaiser D Des Titt. Standdenbank pprr 96 oder Postbrief 3 vvia Kaiserlichen undt Königlichen auch Kaiserlich Königlichen Gewerbes Titt, Rheinau. Mo work Badd ggut 3/8 Herr dr. hc. 30/7 Bern 27/7 DD 18/7 kurz 30/7 3/8 Aa 1906 Datum Sssie Zahlen geegen Voorweisen eeines Billetes Frkn Achttausend in Banknotenn auch Titt. Berner Kantonalbank in Bern oder B K B.

Läßt sich in diesem Beispiel immerhin noch ein schwaches semantisches Substrat ausmachen, das etwas mit Geldverkehr zu tun hat, handelt es sich bei dem folgenden Beispiel um eine Kunstsprache, die ausschließlich dem Kranken verständlich ist. Offenbar folgt diese Sprache einerseits einem persönlichen Mitteilungsdrang, soll andererseits jedoch abschotten gegen eine ‚feindliche' Außenwelt. Es wird etwas kommuniziert, das gar keiner Absicht entspringt, etwas zu kommunizieren. Freilich ist hier schwer entscheidbar, ob es sich um eine reine Selbstmitteilung oder um ein Versteckspiel mit einer Fremdmitteilung handelt. Da nur ein Element, nämlich „güwe" zweimal auftaucht, ist eine Dekodierung durch Außenstehende praktisch unmöglich:

guwesim ellsi bäschi was wie emschi wüsel dümte rischi güwe schäme brisell engwit rühsel schäme bärsel güwe emschi rahsil bügin raschwi emso Gluwi rüllsill tügsee bühsee ralit, schügen wüte büser.........

Gleichzeitig können unter dem Diktat unbewußter Impulse von außen kommende Botschaften semantisch entstellt und grotesk fehlgedeutet werden. Hier geschieht die Deformation der Sprache in umgekehrter Richtung, auf dem Weg vom Sender zum Empfänger. Es kommt zu skurrilen oder gefährlichen Mißverständnissen, weil die Referenz sprachlicher Äußerungen falsch, d. h. einer willkürlichen Assoziation statt einem objektiven Bezug folgend hergestellt wird. Das Innen wird nicht mit dem Außen abgeglichen, sondern verabsolutiert sich. Die objektiv ausgesprochene Botschaft wird gewissermaßen subjektiv vergewaltigt, und die so vergewaltigte Sprache tut ihrerseits der Psyche, unter Umständen der Physis, Gewalt an. Bei einer jungen Frau, die eine Karnevalssendung im Fernsehen angeschaut hatte, in welcher der Conférencier zur Charakterisierung der Show etwas von „Augenschmaus" sagte, verwandelte sich der Inhalt seiner

Worte auf entsetzliche Weise: „Aus dem Fernseher kam der Befehl, ich sollte Leichen essen."

Ohne intaktes Ich ist die Fähigkeit des Sprechens, Berichtens, Erzählens schließlich nur noch ein Reagieren auf halluzinierte Direktiven. Was vom Selbst noch übriggeblieben ist, fühlt sich wie ein außengesteuerter Automat – so, als ob jemand anders den Körper hierhin oder dorthin bewegte. Selbst wenn er keine halluzinierten Kommandos erhält, kann ein Schizophrener das Gefühl haben, auf zwingende Weise befehligt zu werden, wie eine Marionette an den Fäden eines fremden Akteurs zu hängen und gehorchen zu müssen. So kann es vorkommen, daß er in ganz normaler Manier mit einem Besucher einen Händedruck wechselt, auf eine diesbezügliche Bemerkung jedoch erwidert: „Das mach ich nicht selbst, die Hand streckt sich von alleine aus". Oder ein Kranker mag den Eindruck haben, beim Sprechen werde seine Zunge von jemand anderem bewegt, so vor allem bei sogenannten Koprolalie-Kranken, denen sich zwanghaft obszöne Wörter in die Rede drängen. Oft schon im Frühstadium der Schizophrenie machen Patienten Bekanntschaft mit Erinnerungen, Eindrücken, Gemütsbewegungen, die durchaus als angenehm oder unangenehm empfunden werden können, aber in jedem Fall von irgendeiner fremden Instanz aufgenötigt zu sein scheinen, so daß sie nicht dem eigenen Innern entsteigen. Es sind psychische Automatismen, die als Symptom ebenfalls ein recht zuverlässiges diagnostisches Zeichen darstellen. Bleuler schreibt: „Als von der Persönlichkeit losgelöste psychische Äußerungen sind die Automatismen als solche selten von *bewußten Gefühlen* begleitet. Die Kranken können tanzen oder lachen, ohne fröhlich zu sein; einen Mord begehen, ohne zu hassen, sich selbst umbringen, ohne des Lebens überdrüssig zu sein... . In allen Fällen fühlt sich die Persönlichkeit ihrer inneren und äußeren Handlungen nicht mehr mächtig und einer fremden Gewalt ausgeliefert"[106]

Das markanteste Symptom eines solchen Ausgeliefertseins stellen die Halluzinationen dar. Schizophrene sind nur ausnahmsweise frei von Halluzinationen, die sich grundsätzlich auf alle fünf Sinne erstrecken können. Es werden Dinge gehört, gesehen, geschmeckt, gerochen, gespürt, die objektive Sinnestäuschungen darstellen. In der Regel beherrschen solche Halluzinationen das pathologische Bild, die sich dem Kranken massiv und hartnäckig aufdrängen und ihn dadurch verwirrt erscheinen lassen, zumal wenn sie sich im raschen Tempo wandeln. Schizophrene des paranoiden Typs leiden besonders unter Auditionen und Visionen, die tyrannische Formen annehmen und quasi-diktatorische Einflüsse ausüben können. Sie begründen den vom Volksmund so genannten Verfolgungswahn. Gewöhnlich handelt es sich um Gehörshalluzinationen, die jedoch

---

106 Bleuler (1988), S. 168.

in akuten Fällen von Gesichts- oder kinästhetischen Halluzinationen begleitet werden können. In vollkommen realistischer Tonlage melden sich eine oder auch mehrere Stimmen; mit unbezweifelbarer sinnlicher Deutlichkeit erscheint dazu eine visuelle Wahrnehmung. Der Kranke hört zum Beispiel einen Heiligen oder einen Teufel oder er sieht zusammengerottete Bösewichter, die ihm draußen unter seinem Fenster auflauern, um ihn zu verbrennen oder zu köpfen. Sie stellen ihm nach, drohen, sie würden durch die Wände eindringen. sie treten hervor und belästigen, knuffen und schlagen ihn. Da er keine Veranlassung hat, an der physischen Präsenz solcher Eindringlinge zu zweifeln – sie unterliegen nicht im allermindesten Grad seiner Kontrolle – , können die Effekte absolut entnervend, furchteinflößend und einschüchternd sein.

So wähnte sich die junge Renée in den Fängen einer Macht, die sie als „das System" bezeichnete – offenbar der organisierte Zusammenschluß machtvollkonspirativer Kräfte, die das Mädchen drangsalierten, manipulierten und terrorisierten. Gebieterische Stimmen machten sie zur Befehlsempfängerin, forderten zu selbstzerstörerischen oder verbrecherischen Taten auf und redeten ihr Schuldgefühle ein, wenn sie sich sträubte:

Ich [erhielt] Befehle vom System. Aber ich vernahm sie nicht so, als ob es Stimmen wären. Nichtsdestoweniger waren sie ebenso gebieterisch, als wenn sie laut gesprochen hätten. Wenn ich zum Beispiel Schreibmaschine schrieb, überfiel mich plötzlich, ohne daß ich irgendwie darauf gefaßt war, eine Macht, die kein Trieb war, sondern einem Befehl glich und mir befahl, ich solle mir die rechte Hand verbrennen oder das Haus anzünden, in dem ich mich befand. Ich leistete diesen Befehlen mit aller Kraft Widerstand. Ich rief Mama an, um ihr zu erzählen, daß ich Befehle vom System erhielt. Ihre Stimme beruhigte mich ..., doch leider nur für einen kurzen Augenblick. Eine unaussprechliche Angst schnürte mir das Herz zusammen, keine Entscheidung vermochte sie zu beschwichtigen. Wenn ich mich weigerte zu gehorchen, fühlte ich mich schuldig und feige, weil ich es nicht wagte, und die Angst steigerte sich. Und der Befehl wurde umso stärker. Wenn ich mich dem Feuer näherte und meine Hand ausstreckte, um endlich nachzugeben, überkam mich ein intensives Schuldgefühl, so als würde ich etwas Böses tun, und wiederum steigerte sich die Angst. [...] Die Befehle wurden immer gebieterischer, immer herausfordernder: ich sollte mir die rechte Hand verbrennen, denn es war die Hand des Gebots. In dem System nämlich gab es einen ungeheuren Zusammenhang. Ich hatte – ohne es zu wissen – über einige Leute Strafe verhängt und mußte nun meinerseits bestraft werden. Jene Leute, die von mir bestraft worden waren, hatten das Recht zu strafen; doch für jede Strafe, die sie austeilten, erhielten sie eine neue. Sobald ich den Mechanismus des Strafsystems, in das ich eingeschlossen war, durchschaute, kämpfte ich immer weniger gegen die Befehle an. Eines Tages legte ich zitternd meine rechte Hand mit der Außenseite auf glühende Kohlen und hielt sie dort, so lange ich konnte. Die Kraft, den Schmerz zu ertragen, schöpfte ich aus dem Gedanken, daß ich damit meine Pflicht gegenüber dem System erfüllte und daß es nun aufhören würde, mir Befehle zu erteilen.

Aber es können sich auch andere Stimmen melden, Stimmen, die den Willen äußern, Hilfe zu leisten. Das innere Szenarium kann rasch wechseln. Manchmal zeigt sich ein Gott oder Engel als Beschützer und manchmal ein Dämon als Verfolger. Die Verfolgerstimmen können den Kranken zur Flucht, zum Selbstmord, aber auch zur Selbstverteidigung oder zum Angriff treiben. Den hilfreichen, trostspendenden Halluzinationen lauscht er unter Umständen mit hingebungsvoller Aufmerksamkeit, zu Tränen gerührt von den vernommenen ‚Himmelstönen'. Manche Schizophrene durchleben die ganze Palette halluzinatorischer Erfahrung im Bett, unter die Decke verkrochen, während andere dabei herumkraxeln und sich unter allerhand unverständlichem Gestikulieren und Gefuchtel laut oder leise mit ihren Stimmen unterhalten. Ja, es kommt sogar vor, daß sie während eines Gesprächs mit einem anderen Menschen alle paar Sekunden in einem geflüsterten „Beiseite" ihren halluzinierten Stimmen antworten.

Visionen oder Gesichtshalluzinationen treten seltener auf als Gehörshalluzinationen, können aber auf die seelischen Kräfte genauso zerstörerisch wirken. Für Außenstehende, denen davon berichtet wird, mögen sie oft kurios oder skurril erscheinen, für die Betroffenen sind sie aufgrund ihres fraglosen Realitätsanspruchs beängstigend. Jaynes berichtet von einer Patientin:

Eine meiner Probandinnen, eine lebenslustige junge Frau, saß einmal in einem geparkten Auto, wo sie seit geraumer Zeit mit einem gewissen Bangen auf eine Bekannte wartete. Von vorn auf der Straße kam ein blauer Wagen, der – sonderbarerweise – ohne ersichtlichen Grund seine Fahrt verlangsamte, die Farbe zu Rostbraun wechselte, dann zwei mächtige graue Flügel entfaltete und mit sanftem Flügelschlag über eine Hecke hinweg verschwand. Am meisten erschreckte sie jedoch der Umstand, daß die Menschen auf der Straße sich so verhielten, als sei nichts Außergewöhnliches vorgefallen. Was konnte anderes dahinterstecken, als daß sie sich irgendwie verschworen hatten, ihre Reaktionen vor meiner Probandin zu verheimlichen? Aber warum? Häufig führt erst die Narrativierung solcher Pseudo-Ereignisse im Bewußtsein, bei der ein Zusammenhang zwischen ihnen und der Welt rationalisiert wird, zur eigentlich tragischen Symptombildung.

Es ist verständlich, daß Patienten alles in ihrer Macht Stehende unternehmen, um den terrorisierenden Effekten ihrer Einbildungen zu entgehen und das gestörte Ich wieder zu einer leistungsfähigen Kontroll- und Abwehrinstanz zu machen. Sie halten sich Ohren und Augen zu, verkriechen sich unter die Bettdecke, verstecken sich in Nischen und Schränken, suchen die Dunkelheit – meist vergeblich; denn das deformierte Innen teilt sich in ihrer Perzeption einem entstellten Außen mit. Die Wahrnehmung verfügt nicht über die Möglichkeit, sich gegen die Flut der Bilder, Geräusche oder Schläge abzuschotten, die Psyche ruhig zu stellen, dem Terror zu entkommen. Der ersehnte Seelenfrieden kann nicht eintreten, solange das labile oder zerstörte Ich den anstürmenden primären Trieben und Impulsen eines revoltierenden Unbewußten hilflos ausgeliefert ist. Renée schildert ihren verzweifelten Abwehrkampf gegen ein Störfeuer der Sinne, das schlechthin grauenvoll wirkt:

Während ich mit aller Kraft [gegen das „System"] kämpfte, um nicht von der Erleuchtung überrannt zu werden, sah ich, wie die Gegenstände mich aus ihrer Ecke heraus bedrohlich verhöhnten. Und in meinem Kopf jagten sich unaufhörlich sinnlose Sätze. Ich schloß die Augen, um all dieser Unruhe zu entgehen, in deren Mittelpunkt ich stand. Doch es nützte nichts: denn dann sprangen mich grauenvolle Bilder an, so lebendig, daß ich wirkliche Empfindungen in meinem Körper verspürte. Ich kann nicht behaupten, daß ich tatsächlich Bilder sah; ich fühlte sie eher. Zum Beispiel meinte ich, daß mein Mund voller Vögel sei, die ich zerkaute und die mich mit ihren Federn, ihren zermalmtenKnochen in ihrem Blut erstickten. Oder ich sah Leute, die ich in Milchdosen einsperrte und die langsam verfaulten, und ich verschlang diese verwesenden Kadaver. Es war grauenvoll. Oder ich verschlang den Kopf einer Katze, die mich ihrerseits von innen her auffraß

In der Psychiatrie sind verschiedentlich Versuche unternommen worden, die Wahrnehmungsinhalte der Halluzinationen zu qualifizieren und in Beziehung zu den Biographien der Patienten zu setzen. Dabei kristallisiert sich die bedeutsame Erkenntnis heraus, daß die Phänomene keineswegs der chaotischen Willkür unterliegen, die ihre Oberflächenstruktur rein phänomenal signalisiert. Sie sind nur scheinbar wild und willkürlich; denn sie stehen im deutlichen Zusammenhang mit der sozialen und kulturellen Gesamtsituation, in die das Individuum eingebunden ist. Seine Ichstruktur läßt auch dann, wenn sie in der Auflösung begriffen ist, noch die Einflüsse von Erfahrung, Erziehung und weltanschaulich-religiöser Bindung erkennen. Unter ihrer konfusen Oberfläche sind die Symptome ebenso durch bestimmte Standards oder „kognitive Imperative"[107] der Lebenswelt gekennzeichnet wie die Normen und Werte der Normalen – nur daß sie entsetzlich entstellt und beängstigend unkontrolliert auftreten. Weder die Elemente des bedrohlich Fremden und Dämonischen noch die des inspirierend Göttlichen und Erhabenen, die den Eindruck von Invasoren machen, sind so fremd und äußerlich wie sie scheinen. Oft sind es psychische Deformationen von Erfahrungen, die in der klassischen Psychoanalyse als Einflüsse des Über-Ichs (die autoritativen Stimmen von Eltern, Vorfahren, Lehrern, religiösen oder politischen Führern u. dgl.) gefaßt werden, Figuren, die das gestörte Nervensystem aus Erziehungserlebnissen und kulturbedingten Konventionen herausgreift und auf groteske Weise entstellt. Oder es sind Ereignisse der biographischen Vergangenheit, die emotional stark besetzt sind, eventuell als traumatisch erlebt wurden. Bleuler schreibt: „Wenn man einen schizophrenen Kranken gut kennt und sich in seine Lebensgeschichte, seine Lebenslage, seine Befürchtungen und Hoffnungen vertieft, so bekommt das schizophrene Denken einen Sinn, und das Unverständliche wird verständlich."[108] Die Voraussetzung für ein derartiges Verständnis ist freilich, daß es dem Arzt gelingt, das bizarre Verhalten des Kranken als seine private Symbolsprache zu entschlüsseln, die Auskunft gibt über Dinge, die sich normaler Auskunft entziehen. Er muß versuchen, in die hermetische Symbolik einzudringen, um Bedeutung und Kohärenz dort zu stiften, wo diese

---

107 Begriff von Jaynes (1988), S. 394.
108 Bleuler (1979), S. 217.

Eigenschaften hinter einer Maske oder einem Schleier der Verzerrung versteckt sind.

So wurde beobachtet, daß die Halluzinationen stark von in der Kindheit erhaltenen Belehrungen und den seinerzeit aufgebauten Erwartungen abhängig sind. Zum Beispiel sind in Kulturen, in denen unter dem Einfluß religiöser Orthodoxie eine sehr konkrete persönliche Beziehung zu Gott Teil der kindlichen Erziehung ist, die Halluzinationen von Schizophrenen überwiegend religiöser Natur. Auf Tortola, der Hauptinsel der British Virgin Islands, wird den Kindern beigebracht, daß Gott buchstäblich jede Einzelheit in ihrem Leben kontrolliert. Drohungen werden mit dem Namen Gottes bekräftigt, Strafen im Namen Gottes verhängt. Hauptsächliche Form der Geselligkeit ist dort der Kirchenbesuch. Wann immer ein Eingeborener dieser Insel psychiatrische Hilfe in Anspruch nimmt, bestehen die Beschwerden unweigerlich darin, daß er Befehle von Gott und Jesus vernimmt, das Gefühl hat, in der Hölle zu braten, oder lautstarke Chorgebete und Kirchengesänge und mitunter auch ein Gemisch von Gebeten und Blasphemien halluziniert. Von den strenggläubigen Puritanern des 17. und 18. Jahrhunderts, von zeitgenössischen Mitgliedern fanatischer Sekten und manchen Drogenabhängigen liegen vergleichbare Berichte vor.

Der Kranke lebt unter dem Eindruck, daß er Umgang mit den Heiligen im Himmel pflegt. Er bricht in Freudentränen darüber aus, daß es ihm gestattet ist, mit den Bewohnern der himmlischen Gefilde direkt zu sprechen, und bekreuzigt sich ohne Unterlaß während des Wortwechsels. Häufig bahnt sich für Paranoiker nach einer längeren Periode gestörter Kommunikation mit den Mitmenschen der Übergang zum schizophrenen Aspekt ihres Leidens mit einem halluzinierten religiösen Erlebnis an, bei dem ein Engel, Jesus Christus oder Gottvater spricht und eine Botschaft übermittelt. Die Kranken gelangen dann zu der Überzeugung, in einem persönlichen Sonderverhältnis zu den Mächten des Himmels zu stehen, und die pathologisch selbstbezüglichen Interpretationen von allem, was sich um sie herum ereignet, werden zu Wahnideen ausgearbeitet, denen sie hartnäckig anhängen und die sie missionarisch verbreiten. Hier stoßen wir auf die provokative, aber ernsthaft zu stellende Frage, ob die Mystiker, Propheten und Apokalyptiker früherer Jahrhunderte, nach heutigem Kenntnisstand, nicht samt und sonders schizophren waren, zumindest eine Neigung dazu zeigten. Auf diese heikle Frage kommen wir unten zurück.

Aber auch dort, wo die Halluzinationen keine bestimmbare religiöse Grundlage haben, spielen die Verhaltensdirektiven und -initiativen der umgebenden Kultur die gleiche Rolle. Auch weltliche Autoritäten können sich einmischen und, je nach Auftreten, Terror oder Freude auslösen. Zuweilen werden die Stimmen sogar in der Klinik noch als Autoritäten aus der Lebenswelt identifiziert und anerkannt. Eine Patientin hörte überwiegend wohltuende Stimmen, von denen sie annahm, sie seien vom Gesundheitsamt zu ihrer psychotherapeutischen Betreuung abgeordnet worden. Jene Stimmen ließen es der Patientin nie an Ratschlägen fehlen (darunter übrigens auch der, dem behandelnden Arzt nicht zu verraten, daß sie Stimmen hörte). Sie gaben ihr Auskunft über die Aussprache schwieriger medizinischer Fachausdrücke, erteilten Ratschläge fürs Nähen und Kochen oder empfahlen ihr zu bestimmten Zeiten Bettruhe.

Besonders bemerkenswert ist: In halluzinierten Zuständen verfügen Kranke oftmals über mehr Erinnerungen und Kenntnisse als im Normalzustand – wie ehedem die antiken Orakel oder biblischen Propheten. Sie scheinen buchstäblich die Belange eines Über-Ichs zu vertreten, einer höheren und maßgeblicheren Instanz als die des eigenen Ichs. Oder sie scheinen Zugang zu Erinnerungsarchiven der Menscheit zu haben, die dem Ich unzugänglich sind. Hier verläuft eine unscharfe Grenze zwischen aktiv abgerufenen eidetischen Bildern und passiv erduldeten halluzinatorischen Erlebnissen. Beide geben sich unter Umständen allwissend und allgegenwärtig. Beide ‚wissen' mehr, als der Kranke seinen Lebensumständen nach wissen kann und spielen in mysteriöser Weise Schicksal. Es ist nichts Seltenes, Patienten in bestimmten Stadien der Krankheit darüber klagen zu hören, daß die Stimmen ihre Gedanken aussprechen, bevor sie Zeit gehabt hätten, sie selbst zu denken. Diese Besonderheit ist in der Psychiatrie als „Gedankenlautwerden" bekannt. Manche Schizophrenen erklären, sie bekämen zum Selbstdenken überhaupt keine Chance mehr; stets würde das Denken ihnen abgenommen oder die Gedanken ihnen vorgegeben. Wollen sie etwas lesen, lesen die Stimmen es ihnen vor. Wollen sie etwas sagen, hören sie ihre Gedanken schon im voraus ausgesprochen. Ein Patient sagte seinem Arzt,

er leide am Denken, da er selbst nicht denken könne, weil jedesmal, wenn er zu denken anfange, alle seine Gedanken ihm sofort vorgesprochen werden: er bemüht sich, den Gedankengang zu ändern und wieder denke man für ihn... . Beim Stehen in der Kirche höre er nicht selten eine singende Stimme, welche ihm das singt, was vom Chor gesungen wird... . Geht der Kranke auf der Straße und sieht z. B. ein Schild, so lese ihm die Stimme vor, was auf dem Schilde steht... . Erblickt der Patient in der Ferne irgendeinen Bekannten, so rufe die Stimme ihm sofort, gewöhnlich schon bevor er noch an die betreffende Person denke, zu: „Siehe, da geht der und der." Zuweilen hat der Kranke gar nicht die Absicht, die Vorbeigehenden zu beachten, die Stimme aber zwingt ihn, durch ihre Auslassungen über dieselben, ihnen seine Aufmerksamkeit zu schenken.

Gegenüber ihren Wirten nehmen die Stimmen jede erdenkliche Haltung ein: Sie machen Konversation, drohen, üben Kritik und geben Ratschläge; sie ermahnen, trösten, verspotten, kommandieren oder führen manchmal auch lediglich eine tönende Chronik der laufenden Ereignisse. Mal kreischen, winseln oder höhnen sie, mal donnern sie den Kranken stentorisch in den Ohren, mal schleichen sie sich flüsternd in ihr Vertrauen. „Dämonische Besessenheit" oder „göttliche Eingebung" lautete die Diagnose solcher Erscheinungen zu Zeiten, als die innere Macht des Unbewußten noch äußeren Invasoren zugeschrieben wurde.109 Sie sprechen unartikuliert nuschelnd oder poetisch skandierend, sie äußern sich in Reimen, in Rhythmen, sogar in fremden Sprachen (Xenoglossie). In dem Phänomen, das als „automatisches Schreiben" bekannt ist, können Stimmen Gedichte, ja ganze Romane diktieren, über deren Komposition der Verfasser nachher nichts zu sagen vermag. Es kommt vor, daß nur eine einzige, ganz bestimmte Stimme vernommen wird, die nie wechselt; häufiger jedoch tönen mehrere oder viele. Je nach den situativen Bedingungen der umgebenden Kultur, je nach der Biographie der Kranken werden sie mit Göttern, Engeln, Teufeln, Unholden, Schutzgeistern, Verwandten, Ahnen oder persönlichen Feinden identifiziert. Der heilige Antonius wähnte sich bekanntlich von gräßlich-feindlichen Dämonen umringt; die heilige Johanna sah und hörte „ihre" freundlichen Heiligen. Es kommt vor, daß die Rede einer Stimme dialogisch aufgebaut ist, so als würden sich zwei Menschen über den Kranken in seiner Abwesenheit unterhalten. Dann wieder sind die Rollen eines Fürsprechers und eines Widersachers auf verschiedene Personen verteilt. Während die Stimme seiner Tocher über einen Patienten zum Beispiel erklärt: „Er wird verbrannt!", entgegnet die Stimme seiner Mutter: „Er wird nicht verbrannt." Oder es schnattern so viele Stimmen durcheinander, daß der Patient nicht verstehen kann, was sie sagen. Sie können aus Mauern und Wänden dringen, aus dem Keller oder vom Dach, vom Himmel oder aus der Hölle, von nah oder weit her erschallen oder aber ihren Sitz (scheinbar) in bestimmten Körperteilen und Kleidungsstücken haben. Ein Patient gab an, über jedem seiner Ohren hocke eine Stimme, die eine ein wenig größer als die andere – was an die Vorstellungen der alten Ägypter von ihrem „Ka" und dessen Darstellungen auf Pharaonenbildnissen erinnert. Wir sehen: der Zusammenbruch des inneren Raums zeitigt Konsequenzen der skurrilsten Art.

Nach jahrelanger Forschung über Hintergründe und Ursachen der Schizophrenie hat der Psychologe Julian Jaynes eine revolutionäre Theorie aufgestellt. Seine zentrale These: Die Schizophrenie ist, genau genommen, keine Geisteskrankheit im Sinne einer pathogenen Verirrung oder neuronalen Störung, sondern die späte und seltene Manifestation einer frühen strukturellen Disposition des menschlichen Hirns, die vor Jahrtausenden normal, da vorherrschend war. Mit seiner Theorie vom Zusammenbruch der bikameralen Psyche vertritt Jaynes die Ansicht, die zwei Hemisphären des Gehirns hätten früher (z. B. noch zu Zeiten Homers) unabhängig voneinander existiert und anders miteinander kommuni-

---

109 Vgl. unten Kap.2.7, S. 257 ff.

ziert als heute. Im Verlauf der mentalen Evolution seien Zentren des Gehirns auf der rechten Seite deaktiviert worden, die residual aber noch angelegt und bei bestimmten Menschen unter bestimmten Umständen (hauptsächlich Streß) reaktivierbar seien. Die Visionen und Auditionen seien „Sendungen" von der rechten an die linke Hirnhälfte, die vom Individuum als fremde Botschaften wahrgenommen und als höhere Weisungen gedeutet würden. Jaynes fragt: „Warum kommt es zum Auftreten von Halluzinationen? Und wie soll man sich die universale Verbreitung des Stimmenhörens quer durch die Kulturen erklären, wenn nicht mit der Existenz einer normalerweise ausgeschalteten Gehirnstruktur, die unter dem Streß der Krankheit wieder aktiviert wird? Und warum besitzen die Halluzinationen der Schizophrenen so häufig eine unüberbietbare Autorität zumal religiöser Art?"[110] Eine Erklärung kann für ihn nur in der Annahme einer Zwei-Kammern-Existenz der Psyche liegen, die im Laufe der mentalen Entwicklung des *homo sapiens sapiens* zusammengebrochen ist, das Ich-Bewußtsein überwiegend auf der linken Seite herausgebildet und die meisten seiner Funktionen dort angesiedelt hat. Danach wäre das uns Spätgeborenen so selbstverständliche und unverzichtbare Ich-Bewußtsein nicht viel älter als 3000 Jahre. Die Stimmen der Götter und Dämonen als Stifter des religiösen Gefühls verstummten, und erst danach entstand, was unser autonomes Bewußtsein ausmacht: Individualität, Moral, Gewissen, Geschichte, überhaupt das Wissen des Menschen von sich selbst – alles relative Neuerwerbungen. Die Helden Homers und die Patriarchen der Bibel hingegen konnten unter Streß nicht selbst-bewußt entscheiden wie wir. Statt dessen hatten sie Halluzinationen, sahen Erscheinungen und hörten Stimmen. Keine andere Glaubensstruktur, sondern eine andere Gehirnstruktur war dafür verantwortlich.

Jaynes untermauert seine Theorie mit vier Argumenten: 1. Hirnanatomisch läßt sich feststellen, daß es in der rechten Hemisphäre „stumme" Sprach- und Sehzentren gibt, die strukturell denen in der linken Hemisphäre entsprechen, aber bei den allermeisten Menschen heute inaktiv sind. Grund dafür sind Veränderungen im Corpus callosum, dem verbindenden Nervenstrang zwischen den beiden Hälften, die zu einer allmählich schwindenden Inanspruchnahme vormals aktiver Zellregionen führten. Reizt man die inaktiven Regionen mit schwachen elektrischen Impulsen, kann man Halluzinationen provozieren. 2. Aus der Frühzeit der Kulturen liegen keine Zeugnisse über psychotische Störungen und deren Symptome vor, wie wir sie heute kennen. Es gibt keine Symptombeschreibungen, die von den damaligen Ärzten oder Medizinmännern auch nur im entferntesten als Befunde von Spaltungsirresein gedeutet wurden. Sie können demnach als solche nicht bewußt gewesen oder müssen ganz anders bewertet worden sein.

---

110 Jaynes (1988), S. 505.

3. Dort, wo abnorme Geisteszustände beschrieben werden (wie zum Beispiel in den platonischen Dialogen), gehen die Beschreibungen nicht von pathologischen Zuständen, sondern von verschiedenen Arten „heiligen" Wahns aus, der als göttlich oder dämonisch inspiriert galt und mit einer positiven kulturellen Aura versehen war. 4. Die frühen Äußerungen von Propheten und Visionären, die Art ihrer Artikulation in Orakeln, die Begleitumstände ihrer sinnesphysiologischen Aktivitäten stimmen so weitgehend mit den Halluzinationen der heutigen Schizophrenen überein, daß die Ähnlichkeiten nicht zufällig sein können. Zwischen diesen frühen Erscheinungsformen und heutigen Symptomen muß es eine strukturell-neuronale Verwandtschaft geben – nur daß Phänomene, die ursprünglich als Botschaften übermenschlicher Wesen respektiert wurden, heute als Wahngebilde diagnostiziert und gefürchtet werden. Die göttlich-dämonischen Wesen wohnen im menschlichen Schädel.

Von theologischer, kulturhistorischer, auch neurowissenschaftlicher Seite ist dieser „Urknall-Theorie des Bewußtseins" widersprochen worden. Haupteinwände: Bei dem aus über zwei Millionen Nervenfasern bestehenden Corpus callosum sei es nicht möglich, für den Zusammenbruch der Bikameralität verantwortliche, kommunikationshemmende Veränderungen festzustellen. Und: Schizophrene seien nicht lebenstüchtig genug, um sich in den harten Zeiten der Frühkulturen behaupten und intakte Sozialformen bilden zu können. Und: der Gottes- oder Götterglaube ließe sich nicht hirnanatomisch-neuronal erklären, zumal dieser Glaube auch innigst von geistig Gesunden gepflegt würde, denen Halluzinationen vollkommen fremd sind. Dies hat eine heftige Debatte ausgelöst, auf die wir hier nicht eingehen können. Doch wie bei allen umwälzenden Theorien stellt sich die Frage, ob die Kritik daran das Abwehrgefecht von Fachgelehrten darstellt, denen Jaynes einfach allzu revolutionär erscheint, oder das Echo sachkundiger Einwände bildet, die seiner Theorie früher oder später den Garaus machen werden. Jedenfalls sind die Implikationen weitreichend und berühren in unserem Zusammenhang noch andere Problemfelder.

Teil 2

Im Reich der Phantasien

2.1 Phantasie – was ist das?

Wer seine Blicke nach innen lenkt und versucht, die verschiedenen dort ablaufenden Vorgänge zu beobachten und zu beschreiben, wird ziemlich spontan auf seine Phantasietätigkeit zu sprechen kommen. Denn diese Tätigkeit dürfte ihm geläufiger sein als die meisten anderen, teils verborgenen, teils schwer verständlichen Vorgänge auf der Bühne seines Bewußtseins. Doch was ist Phantasie? – Jeder Versuch, eine Antwort auf diese scheinbar harmlose Frage zu geben, stößt sofort auf Hindernisse: *Phantasie* gehört zu jenen Begriffen, deren lexikalische Verbreitung und gängige Verwendung in einem merkwürdigen Kontrast zu ihrer unzureichenden Erklärung stehen. Phantasie findet sich in einer Gruppe mit kontingenten Begriffen wie *Bewußtsein, Vorstellung, Fiktion, Erinnerung, Illusion, Einbildung* oder *Idee*, deren Verwandtschaft phänomenologisch evident zu sein scheint, die aber psycho- und neurologisch erhebliche Bestimmungs- und Abgrenzungsprobleme mit sich bringen. Zwar glauben wir subjektiv zu wissen, was Phantasie ist, weil wir ihre Gefilde problemlos aufsuchen können und dann wissen, wo wir sind; aber sobald wir dieses Wissen auf den Prüfstand stellen, herausfinden wollen, wie solide es ist, erweist es sich als brüchig und unzuverlässig. Wir haben Phantasie, wissen aber nicht, warum und wieso. Die Gründe und Hintergründe der entprechenden Tätigkeit bleiben uns weitgehend verborgen. Wie nehmen sie spontan in Anspruch, schalten unser Gehirn, wenn innere Impulse und/oder äußere Umstände uns dazu veranlassen, unreflektiert auf ‚Phantasietätigkeit', ohne daß wir die involvierten Prozesse analytisch unter die Lupe nehmen. Eine Distanzierung von den eigenen Phantasien fällt schwer, und ihre Deutung durch Außenstehende unterliegt allerlei Unwägbarkeiten. Nachschlagewerke wie der *Brockhaus* ersetzen, wenn sie das Phänomen erläutern, den Phantasiebegriff einfach durch synonyme oder verwandte Begriffe wie „Vorstellung", „Vorstellungsvermögen", „Einbildungkaft" oder „schöpferische Imagination", treten somit semantisch auf der Stelle. Auch die oft zitierte Kantsche Bestimmung von Einbildungskraft als „das Vermögen, einen Gegenstand auch ohne dessen Gegenwart in der Anschauung vorzustellen" ist kein Muster einer brauchbaren Definition; denn sie verstrickt sich in eine Tautologie (*einbilden* wird durch *vorstellen* erklärt) und gibt auch sonst nicht mehr her, als das bildhafte Wort selber sagt. Was Phänomenologie und Psychologie über die menschliche Phantasie zu sagen haben, besteht aus Bruchstücken. Eine anerkannte neurowissenschaftliche Theorie gibt es bislang nicht, und die Gelehrten tun sich schwer mit der Differenzierung der verwandten Phänomene. Das Konzept der Phantasie ist von so vielen Mystifikationen und Ideologisierungen umwölkt, daß es sich dem rational-erklärenden Zugriff entzieht. Allein die Frage, weshalb die Evolution uns Menschen überhaupt mit Phantasie ausgestattet hat, stellt eine harte intellektuelle Nuß dar.[111]

Halten wir uns an die Psychoanalyse, die sich hier am dezidiertesten äußert, so handelt es sich um ein psychisches Kompensationsgeschehen, entstanden aus dem Konflikt zwischen der Erfahrung unvermeidbarer Entbehrungen in der Realität und dem unstillbaren Verlangen nach den Verlockungen der Lust. Danach hat es die Evolution gut mit uns gemeint, als sie uns eine Lust gewährende Spielwiese beließ, nachdem wir – erwachsen geworden – genötigt waren, uns vom Lustprinzip zu verabschieden. Nach Freud fällt der vom Realitätsprinzip erzwungene Lustverzicht den Menschen schwer. Die Phantasie gewährt ihnen jedoch „eine Form der Existenz, in welcher sie von dem Realitätsanspruch und dem, was wir Realitätsprüfung nennen, frei gelassen sind. [...] In der Phantasietätigkeit genießt der Mensch die Freiheit vom äußeren Zwang weiter, auf die er in Wirklichkeit längst verzichtet hat. Er hat es zustande gebracht, abwechselnd noch Lusttier zu sein und dann wieder ein verständiges Wesen."[112]

Danach ist die Phantasie eine Art Schonraum des Geistes, ein abgegrenzter mentaler Bezirk, wo das ungeliebte Realitätsprinzip einen Teil seiner Herrschaft vorübergehend abtritt an das unvergessene, ununterdrückbare Lustprinzip, welches unser ursprüngliches Streben bestimmt. Dem Reich der Phantasie, das wir kompensatorisch aufsuchen, ist es zu verdanken, daß die Domäne der Realität überhaupt erträglich bleibt. Nach Freud ist es so, daß der seelische Rückzug in das Land der Phantasie dem Besuch eines Naturschutzgebietes in der Wirklichkeit gleicht. Beides ist gleichermaßen erholsam, da es den Naturzustand unter ansonsten ‚naturfeindlichen' Bedingungen restituiert: „Der Naturschutzpark erhält diesen alten Zustand, welchen man sonst überall mit Bedauern der Notwendigkeit geopfert hat. Alles darf darin wuchern und wachsen, wie es will, auch das Nutzlose, selbst das Schädliche. Eine solche, dem Realitätsprinzip entzogene Schonung ist auch das seelische Reich der Phantasie".[113]

Diese Hypothese vermag nur teilweise zu befriedigen, weil sie Aktivitäten der Phantasie ignoriert, denen überhaupt nicht am Besuch von „Naturschutzparks" gelegen ist – Aktivitäten, die progressiv sind, nach vorne blicken, zu Kognitionen führen, welche auf Problemlösung und Realitätsverbesserung sinnen. Zudem kann sie auch deshalb nicht genügen, weil sie wenig zu sagen hat über die mentalen Transpositionsprozesse, die stattfinden, wenn der Keimling einer flüchtigen Phantasie zu wachsen beginnt und sich womöglich zu einem grandiosen Gedankengebäude in der Kunst, der Philosophie, der Wissenschaft heranbil-

---

111 Vgl. Arnold u. a. (1980), Bd. 2, S. 1603.
112 Freud (1940a), *G. W.* Bd. 11, S. 386–387.
113 Ebd., S. 387.

det. Die Progression, die stattfindet, wenn die ephemere Phantasie zur versachlichenden Imagination fortschreitet, diese sich zu Kognitionen und Konzeptionen entwickeln und letztere eventuell in Maßnahmen oder Taten münden, bleibt unberücksichtigt. Die Imagination stellt eine enge (mit erhöhter Disziplin arbeitendende) Verwandte der Phantasie dar, aber trotz dieser Verwandtschaft ist sie nicht unbedingt libidinös. Imagination ist die auf Phantasie gründende, sie jedoch in Richtung auf formgebende Kontrolle und (relativ) realitätsnahe Transformationen überschreitende Fähigkeit zur Gestaltung schöpferischer Ideen. In dieser Eigenschaft ist sie eine wichtige Gehilfin des produktiven Denkens, strenger und spröder als ihre nahe Verwandte, aber in bestimmter Hinsicht leistungsfähiger. Außerdem können originäre libidinöse Wünsche – welche Rolle man ihnen auch zuspricht – kaum die allein maßgeblichen sein, um *alle* Phantasieleistungen des Menschen zu erklären. Nach Freud setzt die seelische Arbeit an einem aktuellen Wunsch der Person in der Gegenwart an, greift von dort auf die Erinnerung eines früheren, infantilen Erlebnisses zurück, als der Wunsch erfüllt war, und phantasiert daraufhin eine zukünftige Situation, die sich als die (Wieder-)Erfüllung nämlichen Wunsches darstellt.[114] Doch jeder mit Phantasie begabte Erwachsene weiß, wenn er sich gründlich selbst erforscht, daß ihn allerlei wunschgeborene Vorstellungen beschäftigen können, die sich beim besten Willen nicht auf kindliche Grundmuster zurückführen lassen. Und er weiß auch, daß Vorstellungswelten existieren, die er genußvoll aufsucht, ohne auch nur im weitesten Sinne des Wortes libidinösen Impulsen zu unterliegen.

Ernst Bloch, dem die Fixierung auf infantile Regungen als Urgrund aller Wunsch- und Angstphantasien als viel zu eng erscheint, klagt denn auch: „Libido freilich wieder, nichts als Libido die ganze Zeit ..., und mit der Libido lauter Psychologismus wieder, ohne soziale Umwelt. Reicht denn sexuelle Libido zu dieser Phantasieerzeugung aus, ja ist sie überhaupt zu ihr notwendig?"[115] Ganz entschieden wird dies verneint. Zu buntschillernd ist die Welt der realen Wünsche und zu multiform die Welt der realen Ängste, um sie sämtlich von infantilen Erlebnisstrukturen abhängig zu machen. Die Traumfabrikationen der populären Kultur sind verlockend genug, um unzählige Wünsche zu wecken; die Erfahrungen mit politischem Terror und Krieg grauenvoll genug, um die schlimmsten Ängste zu wecken. Weder das eine noch das andere muß – unterstellt man dafür eine lebenslange Sensitivität der Psyche – zu seiner Erklärung den Umweg über die Kindheit gehen. Ein erwachsener Mensch kann die glückseligste Kindheit durchlaufen haben, und dennoch wird er Angst verspüren, wenn aktuelle Lebensumstände für ihn bedrohlich werden. Umgekehrt kann ein anderer Mensch

---

114 Siehe Freud (1940), *G.W.*, Bd. 11, S. 218 ff.
115 Bloch (1978), Bd. 1, S. 93.

eine miserable Jugend erlebt haben, und dennoch (vielleicht sogar deshalb) wird er Wunschträume entwickeln, wenn er sich seiner elenden Vergangenheit bewußt wird. In beiden Fällen ist die eingreifende Phantasie, auch wenn ihre Wurzeln in den Boden des Unbewußten reichen, mehr als die späte Projektionsfläche früher infantiler Regungen und auch mehr als eine traumkonforme, quasihalluzinatorische Erlebnisform. Sie ist – potentiell – eine die Gedankenwelt formende, inspirierende, motivierende, eventuell aber auch verführende, verwirrende, pervertierende Vorstellungskraft. Das heißt, sie ist viel zu anarchisch und multivalent, um nur als Dienerin der Libido zu fungieren.

In Ermangelung einer anerkannten Theorie läßt sich skizzenhaft folgendes sagen: Phantasie ist eine ungebundene Realisationsform des Geistes, die sich ein freies Erprobungs- und Übungsfeld zur inhaltlichen Erweiterung des Bewußtseins schafft. Phantasie (als Fähigkeit) bringt Phantasien (als Gebilde) hervor. Diese erscheinen als die mentalen Ausarbeitungen jener, sind somit seelische Sekundärphänomene, die von Primärprozessen im Gefühls- und/oder Triebleben genährt werden. Wir haben es mit einer seelischen Energieform zu tun, die sich unter endogener oder exogener Stimulation zu bestimmten Vorstellungsbildern umwandelt. Wir verdanken sie einer besonderen Produktionskraft des Geistes, einem Vermögen des inneren Sehens. Beobachtbar ist: Der Mensch reagiert auf ein Weniger an Außenstimulation (sensorische Deprivation) mit einem Mehr an Innenaktivität (mentale Kompensation), er antwortet auf lebensweltliche Entbehrungen mit innerweltlichen Vorstellungen. Bringt man Versuchspersonen in eine Lage totaler sozialer und sensorischer Abschottung, beginnen die Gehirne dieser Personen früher oder später damit, ihnen allerlei Bildhaftes oder Halluzinatorisches vorzugaukeln. In seinen Phantasien kommuniziert der Mensch also bildhaft mit sich selbst – diesseits aller sprachlichen Regeln und Restriktionen, diesseits aller sozialen Zwänge, in ungezügelter, unbezwingbarer Freiheit des Geistes. Wahrscheinlich stammt die Fähigkeit, innere Bilder wahrzunehmen (auch wenn das, was sie abbilden, in der Außenwelt nicht da ist oder in ganz anderer Weise da ist), aus unserer stammesgeschichtlichen Frühzeit, als eidetische Wahrnehmungen sehr viel häufiger auftraten als heute.[116] Träume lassen sich als die verbreitetsten Relikte dieser Konstitution auffassen, während Halluzinationen ihre krankhaften Überbleibsel sind. Jedenfalls ist die Seele *per naturam* eine Art Produktions- und Umwandlungsstätte, imstande, Triebe und Affekte einerseits, Impulse und Anregungen andererseits auf eine höhere Ebene des Bewußtseins zu transponieren und sie dadurch mental sicht- und fühlbar zu machen. Auf diesem Wege nehmen die immateriellen Vorgänge scheinbar materielle

---

116 Vgl. Jaynes (1988).

Gestalt dadurch an, daß sie wie auf eine innere Leinwand projiziert werden. Dort können sie aufleuchten und wieder verschwinden, so daß sie flüchtig und gänzlich subjektiv bleiben, oder von dort können sie sich Wege in die Kultur bahnen, so daß sie, ästhetisch erhöht oder gedanklich ausformuliert, objektive Gestalt annehmen.

Phantasie ist demzufolge schöpferisch, aber auf charakteristisch zwiespältige Weise. Denn *vermöge* der Phantasie wird *per* Phantasien die Wirklichkeit einerseits deformiert und demontiert, andererseits aber transzendiert und neu komponiert – Zerstörung zum Zwecke der Neuschöpfung. Als Geistesprodukte stellen die Phantasien den Versuch dar, uns die äußere Welt innerlich gefügig zu machen, sie entweder unter dem Diktat unserer Wünsche neu zu formen oder unter dem Druck unserer Ängste abzuwehren. Auf jeden Fall wird von innen heraus das Außen, genauer: bestimmte Objekte im Außen, mit positiven oder negativen Gefühlsqualitäten besetzt, die dann unter der Regie des Ichs in besonderer Weise in Szene gesetzt werden. Offenbar haben wir es bei diesen Vorgängen mit fundamentalen Lebensäußerungen zu tun, die die Evolution der Gattung des Menschen psychogenetisch in die Wiege gelegt hat, weil damit ein notwendiges Verhaltensregulativ und ein arterhaltender Selbstschutzmechanismus installiert waren. Was immer die infantile Basis im einzelnen sein mag – es ist nicht zu vermuten, daß die Natur uns willkürlich mit dieser Fähigkeit ausgestattet hat. Wünsche können sich in konkrete Lebensziele umwandeln und insofern arterhaltend sein; Ängste können sich in Abwehrmaßnahmen umwandeln und insofern schützend sein. Wünsche und Ängste zu haben, ist – so betrachtet – ein Recht und eine Pflicht auch des erwachsenen Menschen. Die Phantasien stellen so etwas wie den seelischen Resonanzboden für diese Regungen dar; sie bilden sich, bevor sich – potentiell – weiteres aus ihnen bildet.

Eine Differenz, die wir unten (S. 153 ff.) noch ausführlich behandeln werden, ist hier zu erwähnen: Anders als nächtliche Traumbilder unterliegen Phantasiebilder der Steuerung und Kontrolle; sie sind bis zu einem gewissen Grad vom Tagesbewußtsein ‚manipulierbar', wodurch ihre Struktur intelligibler, vertrauter, beherrschbarer erscheint als die von Träumen. Der Träumer weiß nicht, solange er träumt, *daß* er träumt; aber der Phantasierende weiß, während er phantasiert, *daß* er phantasiert (zumindest solange er keinen Zwangsvorstellungen zum Opfer fällt). Dies ist ein grundlegender Unterschied, der deshalb Betonung verdient, weil er die Beteiligung unterschiedlicher Aktivationszentren im Gehirn signalisiert und unterschiedliche Erfahrungsmodalitäten schafft. Zwar gibt es Übergänge im Halbschlaf, im Fieberwahn oder im Trancezustand, wenn die Grenzen verschwimmen und die Bilder fluktuieren; aber Traum und Phantasie sollten grundsätzlich auch dann unterschieden werden, wenn der Unterschied von der Alltagssprache schlampig behandelt wird, wenn Menschen von Wunscherfüllungen „träumen", obwohl sie genau genommen „phantasieren" oder „tagträumen". Die Perspektiven und Erlebnismodi unterscheiden sich: Der Phantasierende ist seinem Wesen nach ein „Hans-guck-in-die-Luft", wie Bloch sagt, der Träumende eher ein auf der inneren Bühne seines Gefühlslebens auftretender Akteur. Der eine gibt sich tendenziell progressiven Vorstellungen hin; der andere erlebt (und erleidet) eher regressive Zustände.

Die Dynamik der Phantasietätigkeiten spielt sich zwischen zwei affektiven Polen ab: Je stärker wunschorientiert die Phantasie, desto bewußter normalerweise die innere Inszenierung der Wunschbefriedigung. Je stärker angstbesetzt das Erlebnis, desto ‚unbewußter', d. h. zwanghafter der Vorgang und desto stärker auch die innere Abwehr. Dies ist leicht erklärbar, denn Wunschphantasien sind uns willkommen, während Angstphantasien gefürchtet und eventuell abgewehrt werden. Da beim ‚normalen' Menschen Phantasiebilder, selbst wenn sie als unangenehm empfunden werden, nicht halluzinatorisch sind, kein psychisches Eigenleben besitzen, lassen sie sich willkürlich ‚aufrufen' und ‚abschalten'. Das regieführende Ich weiß, daß seine Phantasien, so verlockend oder angsteinflößend sie sein mögen, gewöhnlich nicht in ernsthafte Konkurrenz treten zur empirischen Wirklichkeit. Sollte derartige Konkurrenz – spielerisch – dennoch eintreten, geschieht dies normalerweise im Wissen um die kategoriale Differenz der beiden Welten und die damit gegebenen Schwierigkeiten einer Umsetzung. Man weiß, man schöpft aus der Phantasie, wenn man Wünsche in Gedanken und Gedanken in Projekte umwandelt. Man weiß, man lebt in phantasiegestifteten Welten, wenn man eindrucksvollen Filmen, Schauspielen, Zeremonien als Fiktionen beiwohnt – auch wenn vorübergehend der Eindruck geschaffen wird, das Außen sei das Innen und umgekehrt. Man ist sich der Tatsache bewußt (zumindest halbbewußt), daß eine Anverwandlung meist nicht ohne hohen transpositorischen Aufwand möglich und in vielen Fällen ganz unmöglich ist. Selbst Horrorgeschichten und deren Verarbeitung verbleiben gewöhnlich in einem geistigen Sonderbezirk, wo angst- oder ekeleinflößende Impulse kognitiv in Schach gehalten und infolgedessen ästhetisch genossen werden können. Erst wenn dieses Wissen nicht vorhanden ist oder schwindet, was gewöhnlich nur im naiv-kindlichen und schizophrenen Erleben der Fall ist, zerbricht die vom Ich aufgerichtete Schranke und eine Konfusion der Welten findet statt.

Im alltäglichen Umgang mit dem Phänomen denken wir über Phantasie gewöhnlich positiv. Kaum jemand würde bestreiten, daß es wichtig für den Menschen ist, Phantasie zu besitzen, weil eine lebhafte Phantasie (als Fähigkeit) reiche Phantasien (als Vorstellungsbilder) verspricht, so etwas wie einen seelischen

Schatz, den wir hüten und aus dem wir schöpfen. Wir haben die Angewohnheit, uns ab und an in Phantasiewelten zu flüchten, wenn die äußere Wirklichkeit uns allzu öde, lustlos, widerständig oder gar unerträglich vorkommt, und empfinden solche Flucht als quasi-therapeutisch. Hier wird man Freuds Rede vom geistigen „Naturschutzpark" kaum widersprechen können. Wir verfügen über die segensreiche Fähigkeit, die Umwelt vorübergehend auszublenden, um uns in jene Luftschlösser zu begeben, die wir mittels einer Architektur der Phantasie errichten. Diese Luftschlösser erweitern, erhöhen, verschönern, entgrenzen die Realität und führen uns in jene Richtung, in welche unser unbefriedigtes Lebensgefühl strebt. Von den Romantikern haben wir gehört, daß sie Phantasie zu einem regelrechten Kultbegriff stilisierten, den sie zu ihrer Zeit gar nicht genug wertschätzen konnten. Wir glauben zu wissen, daß es unter unseren Mitmenschen besonders ‚privilegierte', mit einer beneidenswerten Phantasie ausgestattete Individuen gibt. Uns ist bekannt, daß kindliches Spiel und schöpferische Leistung ohne Phantasie gar nicht denkbar sind, und wir wünschen unter Umständen, wir hätten selbst mehr davon. Schriftsteller, die ihre Phantasien kunstvoll in Poesie oder Fiktionen umzuwandeln imstande sind, werden von uns bewundert. „Die Phantasie ist ein Auge, ein wunderbares drittes Auge, das frei schwebt", schreibt der Autor Stephen King.[117] Phantasietätigkeit bewahrt uns ein Stück mentaler Freiheit in einer Welt, in der sich Unlust durch Unfreiheit ausbreitet. Sie erlaubt den Bau alternativer ‚Wirklichkeiten', von denen wir wissen, daß ihr Status von besonderer, immaterieller Qualität ist, der unter normalen Umständen nicht mit dem Status äußerer, empirischer Fakten konkurriert. Der Reiz solcher Wirklichkeit liegt gerade in ihrer Freiheit und Unverbindlichkeit – mit Ausnahme jener Fälle, da Verbindlichkeit gezielt angestrebt wird.[118]

Gehören wir vielleicht auch zu den Menschen mit ausgeprägtem Realitätssinn, zweifeln wir dennoch nicht daran, daß die berufliche wie die private Welt für Problemlösungen dieser oder jener Art Phantasie verlangt und daß die Phantasiebegabten oft schneller auf adäquate Lösungen stoßen als die eingefleischten Systemdenker und kalten Rationalisten. Außerhalb unserer eigenen, routinebestimmten Lebenswelt haben wir zudem die positive Erfahrung gemacht, daß viele Kulturprodukte der Phantasie entspringen und in dieser Eigenschaft einen spürbaren Lustgewinn bieten, den wir kompensatorisch willkommen heißen. Dieser Effekt läßt sich steigern, wenn die passive in eine aktive Rolle übergeht, d. h. wenn wir es selbst sind, die aus kreativer Phantasie heraus Artefakte schaffen, die uns und unseren Mitmenschen Freude bereiten und Interesse auslösen. Die Transposition phantasiegeborener Vorstellungen in ästhetische Objekte oder

---
117 King (2000), S. 647.
118 Siehe unten Kap. 4.3, S.461 ff.

kreative Handlungen verschafft ein hohes Maß an Befriedigung. Wir haben Spaß am Neuen, selbst wenn die schöpferischste Phantasie, genau genommen, nichts wirklich neu erfinden kann, sondern ihre Erfindungen nur aus Elementen des Bekannten neu zusammensetzt: Wer vom Schlaraffenland träumt, stattet dieses Land mit Leckereien aus, die er kennt; wer vom besseren Leben auf diesem Planeten träumt, fügt soziale Merkmale zusammen, die er kennt; wer von seinem Wunschpartner träumt, komponiert sich ein Bild aus menschlichen Zügen, die er kennt. Das Neue ist das rearrangierte Alte, weil es der ‚alte' Mensch ist, der sich das Neue schafft. Das absolut Neue gibt es nicht – auch nicht in der wildesten oder lebhaftesten Phantasie –, doch das relativ Neue ist gewöhnlich inspirierend genug.

Denken wir etwas weiter in diese Richtung, erkennen wir, daß sich die gesamte Kultur Aktivitäten verdankt, die zu weiten Teilen phantasiegelenkt sind, und daß nur ein kleiner Teil rein praktischen oder ausschließlich intellektuellen Motiven entspringt. Wir sehen zum Beispiel, daß die Religion, obwohl nicht auf pure Phantasie reduzierbar, ohne ‚dekorative' Phantasie ein recht blutlos-lebloses Gebilde bliebe, ein spirituelles Abstraktum, das wenig zu inspirieren vermöchte. Wir stellen fest, daß Magie und Mythos sich zu ihrer Objektivierung notwendig der Phantasie bedienen. Magie und Mythos als geistige Fundamente der Religion sind, wie wir gesehen haben, zwar nicht identisch mit Phantasie, aber beide bedürfen ihrer kulturellen Sekundanz. Damit zusammenhängend ist der gesamte sprachschöpferische Bereich der Metaphorik und Symbolik nicht ohne Phantasie denkbar. Gleiches gilt für ästhetische Konstrukte wie Musik, Architektur, Poesie, bildende und darstellende Kunst, ja sogar für Entdeckungen in den hoch intellektualisierten Wissenschaften – sämtlich Bereiche, wo Phantasie den Boden bereitet, aus dem schöpferische Leistungen erwachsen. Utopisches Bewußtsein könnte sich nicht bilden ohne Phantasie. Technische Erfindungen wären nicht konzipierbar ohne Phantasie. Entwicklungen des Kapital- und Börsenmarktes sind mindestens ebenso phantasieabhängig wie systemgesteuert. Meistens haben wir es zwar mit allerlei Fluktuationen zwischen Phantasie und Imagination, oder zwischen Fiktion, Abstraktion und Konstruktion zu tun. Aber auf jeden Fall gilt, daß Phantasie eine unverzichtbare Erkenntnisform für den Menschen darstellt, kein bloßes Relikt aus der Kinderzeit und auch kein bloß gefälliger, letztlich entbehrlicher Dekorationsstoff der Gedankenwelt.

Der allgemein hohe Kurswert der Phantasie zeigt sich auch in den Gepflogenheiten der alltäglichen Sprache: Eine plötzliche glückliche Wendung von Ereignissen oder eine unerwartete Erfüllung von Hoffnungen pflegen wir mit einem ekstatischen „Das ist ja phantastisch!" zu kommentieren, selbst wenn sich die Ursachen hernach ganz nüchtern kausal erklären lassen und „phantastische"

Umstände nicht beteiligt waren. Anerkennend sprechen wir auch von „phantastischen" Leistungen im Sport, in Kunst oder Wissenschaft, wenn höchstes Lob angezeigt erscheint. Eine Veranstaltung, eine Aufführung, ein Werk, eine Performance, eine Erfindung – alles kann „phantastisch" sein. Natürlich bedienen wir uns dabei einer floskelhaften Redeweise, deren Gebrauch plakativ den Konnex von durchlebter Erfahrung und übertroffener seelischer Erwartung indiziert. Aber das betreffende Ereignis erscheint uns so außergewöhnlich, daß es zwar als vorstellbar, aber kaum realisierbar angesehen wurde. „Phantastisch" wird so zum Kompliment, zum Synonym für großartig, exzeptionell, eindrucksvoll, begeisternd – alles Ausdruck unserer Wertschätzung für das psychische Grundphänomen.

Dieser hohe Kurswert bringt es mit sich, daß phantasie*lose* Zeitgenossen als minderbemittelte, bedauernswerte Kreaturen gelten. Phantasielosigkeit, wenn es sie geben sollte, erscheint den meisten von uns als eine Art seelische Amputation, als ernsthafte Beeinträchtigung menschlichen Daseins. Wenn wir bestimmte Personen, deren Pläne, Werke, Gedankengebäude als „phantasielos" bezeichnen, gilt dies als Ausdruck maximaler Geringschätzung, der fast schon einer Beleidigung gleichkommt. Wer der Phantasie als *facultas* entbehrt, ist kein vollgültiger Mensch. Aus diesem Grund werden humanistisch eingestellte Pädagogen nicht müde, der Öffentlichkeit klarzumachen, daß Erziehungsmaßnahmen möglichst phantasieanregend und -fördernd sein sollten, und sie bedauern, wenn die Maßnahmen in staubtrockener Routine versacken oder von einem hypertrophen Rationalismus absorbiert werden. Aus diesem Grunde haben sich Künstler wie Michael Ende oder Friedensreich Hundertwasser besonders dafür engagiert, die kulturellen Quellen der Phantasie vor dem Versiegen zu bewahren. „Phantasie an die Macht!" lautet die Devise, wenn das geistige und gesellschaftliche Leben monoton, dumpf, mechanisch oder repressiv zu werden droht. Phantasie verspricht Emanzipation von den leidigen Sachzwängen, den ungeliebten Schemata eines von Routinehandlungen ‚verkrüppelten' Lebens. Würde ein Chirurg – unter der unrealistischen Annahme, dies sei anatomisch möglich – bei einem Menschen diejenigen Regionen oder Instanzen des Gehirns herausoperieren, die für Phantasietätigkeit zuständig sind, entstünde tatsächlich ein geistig stark verarmtes, reduziertes Exemplar der Gattung. Denn einen Großteil unserer seelischen Energien verwenden wir auf die Produktion von Phantasien, die erst dem Leben Farbe und dem Bewußtsein Reichtum schenken. Ohne sie wäre unsere innere Welt wie ein Garten ohne Blüten und Schmetterlinge.

Auf der anderen Seite wird man, auf die Gegenwart blickend, nicht behaupten können, unsere bürokratisch-technokratisch durchwaltete Welt sei sonderlich phantasiefreundlich – jedenfalls nicht, wenn Phantasietätigkeit in direkte Beziehung zu den Möglichkeiten konkreter Lebensgestaltung gesetzt wird. Wir bekennen uns zur Phantasie, schätzen sie hoch, aber wir wissen: *realiter* regieren Rationalismus, Ökonomismus und Funktionalismus – Prinzipien, die dem Reich der Phantasie bestenfalls eine Randstellung in der Gesellschaft zubilligen. Offiziell herrschen Verhältnisse, die von der Fixierung sozialer Funktionen und industrieller Produktionen bestimmt werden, und diese bewirken das einst von Freud diagnostizierte „Unbehagen in der Kultur"[119]. Wir wissen: Zuerst kommt in unserer Gesellschaft das ungeliebte *du mußt*, dann kommt das freundlichere *du kannst* und erst danach das befreiende *du darfst*. Es ist diese Prioritätensetzung, die sich für viele Individuen neurosenträchtig auswirkt. Das kollektive Sehnen nach kreativer Selbstentfaltung steht im augenfälligen Kontrast zur Diktatur konformistischer Verhaltenschemata. Die gesellschaftlich-wirtschaftlichen Abläufe werden in einer Weise ‚durchrationalisiert', die Zwänge schafft, Eintönigkeit verursacht, Unlust hervorruft und die Entfaltung freier Phantasie hemmt. Sie bleibt am Leben, aber sie führt ein Leben in Ketten.

Ein anderer problematischer Aspekt tritt hinzu: Sofern Phantasie in der Kultur der Gegenwart überhaupt eine Domäne behaupten kann, ist diese weniger vom individuellen oder kollektiven Bewußtsein kreiert, als von der „Bewußtseinsindustrie"[120] fabriziert. Phantasie ist weithin Konsumgut geworden, massenhaft und schablonenartig vorgefertigt, von Büchern, Filmen und Reklamespots zuhauf zur Verfügung gestellt, unsere Vorstellung mit Bildern von außen überwuchernd und für die Schöpfung eigener Welten nicht viel Raum lassend. Die enorme Macht massenproduzierter Kultur steht im offenkundigen Gegensatz zur relativen Ohnmacht selbstkreierter Phantasie. Das heißt, wir suchen den „Naturschutzpark" nur noch selten zu unseren eigenen Bedingungen auf, sondern werden immer häufiger von fremder Hand in ihn hineinversetzt. Das allermeiste kommt von außen und drängt von dort nach innen; infolgedessen ist der gesunde dialektische Austausch der beiden Sphären gestört. Es fällt unter solchen Bedingungen zunehmend schwer, zwischen den Scheinwelten der Bewußtseinsindustrie und den Wirklichkeitskonstrukten des eigenen Gehirns zu unterscheiden. Die Quellen selbsttätiger Phantasie drohen zu versiegen, wenn Medienprofis die Zuständigkeit an sich reißen und die Alleinherrschaft antreten. Dieter Kamper schreibt: „Während reproduzierbare Phantastik überschwappt, zieht sich das Träumerische: die historische Traumarbeit in den sozialen Beziehungen immer mehr zurück. Eingeklemmt zwischen Apparaturen, in denen die Flut der Bilder weiter ansteigt, und Traumprojekten, die es nicht mehr wagen, aufs Ganze zu

---

119 Siehe Freud (1948), *G. W.* Bd. 14, S. 419–506.
120 Begriff von Enzensberger (1964).

gehen, ist Phantasie einer rätselhaften Spaltung ausgesetzt."[121] In der Tat – das Phänomen spaltet sich: Wenn Möglichkeiten eigener kognitiver Kontrolle und Maßstäbe sinnvoller Dosierung außer Kraft gesetzt sind, gerät das Bewußtsein unter eine Tyrannei der Bilder, die von außen wie von innen ausgeübt werden kann. Was die Gesellschaft derzeit gezwungen ist zu durchleben, grenzt an äußere Tyrannei. Es ist eine oktroyierte Phantasiewelt, eine Diktatur der Bilder in den Medien, die wie ein Bombenhagel auf das Bewußtsein niedergehen mit der Gefahr, daß solches Bombardement die innere Schöpferkraft nicht nur momentan einschüchtert, sondern langfristig ‚impotent' werden läßt – zumindest für den sich rezeptiv verhaltenden Teil der Bevölkerung. Zwar werden von besorgten oder ‚barmherzigen' Autoren besondere kulturelle Nischen eingerichtet, damit Phantasie dort überlebt. Zum Beispiel stellt die literarische und filmische Gattung, die unter der Formel *Fantasy* geführt wird, eine solche Nische dar, ein Refugium, in das die Phantasie sich flüchten kann, wenn sie in der empirischen Welt ihr Lebensrecht allzu stark beschnitten sieht. Das Phänomen hat ohne Zweifel öffentlich kompensatorische Funktion. Der weltweite Erfolg der *Harry Potter*-Bücher oder der *Unendliche[n] Geschichte* indiziert den seelischen Hunger nach alternativen Welten aus Phantasie. Hier setzt auch bei Erwachsenen das „innere Kind" seine lustbetonten Forderungen durch, denn – wie immer die ontogenetischen Bedingungen – ein gewisser Infantilismus (und was er für phantasiegestiftetes Vergnügen bedeutet) verläßt den Menschen nie. „Phantásien" heißt bezeichnenderweise das magische Land in Michael Endes *Die unendliche Geschichte*, in welches „das Nichts" einzubrechen und das Land zu verheeren droht. Wie der Autor selbst sagt, war es ihm darum zu tun, „die Bilder unserer heutigen Umwelt in Innenbilder zu verwandeln, also dasselbe zu machen, was die Märchenerzähler früherer Zeiten mit ihrer Umwelt getan haben." [122]

Doch Skepsis ist angezeigt gegenüber einer Kultur der Phantasie, die den Eskapismus fördert, ohne die Eigenleistung zu stimulieren. Ein Unterhaltungswert ist sicherlich gegeben, eine psychische Entlastungsfunktion durch Lustgewinn dürfte im Spiel sein, aber ob die „Innenbilder" jemals produktiv werden, ob auf diesem Wege *tätige* Phantasie anregbar ist, steht dahin. Für die Autoren stellen die Werke anerkennenswerte Leistungen *kreativer* Phantasie dar, für die Leserschaft handelt es sich um die Rezeption *vorgefertigter* Produkte. Die Eigenleistung ist nachvollziehender Art, also vergleichsweise gering. Man stellt sich vor, was andere vorstellen. Niemand weiß, ob der bemerkenswerte Harry Potter, auch wenn er millionenfaches Interesse auslöst, dieses Interesse in eine ihm entsprechende produktive Phantasie umzuwandeln vermag. Fest steht indes, daß die

---
121 Kamper (1986), Umschlagtext.
122 Eppler, Ende, Tächl (1982), S. 37.

eigene Produktivität noch mehr Schaden nimmt, wenn Film- und Fernsehbilder an die Stelle literarischer Bilder treten, wie dies heute allzu oft der Fall ist. Denn hier ist die Bildwelt festgelegt. Hier wird die sinnliche Anschauung von vornherein so mit konkret aufdringlichen Eindrücken gefüttert, daß die entstehende Sättigung jedweden Hunger nach eigener Phantasietätigkeit vertreibt. „Die Fernsehbilder", bemerkt Dietrich Schwanitz, „laufen ... synchron zum Stimulationsbedarf des Hirns. Wer daran gewöhnt ist, kann die Innenwahrnehmung nur noch schwer von der äußeren abkoppeln."[123]

Doch wo immer die Quelle sprudelt, ob innen oder außen – es gibt eine kritische Grenze, deren Überschreitung den hohen Kurswert des Phantasiebegriffs zum Absturz bringt. Jenseits der Grenze hat die Phantasie einen schlechten Leumund; sie beginnt, diffus, suspekt, unseriös, trügerisch, sogar gefährlich zu werden. Der Begriff hat keine ausnahmslos positive Konnotation, und im entsprechenden Kontext werden die Negativa schnell sichtbar: Bezeichnet man jemanden als „Phantasten" oder kommentiert seine Lebensäußerungen mit „du phantasierst" oder verweist bestimmte Vorstellungen „ins Reich der Phantasie", handelt es sich um Mißbilligungen, die dem Betreffenden ein Zuviel an Phantasie und damit implizit ein Zuwenig an Realitätssinn zuschreiben – jedenfalls unter den gegebenen Umständen. Man wirft ihm eine Mißachtung des Realitätsprinzips vor. Ein solcher Mensch gilt dann als Traumtänzer oder Spinner, außerstande, das Innen hinreichend vom Außen zu unterscheiden, das praktisch Machbare vom bloß Vorstellbaren zu trennen, die subjektive Welt von der objektiven Wirklichkeit zu sondern. Sehr leicht handelt sich die Phantasie den Vorwurf ein, schwärmerisch, unverantwortlich, unsolide zu sein – gleich einem attraktiven, aber leichtsinnigen Mädchen in ‚seriöser' Gesellschaft. Im besten Fall gilt sie als charmante Unterhalterin, im schlimmsten Fall als infame Lügnerin oder gefährliche Verführerin.

Freilich ist solche Geringschätzung ebenso wie Hochschätzung eine Sache des Standpunktes. „Für den Technokraten", glaubt Erhard Eppler feststellen zu können, „ist Phantasie ... etwas zutiefst Suspektes, etwas im Grunde Unanständiges. Wer sich auch nur den Anschein gibt, diese Art von Phantasie zu haben, wird in diesem Kreis wahrscheinlich schon gar nicht mehr ernst genommen."[124] Dies mag so sein, aber sich Phantasien zu überlassen, kann auch für Nicht-Technokraten bedeuten, sich auf Gratwanderungen zwischen zwei Welten zu begeben, die sich nicht ohne Risiken für das Individuum austauschen lassen. Wer seine Existenz in der empirischen Welt aufkündigt, um ganz und gar und dauerhaft in eine Phantasiewelt einzutauchen, steht in Gefahr unterzugehen. Wer

---
123 Schwanitz (2000), S. 433.
124 Eppler (1982), S. 23.

diese Welt zur einzig ‚wirklichen' Welt erhebt, verfällt dem Autismus oder der Zwangsneurose. Phantasie ohne selbstangelegte Zügel ist ebenfalls Tyrannei – diesmal von innen. Seelenkundigen Ärzten ist dies nur allzugut bekannt; aber auch Literaten wie E.T.A. Hoffmann, Edgar Allan Poe, H. G. Wells oder Maler wie Francesco Goya, die sich der düster-beängstigenden Seite der Phantasie zugewandt haben, wußten das. „Der Schlaf der Vernunft gebiert Ungeheuer" ist der Titel einer bekannten Lithographie Goyas, in der spukende Phantasmen einen Schläfer heimsuchen. Goya meinte damit die negative Wirkung einer entfesselten, den dunklen Trieben ausgelieferten Phantasie. Hier kann man dem Phänomen nicht mehr pauschal die Rolle einer seelischen „Schonung" zusprechen, sondern muß berücksichtigen, daß bestimmte Phantasien eher zermürbend oder gar zerstörend wirken.

Jenseits einer kritischen Grenze befinden sich Territorien der Phantasie, die zu betreten effektiv gefährlich sein kann, z. B. sexuelle, rassistische, violente, diabolische Phantasien, die zu Obsessionen werden und zum Schaden der davon Betroffenen in Handlung umgesetzt werden können. Hier bricht das psychosoziale Konfliktpotential von Phantasietätigkeiten auf, die in Kollision mit rechtlich oder moralisch etablierten Standards geraten und diese verletzen – Mordgelüste, Inzestwünsche, Machtgier, Zerstörungswut, Sadismus, die sich allererst in der Phantasie Bahn brechen, bevor sie sich ggf. die soziale Realität gefügig zu machen suchen. Hier wird die Schranke zwischen dem Innen und Außen unter dem vehementen Anprall triebgenerierter Phantasiebilder gesprengt, das Innere strebt nach außen und kollidiert mit dem Realitätsprinzip, das von Konventionen und Restriktionen aufrechterhalten wird. Daß kriminelles Verhalten rein phantasiegelenkt sein kann und nicht unbedingt eines äußeren Anstoßes bedarf, ist eine in der Kriminologie wohlbekannte Tatsache. Daß Serienmörder ihre Taten vorstellungsmäßig antizipieren und aus solcher Antizipation – oft mehr als aus der eigentlichen Tat – Lust schöpfen, ist kein psychologisches Geheimnis. Daß präfabrizierte Phantasien der Medien destruktive Nachahmungsmuster bei Rezipienten schaffen können, ist Medienwissenschaftlern geläufig[125]

Zu berücksichtigen ist allerdings, daß die Beurteilungsmaßstäbe – kulturbedingt – variieren und gesellschaftliche Instanzen Einfluß nehmen auf die Förderung bzw. Hemmung von Phantasietätigkeiten und was sie im jeweiligen kulturellen Umfeld bedeuten. Der „Naturschutzpark" ist kein unbegrenztes Freigehege. Es gibt anerkannte schöpferische Leistungen auf der einen Seite der Grenze, und es gibt verpönte Phantastereien auf der anderen. Die ersteren unterliegen einer formgebenden Kontrolle, an der die Öffentlichkeit profitierend teilhat, während die letzteren eher anarchisch ungezügelte Hirngespinste darstellen, die

---
125 Vgl. Heuermann u. Kuzina (1995), S. 228 ff.

das Licht der Öffentlichkeit lieber scheuen. Die ersteren entsprechen tätig gestaltender Imagination, während die letzteren eher passiv durchlebte Phantasmen sind. Gelten z. B. erotische Phantasien, die den Kreis innerer Erfahrungen nicht überschreiten und keine sozialschädlichen Tendenzen aufweisen, als wesentlich zulässig, stoßen sadistische Phantasien, die zu verletzenden Handlungen führen, überwiegend auf Ablehnung – zumindest unter den gegenwärtig herrschenden Verhältnissen. Nicht nur das Individuum, sondern auch seine Umwelt befindet also darüber, was zugelassen oder begrüßt wird und was tabuisiert oder sanktioniert wird. Blaustrümpfigkeit gegenüber Libertinage bilden hier die Pole. „Die Phantasie", meint Dieter Kamper, „ist ein zweischneidiges Schwert. Wer sich damit beschäftigt, kann sich verletzen"[126]

Schließlich treffen wir, wenn wir auf dem Weg nach Innen weiter vordringen, auf die Phantasien von Psychopathen, auf jene (im vorigen Kapitel beschriebenen) bizarren Vorstellungswelten, die nach Auflösung von Ich-Grenzen halluzinatorischen Charakter annehmen und das Individuum lebensuntüchtig machen können. Dies sind die wild wuchernden, meist quälenden Phantasien, die die Wirklichkeit mit machtvollen Ängsten und Wünschen aus dem Unbewußten besetzen und den ausgebrochenen Wahn anzeigen. Hier schlagen die Aktivitäten in den Terror um, den der psychisch Gesunde nur gelegentlich in der grotesken Landschaft von Alpträumen erfährt. Oder es sind die das Individuum einspinnenden Phantasien, die autistische Störungen anzeigen und dazu führen können, daß der Mensch die äußere Realität zurückweist, um ganz in innerer Verschlossenheit zu leben. Hier ist er der Gefangene seiner Vorstellungswelt, statt ihr kreativer Lenker und seelischer Nutznießer. Hier ist die innere Welt keine Schatzkammer oder „Schonung" mehr, sondern eher eine Drachenhöhle oder Schreckenskammer.[127]

Dies erlaubt grobe, aber für den Alltag ausreichende Unterscheidungen, selbst wenn es Erkenntnistheoretiker nicht zufriedenstellt. Aus erkenntnistheoretischem Blickwinkel ist es äußerst schwierig, die Grenze zwischen Phantasie- und Lebenswelt einwandfrei zu bestimmen. Sowohl Philosophen als auch Psychiater haben ihre leidige Not im Umgang mit dem Abgrenzungsproblem. Denn erstens sind die Beurteilungsmaßstäbe relativ, und zweitens sind die Bewußtseinszustände fluktuierend. Auch unter optimalen Bedingungen ist die sinnliche Wahrnehmung nicht zuverlässig genug und das analytische Denken nicht scharf genug, um diese Grenzziehung *objektiv* zu leisten. Über das, was in letzter Instanz real ist – darüber stimmen nicht einmal zwei Menschen vollkommen überein. Das Wahrgenommene, was immer es sein mag, ist niemals unabhängig vom

---

126 Kamper (1986), S. 11.
127 Vgl. oben Kap. 1.6 , S. 115 ff.

Wahrnehmenden. Alle Wahrnehmungs-, Vorstellungs- und Deutungsakte sind, so sehr wir uns auch um ‚objektive' Urteile bemühen, mit Subjektivismen durchsetzt, und alle Subjektivismen schöpfen aus dem Fundus an persönlichen Trieben, Affekten und Phantasien, die sich dem Bewußtsein eingezeichnet haben. Allenthalben werden prärationale Instanzen aktiv, bevor rationale Erkenntnis sich dem annähert, was wir für objektiv, gültig, wahr oder maßgeblich halten. Überall sind – unterschwellig – Wünsche und Ängste beteiligt, wenn Vorstellungen artikuliert, Ideen ausgearbeitet und Handlungen ins Werk gesetzt werden. Was wir für die Realität halten, ist immer schon in dieser oder jener Weise affektiv vorbesetzt, und Affekte sind die Taktgeber der Phantasie.

Manche Theoretiker sind daher versucht, die Gegenüberstellung von sogenannter Phantasiewelt und sogenannter realer Welt ganz aufzugeben und die Phantasien (gleich, wie sie aussehen) einfach als Realitäten unter anderen zu begreifen. Denn kein Versuch, bestimmte Erscheinungen des menschlichen Lebens ‚realer' zu nennen als andere, ist frei von Willkür. Der Dualismus zwischen rational erzeugten, vermeintlich objektiven Gegenständen und phantasiegeborenen, anerkannt subjektiven Vorstellungen ist erwiesenermaßen problematisch. Gilles Deleuze und Félix Guattari behaupten sogar: „Es gibt nicht gesellschaftliche Produktion von Realität auf der einen, Wunschproduktion von Phantasie auf der anderen Seite. [...] In Wahrheit ist die gesellschaftliche Produktion allein die Wunschproduktion selbst unter bestimmten Bedingungen."[128] Dies kann man so sehen. Doch bevor wir die Hoffnung auf Trennung der Bereiche aufgeben, uns vom Realitätsprinzip verabschieden und der Phantasie so etwas wie eine Generalvollmacht erteilen, sollten wir in dem Zitat auf die Einschränkung „unter bestimmten Bedingungen" achten. Dies ist der Punkt: Es gibt Bedingungen, und diese Bedingungen müssen festgelegt werden, und für ihre Festlegung muß es Übereinkünfte geben: Konventionen, Traditionen, öffentliche Willenserklärungen, soziale Bewertungen, die, was immer Theoretiker sagen, praktisch darüber befinden, was als realitätskonform und was als -abweichend zu gelten hat. Dies auch dann, wenn man Realität ganz im Innen ansiedelt und den kantianischen Standpunkt einer bewußtseinsabhängigen Außenwelt vertritt. Was Phantasie leistet und was man ihr zubilligt gegenüber dem, was sie nicht leistet und man ihr nicht zubilligt, ist eine Frage der gesellschaftlichen Pragmatik. Es ist eine Frage des Lebensstils, den sich eine Gesellschaft gibt, und eine Frage der kulturellen Werte, die sie präferiert. Schamanen stehen in einem anderen Umfeld als Manager, Drachentöter in einem anderen als Büroangestellte. Erkenntnistheoretisch mag es illusorisch sein, ein Realitätsbewußtsein außerhalb von Phantasieanteilen definieren zu wollen; doch sozialkulturell ist es unverzichtbar, Bezirke

---
128 Deleuze u. Guattari (1986), S. 44.

des Lebens zu benennen, in denen Phantasie ein angestammtes Recht wahrnimmt, ohne sich zum ‚Alleinherrscher' zu küren. Ein annäherungsweise erzielter Konsens über das, was Realität als anerkannter Bezirk sein soll, ist unverzichtbar. Ein empirischer Kern unserer Existenz, sei er von Phantasien auch noch so wild umrankt, ist unaufgebbar. Man kann weder theoretisch exakt noch politisch verläßlich bestimmen, wie dieser Kern aussehen soll; aber man muß dort praktische Grenzen ziehen, wo die Gesellschaft droht, an Phantasiegebilden irre zu werden und psychosozialen Schaden zu nehmen.

2.2 Die zwei Gesichter der Wünsche: Nacht- und Tagtraum

Seit dem fatal folgenreichen Ereignis in der Geschichte der Menschheit, den Christen mythologisch als „Sündenfall" bezeichnen, der bewußtseinsgeschichtlich jedoch ein „Fall" in die Realität, ein Verlust unreflektiert-kreatürlicher Unschuld, war, ist unser Leben mit dem Bewußtsein von Sorgen und Nöten, Kummer und Krankheit, Leiden und Tod belastet. In der Erkenntnis dessen, was es *idealiter* sein könnte oder sollte, aber *realiter* nicht ist, wird es als mehr oder minder defizitär erlebt. Es bleibt allzu häufig hinter unseren Hoffnungen und Erwartungen zurück, ist gewöhnlich ‚knauserig' in der Gewährung von Glück und der Erfüllung von Wünschen. Das Wissen um die *conditio humana*, die nur bedingt unserem persönlichen Einfluß unterliegt, wirkt wie ein Fluch, der das Wollen und Streben nur allzu häufig frustriert, uns zurückwirft just dann, wenn wir glauben, ein gutes Stück vorangekommen zu sein, uns enttäuscht just dann, wenn wir mit Zuversicht ein neues Lebensziel zu erreichen hofften. Für die meisten von uns ist die Realität unbarmherzig ‚realistisch', unbeugsam, hart und widerständig. Nur selten ist das, was sie uns aufnötigt oder abverlangt, wunschgemäß, und kaum jemals können wir sie mit dem, was wir uns wünschen, gefügig machen.

Aber: Wie bitter die Enttäuschungen auch sein mögen, die uns das Leben zufügt, selten stirbt das Wollen und Wünschen. Wohl gibt es Menschen mit der Fähigkeit zu stoischer Abstinenz, die sich sich das Wünschen als kindisch abgewöhnt haben; wohl gibt es religiöse oder philosophische Fatalisten, die das Wünschen nachgerade als schlechte, da selbstquälerische Angewohnheit des Menschen verworfen haben. Aber diese dürften überwiegend im Wirkungskreis nicht-westlicher Kulturen zu finden sein. Das Leben der meisten europäischen Menschen ist stark wunschorientiert; denn ihre gesamte Kultur ist heute durchzogen von Wunscharticulationen, die – wie illusorisch sie auch sein mögen – sich so hartnäckig aufdrängen, daß es verwunderlich wäre, sollten sie innerlich wirkungslos bleiben. Das Reservat unserer Wünsche wird fortlaufend vollgestopft mit Vorstellungen, die nicht die unsrigen sind, aber nach dem Willen der ‚Magier' der Kultur zu den unsrigen werden sollen. Sofern totale Apathie oder selbstverordnete Abstinenz es nicht zerstört, wird unser Wunschpotential durch die Wunschfabrikationen der Medien laufend erweitert. Sollten wir selbst auch nicht wissen, was wir uns wünschen, die Bewußtseinsindustrie liefert uns jeden Tag ganze Programme. Nie scheint die Werbung in Verlegenheit zu geraten, wenn es um die Entwicklung neuer, ausgeklügelter Verfahren geht, uns den Himmel auf Erden zu versprechen. Der kritische Verstand durchschaut sie schnell als illusionistisch, aber die verführte Phantasie tut sich schwer, die angemessenen Folgen daraus zu ziehen.

Wünsche sind auch dann (und gerade dann) aktiv, wenn sie als seelische Früchte auf dem Feld realer Verwirklichung nicht gedeihen können und in die Innerlichkeit gezwungen werden, will sagen: wenn sie sich aus den Sphären täglichen Handelns in jene Gefilde nächtlichen Erlebens zurückziehen, die wir Träume nennen. Nach der Erkenntnis Sigmund Freuds, des großen Pioniers der Traumanalytik,[129] sind Träume die seelische Werkstatt unserer Wünsche, die Produktions- und Umwandlungsstätte von Trieben und Strebungen, die die Natur in uns angelegt hat, aber in reiner Form von der Kultur nur selten zugelassen werden. Die Traumwerkstatt verarbeitet unser Innenleben zu einer Phantasiewelt, einer mentalen Schaubühne für die symbolische Inszenierung von Impulsen, die ununterdrückbar, aber nicht ohne weiteres auslebbar sind – entweder, weil sie in ihrer primitiven Rohheit den (unerwünschten) Barbaren in uns hervorkehren, oder weil sie in ihrer grandiosen Überheblichkeit keine gesellschaftliche Chance zur Realisierung bekommen, oder weil sie in ihrer oftmals rätselhaften Verschlüsselung unverstanden bleiben, also nicht ohne weiteres in bewußte Wünsche umsetzbar sind.

Im Nachttraum ist – nach Freud – ein archaischer Mechanismus am Werke, der psychogenetisch einen Rückfall in die Wahrnehmungsmodalitäten der Frühzeit des Menschen bedingt, als bildhaft-halluzinative Wahrnehmung realitätsbestimmend und das empirische Weltbild mit Ich-Bewußtsein, Sprache und Logik nicht oder erst wenig entwickelt war. Im Traum „regredieren" wir in diese archaische Befindlichkeit: wir kehren in eine Welt zurück, die evolutionspsychologisch eigentlich hinter uns liegt, aber vom inneren Sensorium so konserviert wurde, daß ein ‚Besuch' unter den Sonderbedingungen des Schlafes möglich bleibt. Der Traum reaktiviert etwas, das im Wachzustand inaktiv ist: Funktionen

---

129 Siehe Freud (1942a), *G. W.* Bd. 2/3.

unseres Wahrnehmungsapparats, eine innere Sehfähigkeit, die wir tagsüber außer Kraft setzen. Das heißt, die nächtliche Erlebniswelt steht unter allerlei Kautelen, die ihnen vom Tagesbewußtsein auferlegt werden. Das Ich versteht sie entweder nicht oder begegnet ihnen mit rationalen Vorbehalten oder verwirft sie, sobald sie in ihren Inszenierungen zu schrecklich, zu peinlich oder zu unsinnig werden. Das Ich tritt als „Zensor", auf den Plan, der Widerstand leistet und Abwehr mobilisiert, wenn das Traumgeschehen als zu überwältigend oder zu verwerflich empfunden wird. Durch Zensur soll verhindert werden, daß sich das Ich zu seinen (verbotenen) Wünschen bekennt. Nur das Kind im präpersonalem Entwicklungsstadium hat die Differenzierung zwischen unbewußtem Erleben und bewußter Erfahrung, die den Erwachsenen seiner Traumwelt entfremdet, noch nicht vollzogen. Die unfertige Seele und ihre infantilen Wünsche kennen keine Zensur.

Wie immer wir sie persönlich erleben – nach Freudscher Auffassung werden Träume unter der Oberfläche ihrer bizarren Erscheinungen *ausschließlich* von Wünschen erregt, nicht, wie ebensogut vorstellbar wäre, von anderen Affektlagen wie Sorgen, Freuden, Schwermut u. ä. Es sind Wünsche, die den jeweils auslösenden Reiz für ihre Formation darstellen und zur Folge haben, daß ein immaterieller Impuls sich in eine (scheinbar) materielle Bildfolge umsetzt. Dabei gilt: Zwischen dem Impuls, der den Wunsch erzeugt, und dem Bild, das ihn in Szene setzt, besteht ein nur mittelbares, das Bild entstellendes Verhältnis. Die Verständlichkeit der Bildsequenzen variiert, sie können relativ realistisch erscheinen, sich aber auch zu den unglaublichsten Grotesken verzerren. Doch im Regelfall teilen sich die Wünsche als solche nicht direkt mit, sondern wählen den Umweg über eine Traumsprache, die sie mehr oder minder stark ‚verfälscht'. Allerlei obskure Erscheinungen intervenieren, welche die Bedeutung des Geträumten verschleiern. Allerlei merkwürdige Umstrukturierungen (Kondensierung, Verschiebung, Aufsplittung, Auslassung) finden statt, welche den Gesetzen von Raum und Zeit, Ursache und Wirkung, Sequenzialität und Kontinuität ins Gesicht schlagen. Der „latente" Gedanke und der „manifeste" Inhalt fallen auseinander, und es bedarf eines besonderen Verständnisses der Gesetze solcher Diskrepanz, um beide aufeinander beziehen und mit Bedeutung ausstatten zu können. Es bedarf der psychoanalytischen Technik der Traumdeutung, um verstehen zu können, was die „Traumarbeit" mit dem jeweiligen Wunsch macht, warum sie ihn entstellt und wie sie strukturell mit ihm verfährt. Zwei konstante Charakteristika sind für Freud wichtig:

Daß ein Wunsch der Erreger des Traumes ist, die Erfüllung dieses Wunsches der Inhalt des Traums, das ist der eine Hauptcharakter des Traumes. Der andere ebenso konstante ist, daß der Traum nicht einfach einen Gedanken zum Ausdruck bringt, sondern als halluzinatorisches Erlebnis diesen Wunsch als erfüllt darstellt. *Ich möchte auf dem See fahren*, lautet der Wunsch, der den Traum anregt; der Traum selbst hat zum Inhalt: *ich fahre auf dem See*. Ein Unterschied zwischen latentem und manifestem Traum, eine Entstellung des latenten Traumgedankens bleibt also auch für diese einfachen Kinderträume bestehen, die Umsetzung des Gedankens in Erlebnis. Bei der Deutung des Traumes muß vor allem dieses Stück Veränderung rückgängig gemacht werden. Wenn sich dies also als ein allgemeinster Charakter des Traumes herausstellen sollte, dann ist das ... Traumfragment „ich sehe meinen Bruder in einem Kasten" also nicht zu übersetzen „mein Bruder schränkt sich ein", sondern „ich möchte, daß mein Bruder sich einschränkt, *mein Bruder soll sich einschränken*."[130]

Wünsche, die sich solchermaßen inszenieren, können sich – scheinbar paradox – in Ängste verwandeln. Bemerkenswerterweise sind nach der ‚Logik' der Freudschen Traumanalysen Wunsch- und Angstträume keine Gegensätze. Zwischen ihnen herrscht keinesfalls die Antithetik, die man ihnen spontan zuschreiben würde, wenn man ihre positiven gegen ihre negativen Konnotationen stellt: beseligende Wünsche *vs.* enervierende Ängste. Vielmehr sind Ängste Sekundärerscheinungen von Wünschen, die dann auftreten, wenn der Träumer seine Träume zensuriert, weil er Anstoß an ihnen nimmt, diese sich aber dennoch durchsetzen. Eine bildhafte Erfüllung „böser", vom Ich verworfener Träume ist nicht mehr imstande, Lust zu gewähren, sondern wird Unlust wecken und damit Angst auslösen. Insofern betrachtet Freud auch den Angsttraum als eine symbolische Wunscherfüllung, aber eben nicht die eines genehmen, sondern eines unmoralischen und deshalb verworfenen Wunsches. Zum Beispiel kann die Angst, seinen Lebenspartner zu verlieren und davon zu träumen, die seelische Antwort auf einen zensurierten Wunsch darstellen. Irgendetwas veranlaßt das Unbewußte des Träumers dazu, sich den Tod des Mitmenschen zu wünschen, woraufhin der Zensor das Ich dazu veranlaßt, mit Angst auf den im Traum verschlüsselten Wunsch zu reagieren. Es ist der Konflikt zwischen unbewußtem Wunsch und bewußtwerdender Angst, der neurotisierend wirkt, und das Traumgeschehen ist der Austragungsort solcher Konflikte.

Das Axiom, daß Träume symbolisch Wünsche erfüllen, gilt aber auf jeden Fall, es sind lediglich die wechselnden Bedingungen der Traumarbeit, die darüber befinden, ob zulässige Lust oder verbotener Wunsch die Oberhand gewinnt: „Während man vom infantilen Traum aussagen kann, er sei die offene Erfüllung eines zugelassenen Wunsches, vom gemeinen entstellten Traum, er sei die verkappte Erfüllung eines verdrängten Wunsches, taugt für den Angsttraum nur die Formel, daß er die offene Erfüllung eines verdrängten Wunsches sei. Die Angst ist das Anzeichen dafür, daß der verdrängte Wunsch sich stärker gezeigt hat als die Zensur, daß er seine Wunscherfüllung gegen dieselbe durchgesetzt hat oder durchzusetzen im Begriffe war."[131] Der aus Angstträumen bekannte

---
130 Freud (1940b), *G. W.* Bd. 11, S. 128.
131 Freud (1940a), *G. W.* Bd. 7, S. 222.

Mechanismus, daß der Schläfer auf dem Gipfel der Unlusterfahrung erwacht, ist der finale ‚rettende' Eingriff des Ichs, dem es zuvor nicht gelungen ist, die aufsteigende Angst abzuwehren. Wer aus einem Alptraum erwacht, dankt gewöhnlich seinem ‚Retter', der ihm sagt: „Du hast nur geträumt"[132]

Schreitet der Zensor ein und entstellt (kaschiert) den latenten Traumgedanken, weil er dem Ich vielleicht anstößig erscheint, wird es für den Traumanalytiker schwierig, an diesen Gedanken heranzukommen und ihn dem Neurotiker als Ursache seines seelischen Konfliktes offenzulegen. Er begegnet dem vom Ich mobilisierten Widerstand, den es zu überwinden gilt. Dazu richtete Freud sein besonderes Augenmerk auf die Bedeutung von Assoziationen: Entweder versuchte er, im Traum selbst Assoziationsketten aufzuspüren, durch deren Interpretation er dem Zensor gewissermaßen ein Schnippchen schlagen konnte, oder er veranlaßte den Träumer im Wachzustand dazu, durch bestimmte Reizwörter Gedankenverbindungen herzustellen, die das unverständliche Traumgeschehen an lebensweltliche Erfahrungen angliedern. „Jedesmal", glaubt Freud, „wenn ein psychisches Element mit einem anderen durch eine oberflächliche Assoziation verbunden ist, existiert auch eine korrekte und tiefergehende Verknüpfung zwischen den beiden, welche dem Widerstande der Zensur unterliegt."[133] Die Assoziation ist also eine „Ersatzbildung" des als problematisch empfundenen Gedankens, und die Technik kann geeignet sein, über die spontan geäußerten „Ersatzbildungen" den Weg zur eigentlichen „Komplexbildung" zu öffnen. Dem Träumer nicht bewußt folgen die Assoziationen bestimmten ‚verräterischen' Erinnerungsspuren. Freud erwähnt den Fall eines an nervösem Tick, hysterischem Erbrechen, Kopfschmerz u. a. leidenden vierzehnjährigen Knaben, den er in Hypnoseschlaf versetzte und träumen ließ:

Er hatte mit seinem Onkel ein Brettspiel gespielt und sieht jetzt das Brett vor sich. Er erörtert verschiedene Stellungen, die günstig sind oder ungünstig, Züge, die man nicht machen darf. Dann sieht er auf dem Brett einen Dolch liegen, einen Gegenstand, den sein Vater besitzt, den aber seine Phantasie auf das Brett verlegt. Dann liegt eine Sichel auf dem Brett, dann kommt eine Sense hinzu, und jetzt tritt das Bild eines alten Bauern auf, der das Gras vor dem entfernten heimatlichen Hause mit der Sense mäht.

Hier bedurfte es keinen großen Aufwands, die Assoziationskette der Bilder aufzulösen und das seelische Problem des Jungen im Kontext seiner Familiengeschichte aufzudecken. Es war ein verschlüsselter Todeswunsch. Im Spiel waren ein harter, jähzorniger Vater, der mit der Mutter in Unfrieden lebte und dessen

---

[132] Freilich ist die Vorstellung, daß es sich bei Alpträumen, jenen terrorisierenden Schreckensgebilden, aus denen man schweißgebadet und mit pochendem Herzen erwacht, um entstellte Wünsche handeln könnte, schwer nachvollziehbar.
[133] Freud (1942a), G. W. Bd. 2/3, S. 535

Erziehungsmittel aus Drohungen bestanden; die Scheidung des Vaters von der weichen und zärtlichen Mutter; die Wiederverheiratung des Vaters, der eine junge Frau als neue Mama ins Haus holte. Dies brachte die nervöse Krankheit als Symptom einer unterdrückten Wut gegen den Vater zum Ausbruch und verursachte die anspielungsreichen Bilder des Traums. Freud sieht mythologische Strukturen als individuelle Bilderzeuger: Die Sichel ist die, mit der Zeus seinen Vater entmannte, die Sense und das Bild des Bauern schildern den Kronos, den gewalttätigen Alten, der seine Kinder frißt, und an dem Zeus Rache nimmt. Die zweite Heirat des Vaters war der Auslöser von lang schwelenden Rachegedanken, die auf väterliche Vorwürfe zurückgingen, weil der Junge mit seinen Genitalien gespielt hatte (das Brettspiel, die verbotenen Züge, der mörderische Dolch): „Hier sind es lang verdrängte Erinnerungen und deren unbewußt gebliebenen Abkömmlinge, die auf dem ihnen eröffneten Umwege sich als scheinbar sinnlose Bilder ins Bewußtsein schleichen"[134]

Zensur kann – erfolgreich oder erfolglos – gegen alles traumerzeugte Wunschdenken mobilisiert werden, das dem Ich suspekt, unsittlich, unvertretbar, unerträglich vorkommt. Häufig handelt es sich um Varianten verpönter sexueller Triebbefriedigung, aber durchaus nicht immer. Haß, Rachsucht, Mordgier und andere moralische Negativa können sich in entstellte Wünsche umwandeln und die Traumsymbolik ebensogut bestimmen wie libidinöse Strebungen. Gleichwohl besteht Freuds Pionierleistung im systematischen Aufdecken der verdeckten Zusammenhänge von Sexualität und Neurose, wie sie in den Träumen studiert werden können. Er definierte die Libido als eine psychosexuelle Energiequelle, die, wenn sie in ihrer Existenz und Macht geleugnet oder falsch eingeschätzt wird, seelische Probleme schafft. Er sah die Konfliktträchtigkeit der Natur-Kultur-Opposition, die zahllose Poeten zwar schon vor ihm behandelt hatten, aber auf ihre eigene Weise – poetisch, wie zum Beipiel in der klassischen Tragödie von Ödipus. Freud hatte den Mut, auszusprechen und wissenschaftlich zu thematisieren, was in der Privatsphäre des einzelnen natürlich nicht unbekannt, aber weitgehend verdrängt und von der ‚offiziellen' Kultur tabuisiert war: die Rolle der Wünsche, die unter der Oberfläche sozialen Lebens ihre unterdrückten Ansprüche im Schlaf anmelden. Die Doppelmoral anprangernd, die das bürgerliche Lager zu Angriffen gegen die „Unanständigkeit" seiner Lehre veranlaßte, konnte Freud gegenüber seinen Kritikern unverblümt direkt werden:

Ist Ihnen nicht bekannt, wie unbeherrscht und unzuverlässig der Durchschnitt der Menschen in allen Angelegenheiten des Sexuallebens ist? Oder wissen Sie nicht, daß alle Übergriffe und Ausschreitungen, von denen wir nächtlich träumen, alltäglich von wachen Menschen als Verbrechen wirklich be-

---

134 Ebd., S. 624.

gangen werden? Was tut die Psychoanalyse hier anders als das alte Wort von Plato bestätigen, daß die Guten diejenigen sind, welche sich begnügen, von dem zu träumen, was die anderen, die Bösen, wirklich tun? [...] Das aller ethischen Fesseln entledigte Ich weiß sich [im Traum] einig mit allen Ansprüchen des Sexualstrebens, solchen, die längst von unserer ästhetischen Erziehung verurteilt worden sind, und solchen, die allen sittlichen Beschränkungsforderungen widersprechen. Das Lustbestreben wählt seine Objekte hemmungslos, und zwar die verbotenen am liebsten. Nicht nur das Weib des anderen, sondern vor allem inzestuöse, durch menschliche Übereinkunft geheiligte Objekte, die Mutter und die Schwester beim Manne, den Vater und den Bruder beim Weibe. Gelüste, die wir ferne von der menschlichen Natur glauben, zeigen sich stark genug, Träume zu erregen. Auch der Haß tobt sich schrankenlos aus. Rache- und Todeswünsche gegen die nächststehenden, im Leben geliebtesten Personen, die Eltern, Geschwister, den Ehepartner, die eigenen Kinder sind nichts Ungewöhnliches.[135]

Trotz solcher Verteidigungsreden blieb es nicht aus, daß der Traumtheorie heftig widersprochen wurde. Zu revolutionär, zu apodiktisch, zu einseitig sexualistisch – das waren die Vorwürfe, die sich der Vater der Psychoanalyse von seinen Kritikern einhandelte. Der nachhaltigste Einspruch kam aus dem Lager der Jungianer, nachdem Carl Gustav Jung als ehemaliger Musterschüler und erkorener Kronprinz der psychoanalytischen Bewegung den Bruch mit Freud vollzogen und seine eigene Schule, die der analytischen Psychologie, gegründet hatte. Um die Matrix der Träume neu zu bestimmen, revidierte Jung den speziellen Begriff der Libido und ersetzte ihn durch einen allgemeineren. Libido nach Jungscher Lesart ist Vitalkraft oder seelische Energie, die dem Menschen ebenso wie zu seinem sexuellen zu seinem geistigen und kulturellen Streben zur Verfügung steht. Sie schöpft ihre Wirksamkeit aus dem individuellen und/oder kollektiven Unbewußten als Inspirationsquelle des Einzelnen wie der Gruppe. Da die Struktur der Ontogenese stets eingebettet bleibt in das weitere Strukturfeld der Phylogenese, kann sich im Traum das Unbewußte des *ganzen* Menschen und – darüber vermittelt – der *ganzen* Menschheit mitteilen. Es kann die gesamte Biographie des Individuums offenbar werden, nicht nur sein wunsch- oder angstgetriebenes Sexualleben, und es kann sich der seelische Erfahrungsschatz der Gattung mitteilen, wenn er vom Individualfall aktiviert wird.

Jung schlägt also um den engeren Kreis der Lebensgeschichte seiner Analysanden und ihrer Biographien den größeren Kreis der Kulturgeschichte der Traumdeutung und ihrer mythologischen Signifikanz. Er ist der Auffassung, daß beide einander spiegeln: das Individuelle das Kollektive und umgekehrt, das Aktuelle das Geschichtliche und umgekehrt. Damit werden die Botschaften der Träume sehr viel umfassender und gleichzeitig sehr viel gezielter entschlüsselt als von Freud. In einem bestimmten Sinne nimmt Jung die Sprache der Träume ernster als sein psychologischer Ziehvater, insofern er die ihnen eigentümliche Logik in *allen* Facetten ihres Ausdrucks berücksichtigt. Auf die Lebensge-

---

135 Freud (1940a), *G. W.* Bd. 11, S. 147, 143.

schichte des Träumers bezogen, zeigen die Traumsymbole multiple Anknüpfungspunkte, die mit den ‚verbotenen Wünschen' verdrängter Sexualität oder den infantilen Strebungen ungehinderter Lustbefriedigung oft gar nichts zu tun haben, auf ganz andere Art bedeutungsvoll sind, aber auch in dieser Andersartigkeit unbedingte Beachtung verdienen.

Für Jung ist die Freudsche Technik der veranlaßten Assoziationsbildung von Analysanden willkürlich, weil solche Assoziationen unvermeidbar vom Zentralthema des Traums wegführen, um dann, forciert von der Hypothese des Analytikers, wieder zu ihm zurückzuführen. Erst in diesem Prozeß wird das Thema dann häufig sexualisiert. Jung bemerkt:

Fast jeder weiß zum Beispiel, daß es eine enorme Vielfalt von Bildern gibt, durch die der Geschlechtsakt symbolisch (oder in Form einer Allegorie) dargestellt werden kann. Jedes dieser Bilder kann mit Hilfe eines Assoziationsvorganges zur Vorstellung des Geschlechtsverkehrs und zu spezifischen Komplexen führen, die der einzelne über seine sexuellen Gewohnheiten haben mag. Aber ebensogut könnte man solche Komplexe freilegen durch einen Tagtraum über eine Reihe unentzifferbarer russischer Buchstaben. Ich nahm also an, ein Traum könne eine andere Mitteilung enthalten als eine sexuelle Allegorie, und zwar aus bestimmten Gründen, die ich näher erläutern möchte:
Ein Mann träumt, er stecke einen Schlüssel in ein Schlüsselloch, schwinge einen schweren Stock oder ramme eine Tür mit einem Sturmbock ein. Jedes dieser Bilder kann als sexuelle Allegorie angesehen werden. Aber die Tatsache, daß sein Unbewußtes aus gewissen Gründen eines dieser spezifischen Bilder ausgewählt hat – es kann der Schlüssel, der Stock oder die Ramme sein –, ist von besonderer Bedeutung. Die eigentliche Aufgabe besteht darin, herauszufinden, *warum* der Schlüssel dem Stock oder der Stock dem Rammbock vorgezogen worden ist. Und manchmal kann das zu der Entdeckung führen, daß gar nicht der Geschlechtsakt, sondern ein ganz anderes psychologisches Thema gemeint ist[136]

Zur Veranschaulichung kommentiert Jung ein Altargemälde des flämischen Malers Campin aus dem 15. Jahrhundert, dessen Bildstruktur der Traumstruktur eines religiös inspirierten Träumers nachempfunden ist: Ein Mönch und eine Nonne stehen in einem Klostergarten demuts- und erwartungsvoll vor einer sich öffnenden Tür. Ein Schloß auf der Innenseite läßt erkennen, daß die Tür von innen geöffnet wurde. Offenbar haben die beiden einen Moment vor der abgebildeten Szene an die Tür geklopft und um Einlaß ersucht. Das Bild zeigt die erwartungsvolle Miene des Mannes, gewährt dem Bildbetrachter allerdings keinen Blick in den Raum hinter der Tür. Der Wunschcharakter der Szene ist offenkundig: Es geht um die Projektion von Jenseitserwartungen. Und in diesem Kontext erschiene es nachgerade absurd, eine verschlüsselte psychoneurotische oder sexuelle Botschaft zu vermuten, die zu entdecken Freud sich möglicherweise anheischig gemacht hätte. Religiöse Tradition und künstlerischer Stil legen hier ganz andere, ausschließlich spirituelle Dinge nahe: Die Tür soll die Hoffnung

---

[136] Jung (1988), S. 28.

auf ein Jenseits symbolisieren, das Schloß die Nächstenliebe und der Schlüssel die Sehnsucht nach Gott. Hier kann weder von Verdrängung noch von Entstellung die Rede sein, und sofern Traumarbeit im Spiel gewesen sein mag, war sie rein ausschmückender, allegorisierender Art.

Aus der Zeit seiner Zusammenarbeit mit Freud referiert Jung, um den aufkeimenden Dissens zu seinem Lehrmeister zu beleuchten, einen eigenen Traum: Er sah sich in dem Wohnzimmer eines größeren Hauses, das im Stil des 18. Jahrhunderts eingerichtet war und sich im ersten Stockwerk befand. Offenbar war es sein Elternhaus, aber der Träumer wunderte sich, daß er dieses Zimmer noch nie gesehen hatte. Er wurde neugierig, wie wohl das Erdgeschoß aussehen mochte, stieg die Treppe hinunter und gelangte in einen ziemlich dunklen Raum mit noch älterem Mobiliar. Mit wachsendem Interesse wollte er mehr von dem Haus sehen, ging in den Keller hinunter und bemerkte dort eine Tür, hinter der sich eine zu einem großen Gewölbe führende Steintreppe befand. Alles erweckte den Eindruck von beträchtlichem Alter – Boden und Wände mutmaßlich aus römischer Zeit. In einer Ecke des Gewölbes entdeckte er einen Eisenring auf einer Steinplatte, die zu einer Art Höhle führte, einem prähistorischen Grab mit Schädelknochen und Tonscherben. Jung kommentiert seinen Traum:

Wäre Freud bei der Analyse dieses Traumes meiner Methode der spezifischen Assoziationen und Kontextuntersuchung gefolgt, so hätte er eine weitreichende Geschichte erfahren. Aber ich fürchte, er hätte sie bloß als den Versuch gewertet, vor einem Problem zu fliehen, das in Wirklichkeit sein eigenes war. Tatsächlich war der Traum eine kurze Zusammenfassung meines Lebens, insbesondere meiner geistigen Entwicklung. Ich war in einem zweihundert Jahre alten Haus aufgewachsen, und unsere Einrichtung bestand zu größten Teil aus Möbeln, die etwa dreihundert Jahre alt waren. Mein bis dahin größtes geistiges Abenteuer war das Studium der Philosophie Kants und Schopenhauers gewesen. Das große Ereignis der Zeit war das Werk von Charles Darwin. Kurz zuvor hatte ich noch mit den mittelalterlichen Vorstellungen meiner Eltern gelebt, für die die Welt immer noch von einer göttlichen Allmacht und Vorsehung gelenkt wurde. Diese Welt war antiquiert und überholt. [...] Aus diesem Grund war das Erdgeschoß so still, dunkel und offensichtlich unbewohnt.
Mein damaliges historisches Interesse hatte sich aus der ursprünglichen Beschäftigung mit vergleichender Anatomie und Paläontologie entwickelt, während ich als Assistent am Anatomischen Institut arbeitete. Besonders fasziniert war ich von dem vieldiskutierten Neandertaler und dem Pithecanthropus von Dubois. Das waren meine Assoziationen zu dem Traum. Aber ich wagte nicht, über Schädel, Skelette oder Leichen zu reden, denn ich hatte erfahren, daß dies Thema Freud unangenehm war. Merkwürdigerweise glaubte er, ich ahnte seinen frühen Tod voraus... . Meine intuitive Erkenntnis bestand in der plötzlichen und unerwarteten Einsicht, daß mein Traum *mich* meinte, *mein* Leben und meine Welt, meine ganze Realität gegen eine theoretische Struktur, die von einem fremden Verstand aus dessen eigenen Gründen für dessen eigene Zwecke errichtet war. Es war nicht Freuds Traum, sondern mein eigener, und auf einmal verstand ich auch, was mein Traum bedeutete.[137]

Zugespitzt heißt dies: Was Freud (nach der Mutmaßung Jungs) als gegen ihn

---

137 Jung (1988). S. 56–57.

gerichteten Todeswunsch gedeutet hätte, war für Jung selbst eher sein eigener Lebenswunsch, nämlich die traumgeborene Verbildlichung seiner vitalen geistigen und beruflichen Interessen. Der Traum symbolisierte seine Berufung, darin hatte er seine Wahrheit und seine Wirkung. Für Jung ist es der persönliche und/oder überpersönliche Horizont des Menschen, der als Determinant einer Traumbedeutung wichtig ist. Keine aus Assoziationen bestehende Zickzacklinie, die vom Taum weglockt, sondern ein beharrliches Umkreisen des bildhaften Zentrums verspricht dem Analytiker Erfolg bei seiner Arbeit. Dabei muß er der Tatsache gewärtig sein, daß das traumproduzierende Unbewußte eben kein bloßer Ablageplatz für Archaisches oder Infantiles ist, sondern auch einen fruchtbaren Boden mit Keimen für Zukünftiges darstellt. Zusätzlich zu Erinnerungen aus weit entfernter Vergangenheit können auch gänzlich neue Gedanken und schöpferische Ideen aus dem Unbewußten aufsteigen und sich in Träumen manifestieren – Gedanken und Ideen, die nie zuvor bewußt gewesen sind. Sie wachsen aus den dunklen Tiefen des Geistes wie Lotusblumen aus dem Wasser und sind eine äußerst wichtige Funktion der unbewußten Psyche. Für Jung signalisierten sie: „Gehe diesen Weg in die Vergangenheit weiter. Er ist deine Zukunft."

Die Altvordern, die in Traumbildern Vorausdeutungen von Kommendem sahen, erschienen Jung auf ihre Art klüger als die Freudianer, die in solchen Bildern stets den Bodensatz unbewältigter Probleme vermuten; denn Träume können Situationen ankündigen, lange bevor sie eintreten. Ihre potentiell prognostische Funktion darf nicht gering geschätzt werden. Die antiken, trance- oder trauminspirierten Orakel waren keine unverantwortlichen Veranstaltungen lächerlicher Spökenkieker, sondern seriöse Unternehmungen, um die Signale des Unbewußten für Schicksalsbefragung und Lebensführung nutzbar zu machen. Alles kann dem Unbewußten verfallen – nicht nur das Geschlechtliche –, und alles kann sich in Traumbildern wieder zurückmelden und segensreich wirken. Wesentlich ist dann nicht die kryptische Mitteilung versteckter sexueller Wünsche und Ängste (die natürlich vorkommen), sondern die kompensatorische Funktion des Ensembles an Bildern. Der Traum ist für Jung eine seelische Autokorrektur, eine symbolische Veranstaltung gegen Entwurzelung, gegen Selbstentfremdung, Instinktverlust und Vereinseitigung (Überintellektualisierung) des Lebens. In Träumen steckt der Versuch, „uns das psychische Gleichgewicht wiederzugeben, indem sie Traummaterial produzieren, das auf subtile Weise die gesamte psychische Balance wiederherstellt"[138]

In dem elaborierten Gedankengebäude, das Freud von Struktur und Bedeutung der Träume entworfen hat, steckt aber noch ein weiteres Defizit: nämlich das

---

138 Jung (1988), S. 50.

Versäumnis, den *Nachttraum* vom *Tagtraum* so zu sondern, daß die jeweiligen Spezifika gebührende Berücksichtigung finden und der kategoriale Unterschied hinreichend deutlich wird. Wohl wissend, daß der eine den (passiven) Menschen im Schlaf heimsucht, während der andere dem (aktiven) Menschen zur freien Verfügung steht, ordnet Freud gleichwohl beide Traumtypen den Trieben unter, die von der Libido genährt werden. Primitive, kindliche, neurotische Wunschwelten hier wie dort. Kompulsive Vorgänge in beiden Fällen. Die ganz andere Bewußtheit des Tagtraums, seine verständlichere Sprache, seine kohärentere Struktur, seine freiere Themenwahl, die ihn phylogenetisch eigentlich zu einem Derivat des Nachttraums macht, bewegt Freud nicht dazu, ihm einen wesentlich anderen Realitätsstatus zuzubilligen als dem Nachttraum. Die evolutionspsychologische Erkenntnis, daß der Urmensch *träumen mußte*, bevor er *denken konnte*, wohingegen sein Nachfahre *denken muß*, auch wenn er *träumen kann*, wird nicht angewandt auf eine bewußtseinsgeschichtliche Hierarchisierung der beiden Traumtypen. Ebensowenig dient der wiederholt betonte archaische Duktus der Wahrnehmungen im Nachttraum, der ja eigentlich seine Antezedenz gegenüber dem Tagtraum begründen müßte, als Anlaß für eine Verhältnisbestimmung des Vorher und Nachher. Ganz im Gegenteil: Ausgangspunkt aller Überlegungen ist der Tagtraum – nicht als gewissermaßen emanzipierte Form des Nachttraums, sondern als dessen psychogenetische Vorstufe. Für Freud rangiert der Tagtraum vor dem Nachttraum:

Die bekanntesten Produktionen der Phantasie sind die sogenannten Tagträume, vorgestellte Befriedigungen ehrgeiziger, großsüchtiger, erotischer Wünsche, die umso üppiger gedeihen, je mehr die Wirklichkeit zur Bescheidung oder zur Geduldung mahnt. [...] Wir wissen, solche Tagträume sind Kern und Vorbilder der nächtlichen Träume. Der Nachttraum ist im Grunde nichts anderes als ein durch die nächtliche Freiheit der Triebregungen verwendbar gewordener, durch die nächtliche Form der seelischen Tätigkeit entstellter Tagtraum.[139]

Was hier ausgeblendet wird, ist die *kognitive* Leistung des Tagtraums, seine Fähigkeit, die *affektiven* Bildungen so zu überformen und überhöhen, daß sie für den Träumenden luzid und intelligibel werden. Der Tagträumer verdrängt, erduldet und erleidet nichts, denn sein Ich evoziert und komponiert seine Träume ja selbst. Er setzt sie zusammen im Lichte des Tages und unterwirft ihre Gestaltung seinem freien Willen. Er ist innerlich wach, wenn auch äußerlich inaktiv. Er halluziniert nichts, sondern imaginiert alles. Er gibt sich den Traumgebilden bewußt hin, kann sie ordnen, nach Gutdünken auf- und abrufen und bleibt – unter normalen Umständen – ihr Regisseur auch dann, wenn sie eine unwiderstehliche Attraktion auf ihn ausüben. Er führt sie auf der Bühne seiner inneren Welt

---

139 Freud (1940a), *G.W.* Bd. 11, S. 387–388.

gewissermaßen an der Leine spazieren, kontrolliert ihre Richtung und bewegt sie dorthin, wo es ihm gerade gefällt – in das sinnliche Vergnügen, in die paradiesische Natur, in das Reich der Unsterblichkeit, das große Abenteuer, das lockende Schlaraffen- oder Märchenland, in die vornehme Gesellschaft, den Ruhm, den Luxus, den Reichtum, die Macht, die Ehre oder was immer den stärksten Attraktionspol darstellen mag. Die „Unabhängigkeit der Lustgewinnung von der Zustimmung der Realität" kann er bequem dadurch gewährleisten, daß er sich die Realität imaginativ gefügig macht, sie mental zu seinen Gunsten und seinen Bedingungen formt. Dabei wird diese aber nicht entstrukturiert so wie im Nachttraum, sondern neu komponiert so wie in der Kunst. In seinen Träumereien ist der Tagträumer tatsächlich so etwas wie ein privat tätiger Künstler oder ein nur seinem eigenen Innern verpflichteter Architekt – Schöpfer persönlicher Lustgärten und Luftschlösser.

Natürlich ist der Tagträumer meist ein Narzißt, der sich darin gefällt, im Traum sein Ich zu bespiegeln und zu erhöhen. Aber er ist ein ‚wissender' Narzißt, d. h. einer, der bewußt seine eigene Welt verzaubert, kein neurotisierter Phantast, der unbewußt in die Alchimie der Träume hineingezogen wird. Er hat es in seiner Macht, tunlichst alle gedanklichen Gefilde zu meiden, die seinem Ich Unlust bereiten könnten, und leidet deshalb auch nicht an Vorstellungskomplexen, die ihm peinlich sein müßten und durch Traumarbeit entstellt werden. Im Tagtraum liebt er sich selbst und bringt andere dazu, ihn zu lieben, zu bewundern, anzuerkennen usw. – und dies ganz unverblümt und ungeniert. Er muß sich nicht den Furien und Fratzen aussetzen, die den Nachtträumer verfolgen können und ihn voll Entsetzen erwachen lassen. Er muß sich nicht mit traumschwerer Symbolik herumschlagen, deren Deutung ihn überfordert oder von vornherein als unsinnig erscheint. Daß die Matrix des Unbewußten an seinen Träumereien beteiligt bleibt, daß ein gemeinsamer Urgrund der Wünsche hier wie dort besteht, läßt sich wohl kaum bestreiten. Aber dies ändert nichts an der Fähigkeit des Tagtraums, die unwillkürlichen Chimären des Nachttraums hinter sich zu lassen und zum Entwurf willkürlicher Bildgestalten des Tages voranzuschreiten – Gestalten, die gewöhnlich schöner und kreativer sind als die deformierten, drückenden Gebilde der Nacht, Erfahrungen, die konstruktiver sind als die chaotischen Dramen des Schlafs.

All dies sieht der Altmeister der Psychoanalyse nicht, thematisiert es zumindest nicht. Nur für einen Spezialfall, nämlich den des Dichters, ist er bereit, Sonderbedingungen für die Tagträumereien gelten zu lassen und ihnen kulturelle Bedeutung beizumessen: „Sie sind das Rohmaterial der poetischen Produktion; denn aus seinen Tagträumen macht der Dichter durch gewisse Umformungen, Verkleidungen und Verzichte die Situationen, die er in seine Novellen, Romane,

Theaterstücke einsetzt."[140] Daß der gemeine Mensch seine Luftschlösser auf die gleiche Art, wenn auch ohne ästhetisches Raffinement und öffentliche Resonanz, bauen könnte, kommt Freud nicht in den Sinn. Daß auch dieser Mensch „Rohmaterial" zu kreativen Leistungen umformt, wenn auch auf einer bescheideneren Ebene, wird nicht reflektiert. Ist der Träumer formal auch kein Künstler, so ist der bestehende Unterschied eher ein gradueller als ein prinzipieller. Daß das Kunstwerk, psychologisch betrachtet, ein in besonderer Weise transformierter Traum sein kann, ist Gemeinplatz und kulturgeschichtlich unzählige Male belegt. So wie man vom Traum ‚hochrechnen' kann zum Kunstwerk, so kann man vom Kunstwerk ‚zurückrechnen' zum Traum.

Unter den Kritikern hat vor allen anderen Ernst Bloch auf diesen blinden Fleck in der Optik Freuds aufmerksam gemacht. Bloch betont den potentiell progressiven Charakter der Tagträume, entkleidet sie der regressiven Tendenzen, die Freud hervorhebt, und stellt sie in das Umfeld utopischen Wollens und zukunftsgerichteten Planens. In seiner Kritik erklärt er den Tagtraum zur Domäne des Erwachsenen und nimmt ihm seinen freudianisch infantilen Charakter. Hier ist die Richtung aufwärts und vorwärts, dort (im Nachttraum) ist sie rückwärts und abwärts. Hier blüht mentale Freiheit, dort lasten seelische Ketten. Hier wird die Zukunft gefeiert, dort brütet die Vergangenheit. Bloch schreibt:

Doch eben, die Menschen träumen nicht nur nachts, durchaus nicht. Auch der Tag hat dämmernde Ränder, auch dort sättigen sich Wünsche. Anders als der nächtliche Traum zeichnet der des Tages frei wählbare und wiederholbare Gestalten in der Luft, er kann schwärmen und faseln, aber auch sinnen und planen. Er hängt auf müßige Weise (sie kann jedoch der Muse und der Minerva nahe verwandt werden) Gedanken nach, politischen, künstlerischen, wissenschaftlichen. Der Tagtraum kann Einfälle liefern, die nicht nach Deutung, sondern nach Verarbeitung verlangen, er baut Luftschlösser auch als Planbilder und nicht immer nur fiktive. Sogar noch in der Karikatur hat der Träumerische ein anderes Gesicht als der Träumende: er ist dann Hans-guck-in-die-Luft, also keineswegs der Nachtschläfer mit geschlossenen Augen.[141]

Im Unterschied zum Nachtträumer ist für den Tagträumer das Feld seiner Träume gänzlich offen, ihr potentieller Gegenstand ist im Prinzip die ganze Welt als Raum und die ganze Geschichte als Zeit. So wie er in seiner Vorstellungswelt Räume gestalten kann, die (noch) nicht existieren, so kann er Zukunft vorwegnehmen, die erst werden soll. In vielen, wenn nicht den meisten Fällen werden die Aktivitäten zwar völlig folgenlos bleiben, weil es nur Gespinste sind, die wie kurzlebige Seifenblasen zerplatzen, aber sie können auch Folgen zeitigen, sich zu Planungen verdichten und zu Realisierungen führen. Das Spektrum reicht hier von egoistischen, läppischen, abwegigen, verworrenen, eskapistisch-

---

140 Ebd., S. 96.
141 Bloch (1978), Bd. 1, S. 96.

illusionistischen bis zu seriösen, konstruktiven, ausgefeilten, verantwortungsbewußten, tatenhungrigen Träumen. Aus dem Schoß der immateriellen Ideen können materielle utopische Projekte geboren werden.[142] Aus den scheinbar ungreifbaren, luftigen Gebilden können sich Pläne formen, die zu konkreten (politischen, sozialen, wissenschaftlichen, künstlerischen) Maßnahmen heranwachsen. Deshalb ist die Möglichkeit zur gedanklichen Antizipation des Noch-nicht-Seienden, des Noch-nicht-Geschaffenen für Bloch der kardinale Punkt tagträumerischer Phantasie, ihre große Stärke und hoch zu schätzende Qualität. Bei genügender Tatkraft kann nämlich das Wunschpotential so umgearbeitet werden, daß tatsächlich eine „Zustimmung der Realität" erfolgt und Wunsch und Wirklichkeit keine unüberbrückbaren Gegensätze mehr sind. Speisen sich die Nachtträume allermeist aus zurückliegendem Triebleben und präsentieren vergangenes, wo nicht archaisches Bildmaterial, nähren sich die (utopischen) Tagträume von Vorgriffen auf zukünftiges, will sagen: besseres Leben. Ihr Generator für Wünsche ist der positive Erwartungsaffekt der Hoffnung. Hier gestaltet sich die blühende Phantasie um zur disziplinierenden Imagination, die nicht nur lustvoll fabuliert, sondern sorgsam prüft und abwägt. Mithin ist das Verhältnis von Nacht- und Tagtraum umzukehren, das Primäre dem Sekundären zu unterstellen statt umgekehrt: „Das Luftschloß ist keine Vorstufe zum nächtlichen Labyrinth, eher liegen noch die nächtlichen Labyrinthe als Keller unter dem täglichen Luftschloß"[143]

Im wesentlichen lassen sich sechs Merkmale angeben, die den Tag- vom Nachttraum unterscheiden:
1. Das intakt bleibende Ich, das es der Phantasie gestattet, auf eine Art Fahrt ins Blaue zu gehen, deren Kurs und Ziel, Anfang und Ende willkürlicher Einflußnahme unterliegen. Zwar wird auch hier ein Teil der empirischen Realität ausgeblendet, die ‚harten' Dinge der Umwelt erscheinen gedämpft und subjektivistisch geschönt, aber sie ziehen sich vor dem ‚Angriff' der aufgerufenen Wunschbilder niemals ganz zurück. Zwar wird die Außenwelt abgeriegelt, aber keineswegs so hermetisch wie im Schlaf. Die erlebte Innenwelt wird mit einem Inventar ausgestattet, dessen Qualität dem der gegebenen Außenwelt noch weitgehend entspricht. Unter der Ägide des Ichs bleiben die selbstgewählten Vorstellungen relativ kohärent und intelligibel, denn die Trauminhalte müssen sich an den Maßstäben des wachen Bewußtseins messen lassen und entsteigen nicht den dunklen Sphären halluzinierten Erlebens. Das Ego ist hier allemal in der Einheitserfahrung bewußter seelischer Vorgänge erhalten; es bleibt der Bezugs-

---
142 Siehe unten Kap. 4.4, S. 454. ff.
143 Bloch (1978), Bd. 1, S. 98.

punkt und das Leitbild dessen, was der Mensch von sich selbst und seiner Welt entwirft. Der Tagtraum ist ein kontrolliertes Phantasie*experiment*, veranstaltet vom Ich, wohingegen der Nachttraum ein sich selbst entfaltendes Phantasie*schauspiel* darstellt, aufgeführt vom Unbewußten.

2. Der Realitätsstatus, der dem Tagtraum, während er geträumt wird, gewöhnlich eine zwar kontrollierbare, aber blassere, flüchtigere, weniger intensive Erlebnisqualität verleiht als dem Nachttraum. Der Tagtraum kann zwischen Geistesanwesenheit und -abwesenheit fluktuieren, der Nachttraum ist dagegen während der Dauer seiner Inszenierung wie versiegelt. Ist das im Schlaf erlebte Geschehen aufgrund seiner quasi-halluzinativen Beschaffenheit voll mit sinnlicher Anschauung gesättigt, so daß es dem Träumer trotz seiner Entstellungen unbedingt real erscheint, hat der Wachtraum ein vergleichsweise schwaches Profil. Am Werke sind hier Imaginationen und Fiktionen, keine Halluzinationen. Dadurch erscheint der Tagtraum in einem bestimmten Sinne ‚ärmer' als der Nachttraum, in einem anderen (noch zu erläuternden) Sinne jedoch ‚reicher'.

3. Die Freiheit von Zensur, die der Projektion der Wünsche eine unentstellte Formgebung und unbeschwerte Entfaltung gestattet. Selbst dann, wenn die Träumereien sich mit unschönen, peinlichen, verwerflichen Inhalten und Absichten befassen, interveniert keine psychische Instanz, die auf Abwehr schaltet. Das Ich des Träumers muß auf jeden Fall selbst verantworten, was es träumt – auch wenn die Traumgedanken moralisch fragwürdig erscheinen oder gar böse Folgen haben: „Der kleine Mann, der seine Rachewünsche stillt oder der seiner sonst leidlich geliebten Frau den Tod insofern wünscht, als er mit einer jüngeren im Wunschtraum unverhohlen Hochzeitsreise macht, spürt keine Gewissensbisse. Er büßt keine Lust, er entwickelt auch, bei der imaginierten Erfüllung solch verworfener Wünsche, keine Angst, als Ersatz der Zensur. Erst recht läßt ein ehrgeiziger Träumer seinen Wünschen freien Lauf, er fliegt mit ausgebreiteten Flügeln zum Tempel des Nachruhms empor... ."[144]

4. Die Mitteilbarkeit der Traumerfahrungen, welche eine unmittelbare Folge der ich-kontrollierten Vorstellungen darstellt. Der Wachtraum teilt sich wesentlich leichter mit als der Nachttraum, und zwar nicht nur deshalb, weil er nicht so rasch dem Vergessen anheimfällt, sondern weil seine Struktur von vornherein kommunizierbar bleibt. Sie bewahrt meistens die gewohnten Ursache-Wirkungs-Verhältnisse der Lebenswelt, bleibt rational nachvollziehbar und verirrt sich nicht im Labyrinth quasi-schizophrenen Erlebens. Selten offenbart der Tagtraum die a-logischen Sequenzen und kryptischen Verschlüsselungen, welche den Nachttraum zu einem Enigma machen können. Hieraus resultiert eine gute Umsetzbarkeit von Bildern in Sprache und dadurch begründet sich eine mögliche

---

144 Bloch, S. 102.

öffentliche Wirkung. Der ‚Sinn' von Tagträumen bleibt artikulierbar und bedarf keiner aufwendigen Interpretation.

5. Die weltverbessernde/-verschönernde Tendenz, die aus dem Wunschdenken des Träumers hervorgeht, sich oftmals narzißtisch-egoistisch auf seine eigene Position in der Welt bezieht, aber auch altruistisch auf die seiner Mitmenschen und der gesamten Gesellschaft gemünzt sein kann. Hier ist die (negativ) erfahrene Wirklichkeit die Folie, von der sich eine (positiv) erträumte Alternative abhebt und Wunscherfüllung in konkrete Umgestaltung mündet. Hier assoziiert sich der Traum mit Grenzüberschreitungen, die virtuell in ein besseres Dasein führen. Aus dem Grau des Alltags, dem Bewußtsein von Defiziten heraus, wird sozusagen ein Regenbogen an den Himmel projiziert, der an die Pflicht zur Schaffung größerer Schönheit und lustvoller Buntheit für das menschliche Leben gemahnt. Dies ist die psychische Quelle des utopischen Bewußtseins [145]

6. Die erkennbare Zweckgerichtetheit, die den Wünschen ein mögliches Ziel, einen anvisierten Erfüllungsort vorgibt. Bloch spricht hier von einer „Fahrt ans Ende", was den Willen des Träumers meint, sich nicht selbstgenügsam mit Blendwerk, schönem Schein, zwecklosen Spielereien zufrieden zu geben, sondern den Spuren zu folgen, die sein Bewußtsein in Richtung auf ein Ideal zeichnet. („Die Tagphantasie startet wie der Nachttraum mit Wünschen, aber führt sie radikal zu Ende, will an den Erfüllungsort.") Im Tagtraum leuchtet ein Vorschein von möglich Wirklichem auf, eine erwachsene Qualität, die nicht in den Infantilismen und Archaismen des Nachttraums steckenbleibt. Zugestanden: Es begegnen auch hier allerlei Hirngespinste, buntschillernde Seifenblasen, die leicht zerplatzen; aber selbst wenn sie zerplatzen, bieten sie demjenigen, der zu schauen versteht, zuvor eine neue interessante Optik. Und es ist nie ausschließbar, daß eben solche neue Optik eine neue Zwecksetzung im Gefolge hat. Unter Tausenden von Tagträumen, die ‚scheitern', finden sich etliche, die reüssieren – und sei es auch nur als Trost, als Kompensation, als Lichtschein im Dunkeln.

Hier ein typisches Beispiel für Tagträumereien, das die Auswendigkeit der Innerlichkeit ihres Träumers zur Erscheinung bringt. Es stammt aus Jean Jacques Rousseaus *Bekenntnisse[n]* (1782/88) und zeigt das erzählende Ich als Regisseur deutlich narzißtischer Phantasien. Die Passage läßt erkennen, wie weit die poetischen Gebilde des Wachtraums von den grotesken Ausgeburten des Schlafes entfernt sind. Es gibt keine Schwierigkeit bei dem Versuch, das Innere mittels der Sprache nach Außen zu kehren, und es herrscht kein Zweifel, daß die erträumten Welten die glücklicheren, freieren, abenteuerlicheren Welten sind. Aber es steht ebensowenig in Zweifel, daß der Tagtraum unstet, flüchtig und – einem Schmetterling gleich – erratisch sein kann. Der junge Jean-Jacques be-

---

145 Zur Phänomenologie des utopischen Bewußtseins s. u. Kap. 4.4, S. 454 ff.

findet sich auf der Wanderschaft nach Paris und träumt von Soldatenruhm. Doch von einer „Fahrt ans Ende" kann bei seinem Tagtraum keine Rede sein. Vom Schlachtfeld wechselt der Traum sehr schnell zu Pastoralszenen:

Meine süßen Traumbilder leisteten mir Gesellschaft, und nie hat die Glut meiner Einbildungskraft reizendere erzeugt. Wenn man mir einen leeren Platz auf einem Wagen anbot, oder wenn mich unterwegs jemand ansprach, zog ich ein finsteres Gesicht, aus Furcht, das Glückshaus, das ich mir beim Wandern baute, einstürzen zu sehen. Diesmal waren meine Gedanken kriegerisch. Ich war auf dem Weg, mich einem Soldaten anzuschließen und selbst Soldat zu werden; denn man war darüber einig geworden, daß ich meine Laufbahn als Kadett beginnen sollte. Ich glaubte, mich schon in Offiziersuniform mit einem schönen, weißen Federbusch zu sehen. Mein Herz schwoll bei diesem stolzen Gedanken. Ich besaß etwas oberflächliche Kenntnis von Geometrie und Festungsbau, ich hatte einen Ingenieur zum Onkel, ich trat gewissermaßen in seine Fußstapfen. Meine Kurzsichtigkeit war ein kleines Hindernis, setzte mich aber nicht in Verlegenheit, und ich rechnete darauf, diesen Mangel durch Kaltblütigkeit und Unerschrockenheit auszugleichen. Ich hatte gelesen, daß der Marschall Schomberg sehr kurzsichtig war; warum sollte es der Marschall Rousseau nicht sein? Ich erhitzte mich bei diesen Torheiten derart, daß ich nicht nur mehr Truppen, Wälle, Schanzkörbe, Batterien sah, sondern mich selbst mitten in Feuer und Rauch, ruhig, die Lorgnette in der Hand, Befehle gebend. Wenn ich indes durch freundliche Gegenden kam, Gehölze und Bäche sah, mußte ich doch bei diesem rührenden Anblick seufzen. Inmitten meines Ruhmes fühlte ich mein Herz nicht für das Getümmel geschaffen, und bald, ohne es zu wissen, fand ich mich wieder bei meinen lieben Schäfereien und verzichtete für immer auf die Werke des Mars.[146]

Für die allermeisten Menschen der westlichen Zivilisation dürften solche Tagträume in ihrer gestalterischen Freiheit tatsächlich weit von den Nachtträumen mit ihren oftmals als erdrückend erlebten Zwängen entfernt sein. Zwischen den jeweiligen Erlebnisweisen verläuft eine Grenze, die der Trennung von wach sein und schlafen, bewußt und unbewußt entspricht. Haben sie auch ein gemeinsames Substrat in den Wünschen, so sind die Modalitäten ihrer Erscheinungsformen doch ganz verschieden und ein willkürlicher Wechsel von der einen in die andere scheint nicht möglich. Hier, im Tagtraum, läßt der Träumer seinen Wünschen bewußt freien Lauf; dort, im Nachttraum, ist er Zuschauer eines unbewußt erlebten Dramas. Hier kann er kontrollieren, was er erlebt; dort erlebt er, was er nicht kontrollieren kann. Dies ist der vorherrschende Erfahrungsmodus.

Nun zeigen allerdings neuere traumpsychologische Untersuchungen[147] ebenso wie aktuelle ethnographische Forschungen[148] daß die Grenze zwischen bewußt und unbewußt, aktiv und passiv, kontrollierbar und unkontrollierbar sich keineswegs so scharf ziehen läßt, wie ehedem angenommen. Sie ist im Prinzip durchlässiger als es der Erfahrung der meisten Träumer entspricht, und die

---

146 Rousseau (1978), S. 158–159.
147 Siehe Busch (1985), Strauch (1992).
148 Siehe Duerr (1983).

Trennung ist weltanschaulich weniger gravierend als es Bloch in seiner Abrechnung mit Freuds Traumanalytik darstellt. Offenbar liegt in der Bedeutung, die antike Völker oder primitive Stämme der Traumwelt beimaßen, sowohl mehr psychologischer Realismus als auch größere kulturelle Weisheit als vom westlichen Verstandesmenschen vermutet und zugestanden. Offenbar lassen sich die Inhalte von Nachtträumen viel stärker in die Lebenswelt hineinnehmen und dort produktiv umsetzen als dies in unserer Zivilisation gewöhnlich geschieht. Unsere Bewußtseinszustände bilden ein Kontinuum, auf dem Wachen und Träumen keine trennbaren Gegensätze, sondern graduell unterscheidbare Erfahrungsmodi darstellen.

Die Traumpsychologen wissen heute: Die spukhaften Nachtgewächse der Psyche sind kontrollierbar, ihre Bilder zum Segen des Träumers gestaltbar. Es gibt die sogenannten luziden Träume, in denen Träumer nicht nur wissen, daß sie träumen, sondern über die Möglichkeit verfügen, die Trauminhalte zu beeinflussen. Die erhebenden, beglückenden Momente, die man im Tagtraum imaginiert, lassen sich auf die Welt des Nachttraums transferieren und unter seinen Bedingungen erleben. Das heißt, die quasi-halluzinative Qualität, die Nachtträume so eindrucksvoll macht und Tagträume vergleichsweise blaß aussehen läßt, kann induziert werden, ohne daß ein Sturz in die höllischen Abgründe des Alptraums zu befürchten ist. Das Ich kann sich dazu erziehen, wie ein Schauspieldirektor die Ereignisse unter kreativer Kontrolle zu behalten. Eine kleine Minderheit von Träumern berichtet von spontan eintretender Luzidität. Meist bedarf es jedoch bestimmter, auf Autosuggestion beruhender Techniken im Zusammenwirken mit einer dezidierten, persönlichen Themenwahl, um zum Direktor seiner Träume werden zu können. Beherrscht man solche Technik, kann man den Träumen seine vitalen Wünsche gewissermaßen zur Bearbeitung aufgeben.

Patricia Garfield, eine amerikanische Schlafforscherin und Therapeutin, wurde anfangs der 70er Jahre auf ein bemerkenswertes Eingeborenenvolk auf Malaysia aufmerksam: die Senoi. Dieser ca. zwölftausend Köpfe zählende, in den Dschungeln Malaysias lebender Stamm führt sein gesellschaftliches Leben nahezu buchstäblich im Traum – nicht, daß die Senoi permanent schlafen und träumen, aber sie richten ihre Existenz fast vollkommen an den Bildern und Botschaften aus, die ihre Träume ihnen eingeben. Sie erwarten regelmäßig Träume, ermuntern sich wechselseitig zu Träumen, deuten ihre Träume und kontrollieren sie. Das heißt, sie haben eine differenzierte Traumkultur entwickelt, die sie sorgfältigst pflegen und gewissenhaft anwenden. Träume sind ihnen alles andere als Delirien, es sind Quellen des Wissens und Stützen der Weisheit. Verhaltensnormen und Wertmaßstäbe entstammen einer inneren Welt, auf die sie entschieden mehr Vertrauen setzen als auf alle im Wachzustand erworbenen Kenntnisse. Sie haben es gelernt, positive innere Kräfte zu entwickeln, die sie „Traumfreunde" nennen, und sich von denjenigen fernzuhalten, die ihre „Traumfeinde" sind. Jedes Kind wird dazu erzogen, den „Traumfreunden" zu folgen und sich gegen die „Traumfeinde" zu stellen. Öffentliche Traumbesprechungen finden statt, um aus erzählten Träumen die ‚Politik' des Stammes zu bestimmen. Traummotive und -symbole werden gedeutet, um daraus Lösungsansätze für Konfliktbereinigung und Maßnahmen gegen Krankheiten zu gewinnen.

Garfield studierte nicht nur die ungewöhnliche Traumkultur der Senoi in ihrer Wirkung auf deren Bewußtsein, Sitten und Gebräuche, sondern lernte von ihnen auch die Induktion willkommener, heilsamer Träume. In einem Buch, das aus ihrem Forschungsaufenthalt hervorging,[149] erzählt Garfield u. a. einen selbstinduzierten Traum, den sie deshalb als besonders beglückend empfand, weil sie darin zum ersten Mal flog. In der Tat ist es so, daß von allen erlebbaren Traumtypen die Flugträume für viele Träumer als die attraktivsten und schönsten gelten. Aufgrund ihrer fast buchstäblich beflügelnden Wirkung sprechen ihnen nicht wenige Traumpsychologen therapeutische Wirkung zu: psychische Entkrampfung durch symbolische Befreiung, träumerisches Fliegen als Ausgleich für irdische Beschwernis. Die meisten Menschen glauben, daß es eine Lust sein müßte, fliegen zu können. Wahrscheinlich haben wir es mit einem archetypischen Wunsch zu tun, der mythologisch vorbesetzt ist – der Traum vom Fliegen. Garfield sah sich auf ihrer Wohnzimmercouch sitzend, um fernzusehen, und erlebte folgendes:

Ich gehe an meinen Platz ... und entscheide mich zu fliegen. Ich stoße mich mit den Füßen vom Boden ab, so als würde ich mich vom Grunde eines Schwimmbeckens abstoßen, und schwebe hinauf in die Luft. Es ist ein herrliches Gefühl. Höher und höher steige ich und bin dabei ein wenig ängstlich und zugleich sehr erregt. Alle Bewegungsempfindungen des Fliegens spüre ich sehr intensiv und deutlich, als wäre der Flug Wirklichkeit. Ich schwebe immer weiter hinauf. Ich strecke meine Arme hoch und stoße sanft an die Zimmerdecke, indem ich sie mit den Fingerspitzen berühre. Ich sehe die weiße Decke und die Halterung der Deckenlampe klar vor mir. Ich schwebe wieder hinunter, dann wieder hoch bis an die Decke und wiederhole das mehrere Male. Es ist ein schwindelerregendes Gefühl. Ich bin erstaunt, daß ich es wirklich tun kann. Ich weiß, daß ich mächtig vor meiner kleinen Tochter angebe. Ich möchte, daß sie es sieht, frage mich aber, ob das nötig ist. Als ich immer selbstbewußter werde, halte ich ein und gleite hinunter. [...] Unterwegs überlege ich mir: "Wie kann ich dieses Verhalten erklären?", und gebe mir selbst die Antwort: „Wahrscheinlich ein selbstinduzierter Trance-Zustand und Halluzination." Aber die Erfahrung ist von einer geradezu bestürzenden Realität gewesen. [...] Ich erwache und bin immer noch – von Kopf bis Fuß – erfüllt von dem erregenden Gefühl des Fliegens.[150]

Nach Garfields Überzeugung, die im übrigen von zahlreichen Traumforschern

---
149 Garfield (1980).
150 Garfield (1980), S. 134–135.

geteilt wird,[151] ist der luzide oder kontrollierte Traum ein wirksames Instrument, um mit Ängsten, Hemmungen, Phobien, Abneigungen selbsttherapeutisch fertig zu werden und gleichzeitig jene befreienden, kreativen Kräfte freizusetzen, die in jeder Psyche schlummern. Sie ermuntert ihre Leser: „Auch Sie können ihr Traumwesen dazu bringen, Ihnen ungewöhnliche Bilder zu präsentieren. Das ist allein von Ihrer Begabung, kreativ zu träumen, abhängig. Sie setzen sich mit dem Gegenstand, von dem sie träumen wollen, auseinander, geben dem Traum eine ganz bestimmte Aufgabe, träumen ihn und halten ihn nach dem Erwachen in aller Deutlichkeit so lange im Gedächtnis fest, bis sie ihn auf irgendeine Weise aufgezeichnet haben."[152] Alle Menschen können im Prinzip in ihren Träumen bewußt an inneren Problemen arbeiten und sie lösen; sie können sich von Beschränkungen des Körpers und Begrenzungen durch Raum und Zeit befreien, ohne Mystiker sein zu müssen, ohne auf die ‚Krücken' bewußtseinsverändernder Drogen angewiesen zu sein und ohne ihre eigene Welt durch fremde Motive verformt zu sehen. Sie können kreativer werden, weil ihre Träume ihnen die Inspirationen dafür liefern. Sie können die Entstehung von Ängsten verhindern und bereits bestehende zum Verschwinden bringen. Sie können eine größere emotionale Reife erreichen und dadurch bessere innere und äußere Stabilität gewinnen: „Wenn wir im Traum nicht mehr davonlaufen, werden wir uns im Alltag nicht mehr fürchten. Und wenn wir keine Angst mehr haben, sind wir frei für schöpferisches Schaffen"[153]

2.3 Sehnsucht nach der verlorenen Hälfte: Erotische Phantasien

Am Beginn von Platons Hauptwerk *Das Gastmahl* findet sich, von Aristophanes erzählt, jener denkwürdige Mythos, der Auskunft gibt über den Ursprung der geschlechtlichen Liebe unter den Menschen und die vom Eros ausgeübte Macht.[154] Selbst der Phantasie entsprungen, beschreibt dieser ätiologische Mythos die Quelle der erotischen Phantasien als einen unerschöpflichen Born an Vorstellungen, Sehnsüchten, Träumen und Hoffnungen, aber auch an Qualen, Enttäuschungen, Verzweiflungen und Bitternis. Nirgends ist die Phantasietätigkeit des Menschen so aktiv, nirgends sind seine Sehnsüchte und Ängste so intensiv wie in den Gefilden der erotischen Phantasien. Gibt es auch Menschen, die der Ero-

---

151 Überblick bei LaBerge und Gackenbach (2001).
152 Garfield (1980), S. 66.
153 Ebd., S. 139.
154 Platon (1958), S. 113 ff.

‚höheren', z. B. religiösen Zieles willen entsagen, so stellt sich doch die Frage, ob es sich dabei nicht etwa um eine Variante handelt, um Erotik in einem besonderen, nämlich mystischen Sinne.[155] Gibt es auch Enttäuschte oder von Eros im Stich Gelassene, die seinen Einfluß aufgrund negativer Erfahrung aus ihrem Leben verbannt haben, so müßte man sie fragen, ob dies nicht um den Preis des stillen Leidens und unerfüllten Sehnens geschieht. Und schließlich: Gibt es auch Lebenssituationen von derartigem existentiellen Druck (Krankheit, Not, Gefahr), daß Eros schlicht keine Chance zur Ausübung seiner Macht erhält, so könnte es doch sein, daß er seine Ansprüche wieder anmeldet, sobald der Druck schwindet und der Trieb sich zurückmeldet. In allen Fällen bliebe also der abwesende Eros indirekt anwesend. Daß er im Pantheon der Griechen und Römer als eigene Gottheit auftrat, ist somit nicht verwunderlich. Daß Erotik und Metaphysik in vielen Religionen eine Symbiose bilden, ist kulturell hoch bedeutsam. – Nach dem Bericht des Aristophanes gab es am Anfang der Menschheitsgeschichte nicht nur zwei Geschlechter, männlich und weiblich, sondern ein drittes, mannweibliches, das nach äußerer Gestalt und innerer Verfassung eine perfekte Zusammensetzung der beiden anderen war. An Kraft und Vollkommenheit waren diese androgynen oder mannweiblichen Wesen ihren einzelgeschlechtlichen Genossen überlegen – so überlegen, daß der Göttervater Zeus die Befürchtung hegte, sie würden sich den Weg zum Himmel bahnen wollen, um die Götter anzugreifen und zu stürzen. Als Präventivmaßnahme beschloß er daher, sie in jeweils zwei Stücke zu schneiden, um ihre Macht zu schwächen. Apollon erhielt den Auftrag, die entstandenen Schnittwunden zu heilen und die Körper so herzurichten, daß sie lebensfähig blieben. Und so geschah es: Die runden, vollkommenen Wesen wurden in der Mitte getrennt, die anatomischen Merkmale männlich/weiblich partikularisiert. Indes: „Als so ihre natürliche Gestalt entzweigeschnitten war, sehnte sich jedes nach seiner Hälfte, und so kamen sie zusammen, umfaßten sich mit den Armen und umschlangen einander in dem Bestreben, zusammenzuwachsen." Die von den göttlichen Operateuren mißhandelten Geschöpfe litten arg an dem ihnen aufgezwungenen, widernatürlichen Zustand, und dieses Leiden an der gewaltsamen Trennung der Körper und Seelen war der Urbeginn der menschlichen Liebe. Jedes Exemplar der Gattung sehnt sich und sucht seitdem nach dem anderen Teil, von dem es meint, es sei sein ursprünglich eigenes: „So lange schon also ist die Liebe zueinander dem Menschen angeboren, um die ursprüngliche Natur wiederherzustellen, und versucht, aus zweien eins zu machen und die menschliche Natur zu heilen. Jeder von uns ist also ein Stück von einem Menschen, da wir ja, zerschnitten wie die Schollen, aus einem zwei geworden sind. Also sucht nun immer jedes sein anderes Stück."

---

155 Zum Phänomen der Mystik s. Kap. 2.2, S. 311 ff.

Wie phantastisch diese Ätiologie – körperlich gesehen – auch anmutet, sie ist – seelisch betrachtet – realistisch genug, um Eros als diejenige Macht zu definieren, die nach psychophysischer Einheit strebt. Eros ist der ewige Wunsch, die Einheit der Körper und Seelen herzustellen, um zu einem vollkommenen Zustand zu gelangen; aber auch die ewige Angst, an der Verwirklichung dieses Strebens zu scheitern und unvollkommen zu bleiben. Es sind zwei Impulse, die in jenem Zustand am deutlichsten spürbar werden, den wir als Verliebtheit kennen. Man kann darin – gattungsgeschichtliuch – das nachwirkende Symptom einer frühen Konstitution des Menschen sehen, als primäres Ich-Gefühl und primäres Weltgefühl noch ungeschieden waren, oder auch – psychologisch – den seelischen Reflex einer engen Mutter-Kind-Beziehung, als eine Grenze zwischen den Organismen noch nicht bewußt war – auf jeden Fall ist der verwirklichte Eros das Empfinden der hergestellten Ganzheit als menschlicher Bestimmung, der nicht-verwirklichte Eros die phantasiegeleitete Sehnsucht nach ihrer Verwirklichung.

Da das Streben eine außerordentlich machtvolle Strömung des Lebens darstellt, die sich die verschiedensten Wege und Umwege bahnt, allen möglichen Verwirklichungen, aber auch Hemmungen und Verirrungen unterliegt, wird der naturgegebene Trieb in mannigfaltiger Weise von der Kultur überformt. Eros unterscheidet sich von Sexus dadurch, daß er in diesem Streben das Geschlechtliche zugleich einschließt und transzendiert, d. h. aus dem natürlichen Trieb zur Vereinigung mit dem anderen Geschlecht eine kulturelle ‚Leistung‘, eine wertbesetzte Lebensform macht. In der abendländischen Gesellschaft herrscht eine (zumindest lockere) Übereinkunft dahingehend, daß Sex in erster Linie dem Bereich der Natur (Biologie, Anatomie, Physiologie) angehört, wohingegen Eros seine darüber hinausweisende Resonanz in der Kultur (Ritus, Kunst, Poesie, Mode, Moral) meint. Sexuelle Lust ist die von der Natur angewandte ‚List‘, den Menschen zur Fortpflanzung zu veranlassen, Eros die vom Menschen entwickelte ‚Technik‘, den Fortpflanzungstrieb mit kultureller Bedeutung auszustatten und in bestimmte soziale Bahnen zu lenken. Eros ist das, was der Kulturmensch mit allerlei Varianten aus dem macht, was biologisch invariant angelegt ist: die Poesie und Philosophie, die um die Geschlechtlichkeit des Menschen gewoben wird; das Flirten, Umwerben, Kokettieren, die ‚kunstvolle‘ Verführung und das phantasiegeleitete Spiel – mit allen rituellen Inszenierungen, geistigen Erhöhungen, ästhetischen Formgebungen und gesellschaftlichen Auswirkungen solchen Verhaltens. Daraus ergibt sich, auch wenn die Grenzen fließend sind und in der Alltagssprache oft verwischt werden, eine Höherwertigkeit der Erotik gegenüber der Sexualität. „Der Kult des Sexus, der nicht wirklich zum Kult des Eros reift, droht schnell umzukippen in eine Verneinung und Verdammung", meint Friedrich Heer.[156] Ein solches Umkippen droht deshalb, weil der Kult des Sexus zwar den biologischen Teil im Menschen befriedigt, nicht aber den ganzen Menschen. Die Quelle ist und bleibt freilich jene Lust und Lustbefriedigung, die in den Phantasien die Natur/Kultur-Differenz weitgehend zum Verschwinden bringt. Die Phantasie kümmert sich wenig um diese Differenz, denn Phantasien sind bildhaft synthetisch und ereignen sich außerhalb einer vom Intellekt bestimmten Analytik. Was in sie einfließt, ist, da sich der Trieb dem heutigen Menschen immer schon als in dieser oder jener Form kulturell vermittelt präsentiert, sowohl Natur als auch Kultur. Was sie behandeln, sind individuelle oder auch kollektive Tagträume von den mannigfaltigen Szenarien zwischenmenschlichen Glücks (und Leids).

Wie bei allen Phantasien sind die Manifestationen unterschiedlich: Sie können im rein mentalen Bezirk verbleiben und nur als innere Bilder in Traumlandschaften Gestalt gewinnen. Sie können diesen Bezirk in Richtung auf (sexuelle oder andere) Handlungen überschreiten, um empfundene Sehnsüchte Wirklichkeit werden zu lassen. Und sie können (in hoch oder gering sublimierter Form) in Religion, Kunst, Literatur und Medien auftreten und dadurch zum ‚öffentlichen Schauspiel' werden. Sie können sich zu ihrer Objektivierung der Poesie, der Musik, der Photographie, des Films, des Tanzes, der Skulptur, der Malerei oder anderer Medien bedienen. Und wie bei allen Phantasien kann die Innen-Außen-Dialektik des kulturellen Lebens zur Folge haben, daß innere Bilder projiziert und äußere Bilder introjiziert werden. Das Innere hat auch hier die Fähigkeit, zum Äußeren zu werden, wie umgekehrt das Äußere die Macht hat, zum Inneren zu werden. Beispielsweise ist das populäre Leinwandmärchen *Pretty Woman* eine Projektion, gebildet aus zahlreichen Komponenten kollektiver Phantasie, strukturiert nach dem bekannten Aschenputtel-Sujet. Die projizierte Liebesromanze hinwiederum führt zu Introjektionen bei denjenigen, die das vorgeführte Idealbild romantischer Liebe verinnerlichen und ihre Sehnsucht nach attraktiven Sexualpartnern daran ausrichten. Die Traumfrau für den Mann, der Traummann für die Frau. So können innen- und außenstimulierte Phantasiegebilde in mannigfacher, unauflösbarer Form verschmelzen – völlig unabhängig davon, ob die erotischen Blütenträume jemals eine Chance auf ‚äußere' Verwirklichung erhalten oder nicht. Vieles spricht dafür, daß ihre Verwirklichung ihr baldiges Ende bedeutete, da ein realisierter Traum sich seiner eigenen Daseinsberechtigung beraubt. Der verwirklichte Traum kann nicht mehr geträumt werden. Er muß entweder unter anderen Voraussetzungen neu belebt werden, oder aber er stirbt. Nicht von ungefähr findet *Pretty Woman* just an der Stelle

---

156 Heer (1990), S. 188.

ein Ende, da die Liebenden nach den üblichen genretypischen Irrungen und Wirrungen zusammenfinden. Wer über das Ende hinausdenkt, kommt zu dem Schluß: Der Anfang der *sozialen* Erfüllung ihres Traums markiert bereits das Ende des Traums von *erotischer* Erfüllung. Phantasie und Wirklichkeit stehen stets in einem wechselvollen, stark schillernden und deshalb schwer bestimmbaren Verhältnis. Doch auf welche komplizierte Weise die beiden auch interagieren, gewöhnlich gilt: Die erotischen Phantasien laufen den realen Gegebenheiten und Möglichkeiten des Liebeslebens so weit voraus, sind imaginativ so viel erregender, exotischer, dramatischer und befriedigender, daß Phantasie und Wirklichkeit selten zur Deckung gelangen. Dies gilt für die extern erzeugten, medial bereitgestellten Phantasien aus Kunst, Literatur und Film ebenso wie für die intern inszenierten, ‚selbstgezündeten' Wünsche und Träume. Es genügt ein kritischer Blick auf die Leserbrief-Inhalte von Sexpostillen und Herrenmagazinen, um zu erkennen, daß die geschilderten Erlebnisse, so penibel realitätsgetreu sie sich zu geben versuchen, mehrheitlich reine Phantasieprodukte sind – Wunschgebilde, denen eine psychische Ersatzfunktion zukommt. Sie mögen irgendwann ihren Ausgangspunkt von realen Erlebnissen genommen haben, sie mögen irgendwie auch zu solchen Erlebnissen hinführen, aber in ihren Artikulationsformen sind sie phantasiegeboren und phantasiegeleitet. Es sind elaborierte, idealisierte, dramatisierte Episoden des Liebeslebens mit stark dekorativem Charakter. Sie folgen der Was-wäre-wenn-Hypothese aller Fiktionen und Phantasien.

Als der Schriftsteller Norman Mailer vor Jahren heftig von der Feministin Kate Millett wegen des unverhohlen brutalen Sexismus seiner Romane attackiert wurde,[157] griff die Kritikerin Susan Sontag beschwichtigend in den Streit ein, indem sie auf den Phantasiecharakter des Verhaltens der Mailerschen Helden verwies. Ein Macho als Held in der literarischen Phantasie sei nicht unbedingt ein Macho im sozialen Leben. Ähnlich argumentierte die Journalistin Nancy Friday, als sie die Tagträume von Frauen kommentierte, deren Inhalte von Vergewaltigungsphantasien gebildet wurden.[158] Eine erträumte Vergewaltigung sei, da in ihren Bedingungen vom vorstellenden Ich kontrolliert, etwas anderes als eine real erlittene. Die Mobilisierung der Vorstellungskraft, wie bizarr auch immer, sei keine Ausübung von Gewalt, sondern deren mentale Inszenierung. Die Freiheit der inneren Welt ließe sich nicht unmittelbar an den Restriktionen und Regularien des äußeren Lebens messen. Wohl wahr: Würde man beispielsweise die phantasiegeborenen Exzesse in den Werken eines Marquis de Sade für bare Münze und Beschreibungen der sozialen Realität halten, käme man nicht umhin,

---

157 Millett (1985).
158 Siehe Friday (1980).

den Sadismus zur prävalenten Praxis sexueller Gepflogenheiten der französischen Gesellschaft gegen Ende des 18. Jahrhunderts zu erheben. In Wirklichkeit sind de Sades Bücher literarische Versuche, staatsphilosophische Gedanken der Aufklärung durch die Prinzipien libertiner Sexualmoral *ad absurdum* zu führen. Es sind von der erotischen Phantasie geleitete gedankliche Experimente mit sozialpolitischen Implikationen. Wenn Juliette in dem gleichnamigen Roman verkündet: „Die Natur hat die Menschen nur geschaffen, damit sie an allem auf der Welt Vergnügen haben.... . Was kümmern mich die Opfer, es muß welche geben. Alles auf der Welt würde sich ohne die grundlegenden Gesetze des Gleichgewichts zerstören; nur durch die Missetaten erhält sich die Natur und erobert sich die Rechte zurück, die die Tugend ihr genommen hat",[159] so entspringt die damit geäußerte Provokation einer bestimmten Deutung der Dialektik von Natur und Gesellschaft: Tugendhaftigkeit ist nur mühsam gezügelte und verdeckte Lüsternheit und Grausamkeit. Der Wille zur Anständigkeit kann die Wonnen des Lasters nicht dauerhaft unterdrücken.

Eros ist nicht nur mächtig, wie schon Platon wußte, sondern auch unendlich kompliziert. Selten tritt er in jener idealen, reinen, erhebenden, beseligenden Form in Erscheinung, von der sein romantischer Kult so schwärmerisch zeugt und von der die Menschen so unbeirrbar träumen. Die Gipfelerlebnisse, die er ermöglicht, haben ihr Pendant in abgründigen Erfahrungen, die er nur wenigen erspart. Er kann seine Anbeter in ein Labyrinth widerstreitender Gefühle verwickeln und sie zu den widersinnigsten, lächerlichsten, absurdesten und schädlichsten Handlungen veranlassen. Liebesglück und Liebesschmerz sind gewöhnlich zwei Seiten einer Münze, und beide machen den Menschen buchstäblich verrückt, will sagen: sie *ver*-rücken seine gewohnten psychischen Koordinaten. Sie verändern seine Welt und stellen ihn in eine emotionale Ausnahmesituation. Daß die Liebe jemandem „den Kopf verdreht", ist nur eine der populären Redensarten, die man verwendet, um die wahnhaften Verirrungen und obsessiven Fixierungen anzudeuten, die Eros auszulösen vermag. Erotomanie oder Liebeswahn ist der psychische Gegenpol jenes Glückszustands, den die verwirklichte Einheit dem Bewußtsein beschert. – Wie erklärt sich diese Widersprüchlichkeit einer Gefühlslage, die allenthalben angestrebt, aber oftmals eher als bedrückend denn beglückend erlebt wird?

Das Hauptproblem besteht darin, daß die Macht von Eros multivalent ist – imstande, den positiven Liebesgefühlen allerlei negative Qualitäten beizumischen, welche die Lust zur Qual machen können – Anteile des Hasses, der Angst, der Aggressivität, der Manie, der Grausamkeit, der Eifersucht, der Krän-

---

159 Sade (1989), S. 79.

kung, der Trauer, der Enttäuschung. Durch Eros werden Situationen geschaffen, deren soziale Qualität allzu oft hinter den Zielen persönlichen Sehnens zurückbleiben. Fiktionen prallen auf Fakten, welche die Fiktionen zu Illusionen machen, deren Entlarvung Enttäuschung bedeutet. Gustave Flauberts literarisches Meisterwerk *Madame Bovary* (1865) behandelt den klassischen Fall erotischer Phantasien, die paradoxerweise deshalb an der Wirklichkeit scheitern, weil sie, nach Verwirklichung strebend, die Wirklichkeit falsch einschätzen. Eine tiefe Ironie liegt darin, daß im erotischen Verlangen nach Einheit, nach Subjekt-Objekt-Verschmelzung der Liebenden, auch die scheinbar vollkommenste Inbesitznahme des Objekts (oder umgekehrt die selbstvergessenste Hingabe des Subjekts) das Streben nicht dauerhaft zu befriedigen vermag. Das *principium individuationis*, die unaufhebbare Getrenntheit der Organismen, die dem Streben körperliche wie seelische Grenzen setzen, führt zu Ressentiments, die nicht nur permanentes Sehnen, sondern unwillentlich auch Todeswünsche und Rachegelüste nähren können. Es ist gewissermaßen der Fluch der Liebe, daß das Ideal der Körper-Seele-Verschmelzung Restriktionen unterworfen und die Liebe imperfekt bleibt. In der erlebten Verwirklichung wohnt bereits das Wissen um und die Angst vor Entwirklichung. Nur Mystiker verfügen über die Fähigkeit, die Grenzen aufzuheben und eine Verschmelzung herbeizuführen; aber erstens haben Mystiker gewöhnlich Höheres, nämlich die Gottesliebe, im Sinn, wenn sie die Grenzen aufheben; zweitens ist selbst bei ihnen, wie wir sehen werden,[160] solche Aufhebung nicht von Dauer, und drittens sind Mystiker in der Kultur der Gegenwart eine kleine Minderheit. Eine dauerhaft mystische Beziehung zwischen zwei Menschen dürfte unter der Ägide unserer Kultur wahrscheinlich unmöglich sein.

Jedenfalls ist es diese unvollkommene Vollkommenhheit, die der Leidenschaft der Liebe (buchstäblich) Leiden schafft, es ist der bittersüße Erfahrungskomplex von unaufhebbaren Widersprüchen, der die seelischen Turbulenzen auslöst. Die Seele befindet sich gewissermaßen auf einer Achterbahnfahrt durch Phasen der Zuneigung und Abneigung, Einladung und Zurückweisung, Avancen und Abwehr, Ekstase und Betrübnis, die einen Schwindel der Affekte verursachen. Der Konflikt zwischen bewußten und unbewußten Impulsen, Verlangen und Hemmung, Schuld und Verdrängung kann emotionale Wunden schlagen, sich zu einem Syndrom aufschaukeln, das so manchen ‚Schwerenöter' in wirklich schwere Not bringt. Es entsteht ein Gemenge aus konträren Regungen, welche die positiven Empfindungen intensivieren, während sie ihr Ausleben gleichzeitig frustrieren.

Auf jeden Fall kann die ‚Alchimie' solcher Regungen den gesamten Organis-

---

160 Unten Kap. 3.1, S. 305 f.

mus und seine normalen Funktionen so in Mitleidenschaft ziehen, daß unberechenbar zerstörerische, wenn nicht tragische Situationen daraus entstehen. Sie kann das soziale Leben dermaßen in Unordnung bringen, daß die heftigsten zwischenmenschlichen Konflikte heraufbeschworen werden. Im Aufruhr der Sinne, der Nerven und Affekte kapituliert die Vernunft und überläßt (vorübergehend) den widerstreitenden Gefühlen die Herrschaft. Daß Liebe blind macht, ist eine Volksweisheit von durchaus profunder Bedeutung. Nicht von ungefähr sind Liebestragödien und Liebesromanzen etablierte Gattungen der Weltliteratur. Seit Jahrtausenden dramatisieren sie ein schwer entflechtbares Gewebe aus Seligkeit, Leidenschaft, Schicksal, Gewalt und Tod. Und nicht von ungefähr sind in der westlichen Welt kriminelle Taten zu ca. 38 Prozent von Motiven geleitet, welche die dunkle Seite von Eros zur Erscheinung bringen – Morde aus Eifersucht, sexueller Rivalität und resultierender Aggression, Gewaltakte aus unbeherrschter Trieblage.

Erotische Phantasien sind nach Form und Inhalt so vielfältig, daß sie nur schwer zu typisieren sind. Die Vielstimmigkeit der Wunschregungen reicht von hoch spirituellen und ideellen Vorstellungen bis zu abgründig barbarischen und animalischen Strebungen. Sie können die Qualität sakraler Erlebnisse anreichern ebenso wie die Lust an pornographischer Darstellung anstacheln. Sie finden sich in den biblischen Schriften ebenso wie in populären Seifenopern, in philosophischen Traktaten ebenso wie in den aufdringlichen Bildern zeitgenössischer Werbung. Sie können Ausdruck der allerzartesten und höchsten Empfindungen ebenso wie Manifestation der brutalsten sadistischen Impulse sein. Die Grenzen des Spektrums werden gebildet von einem unverblümtem sexuellen Zur-Sache-Kommen auf der einen Seite und einer subtil vergeistigten Erotik auf der anderen. Zwischen beiden ist das Kontinuum der Wünsche und Ängste nahezu unendlich, und für die Palette ihrer Perversionen gibt es keine Grenze.

Doch wie auch immer geartet – es ist das Signum der erotischen Phantasien (wie das aller Phantasien), daß sie die Objekte der inneren Erlebniswelt entstellen. Sie deformieren, was sie projizieren oder introjizieren – ganz gleich, ob sie ihre Objekte dabei erhöhen oder erniedrigen, verherrlichen oder verteufeln. Gespeist aus den Quellen tiefer, zum Teil archaischer Affekte haben sie die Eigenschaft, die Konturen des realen Lebens mehr oder minder stark zu verzerren und den Diktaten der Wünsche und Ängste so zu unterwerfen, daß Innen und Außen, Selbst und Welt dabei vorübergehend verschwimmen. Besonders in den Phantasiebildern, die das männliche sich vom weiblichen Geschlecht entwirft, herrscht eine auffällige Diffusität der Vorstellungen, die das Wesen namens *Frau* auflöst in männlich entworfene Aspekte dieses Wesens. Die phantasierte Frau ist stets wesentlich ‚fremdbestimmter' als die reale Frau, was sowohl ihre Idealisierung als auch ihre Herabwürdigung zur Folge haben kann. Ernst Bloch meint: „Das real Mögliche ist am Weib ungestalteter als am Mann, doch auch seit alters, in allen Traumbildern weiblicher Vollendung, als verheißungsvoller intendiert; es greift stärker in fundierte Phantasie."[161] Dies relativ Ungestaltete in den Vorstellungen vom anderen Geschlecht ist die Folge einer hohen affektiven Besetzung, die kognitive Schranken mißachtet. Sie hat zur Konsequenz, daß seine Wirklichkeit von Bildern überwuchert wird, die es psychologisch und kulturell entwirklichen. Dadurch wird das Weibliche vieldeutig, schillernd, widersprüchlich, suspekt, angsteinflößend und gefährlich, zugleich aber auch inspirierend, mystifizierend, veredelnd, anbetungswürdig. Es unterliegt allen möglichen widerstreitenden Tendenzen der männlichen Psyche, die darauf abzielen, das schwer Definierbare in Folgen und Komplexe von Bildern auflösen, welche nurmehr Näherungen an das darstellen, was als wesentlich unnahbar und unbenennbar gilt. Es ist, wie Bloch ausführt,

Sanftes und Wildes, Zerstörendes und Erbarmendes, ist die Blume, die Hexe, die hochmütige Bronze und die tüchtige Seele vom Geschäft. Ist die Mänade und die waltende Demeter, ist die reife Juno, die kühle Artemis und die musische Minerva und was noch alles. Ist das musikalische Capriccioso (Violoncello in Straussens ‚Heldenleben') und das Urbild des Lento, der Ruhe. Ist schließlich, mit einem Bogen, den kein Mann kennt, die Spannung von Venus und Maria. Das alles ist unvereinbar, aber es läßt sich mit einem Federstrich durchs Inhaltsproblem Weib nicht berichtigen, gar abschaffen.[162]

Der Grund hierfür ist offenkundig: Je mysteriöser, unverständlicher, unfaßbarer die Natur der Frau für das Verständnis des Mannes, desto ausschweifender, wolkiger, diffuser die Bildhaftigkeit seiner erotischen Phantasien. Je geringer die Bereitschaft, die Frau als konkretes, humanes Wesen aus Fleisch und Blut zu akzeptieren, desto heftiger der Drang, sie nach männlichen Wünschen oder Ängsten zu ätherischen oder dämonischen Wesen zu formen und in den gesellschaftsfernen Gefilden der Innenwelt anzusiedeln. Die Erotisierung der männlichen Phantasie verdankt sich weitgehend einer seelischen Installierung des Mysteriums Frau. Das Vakuum, das realiter besteht, wird mit Vorstellungen gefüllt, die das Reale meiden. Die reale Frau wird sozusagen entlebendigt, damit die phantasiegeschaffene Frau umso lebendiger wird. „Man darf vermuten", meint Klaus Theleweit, „die Entgrenzung und Entpersönlichung der Frauen ist eine Folge der großen Abstraktheit des Wunsches, dem es an adäquaten Gegenständen fehlt."[163] Demnach ist das erotische Verlangen nach der Frau weniger im Zusammenhang mit wirklichen Frauen entstanden, als vielmehr aus der Su-

---

161 Bloch (1978), Bd. 2, S. 697.
162 Ebd., S. 695–696.
163 Theleweit (1984), S. 294.

che nach einem weiblichen Wunschterritorium. Der Mann mißt die Frau an bestimmten Bildern der Frau, eine jede stößt bei ihm auf Erwartungen, die nicht von ihr selbst ausgelöst wurden – Erwartungen, die sie erfüllen soll, aber nicht kann, weil sie eben keinem Bild entspricht, sondern ein Geschöpf aus Fleisch und Blut ist. Das Bild, nach dem er sie liebt, umfaßt viel mehr, als sie jemals sein kann, und ist gleichzeitig viel weniger, als sie in Wirklichkeit ist. Dies galt zu Zeiten der antiken Göttinnen, und es gilt heute zur Zeit der Leinwandidole und Reklameschönheiten. Der Medienkult um den makellosen, erotischen Körper kann narzißtische Kränkungen, folgenreiche Wunden für das Selbstwertgefühl verursachen. Sind die Idole auch viel zu attraktiv, mysteriös und glamourös, um dem realen Leben zu entsprechen, so sind sie in ihrer obstinaten Präsenz doch von unabweisbarer Realität. Sind sie auch viel zu geschönt, um auf dem Prüfstein kritischer Wahrnehmung bestehen zu können, so lassen sie der Phantasie doch keine Ruhe. Wie von dem Glamourgirl Marylin Monroe überaus treffend gesagt wurde: „Im Bild der Öffentlichkeit ist Marylin alles, von dem man uns sagt, daß wir es sein wollen; in ihrem Privatleben ist sie wahrscheinlich alles, was wir fürchten, daß wir es sind." Dies ist die ewige Dialektik von Wunsch und Wirklichkeit.

Aus der Mannigfaltigkeit der Phantasien ragen freilich wiederkehrende Vorstellungskomplexe hervor, denen besondere kulturelle Bedeutung zukommt. Dazu zählen beispielhaft die auffällig zahlreichen Phantasien, welche das weibliche Geschlecht mit Wasser, Meer, Strömungen, Flüssen, Quellen, Kaskaden u. dgl. in Verbindung bringen und allerlei Mythen daraus weben. Die griechische Liebesgöttin Aphrodite entstieg dem Schaum des Meeres vor Zypern, die Nymphe Calypso wohnte in einer Grotte auf der Insel Ogygia, dem „Nabel des Meeres", Woglinde und ihre Schwestern, die Rheintöchter, hüten das Gold auf dem Boden des Rheins. Nixen, Nymphen, Najaden, Sirenen, die kleine Seejungfrau, die schöne Lilofee, Undine, Melusine, Loreley – sie alle symbolisieren für den Mann die Attraktion des Fließenden, Sprudelnden, Lebensspendenden, aber auch immer wieder die Angst vor dem Versinken, dem Hinabgezogenwerden, dem Bewußtseinsverlust, dem Tod durch Ertrinken. Die phantasiegeborenen Bildsequenzen sind ein breiter Fluß ohne Ende, der sich seinen Weg durch die wechselnden Gefilde der Erotik bahnt. Immer wieder: die Frau aus dem Wasser, die Frau als Meer, als brausender Sturm oder wiegende Woge, als reißender Strom, als Wasserfall, als ruhender See, als lockende Tiefe. Das Wassersymbolisiert offenbar die Macht einer unendlichen, unwiderstehlichen, aber bivalent wirkenden Anziehung für die männliche Psyche.

All dies nicht von ungefähr, denn tiefenpsychologisch betrachtet beginnen alle

Ströme, gute wie böse, sich im inneren Strom des Blutes zu verdinglichen. Evolutionspsychologisch gesehen haben alle vitalen Äußerungen ihren organischen Ursprung im Meer. Und ontogenetisch aufgefaßt ist aller Lebensanfang gebettet in einen Schoß mit einer Schutzhülle aus Flüssigkeit, dem Fruchtwasser. Insofern ist die phantasierte Frau kein völlig freies, willkürlich geschaffenes Geschöpf, sondern ein Symbol prärationaler Erfahrung. Nach Meinung des Psychoanalytikers Sandor Ferenczi ist die Frau für den Mann so etwas wie ein verinnerlichtes Meer, Symbol des Unbewußten, das aus einem „thalassalen Regressionszug"[164] kreative Energie und vitale Impulse freisetzt. Doch ob als vitalisierende Quelle erotischen Verlangens oder als abgründiger Strudel schrecklicher Wünsche – Wasser ist ein weibliches Element, und der Blutstrom sein psycho-organisches Pendant.

So schrieb Clemens von Brentano seiner Angebeteten, Karoline von Günderode, einen Brief, der eine ekstatische Erotik aus Blut und Tod und Tränen zelebriert, einen Rausch, der dem Vampirismus nicht fernsteht:

> Gute Nacht! Du lieber Engel! Ach, bist Du es, bist Du es nicht, so öffne alle Adern Deines weißen Leibes, daß das heiße schäumende Blut aus tausend wonnigen Springbrunnen spritze, so will ich Dich sehen und aus tausend Quellen trinken, bis ich berauscht bin und Deinen Tod mit jauchzender Raserei beweinen kann, weinen wieder in Dich all Dein Blut und das meine in Tränen, bis sich Dein Herz wieder hebt und Du mir vertraust, weil das meinige in Deinem Puls lebt.

So verfaßte Heinrich Lersch ein Gedicht, „Das Meer in der Frau" betitelt, das für den Akt der geschlechtlichen Vereinigung die Metaphern von Fluß und Meer verwendet und beide dem mythischen Komplex der Großen Mutter assimiliert:

> Wie der Fluß zum Meere strömt, fließen wir zu dir!
> Aus gleichem strömenden Fließen suchst du uns
> Und wie zwei Flüsse sich vereinigen,
> Nach dem gleichen Gesetz
> Vereinigen wir uns,
> Kehren wir zum Weibe heim.
> Wir haben uns selbst befreit, wir haben das Weib befreit.
> Kehren wir heim zur Mutter unser, zur Erde!

In der Prosa des 20. Jahrhunderts liest sich das anders, denn es walten andere Umstände, wie wir beispielhaft bei Henry Miller, dem Altmeister erotischer Literatur der Moderne, feststellen können. Doch das Grundmotiv ist unverändert:

> Aber der Fluß – da müssen von Zeit zu Zeit Flüsse sein. Ich bin ganz versessen auf Flüsse. Ich erinnere mich, einmal in Rotterdam ... . Der Gedanke jedoch, am Morgen aufzuwachen, wenn die Sonne

---

164 Ferenczi (1972), S. 365.

durch die Fenster hereinflutet, neben einem eine gute, treue Hure, die einen liebt, einen bis zum Wahnsinn liebt, die Vögel singen und der Tisch ist gedeckt, und während sie abwäscht und sich das Haar kämmt – all die Männer, mit denen sie verkehrt hat, und jetzt du, gerade du, und Schiffe fahren vorbei, Masten und Rümpfe, der ganze verfluchte Strom des Lebens fließt durch dich hindurch, durch sie, durch alle Männer, die hinter dir stehen und nach dir kommen, die Blumen und die Vögel und die Sonne, all das strömt herein, und der Duft erstickt dich, vernichtet dich, O Gott! Gib mir eine Hure, immer und ewig[165]

Die Semantik dieser Phantasien ist, wie man sieht, positiv geladen: Wonne, Rausch, Vereinigung, Heimkehr, Befreiung, Versessenheit. Doch so wie es auf dieser positiven Seite Meere, Flüsse, Seen, Quellen als wiederkehrende Metaphern der Entgrenzungs- und Verschmelzungssehnsucht des Mannes gibt, so gibt es auf der negativen Seite Sümpfe, Tiefen, Strudel, Pfuhle, trübe Wasser als Symbolisierungen der Angst. Die Ambivalenz des „introjizierten Meeres" scheint unaufhebbar. Das Sehnen, aus frei fließenden Quellen gespeist und vitalisiert zu werden, steht der Furcht gegenüber, in trüben Wassern zu versinken und einen unzeitgemäßen Tod zu finden. Aquatische Kreaturen der verschiedensten Art tummeln sich im weiblichen Element, locken den Mann und ziehen ihn in tödliche Tiefen. Es sind ebenso attraktive wie gefährliche Geschöpfe, die unter der Oberfläche des Wassers beheimatet sind und bereits dadurch ihren subhumanen Status zu erkennen geben. Meist sind es Zwitterwesen, halb Tier, halb Mensch, die als Wassernixen, Meerjungfrauen, Sirenen in der Phantasie herumspuken und als unerlöste Seelen ein gottloses Dasein fristen. Wenn sie auftauchen, um Männer zu becircen und sie in ihr Element zu ziehen, ist Vorsicht angezeigt. Ihre äußere Schönheit steht im täuschenden Kontrast zu ihrer inneren Verderbtheit. Sich mit ihnen einzulassen, kann tödlich sein. In William Thackerays großem Gesellschaftsroman *Jahrmarkt der Eitelkeit* (1847/48) spielt eine gewisse Rebecca Sharp eine zentrale, moralisch zwielichtige Rolle, doch statt den Versuch einer aktuellen Psychologisierung der Figur zu unternehmen, greift der Autor zur konventionellen Metaphorisierung:

Mit bescheidenem Stolz fragt der Verfasser alle seine Leser, ob er bei der Beschreibung dieser singenden und lächelnden, schmeichelnden und lockenden Sirene jemals die Gesetze des Anstandes vergessen und den greulichen Schwanz des Ungeheuers über dem Wasser hat sichbar werden lassen. Nein! Wer da Lust hat, mag in die Flut, die ja ziemlich durchsichtig ist, hinabblicken und beobachten, wie dieser Schwanz sich dort in seiner teuflischen Häßlichkeit und Schlüpfrigkeit zwischen toten Gebeinen und Leichnamen windet, den Grund aufpeitscht und sich wieder zusammenrollt! Aber ist – so frage ich – nicht über dem Wasserspiegel alles sauber, schicklich und angenehmen gewesen, und hat der strengste Sittenrichter auf dem Jahrmarkt der Eitelkeit ein Recht, pfui zu rufen? Wenn aber die Sirene verschwindet und zu den Toten hinabtaucht, dann wird das Wasser über ihr natürlich trübe, und es ist dann verlorene Mühe, neugierig hinabzuschauen! Sie sehen hübsch genug aus, diese Sirenen, wenn sie

---

165 Miller (1957), S. 111.

auf einem Felsen sitzen, Harfe spielen und singen, sich ihr Haar kämmen und dir winken, daß du herankommen und ihnen den Spiegel halten möchtest. Aber verlaß dich darauf, daß diese Seejungfern nichts Gutes treiben, wenn sie in ihr heimisches Element hinuntergleiten, und daß man am besten tut, die Augen abzuwenden, wenn diese satanischen Kannibalinnen der See drunten in der Tiefe ihre eingepökelten Opfer verspeisen![166]

Die charakteristische Spaltung in den Bildern des Weiblichen setzt sich auch in den Phantasien fort, die psychogenetisch nicht so tief verankert sind wie diese ‚aquatischen Weibsbilder'. Allenthalben hat die Zweiseitigkeit, die unselige Alternative von *Heilige* oder *Hure*, *Maria* oder *Venus* etwas durchgängig Zwanghaftes, obstinat Krankhaftes, das offensichtlich schwer tilgbar und nur langsam einem geschichtlich angezeigten Bewußtseinswandel zugänglich ist. Bei Phantasien mit derartigem Beharrungsvermögen haben wir stets Veranlassung, eine mythische Fundierung, eine kollektive Affektstruktur zu vermuten. Und tatsächlich ist die phantasierte Frau zu weiten Teilen eine mythisierte Frau. Wo sie nicht als hehre Mutter, weißgewandete Ehrenjungfrau, strahlende Göttin, heilige Madonna, gute Fee, leuchtender Engel oder liebliche Prinzessin auftritt, begegnet sie uns als Megäre, Drachen, Gorgone, Hexe, Femme fatale, Vampirin oder Lotterweib. Wo sie nicht einer Statue gleich auf den Podest der Bewunderung, Ehrerbietung oder gar Anbetung gehoben wird, erscheint sie in den Niederungen der Verachtung, Herabwürdigung oder gar Verdammung. Doch so oder so wird sie vom männlichen Bewußtsein distanziert und verzerrt – im ersten Fall, weil sie als ‚Göttin' unnahbar, da außer Reichweite erscheint; im zweiten Fall, weil sie als Megäre als unberührbar, da rachsüchtig und gefährlich gilt. Die Liebe zum ersten Bild kann nur eine unwirkliche platonische Liebe sein; die zum zweiten nur eine verderbliche sexuelle Hörigkeit. Zwei entsprechende Beispiele:

Der Engländer Henry Rider Haggart veröffentlichte am Ende des 19. Jahrhunderts einen populären Roman mit dem ebenso knappen wie aussagestarken Titel *Sie*. Der Roman ist eine symbolbefrachtete Phantasmagorie, die sich in Form einer Reise als Suche des Mannes nach dem Wesen der Frau konstituiert – *chercher la femme* im wörtlichen (geographischen) wie im übertragenen (psychologischen) Sinne. Die geographische Suche nach der Frau, unternommen von Ludwig Horace Holly, einem eingefleischten Junggesellen und Mathematiker aus Cambridge, ist das literarische Äquivalent einer psychischen Reise zum Weiblichen; das Eindringen in das Innerste Afrikas das symbolische Pendant einer Erforschung geheimster erotischer Wünsche. Sie – das ist Ayesha, eine legendäre weiße Königin im tiefen Schwarzafrika, mehr als 2000 Jahre alt und der Fama nach unsterblich. Die Königin ist keine politische Herrscherin, auch

---

166 Thackeray (1980), Bd. 2, S. 457.

wenn sie politisch herrscht. Sie ist Ayesha *creatrix*, die Liebesgöttin als Lebensschöpferin, die Muttergöttin als Sachwalterin der Natur, die Hüterin des sexuellen Feuers. Ihr Reich ist Eros als immerwährendes Prinzip sowohl auf der Ebene elementarer Leidenschaften als auch auf der Ebene höherer kosmischer Energien. Ayesha ist das komplexe Sinnbild all dessen, was die männliche Einbildungskraft in einer weiblichen Projektionsfigur von höchst idealer Beschaffenheit zu konzentrieren vermag, ein viktorianisches Analogon zu dem, was Odysseus in Circe, Dante in Beatrice, Dr. Faust in Helena erblickt: ein Mysterium aus andersgeschlechtlicher Substanz, das die männliche Phantasie grenzenlos fasziniert, weil es das begriffliche Fassungsvermögen grenzenlos transzendiert. In der Gestalt Ayeshas (in der Filmversion von 1965 von der Schauspielerin Ursula Andress verkörpert) erscheint das Urbild der Frau im Gewande des viktorianischen Zeitgeschmacks für die Frau, ein Wesen aus unauslotbar tiefgründiger Bedeutung und blendend vordergründigem Reiz: Muttergöttin als Schöpferin, Königin als Herrscherin und Geliebte als Zauberin. Diese Gestalt ist auf irdische Weise überirdisch, greifbar und dennoch entrückt, in ihrer zwiespältigen Resonanz beim Manne unendlich anziehend und zugleich unendlich suspekt. In einer Szene, die man mit heutigem Vokabular nicht anders denn als Striptease bezeichnen kann, enthüllt die Königin vor Ludwig Holly, dem eingeschworenen Junggesellen, ihre Reize. „Eitle Frauenschönheit, die vergeht wie eine Blume, kann mich nicht verwirren", brüstet sich der Engländer. Indes:

Da hob sie ihre weißen, runden Arme – noch nie hatte ich solche Arme gesehen – und löste langsam, ganz langsam ein Band unter ihrem Haar. Dann fiel plötzlich der lange leichentuchähnliche Schleier zu Boden, und mein Blick wanderte an ihr empor, die jetzt nur noch ein weißes, eng anliegendes Gewand trug, das ihre makellose königliche Gestalt noch mehr hervorhob, eine Gestalt, beseelt von einem Leben, das mehr als Leben war, und erfüllt von einer schlangenhaften Anmut, die mehr als menschlich war. An ihren kleinen Füßen trug sie Sandalen, befestigt mit goldenen Knöpfen. Dann kamen ihre Knöchel, vollkommener, als sie je ein Bildhauer erträumte. Um ihre Taille war ihr Kleid von einer doppelköpfigen Schlange aus purem Gold umgürtet, und darüber schwoll ihre Gestalt in Linien an, die ebenso rein wie lieblich waren, bis das Kleid auf dem schneeigen Silber ihrer Brust endete, über der sie ihre Arme verschränkte. Mein Blick wanderte nun empor zu ihrem Gesicht, und ich zuckte – ich übertreibe nicht – wie geblendet zurück. Ich hatte von der Schönheit himmlischer Wesen gehört – nun sah ich sie; doch diese Schönheit war trotz all ihrer unsagbaren Lieblichkeit und Reinheit dämonisch – zumindest erschien sie mir in jenem Augenblick so. Wie soll ich sie schildern? Ich kann es nicht – kann es ganz einfach nicht. Den Mann der das, was ich sah, auch nur annähernd beschreiben könnte, gibt es nicht. Ich könnte reden von den großen, schillernden, tiefschwarzen Augen, von ihrer zarten Haut, von ihrer breiten edlen Stirn, von den holden, ebenmäßigen Zügen. Doch so schön, so ungemein schön dies alles war, ihre Schönheit lag nicht darin. Sie lag in ihrer erhabenen Majestät, einer königlichen Anmut, in einem göttlichen Ausdruck der Macht, der dieses strahlende Antlitz wie einen Glorienschein umgab. Ich hatte nie auch nur geahnt, wie erhaben Schönheit sein kann ...[167]

---

[167] Haggart (1976), S. 180–181

Ayesha läßt ihren Besucher an einem feurigen Ritus der Lebenserneuerung teilnehmen, der, metaphorisch verbrämt, nichts anderes als einen Orgasmus darstellt und dessen Teilhabe sich von wahrlich mirakulöser Wirkung erweist. Holly, der viktorianische Wissenschaftler und Weiberfeind, wird durch das Feuer der Leidenschaft wiedergeboren, er ist an Körper und Geist zutiefst verwandelt, er wähnt sich erlöst von einem vormaligen Dasein, das ihm nun arm und blaß und blutlos vorkommt. Der Kontakt mit der Frau erweist sich als Regenerationsprogramm für den Mann:

> Mir war, als seien alle genialen Kräfte, derer der menschliche Geist fähig ist, in mir aufgeblüht. Ich hätte Verse von Shakespearscher Schönheit sprechen können, und allerlei großartige Gedanken durchzuckten mich; es schien, als hätten sich die Fesseln meines Fleisches gelöst, als sei mein Geist frei, sich zum himmlischen Reiche seines Ursprungs emporzuschwingen. Die Empfindungen, die mich durchströmten, sind unbeschreiblich. Erfüllt von neuem, klareren Leben und fähig einer nie empfundenen Freude, schien ich aus einem Pokal tieferen Wassers zu schlürfen, als mir je beschieden war. Mein Selbst war wie verwandelt und verklärt, und sämtliche Bereiche des Möglichen lagen offen vor mir.[168]

Hier also ist die phantasierte Frau Offenbarung, Erleuchtung und Erlösung, ein strahlendes Idealbild, nichts Geringeres als eine dem Manne in vielfacher Hinsicht überlegene Göttin, ganz offensichtlich eine psychische Umformung und Erhöhung der archetypisch ‚guten' Mutter. Freilich erscheint sie von einer Größe, die hinwiederum zu groß ist, um vom Mann voll akzeptiert und integriert werden zu können. Ironischer- und verräterischerweise läßt Haggart seine grandiose Figur am Ende des Romans sterben: Ayesha, das „schönste, edelste, herrlich-ste Weib" erfährt eine schmachvolle körperliche Verwandlung und schrumpft zu einem häßlichen mumienhaften Affen – Sturz vom hohen Podest des Göttlichen auf den staubigen Boden des Animalischen. Symbolische Ausmerzung. Das Weib als Über-Weib ist für den Mann letztendlich doch nicht akzeptabel. Die Siegerin *Venus victrix* muß besiegt werden. Der zaghafte Verstand muß der viktorianischen Moral schließlich opfern, was die überbordende erotische Phantasie zuvor geschaffen.

Am anderen Ende des ikonographischen Spektrums steht die Frau als Vamp, Verführerin, Zerstörerin, Erinnye, Furie, Ungeheuer. Hier wird sie zur Bedrohung, zum monströsen, verschlingenden, strafenden, mordenden, kastrierenden Weib, das offenbar ein seelisches Residuum der archetypisch ‚bösen' Mutter darstellt. Hier umgibt sie von vornherein die Aura der Fatalität. Diesem Typus

---

168 Ebd., S. 342.

begegnet die männliche Phantasie mit Unbehagen, einer Mischung aus Interesse, Angst, Abscheu und Haß. Obwohl davon angezogen, mobilisiert die Psyche Abwehr, weil sie sich einer mysteriösen Macht ausgeliefert wähnt, von der emotionale Überrumpelung, wenn nicht körperliche Zerstörung zu befürchten ist. Hier fühlt sich die Maskulinität am Nerv berührt. Hier schaffen die erotischen Phantasien einen seelischen Kriegsschauplatz, auf dem der ewige Kampf der Geschlechter ausgetragen wird:

Unter der Regie von Adrian Lyne entstand 1987 ein äußerst kontroverser Film, betitelt *Eine verhängnisvolle Affäre* (orig. *Fatal Attraction*) mit Michael Douglas und Glenn Close in den Hauptrollen. Im Mittelpunkt steht eine ehebrecherische Affäre zwischen Alex Forrest, einer unverheirateten Karrierefrau und attraktiven Mittdreißigerin, und Dan Gallagher, einem erfolgreichen Literaturagenten und glücklichen Familienvater. Dan läßt sich an einem Wochenende, als seine Familie verreist ist, auf eine sexuelle Eskapade mit Alex ein, um Langeweile zu vertreiben. Er entfacht damit ein Feuer im Herzen der Frau, das sich für sein geregeltes Leben als unvermutet störend und schließlich zerstörerisch erweist. Alex wird von ihm schwanger, entwickelt Mutterinstinkte und meldet gegenüber ihrem Liebhaber rigorose Besitzansprüche an. Er ist indes nicht bereit, in der Beziehung mehr als ein kurzweiliges Abenteuer zu sehen, und will auf keinen Fall sein Ehe- und Familienleben durch den Seitensprung aufs Spiel setzen. Der Konflikt spitzt sich zu, als die verschmähte Alex im Bann ihrer Leidenschaft Appelle an die Vernünftigkeit ignoriert und beginnt, einen Rachefeldzug gegen ihren abtrünnigen Liebhaber und dessen Familie in Szene zu setzen. Indem sie teuflische Methoden eskalierender Rache ersinnt, wandelt sie sich zur schlimmen Furie. Sie entpuppt sich als später Abkömmling aus der Familie der weiblichen Vampire, ein erotisches Raubtier, ein Todesweib, das ihren attraktiven Körper benutzt, um sich Männer gefügig zu machen und sie ins Verderben zu ziehen. Sie führt einen Geschlechterkrieg, der nach Tradition oftmals mit dem Tod des männlichen Opfers endet, weil es durch die unersättlichen Forderungen des Vamps fortschreitend seiner vitalen Essenz beraubt wird – Raubbau am Mann. Ihre Passion wird zur Obsession, ihre Leidenschaft zur Aggression. Mit zunehmender sozialer Blindheit und radikaler Selbstsüchtigkeit betreibt Alex ihr Werk der Zerstörung – wie eine Rachegöttin darauf erpicht, die sakrosankte Kernfamilie zu ruinieren: Sie stellt Dan nach, terrorisiert ihn mit Telefonanrufen, verübt einen Säure-Anschlag auf sein Auto, schneidet sich erpresserisch die Pulsadern auf, entführt seinen kleinen Sohn, tötet dessen Haustier, ein Kaninchen, in einem brodelnden Kochtopf, schleicht sich in Dans Haus und geht mit einem Fleischermesser auf seine Frau Beth los. In einem blutigen Showdown gelingt es Dan mit Mühe, die Furie zu überwältigen und in der Badewanne zu ertränken. Ein besonders effektvolles, aus der ursprünglichen Kinoversion herausgeschnittenes Ende sah vor, daß die schon ertrunkene (unterdrückte) Alex noch einmal aus dem mütterlichen Element des Wassers auftaucht und nach Dan greift, bevor sie von Beth erschossen wird. Erst danach ist die Hexe der weiblichen Sexualität endgültig tot und die Familie gerettet.

Obwohl der Regisseur für seinen Film psychologischen Realismus reklamierte und Glenn Close vor Übernahme ihrer Rolle mehrere Psychiater zur Plausibilität des psychopathischen Verhaltens der Filmfigur befragte, ist *Fatal Attraction* erkennbar eine Männerphantasie, Spiegel männlicher Ängste und männlicher Ressentiments. Bei der Vorführung des Films kam es immer wieder zu lautstarken, gegen die weibliche Figur gerichteten Gefühlsausbrüchen, die dem ‚bösen Weib' Tod und Vernichtung an den Hals wünschten. „Hau dem Weibsbild eins in die Fresse!" „Tritt sie in den Arsch!" „Los, Michael. Bring sie endlich um! Mach die Hure tot!" waren einige der Anfeuerungsrufe männlicher Zuschauer, die in ihrem aufwallenden Zorn vollkommen vergaßen, daß Michael Douglas eine Leinwandrolle spielte.[169] Für sie stand ihre eigene bedrohte Männlichkeit auf dem Spiel. Bram Dijkstra schreibt dazu: „Michael Douglas ist [in diesem Film] das verbindliche Rollenmodell für alle verführten Männer, die langsam wiederhergestellt werden. Wenn der Sünder es nicht schafft, die Schultern hoch zu tragen, die Zähne zusammenzubeißen und die anstößige Dame zu töten, hat er praktisch sein Todesurteil unterschrieben."[170] Denn wer der fordernden, sexuell aktiven Frau auf den Leim geht, landet in einer tödlichen erotischen Falle. Dahinter steht die langlebige patriarchalisch-puritanische Vorstellung, daß die Welt der Sinne die Welt des Geistes bedroht und das Prinzip selbstbestimmter weiblicher Sexualität das System männlich geschaffener Ordnung untergräbt.

In der Regenbogenpresse figurierte Alex Forrest als „die meistgehaßte Frau in Amerika", als sexueller Terrorist von gesellschaftsbedrohender Bedeutung, als mütterliche Nymphomanin von rücksichtslosem Egoismus. Die Feindseligkeit kannte keine Grenzen. Der affektgeleitete Grundtenor des Werkes und seiner Rezeption wird überdies deutlich, wenn man Lynes Film mit seiner Vorlage vergleicht, einem Kurzfilm des englischen Regisseurs und Drehbuchautors James Dearden, betitelt *Diversion*. Dieser hatte etwas ganz anderes im Sinn, als er den ursprünglichen Plot konzipierte, nämlich zu zeigen, welche Verantwortung ein Mensch übernimmt, wenn er mit den Gefühlen eines anderen Menschen spielt und ihm Leid zufügt. Er wollte darauf hinaus, daß ein Mann, der einer Frau – wenn auch unbeabsichtigt – Schmerz verursacht, für sein Verhalten Rechenschaft abzulegen hat: „Ich wollte immer einen Film machen, der sagt: du

---
169 S. dazu Faludi (1991), S. 112 ff.
170 Dijkstra (1999), S. 358.

bist verantwortlich für deine Handlungen... ."[171] Doch Adrian Lyne kehrt diese kulturell reife Botschaft reißerisch um: Er verlagert die Verantwortung und reaktiviert das Bild des gefährlichen, männermordenden Monstrums, das im Zeitalter des Emanzipationskampfes der Frauen Urängsten vor dem weiblichen Drachen wieder Zutritt zur männlichen Phantasie verschafft. Die Feministinnen in den USA und andernorts waren nicht amüsiert.

Und die Phantasien der Frauen? – Man braucht nur ungefähr ein halbes Jahrhundert in die Kulturgeschichte zurückzugehen, um auf die verbreitete Auffassung zu treffen, daß es sie nicht gäbe – entweder, weil sie effektiv in den Köpfen des weiblichen Geschlechts nicht vorhanden seien, oder weil sie, sofern vorhanden, keine wesentliche Rolle spielten oder spielen *sollten*. Die der Frau von der bürgerlichen Gesellschaft zugeschriebene Passivität sah schlicht nicht vor, daß sie auf einem Gebiet aktiv war, welches überwiegend der Domäne und Initiative des Mannes unterstellt zu sein schien. Wohl mochte es Prostituierte oder „gefallene Mädchen" geben, deren innere Welt von ihren äußeren Aktivitäten verdorben war, aber deren ‚abnorme' Phantasien waren eben krankhaft. Natürlich wußten es die Frauen (und ihre Psychoanalytiker) seit langem besser, und man darf mutmaßen, daß intime Tagebucheintragungen, Geflüster unter Freundinnen oder Gesprächsaufzeichnungen von der Analytiker-Couch reichhaltiges einschlägiges Material enthalten; aber dies blieb der Öffentlichkeit verschlossen. Autorinnen oder Künstlerinnen, die das Thema öffentlich anzuschneiden wagten, mußten äußerst vorsichtig bei der Wahl verblümter Ausdrucksmittel sein, wollten sie nicht als lüstern und verderbt erscheinen und den ‚heiligen' Zorn von Zensoren auf sich ziehen. Interesse am anderen Geschlecht *ja*, romantische oder tragische Liebesbeziehungen *ja*, sexuelle Träume und Phantasien *nein*. Projektionen der erotischen Wünsche von Frauen in Kunst, Medien und Literatur waren zumeist die Projektionen von Männern, also sexistische Unterstellungen (wie der Vampir-Mythos), und wo sie sich als genuin weiblich erwiesen, galten sie als suspekt, skandalträchtig, unanständig. Künstlerisch anerkannt zu werden, war für Autorinnen wie Anaïs Nin oder Erica Jong ein jeweils langer Spießrutenlauf.

Als die (oben erwähnte) Journalistin Nancy Friday 1973 ihr revolutionäres Buch *My Secret Garden* veröffentlichte, das eine kommentierte Sammlung von schriftlich fixierten Frauenphantasien darstellt, erhielt sie u. a. auch eine männliche Zuschrift: „Meine sehr anständige Frau hat mich gebeten, an ihrer Stelle zu schreiben. Somit teile ich Ihnen mit, daß ich nicht glaube, daß sie außergewöhnliche Phantasien hat. [...] Ich würde gern mehr über Phantasien lesen, obwohl ich nicht meine, daß die durchschnittliche Frau die sexuellen Wünsche und

---

171 Zit. nach Faludi (1991), S. 118.

Phantasien hat, wie viele Männer sie offenbar haben."[172] Das Buch, wenn dieser ‚brave' Mann es denn gelesen hat, dürfte ihn gründlich eines Besseren belehrt haben. Es enthält Phantasien in Hülle und Fülle, poetische und pathologische, skurrile und skandalöse, pikante und platte – Phantasien über Inzest, Sodomie, Vergewaltigung, Sadismus, Masochismus, Fetischismus, Voyeurismus, Exhibitionismus, Promiskuität und was dergleichen an ‚verbotenen Früchten' im Kabinett geheimster Wünsche und Ängste noch zu finden ist. Es zeigt, daß Frauen dem anderen Geschlecht um nichts nachstehen, was die Ausgestaltung jener tagträumerischen Gespinste angeht, die von den erotischen Phantasien gebildet werden – es sei denn, in ihrer größeren, kulturbedingten Hemmung bei der Äußerung, Verwirklichung oder Zurschaustellung ihrer Wünsche. Bietet die Männerwelt mit Bordellen, Striptease-Shows, Pornofilmen, Männermagazinen u. dgl. reichhaltige Möglichkeiten dafür, daß Phantasien sich öffentlich austoben, ist die Welt der Frau noch ein vergleichsweise geschlossenes Reich, ein eher geheimer Lustgarten, in dem die Privatheit vorherrscht. An der Mannigfaltigkeit der Blüten in diesem Garten ändert dies freilich nichts. „Gott sei Dank, daß ich diese Gedanken mal jemandem erzählen kann", äußerte eine Schreiberin. „Bis zum heutigen Tag habe ich sie noch keinem Menschen anvertraut. Ich habe mich immer geschämt und gefürchtet, daß andere sie für unnatürlich halten und mich als Nymphomanin oder Perverse bezeichnen würden." [173]

Friday stellt dazu fest: „Dieses schlichte Ableugnen der Quelle der weiblichen Phantasien ist beinahe so endlos wie die Phantasien selbst. Dabei sind diese Quellen so offensichtlich, daß schon ihre Erwähnung erkennen läßt, wie leicht sie als Ausgangspunkt einer Phantasie dienen können. Frauen phantasieren über ehemalige Liebhaber, über ihren ersten Orgasmus, ihr erstes ‚anderes' Sexerlebnis etwa mit einer anderen Frau oder mehreren Personen. Es gibt Phantasien, welche die Fortsetzung eines realen oder in der Erinnerung lebenden Sexualerlebnisses sind – eines gestohlenen Kusses, eines Händedrucks, des ersten Abendessens in einer noch nicht vollzogenen, aber zweifellos entstehenden Affäre –, sexuelle Zündfunken, die noch nicht gezündet haben, es vielleicht niemals tun werden, außer in der Phantasie. Es gibt die absolut fiktive Phantasie, entstanden aus der Vorstellungsgabe der Phantasiererin, ausgelöst von einem attraktiven Gesicht bei einer Einladung, dem Helden eines Fernsehfilms, einem Popmusiker oder einem Filmstar. Sollte Ihnen noch nicht aufgefallen sein, daß diese letzte Möglichkeit zur Phantasie tatsächlich endlos ist, dann denken Sie nur an die Millionen von Frauen ..., deren Augen glasig, deren Hände feucht werden und deren Lippen sich zu einem erwartungsvollen Lächeln öffnen, wenn sie Tom

---

172 Friday (1998), S. 228.
173 Zit. nach Friday, S. 19.

Jones oder Paul Newman sehen. Glauben Sie wirklich, daß sie an gar nichts denken, oder daß sie abschalten, wenn der Fernseher abgeschaltet wird?" – Hier eine kleine Auswahl aus Fridays umfangreicher Kollektion:

Mythologische Phantasie: Ich bin im Dunkeln, aber es ist nicht einfach das Dunkel der Nacht; es ist die Dunkelheit des unendlichen Raums. Das ist, wissenschaftlich gesehen, vermutlich nicht richtig; ich nehme an, die Astronauten, Kosmonauten, was immer sie sind, finden dort Licht. Meine eigene Dunkelheit ist eher mythologisch ... diese ‚äußere' Dunkelheit ... aber der Tod ist es nicht. Es ist, als wäre ich ganz ganz weit draußen, irgendwo im unendlichen Raum. Ich bin zwar irgendwie in meinem Körper, aber auch gleichzeitig außerhalb. Jeden Moment muß ich durch eine endlose, unvorstellbare Dunkelheit hinabstürzen, ungefähr wie Luzifer. [...] Es ist beängstigend und gleichzeitig aufregend. Vermutlich ist es das, was ich von den Männern denke. Wenn sie nicht ein bißchen beängstigend sind ... nicht ein bißchen den Teufel im Leib haben, finde ich sie nicht aufregend. So, das ist die Erklärung für die Luzifer-Assoziation.

Mystische Phantasie: Manchmal, wenn ich einen Mann liebe und seinen Körper schön finde, seine Technik aber scheußlich, habe ich eine Art „mystische" Phantasie: Visionen von Buntglasfenstern, vom leidenden Christus, von der Jungfrau Maria, die Orgel spielt... Aber die habe ich seit vier Jahren nicht mehr gehabt.

Utopische Phantasie: Ich stelle mir gern vor, daß ich ein einzigartiges Wesen bin, das es heute noch gar nicht gibt. Himmlisch schön natürlich, aber das ist nicht der wesentliche Punkt an der Geschichte. Es zählt nur, daß ich das triumphale Produkt einer unglaublich weit fortgeschrittenen genetischen Forschung bin, die Menschen hervorbringen will, die die exquisitesten sinnlichen Freuden spüren können – mit Nervenenden und Empfindungsorganen, die so hoch entwickelt sind, daß sie Ekstasen erleben, die für gewöhnliche menschliche Wesen unvorstellbar sind. Das Aufregende daran ist ..., bei mir kann schon die Spitze einer Feder, wenn sie mein Knie berührt und ich in erotischer Stimmung bin, ein so heftiges Gefühl hervorbringen, als hätte eine andere Frau zwanzig Orgasmen auf einmal. Ich spüre das wirklich, aber es ist nichts zu sehen, es ist geheim. Nur ich weiß es.

Medieninduzierte Phantasie: Ich schäme mich es zuzugeben, aber meine Gedanken wandern tatsächlich manchmal, wenn ich mit meinem Mann Verkehr habe. Gewöhnlich denke ich dabei an andere Männer, die ich sexuell erregend finde. Manchmal denke ich an den Schauspieler Paul Newman, weil ich ihn für den attraktivsten Mann halte, den ich jemals gesehen habe. Ich schließe die Augen und stelle mir vor, daß er statt meines Mannes mit mir schläft. Aber ich fühle mich schuldbewußt deswegen.

Sadistische Phantasie: Sexuell entwickelte ich mich mit ungefähr zwölf Jahren, und da ich sehr wild und ungehorsam war, schickten mich meine Eltern in eine strenge Klosterschule. In dieser Schule war die körperliche Züchtigung erlaubt. Dabei wurde immer ein Lederriemen verwendet. Die Schulvorsteherin, Schwester Rosario, holte die Sünderin – das war häufig ich – vor die Klasse, befahl ihr, sich zu bücken und die Zehen zu berühren, hob ihren Kittel und schlug sie auf die Gesäßbacken. [...] Inzwischen bin ich Lehrerin und habe Vergnügen daran, Prügel auszuteilen. Die Jungen, die ich unterrichte, sind zwischen zehn und vierzehn Jahren. Ich nehme regelmäßig einen von ihnen mit in mein Zimmer, wo ich ihn mit Peitsche und Stock schlage, nachdem ich ihm befohlen habe, sich auszuziehen. Ich genieße es, den Jungen zu strafen, aber ich genieße am meisten, wenn ich sehe, daß er eine Erektion bekommt. Ich trage provozierende Kleider und genieße seine Verlegenheit, wenn er eine Erektion bekommt.

Masochistische Phantasie: Als Mädchen sehnte ich mich nach den schrecklichsten Arten des Mißbrauchtwerdens und konnte kleine unwichtige Vorfälle in meiner Phantasie zu unglaublichen Greueltaten ausschmücken. Gegen Ende der Schulzeit gab es die übliche ärztliche Untersuchung, und der Arzt sah mich kaum an, aber insgeheim hoffte und fürchtete ich, daß er irgendeine Art von chirurgischem Eingriff vornehmen müßte. Viele Jahre danach stellte ich mir in meinen Träumen vor, wie ich von Krankenpflegern für die Operation vorbereitet werde und mich dann freiwillig der schrecklichsten Vivisektion unterwerfe, ohne jede Art von Betäubungsmitteln ‚und meine Folterer tapfer von jeder Schuld an meinem langsamen Tod freispreche. [...] Seit kurzem haben sich meine Phantasien in dieser Beziehung noch ausgeweitet. Schon wenn ich nur ein einfaches Bad nehme, bin ich darauf vorbereitet, nach einem genauen Ritus beschnitten und vergewaltigt zu werden, anschließend opfert man mich (durch Bauchaufschlitzen) einem furchteinflößenden Gott.

Vergewaltigungsphantasie: In meinen Phantasien bin ich immer voll bekleidet. Sicher hat das etwas mit Vergewaltigung zu tun, warum sollte ich sonst angezogen sein? Daß ich meine Kleider an habe, steigert den Zwang zur Geschwindigkeit; es gibt keine Zeit für Vorspiele, nicht einmal Zeit zum Nachdenken: Aber das ist die aufregendste sexuelle Vorstellung, die ich habe... Ich, vollständig bekleidet und von einem Unbekannten fabelhaft vergewaltigt, der dann in die Nacht entschwindet, während ich herrlich befriedigt und, jawohl, bekleidet, zurückbleibe.

Religiös-rituelle Phantasie: Meine Gedanken gelten ausschließlich meiner Liebe zu einer anderen Frau. Oft stelle ich mir eine Art religiöser Orgie vor – lesbisch, aber mit männlichen, wie Priester gekleideten Männern als Zuschauer. Es gibt stets eine Menge brennender Kerzen, vestalische Jungfrauen und einigen Sex auf dem Altar mit meiner Partnerin. Niemals fehlen herrliche Musik und leuchtende Farben, wie in der Kirche. (Ich bin die Tochter eines Geistlichen und besuche die Kirche regelmäßig, fühle mich hinsichtlich meiner Homosexualität aber nicht schuldig.)

Exhibitionistische Phantasie: Ich stelle mir gern vor, daß ich ausgestellt werde. Ich habe für Gert [ihren Mann] so häufig Vorführungen gemacht, daß ich an ein Publikum, wenn auch aus einem einzigen Mann bestehend, gewöhnt bin. Auf unseren Reisen hatten wir mehrmals Gelegenheit, Sexvorführungen zu sehen, und seltsamerweise identifiziere ich mich immer mit den Mädchen und stelle mir vor, wie und in welchem Ausmaß ich die Vorführungen verbessern könnte. Ich bin überzeugt, daß ich eine starke Neigung zum Exhibitionismus habe. Ich posiere gern für Fotos; je sexier, desto besser.

Zu gefährlichen Verirrungen können erotische Phantasien dann entarten, wenn ihre Erscheinungsformen als Symptome der Erotomanie auftreten, jenes krankhaften Verhaltens, in dem die Liebesgefühle gänzlich der sozialen und rationalen Kontrolle entgleiten. Alex Forrest war als Filmfigur eine Erotomanin, eine entfernte Verwandte jener Vampire, die Bram Stoker mit seinem Roman *Dracula* (1897) ins Leben rief und zu Symbolfiguren aggressiv sexueller Promiskuität gestaltete. Graf Dracula war zwar männlich, doch seine (durch oralen Sex erweckten) Opfer waren weiblich, und es sind die infizierten, besinnungslos erotisierten weiblichen Opfer, die in ihrer Ambivalenz immer noch die männliche Phantasie heimsuchen. Der Roman ist dafür nur ein besonders augenfälliges Beispiel. Exzesse der Erotomanie lassen sich allenthalben in der Kulturgeschichte feststellen, und ist der Rahmen ihres Auftretens auch häufig fiktional, so sind sie manchmal doch real. Im Umfeld der zeitgenössischen Medienkultur ist beobachtbar, daß Fans bedingungslos bestimmten ‚Göttern' oder ‚Göttinnen' verfallen und sich hoffnungslos nach ihnen verzehren. Hier ist Erotomanie jene Verirrung der Gefühle, in der stille Verehrung und Bewunderung, genährt von starken libidinösen Strebungen, sich so zur grenzlosen Leidenschaft steigern, daß gesellschaftliches Rollenbewußtsein und intellektuelle Rollendistanz schwinden. Die unbezähmbare Sehnsucht erzeugt ein zwanghaftes Verhalten. Wissen die Menschen gewöhnlich zwischen Phantasie und Wirklichkeit hinreichend zu differenzieren, so daß sie Grenzüberschreitungen bemerken (und vermeiden können), brechen bei Erotomanen die Affektkontrollen zusammen. Dadurch kann die fällige Realitätsprüfung des eigenen Verhaltens nicht mehr stattfinden, und das Innen kehrt sich unmittelbar nach außen. Der Liebeswahn kann dazu führen, daß Fiktionen fehlgedeutet, Konventionen ignoriert, Restriktionen durchbrochen werden in dem Bestreben, einem Idol nahe zu sein, es unbedingt zur Gegenliebe zu veranlassen, es als Objekt der Erfüllung gänzlich in Beschlag zu nehmen. Er entfacht ein gefährliches Feuer in den Köpfen mancher Fans, das sie durchaus in den Selbstmord, in einen Konflikt mit der Justiz oder in eine psychiatrische Klinik treiben kann.[174] Werther-Effekt (Selbsttötung aus Liebeskummer), Othello-Effekt (Tötung des geliebten Objekts aus Eifersucht) und Herostratos-Syndrom (Destruktion als Imponiergehabe) sind Psychiatern wohlbekannte Phänomene, welche einige der krankhaften Auswüchse ungezügelter Liebe bezeichnen. Es ist der Zustand einer amoklaufenden erotischen Phantasie, in dem seelisches Leiden durch Frustration fast unvermeidbar vorprogrammiert ist. Denn es dürfte klar sein, daß die solchermaßen entfesselte Phantasie in den meisten Fällen dazu vorherbestimmt ist, an einer ihr nicht gefügigen Wirklichkeit zu zerbrechen. Die Stars, welche die Fans so nah haben möchten, sind in Wirklichkeit fern, wie die kosmischen Sterne, und üblicherweise wenig geneigt, sich in entfernte Mitglieder ihrer Fangemeinde zu verlieben. Die heutigen Medien sind die Verursacher so mancher unglücklichen Liebe.

Die psychopathische Verirrung der Erotomanie basiert auf einem Projektionsvorgang, in dem die Illusion, sich mit dem Star vereinigen zu *können*, entartet zu der Obsession, solche Vereinigung unbedingt herbeiführen zu *müssen*. Notfalls über die Gesetze von Raum und Zeit hinweg. Hier zur Veranschaulichung der Liebesbrief einer typischen Erotomanin. Er ist an den 1977 verstorbenen Elvis Presley gerichtet und zählte zu den Objekten, die 1988 auf einer Ausstellung „Elvis – der King als Volksheld" in San Francisco gezeigt wurde. Präsentiert wurde der Brief in Form einer Collage, die den Text mit Photomontagen (Elvis mit Verfasserin in phantasierten Intimsituationen) umrahmte:

---

174 Vgl. Heuermann u. Kuzina (1995), S. 211 ff., ebenso Vermorel (1985).

Lieber Elvis! Du weißt nicht, wieviele Male ich davon geträumt und gewünscht habe, du wärst mein Liebhaber – oder mein Vater. Aber du bist gestorben, ohne daß auch nur eine Spur von mir dein Leben jemals berührte. Ich hätte Dich retten können, Elvis. Wir hätten zusammen in Graceland glücklich werden können. Ich weiß, daß ich Dein zerbrochenes Selbst hätte in Ordnung bringen können. Du hättest entdecken können, daß sich Sex und Religion in Deiner Liebe zu mir hätten vereinbaren lassen. Der Schmerz, den Du jeden Tag erleiden mußtest, die Leidenschaft, die sich im Laufe der Jahre erschöpfte, die hätte ich heilen können. All diese Frauen haben deinen Geist ausgelaugt und Dir nichts gegeben als vorgetäuschte Leidenschaft. Ich kenne das Geheimnis der südlichen Nacht. Ich bete Dich an. Mein Schlaf ist voller Verlangen nach Dir. Ich versuche, mit dem täglichen Leben zurechtzukommen, aber alles verblaßt vor diesem mich verzehrenden Bild von Dir, das allgegenwärtig ist. Dieses Bild führt mich zu Orten, wo ich sein möchte. Jetzt liege ich hier und denke nach, leide Qualen, – mit anderen Worten – masturbiere wegen der Unmöglichkeit jemals dein Sklave zu sein. Manchmal habe ich das Gefühl, ich bin hypnotisiert, weil ich das Leben ohne Dich nicht länger ertragen kann. Andere Männer können in ihrer fleischlichen Existenz Deine Vollkommenheit niemals erreichen. Als ich Dich in deinen späten Jahren liebte, konnte ich immer Deine pulsierende Männlichkeit spüren. Du hast wirklich die Frau in mir erweckt. Ich kenne den Unterschied zwischen Wirklichkeit und Phantasie nicht mehr. Mein vergifteter Geist schreit nach Erlösung, nach einer einzigen Liebkosung, um mich daran zu erinnern, daß Du wirklich ein Mann und kein Gott bist. Mit wem ich auch zusammen bin, immer bist Du's. Elvis, ich habe eine Beichte abzulegen. Ich trage Dein Kind unter meinem Herzen. Der letzte Elvis-Imitator, mit dem ich gebumst habe, besaß Deinen heiligen Samen. Schick bitte Geld. Anbei ein paar Photos von mir und dem irdischen Boten, den du mir gesandt hast.[175]

Die Photos zeigten unter anderem diesen „irdischen Boten", eine riesige Elvis-Figur aus Porzellan, welche die Briefschreiberin an ihren nackten Busen preßt. Manische Liebe ist eine bedingunglose Liebe, die das Liebesobjekt unter allen Umständen zu vereinnahmen bestrebt ist, und die Methode solcher Vereinnahmung der Macht der Strebung unterwirft. Daher die Porzellan-Figur als Instrument der Sicherung, als Ersatzobjekt, dessen künstliche Realität mit der wirklichen Realität des Objekts verschmilzt. Der Wahn konstruiert sich seine Welt nach dem ihn leitenden Wunsch, und der Wunsch erlangt (eingebildete) Macht über die Welt. So ist die Schreiberin davon überzeugt, daß die (ihr nicht bekannten) Frauen in Presleys Leben ihm nur „vorgetäuschte leidenschaft" entgegenbrachten. So wurde das Idol, das niemals in körperlichem Kontakt mit der Schreiberin stand, in seiner „pulsierenden Männlichkeit" gespürt. So besitzt ein Elvis-Imitator den „heiligen Samen" des King. Und so schickt Elvis seinen „irdischen Boten" aus dem Reich der Verstorbenen. – Man sieht: Manische Liebe macht vor keinen Schranken halt, weder vor denen der Vernunft noch vor denen der Pietät noch vor denen der Scham. Sie kennt nur ein Ziel, und in Verfolgung dieses Ziels ist ihr fast jedes von einer überbordenden Phantasie geleiferte Mittel recht. Manische Liebe deformiert die soziale Realität bis zu einem Punkt, da die Diskrepanz zwischen Wunsch und Wirklichkeit krank macht und die Folgen (selbst-)zerstörerisch sein können.

---

175 Zit. nach Marcus (1991), S. 14.

2.4 Die Heimstatt des Grauens: Angst- und Horrorphantasien

Den erotischen Phantasien als typischen Wunscherfüllungsgebilden diametral gegenüber stehen die Angstphantasien – nebst ihren kulturellen Derivaten, den Horrorphantasien als Produkten der Medien. Natürlich können erotische Phantasien angstbesetzt sein, wie umgekehrt Angstphantasien auch erotisch oder sexuell gefärbt sein können. Nicht selten sind beide sogar auf mannigfache Art miteinander verschlungen. Aber desungeachtet besteht eine Bipolarität von Wünschen und Ängsten als denjenigen Affektlagen, die einerseits gesucht, andererseits eher gemieden werden, und die deshalb im Inventar unserer Gefühle das eine Mal positive, das andere Mal negative Vorzeichen tragen. Gemischte Gefühlslagen und unbewußte Verquickungen hier einmal ausgenommen: gewöhnlich wünschen wir uns nur etwas, von dem wir hoffen, daß es eintreten möge, und wir haben Angst nur vor etwas, von dem wir hoffen, daß es uns verschonen möge. Tiefenpsychologisch betrachtet sind die tiefsten Beweggründe für Wünsche und Ängste und die von ihnen erzeugten Phantasien wahrscheinlich die beiden Naturtatsachen von Leben und Tod: das Wissen um die Lust, die das eine unter günstigen Umständen zu gewähren vermag, gegenüber dem Wissen um die Bedrohlichkeit, die der andere stiften kann. Gekannte Lust und erlebtes Glück gehen in das Repertoire unserer Wünsche ein; erlittene Pein und erlebte Unlust werden zu Bestandteilen unserer Ängste. Der biblische Schöpfungsbericht enthält eine profunde psychologische Wahrheit insofern, als das Essen vom Baum des Lebens die Erfahrung von Glückseligkeit symbolisiert, während das Kosten vom Baum der Erkenntnis das Bewußtsein vom Sterbenmüssen und die davon ausgelöste Angst verbildlicht. Blühendes Leben im Paradies vs. Todesstille im Grab. Dabei ist es ist nicht eigentlich der Tod, der uns Angst macht, sondern unser Wissen vom Tod – genauer: das Wissen um seine unangenehmen Vorboten und gefürchteten Begleiterscheinungen: Krankheit, Schmerz, Altern, Niedergang, Auflösung, Zerfall. Berichte über die sogenannten Nahtod-Erlebnisse scheinen zwar in eine ganz andere Richtung zu deuten;[176] aber für die allermeisten Menschen behält der Gevatter seinen Charakter als ein bedrohlicher Unbekannter, eine ständige Quelle der inneren Spannung und existentiellen Angst. Unser kulturelles Bewußtsein widerstrebt der natürlichen Ordnung.

Ob direkt mit Todesangst verbunden oder nur indirekt damit assoziiert – Angst ist auf jeden Fall ein Urphänomen, das bewußtseinsgeschichtlich kein Diesseits kennt; ein seelischer Zustand, dessen Wurzeln tief reichen; eine unbequeme Morgengabe der Evolution, deren diverse Erscheinungsformen entweder gar nicht oder nur sehr bedingt der bewußten Kontrolle unterliegen. Angst ist eine

---

176 Dazu Kap. 3.5, S. 369 ff.

reflexartige Antwort der Körperseele auf die verschiedensten Facetten eingebildeter oder realer Bedrohung.[177] Sie ist zeit- und geschichtslos, ihre Anlässe mögen sich ändern und mit ihnen die Inhalte (der Urmensch hatte Angst vor Gewittern, der zeitgenössische Mensch hat sie eher vor dem HIV-Virus oder vor Prionenerkrankung), doch der bestimmende Affekt ist Hunderttausende von Jahren alt und entwickelt sich nicht – weder progressiv noch retrogressiv. Angst unterliegt keiner Mode, keinem Willen, keinen Beschlüssen. Wir können sie weder an- noch abschalten. Sie überkommt uns, sie geschieht. Genetische Programme sorgen dafür, daß Ängste mobilisiert werden, sobald der Organismus sich in Bedrängnis oder Gefahr wähnt und um die Wahrung seiner körperlich-seelischen Integrität fürchtet. Dabei spielt es eine nur geringe Rolle, ob der Auslöser die konkrete Wahrnehmung einer bedrohlichen Situation oder die intuitive Ahnung eines sich zusammenbrauenden Unheils ist. Das Syndrom der Angst als reaktives Muster ist beidemal das gleiche. Und gibt es unter den Menschen auch beträchtliche Variabilität – zaghafte Individuen, die uns überängstlich erscheinen, gegenüber forschen Zeitgenossen, die scheinbar angstfrei auftreten – so gibt es doch keine Menschen ohne das genetische Programm angsterzeugender Reaktionen. Es gibt lediglich stärkere oder schwächere Symptome.

Unter dem evolutionären Aspekt instinktiver Lebenserhaltung, der identisch ist mit dem instinktiver Todesvermeidung (oder -verdrängung), läßt sich Angst allgemein als ein organisches Warnsystem auffassen, das im Stammhirn des Urmenschen entwickelt und von ihm an seine Nachfahren dauerhaft vererbt wurde. Erscheint uns heute dieses System unter gesicherten Lebensumständen auch oftmals lästig, weil es ‚Fehlalarme' auszulösen imstande ist, so ist es in kritischen Situationen unverzichtbar, weil es Leben retten kann. Es stimmt zwar, daß – rational betrachtet – Angst ein schlechter Ratgeber ist; aber es stimmt ebenso, daß – instinktiv-intuitiv gesehen – Angst ein notwendiges Regulativ darstellt. Angst besitzt ihre eigene ‚Klugheit', die der Verstand so nicht besitzt. Und Angst spricht mit einer Stimme, über die der Verstand nicht verfügt. So schwierig es für unser Sensorium oftmals sein mag, die Bedeutung aufsteigender Angst richtig zu entziffern, so lebenswichtig ist es für uns, das warnende Flüstern der inneren Stimme nicht zu ignorieren. Gäbe es nicht die innere Alarmanlage der Angst, hätte unsere Gattung nicht überlebt.

Das gesamte Reaktionsmuster dieses Affekts ist so komplex, involviert so viele bio-chemische, physiologische, neuronale, motorische und psychische Vorgänge, daß wir die Zusammenhänge hier nicht entfalten können. Doch es ist ihre Verankerung in paläopsychischen Schichten, die die Angst schwer beherrschbar macht – selbst dann, wenn die Anlässe rational als nichtig erkennbar und die

---

177 Vgl. Becker (1980); Faust (1986).

Ursachen als Hirngespinste entlarvbar sind. Und es ist das außerordentlich komplexe Geschehen im Nervensystem des Menschen, das Psychotherapeuten vor erhebliche Probleme stellen kann, wenn es um die Behandlung enervierender Ängste geht, die scheinbar grundlos sind, aber natürlich dennoch irgendwo ihre Gründe haben. Wer Angst verspürt, jenes ebenso diffuse wie unangenehme Gefühl, das leicht zu identifizieren, aber schwer zu beschreiben und oft nicht zu ergründen ist, wähnt sich subjektiv als Zielscheibe oder Opfer eines ihn beunruhigenden, beeinträchtigenden, bedrückenden, gefährdenden oder schädigenden Einflusses, unabhängig davon, ob für die Angst ein objektiver Grund besteht oder nicht. Ist ein Grund irgendwo in der Außenwelt auffindbar, verursacht dieser die sogenannte Realangst, die genau genommen eine Form der Furcht ist. Ihre Symptome verschwinden gewöhnlich mit dem Verschwinden der realen Angstquelle. Ist er in der Innenwelt lokalisierbar, handelt es sich um die sogenannte neurotische Angst, deren Symptome auf eine psychische Störung hindeuten, die, wenn sie gravierend ausfällt, der ärztlichen Behandlung bedarf. Unter Umständen kann die Angst jedoch, wie dies für depressive und schizophrene Zustände charakteristisch ist, völlig anonym bleiben, so daß eine Quelle sich trotz hohen analytischen Aufwandes nicht angeben läßt. Gegenstandslose, unbenennbare, stumme Angst gehört zu den belastendsten, unangenehmsten Zuständen, die einen Menschen befallen können. Philosophen (Kierkegaard, Heidegger, Sartre) bezeichnen sie als „Welt-" oder „Existenzangst" und haben versucht, sie unterschiedlich mit Zeiterscheinungen wie Glaubens- und Sinnverlust, Daseinserschütterung, Schwinden der Transzendenz, Nihilismus oder Erfahrung von Absurdität in Verbindung zu bringen. Hier ist ein diffuses, negativ gestimmtes Weltgefühl der Boden für eine Entfremdung, die dumpf als Angst empfunden werden kann, eben auch dann, wenn sich biologisch oder physisch keinerlei Gefahren ausmachen lassen.

Die Wurzel des Wortes „Angst" ist das lateinische Nomen *angustiae,* das wörtlich „Enge" oder „Engpaß" bedeutet, im übertragenen Sinne aber auch den seelischen Zustand einer Beklemmung oder Bedrängnis meint, der eines unter vielen Symptomen der Angst sein kann. Damit ist einerseits der physische Aspekt einer unwillkommenen Einschränkung der Bewegungs- und Handlungsfreiheit gemeint (starke Angst kann unsere Motorik hemmen, sogar lähmen, so daß wir wie ‚in einer Klemme' sitzen); andererseits der psychische Aspekt einer bedrückenden Erfahrung, welche die Seele einzwängt (starke Angst verschafft uns das Gefühl, ‚Quetschungen' des Gemüts zu erleiden). Für Sigmund Freud ist die diesbezügliche Primärerfahrung „der Geburtsakt, bei welchem jene Gruppierung von Unlustempfindungen, Abfuhrregungen und Körpersensationen zustande kommt, die das Vorbild für die Wirkung einer Lebensgefahr geworden ist und seither als Angstzustand von uns wiederholt wird."[178] Danach liefert die Ersterfahrung bedrohten Lebens das reaktive Muster für alle späteren. Der Mensch erlebt im Geburtsakt die erste Todesangst. Ob diese Annahme zutrifft oder nicht[179] – auf jeden Fall ist der Mensch *in toto*, mit seiner ganzen Körperseele, beteiligt, wenn sich Symptome des Zitterns und Zagens, der angespannten Nerven, der inneren Unruhe, des mulmigen Gefühls, des stolpernden Herzschlags, des stockenden Atems, des unvermuteten Transpirierens, des plötzlichen Blaßwerdens, der verzerrten Physiognomie oder anderer Art zeigen. Hier kann in seltenen Fällen sogar das Paradox auftreten, daß allerhöchste Angst, die Warnsignale vor drohendem Tod aussendet, selbst zum Auslöser des Todes wird. Während die *Todesangst* die Angst vor dem herannahenden Ende ist, ist der *Angsttod* das Sterben infolge extremer Angst. Das heißt nichts anderes, als daß der Affekt der Angst eine eigene Dynamik besitzt, die seine Funktion der Warnung im Extremfall in Zerstörung umschlagen lassen kann. Wird der Verstand vollkommen von der Angst überrumpelt, können die Folgen entsetzlich sein. Aber: Setzt sich der Verstand vollkommen über Signale der Angst hinweg, können die Konsequenzen nicht minder lebensbedrohend sein.

In der Sprache verfügen wir über eine Fülle von verwandten und synonymen Wörtern, die ihren semantischen Kern in der Angst haben, aber die schillernden Erscheinungsformen des Phänomens in einer Vielzahl fluktuierender Nuancen zum Ausdruck bringen. Die Frage, wo eine Form in die andere übergeht, ist dabei ebenso schwer bestimmbar wie die Frage, wo eine Farbe des Regenbogens in eine andere übergeht. Im Deutschen gibt es ein weites semantisches Feld mit Substantiven wie *Angst, Furcht, Sorge, Bangen, Unbehagen, Beben, Grauen, Grausen, Grusel, Entsetzen, Phobie, Schreck, Panik, Schock, Schauder, Schrecken, Horror, Terror, Erschütterung, Erregung, Beklemmung, Besorgnis, Bedrohung, Bestürzung, Fassungslosigkeit* u. a., die sich sämtlich dem Komplex der Angst zuordnen und sich als ein Netz vielschichtiger Beziehungen darumweben lassen. Man kann versuchen, eine grobe Zuordnung und Differenzierung der wichtigsten Begriffe vorzunehmen:

Angst läßt sich als Oberbegriff des ganzen Komplexes verstehen – ein banges, undeutliches und beklemmendes Gefühl der Bedrohung und des Ausgeliefertseins, meist verbunden mit verschiedenen körperlichen Reaktionen. *Unbehagen* ist oftmals ein Vorstadium der Angst, ein Zustand, in dem intuitiv gefühlt wird, daß irgendetwas nicht stimmt, aber (noch) nicht klar ist, worum es sich handelt.

---

178 Freud (1940a), *G.W.* Bd. 11, S. 411.
179 Wie alle reduktionistischen Thesen Freuds ist auch diese umstritten; obwohl sie in den LSD-Experimenten von Stanislav Grof empirische Bestätigung findet (s. unten S. 357 ff.).

Unbehagen ist schwächer und vager als Angst; es kann rein körperlich, aber auch seelisch verursacht sein. Demgegenüber ist *Furcht* das Gefühl eines bestimmten Bedrohtseins, ausgelöst von einer mehr oder minder deutlich wahrgenommenen Quelle oder Ursache. Man fürchtet sich gewöhnlich nur vor etwas, das man in der Objektwelt als gefährdend oder schädigend erkannt hat. Der *Schreck* ist eine heftige psychische Erschütterung und nervliche Reaktion auf das plötzliche und unerwartete Auftauchen einer Gefahr oder Bedrohung – auch einer nur vermeintlichen. Jemanden zu erschrecken, ist bekanntlich ein beliebtes Spiel unter Kindern, und vom erlittenen Schreck erholt man sich gewöhnlich schnell. Nicht identisch damit ist der *Schrecken* als lähmendes Entsetzen und Furcht verbreitende Wirkung von Bedrohlichem und der folgenden, länger andauernden seelischen Erschütterung. Katastrophen lösen typischerweise „Angst und Schrecken" aus, die über das punktuelle Geschehen des Schrecks weit hinausgehen. *Panik* ist eine reflexhafte, ‚kopflose' Reaktion des Körpers, wenn der Organismus sich in akuter Lebensgefahr wähnt und deshalb zur Überlebenssicherung keine anderen Impulse als innere Fluchtkommandos gelten läßt. „Rette sich wer kann!" ist die sprachliche Formel für diesen Zustand. Das *Entsetzen* ist hinwiederum ein großer, fassungsloser Schrecken, der das Subjekt in seiner Gesamtheit heftig erfaßt und einen Teil seiner normalen Körperreaktionen lahmlegt. Vom Entsetzen können ebenso wie von der Panik Fluchtmechanismen ausgelöst werden, wenn die Motorik reflexartig darauf reagiert, oder es können seelische Schocks erlitten werden, wenn die momentan erzeugte Spannung die Psyche überfordert. *Horror* ist eine besonders dramatische Form des Entsetzens, die von sinnlichen Eindrücken mit starker psychischer Resonanz abhängig ist. Der Begriff findet alltagssprachliche Verwendung, obwohl er (aus noch darzulegenden Gründen) für die literarisch-filmische Gattung dieses Namens reserviert bleiben sollte. Horror ist, so bizarr dies anmutet, eine Form nervenkitzelnder Kunst und erregender Unterhaltung. *Terror* ist demgegenüber die objektbezogene, mit Gewalt verbundene Ausübung von Pein und Qual, die gezielt (meist von Menschen) gegen Menschen zu deren Einschüchterung, Erpressung, Unterdrückung oder Vernichtung eingesetzt wird. Merkmal des Terrors ist die (zumindest vorübergehende) Wehrlosigkeit von Opfern gegenüber der gewaltausübenden Überlegenheit von Tätern. *Grauen* schließlich ist eine mit Schrecken, Entsetzen und Abscheu verbundene Reaktion auf etwas unbestimmt Drohendes, dessen Anwesenheit das rationale Fassungs- und Erklärungsvermögen weit übersteigt und deshalb als besonders beängstigend empfunden wird. Das Grauen wird als unmenschlich empfunden; es ist unsagbar und undefinierbar. Seine mögliche traumatisierende Wirkung kann das Tor zum Wahnsinn öffnen.

Die Alltagssprache nimmt es freilich nicht sehr genau mit den semantischen

Facetten der verschiedenen Begriffe. Übertreibungen einerseits und Abschleifungen andererseits sorgen für Unbestimmtheit, nicht selten Schlampigkeit im Umgang mit den lexikalischen Differenzen: Jemand kann etwas als „entsetzlich" bezeichnen, auch wenn damit nicht mehr als etwas mild Unangenehmes verbunden ist. Oder jemand bekennt sich zu seiner „Angst" vor bestimmten Tieren, z. B. Spinnen, wenn in Wirklichkeit „Furcht" oder „Phobie" im Spiel ist. Oder jemand zeigt sich von einem Ereignis „geschockt", das nicht mehr als eine unerwartete Wendung im Ablauf von Geschehnissen darstellt. Oder jemand bedeutet seinen Kindern, keinen „Terror" zu veranstalten, wenn es ihm lediglich um weniger Lärm geht. „Nur keine Panik!", sagt jemand, der beruhigend auf nervös gewordene Mitmenschen einzuwirken versucht. Von „Horrorszenarien" sprechen Politiker gedankenlos, wenn sie sich mißbilligend auf Pläne ihrer politischen Gegner beziehen, obwohl sie eigentlich nur Vorstellungen meinen, die sie aus ihrer eigenen weltanschaulichen Ecke als unakzeptabel ansehen.

Selbst Schriftsteller, Experten im Gebrauch kunstvoll differenzierender und nuancierender Sprache, haben zuweilen Mühe, die unterschiedlichen Qualitäten auf dem Spektrum angstvoller Gefühle angemessen auseinanderzuhalten – dies weniger aus Unfähigkeit als vielmehr aus der Schwierigkeit heraus, die in ihrem Wesen immateriellen, schwer faßbaren, stark fluktuierenden, oft überwältigenden Regungen verbal angemessen wiederzugeben. Denn Angst ist, bei Lichte besehen, kein konstanter Zustand, sondern ein von vielen widerstreitenden Kräften und Impulsen bestimmtes inneres Drama. Wenn Angst einen Menschen in den Tiefenschichten der Seele verunsichert, kann sich die Verunsicherung auf der höheren Ebene der Sprache und anderen Funktionsbereichen mitteilen. Die angsterzeugenden Prozesse spielen sich überwiegend im Stammhirn und im limbischen System ab, während die Sprachzentren im Kortex untergebracht sind. Gewöhnlich bewirkt die Versprachlichung eines seelischen Zustands – tendenziell – dessen Beherrschung oder zumindest ‚Domestizierung'. Wird namenloses Entsetzen oder unsägliches Leid oder unfaßbares Grauen in Worte gekleidet, verliert das affektive Geschehen an Unmittelbarkeit, denn es erlangt Mittelbarkeit durch Mitteilbarkeit. Sprache ist ein transphysisches und transsensorisches Medium. Sprache versachlicht durch Abstraktion. Wird der Mensch jedoch von Angst überrumpelt, kann die Gefahr einer Kapitulation der wesentlich rational bestimmten Sprache vor dem sich irrational ausbreitenden Gefühl auftreten. Im Extremfall macht der Affekt buchstäblich sprachlos, er lähmt die intellektuellen Funktionen, läßt nur noch Gestammel vor dem Unsäglichen oder Urschreie im Angesicht des Entsetzlichen zu. Hier ein literarisches Beispiel, eine Passage aus der Erzählung „Auf dem Wasser" von Guy de Maupassant:

Ich versuchte, mir selber Vernunft zu predigen. Ich fühlte in mir den festen Willen, mich nicht zu fürchten; aber da war in meinem Innern noch etwas anderes als mein Wille, und dies Andere hatte Angst. Ich fragte mich, was ich denn eigentlich fürchten könnte. Mein beherztes Ich lachte mein verzagtes Ich aus, und niemals habe ich wie in jener Nacht den Zwiespalt zweier Wesen in unserem Innern gefühlt, eines zur Tat drängenden und eines widerstrebenden, die beide wechselseitig die Oberhand gewannen. Dieses dumme, unerklärliche Grauen wuchs fort und fort und wurde allmählich zum panischen Entsetzen. Ich verharrte regungslos, mit weit aufgerissenen Augen und gespitzten Ohren, und wartete. Worauf? Ich wußte es nicht, aber es mußte etwas Grauenhaftes sein.[180]

Man sieht: Hier führt das Ringen um eine adäquate Zustandsbeschreibung zu einem ‚wilden' Sprachgebrauch, in dem so ziemlich alles bemüht wird, was das Lexikon des Erzählers momentan aufbieten kann: Furcht, Angst, Verzagen, Zwiespältigkeit, Grauen, Panik und Entsetzen. Doch welche Vokabel auch immer benutzt wird, keine ist präzise und eindeutig genug, um den unerklärlichen Zustand wiederzugeben, der das Bewußtsein beschleicht. Die kognitiven Funktionen versagen angesichts eines unbestimmten Gefühls des Grauens, das, da es psychogenetisch älter ist, bewußtseinsmäßig auch mächtiger ist als die bemühten Strategien sprachlicher Bewältigung. „O Grausen! Grausen! Grausen! Zung' und Herz faßt es nicht, nennt es nicht!", stößt Macduff entnervt hervor, als er (in Shakespeares *Macbeth*) den Mord an König Duncan entdeckt. Entsetzen, welches das innere Ordnungssystem der Sprache zusammenbrechen oder ins Wanken geraten läßt, ist auf der Skala der affektiven Dynamik ein besonders intensives Gefühl. Es dennoch vermittels der Sprache darstellen zu wollen, ist ein schwieriges, fast paradoxes Unterfangen: Ausdruck des Unausdrückbaren. Dafür bedarf es Künstler, Virtuosen im Spiel mit der Angst, die ihr Medium wie eine spezielle Klaviatur beherrschen und verbal gestalten, was andere nicht-verbal erleiden.

Wir müssen freilich differenzieren zwischen *Angst* und *Angstphantasien*, d. h. zwischen eher naturbedingten Vorgängen und eher kulturell bedeutsamen Erscheinungen. Ängste und angstgetriebene Phantasien unterscheiden sich darin, daß erstere wesentlich invididuell und immateriell bleiben, während letztere auf der ‚inneren Leinwand' zur Gestalt- und Bildhaftigkeit fortschreiten, um von dort ggf. in die Kultur zu wandern und sich zu objektivieren. Angst kann ich vor allem möglichen haben: vor Verletzung, Schmerz, Abschied, Trennung, Krankheit, Gewalt, Katastrophen, Krieg, Einsamkeit, Verlorenheit, Versagen, Erniedrigung, Armut, Arbeitslosigkeit – vor allem, was in der empirischen Welt erfahrbar und in der Gefühlswelt negativ besetzbar ist. Angst kann ich auch vor Menschen oder Institutionen oder Naturphänomenen oder Maschinen, vor mir

---

180 Maupassant (1985), S. 17.

selbst, dem anderen Geschlecht oder oder so etwas Abstraktem wie der Zukunft haben. Angstobjekte können einerseits universale Phänomene (z. B. unbeherrschbare Naturgewalten wie Feuer, Fluten, Erdbeben etc.), andererseits individuelle Gegenstände (z. B. Phobien auslösende Objekte wie Tiere, Fahrstühle, Automobile etc.) sein. Angst macht dem Menschen alles, was die in einem bestimmten lebensweltlichen Kontext geforderte Funktionstüchtigkeit und Lebensfähigkeit des Organismus spürbar beeinträchtigt. Es ist das subjektiv empfundene oder objektiv vorhandene So-nicht-sein-Sollende, das hierfür den Generator abgibt. Ob bestimmte Angstobjekte sich jedoch in Angst*phantasien* kleiden, hängt ganz von den sowohl inneren als auch äußeren Umständen ab. Der eine erträgt seine Ängste in stillem Leiden, der andere erfährt sie nur in bösen Träumen, der dritte schreit sie in die Welt hinaus, der vierte macht kulturelle Artefakte daraus. Der Austausch von Innen und Außen ist hier außerordentlich variabel: Was außen ist, kann verinnerlicht (introjiziert) werden; was innen ist, kann veräußerlicht (projiziert) werden. Der Psychiater Ronald Laing berichtet von einer Patientin, deren paranoider Phantasie er eine eigentümliche Logik nicht absprechen konnte: „In einer psychiatrischen Klinik sagte ein kleines Mädchen von 17 zu mir, sie sei entsetzt, weil die Atombombe in ihr drin sei".[181] Es hatte im Nuklearzeitalter den gefürchteten Atomtod buchstäblich verinnerlicht. Maupassants Erzähler berichtet: „Ich verharrte regunglos, mit weit aufgerissenen Augen und gespitzten Ohren, und wartete. Worauf? Ich wußte es nicht, aber es mußte etwas Grauenhaftes sein". Er erwartet in der angsteinflößenden Ausanahmesituation das Unheil von außen.

Die Aussage, der Urgrund aller Ängste sei letztlich das Wissen um den Tod, ist noch zu ungenau, um den diversen Aspekten des Phänomens gerecht zu werden und eine Phänomenologie der Angst daraus abzuleiten. Es gibt verschiedene angsterzeugende Situationen als Grunderfahrungen, die sich typisieren und als wiederkehrende Motive in Träumen und Phantasien, in Kunst und Kultur beschreiben lassen. Der Psychologe Hans D. Baumann bezeichnet diese als „Archetypen des Grauens" und betrachtet sie, analog zu den Jungschen Archetypen, als genetisch eingezeichnete Erfahrungs- und Reaktionsmuster von universaler Bedeutung.[182] Die entsprechenden Motive kreisen zwar in dieser oder jener Form um das Phänomen des Todes; bieten aber ganz verschiedene Ansichten seiner phantasierten Schrecklichkeit. Das heißt, der Erfahrungskern ist nicht, jedenfalls nicht primär, das Sterben als ein inneres Geschehen, sondern das Feld ausgemalter Umstände, die das Sterben assoziativ begleiten: die gefürchteten Beklem-

---
181 Laing (1983), S. 12.
182 Siehe Baumann (1989), S. 288 ff.

mungen, Bedrohungen, Beeinträchtigungen, Schmerzempfindungen, Verunstaltungen, Zerstörungen, Auslöschungen, die die Seele belasten – unabhängig von der Frage, ob der Tod als Endstadium eintritt oder nicht. Es ist der imaginativ vorweggenommene, immer wieder neu dramatisierte, in mannigfacher Gestalt auftretende, mit Symbolik befrachtete Tod, der eher der Kultur als der Natur angehört, welcher die Angstphantasien beherrscht.

Nach Baumann haben diese Archetypen als die tiefsten und beharrlichsten Formen der Angst ihre psychokulturelle Heimat im Reservoir der Mythen der Völker. Sie gehören zur seelischen Konstitution des Menschen und bringen kollektive, transhistorische Erscheinungsformen hervor, die sich durch Gleichheit in der Wandlungsfähigkeit auszeichnen. Reale Ängste sind notorisch instabil und ephemer, neurotische Ängste sind persönlich und erratisch, archetypische Ängste jedoch sind stabil und kehren wieder. Verlieren sich ihre allerersten Spuren auch im vorgeschichtlichen Nebel der Phylogenese des Menschen, so lassen sich ihre aktuellen Manifestationen auf verschiedenen Ebenen des Lebens beobachten: in den enervierenden Phantasien schizophrener Patienten, in denen das Archaische sich regressiv Bahn brechen kann; in den angstbesetzen Vorstellungen von Kindern und Jugendlichen, deren unfertige Seelen besonders sensibel für Signale aus dem Unbewußten sind; in den Anwandlungen von Menschen, die von scheinbar grundlosen Angst- und Panikattacken befallen werden; und nicht zuletzt in den Produkten der „Alptraum-Fabrik" Hollywood, die in ihrem limitierten Repertoire gezwungen ist, auf wiederkehrende Situationen und Motive zurückzugreifen.

Am Bestand der Horrorphantasien in Literatur und Film läßt sich – in säkularisierter, fiktionalisierter, popularisierter Form – recht gut ablesen, was seit eh und je die seelischen Brennpunkte der Ängste der Menschheit sind, nämlich: das Böse, das Alte, das Fremde, das Dunkle und das Leere. Hier erweist sich, daß die alten Mythen, auch wenn sie abgesunken scheinen, noch lebensfähig sind, und die neuen Phantasien, auch wenn sie zeitgebunden scheinen, von Altem stark durchwoben sind. „Was aufstieg, kann wieder untergehen, und was versank, kann wieder erscheinen", heißt es in H. P. Lovecrafts Erzählung „Cthulhus Ruf".[183] Regressionen sind stets möglich, und das Alte bleibt im Neuen bewahrt.

Der fundamentale Archetypus der Angst ist nach wie vor das Böse – nicht verstanden als philosophisch-moralisches Problem einer aufgeklärten Gesellschaft, sondern als verbildlichte Dämonie im menschlichen Vorstellungsreich. Da wir

---

183 Lovecraft (1972), S. 239.

dieses Phänomen noch gesondert behandeln werden,[184] genügt hier der Hinweis auf sein Überleben in einer ‚rückfälligen' Phantasie, die sich vom Dämonischen nicht befreien kann oder will. Das moralisch Negative hat sich jahrtausendelang im visuell Dämonischen konkretisiert, denn als metaphysisches oder philosophisches Problem war es viel zu abstrakt, um von der Mehrheit der Menschen begriffen zu werden. Es verlangte nach Personifizierung, nach sinnlicher Anschauung und Abschreckung. Cäsarius von Heisterbach, ein Dämonologe des 13. Jahrhunderts, schrieb: „Gefährlich ist es ..., den Teufel zu sehen, denn durch den Anblick des Urhebers der Finsternis und des ewigen Höllenfeuers wird die menschliche Natur erschüttert, erschreckt und zerstört, sie wird zusammengezogen und stirbt ab."[185] Heute quittieren wir solches mit einem überlegenen Lächeln, doch auch heute dürfen wir nicht hoffen, daß sich das Dämonische einfach abschaffen oder in einem mentalen ‚Sprung nach vorn' überwinden ließe. Zu lange sind die Dämonen die Verkörperung des Bösen gewesen, zu lange haben sie in den urtümlichen Winkeln unseres Geistes gehockt, zu lange sind sie für Krankheit, Besessenheit, Tod und Verderben verantwortlich gemacht worden, als daß sie plötzlich obsolet werden könnten. Das Seelenleben des Menschen ist in seinen Tiefenschichten sehr beständig, und das aufgeklärte Wissen, daß es ein von außen kommendes, selbständiges Böses nicht gibt, daß es statt dessen innen gesucht werden muß, weil es ‚in unserem Herzen wohnt', hindert uns nicht an der Schöpfung von Phantasien, die es wieder und wieder nach außen projizieren. Offenbar haben wir den Teufel als *die* abendländische Manifestation des Bösen gegen unser bestes Interesse zu sehr verinnerlicht, als daß wir äußerlich auf diesen mythischen Urheber der Sünde und obersten Verwalter der Hölle ganz verzichten möchten. Der Glaube an ihn zeugt von kultureller und mentaler Unreife, aber seine Erscheinung ist nach wie vor zu fesselnd, sein subversives Imperium zu mächtig, der ganze infernalische Bildkomplex viel zu interessant, um den längst fälligen Abschied davon zu ermöglichen. Im Aberglauben genießt er eine ungebrochene Potenz, und Aberglaube hat viel mit Unheilserwartungen zu tun. Diese wiederum haben die Tendenz, sich in Dämonen oder dämonisierten Menschen zu konkretisieren.

Der zweite Archetypus ist der des Alten. Nicht selten treten das Böse und das Alte zusammen auf, da sich das eine vorzugsweise bestimmter Formen des anderen bedient, um in konkrete Erscheinung treten zu können. Alte Götter, alte Geister, alte Völker, alte Kulturen, alte Dynastien, alte Bauwerke, alte Dokumente verursachen – besonders dann, wenn sie uralt und sehr fern erscheinen – ein Unbehagen, das aus einer merkwürdigen Faszination resultiert: Es ist einer-

---

184 Siehe unten Kap. 2.7., S. 257 ff.
185 Zit. nach Hansen (1983), S. 219.

seits die Vergegenwärtigung von Sterblichkeit und Vergänglichkeit, die Erkenntnis, daß das Leben zu Staub und Moder zerfällt, die uns Lebende beunruhigt, da wir wahrnehmen, wozu wir körperlich vorherbestimmt sind; andererseits die Befürchtung, daß das Alte und scheinbar Tote doch nicht tot sein könnte und uns verfolgt. Skelette figurieren als die bedrohlichen Symbole der erwähnten Erkenntnis; Geister und Gespenster als ‚Beweise' der gegenteiligen Befürchtung. Im Volksglauben stehen Skelette in dem unterschwelligen Verdacht, sich wiederbeleben und in Gespenster verwandeln zu können, so daß Leben und Tod hier in einem merkwürdigen Schwebezustand gehalten werden. Wir kennen dies aus dem Nervenkitzel der Geisterbahn. Es sind animistische Reste unserer Vorstellungswelt am Werke, die das Tote, Abgestorbene, Verblichene, Verfaulte noch für lebensfähig halten. Weil es dereinst beseelt und belebt gewesen sein muß, fällt der Gedanke schwer, daß es seinen Geist unwiderruflich aufgegeben hat. Doch je ferner sein vormaliges Leben, desto angsteinflößender der Gedanke an seine Wiedererweckung. „Wir kennen den Schauder, den alle unglaublich alten und deshalb wesentlichen Dinge in uns hervorrufen", schreibt Louis Vax.[186] Mit diesem Schauder keimt der Verdacht: An das Alte rühren könnte bedeuten, es heraufbeschwören und ihm ausgeliefert sein. Denn imaginativ verfügt das Alte, das vom Tod entmachtet wurde, noch über eine mysteriöse Macht, die den Tod überdauert. Oft wird ein Fluch angenommen, der auf dem Alten lastet und es nicht ruhen läßt. Rührt man daran, wird Entsetzliches entfesselt. Der Filmklassiker *Der Fluch der Mumie* (1966) exemplifiziert diese tiefsitzende Angst sehr plastisch.

In den Horrorphantasien der Literaten und Filmemacher gibt es – nicht zufällig – zwei etablierte Motive, die die Berührung mit dem Alten herstellen: das Motiv des Antiquars, der mit den ‚verfaulten' Dingen der Vergangenheit einen dubiosen Kommerz betreibt, und das des Archäologen, der Vergrabenes, längst Ruhendes offenlegt und damit ein Tabu bricht oder ein Sakrileg begeht. Stephen King verwendet das erste Motiv in *Brennen muß Salem* (1975), William Blatty benutzt das zweite in *Der Exorzist* (1971) – hier wie dort ist das Motiv gekoppelt mit dem Archetyp des Bösen. Nicht zufällig ist schon die Gruselliteratur des späten 18. Jahrhunderts vom Thema einer Gefährdung der (neuen) bürgerlichen Welt durch die (alten) Vertreter des entmachteten Adels beherrscht. Rachsüchtig treiben die Alten sich als geisterhafte Wesen in den Ruinen ihrer verfallenen Schlösser herum und sinnen auf Restitution ihrer Herrschaft. Es bedarf indes keiner ausgedienten Gespensterklamotten, um die Vitalität dieses Archetyps zu zeigen. Auch Regressionen unter dem Einfluß von Wahn, Hypnose oder Drogen sind imstande, das Alte (Paläopsychische) im Neuen (Neopsychischen) so zu

---

[186] Vax (1974), S. 26.

reaktivieren, daß Mumien und Monstren gewissermaßen in ihre alten Rechte eintreten. Dann ist der Spott vorbei, und der Effekt kann ein Grauen sein, das den Weg in eine psychiatrische Anstalt vorzeichnet.

Ein weiteres Grundmuster angstmachender Erfahrung ist die Konfrontation mit dem Fremden, Unbekannten. „Grauen und das Unbekannte oder Seltsame sind stets eng miteinander verknüpft", sagt H. P. Lovecraft, „so daß es schwer fällt, die Zerschlagung von Naturgesetzen oder kosmische Fremdartigkeit oder ‚das Außenseitige' überzeugend zu schildern, ohne das Gefühl der Furcht hervorzurufen."[187] Es kann sich sowohl um fremde Wesen oder Lebensformen als auch um unbekannte Regionen oder Territorien (evtl. deren Kombination) handeln. Hier kommt es freilich ganz entscheidend auf die relative Distanz zu den Angstobjekten an, ob die Erfahrung oder Anschauung des Fremden angsteinflößend wirkt oder nicht. Längst nicht alles, was fremd oder unbekannt erscheint, macht uns Angst, und ein überstrapaziertes Motiv hört irgendwann auf, Fremdheit von Erscheinungen noch in Schrecklichkeit unserer Reaktionen zu überführen. Es müssen bestimmte Bedingungen erfüllt sein, damit der Affekt sich regt. Es müssen die gewohnten Koordinaten unserer Lebenswelt beträchtlich erschüttert sein, bevor die Reaktion erfolgt. „Das Fremde ist das", schreibt Baumann, „mit dem wir nichts gemeinsam haben und mit dem etwas zu teilen wir uns nicht vorstellen können und wollen. [...] Je weiter etwas – evolutionär – von uns entfernt ist, um so schwerer fällt uns bereits seine nachvollziehende Beschreibung. Das Grauenerregende [am Fremden] ist auch deshalb entsetzlich, weil uns die Begriffe fehlen, es zu erfassen."[188]

Danach ist das Fremdartigste, das uns begegnet, dasjenige, mit dem uns keinerlei Verwandtschaft verbindet und das infolgedessen unser Selbstbild erschüttert. Der Grund dafür: Unsere Wahrnehmung der Beschaffenheit dieser Welt ist stark anthropozentrisch, die meisten vorgestellten Formen sind anthropomorph. Das Fremde führt, damit es begreifbar bleibt, zu dessen Konstruktion aus vertrauten Elementen. Die Götter- und Dämonenbilder aus den Mythologien der Völker zeigen dieses Bedürfnis recht deutlich; es handelt sich fast immer um in bestimmter Weise erhöhte oder erniedrigte Menschen, wobei fremde Götter regelmäßig zu einheimischen Dämonen erniedrigt werden. Der verbildlichte Satan sieht durch die Vermengung der menschlichen mit tierischer Physiognomie furchterregend aus, dennoch wird sein Wesen durch die Verbildlichung ‚domestiziert'. Es erscheint in animalisierter Menschengestalt, und diese läßt sich (wie Mephisto in den meisten modernen *Faust*-Inszenierungen) fortschreitend ‚humanisieren'. Wird uns solche Möglichkeit aber verweigert, resultiert ei-

---
187 Lovecraft (1989), S. 255.
188 Baumann (1989), S. 294.

ne starke Verunsicherung. Die bekannten, inzwischen auf fünf Folgen angewachsenen *Alien*-Filme (1979 ff.) spielen virtuos auf der Klaviatur solcher Verunsicherung. Der gewählte Titel ist bereits psychologisches Programm: Die menschlichen Akteure fürchten dort das Fremde, ein extraterrestrisches Ungeheuer, weil sie in seiner Gegenwart auf keine eingeübten Verhaltens- und Kommunikationsformen zurückgreifen können. Die Vorstellung fällt von vornherein schwer, die fremde Kreatur könnte freundliche Gesinnung zeigen oder eine menschliche Sprache sprechen oder humane Begriffe von Moral besitzen. Dazu ist sie zu fremd, und ihre Fremdartigkeit wird sofort in Facetten der Feindseligkeit, Bedrohlichkeit, Entsetzlichkeit übersetzt. Das absolut Fremde kann nur in einer absoluten Gegenwelt existieren, deren Spielregeln unbekannt sind und die deshalb notwendig inhuman erscheint. Dieser Mangel an einem gemeinsamen Weltbild versetzt uns in einen Zustand quälender Spannung.

Dunkelheit ist ein Sammelbegriff für alles, was uns durch seine Ungeordnetheit, Unbestimmtheit und Konturlosigkeit in Angst zu versetzen vermag. Nacht, Dunkel, Finsternis haben negative psychische und moralische Konnotationen. Sie evozieren das Chaos vor der Schöpfung, die schreckliche Schwärze vor dem tröstenden Licht. Sie symbolisieren die düstere ‚Realität' des Schattenreiches der Toten. Sie beherbergen die Kreaturen der Nacht, jene gefährliche Brut der Vampire, Lamien, Werwölfe, die entweder selbst Dämonen sind oder in dämonischen Diensten stehen. Der Archetypus ist *pavor noctis*, die Furcht vor der Nacht, die ein uraltes phylogenetisches Erbe darstellt, das sich mit jedem Individuum ontogenetisch erneuert. Wenn wir uns als Erwachsene auch unbeeinträchtigt davon wähnen, wir brauchen nur unsere Kindheit in Erinnerung zu rufen, um das beklemmende Gefühl zu gewärtigen. Dabei ist es ist nicht so sehr die Unsicherheit, die sich durch das perzeptuelle Problem des Nicht-sehen-Könnens ergibt, als vielmehr die Objektlosigkeit einer Angst, die im Dunkeln *alles* vermutet, aber *nichts* registriert, und die deshalb keinerlei Anhaltspunkte für ihre Ursachen hat. Die Finsternis steht in der Phantasie der Menschen im ständigen Verdacht, mit dem Grauen schwanger zu gehen und es im nächsten Augenblick unheilspeiend vor unseren Augen zu gebären. Sehr wirkungsvoll wird dies von William Golding in seinem bekannten, mehrfach verfilmten Roman *Herr der Fliegen* (1954) dramatisiert, wo es die Dunkelheit ist, die im Gemüt einer Schar Jugendlicher nicht nur die Saat der Angst sät, sondern eine ganze Palette primitiver Affekte auf den Plan ruft. Haben wir auch den Aberglauben an Gespenster, Dämonen und Co. abgelegt – es bleibt der gänzlich vage, aber umso beunruhigendere Eindruck, daß im Schutz der Dunkelheit etwas unvorstellbar Entsetzliches lauern könnte, das uns verfolgt. Und es ist das ungute Gefühl, daß für seine Erfassung kein Sensorium und für die Einschätzung seiner Gefährlichkeit kein

Bezugssystem zur Verfügung steht, das unsere Nerven strapaziert. In der Dunkelheit können wir unseren eigenen Standpunkt nicht definieren und deshalb auch nicht bestimmen, aus welcher Richtung das Unheil naht. Wir wähnen es allgegenwärtig, obwohl es gar nicht überall sein kann. Wir fühlen es auf uns lauern, obwohl wir wissen, das Dunkel *per se* hegt keine böse Absicht. Wir vermeinen, Bewegung, Schatten, Gestalten, Fratzen wahrzunehmen, obwohl im Dunkeln nichts wahrnehmbar ist. Wir spüren, etwas greift nach uns, obwohl kein körperlicher Kontakt stattfindet. Die Finsternis, die uns umschließt, können wir mit allem anreichern, was unsere archaische Phantasie aufzubieten imstande ist, doch zugleich bleibt sie seltsam gegenstandslos und ungreifbar. Sie ist ein fruchtbarer Schoß für die Hervorbringung der entsetzlichsten ‚Mißgeburten' unserer Vorstellung, aber für unsere Erkenntnis ist sie steril und leer.

Psychologisch verbündet mit der Dunkelheit ist die Leere, doch als Archetyp fügt sie der Angst eine eigene Facette hinzu. *Horror vacui*: Im Gefühl der Leere wird das visuelle Nichts auf alle Sinne ausgedehnt und uns damit sozusagen der Boden unter den Füßen weggezogen. Behalten wir in der äußersten Finsternis wenigstens noch Grund unter den Füßen und können uns, an Gegenständen entlang tastend oder aus Geräuschen Schlüsse ziehend, notdürftig orientieren, verdammt uns die Leere zu einem Dasein im Nichtsein. Da die Leere einer vollständigen sensorischen Deprivation entspricht, kommt sie einem Tod der äußeren Wahrnehmung gleich. Sie wirft den Menschen gänzlich auf sich selbst, auf seine innere Welt, zurück und beraubt ihn der Möglichkeit des vital wichtigen Austausches von Innen und Außen. Ihm fehlt die äußere Welt als *Gegen*stand, d. h. als ein objektives Gegenüber, an dem er sich subjektiv orientieren, messen, erproben, aufrichten, entwickeln kann. Zwar gibt es, physikalisch gesehen, keine absolute Leere, ebensowenig wie es, philosophisch gesehen, das totale Nichts gibt; aber imaginativ ist es uns möglich, einen Zustand heraufzubeschwören, in dem – wie z. B. in Ken Russells Film *Der Höllentrip* (1980) – die Wahrnehmung aller Objekte und das Bewußtsein aller Inhalte beraubt erscheinen. In diesem Film erlebt der Protagonist den Verlust des Selbst im Chaos des Nichts, und solche Erfahrung wirkt „höllisch"; denn: „Die Leere offenbart die absolute Bezugslosigkeit des Menschen und ist als solche weder verbal wiederzugeben noch visuell darzustellen. Nur das Subjekt in seiner völlig auf sich selbst zurückgeworfenen Reflexion bleibt als Gegenstand übrig; hier gibt es weder Anfang noch Ende, weder Richtung noch Veränderung. ... die Leere ist als Bedrohung unmittelbar mit sich selbst identisch."[189]

---

[189] Baumann (1989), S. 298

Ob diese Archetypen effektiv die Grundformen bilden, aus denen sich sämtliche Angstphänomene ableiten lassen, sei dahingestellt. Es gibt weitere, wiederkehrende Themen und Motive mit gut begründbarer Eigenständigkeit, die eventuell dazu zwingen, die fünf Typen zu erweitern. Zu denken ist beispielsweise an die Angst vor dem unerkannten Aggressor oder die Angst vor dem Eingeschlossensein in Räumen ohne Ausgang, ebenso die Angst vor dem Verlust der Orientierung (in labyrinthischen Gebäuden oder undurchdringlichen Wäldern), die Angst vor unheimlichen („verwunschenen") Orten, die Angst vor apokalyptischer Zerstörung der Welt, die Angst vor Ich- und Kontrollverlust bei bevorstehendem Sturz in den Wahn, die Angst vor der ‚Gefährlichkeit'', sprich Unergründbarkeit des anderen Geschlechts. Diese Ängste sind sämtlich uralt (gleichwohl noch virulent); wohingegen wir relativ ‚moderne' Quellen der Angst in den Übergriffen totalitärer Staatsmacht finden oder in den Anschlägen fanatischer Agenten politischen Terrors, in den Systemen einer strangulierenden Bürokratie, den destruktiven Folgen von Transgressionen in Wissenschaft und Technik, der galoppierenden Umweltzerstörung durch Gifte und Raubbau, im schwebenden Damoklesschwert atomarer Vernichtung, in den weltweit wieder grassierenden Epidemien, den verheerenden Ausbrüchen von rassistisch motiviertem Völkermord. Solche Erscheinungen fügen den bekannten Mustern der Angst neue Komponenten hinzu und relativieren notwendig das Archetypische älterer Phänomene. Die Geschichte verändert nicht die psychische Struktur des Affektes, aber sie verschafft ihm andere Objekte und neue Anlässe.

Man kann also die Frage stellen, welche ‚Existenzberechtigung' die Archetypen des Grauens in einer Welt haben, in der die Angstquellen sich beobachtbar verlagern. Sie scheinen irgendwie falsch fokussiert, denn es fehlt ihnen offenkundig an Aktualität. Die kollektiven Sorgen der Menschheit sind mittlerweile andere geworden, also müßte die Phänomenologie der Angst eine andere sein. Gegen diesen an sich plausiblen Gedanken läßt sich zweierlei einwenden: Einerseits sind die Archetypen durch die Psychogenese der Menschheit präformierte Erfahrungsmuster, die sich durch eine spezifische Struktur, weniger durch spezifische Inhalte auszeichnen. Archetypen sind inhaltlich neutrale Erlebnis- und Reaktionsmuster, und ihre inhaltliche Anpassung an die zeitgenössische Welt bedarf gesonderter Untersuchung. So stellte Siegfried Kracauer schon vor einem halben Jahrhundert fest: „Das Frankenstein-Monster der Vergangenheit ließ uns im ersten Augenblick erschauern, aber das Monstrum unserer Zeit kann unerkannt unter uns leben. Das Böse zeichnet nicht mehr das Gesicht eines Menschen... . Dunkle Verschwörungen werden in unserer Nähe ausgebrütet, innerhalb einer als normal erachteten Welt kann plötzlich der Nachbar sich in ein

Ungeheuer verwandeln."[190] Hier sind ohne Zweifel Verlagerungen im Spiel, die veränderten geschichtlichen Erfahrungen entsprechen. Andererseits ist zu berücksichtigen, daß archaisch angelegte Reaktionsmuster beharrlich sind und daß diese Tatsache zu Diskrepanzen zwischen archaischen Programmen und aktuellen Nöten führen kann. Ängste können durchaus dysfunktional sein. Wenn jemand sich vor der Dunkelheit fürchtet, vor der Umweltzerstörung aber nicht, beweist dies die Dysfunktionalität von älteren Programmen und jüngerem Wissen, es markiert eine Kluft zwischen konkreter sinnlicher Wahrnehmung und (relativ) abstrakter Erkenntnis. Durch letztere wird, zumal wenn sie schleichend und fern der eigenen Anschauung geschieht, emotional nichts oder wenig ausgelöst. Dementsprechend kann auch der mediale Horror dysfunktional sein. Seine Autoren greifen mit Vorliebe auf bewährte Motive zurück, die sie nur sehr vorsichtig variieren. Die Horror-Geschichten sind – ebenso wie die psychischen Bedürfnisse, die sie bedienen – konservativ. Denn der gattungstypische Nervenkitzel, den sie hervorzurufen bestrebt sind, darf nicht dadurch gefährdet werden, daß Motive eingreifen, die eher dem politischen oder psychologischen Realismus als dem Horror zuzurechnen sind. Die ‚neuen' Ängste sind offenbar zu ernst, vielleicht auch zu kompliziert, um sie in jenem Bezirk anzusiedeln, wo das ‚alte' Gruseln seine Vorherrschaft behauptet.

In einem interessanten Beitrag zur Psychoanalyse der Angst spekuliert Sigmund Freud über die seelischen Hintergründe unseres Gefühls gegenüber dem, was er „das Unheimliche" nennt.[191] In seiner Wortverwendung dient das Unheimliche als Sammelbegriff für alles, was uns nicht geheuer vorkommt, das Gegenteil des Heimlichen (= Heimeligen), d. h. des uns Bekannten, Vertrauten. Es deckt sich also tendenziell mit dem Archetyp des Fremden, Freud unterwirft es allerdings einer besonderen Rationalisierung. Wie kann, so fragt er, in einer Welt, die vom Licht der Aufklärung erhellt, von den Erkenntnissen der Wissenschaft bestimmt, von der Rationalität des Menschen organisiert ist, dieses spukhaft Unheimliche uns überhaupt noch berühren? Woher dieses ungute, unbegründete Gefühl, das uns seelisch zu schaffen macht? Seine Antwort verweist auf Bedingungen der Phylogenese, die, obwohl als solche nicht mehr gegeben, in der Psyche nachwirken und uns zu seelischen Erben unserer eigenen Gattungsgeschichte machen. Im Gefühl des Unheimlichen aktivieren sich Mechanismen aus animistischer Frühzeit, als vom Bewußtsein keine Unterscheidung von Geistigem und Materiellem, Organischem und Anorganischem vorgenommen und die gesamte Welt als beseelt angesehen wurde: die Bäume, Steine, Gewässer, der Wind, das

---
190 Kracauer (1974), S. 28
191 Freud (1940b), *G.W.* Bd. 12, S. 229–268.

Feuer, die Gestirne, die als reine Objekte gar nicht existierten. Wie oben im Kapitel über Magie bereits erwähnt: die Dinge waren identisch mit den Geisteskräften, die als ihnen innewohnend aufgefaßt wurden und sie mit jeweils eigenem Vermögen ausstatteten. Dadurch erschienen sie personalisiert, im Besitz von eigenem Willen und eigener Macht. In der spontanen, unbewußten Reaktivierung des entsprechenden Lebensgefühls sieht Freud nun den Grund für die Anwandlungen, welche uns die Welt zuweilen „unheimlich" erscheinen läßt: „Heute glauben wir nicht mehr daran, wir haben diese Denkweise *überwunden,* aber wir fühlen uns dieser neuen Überzeugungen nicht ganz sicher, die alten leben noch in uns fort und lauern auf Bestätigung. Sowie sich nun etwas in unserem Leben *ereignet,* was diesen alten abgelegten Überzeugungen eine Bestätigung zuzuführen scheint, haben wir das Gefühl des Unheimlichen."[192]

Der Schluß auf die Wirkung eines real Unheimlichen ist demnach ein Trugschluß: das Natürliche, Normale, Bekannte wird, wenn es unter bestimmten, unerwarteten Bedingungen erscheint (ein plötzlicher Schatten, ein nicht identifizierbares Geräusch, eine flüchtige Gestalt, eine mysteriöse Lichtquelle), unwillkürlich mit dem Übernatürlichen assoziiert. Dadurch wird unsere eigene geistige Souveränität in der Wahrnehmung und Deutung von Geschehnissen momentan erschüttert. Die Welt erlangt eine neue (alte) Qualität, wodurch die Grenze zwischen Wirklichkeit und Phantasie verwischt und sich Gefühle des Unheimlichen einstellen. Die Psyche wird rückfällig, sie ist vorübergehend das Opfer von Denk- und Erlebnisweisen, die sie eigentlich überwunden hat – aber eben nicht ganz. Freud behauptet, „das Unheimliche sei jene Art des Schreckhaften, welches auf das Altbekannte, Längstvertraute zurückgeht",[193] das wir jedoch so verdrängt haben, daß es uns nicht mehr geläufig ist. Kehrt es nun unter veränderten Umständen wieder, macht es uns Angst, denn obwohl vertraut, besitzt es keinen vertrauten Kontext mehr, da das dazugehörige Lebensgefühl *in toto* nicht mehr existiert. Für das aufgeklärte Bewußtsein ist die Reaktion auf das Unheimliche also ein atavistischer Lapsus, der psychogenetisch unsere beschränkte Lernfähigkeit reflektiert. Die davon evozierte Angst ist, genau genommen, überflüssig, eine unnötige Erregung. Aber, wie Freud auch wußte: „Die ... erregende Wirkung mancher an sich unlustigen Affekte, des Ängstigens, Schauderns, Grausens erhält sich bei einer großen Anzahl Menschen auch durchs reife Leben und ist wohl die Erklärung dafür, daß so viele Personen der Gelegenheit zu solchen Sensationen nachjagen, wenn nur gewisse Nebenumstände (die Angehörigkeit zu einer Scheinwelt, Lektüre, Theater) den Ernst der

---

192 Ebd., S. 262.
193 Ebd., S. 231.

Unlustempfindung dämpfen"[194] Ob uns diese These überzeugt oder nicht – Freud führt uns an die Nahtstelle der Phänomene, wo Angst und Horror aufeinandertreffen und das befremdliche Faktum begegnet, daß Angst unter den Bedingungen des Horrors vergnüglich wirkt. Er benutzt den Terminus „Horror" nicht, aber er meint mit „Scheinwelt, Lektüre, Theater" jene seltsame Spielwiese der Kultur, wo die Angst gepflegt, ihre Phantasiewelt genossen wird und Menschen Sensationen nachjagen, vor denen sie normalerweise fliehen. Wenn wir Angstobjekte gewöhnlich meiden, weil sie von einer Aura des Todes umgeben sind und ungute Gefühle wecken, ist auf den ersten Blick schwer verständlich, weshalb es das populäre Kulturphänomen Horror gibt, das nicht wenigen Zeitgenossen zur Unterhaltung dient. Wer wollte sich präfabrizierten, medialisierten Phantasien aussetzen, die, wenn sie wie die eigenen wären, Widerwillen erzeugen und Abwehrreaktionen auslösen würden? Wer möchte die eigene Erlebniswelt, das Innen, mit Dingen anreichern, die zugestandenermaßen so häßlich, grotesk, ekelhaft, schrecklich, gefährlich, mörderisch sind, daß sie zur Schonung der Nerven und Wahrung des Seelenfriedens besser draußen blieben? Wieso kann Angst zu einem Spiel werden, wenn ihre psychosozialen Symptome doch viel zu ernst sind, um sich auf mysteriöse Weise in Lust zu verwandeln? – Eine Antwort darauf muß zwei Aspekte berücksichtigen:

1. Die Polarität zwischen Ängsten und Wünschen, negativen und positiven Affekten, ist nicht so radikal, die Spaltung unserer Gefühlswelt nicht so eindeutig, daß die beiden Seiten einander in der konkreten Erfahrung notwendig ausschlössen. Die Angstobjekte, seien sie real oder eingebildet, sind nicht samt und sonders so abschreckend, daß sie unvermeidbar Aversionen auslösen. Folglich sind auch die Angstphantasien, ob nun archetypisch fundiert oder anders strukturiert, nicht unbedingt so wirkungsmächtig, daß sie in jedem Fall Vermeidungsstrategien auf den Plan rufen. Im seelischen Zustand der Faszination tritt eine Gefühlslage auf, die, Angst mit Lust vermischend, zur Angstlust wird.[195] Hier gehen das Schreckliche und das Vergnügliche eine merkwürdige Symbiose ein, die der durchlaufenen Erfahrung ihre Eindeutigkeit nimmt und dem Zweideutigen einen besonderen Reiz verschafft. Hier befinden sich zwei konträre Impulse – der Impuls, zurückweichen zu wollen, gegenüber dem Impuls, angezogen zu werden – in der Schwebe und setzen das normale aversive Reaktionsmuster außer Kraft. Im Zustand der Angstlust wird der Mensch von Angstobjekten, genauer: Angstlustobjekten, zugleich abgestoßen und gefesselt; wobei die Dynamik des inneren Vorgangs normalerweise so ist, daß das Gefesseltsein gegenüber dem Abgestoßenwerden die Oberhand behält: Wir schauen hin, auch wenn wir wissen, daß

---
194 Freud (1942b), in *G. W.* Bd. 5, S. 104 f.
195 S. dazu Balint (1972).

wir wegschauen sollten; wir nehmen emotional Teil, auch wenn gegenteilige Gefühle uns sagen, daß wir uns ‚ausklinken' sollten; wir verharren am Ort, auch wenn wir Signale empfangen, die uns zur Flucht raten.

Man kann darüber disputieren, ob es gut für den Menschen ist, seine eigene Zwiespältigkeit so zu erleben und womöglich noch auszukosten. Doch da er von der Evolution in dieser Weise ausgestattet wurde, wäre ein solcher Disput recht müßig. Wahrscheinlich ist das Phänomen der Angstlust eine anthropologische Konstante, deren Funktion zwar einigermaßen rätselhaft erscheint, deren Ambivalenz jedoch zweifelsfrei gegeben ist. Der eigentümliche Schauer, den wir Heutigen zum Beispiel als Gaffer bei einem spektakulär blutigen Verkehrsunfall erleben, ist wesensmäßig der gleiche, den frühere Zeugen zum Beispiel beim Anblick von Enthauptungen, Pfählungen, Kreuzigungen, Gemetzel verspürten – der perverse Reiz des Schrecklichen, Blutigen, Brutalen.[196] Dies gilt sogar für sakrale Zusammenhänge. Die Phänomenologie der Religion lehrt: Das Sakrale kam selten ohne das Grausame aus, und Grausamkeit und Grauen haben eine gemeinsame sprachliche Wurzel. Zum Beispiel: Für gläubige Christen erweckt der Erlöser am Kreuz ohne Zweifel Mitleid, wohl auch Dankbarkeit und Erlösungssehnsucht; aber gleichzeitig beweist die abendländische Kunst mit ihrem z. T. hingebungsvollen Naturalismus in der Wiedergabe der Kreuzigungs- szene, daß hier noch andere Affekte im Spiel sind. Baumann schreibt. „Wir sind in eine Kultur hineingeboren worden, die bis in ihre Fundamente vom Blut des christlichen Religionsgründers durchtränkt ist und die nur allzu offenkundig nicht mit dem Widerspruch zurechtkommt, einerseits das Gebot der Nächstenliebe realisieren zu sollen und andererseits an einen Gott zu glauben, der zur Gewährung von Gnade mit einem Menschenopfer besänftigt werden mußte. Überdeutliches Symbol dieses Zwiespaltes ist das Symbol dieser Religion: nicht der heilsam wirkende lebende Jesus ..., sondern die an einem altertümlichen Hinrichtungsinstrument angenagelte, gefolterte und geschlachtete, blutüberströmte Leiche."[197] In der Tat: das Kreuz ist das Schlüsselsymbol des Christentums, am Kreuz vollzieht sich die Agonie des Erlösers, daran klebt sein Blut, und damit assoziiert sich die unerhörte Grausamkeit der Vollstrecker. Eine ganze Palette von Gefühlen kommt hier ins Spiel. Auf dieser Palette sind die evolutionspsychologisch jüngeren Affekte die des Mitleids, der Hoffnung, der Heils- erwartung, die älteren die des lustvollen Schauderns und angstvollen Genießens. Beim fasziniert Schauenden wird das Jüngere zur Beute des Älteren, und beide Gefühlslagen verquicken sich auf eine Weise, die psychisch fesselt. Er kann sich vom Faszinosum des barbarischen Blutopfers nicht lösen.

---

196 Vgl. Hartwig (1986).
197 Baumann (1989), S. 37.

2. Horror als Kunst- und Kulturphänomen treibt ein kalkuliertes Spiel mit dieser Zwiespältigkeit menschlicher Gefühle – und zwar in besonderer, das Grauen legitimierender und die Angst domestizierender Weise. Es stellt die Phänomene in einen künstlich geschaffenen Rahmen, der sie – bis zu einem bestimmten Grad – neutralisiert, sie psychisch ‚unschädlich' macht. Hier werden die Archetypen des Grauens gewissermaßen an die kurze Leine genommen. Einerseits haben die Schöpfer von Horrorliteratur und -film zwar durch allerlei Kunstgriffe die Möglichkeit, angsteinflößende Situationen zu schaffen, welche die der Lebenswelt an Schrecklichkeit dramatisch übertreffen, andererseits können sie auf ein informiertes Publikum rechnen, das die Schrecklichkeit selten vom Bewußtsein ihrer Künstlichkeit so weit abkoppelt, daß der Horror als real empfunden wird und seelisch durchdringt. Das Publikum weiß vorab, worauf es sich einläßt, denn im Regelfall kennt es die Konventionen der Gattung.

Das Vergnügen am Horror gründet auf der psychischen Funktion jener Angstlust, die auch gegenüber realen Angstobjekten im Spiel sein kann, wird in seinem Lustanteil jedoch dadurch intensiviert, daß das Wissen um die Fiktionalität des Erlebten als ein besonderer Mechanismus eingreift. Dieser Mechanismus – das gespeicherte, unterschwellig wirksame Wissen: „Ich lasse mich unterhalten, ich bin nicht involviert, das Ungeheuer kann mir nichts anhaben." – schützt unter normalen Umständen den Leser/Zuschauer/Betrachter vor einer Verwechslung von Wirklichkeit und Fiktion und wirkt auch dann schützend, wenn die ausgelösten Gefühle sehr heftig sind. Spontanes Kreischen, nervöses Zittern oder beschleunigter Pulsschlag beim Anschauen eines Horror-Films sind nicht ungewöhnlich, aber als Symptome der Erregung sind sie nur bedingt identisch mit lebensweltlichen Reaktionen auf Angst und Schrecken.

In Kunsttheorie und Rezeptionspsychologie ist in diesem Zusammenhang oft von „ästhetischer Distanz" die Rede. Gemeint ist ein Regulativ, das die Subjekt-Objekt-Beziehung bestimmt und dafür sorgt, daß ein Subjekt nicht vom ästhetischen Objekt überrumpelt wird, weil es dessen Künstlichkeit nicht durchschaut. Durch die Medialisierung/Fiktionalisierung von Horror wird zwar einerseits die Illusion geschaffen, an Angstphantasien zu partizipieren; andererseits aber auch eine Distanz aufgebaut, die die Phantasien eher zu Objekten der Anschauung als zu Vorgängen eigener Erfahrung macht. Diejenigen, die in Produkten der Gattung Horror Schlimmes erleiden, sind die vom Autor geschaffenen Figuren, nicht die von ihm gebannten Leser oder Zuschauer, denn diese erleben nur mittelbar, was den Figuren unmittelbar zugemutet wird. Die Figuren haben es mit Erscheinungen des Grauens zu tun, die Leser/Zuschauer mit deren Darstellungen. Im Unterschied zu ersteren haben letztere immer die Möglichkeit, ihr Buch zuzuklappen, das Kino zu verlassen oder den Videorecorder abzuschalten.

Indes – ganz so eindeutig sind die Zusammenhänge auch wiederum nicht. Denn: Die Subjekt-Objekt-Trennung, die rational kontrolliert wird, kann unter Umständen zusammenbrechen, die Distanz dadurch schwinden. Denn diese basiert auf einer von intellektuellen Kräften aufrechterhaltenen mentalen Reserve, die verhindert, daß die im Kunstgenuß entbundenen emotionalen Kräfte selbstmächtig oder tyrannisch werden. Sie arbeitet im Dienst einer permanent eingeschalteten, wenn auch nicht bewußten, Realitätsprüfung. Wenn nun die kommunikationspsychologischen Bedingungen der Rezeption von Horror so sind, daß auf der Objektseite eine außergewöhnliche Wirkungsmacht entfaltet wird, während auf der Subjektseite eine besonders hohe Empfänglichkeit für Ängste gegeben ist, kann die Welt des Objekts in die Welt des Subjekts ‚einbrechen'. Dann werden die Torwächter rationaler Kontrolle überrumpelt, außer Gefecht gesetzt, und der äußere Horror wird zum inneren Terror. Naiven, emotional labilen, psychisch belasteten oder fanatisch interessierten Rezipienten kann es widerfahren, daß sie keine Abwehr aufbauen können, wenn mächtige, von außen kommende Impulse auf eine nicht vorhandene oder wenig wirksame Realitätsprüfungsinstanz im Innern stoßen. Ihr eigenes Ich erweist sich dann als zu schwach, um die Leine, an denen die Archetypen des Grauens geführt werden, so kurz zu halten, daß sie unter Kontrolle bleiben. Es kommt zu nervlichen Überbelastungen, seelischen Störungen oder weltanschaulichen Verunsicherungen – Konfusion im buchstäblichen Sinne des Wortes.[198] Im Extremfall kommt es zu Nachahmungstaten, dem sogenannten Copycat-Syndrom, wenn das eigene Verhalten sich zum Imitat einer fremden, sprich fiktionalen Welt ummodelt.[199] Der Horror überschreitet den Rahmen seiner eigenen Konventionen und wird im Bewußtsein des Rezipienten real.

2.5 Das barbarische Erbe: Gewaltphantasien

Daß der Mensch ein der Gewaltanwendung fähiges und zur Gewaltausübung neigendes Wesen ist und diesen konfliktträchtigen Wesenszug vermutlich auf lange Zeit, wenn nicht auf Dauer, behalten wird – daran konnten jahrtausendelange Bemühungen um Menschenbildung und Gesellschaftsentwicklung erschreckend wenig ändern. Die Erkenntnis ist unbequem, aber unabweisbar: Die sich zivilisiert dünkende Menschheit ist stets nur eine Generation von der Barba-

---

198 Von lat. *confusio* = Zusammenguß, Vermischung, Verschmelzung
199 Vgl. Heuermann u. Kuzina (1995), S. 102 ff.

rei entfernt, denn jedes neu geborene Exemplar der Gattung trägt als Erbe der Evolution den potentiellen Barbaren in sich, den es jederzeit ‚von der Kette lassen' kann. Ob und wann und wie dieser hervortritt, ist von Unwägbarkeiten abhängig, die überhaupt keiner verläßlichen Prognose zugänglich sind. Über die weitere Entwicklung der Menschheit im Sinne ihrer (moralischen) Höherentwicklung gibt es interessante Hypothesen,[200] doch dürfte der evolutionäre Prozeß, falls sein Verlauf das Gewaltpotential des Menschen tatsächlich eindämmen oder gar zum Verschwinden bringen sollte, so langfristig angelegt sein, daß die zeitgenössische Gesellschaft daraus keinen allgemeinen Nutzen zieht. Bis auf weiteres gilt: Der *homo sapiens* ist, als Teil seiner psychogenetischen Ausstattung, ein *homo violentus*. Moralische, pädagogische, religiöse Appelle richten wenig aus, und rechtliche Prinzipien verhindern gar nichts, wenn die Körperchemie brodelt, die Nerven vibrieren und die Leidenschaften flackern. Die zerebrale und hormonelle Konstitution des Menschen ist so beschaffen, daß im Stammhirn uralte Mechanismen programmiert sind, die Aggression auf der Palette wählbarer Optionen haben. Flucht oder Angriff war seit jeher die lebensrettende Alternative des Menschen, wenn er sich in Bedrängnis sah, Gewaltanwendung stets ein (vermeintlich) kurzer Weg zu Problemlösungen. Die entsprechenden Impulse heute abschaffen zu wollen, sie in der Gegenwartsgesellschaft immer und überall unter Kontrolle zu halten, stellt eine Überforderung der für Kontrolle zuständigen ‚höheren' Funktionsbereiche des Gehirns dar. Weder ist der Verstand dazu in der Lage noch wäre der Organismus sonderlich gut beraten, jede Konfliktsituation rein verstandesmäßig bereinigen zu wollen. Allzu oft würde er sich damit zum Scheitern verurteilen.

Es gibt kein probates Kulturrezept, das geeignet wäre, den Menschen vor Gewaltanwendungen zu bewahren, ebensowenig wie umgekehrt ein ‚hartes' Naturgesetz besteht, das den Menschen zur Gewalt verdammt. Friedfertigkeit und Gewalttätigkeit sind zwei Verhaltens*möglichkeiten* aus dem Gesamtrepertoire engrammatisch gespeicherter Verhaltensmuster, das durch das Zusammenwirken von Natur und Kultur entstanden ist. Wir können die Natur in uns nicht abschaffen, wir können nur versuchen, sie durch Kultur zu ‚veredeln'. Es ist auch hier das äußerst variable und komplizierte Zusammenspiel von Mensch und Welt, Innen und Außen, das über die Bedingungen von Friedfertigkeit oder Gewalttätigkeit befindet. Es ist auch hier eine Frage der gegebenen sozialkulturellen Lagerung, ob die Disposition im Innenbezirk der Phantasie verbleibt oder die Schwelle zum Außen überschreitet und sich dort ‚austobt'. Gewaltphantasien können die Vorstufe zu Gewalttaten sein, müssen es aber nicht. Ebenso können sie die Vorstufe zu kulturellen Objektivierungen sein, müssen es aber nicht. Der

---

200 S. dazu Kap. 3.2, S. 319 ff.

auflodernde Affekt hat vier Grundmöglichkeiten, sich mitzuteilen – in

- reiner Phantasie (einschließlich der Träume);
- aggressiver Verbalisierung (einschließlich violenter Gebärden);
- gewalttätiger Handlung (einschließlich deren Versprachlichung);
- sublimierter Verarbeitung (in Kunst, Literatur etc.).

In allen Fällen kann er sowohl Wünsche als auch Ängste mobilisieren, nach Lustbefriedigung drängen und gleichzeitig schaudernd zurückweichen. Die affektive Basis der Gewalt, ob bloß phantasiert oder brachial ins Werk gesetzt, ist bivalent. Nicht zufällig ist die Rede von „Gewaltorgien", wenn der Blutrausch Menschen überkommt und sie zu Gefangenen blind-animalischer Lüste macht. Nicht zufällig besitzt Blut andererseits einen hohen negativen Affektbetrag, besonders wenn das Erzverbrechen des Mordes damit assoziiert wird und archaische Ängste nährt. Das Kainsmal wirkt abschreckend. Indes: Ein Mensch kann versuchen, seinen Lebenswandel so einzurichten, daß er Gewaltverzicht zum heiligen Prinzip erhebt, und lange damit Erfolg haben – bis zu dem Zeitpunkt, da ‚die Sicherungen durchbrennen' und Gewalt unvermutet sein Verhalten lenkt.

Im Umgang mit dem schwierigen Phänomen bleibt uns eine beunruhigende Erkenntnis nicht erspart: Während die äußere Wirkung der Gewalt normalerweise destruktiv in Erscheinung tritt[201] und gesellschaftliche Sanktionen auf den Plan ruft, kann die innere Wirkung durchaus kreativ oder regenerativ sein. Sofern sie nicht selbstzerstörerisch ausgerichtet ist, kann sie den Menschen – psychologisch gesehen – aufrichten, ihn befreien, läutern und entlasten, auch wenn sie ihn – moralisch und juristisch gesehen – verdammt. Sie kann unter Umständen den Effekt eines Reinigungsritus oder Exorzismus annehmen, wenn ein belastender Gefühlsstau im Gewaltakt plötzliche Entlastung findet. Triebabfuhr heißt der Vorgang, der ein Zuviel an aufgestauter Energie zur Eruption bringt. Affekthandlung heißt die Verhaltensweise, die Zorn, Eifersucht, Haß u. dgl. in zerstörerische Akte umwandelt und dem Zerstörer (momentane) Erleichterung verschafft. Gewalt kann eine soziale Situation klären helfen, in der andere Vorgehensweisen keine Aussicht auf Lösung mehr bieten. Der ‚explosive' Charakter von Gewaltakten ähnelt dann dem Effekt der Sprengung des legendären gordischen Knotens, den Alexander der Große mit seinem Schwert durchhieb, nachdem Versuche geduldiger Aufdröselung fehlgeschlagen waren: plötzliche Entzerrung, Bereinigung, Klärung. Bei der Anwendung von revolutionärer Gewalt sind Zerstörung und Befreiung fast regelmäßig zwei Seiten einer Münze. Nimmt

---

[201] Das Problem staatlich monopolisierter Gewalt und deren Zulässigkeit/Unzulässigkeit klammern wir hier aus.

institutionell oder strukturell geübte Gewalt überhand, kann persönlich geübte Gegengewalt das einzige Mittel zur ersehnten Veränderung sein. Der revolutionäre Geist pflegt ein gewalttätiger Geist zu sein, der zuerst utopisch von Umwälzung träumt, sie hernach in Pläne zu fassen sucht und schließlich in Taten umsetzt. Manchmal obsiegt er, manchmal scheitert er, zuweilen kommt es zur Konterrevolution. Dabei ist die Frage der Zulässigkeit oder Unzulässigkeit von Gewalt stets eine Frage dessen, was dem Menschen in einer gegebenen Situation zugemutet werden kann und was nicht. So sehr friedliebende Menschen dies bedauern: es gibt keinen absoluten Maßstab für die Beurteilung (und damit für die Ächtung) von Gewalt. Der Pazifismus ist eine noble, aber nicht sonderlich realistische Einstellung. Selbst der als „Friedensfürst" und „Lamm Gottes" apostrophierte Jesus Christus griff nach neutestamentarischer Überlieferung zu Maßnahmen der Gewalt, als er Händler und Gaukler zornig aus dem Jerusalemer Tempel trieb, und in der gewaltstrotzenden Apokalyptik in beiden Teilen der Bibel wird Gott selbst zum strafenden Gewalttäter stilisiert.[202] Eine gewaltlose Gesellschaft ist ein unerreichbares Ideal, solange die menschliche Gattung die Konstitution behält, die sie hat, und solange soziopolitische Bedingungen existieren, die von bestimmten Individuen oder Gruppen als unerträglich empfunden werden. Findet das Leben wie hinter Kerkermauern statt, oder wird die soziale Wirklichkeit als Labyrinth erfahren, wird sich Gewalt unweigerlich Bahn brechen in dem Versuch, die strangulierenden Verhältnisse zu sprengen. Solange Menschen das Recht für sich in Anspruch nehmen, sich gegen Bedingungen aufzubäumen, die sie als unerträglich empfinden, solange wird es Gewaltakte geben. Solange sie mit einem Repertoire an Affekten ausgestattet sind, zu denen Haß, Eifersucht, Zorn, Verzweiflung, Enttäuschung auf der einen Seite, aber auch Sehnsucht nach Freiheit, Menschenwürde, Selbstverwirklichung auf der anderen zählen, so lange wird es Gewaltphantasien geben. Die Problemlage scheint ironischerweise die zu sein, daß Eindämmung von Gewalt zwar der permanente Imperativ eines jeden Menschen sein sollte, daß damit jedoch eine Norm gesetzt wird, die dem Sein nicht entspricht und um ihre eigene Unrealisierbarkeit weiß. Es gibt ungezählte Situationen in der politischen, kulturellen und sozialen Geschichte, deren markantestes Merkmal gewaltinduzierte oder - begleitete Ereignisse waren. Kriege, Aufstände, Revolutionen, Attentate gehören zur Chronik der Menschheit wie Vulkanausbrüche, Erdbeben, Unwetter zur Geschichte der Natur gehören. Terrorakte, Totschlag, Meuchelmord, Gemetzel, Folter, Vergewaltigung und Selbstverstümmelung liefern unerschöpfliche Motive für Mythen und Märchen, Epen und Dramen, von den sakralen Schriften der großen Religionen ganz zu schweigen – ein ewiges kulturelles Begleitkonzert

---

202 S. dazu Kap. 2.8, S. 292 f.

der tobenden Affekte und heftigen Konflikte, in dem die Gattungen wechseln und die Medien sich modernisieren, die menschlichen Impulse sich jedoch gleich bleiben.

Warum der Mensch über Gewalt phantasiert, seine Phantasien zuweilen nur mental inszeniert, sie manchmal in Taten umsetzt und zu anderen Zeiten in kulturelle Botschaften (Texte, Bilder, Dramen) überträgt – darüber gibt es die verschiedensten Theorien:

Sigmund Freud geht in seinem Spätwerk *Das Unbehagen in der Kultur*[203] von zwei konträren Grundtrieben des Menschen aus, die er unter den Oberbegriffen „Lebenstrieb" (*Eros*) und „Todestrieb" (*Thanatos*) faßte. Sie sind Teile eines allgegenwärtigen und universalen Seinsdualismus in der organischen Welt, und sie sind antagonistisch gelagert. Eros ist die Manifestation eines Drangs nach Lebenserhaltung und -entfaltung, wohingegen der Todestrieb die Manifestation eines Drangs nach Auslöschung, nach Rückkehr zum unbelebten Zustand ist. Lebensfreude ist eine Spende von Eros, Lebensverdruß die Erbschaft von Thanatos. Auf dieser Basis versteht Freud Aggression und Gewalt nicht primär als Reaktion auf äußere Reize oder gesellschaftliche Unterdrückung, sondern als ein auf die destruktiven Triebkomponenten des Menschen zurückzuführendes Urphänomen. Dahinter steht ein regressiver Impuls zum Nicht-sein-wollen, Nichtleben-müssen – Reduktion von Spannungen, Abbau von „Vitaldifferenzen". Der Aggressionstrieb ist ein Abkömmling des Todestriebs, er sucht zu bewerkstelligen, was der Todestrieb ersehnt: Ruhe, Stasis, Nichts. Der Lebenstrieb, der den Sexualtrieb einschließt, aber sich nicht in ihm erschöpft, ist progressiv, will nach vorn, will schöpferisch sein. Der Todestrieb, der den Aggressionstrieb in seinem Dienst hat, ist regressiv, will zurück, will das Leben beenden. Beide führen einen ewigen Kampf gegeneinander, und aus diesem wechselvollen Kampf erwächst die Kultur.

Demgegenüber beschreibt der Freud-Schüler Alfred Adler die Neigung zur Gewalt als einen Sekundärtrieb, ein wesensmäßg reaktives Verhalten, das nur dann ausgelöst wird, wenn die Befriedigung des Primärtriebs (nach Geltung und Macht) verhindert oder obstruiert wird. Insofern deutet Adler Aggressivität letztlich als eine konstruktive, der Selbstbehauptung des Individuums dienende Kraft, deren Hauptfunktion darin besteht, Hindernisse für die Befriedigung primärer Bedürfnisse zu überwinden. Da vor allem Minderwertigkeits- und Angstgefühle den Menschen zu einem kompensatorischen Streben nach Macht, Besitz, Geltung und Vollkommenheit drängen, sind für Adler alle positiven und negativen Kulturleistungen im Endeffekt auf Sublimierung von Aggression zu-

---

203 Freud (1948), *G. W.* Bd. 14, S. 419–506.

rückzuführen. In seinem Hauptwerk *Über den nervösen Charakter*[204] ergänzt Adler seine frühe Theorie des Aggressionstriebs um Begriffe wie „Wille zur Macht" oder „Geltungsstreben" und erklärt Neurosen aus Blockaden dieses Strebens. Gewaltphantasien sind danach Symptome einer neurotischen Störung, verursacht durch Blockaden von Bedürfnisbefriedigung.

Einen wiederum anderen Akzent setzt die amerikanische Psychologin Karen Horney in *Der neurotische Mensch unserer Zeit*[205] Sie erklärt Aggression und Gewalt aus einer Selbstentfremdung des Menschen. Nicht seine triebhafte „Natur", sondern erst eine fehlgeleitete oder gescheiterte Persönlichkeitsentfaltung in der Gesellschaft führt zu aggressiver Erniedrigung von Mitmenschen im Dienst eigener Selbsterhöhung. Stark wettbewerbsorientierte Gesellschaftssysteme wie das US-amerikanische, die auf einem wirtschaftlichen Konkurrenzkampf aller gegen alle beruhen, fördern neurotische Persönlichkeitsstrukturen. Der allgegenwärtige Wettbewerb hat zur Folge, daß zwischen ‚normalen' Bürgern und aggressiven Neurotikern nur noch graduelle Unterschiede bestehen. Gewalt wird fortschreitend zur gesellschaftlichen Norm, ganz gleich ob sich diese in der Vorstellungswelt, in der Sprache, im familialen/sozialen Umfeld, im Wertsystem, auf dem Arbeitsmarkt oder letztendlich im Verbrechermilieu bemerkbar macht. Offene Gewalt ist nur ein besonderes Symptom dessen, was unterschwellig allgemein gefühlt und gedacht wird. Violenz wird zu einem öffentlichen Faszinosum, das, da es die gesamte Gesellschaft infiltriert, eben auch die Phantasie „unterwandert". Durch Kollektivierung wird sie zum mythischen Zwang.

Nochmals anders Erich Fromm: Er unterscheidet in seiner *Anatomie der menschlichen Destruktivität*[206] zwischen zwei Grundformen menschlicher Aggressivität: einer gutartigen, biologisch adaptiven und defensiven Form, und einer bösartigen, sadistischen oder „nekrophilen" Form. Während die erste phylogenetisch programmiert ist und im Dienst vitaler Interessen des Menschen steht, ist die zweite pervertiert und wirkt ausschließlich destruktiv. Gerade in der „grausamen" Destruktivität lokalisiert Fromm einen Wesensunterschied zwischen Mensch und Tier, denn nur der Mensch ist zu einer Destruktivität fähig, die über die Ziele der Selbsterhaltung, Selbstverteidigung und Bedürfnisbefriedigung hinausschießt und die obendrein auch noch als lustvoll empfunden wird. Ähnlich wie Horney stellt Fromm derartige pathologische Erscheinungen in den Rahmen sozio-ökonomischer Strukturen, welche das legitime Streben des Menschen nach Autonomie behindern oder gar unmöglich machen. Anhand extrem

---

204 Adler (1997).
205 Horney (1997).
206 Fromm (1980).

zerstörerischer Charaktere (Stalin, Hitler, Himmler u. a.) illustriert Fromm, wie im Menschen angelegte positive Tendenzen durch repressiv-autoritative Sozialisationsprozesse in negative umschlagen können. Das Leben anderer zu kontrollieren und drangsalieren oder, im Extremfall, zu vernichten, wird dann zur perversen Leidenschaft. Kriegsmaschinen und Terrorapparate sind die schrecklichsten Instrumente zur Ausübung derartiger Passion.

Herbert Marcuse, einer der prominenten Vertreter der Frankfurter Schule, verbindet in seinem Erklärungsansatz Psychoanalyse mit Marxismus. In *Triebstruktur und Gesellschaft*[207] stellt er die Aggressions- und Gewaltthematik in den Rahmen der Enthumanisierung der Produktions- und Konsumprozesse in einer übertechnisierten Massengesellschaft. Mit zunehmender Erosion der persönlichen Entscheidungsfreiheit und einer über das notwendige kulturerhaltende Maß hinausgehenden Unterdrückung menschlicher Triebstruktur wachsen in der Industriegesellschaft die Tendenzen zur Frustration und – daraus resultierend – zur Aggression. Neben den individuellen Erscheinungsformen der Gewalt und der aggressiven Unterwerfung alles Natürlichen unter das Organisatorische äußert sich dies in der ständig steigenden Expansion und Perfektion von technischen Apparaturen und Massenvernichtungswaffen. Technokratie und Bürokratie sind für Marcuse die ärgsten Feinde der modernen Gesellschaft, denn beide sind willige Handlanger des Militärs. Die davon ausgelöste Entpersönlichung des Lebens durch fortschreitende Übertragung der Gewaltausübung von Subjekten auf Institutionen verhindert Triebbefriedigung und verstärkt den Drang nach Steigerung und Verlagerung der Impulse. Es entsteht ein *circulus vitiosus*: Je mächtiger und technologischer strukturiert die Organisationsapparate, desto ohnmächtiger das Lebensgefühl des Menschen, und je ohnmächtiger sein Lebensgefühl, desto heftiger die Gewalteruptionen. Ohnmacht schlägt um in (selbst-) zerstörerische Aktionen. „Macht kaputt, was euch kaputt macht!", war ein Slogan der gegenkulturellen Bewegung, die sich Marcuse in den späten 60er Jahren zu einem ihrer Auguren erkoren hatte.

Als kaum minder einflußreich erwies sich die Theorie des Verhaltensforschers Konrad Lorenz. In seinem Buch *Das sogenannte Böse: Zur Naturgeschichte der Aggression*[208] ordnet Lorenz aggressive Handlungen der Klasse der Instinkthandlungen zu. Aggressivität fungiert sowohl im Tierreich wie auch in der Humangesellschaft als eine Triebkonstante, die von einer ständig fließenden Energiequelle gespeist wird. Die Ausübung von Gewalt ist nach Lorenz primär keine Reaktion auf äußere Reize, z. B. auf die Provokation von Rivalen oder artfremder Individuen, sondern eine biologisch vorgegebene innere Erregung, die nach

---

207 Marcuse (1995).
208 Lorenz (1963).

Abfuhr strebt. Sie erfolgt spontan, und es ist diese Spontaneität, die sie so gefährlich, weil unkalkulierbar macht. Aggressive Energie staut sich wie in einem Dampfkessel auf, bis eine bestimmte Reizschwelle überschritten ist und es mittels eines Auslöserimpulses zur Abreaktion in einer aggressiven Handlung kommt. Je größer der Triebstau, umso geringfügiger kann der Anlaß sein, der einen aggressiven Ausbruch auslöst. Der gesamte naturgegebene Mechanismus steht im Dienste der Art- und Selbsterhaltung. Nur beim Menschen kann der grundsätzlich dem Überleben dienende Trieb „aus dem Gleise geraten" und sich ins blind Zerstörerische und irrational Bedrohliche steigern: Das „sogenannte Böse" bei Tieren verselbständigt sich beim Menschen zum wirklichen Bösen. Also just dort, wo die Natur in Kultur übergeht, verschärft sich der Trieb, der ein Stück Natur ist, in seiner negativen Wirkung auf die Sozietät, welche die Kultur stiftet.

Eine unverhohlen positive Auffassung von der gesellschaftlichen und kulturellen Rolle der Gewalt nimmt der amerikanische Sozialpsychologe Rollo May ein. In *Die Quellen der Gewalt*[209] vertritt May auf der Grundlage der individualistischen Tradition seines Landes eine *laissez-faire*-Position, die in einem Bereich zwischen biologischer Determiniertheit und kultureller Beeinflußbarkeit angesiedelt ist. Der Gewalt mißt er eine zentrale und unverzichtbare Funktion zu, weil sie unterprivilegierte Gesellschaftsmitglieder von Gefühlen der Machtlosigkeit befreien und ihnen damit Wege zu Authentizität und Würde eröffnen kann. Gewaltakte werden typischerweise von Menschen begangen, denen es um die Behauptung eines verletzten Selbstwertgefühls oder die Verteidigung ihres zu gering geschätzten Selbstbildnisses zu tun ist. Sie wollen sich und der Welt zeigen, daß sie da sind, daß sie zählen, daß sie sich nicht herumschubsen lassen. Was sie anrichten, mag schlimm sein und fehlgeleitet erscheinen, aber es ist nichtsdestoweniger ein positiver Beweis ihrer zwischenmenschlichen Bedürfnisse. Und dieser Beweis ist, auch wenn er mit Destruktion einhergeht, eine konstruktive Handlung. Gewalt entsteht danach nicht aus einem Übermaß an mißbrauchbarer Macht, sondern umgekehrt aus dem Leiden an einem Zuwenig. Es ist das Symptom einer Deprivation, und seine Ausübung erfüllt einen quasitherapeutischen Zweck.

Wir können die Skizze der Erklärungsmodelle hier abbrechen, weil ihre theoretische Mannigfaltigkeit und gegenseitige Unvereinbarkeit hinreichend deutlich geworden sein dürften. Die Ansätze pendeln zwischen Natur und Kultur, Biologie und Soziologie, Triebtheorie und Gesellschaftstheorie. In sich sind sie jeweils stimmig, aber untereinander schwer vereinbar. Man kann getrost dasjenige

---

[209] May (1974).

Modell wählen, das einem am überzeugendsten erscheint – die Wahrheit pachtet man damit nicht. Sämtliche Modelle sind kritisierbar und relativierbar, ohne daß auf höherer Ebene – konsensuell – ein neues, universales Modell entwickelbar wäre. Statt dessen wird das Konzert zunehmend vielstimmig: Pädagogen tendieren immer mehr zu der Auffassung, daß Gewalt wesentlich ein imitatives Verhalten („Lernen am Modell") darstellt, und haben deshalb besonders die „gewaltverherrlichenden" Medien im Visier; Feministinnen stellen das Patriarchat unter den Verdacht, Gewalt zu glorifizieren, weil Männer daraus eine höhere Befriedigung ziehen als Frauen und insofern an der Aufrechterhaltung einer Gewaltkultur interessiert sind; Anthropologen und Kulturhistoriker diagnostizieren Gewalt als ein archaisches Verhaltensmuster, das frühgeschichtlich schon im Zusammenhang mit magischen Praktiken und religiösen Riten angelegt und engrammatisch im Gehirn verankert wurde usw., usw. Die Ursachen sind offenbar ebenso vielfältig wie schwer bestimmbar. Indes spricht die Phänomenologie der Gewaltphantasien eine ziemlich eindeutige Sprache.

Akzeptiert man die Voraussetzung, daß Krieg und Kriegsmaschinen die wirkungsvollsten und schrecklichsten Instrumente der Gewaltausübung darstellen, ist es einleuchtend, daß Kriegserfahrungen die Phantasie auf das intensivste beschäftigen und die Psyche zum Zerreißen ‚strapazieren' können. Kriegerisches Geschehen erschöpft sich nicht darin, objektiv geschichtliches, politisches, gesellschaftliches, militärtechnisches und strategisch-planerisches Geschehen zu sein. Es ist vor allem auch inneres, mentales Geschehen. Die Violenz von Kampfhandlungen spiegelt sich in der Turbulenz von Gefühlen. Kriegsberichterstatter und Chronisten befassen sich mit der objektiv-operativen Bedeutung der ersten, Kriegsteilnehmer, Tagebuchschreiber und Dichter eher mit der introspektiv-subjektiven Erfahrung der zweiten. Hier kann aus radikaler Destruktion – phantasievermittelt – bemerkenswerte Kreation werden. Der Krieg als inneres Drama. Einige Beispiele aus Kriegsromanen:[210]

Der Qualm schoß wie eine Brandungswoge aus schwarzem Schlamm, Schaum und spritzenden Erdschollen, Brocken aus Stein und Eis, ein fünffacher Tod mit einem Tornado aus heulenden Splittern und fauchendem Gas von Explosivstoff. Seine Augen glotzten weit aufgerissen, sein Herz wurde ganz weit und zog sich glühend zusammen mit einem Knall... O Gott – war da die Erde zerflossen zu einem schwappenden Brei, Morast und sprang senkrecht in die Luft von entfesseltem Gas und Druck und Schmelzfluß in ihrem Innern, eine Sintflut aus Dreck und Ausbruch? (F. Schauwecker; *Aufbruch der Nation.*)

Mit trommelfellzerreißendem Donnern bricht vor ihnen, mit betäubendem Krachen bricht neben ihnen, mit knallenden Schlägen bricht hinter ihnen die Erde auf. Es ist ihnen plötzlich, als lägen sie auf schwankendem Grunde, als sei die Erde nur eine kühle Haut, unter der ein Riesenkessel waberndes

---

210 Jeweils zitiert nach Theleweit (1989), Bd. 2. Weitere aufschlußreiche Beispiele ebenda.

Feuer koche – alle Augenblicke platzt die dünne Haut an einer Stelle, schießt aus dem Riß die kupferrote Lava mit ungeurem Druck gen Himmel. Und wenn sie sich nun plötzlich hier auftut, denken ein paar mit dem Gefühl des Geschnürtwerdens, gerade unter meinem Leibe, der mich so vertrauensvoll an ihre Kühle schmiegt...? (E. E. Dwinger, *Auf halben Wege.*)

Aus der Erde, aus der Luft aber strömen uns Abwehrkräfte zu – am meisten von der Erde. Für niemand ist die Erde so viel wie für den Soldaten. Wenn er sich an sie preßt, lange heftig, wenn er sich tief mit dem Gesicht und den Gliedern in sie hineinwühlt in der Todesangst des Feuers, dann ist sie sein einziger Freund, sein Bruder, seine Mutter, er stöhnt seine Furcht und seine Schreie in ihr Schweigen und ihre Geborgenheit, sie nimmt sie auf und entläßt ihn wieder zu neuen zehn Sekunden Lauf und Leben, faßt ihn wieder, und manchmal für immer. Erde – Erde – Erde! Erde mit deinen Bodenfalten und Löchern und Vertiefungen, in die man sich hineinwerfen, hineinkauern kann! Erde, du gabst uns im Kampf des Grauens, im Aufspritzen der Vernichtung, im Todesbrüllen der Explosionen die ungeheure Widerwelle gewonnenen Lebens! Der irre Sturm fast zerfetzten Daseins floß im Rückstrom von dir durch unsere Hände, so daß wir die Geretteten in dich gruben und im stummen Angstglück der überstandenen Minute mit unseren Lippen in dich hineinbissen! (E. M. Remarque, *Im Westen nichts Neues.*)

Krieg, Mensch und Erde – die Passagen zeigen eine bemerkenswerte Übereinstimmung: Die Erde ist nicht einfach objektiv der Grund, auf dem eine Schlacht stattfindet, sondern wird subjektiv zum kochenden Vulkan, zu einer berstenden Schutzdecke, einer zerfetzten Kreatur, einer verwundeten, geschändeten, aber umso heißer ersehnten, schützenden Mutter. Im Granatfeuer schwindet die Spannung zwischen dem angreifenden Gegner und dem Deckung suchenden Opfer, im Zentrum steht eher das emotionale Band zwischen der verletzten Körperseele des Soldaten und der verwundeten Erdoberfläche. Das ist keine sachliche Nachzeichnung von Kriegshandlungen; der Krieg als Hintergrund schafft lediglich seelische Möglichkeiten der Auseinandersetzung mit ihm im Vordergrund: entweder die Angst, von der Erde verschlungen zu werden, oder den Wunsch, von der Großen Mutter geschützt zu werden, oder eine Mischung beider Impulse. Teils archaische, teils kindliche Reaktionsmuster gelangen damit an die Oberfläche und bemächtigen sich der Phantasie. Wo das äußere Geschehen destruktiv ist, wird das innere Erleben auf besondere Weise kreativ. Granaten allein könnten das Chaos nicht erzeugen, wenn sie nicht im Innern seelische Entsprechungen hätten. Wie aus Kesseln brodelnder Erregung schöpft die Psyche eine vulkanisch-eruptive Gewalt, die dem Realitätsbewußtsein kaum mehr etwas an sachlichem Urteilsvermögen beläßt. Unter dem Diktat solcher Erregung läßt die Phantasie Antworten auf nüchtern-erwägende Fragen nicht mehr zu: Birst nun die Erde und speit wirklich Lava oder birst der Mann selbst durch den Glutstrom einer Trieberuption? Brüllt der Gefechtslärm in der umgebenden Luft oder tobt er im eigenen Kopf? Was ist Innen und Außen, was Subjekt und Objekt, was Ursache, was Folge im hereinbrechenden Chaos? Die hyperaktive Phantasie kennt derartige Koordinaten nicht mehr.

Allenthalben wird klar: Der Krieg auf dem Schlachtfeld hat ein Pendant im Krieg in der Seele, und es ist noch sehr die Frage, welcher Schauplatz der dramatischere und schrecklichere ist. Selbstverständlich sind beide untrennbar miteinander verwoben, da Physis und Psyche letztlich eins sind, doch der ‚äußere' Krieg zerstört Objekte: Körper, Waffen, Gebäude, Städte, Landschaften; der ‚innere' Krieg zerstört menschliche Substanz: Seelen, Empfindungen, Hoffnungen, Erwartungen, Beziehungen. Und: der innere Krieg wühlt auf und tobt weiter, wenn der äußere längst zu Ende ist. In dem Maße, da Kampfhandlungen in der Lage sind, die Erde (oder Teile davon) physisch zu ruinieren, können Angst und Terror den Menschen (seinen inneren Frieden, seine Stabilität und seine Zuversicht) psychisch verheeren. Nicht nur Festungen werden von Bomben und Granaten erschüttert und zerstört, sondern es werden auch jene ‚Panzer der Seele' gesprengt, den Soldaten sich zulegen, um ihr Ich vor Chaos und Wahn zu schützen. Hier besteht ein bedeutungsvoller Zusammenhang zwischen seelischer Konstitution und kriegerischem Habitus:

Die Psychologie der Geschlechter lehrt: Männer ‚panzern' sich in einer Weise, wie es Frauen gewöhnlich nicht tun. Sie versuchen, sich selbst durch feste Definition der Ich-Grenzen zu sichern, um sich emotional möglichst unverwundbar zu machen. Ziehen sie in den Krieg, schützen sie sich zusätzlich durch Helme, Rüstungen und Waffen, um sich auch körperlich unangreifbar zu machen. Nicht zufällig gibt es in der Mythologie von Achilleus bis Superman besonders herausgehobene Helden, die von der Phantasie ihrer Schöpfer mit Omnipotenz und Unverwundbarkeit ausgestattet wurden. Was steckt dahinter, wenn nicht der anmaßende Wunsch, anderen Gewalt antun zu können, ohne selbst die Effekte von Gegengewalt fürchten zu müssen? Die Feministinnen haben hier nicht Unrecht: Hielten sich Männer als Lebewesen allgemein für leichter verwundbar, mieden sie gezielter bewaffneten Kampf und selbstmörderischen Krieg. In Freudschen Begriffen: Sie wären eher geleitet von Eros als von seinem Widersacher, Thanatos.

Wird nun durch die entnervende Einwirkung von Kugeln, Granaten und Bomben mit dem äußeren auch der innere Panzer gesprengt, bedeutet dies, daß sozusagen die Festung des Ichs geschliffen wird. Das Chaos, das die äußere Welt überfällt, hält auch Einzug in die innere Welt, die keine stabilen Stützpunkte mehr kennt. Es zieht das Individuum in ein brodelndes, violentes Geschehen, das schließlich keiner verstandesmäßigen Deutung und gefühlsmäßigen Beherrschung mehr unterliegt. Doch im tobenden Gefecht bietet weder der Boden unter den Füßen den gewohnten Halt noch sorgt die Körpergrenze für die gewohnte Integrität; denn beide erweisen sich als gleichermaßen verletzlich und zerstörbar. Militärische Ordnung mag irgendwo noch bestehen, aber, wenn die Hölle losbricht, löst die mentale Ordnung sich auf. Das Innen wird dem Außen anverwandelt. Das bedeutet: Geht der innere Halt verloren und bricht das seelische Abwehrsystem zusammen, überrumpelt der Affekt der Angst alle seine Bastionen und wird zum Alleinherrscher in der inneren Welt. In den Klauen von Todesangst bieten rationale Kategorien und erklärende Begriffe dem Menschen keinerlei Hilfe mehr, und das Bewußtsein, dem Wahnsinn nah, gerät in einen Strudel heftigster, verunsichernder Emotionen. Primärprozesse zitternden oder rauschhaften Erlebens übernehmen das Kommando und schalten Sekundärvorgänge des Erkennens, Begreifens, Urteilens, Abwägens aus. Schließlich wird selbst der (benennbare) Affekt der Angst nicht mehr gefühlt; er weicht einem unbenennbaren Zustand, der nur noch metaphorisch als „Nebel" wiedergegeben wird:

Wenn aber der innere Halt bricht, wenn der Rausch über das Herz kommt, über das Greifbare hinauszudringen, wenn wir mit dem Hammer der Begriffe und dem Maße der Zahlen uns aufmachen, jenes geheimnisvolle Reich anzuschlagen und von jener wilden Glut zu schöpfen, um zu sagen, was sich nicht aussagen läßt, um zu fassen, was sich nicht erfassen läßt, – dann kommt Umsturz und Untergang, die Qual zerrissener Seelen; – wir zerflattern in Angst, wie die Nachteule, die sich in die grelle Mittagsstunde verflog. (W. Erbt, *Der Narr von Kreyingen*.)

Schleimig mit tausend Gliedern kriecht die Angst in uns, jede Faser mit saugenden Armen umfesselnd. Absolutes Gefühl, schmilzt sie Welt und Ich zu schwärzlichem Brei, den wechselnd feurige Punkte durchbrennen. Es ist, als ob man sich nackt mit verbundenen Augen auf einem Richtblock wände, höhnische Augen zur Wollust, von Kohlebecken, Schwefelglost und weißglühenden Zangen nahe umzischelt. Das verdampft alles Denken in den Stichflammen des Gefühls. (E. Jünger, *Der Kampf als inneres Erlebnis*.)

Das ist stärker als wir. Ein Nebel, der in uns liegt und zu solchen Stunden über den unruhigen Gewässern der Seele sein rätselhaftes Wesen treibt. Nicht Angst – die können wir in ihre Höhle scheuchen, wenn wir ihr scharf und spöttisch ins fahle Gesicht starren – sondern ein unbekanntes Reich, in das die Grenzen unseres Empfindens sich schmelzen. Da merkt man erst, wie wenig man in sich zu Hause ist. Tief auf dem Grunde Schlummerndes, von rastlosen Tagewerken Überdröhntes, steigt empor und zerfließt, noch ehe es sich gestaltet, in dumpfe Traurigkeit. (F. G. Jünger, *Krieg und Krieger*.)

Die Angst entstammt hier nicht nur der Konfrontation mit dem ständig drohenden Tod, sondern kommt aus der Berührung mit sich selbst, dem Kontakt mit dem „unbekannten Reich". Sie entspringt dem gefährlichen Drang, Tiefen auszuloten, die nicht auslotbar sind. Die Person ist gespalten in ein Inneres, das einen „Nebel" oder ähnliche Unbestimmbarkeiten birgt, und eine eindämmende Außenhülle, den Muskelpanzer, der das Innere einfaßt wie ein Kessel die brodelnde Suppe. Wenn das eigene Innere übermächtig wird, ist es so, als wenn der Leib der Erde sich öffnete. Unter Gewalt und Schmerzen zerfließen die Körper ineinander, werden ihre Grenzen aufgelöst: zerreißendes Trommelfell, weit aufgerissene Augen, zerknallendes Herz entsprechen aufgerissener Erde, zerfetzter Natur, pulverisierter Materie. Die Explosion der Granaten beschert dem Soldaten eine extreme Selbsterfahrung; kraft Phantasie erfährt er eine momentane Identität mit dem explodierenden Sprengstoff; er löst sich in destruktive Angst auf, so wie die gezündeten Chemikalien sich in destruktive Energie auflösen. Die rationale Kontrolle über das Geschehen entgleitet. Mit psychischer Distanz zu den Objekten, mit nüchternem Blick auf den Kampfschauplatz, mit willensgesteuerter Disziplinierung des Verhaltens ist hier nichts mehr auszurichten. Der Ort, vom dem aus das möglich wäre, das Ich, entschwindet in jenen „Nebel" im eigenen Inneren, in dem man nicht zu Hause ist. Der Grenzerfahrung des physischen Todes geht die Erfahrung seiner psychischen Vorankündigungen voran: Auflösung, Ich-Schwund, Angst, Terror, Verlust der Körpergrenzen.

Aber der Krieg ist nicht nur Schrecknis. Perverserweise ist er auch Lust, Rausch, Triumph, Ekstase und Euphorie. Jedwede Verherrlichung von Krieg basiert auf diesen machtvollen Affekten, die das turbulente Geschehen idealisieren. Die angstbesetzte Seite ist nur die eine Seite, die andere spendet Lust, macht stolz, stiftet Solidarität und weckt Begeisterung. Der Krieg bringt das Blut zum Sieden, die Sinne zum Vibrieren, das Herz zum Höherschlagen. Er hat die widersinnige Fähigkeit, Menschen ungeahnt zu beleben, obwohl sie wissen, daß sie ständig dem Tode nahe sind und anderen den Tod bringen. Die Militärgeschichte zeigt es: Siegreiche Kriege werden mit Riten gefeiert; mit Paraden, Fahnen, Jubeln, Marschmusik, Ordensverleihungen, Lobeshymnen, Festtagsgepränge, Gottesdiensten zelebriert – sämtlich Symbolisierungen einer kollektiven Euphorie. Sie bringen die Phantasie zum Erglühen, wenn das allbeherrschende Motiv, die Vernichtung des Feindes, zu einem quasi-sakralen Ziel erhoben und physisch verwirklicht wurde. Sie blenden damit ganze Felder negativer Erfahrung aus. Solange das Grauen sich dem kollektiven Bewußtsein noch nicht entnervend und demoralisierend eingezeichnet hat, solange die Körperkräfte sich noch nicht völlig erschöpft haben und das seelische Feuer nicht ganz und gar erloschen ist, solange Schmerz, Leid und Tod noch verdrängt werden können, solange die Schmach der Niederlage noch nicht erlitten wurde – so lange kann das martialische Geschehen eine Quelle vitalisierender Lust, ja eine Domäne metaphysischer Träume sein.

In *Der Kampf als inneres Erlebnis* feiert Ernst Jünger, der große ‚Metaphysiker' des Krieges, dieses Geschehen als „die Äußerung eines Elementaren", als „ein prächtiges blutiges Spiel", „ein wildes Auffluten des Lebens", worin „das Bedürfnis des Blutes nach Festfreude und Feierlichkeit" ungebrochenen Ausdruck findet.[211] Krieg ist für Jünger ein notwendiger Naturvorgang, die Manifestation eines unaufhebbaren Weltgesetzes. Kampf steht, auch wenn er Leben bedroht, in keiner Antithese zum Leben, sondern ist ureigener Ausdruck des Lebens. Kampf ist Leben, und Leben ist Kampf: „Da entschädigt sich der wahre Mensch in rauschender Orgie für alles Versäumte. Da wurden seine Triebe, zu lange schon durch Gesellschaft und ihre Gesetze eingedämmt, wieder das Einzige und Heilige und die letzte Vernunft." Für das Geschäft des gegenseitigen Abschlachtens findet Jünger pseudosakrale Vokabeln wie „Ekstase", „Zustand des Rausches", „Wollust des Blutes" oder „brünstiges Gebet". Zur Betonung der unwiderstehlichen Attraktivität des Krieges spricht er von seiner natürlichen „Schönheit", vergleicht ihn mit „einer prächtigen Orchidee..., die keiner anderen Berechtigung bedarf als der ihrer eigenen Existenz". Aus einem solchermaßen phantasierten Krieg erwächst ein idealisierter Krieg, und aus dem idealisierten Krieg entsteht ein ideologisierter Krieg.[212] So sind die mentalen Prozesse miteinander verkettet. Ideologiekritisch betrachtet verkündet Jünger eine äußerst dubiose Doktrin, psychologisch gesehen zelebriert er, was seine aufgeheizten Emotionen ihm an Rauschzuständen vermitteln.

Was in der folgenden Passage enthusiastisch beschrieben wird, ist ‚nur' vorgestellter Krieg, fingierter Sturm, prätendierter Sieg. Es ist ein So-tun-als-ob; aber gerade in der euphorisierenden Wirkung einer Handlung, die bloß gemimt ist, entfaltet der Affekt bereits eine quasi-mythische, d.h. kollektivierende Macht:

Auf, marsch, marsch – ! und plötzlich schnellen die Muskeln, es senkt sich die Erde und rutscht nach hinten weg, ein Pfeil ist der Körper, zugespitzt stürmt er los. Schweigend bricht die Reihe vor, und jeder ist ganz allein. Hinlegen! Und nun hat der Boden auf einmal atmende Schwellungen; wo eben noch platte Fläche unter den stampfenden Beinen sich dehnte, wachsen Wellen und Falten, umfangen den aufprallenden Leib, ihn zu decken. Schwer atmet die Lunge, wieder sucht das Auge nach dem Ziel. Noch einmal arbeitet sich die Reihe vor, und noch einmal, nun aber ist der Waldrand nah, und am Waldrand Schützen. Alle Adern füllen sich mit dem brennenden Saft zur stürmenden Bereitschaft. Dann das Signal, zwei Noten nur in verwegenem Tanz, das Infanteriesignal zum Avancieren. Jetzt fällt alles Besinnen ab wie unnützer Ballast. Jetzt ist der Körper leicht und ein Wind braust in den Rücken. Jetzt ist der Lauf eine reißende Lust und die Erde glatt und neigt sich zum Ziel, eine einzige, hindernislose Bahn. Nun sind wir heran, nun sammelt sich die Luft in der Brust und was eben noch zerfetztes Keuchen war, ballt sich zusammen zum fürchterlichen Schrei, alle Münder spannen sich weit, aus dem Blut, aus den Knochen platzt das Hurra, steigert sich zum Anprall mit der Luft zum gellenden Heulen, nun sind wir selbst Sturm, nackte Gewalt, unaufhaltbar, Stoß und Kraft, brechen in den Waldrand, trampeln über Gebüsch und Wurzeln, uns berstend auf den Gegner zu werfen. Weit rennen wir ohne Widerstand, taumeln über das Ziel hinaus, lachend und besessen und berauscht von der unhemmbaren Kraft, bis wir uns plötzlich zu sammeln suchen, etwas beschämt, da alles nur an ein gedachtes Ziel gesetzt, etwas erschrocken über die Leichtigkeit des Siegs, und fügen uns verlegen wieder in das bannende Glied. (E. Salomon, *Die Kadetten*.)

---

211 Siehe Jünger (1938).
212 Zum Ideologie-Problem s. u. Kap. 4.2, S. 447 ff.

Hier schwinden den Soldaten fast die Sinne, verlieren sich in dem *einen* kollektiven Gefühl – dem Rausch einer „unhemmbaren Kraft". Dann kehrt die Erkenntnis zurück: alles war nur ein Spiel, eine Übung, und „etwas beschämt", „etwas erschrocken" und „verlegen" reagiert der wieder in Kraft gesetzte Verstand auf den betäubenden Effekt der selbstgeschaffenen Illusion. Die Besinnungslosen kommen wieder zur Besinnung. Doch die Betonung des Ziels, die Geschwindigkeit, mit der der Soldat losrast, die innere Explosion von Energien, die den Rausch verursachen, sind in den Beschwörungen der Lust des Kampfes ebenso typisch wie verräterisch. Oft werden sie noch gesteigert durch die phantasierte Verbindung des Soldaten mit den Kriegsmaschinen, die er bedient, dem Heulen der Kugeln und dem Pfeifen der Granaten, die er vernimmt – Geräuschen, die von der enormen Geschwindigkeit der Geschosse zeugen, welche er sich am liebsten aneignen würde, um selbst zur rasenden Tötungsmaschine zu werden. „Was wären diese eisernen, gegen das Universum gerichteten Waffen, wenn unsere Nerven nicht mit ihnen verflochten wären, und wenn es nicht unser Blut wäre, das an jeder Achse zischt?", fragt Jünger und suggeriert eine Subjekt-Objekt-Verschmelzung, die den Krieg, die Kriegswaffen und die Kriegführenden letztlich ununterscheidbar macht. Hier ist der Wunsch der Vater des Gedankens. Der Körper soll in unbeirrbarer Verfolgung seines Ziels selbst zur feuerspeienden Maschine, zum Geschoß aus dem Rohr werden. Denn die Geschütze können etwas, was die Soldaten so nicht können: entladen, zerstören und trotzdem ganzbleiben. Hätte der Körperpanzer das Metall des Geschützrohrs, wäre er praktisch unverwundbar. Wäre das Ich ein Geschoß, das aus dem Rohr rasen und in andere Körper eindringen könnte, verspürte es mehrfach gesteigerte, angstfreie Lust.

Bei solchen Phantasien geht es um einen Ausbruch aus sich selbst. Der Seelenzustand ist explosiv, und diese Explosivität ist das Ergebnis der Mobilisierung ungekannter Energien. Einen perversen Genuß verschafft das Empfinden, mit der gehandhabten Waffe eins zu sein und ihre Macht als die eigene zu erleben. Eine lustvolle Wallung löst die Fiktion aus, selbst die Bewegung von Kugeln übernehmen und als Geschosse auf die feindlichen Körper zurasen zu können. Hier wird erlebt, wie „der heiße Wille des Blutes sich ausdrückt durch die Beherrschung von technischen Wunderwerken der Macht" (Jünger). Die Beschwörung der eigenen Schnelligkeit ist offenbar notwendig, um die Ausbrüche, das Ankommen beim Feind, den Einschlag in dessen Leib plausibel zu machen. Schnelles Töten verspricht schnelles Stillen des Blutdurstes und damit Nachlassen der ungeheuren Triebspannung. Daß in den Ausbrüchen eine verlagerte sexuelle Energie im Spiel ist, die sich genußvolle Befriedigung dadurch verschafft, daß sie Gewalt ausübt, dürfte auch für Nicht-Freudianer leicht erkennbar sein:

War es nicht, als spürte ich an den zuckenden Metallteilen des Gewehres, wie das Feuer in warme, lebendige Menschenleiber schlug? Satanische Lust, wie, bin ich nicht eins mit dem Gewehr? Bin ich nicht Maschine – kaltes Metall? Hinein, hinein in den wirren Haufen; hier ist ein Tor errichtet, wer das passiert, dem wurde Gnade. (E. Salomon, *Die Geächteten.*)

Wie eine fast vergessene Erinnerung blitzt es blendend auf: Dort ist ja der Feind, dort sitzt ja der Mensch, und gleich werden wir bei ihm sein! Diese Erkenntnis erfüllt uns mit einer wilden, rasenden Lust, es ist, als ob alles, was sich reißend gespannt und gespeichert hat, plötzlich einen Ausweg sähe, und sich in purpurfarbige und scharlachrote Abgründe stürzte wie ein tosender Wasserfall. Schnell, nur schnell, jetzt muß getötet werden! Jetzt gibt es nur eine Erlösung, eine Erfüllung und ein Glück: das fließende Blut. Gleich wird man zupacken können und man empfindet eine dämonische Vorfreude in dem Bewußtsein, daß man als der Stärkere, als der Unwiderstehliche auftreten wird. Wartet nur, gleich sind wir da! (E. Jünger, *Feuer und Blut.*)

Ich drückte los – die ganze Dumpfheit dieses Tages wich. Das Gewehr bäumte sich und schnellte wie ein Fisch, ich hielt es fest und zärtlich in der Hand, ich klammerte seine zitternden Flanken zwischen meine Knie und jagte einen Gurt, den zweiten auch, hintereinander durch. Der Dampf stieg zischend aus dem Rohr.(E. Salomon, *Die Geächteten.*)

Durch Metaphorisierung werden hier mörderische Taten in lustvolle Erlebnisse umgewandelt. Der orgasmische Charakter der wiedergegebenen Szenen ist nicht zu übersehen, die sprachliche Indienstnahme sexuell aufgeladener Vokabeln verrät die eingetretene Perversion der Affekte. Aus Vernichtung des Anderen wird eigene Lust entbunden, todbringende Akte werden umgewandelt in erfüllend kreative Taten. Dies ist möglich, da sich in beiden die beteiligten Energiequellen und damit die empfangenen Signale der Gefühls- und Körpersprache gleichen. Der Sexualtrieb ist nicht frei vom Aggressionstrieb. „Massenmord erotisiert das Töten", bemerkt Bram Dijkstra, „indem es das Schwert der Rache gegen die ‚Agenten des Todes' wendet, so wie der Sadist durch Herrschaft ‚Leben' gewinnt und der Masochist durch Unterwerfung einen Grund für seine Rache erhält. Das Töten ist die Verlagerung unserer Angst vor der Nichtexistenz.."[213]

Gewaltphantasien über Krieg, seien sie noch so wild gesponnen, haben gewöhnlich eine (i. w. S.) empirische Referenz. Für sie gibt es konkrete Auslöser, die nicht von unkontrolliert wuchernden Phantasmen, sondern auch von historischen Erfahrungen abhängig sind. Sie schildern ein erlebtes Außen zu den Bedingungen eines erregten Innern. Sie leisten demnach psychische Transformationsarbeit. Fast immer haben sie einen ‚realistischen' Anteil, der sich in dieser oder jener Form mit geschichtlich dokumentierten Kampfhandlungen in Verbindung

---

[213] Dijkstra (1999), S. 348 f.

bringen läßt. Diese können stark verfälscht und ideologisiert auftreten, wie in den pseudo-heroischen Erzählungen der bekannten *Landser*-Hefte, aber ein empirischer Kern wird meist durch die politische Geschichte bestimmt und das Wunsch- oder Angstdenken rankt sich um diesen Kern.

Dies ist anders in jenen Fällen, da Gewalt ins thematische Zentrum von Filmen, Romanen, Comic-Literatur oder Videospielen rückt, in denen eine empirische Referenz so gut wie abwesend ist und die Phantasie wesentlich aus sich selbst schöpft. Hier erzeugt nicht ein äußerer Krieg bestimmte Phantasien vom Krieg, sondern die Phantasie erzeugt umgekehrt einen inneren Krieg. Hier zeigt sich, daß aus den Tiefen des Unbewußten Phantasmen aufsteigen, die keines historisch-politischen Korrelats bedürfen und kaum einer kulturellen Domestizierung unterliegen. Entweder bietet hier nur noch das jeweilige Medium die Kontrolle, die zur äußeren Vermittlung unverzichtbar ist – die Bildersprache, welche die Phantasie einem Publikum verständlich macht. Oder die empirische Wirklichkeit figuriert als rudimentär angelegte, fiktive Kulisse, vor der die explosiven Dramen inszeniert werden, nur deshalb weil kommunizierte Gewaltakte einer sinnlichen Anschauung bedürfen. Ansonsten triumphiert die pure Violenz als freigestaltetes Phänomen, das den brodelnden Kessel der Energien anheizt und die Affekte sich austoben läßt. Das jeweils gewählte Szenarium ist dann nur noch eine Projektionsfläche blutrünstiger, gewaltstrotzender Bilder, das jeweils angegebene Motiv nur noch ein zufälliger Anlaß für ihre möglichst drastische Ausmalung. Worauf es ankommt, ist die Stimulation heftigster Emotionen als willkommenes psychisches Begleitkonzert für Barbarei. Was gefragt ist, ist das extreme Spiel mit dem Nervenkitzel, das indes nicht so extrem sein kann, um nicht doch noch irgendeine Potenzierung zuzulassen.

Die ‚Kunst' solcher Potenzierung besteht darin, das bisherige Maximum an moralisch Zumutbarem und emotional Verkraftbarem durch ein neues Maximum zu übertreffen: roher, brutaler, geballter, schockierender, entsetzlicher, dramatischer als alle Präzedenzien: Steigerung der schon erreichten Intensität von Wahn und Wut, Eskalation der schon erkletterten Stufen von Qual und Blut – bis zu den letzten Exzessen einer amoklaufenden Phantasie, bei der die Vorstellung schwerfällt, daß sie noch steigerungsfähig sein könnte. Besonders amerikanische Autoren und Regisseure haben eine singuläre Virtuosität entwickelt, wenn es um eine derartige Technik der Eskalation geht. Arno Heller stellt dazu fest: „Sie inszenieren das erbarmungslose Jagen, Vergewaltigen, Zerschlagen, Zerstechen und Verbrennen von Menschen als perfekte ästhetische Rituale unter Einsatz von Oberflächenreizen und Horroreffekten, die alles Vorangegangene in den Schatten stellen."[214]

---

214 Heller (1986), S. 35.

So im Falle des berüchtigten Films *Natural Born Killers*[215] von Oliver Stone, der unlängst die Gemüter auf beiden Seiten des Atlantiks erhitzte und zu einer Debatte über Gewalt führte, deren Heftigkeit schon fast selbst eine Ausübungsform von Gewalt darstellte. Stones schwindelerregende Gewaltorgie, die cineastische Umsetzung eines Romans von John August und Jane Hamsher,[216] ist die ultimative Provokation. Das Werk läßt sich mit Fug und Recht als der zynischste Höllentrip der bisherigen Filmgeschichte bezeichnen, dem gegenüber kontroverse Vorgänger wie *Bonnie und Clyde*, *Uhrwerk Orange* oder *Taxi Driver* wie artige Exerzitien von Anfängern anmuten. Hier wird das Phänomen Gewalt in einer Weise ausgebeutet, die alle denkbaren Register der Phantasie zieht, um einen möglichst skandalträchtigen (sprich profitablen) Film zu machen. Zwar sah sich Regisseur unter dem Druck einer empörten Öffentlichkeit veranlaßt, seine explosive Mischung blindwütiger Exzesse zu verteidigen. Den Film habe er gemacht, erklärte Stone, „um eine heuchlerische Haltung gegenüber der Gewalt zu enttarnen." Damit meint er offenbar die übereifrige Kritik an Mediengewalt bei Landsleuten, die gesellschaftliche und politische Gewalt oft mit Nonchalance zu tolerieren bereit sind.

Tatsächlich trifft zu, daß der Film allerlei Anknüpfungspunkte an die amerikanische Gesellschafts- und Mediengeschichte und damit (scheinbar) eine empirische Referenz besitzt. In Montagetechnik werden Schlagzeilen aus der Presse, Comic-Book-Szenen, Ausschnitte aus Sitcoms und Fantasy-Filmen, politische Photos, Schnipsel aus Dokumentarfilmen u. a. eingeblendet, die sämtlich das Kainsmal auf der Stirn des *homo americanus* erkennen lassen. Aber wer den Film angeschaut, die Kontroverse verfolgt und die verheerende Wirkung des Werkes[217] zur Kenntnis genommen hat, wird Stones Argument schnell als das entlarven können, was es ist: ein probates Ideologem zur Rechtfertigung dessen, was sich schwerlich rechtfertigen läßt, ein durchschaubares Manöver, um die obszön überbordende Gewalt in das ‚dezente' Kleid der Gesellschaftskritik zu hüllen. Die historisch-empirische Basis ist dermaßen schwach, die amoklaufende Phantasie dermaßen übermächtig, daß jeder Versuch, eine dem Publikum vermittelbare Satire aus dem Film zu machen, scheitern muß. Auch wenn man weiß, daß das Phänomen der Gewalt *realiter* eine schwere Hypothek für die amerikanische Gesellschaft darstellt, und bereit ist, dem Werk eine hyperbolische Funktion zuzubilligen, gelingt es nicht, es in einen Bezugsrahmen zu stellen, der das Sujet noch in irgendeiner Weise kontrolliert, geschweige denn legi-

---

215 Der engl. Originaltitel blieb in der dt. Fassung unübersetzt.
216 August u. Hamsher (1994).
217 Es gab nach dem Film eine ganze Reihe von Nachahmungstaten, sog. Copycat-Fälle, welche die Polizei und die Gerichte beschäftigten.

timiert. Wollte man ernsthaft den Versuch unternehmen, ein Stück Gesellschaftskritik in *Natural Born Killers* hineinzulesen, käme dies dem sprichwörtlichen Versuch gleich, den Teufel mit Beelzebub auszutreiben.

Die Fabel ist schnell erzählt: Ein junges Pärchen, Mallory und Mickey, veranstaltet in einem alten Dodge-Cabrio eine Höllenfahrt durch den Westen der USA – auf der Flucht vor sich selbst, der Polizei und einer verhaßten ‚Normalität'. Wie von einem gemeinsamen Dämon besessen brüllen, kreischen, fluchen, toben, prügeln, schießen, metzeln, plündern, huren sie ihren Weg quer durch den Kontinent. Ihre infernalische Reise verstrickt sie immer tiefer in ein Netz aus *sex and crime,* das zunehmend die Komplikationen fortschreitenden Wahns erkennen läßt. Die Bildgestaltung ist denn auch erkennbar halluzinatorisch: grell, verzerrt, mit erratisch wechselnden ‚unrealistischen' Farben. Die Reise hinterläßt eine einzige Blutspur: 52 Opfer vollkommen willkürlicher und brutalster Gewalt, darunter Mallorys Eltern (Vater ertränkt, Mutter verbrannt), Dutzende von Sheriffs und Polizisten (erschossen) und zahlreiche Jugendliche (erstochen). Die Zwangshandlungen reflektieren ein bedingungsloses Ausgeliefertsein an mörderische Affekte. Mehrere Wochen währt diese „Schreckensherrschaft", an der eine faszinierte Öffentlichkeit, von den Medien mit Sensationsberichten versorgt, wachsenden Anteil nimmt. Durch eine latente Komplizenschaft von Behörden, Medien und Gesellschaft werden die Serienmörder zu nationalen Helden stilisiert – gefürchtet und geächtet, aber gleichzeitig bewundert und gefeiert. Selbst nachdem sie überwältigt und hinter Gitter gebracht worden sind, bleibt ihr Leben ein Brennpunkt der Gewalt. In einer Gefängnisrevolte, die das absolute Pandämonium darstellt, nehmen sie einen Fernsehreporter als Geisel, schießen ihren Weg ins Freie, bringen ihr Opfer um und entschwinden in eine wilde Landschaft, die, falls sie irgendetwas bedeutet, wohl „gefallene Natur" symbolisiert.

Gewalt, die total wird, hebt sich als totalisierte Gewalt selbst auf, denn ihr fehlt ein bestimmbares Objekt. Phantasien, die sich um Kriegsereignisse ranken, haben immerhin einen politisch bestimmbaren Feind. Phantasien, die Bösewichtern und Schurken Schlimmes an den Hals wünschen, haben moralisch bestimmbare Gegner. Phantasien, die den Kampf der Geschlechter inszenieren, handeln von sexuell oder psychosozial bestimmbaren Differenzen. Natürlich liefern die jeweiligen Objekte der Gewalt oft nur den Vorwand für die Ausübung von Gewalt. Sie werden als arge Feinde, Schurken, Bösewichter, Hexen zuerst postuliert, damit sie hernach umso skrupelloser vernichtet werden können. Doch in *Natural Born Killers* gibt es nicht einmal derartige Vorwände. Es gibt keine erklärten Widersacher, keine Anzeichen für das nachvollziehbare

Frustrations-Aggressionsschema, keinen erkennbaren Abbau von Triebspannung, keinerlei Klärung oder Problemlösung. Es gibt nur eine Serie willkürlich inszenierter Gemetzel mit willkürlich bestimmten Opfern aus willkürlich bestimmten Gründen. Sofern hier irgendein erkennbares Prinzip waltet, ist es bestenfalls die Botschaft: *Ich übe Gewalt, also bin ich!* – als äußerster Fluchtpunkt eines dämonengetriebenen, subhumanen Daseins. Mit anderen Worten: Hier ist die filmische Präsentation zusammenphantasierter Gewalt ihr eigener Zweck. Sie bedeutet das, was sie als geballte Ladung gewaltstrotzender Bilder eben bedeutet. Sie sagt nicht: Unter diesen oder jenen benennbaren, erklärbaren, interpretierbaren Umständen tendiert der Mensch zur Gewalt. Oder: Bei dieser besonderen Konstitution der Psyche ist mit dramatischen Gewalteruptionen zu rechnen. Sie sagt: Schaut her! In diesem Film findet Gewalt ihren brutalsten, orgiastischsten, hirnlosesten Ausdruck, den ihr je erlebt habt. In diesen kinematographischen Schocker aus Blut und Raserei könnt ihr eintauchen wie in einen Pool brodelnder Emotionen, ohne nach irgendeinem Sinn des Dramas fragen zu müssen. Wenn ihr noch keinen Höllentrip durch die dunklen Regionen im eigenen Gehirn gemacht habt – hier könnt ihr stellvertretend auf die Reise gehen.

Es mag sein, daß dies von einigen Zuschauern als lustvoll oder ‚cool‘ erlebt worden ist (selbst wenn die meisten Indizien in die andere Richtung weisen und von Zuschauern berichtet wurde, denen übel wurde). Es mag sogar sein, daß bei anderen ein kathartischer Reinigungseffekt eingetreten ist (obwohl es dafür in der empirischen Medienforschung keine Anhaltspunkte gibt). Doch in der Summe ist *Natural Born Killers* ein Kulturprodukt, wie es kulturfeindlicher kaum sein kann. Es ist das abgründige Dokument eines als schrankenlos ausgemalten Sadismus, der nur noch abstößt. Daß Psychopathologie und Phantasie sich verschwistern können und diese Verschwisterung sich künstlerisch behandeln läßt, ist seit Jahrhunderten bekannt. Die abendländische Kunst und Literatur lebt zu nicht geringem Anteil von den Beziehungen dieses dunklen ‚Geschwisterpaars‘. Doch Stone hat damit ein Problem: Er ist einer Einsicht gegenüber blind, die er beispielhaft durch ein Studium der Dramen Shakespeares hätte gewinnen können: nämlich, daß die Behandlung von Gewalt, soll ihre Darstellung eine kulturelle Funktion erfüllen, ästhetisch dosiert wie auch psychologisch motiviert sein muß. Man kann mittels Gewaltphantasien ein Stück menschlicher Psychologie beleuchten, daran zweifelt niemand; man kann mit Gewaltphantasien provozieren und schockieren, auch dies ist unbestritten. Aber: Der Schock bedarf der Begründung, andernfalls handelt es sich um eine ‚Schocktherapie‘, die nicht therapiert, sondern totschlägt.

2.6 Der Feind in anderer Haut: Rassistische Phantasien

Auf den ersten Blick mag es scheinen, daß Rassismus und Phantasie ein recht ungleiches Begriffspaar bilden. Folgen wir spontanen Assoziationen, dürfte uns der Rassismus-Begriff eher in Richtung auf gedanklich näherliegende Konzepte wie Ideologie oder Vorurteil oder Dogma oder Irrlehre lenken – auf jeden Fall ein Phänomen evozieren, das als politisch zu schwergewichtig und historisch zu bedeutsam erscheint, um es im unverbindlich ‚luftigen' Reich der Phantasie ansiedeln zu können. Stellen wir den Begriff in eine Reihe mit den zahlreichen analogen Begriffen, die ihre verzweigte Verwandtschaft untereinander über das Suffix *-ismus* kundtun (wie Kapitalismus, Kommunismus, Kolonialismus, Faschismus, Klerikalismus etc.), müßten wir im Rassismus nurmehr eine der vielen Weltanschauungen erblicken, deren Anhänger einem bestimmten Menschen- und Gesellschaftsbild anhängen, um dieses der Welt als wahr und richtig und maßgeblich zu verkünden – hier: die aus Selbstüberhebung erwachsende Doktrin, wonach die Rassenzugehörigkeit von Menschen einen signifikanten Maßstab für deren Qualität (Höher- oder Minderwertigkeit) abgibt und daß die gesellschaftliche Ordnung an diesem Maßstab orientiert sein sollte. Dies ist das typische Signum einer Ideologie.[218]

In rassistischen Vorstellungen steckt immer ein imperialer Gestus, ein Anspruch auf Herrschaft einer vermeintlich höherwertigen über eine vermeintlich minderwertige Gruppe – ungeachtet der Möglichkeit oder Unmöglichkeit, die angestrebte Herrschaft auch institutionell zu sichern. Sind die Institutionalisierung und Legalisierung des Rassismus auch die erkorenen Ziele aller Rassisten, und wurden solche Ziele im amerikanischen Südstaaten-Regime, im deutschen NS-Regime sowie im südafrikanischen Apartheid-Regime auch verwirklicht, so ist man, um Rassist sein zu können, auf stützende Institutionen und absichernde Gesetze nicht unbedingt angewiesen. Man kann rassistisch fühlen und denken, ohne einer entsprechenden Partei anzugehören, ohne ein politisches Programm zu propagieren und ohne jemals an die Schaltstellen der Macht zu gelangen. Es gibt eine Herrschaft der Gedanken und Wünsche, der Phantasien und heimlichen Verhaltensweisen, die ihre Ansprüche auch dann geltend machen, wenn sie keinerlei Aussicht auf institutionelle Umsetzung und gesellschaftliche Verankerung haben. Es gibt außerhalb fester politischer Strukturen perfide Möglichkeiten der Durchsetzung, die mit subtilen Techniken arbeiten, um Machtpositionen zu erkämpfen und zu behaupten. Hier die fünf wichtigsten:

Dämonisierung: Dies ist der archaische, aber immer noch gut funktionierende Mechanismus, der das Innere projektiv nach Außen kehrt, wenn dunkle Triebe

---

218 Zu einer ausführlicheren Erörterung des Ideologie-Problems s. u. Kap. 4.2, S. 447 ff.

und Impulse als für das eigene Ich bedrohlich empfunden und deshalb abgewehrt werden. Mittels der Projektion verlagert sich unbewältigtes seelisches Geschehen auf andere Personen (oder Personengruppen), die als „Sündenböcke" dienen und die eigene Psyche dadurch (scheinbar) entlasten.[219] Das Böse wird, weil es als Eigenes nicht anerkannt und angenommen wird, gleichwohl als Problemdruck wirksam ist, ‚verdinglicht'. Es nimmt konkrete ‚dämonische' Gestalt in anderen an, die nun als Repräsentanten des Bösen kritisiert, verunglimpft, verhöhnt, unterdrückt, bekämpft, im Extremfall vernichtet werden. Der innere Feind – Carl Gustav Jung bezeichnet ihn metaphorisch als „Schatten" – wird zum äußeren Feind. Zwar ist dieser Transformationsprozeß, diese Verteufelung, keineswegs auf Rassisten beschränkt, wird aber immer dann erleichtert, wenn in der Wahrnehmung physischer und ethnischer Andersartigkeit ein Anlaß für unterstellte Böswilligkeit und eine Legitimation für eigene Feindseligkeit gesehen wird. Da die Verteufelung anderer jedoch selten ohne Entwicklung von Gefühlen eigener Schuld geschieht, entsteht intrapsychische Spannung. Und es ist diese Spannung, die den Haß mit Selbsthaß, die Feindseligkeit mit Unbehaglichkeit koppelt und den Rassismus mit so viel Explosivstoff anreichert.

Stigmatisierung: Darunter wird die Angewohnheit von Rassisten gefaßt, die Mitglieder anderer (ethnischer) Gruppen mit bestimmten „charakteristischen" Merkmalen (wie Haar- und Hautfarbe, Körper- und Gesichtsform, Körpergeruch, Kleidung, Sprache, religiöse und soziale Gepflogenheiten, Eßgewohnheiten u. a.) zu identifizieren, die als Ausweis ihrer Andersartigkeit, sprich Minderwertigkeit, gelten. Aus solchen Merkmalen werden kollektive Vorstellungen abgeleitet, die in einen hierarchischen Normenvergleich hineingenommen werden und dem Rassisten zur Selbsterhöhung und Selbstrechtfertigung, zum Glauben an die ‚Richtigkeit' der eigene Gruppennorm dienen. Jedes einzelne Stigma hat im Kopf des Rassisten die wundersame Fähigkeit, als Teil für das Ganze zu stehen, d. h. eine pauschale Negativität auf den Plan zu rufen, die sich um den ganzen Menschen nicht kümmert. Ein einziges negativ bewertetes Merkmal kann ausreichen, um zur Diskreditierung der gesamten Person oder Gruppe zu führen.

Stereotypisierung: Verwandt mit der Stigmatisierung, ist die Stereotypisierung eine Technik der Vereinfachung der Wahrnehmung und des Urteils. Statt sich um ein fundiertes und differenziertes Verständnis des Anderen zu bemühen, reagiert der Rassist reflexartig auf formelhafte Festlegungen, welche die empfundene Andersartigkeit des Anderen nach vorgefertigten Schablonen beurteilt:

---

219 In frühjüdischer Zeit waren Sündenböcke reale Vierbeiner, denen in einem archaischen Reinigungsritus die Sünden der Gemeinschaft auferlegt wurden, um sie durch Fortjagen des Tieres in die Wüste (ins Reich des Dämons Azazel) unschädlich zu machen .

Südländische Völker sind faul. Juden sind parasitär. Schwarzafrikaner sind primitiv. US-Amerikaner sind materialistisch. Südländerinnen sind wollüstig. Katholiken sind bigott. Und so weiter. Stereotypen entstehen aus Vorurteilen, d. h. aus einem simplistisch-schematischen Denken, das sich an bestimmten Merkmalen ‚festbeißt', ohne zu einer kritischen Prüfung seiner eigenen Grundlagen fortzuschreiten und ohne die Schemata differenzieren und ggf. korrigieren zu wollen. Dabei steckt die Gefährlichkeit von Stereotypenbildung weniger in der Falschheit einzelner Merkmalszuschreibungen – Stereotypen lassen sich nicht als *falsch* nachweisen –, als vielmehr in einer Übergeneralisierung, die zuviel von einer komplexen Realität ausblendet. Der wahrgenommene Teil steht für die Wahrnehmung eines Ganzen, das in seiner Komplexität und Differenziertheit nicht wahrgenommen werden kann oder will.

Segregierung: Dies ist die Technik der sozialen Ausgrenzung des Anderen entweder in horizontaler oder vertikaler Richtung. *Horizontal* segregiert werden Menschen, die man räumlich in bestimmte Bezirke oder Regionen verbannt, welche als ihrer Minderwertigkeit angemessen betrachtet werden. Die ehemaligen Judengettos in Europa oder die Stadtviertel der Schwarzamerikaner in den USA sind bekannte Beispiele einer Segregierung, welche die soziale Unerwünschtheit der Gruppen über räumliche Fernstellung bewerkstelligt. *Vertikal* segregiert werden Menschen, gegen die in der sozialen Hierarchie bestimmte Schranken aufgebaut werden, die sie nach oben nicht überschreiten dürfen: Ausbildungswege, die man ihnen nicht zubilligt, Berufszweige, die man gegen sie schließt, Förderungsmöglichkeiten, die man ihnen vorenthält, Organisationen, die ihnen eine Mitgliedschaft verwehren usw. Oftmals verfügen Bürokraten über treffliche, versteckte Methoden, vertikale Segregierung vorzunehmen, ohne gegen Gesetze zu verstoßen und sich in der Öffentlichkeit angreifbar zu machen.

Diskriminierung: Dies ist die Strategie, Menschen offen oder latent mit zweierlei Maß zu messen – je nachdem, ob sie zur In-Group oder zur Out-Group gehören. Diskriminierungen sind in demokratischen Gesellschaften besonders problematisch, weil sie dem konstitutionellen Prinzip der Gleichbehandlung aller Gruppen unabhängig von Geschlecht, Herkunft und Religion widersprechen und somit Prinzipien der Verfassung unterlaufen. Diskriminierungen können auf dem weiten Feld des gesellschaftlichen Lebens praktisch überall eingreifen: im familiären Alltag, im Kindergarten, in der Schule, am Arbeitsplatz, an der Universität, vor Gericht, im Straßenverkehr, in administrativen Institutionen, in den Medien, im kulturellen Leben. Aus diskriminierenden Maßnahmen jedweder Art sprechen bestimmte psychologische Abwehrmechanismen, die aus einer Mischung von Angst und Aggressivität entstehen. Das Gefährliche liegt hier darin, daß Diskriminierungen vielfach unbewußt geschehen und damit eine Latenz des

Problems geschaffen wird, die es nur schwer rationalisier- und bekämpfbar macht. Zu welchen Mitteln Rassisten auch immer greifen, um ihre Ideologie durchzusetzen, sämtliche ‚Strategien' laufen auf Spaltung der Humangesellschaft hinaus. Auf der einen Seite das *Wir* der Dazugehörigen, auf der anderen das *Nicht-Wir* der Ausgeschlossenen – mit einer schier unendlichen Zahl von positiven gegenüber negativen Zuweisungen: wertvoll/wertlos; rein/unrein; gut/schlecht; edel/verderbt; gesund/krank; vertraut/fremd; nah/fern; wahr/unwahr; höherwertig/minderwertig; entwickelt/primitiv usw. Im antiken Griechenland zum Beispiel galten alle Fremden als „Barbaren", und das ihnen zugewiesene Attribut „barbarisch" ließ an negativen Wertsetzungen nichts zu wünschen übrig. Sein lexikalisches Spektrum umfaßte: nicht-griechisch, ausländisch, fremdsprechend, unverständlich, roh, ungebildet, ungesittet, unedel, wild, grausam – ein ganzes Bündel dessen, was andere (vorgeblich) waren und man selbst nicht zu sein vermeinte.

Die Welt des Rassisten ist im Prinzip eine radikal dichotomisierte Welt, die das Denken und Handeln in entsprechend kompromißloser Weise leitet: Sicherung, Förderung, Hochschätzung, Stärkung, Heroisierung der eigenen Gruppe gegenüber Ausgrenzung, Unterdrückung, Entwürdigung, Verunglimpfung, Verteufelung, Vertreibung bis zur Vernichtung „fremder" Gruppen. Somit läßt sich nicht leugnen, daß rassistisches Denken – auf der positiven Seite – identitätsstiftend oder -fördernd wirken kann (die Griechen solidarisierten sich gegen die Barbaren); aber es handelt sich um eine Identität, die – auf der negativen Seite – nur um den Preis von Ängsten und Konflikten zu haben ist (die Barbaren, insbesondere die Perser, machten den Griechen auf dem Schlachtfeld schwer zu schaffen). Analog: Die in der rassistischen NSDAP zusammengefaßten Parteigenossen pflegten nach ihrem Selbstverständnis „unverbrüchliche Kameradschaft und Treue" – Tugenden, von denen unverbesserliche Alt-Nazis heute noch schwärmen –, doch eben dieses Verständnis brachte sie notwendig in Konflikt mit politisch Andersdenkenden, vornehmlich Sozialisten und Kommunisten. Wahrscheinlich gibt es unterhalb der Ebene rassistischer Vorstellungen und Phantasien psychische Residuen, die uralt sind und unserer Phylogenese angehören, Verhaltensschemata aus der Zeit der Stammesgesellschaft, als das Fremde effektiv bedrohlich werden konnte und das Andere buchstäblich unverträglich war. Denn es ist klar: Wo das Andersartige sich wirklich als das Feindliche in Wort und Tat entpuppt, entsteht Rassismus nicht aus Vorurteilen, sondern aus Erfahrungen – nur daß Erfahrungen, werden sie nicht ständig überprüft, die fatale Fähigkeit besitzen, sich zu Vorurteilen umzuformen.

Es sollte sich für den Verlauf der abendländischen Kultur- und Gesellschaftsgeschichte als ausgesprochen unglücklich erweisen, daß Angstphantasien und aggressive Triebe, die sich am Anderen entzünden, besonders von der physischen Existenz *dunkelhäutiger* Populationen intensiviert wurden. Bei der ‚schockierenden' Konfrontation mit Menschen dunkler Haut suchte die weiße Psyche nicht nur nach natürlichen Erklärungen (in Form von Hypothesen über Pigmentierung als Folge klimatischer oder evolutionärer Bedingungen), sondern phantasierte eine religiöse Ursache. Sie griff auf eine Erklärung zurück, die nicht dem sachlichen Interesse an einem mysteriös erscheinenden Phänomen, sondern dem kompulsiven Drang zur Mythisierung entsprang. Für weiße Menschen früherer Jahrhunderte lag es nahe, die Autorität der biblischen Geschichte heranzuziehen und die ‚Schwärzung' der Haut als Effekt eines gottgewirkten Fluchs zu betrachten: Hatte doch das Alte Testament (1. Mose 9, 20 ff.) von der Unbotmäßigkeit Hams, einer der drei Söhne Noahs, berichtet, der schamlos die Blöße des Patriarchen geschaut hatte und dessen Nachkommen (Kanaan und seine Söhne) deshalb von dem erzürnten Noah verflucht worden waren. Nun erwähnt der biblische Text zwar die Transgression und den Fluch („Fluch über Kanaan! Er wird seinen Brüdern als der letzte ihrer Knechte dienen müssen."), nicht aber die Metamorphose von Kanaans Nachkommen: Es war die Phantasie christlicher Kommentatoren, die aus dem Fluch Schwärzung der Haut und Verbannung nach Äthiopien machte und damit einen ätiologischen Mythos schuf, der auf breite Resonanz stieß[220] – eine folgenschwere Überinterpretation der biblischen Quelle:

Als im 16. Jahrhundert die ersten Expeditionen europäischer Forscher nach Zentralafrika stattfanden und sich ihnen das Enigma schwarzer Haut präsentierte, griffen die Besucher zum probaten Erklärungsschema. Der englische Seefahrer George Best verfaßte eine Abhandlung, *George Best's Discourse* (1578), die das rassistische Phantasiegespinst mit kultureller Autorität ausstattete. Das Stigma der Andersfarbigkeit wurde hinfort im christlichen Abendland assoziiert mit Gottlosigkeit, die dunkle Haut mit einer schwarzen Seele. Die Farbsymbolik erwies sich allenthalben als ein ebenso leistungsfähiger wie bequemer Kompaß, wo es um die Verortung von Sündhaftigkeit ging. Für weiße Christenmenschen wohnte das sündige Fleisch vorzugsweise in dunkler Haut, ergo wurde die soziale Welt in einen nur guten (hellen, christlichen) und einen nur bösen (dunklen, fluchbeladenen) Teil aufgespalten – eine schwere, in die Gegenwart fortwirkende Hypothek; denn solange die weiße Psyche der Fähigkeit entbehrt, die aggressiven, angstbesetzten Anteile auch als eigene wahrzunehmen und in das eigene Seelen- und Gesellschaftsleben zu integrieren, so lange muß sie sich in einer

---

[220] S. dazu Schwartz u. Disch (1970), S. 6 ff.

Welt von Verfolgern, Verschwörern und Übeltätern wähnen. So lange ist rassische Paranoia ihr Schicksal.

Rückt man dies nun in den größeren mythologischen Kontext, in dem Gottes Widersacher, der Teufel, auch als Schwarzer Mann auftritt, als Herr der Finsternis, als Dämon, der über eine ganze Armee von Nachtgeschöpfen gebietet, der animalische Züge trägt (Hörner, Krallen, Schwanz etc.), von einem penetranten Geruch umgeben ist, als der große Verführer des „schwachen Geschlechts" auftritt, kurzum: der *die* Inkarnation des Bösen darstellt und alles auf sich zieht, was das christliche Vorstellungsvermögen an Verbotenem sich auszumalen imstande ist– dann liegt die fatale Verkettung von dunkler Hautfarbe, rassischer Minderwertigkeit und moralischer Verwerflichkeit klar zutage. Besonders die Entfesselung sündhafter Sexualität ließ sich allemal leichter akzeptieren, wenn man sie dem Teufel und seinen Assoziierten auf die Rechnung setzen konnte.[221] Nimmt man ferner die kulturelle Tatsache hinzu, daß die Andersfarbigen zugleich Andersgläubige waren, also den Stempel des „Heidnischen" trugen, wird deutlich, weshalb sich das spalterische Denken, *Wir* gegen *Nicht-Wir*, nochmals verschärfte. Und in dieses Bild paßte es vortrefflich hinein, daß die Abkömmlinge Kanaas von Noah der ewigen Knechtschaft anheimgegeben worden waren, denn damit waren Herrschaft und Sklaventum religiös legitimiert. Noch zur Zeit des amerikanischen Bürgerkrieges Mitte des 19. Jahrhunderts bedienten sich die Apologeten der Sklavenhaltergesellschaft des Südens des biblischen Arguments: das Sklaventum sei gottgewirkt und gottgewollt. Darin fanden sie die willkommene Rechtfertigungsideologie für Unterwerfung und Unterdrückung der Menschen dunkler Haut. Damit verfügten sie über eine bequeme Formel, die in ihrer Konsequenz tiefe Spuren im Kolonialismus und Imperialismus der europäischen Völker hinterlassen sollte. Und dadurch besaßen sie eine Symbolfigur, auf welche sie per Projektion alles an Verderblichkeit abladen konnten, was objektiv ihre eigene Bürde war – einen Sündenbock.

Die Dämonisierung negroider Menschen findet ihren Urgrund also in einem Mythos, der ironischerweise nicht dem Autor des betreffenden biblischen Buches angelastet werden kann, sondern spätgeborenen Christen, denen es opportun erschien, den narrativen Faden des Buches Genesis fortzuspinnen, um ein Rätsel der Menschheitsgeschichte zu lösen, nämlich: wie dunkelhäutige Menschen überhaupt in die Welt kommen konnten, da der Schöpfer Adam und Eva mit Sicherheit als hellhäutige Kreaturen geschaffen hatte, waren sie doch sein Ebenbild! Es konnte darauf nur eine Antwort geben: Sie mußten der Hölle entsprungen und die Abkömmlinge Satans sein – eine Schlußfolgerung, die sich übrigens auch den theologisch geschulten Pilgervätern aufdrängte, die im 17.

---

221 Siehe Kap. 2.6, S. 257 ff.

Jahrhundert in Neu-England ersten Kontakt mit den eingeborenen Indianern hatten. Für die Theokraten der Massachusetts Bay Colony war die Einsicht zwingend, daß Rothäute, die kaum bekleidet waren, heidnische Rituale zelebrierten, fremde Götter anbeteten, in „gefallener" Natur hausten, keine Gotteskinder sein konnten, sondern nur als Ausgeburten der Hölle in Frage kamen.

Den Roten erging es folglich nicht besser als den Schwarzen: Sie wurden Opfer von Expatriierung, Aushungerung, Unterdrückung, Bekämpfung, Genozid. Am Werk war auch hier der Mechanismus der Spaltung mit seiner doppelten Konsequenz: Dämonisierung einerseits und Selbstüberhebung andererseits. Rassismus und Religion gingen eine „unheilige Allianz" ein, deren fatale Wirkung sich bis in unsere Tage hinein fortsetzt.[222] Noch im frühen 20. Jahrhundert war der Rassismus praktisch über das gesamte Abendland verbreitet als weithin akzeptiertes sozialkulturelles Normensystem. Das Erschreckende daran ist weniger die Tatsache, daß er Unterstützung in Ländern fand, die sich etwas auf die beiden großen Quellen der Humanität, Christentum und Aufklärung, zugute hielten, als vielmehr das Faktum, daß die gefährlichen Ideologeme von der Wissenschaft mitgetragen und propagiert wurden. Aus den Wurzeln des Darwinismus, der stolz auf die Wissenschaftlichkeit seines Welt- und Menschenbildes war, wuchsen die modernen Disziplinen der Anthropologie, Soziologie, Biologie, Psychologie, Medizin und Genetik, die sich in fataler Weise ideologisch usurpieren ließen. Wer heute dem Glauben huldigt, Wissenschaft habe nichts mit Ideologie (und schon gar nichts mit Phantasie) zu tun, wird eines Besseren belehrt durch das Studium von Schriften, die damals zuhauf zirkulierten und dem Rassismus ein sozialdarwinistisches Fundament verschafften. So veröffentlichte der Historiker Madison Grant ein vielgelesenes Werk unter dem Titel *Der Untergang der Großen Rasse* (1925)[223] in dem er behauptet:

Geschichte und Biologie lehren, daß es dort, wo zwei verschiedene Rassen Seite an Seite wohnen, nur zwei Möglichkeiten gibt: Entweder die eine Rasse vertreibt die andere, so wie die Amerikaner die Indianer vertrieben und wie die Neger jetzt die Weißen in verschiedenen Teiles des Südens verdrängen, oder sie verschmelzen miteinander und bilden ein Volk von Rassebastarden, bei denen schließlich der niedrigere Typus überwiegt. Es ist eine für Gemütsmenschen unangenenhme Entscheidung, aber die Natur gibt sich lediglich mit Ergebnissen ab und macht weder Entschuldigungen noch nimmt sie solche an. Der Hauptfehler, den einige unserer wohlmeinenden Menschenfreunde von heute begehen, ist ihre unbedingte Weigerung, unvermeidlichen Tatsachen ins Auge zu sehen, wenn sie grausam erscheinen.[224]

---

222 Daß dunkelhäutige Populationen, von mythischem Denken verleitet, ihrerseits hellhäutige Menschen diskriminieren und verteufeln, läßt sich am Beispiel der Religion der Black Muslims (Nation of Islam) zeigen. S. dazu Malcolm X (1964), Kap. 14.
223 Orig. unter dem Titel *The Passing of the Great Race* (1916).
224 Madison (1922), S. 59.

Derartige Parolen fielen allenthalben auf fruchtbaren Boden. Die „unvermeidlichen Tatsachen" der Wissenschaft wurden auf mannigfache Weise aufgegriffen und kulturell umgesetzt: elaboriert, ausphantasiert, fiktionalisiert und dramatisiert. Zum Beispiel gab es in den USA zur Zeit von Madison einen einflußreichen Schriftsteller und Propagandisten namens Thomas Dixon, Jr. Traumatisiert durch die militärische Niederlage der Konföderierten im amerikanischen Bürgerkrieg und verfolgt von der Angst vor den Folgen der Emanzipation der schwarzen Sklaven verfaßte Dixon Pamphlete und Romane, welche die Rolle der rassistischen Organisation des Ku-Klux-Klan heroisierten. Der Schutz der ‚Reinheit' weißen Blutes vor ‚Besudelung' durch fremde Rassen war sein leidenschaftliches Anliegen, die ‚Aufklärung' der amerikanischen Öffentlichkeit auf der Basis sozialdarwinistischer Thesen zur Evolution der Gesellschaft seine selbsterkorene Pflicht. In Dixons Werken fungiert das Idealbild des aristokratischen Südens und seiner vormals herrschenden Schicht als These, von der sich das Negativbild der schwarzen Rasse als Antithese abhebt. Das simplistisch dichotome Denken zeigt sich beispielhaft an der Radikalität, mit der Dixon Weiß von Schwarz zu trennen sucht. Je hehrer und lichter das erste, desto abgründiger und düsterer das zweite. Die Negrophobie ist so extrem, daß sie nur auf der Grundlage traumatischer Erfahrung und deren pathogener Verarbeitung erklärt werden kann. Die Vertreter der schwarzen Rasse werden durchgängig als tierisch und/oder närrisch dargestellt, als subhumane Kreaturen auf niedrigster Evolutionsstufe, die die Qualifizierung *homo sapiens* mitnichten verdienen; es sind verabscheuenswürdige Figuren, „umhüllt von der tausendjährigen Nacht der Barbarei", widerwärtige Wesen, die der Entwicklung weißer Kultur um Jahrtausende hinterherhinken; maliziöse Monster, die den moralischen Anforderungen der zivilisierten Gesellschaft absolut nicht gewachsen sind. In diesem Bild gibt es keine Züge, die den als naturbedingt aufgefaßten Zustand hoffnungsloser Depraviertheit mildern könnten, keinerlei Qualität, die sich auch nur entfernt als erlösende Kraft deuten ließe. Das Bild der Verdammnis ist fest gefügt, seine Schwarzweißmalerei schärfstens konturiert. Daß Andersartigkeit ihre eigene Werthaftigkeit haben könnte, kommt Dixon nicht in den Sinn. Die Gesetze der Evolution, denen nach seiner Überzeugung die weiße Kultur ihre Höherentwicklung und Wertsteigerung verdankt, haben sich in ihrer Gültigkeit für die schwarze Rasse selbst suspendiert.

Typisch für ein Dixon-Porträt rassischer Minderwertigkeit ist die folgende Beschreibung eines vormaligen Sklaven namens Gus. Sie findet sich in Dixons bekanntesten Roman, *The Clansman* (1905), und ihre Suggestivabsicht könnte nicht deutlicher ausfallen:

Phil betrachtete ihn [Gus] mit Abscheu. Er hatte den kurzen, stämmigen Nacken der niederen Rangordnung der Tiere. Seine Haut war kohlenschwarz, seine Lippen so dick, daß beide sich nach oben und unten wölbten mit zackenartigen Blutmalen darüber. Seine Nase war platt, und ihre enormen Löcher schienen in dauernder Ausdehnung begriffen. Die tückischen Knopfaugen, mit braunen Flecken auf der Iris, standen weit auseinander und glühten affenähnlich unter seinen kärglichen Brauen. Seine enormen Backenknochen und Kiefer schienen über die Ohren hinauszuragen und sie fast zu verdecken. [225]

„Phrenologische Degeneration" hieß der (pseudo-)wissenschaftliche Fachterminus für derartige Schädelformationen. Phrenologie, die Lehre von der menschlichen Kopfform als Indikator für Rasse und Klasse, war ein wissenschaftlicher Irrläufer aus dem Hause des Sozialdarwinismus. Dabei handelte es sich eher um Animalisierung und Diabolisierung im Dienste einer kruden Technik der Herabwürdigung von Menschen als um anthropologische Beschreibung. Angstgetriebene Phantasie behauptete sich zu Lasten eines abwägenden, kulturell informierten Verstandes.

Die Suggestion einer naturgegebenen Verbindung körperlicher Widerwärtigkeit und ethnischer Minderwertigkeit erhält bei Dixon noch einen verräterischen Akzent: denn Gus, just von seinem Sklavenstatus befreit, hat in Dixons Phantasie nichts Besseres zu tun, als sein Auge auf ein weißes Mädchen zu werfen und seine Freiheit durch Vergewaltigung der unschuldigen Schönen zu mißbrauchen. Die Methode ist klar: Bekanntlich gilt Abscheulichkeit als besonders abscheulich, Zügellosigkeit als besonders zügellos, wenn sich damit das Odium sexueller Aggression gegen wehr- und arglose Unschuld assoziiert: „Das Mädchen stieß einen Schrei aus, lang, zitternd, herzzerreißend, jammervoll. Nur ein Tigersprung, und die schwarzen Klauen des Untiers sanken in den weichen weißen Hals, und sie war still."[226] Somit dient das Porträt nicht nur dem Versuch eines allgemeinen Nachweises rassischer Inferiorität, sondern der besonderen Evokation von physischem Ekel und moralischer Entrüstung ob einer Tat, die nach dem etablierten Sittenkodex des weißen Amerika gar nicht als verwerflich genug beurteilt werden kann. Die sogenannte Rassenschande war damals und ist zum Teil heute noch ein absolutes Tabu. (Daß die Entrüstung dabei nicht frei von Heuchelei ist und sich unter der Decke moralischer Empörung uneingestandene sexuelle Phantasien ausmachen lassen, wird uns weiter unten noch beschäftigen.)

Dem dichotomen Weltbild des Rassismus gemäß müssen die Bestialität des schwarzen Täters und die Makellosigkeit seines weißen Opfers in denkbar scharfen Kontrast gerückt werden, damit ein Subjekt mit unkontrollierter Trieb-

---

225 Dixon (1905), S. 216.
226 Ebd., S. 304.

haftigkeit einem ‚Objekt' ohne eigenes Triebleben gegenübergestellt werden kann. Die rassistische Version von *Die Schöne und das Tier* postuliert nämlich, daß zwischen beiden Unversöhnlichkeit herrschen, d. h. die Bestie unrettbar depraviert und die Schöne über jeden Argwohn einer Annäherbarkeit erhaben sein möge; denn Annäherung der Rassen (ob sexuell oder kulturell) kann für Dixon und seinesgleichen nie und nimmer Erhöhung der schwarzen, sondern nur Erniedrigung der weißen Rasse bedeuten. Bekanntlich wird diese Doktrin vom Ku-Klux-Klan heute noch vertreten.

Es gab allerdings auch Gegenstimmen, nüchterne Mahner und sachgerecht informierte Wissenschaftler, die sich vom rassistischen Ungeist nicht infizieren ließen. Der Anthropologe Franz Boas war einer der wenigen, die den pseudowissenschaftlichen Mummenschanz der Sozialdarwinisten durchschauten und vor den politischen Konsequenzen warnten. 1932, als der Fremden- und Judenhaß in Deutschland schon begonnen hatte, hysterische Formen anzunehmen und die Maschinerie der Destruktion in Gang zu setzen, äußerte er in einem mutigen Vortrag in Berlin:

Die Identifikation von Rasse und Kultur beruht auf zwei grundlegenden Denkfehlern. Einmal werden die Beobachtungen über individuelle Erblichkeit auf Völkergruppen übertragen, ohne daß man bedenkt, daß jede Volksgruppe aus unendlich vielen untereinander stark verschiedenen Erblinien besteht. [...] Ferner wird die geographische Verteilung verschiedener Kulturen als geistiger Ausdruck der Typen aufgefaßt, ohne daß der Versuch gemacht wird, einen inneren Zusammenhang nachzuweisen. Eine genaue Prüfung beweist, daß der Zusammenhang nur scheinbar ist, da dieselben Typen unter verschiedenen Verhältnissen auch verschiedenes Verhalten aufweisen, während verschiedene Typen unter gleichen Verhältnissen gleich reagieren. Die Anpassungsfähigkeit verschiedener Typen an dieselben Kulturbedingungen darf meines Erachtens als ein Axiom aufgestellt werden. Das Verhalten eines Volkes wird nicht wesentlich durch seine biologische Abstammung bestimmt, sondern durch seine kulturelle Tradition. Die Erkenntnis dieser Grundsätze wird der Welt und besonders Deutschland viele Schwierigkeiten ersparen [227]

Hätten die NS-Rassisten auf diesen Aufklärer gehört, wären in der Tat Millionen von Menschen Verfolgung und Qual, Terror und Tod erspart geblieben. Aber Rassisten wähnen sich, da sie ihr Menschenbild eher aus Affekten als aus Erkenntnissen formen und ihre Weltanschauung gegen Berichtigung abschotten, nicht aufklärungsbedürftig. Sie kommen nicht auf den Gedanken, daß der Andere einen lebensbereichernden Kontrast, einen kulturellen Gewinn für sie selbst darstellen könnte, sondern frönen dem archaischen Glauben, der Andere sei eine körperliche und kulturelle Bedrohung. Sie verweigern sich der Erkenntnis, daß die naturgebenen Gemeinsamkeiten des *genus homo* alle genetisch diagnosti-

---
227 Boas (1932), S. 19.

zierbaren und kulturell sichtbaren Unterschiedlichkeiten überwiegen. Statt dessen hängen sie der phantastischen Idee an, daß naturgeschaffene Hierarchien existieren, an deren Spitze zu stehen für sie selbst eine kulturelle Pflicht darstellt. Höchstwahrscheinlich waren die Vernichtungsöfen der nationalsozialistischen Konzentrationslager in den Phantasien der Rassisten schon konzipiert, bevor sie später effektiv gebaut wurden.

Aufklärung hat gegenüber der Macht kollektiver Phantasien einen schweren Stand, und Boas war zu seiner Zeit der sprichwörtliche Rufer in der Wüste. Doch inzwischen gibt ihm die jüngere Genforschung nicht nur prinzipiell Recht, sondern führt die überschätzte Bedeutung des Rassebegriffs fast gänzlich *ad absurdum*[228] denn: Ob Schwarzafrikaner, Asiaten oder Europäer – sie alle haben *ein* Genom, das nur unwesentliche Differenzen aufweist. Zwischen zwei Individuen aus einer ethnischen Population variiert das Genom durchschnittlich an jedem fünfhundertsten bis tausendsten DNS-Baustein. Diese minimale Differenz macht den Löwenanteil der genetischen Unterschiede zwischen den Menschen aus. Demgegenüber sind die genetischen Abweichungen zwischen zwei benachbarten Populationen und zwischen den Populationen verschiedener Kontinente – im kollektiven Vergleich – noch viel geringer. Optisch ins Auge fallende Unterschiede wie die Farbe von Haut und Haaren, die oftmals den Anlaß für Stigmatisierungen liefern, gehen zu einem großen Teil auf winzige Abweichungen in einem einzigen Gen zurück, das zum Beispiel bei der Pigmentierung eine Rolle spielt – wahrlich eine jämmerlich schwache Basis für die Rechtfertigung eines rassistischen Menschenbilds.[229]

Dennoch umfaßt das Spektrum an Negativa, das der Rassismus in die Welt setzt und anderen Gruppen blutsmäßig zuschreibt, nahezu alle dubiosen Gaben aus der Büchse der Pandora. Andersartigkeit buchstabiert sich als: Mangel an Intelligenz, Anfälligkeit für Geisteskrankheiten, Neigung zu kriminellem Verhalten, Bekenntnis zu „falscher" Religion, moralische Schwäche, geringer Leistungswille, Disposition zu asozialem Verhalten, Vernachlässigung von Körperpflege, ungezügelt lasterhaftes Sexualleben, Neigung zu subversiv-konspirativem Verhalten. Zwar hält keines dieser Merkmale ernsthafter ethnologischer Prüfung stand,[230] doch die Vorstellungen darüber sind im Umlauf wie falsches Geld, und

---

228 Zu erwähnen ist, daß der Rassebegriff als wissenschaftlicher Begriff in den letzten Jahrzehnten immer fragwürdiger, weil schwer bestimmbar geworden ist. In der ethnologischen Diskussion ist er inzwischen durch den adäquateren, kulturell ausgerichteten Begriff der Ethnie ersetzt worden. Dementsprechend ist Ethnozentrismus an die Stelle von Rassismus getreten. Wenn wir hier von Rasse bzw. Rassismus sprechen, dann im ideologischen bzw. ideologiekritischen Sinne.
229 Vgl. Stamadiadis-Smidt (1998).
230 Vgl. Cernovsky (1997).

wie falsches Geld lassen sie sich nur schwer aus dem Verkehr ziehen. Als die Juden-Pogrome der Nationalsozialisten ihrem dramatischen Höhepunkt zustrebten und als Voraussetzung für das aberwitzige Projekt der „Germanisierung" Europas die Ausmerzung des Judentums definiert wurde, schrieb der Pädagoge Friedrich Sander 1937: „Wer die Sehnsucht der Volksseele, ihr eigenes Wesen rein auszuprägen, zum Ziel verhelfen will, der muß alles Gestaltfremde ausschalten, insonderheit muß er alle fremdrassischen zersetzenden Einflüsse unwirksam machen. Die Ausschaltung des parasitisch wuchernden Judentums hat ihre tiefe ethische Berechtigung in diesem Willen zur reinen Gestalt ebenso wie die Unfruchtbarmachung der Träger minderwertigen Erbgutes im eigenen Volke."[231] – Nur ein kurzer Passus, aber Sanders Vokabular verrät beispielhaft den Rassisten: Wer von „eigene[m] Wesen" spricht und dieses für „rein" erklärt, während er der anderen Gruppe „gestaltfremde", „zersetzende", „parasitische" und „minderwertige" Attribute zuschreibt, vertritt das auf Konflikt angelegte dichotome Welt- und Menschenbild – auf dem Boden einer Lehre, wonach aus genetisch-biologischen Differenzen vermeintlich naturgesetzliche Tatsachen ableitbar sind, die kulturelle Wertunterschiede zwischen den Rassen begründen. Er postuliert das kollektive Subjekt des Volkes oder der Sippe als rassisch konditionierten Träger überlegener kultureller Leistung und Garanten hoher ethischer Norm. Danach sind Größe, Führertum, Herrschaft des eigenen Volkes erbmäßig vorgezeichnete Rechte – nicht nur im Sinne gerechtfertigter Privilegien, sondern unter Einschluß dazugehöriger Pflichten. Nicht nur *darf* Germanien herrschen, es *muß* herrschen; denn es ist kraft seiner biologischen Substanz dazu auserkoren zu herrschen. Sander begründet damit den Macht- und Größenwahn, der zur Nazi-Zeit aus einer (fiktiven) germanischen Volksseele das Privileg der Herrschaft über andere Völker abzuleiten versuchte. In der Geschichte gibt es kein abschreckenderes Beispiel für die Gefährlichkeit von Rassismus als seine Rolle im Nationalsozialismus; gleichzeitig gibt es kein lehrreicheres Exempel für die Fragwürdigkeit des biologistischen Rassebegriffs als die nationalsozialistische Ideologie. Rassismus und Nationalsozialismus waren zwei Seiten *einer* ideologischen Münze.

Wenn objektiv feststeht, daß die negativen Attribute sich nicht an der Natur des Menschen festmachen lassen, sondern ihm ethnozentrisch zugeschrieben oder in ihn hineinprojiziert werden, was ist dann der tiefere Grund für rassistische Herabwürdigungen und Verdächtigungen? Aus welchem Boden wachsen die Motive der Rassisten? – Jedwedes ideologische Denken ist letztlich von Gier nach Macht geleitet. Doch kann diese Gier der In-Group eine befriedigende Erklärung

---
231 Zit. nach Benetka (1997), S. 50.

für die erbarmungslose Anschwärzung der Out-Group liefern? Muß die Sicherung eigener Herrschaft zwangsläufig den Weg über die Verachtung, Erniedrigung oder gar Ausmerzung fremden Lebens gehen? Um darauf Antworten geben zu können, müssen wir tiefer ansetzen und von der Ebene der Ideologie auf die der Phantasie hinabsteigen.

In der inneren Welt von Rassisten spielen sich mehr Dinge ab, als alle äußerlich inszenierten Maßnahmen vermuten lassen. Die Theorien, die Rassisten entwickeln, die Propaganda, die sie verbreiten, die Politik, die sie betreiben, die Gewaltakte, die sie begehen, sind sämtlich Ausdruck sekundärer Aktivitäten, die in primären Vorgängen wurzeln. Tatsächlich basiert der Rassismus viel weniger auf definierbaren Realitäten in Geschichte und Gesellschaft als auf entschlüsselbaren Phantasien im Kopf. Wie rational durchdacht und philosophisch verbrämt er sich auch immer wieder zu geben versucht, der Rassismus gründet auf negativen Gefühlen, nicht auf etablierten Fakten und gesicherten Erkenntnissen. Er wurzelt in innerseelischen Konflikten, die nach außen getragen werden, in der psychischen Abwehr von Fremdem, Anderem, Unbekanntem, dem man *gefühlsmäßig* nichts Gutes zutraut. Gefühle sind die Triebfedern von Phantasien, und das positive Gefühl, welches die Ausübung von Macht gewährt, nährt sich aus negativen Gefühlen, die ihm latent zuarbeiten: Macht in der Außenwelt scheint der Garant dafür zu sein, daß sich Unbewußtes, Unbewältigtes, Unverstandenes in der Innenwelt in Schach halten läßt. Macht fungiert – scheinbar – als Bollwerk gegen aufsteigende Angst. Doch es ist ein trügerischer Schein:

Ein auffälliger Zug fast aller Rassisten ist ihr krankhaft obsessives Interesse an Reinheit.[232] Rassisten sind in einem psychologischen Sinne Puristen. Sie wünschen sich und definieren sich gedanklich wie körperlich als ‚rein'. Aber: Kann die Ausübung von Macht auch real sein, so ist die Vorstellung von Reinheit, die den Machtanspruch unterfüttert, auf jeden Fall ein Phantasieprodukt, eine aus krankhaftem Narzißmus geborene Illusion, die in einem dialektischen Verhältnis zu charakteristischen ‚Schmutz-Phantasien' steht. Der Reinheitskult ist die zur Schau gestellte Vorderseite einer pathologischen Beschäftigung mit Dreck, Unrat und Exkrementen als verräterischer Kehrseite. So wie das Licht den Schatten erst sichtbar macht, so tritt beim Rassisten die eigene Reinheit offenbar umso deutlicher hervor, je schärfer sie sich vom Schmutz der Anderen abhebt. „Schweinischer Jude", „dreckiger Nigger", „verlauster Polack", „stinkender Araber", „Scheiß Kanake" – so oder ähnlich lauten die Attribute, durch welche die inneren Schmutz-Phantasien in die äußere (verbale und soziale) Wirklichkeit projiziert werden, wenn bestimmte Stimuli dies auslösen. Tabuisierte Kontakte mit den Mitgliedern fremder Rassen pflegen heißt die eigene Rasse „beflecken",

---

[232] Vgl. Heim (1992).

„besudeln", „verunreinigen", „in den Schmutz ziehen"; denn für den Rassisten scheinen die Anderen stets in der Nähe von Kloaken zu wohnen. Es umgibt sie eine Aura aus Konnotaten des Analbereichs. Die Nazi-Propaganda war außerordentlich erfolgreich darin, Gegner als übelriechenden Dreck und infektiöses Ungeziefer zu phantasieren, um ihre eigenen Aggressionen und sadistischen Neigungen als eine notwendige Säuberungsaktion zu rechtfertigen. Deutschland sollte „judenrein" sein, als ob es sich beim Antisemitismus um die Bekämpfung einer bösen Epidemie oder die Säuberung eines verdreckten Kellers handelte. In den NS-Propagandafilmen wurden Bilder von in Konzentrationslagern zusammengepferchten Juden mit denen von wimmelnden Ratten zusammengeschnitten, so daß die gefräßigen Nager zur Metapher jüdischer „Volksschädlinge" wurden. Dabei lieferten die Ratten aber nur *eines* der zahlreichen Bilder, die mit variantenreicher Phantasie auf die vermaledeiten Juden angewandt wurden: „Ungeziefer", „Bazillen", „Heuschrecken", „Parasiten", „Völkervampire", „Blutsauger" und „Schmarotzer" mußten ebenso herhalten, um einerseits der Verachtung, andererseits der Angst Ausdruck zu verleihen, die das rassistische Reaktionsmuster bestimmen. Tatsächlich gehören der Säuberungswahn und die von ihm erzeugten Phantasien konstant zum rassistischen Syndrom, und folgerichtig gehörte der Begriff der „Rassenhygiene" zum offiziellen Vokabular von NS-Funktionären und -Wissenschaftlern.

Tief verankerte Gefühle sind beharrlich, und der Rassismus ist in Gefühlen verankert. Um seine Beharrlichkeit zu demonstrieren, braucht man in jüngerer Zeit nur einen Blick auf die Parolen des österreichischen FPÖ-Politikers Jörg Haider zu werfen.[233] Haider scheute nicht davor zurück, seine politischen Gegner als „rote und schwarze Filzläuse" zu bezeichnen und seine eigene Bewegung als „Schädlingsbekämpfungsmittel" anzupreisen. Im Wahlkampf 1995 versprach er seinen Gesinnungsgenossen, er werde im Falle seines Machtantritts Österreich „ausmisten". Zur Inszenierung entsprechender symbolischer Handlung schenkten ihm seine Anhänger daraufhin eine Mistgabel nach der anderen, und das Bild vom Ausmisten machte auf Haiders Wahlveranstaltungen die Runde. Zwei Jahre später gelangte ein Amateurvideo von einer Versammlung ehemaliger Waffen-SS-Mitglieder in die Medien, in welchem Haider die versammelten alten Herren als „anständig" gebliebene Idealisten und Vorbilder für die Jugend lobte. Demgegenüber wurden seine Kritiker als „Jauchewerfer" und „Schmeißfliegen der Diffamierung" verunglimpft.

Im Lager der Faschisten setzt sich das seelische Erbe der Schmutzphantasien – jeder Aufklärung spottend – wie ein Fluch über die Generationen fort. Eine ostdeutsche Neonazi Skinhead-Band, von der international agierenden Bewe-

---

233 S. dazu Ottomeyer (1997), S. 121 ff.

gung „Blood and Honour" gefördert, produzierte unlängst eine CD – einer der Titel: „Dreck muß weg!" Bilder aus dem Kloaken- und Analbereich sind in der rassistischen Rhetorik gängige Stilmittel, wenn es symbolisch um rücksichtsloses Hinausfegen fremder Ethnien, um radikales Ausbrennen von vermeintlichen Schädlingen geht. Ratten, Maden, Läuse – Wesen auf den niederen Stufen der Evolution, Bewohner aus den Gefilden des Unflats und Parasitentums – müssen herhalten, um die gewünschte Sozialhierarchie herzustellen. Die phantasierte Herabwürdigung, Verletzung und Zerstörung von Menschen erfüllt dabei, unabhängig von möglichen praktischen Konsequenzen, einen doppelten Zweck: den einer Befriedigung sadistischer Impulse sowie den einer Genugtuung durch narzißtische Selbsterhöhung. Das Menschliche als phantasiertes Nichtmenschliches verleugnet die gemeinsame humane Basis und senkt so die Hemmschwelle für Aggressionen.

Die Vertreter der verhaßten Gruppen können sich waschen, schrubben, deodorieren, wie sie wollen, sie können ihre Kleider desinfizieren, ihre alltäglichen Gebrauchsartikel sterilisieren – sie bleiben für den Rassisten schmutzig, anrüchig, dunkel, unberührbar. Sie bleiben es, weil sie es in seiner Phantasie bleiben *müssen*, da sich das Ideal der Reinheit erst durch sein Gegenteil, die Phantasie der Unreinheit, deutlich genug profiliert. Die Reinheit des arischen Blutes, das die Nationalsozialisten kultivierten und zu einem völlig fiktiven Kriterium für Leistung, Adel, Tugend erhoben; die Reinheit der weißen Frau, die der Ku-Klux-Klan glorifizierte, um sie vor sexuellen Übergriffen und „Rassenschande" zu bewahren; die Reinheit der Serben, die der ehemalige jugoslawische Präsident Milosevic durch „ethnische Säuberungen" sicherzustellen suchte, sind sämtlich Symptome einer zwiespältigen Gefühlslage, in der Abscheu und Anziehung sich wechselseitig bedingen. Die Psychoanalyse lehrt, daß Haß und Ressentiments, die gegen einen Anderen gerichtet sind, stets auch Inhalte treffen, die im eigenen Seelenhaushalt beheimatet sind: unbewußte, vom Über-Ich zensierte, vom Ich verpönte Inhalte, die zum Bewußtsein nicht zugelassen werden, aber zu machtvoll sind, um erfolgreich verdrängt oder sublimiert zu werden. So postulierte Sigmund Freud die Existenz einer anal-sadistischen Phase, die unter bestimmten Entwicklungsbedingungen zu einer sexuellen Perversion entarten und einen entsprechenden Persönlichkeitszug, den sadistisch-analen Charakter, zur Folge haben kann.[234] Dieser Zug ist „Ausdruck eines Bemächtigungstriebes, der leicht ins Grausame übergreift".[235] Er resultiert aus einem sexuellen Interesse an „unziemlichen Beschäftigungen mit Kot" und markiert einen Partialtrieb, der normalerweise nach abgelaufener Kindheit verschwindet,

---

234 Freud (1941d) *G.W.* Bd. 7, S. 203–209.
235 Freud (1940a), *G. W.* Bd. 11, S. 339.

hier jedoch sein abnormes Interesse am Unsauberen, vom Körper Ausgeschiedenen behält – nicht in Gestalt irgendeiner physischen Handhabung, sondern in Form einer psychischen Reaktionsbildung. Das heißt, der bewußte Kult des Reinen ist die Abwehrreaktion auf das unbewußte Interesse am Unreinen. Seine gefühlsmäßigen Korrelate sind Aggressionslust und (bei Unterdrückung) Angst – zwei Triebkomponenten mithin, die nach verbreiteter Auffassung von Psychoanalytikern dem rassistischen Persönlichkeitstyp zugehören.[236] Klaus Ottomeyer, ein zeitgenössischer Analytiker, schreibt:

> Mit der Lockerung der Reinlichkeitsdressur in der Kindererziehung, die vielerorts nach dem Zweiten Weltkrieg eingetreten ist, haben sich offenbar die Triebspannungen um das Anale herum und ein damit verbundener Selbsthaß des modernen Subjekts kaum abgebaut. Trotz beständiger Desinfizierung der Körper und unmittelbaren Lebensräume muß ein tiefsitzendes Gefühl vom eigenen Schmutzigsein und von der produzierten Verschmutzung geben, das auf Entsorgung über „Container" und Sündenböcke wartet. Die Brandanschläge wurden in Fernsehinterviews von biederen Anwohnern damit begründet, daß rumänische Flüchtlingskinder und vielleicht [!] auch Erwachsene öffentliche Räume als Toiletten benutzt hätten. Flüchtlinge werden von Behörden mit großer Regelmäßigkeit so untergebracht, daß Abfall und Schmutz um sie herum viel sichtbarer werden als bei den Inländern. So kann man die anale Aggression noch systematisch fördern[237]

Die unbewußte Fixierung auf die dunkle Seite der eigenen Psyche, für welche der Andere symbolisch steht, verlangt nach einer bewußten Distanzierung und schafft sich den Freispruch vom schlechten Gewissen durch Bekenntnisse zur Reinheit. Das uneingestandene Interesse an dunkler Haut, exotischem Habitus, fremder Sitte u. dgl. wird zu einem Faszinosum, das einen permanenten Unruhefaktor darstellt. Der Rassist kann den Anderen nicht in Ruhe lassen, weil es letztlich die latenten Impulse und dunklen Motive im eigenen Innern sind, die *ihn* nicht in Ruhe lassen. Er haßt ihn, aber er braucht ihn. Er verachtet ihn, aber er befaßt sich mit ihm. Die Distanz, die er durch den Reinheitskult zu schaffen versucht, ist in Wirklichkeit keine Entfernung vom Objekt seines Ärgernisses, sondern eine pervertierte, symbolisch vollzogene Annäherung, es ist Kontaktaufnahme über einen anderen Weg: "Ich setze mich ab von dir, aber je weiter ich mich bewußt absetze, desto näher rücke ich unbewußt an dich heran." Die Distanzierung, von der man Trennung (und damit Entschärfung des Problems) erwarten würde, erhöht in Wirklichkeit die bipolare Spannung. Man denke über folgende Paradoxie nach: Keine gesellschaftliche Gruppe hat sich ideologisch jemals so intensiv mit dem Judentum auseinandergesetzt wie die Nationalsozialisten, und keine Gruppe wollte jemals auf vergleichbare kulturelle Distanz zu den Juden gehen. Aber gleichzeitig ist keine Gruppe den Juden so auf den Leib

---

236 Vgl. Kovel (1984).
237 Ottomeyer (1997), S. 123–124.

gerückt, hat sie physisch so bedrängt, malträtiert, manipuliert, mit ihnen experimentiert wie die Nationalsozialisten. Nur eine aus Haßliebe geborene, Abstoßung und Anziehung einschließende Ambivalenz vermag dieses Paradox zu erklären. Und nur eine Gefühlsmischung aus Negativem und Positivem kann den Schlüssel zum Verständnis einer Ideologie liefern, deren Irrationalität selbstzerstörerisch enden mußte.

Wie angedeutet, ist das perverse Interesse am Anderen sexuell konnotiert – nicht nur im Sinne anal-sadistischer Impulse, sondern offenbar auch im Rahmen anderer, z. B. ödipaler Konfigurationen. Die rassistischen Phantasien stecken voller Ängste, die dem Anderen sexueller Aggressionsabsichten gegenüber dem ‚Eigenen' verdächtigen. Das oben erwähnte Beispiel aus Dixons Roman ist symptomatisch für die paranoide Unterstellung, die männlichen Vertreter fremder Rassen hätten es stets auf die Frauen der eigenen Rasse abgesehen, was naturgemäß Eifersuchtsgefühle bei der männlichen und (neugierige) Angst bei der weiblichen Bevölkerung schürt. Da wir es mit einem Faszinosum, zwiespältigen Impulsen der Anziehung und Abstoßung, zu tun haben, sind diese negativen Gefühle gefärbt von einem uneingestandenen Interesse an der Sexualität des Anderen, ihren vermuteten dunklen Geheimnissen. Der/die Andere wird nicht nur als kulturell, sondern auch als sexuell anders phantasiert. In bezug auf die Männer: aggressiver, viriler, potenter, erfahrener, zugleich aber auch ungezügelter, rücksichtsloser, brutaler, animalischer. In bezug auf die Frauen: mysteriöser, attraktiver, sinnlicher, erotischer, zugleich aber auch lasziver, unersättlicher, gefährlicher, sündhafter. Schier unausrottbar ist der Mythos, die Männer exotischer Rassen seien mit überproportionalen Genitalien ausgestattet, was schon äußerlich auf ihren übergebührlichen sexuellen Appetit hinweise, die Frauen mit besonders üppig ausgebildeten Körperformen ‚gesegnet', was unmißverständlich als Zeichen ihrer angeborenen Wollüstigkeit zu gelten habe. Der Arzt Paolo Mantegazza schrieb 1886:

> Die Beobachtungen über die verschiedene Form und die verschiedene Ausdehnung der Genitalien bei den verschiedenen Rassen sind noch sehr spärlich; bekannt aber ist bereits, daß das männliche Glied bei den Negern im allgemeinen viel größer ist als bei den anderen Völkern, und während der Jahre, in denen ich in Südamerika als Arzt praktizierte, habe ich diese Tatsache mit meinen eigenen Augen gesehen. Diesem größeren Volumen der Geschlechtsteile des Mannes entspricht auch eine größere Weite der Schamteile der Negerinnen. Falkenstein hat gefunden, daß die Neger in Loango eine sehr starke Rute haben, und daß ihre Frauen mit der Umarmung der Europäer ziemlich unzufrieden sind.[238]

Dies ist das weit verbreitete Vorurteil von der „genitalen Hypertrophie der

---

238 Zit. nach Dijkstra (1999), S. 170–171.

niederen Rassen". Seriösen Nachprüfungen und Messungen, gegründet auf vergleichende Statistik, halten die Behauptungen freilich nicht stand. Sofern ethnographische Differenzen bestehen, sind sie minimal und erlauben keine Schlüsse auf differierende Triebhaftigkeit, schon gar nicht auf Distinktionen wie Humanität vs. Animalität.[239] Wieder einmal haben wir es mit pseudowissenschaftlichen Informationen zu tun, in die sich sexuelle Phantasien mischen, die aus Fiktionen Fakten zu machen bestrebt sind. Ihre wissenschaftliche Fundierung ist schwach, aber ihre nachwirkende Resonanz stark: Tatsache ist, daß in den westlichen Ländern Prostituierte, Bardamen und Stripteasetänzerinnen zwar einen denkbar niedrigen sozialen Status genießen, daß sie aber vorzugsweise aus Ländern rekrutiert werden, deren Exotismus sie mit besonders reizvoller Erotik verbindet und entsprechende Erwartungen nährt. Offenes Geheimnis ist auch, daß so manche weiße Frau sich insgeheim Träumen über körperliche Vereinigung mit schwarzen Männern hingibt, von denen sie sich besondere sexuelle Befriedigung verspricht.[240] Die gleiche konflikthafte Ambivalenz wie im Antisemitismus. Der gleiche Reiz des Verbotenen.

In den Vereinigten Staaten sprechen Psychologen unter dem Aspekt der Sexualisierung des Rassismus zum Beispiel vom „rape complex", der zwanghaften Vorstellung des weißen Amerika, der Sexualtrieb schwarzer Männer finde seine bevorzugte Abfuhr in der Vergewaltigung weißer Frauen und Mädchen.[241] Es ist das Grundmuster verbotener Früchte, das, einer ödipalen Situation entsprechend, alle möglichen Konsequenzen konfliktbesetzter und gewaltbereiter Handlung zeitigt. Die an der schwarzen Bevölkerung der USA geübte Gewalt war überwiegend (und ist teilweise heute noch) sexuelle Gewalt. Das besonders in der Folgezeit des Bürgerkrieges praktizierte Lynchritual sah vor der Hinrichtung des Opfers im Regelfall dessen Kastration vor, den öffentlichen oder heimlichen Vollzug einer physischen wie symbolischen Handlung der Entsexualisierung eines Rivalen. Offiziell als Abschreckung gedacht und als Bestrafung intendiert, war das Lynchritual symbolisch die Inszenierung eines Racheaktes seitens des weißen Patriarchen gegenüber dem unbotmäßigen schwarzen Sohn. Ideologisch diente es dem Schutz der weißen (Ehe-)Frau vor Übergriffen durch den schwarzen Mann; psychologisch war es ein Ventil zum Ausagieren sadistischer Triebe, die ihren Nährboden in sexueller Frustration/Aggression hatten. Aus genitaler Rivalität wurden die bedrohlichen Seiten der eigenen Sexualität einseitig dem Anderen angelastet und über seine Ausmerzung ihrer Bedrohlichkeit entkleidet. Man weiß heute: Die überwiegende Zahl der Opfer rassistischer Lynchjustiz war

---

239 Siehe Cernovsky (1997), S. 85 f. sowie Weizmann u. a. (1990).
240 Siehe Friday (1980), S. 155 ff.
241 Vgl. Hernton (1965).

im Sinne der Anklagen unschuldig. Sie waren erwiesenermaßen keine Vergewaltiger, hatten aber das Unglück, im permanenten Verdacht zu stehen, es zu sein. Dazu bedurfte es nicht viel; denn die Grundlage der Verdächtigungen waren selten nachgewiesene Taten oder gesammelte Indizien für Taten, als vielmehr herbeiphantasierte Akte. Die Schwarzen unterstellte Bereitschaft zu sexueller Gewalt, ihre angebliche Neigung zu phallischer Aggression, war eine von weißer Seite *projizierte* Bereitschaft, die als solche jedoch ausreichte, um ödipale Vergeltung auf den Plan zu rufen und in reale Gegengewalt umzuschlagen.[242]

Die hohe Zeit der rassistisch motivierten Lynchmorde ist mittlerweile vorbei, und der Ku-Klux-Klan ist auf nationaler Ebene keine ernstzunehmende politische Kraft mehr. Doch zu denken gibt folgendes: Wenn im heutigen Amerika Rassenunruhen ausbrechen, stellen Psychiater in den Angstträumen ihrer weißen Patienten immer noch Motive und Symbole fest, die dem „rape complex" entstammen.[243] Es mag sich um ganz ‚normale', aufgeklärte, vorurteilsfreie Bürger handeln, Menschen, welche sich über den Verdacht des Rassismus erhaben wähnen – die wieder aufflackernde Angst aus einem unbewältigten Kapitel der Sozialgeschichte des Landes genügt, um sie im unbewußten Seelenleben rassistische Abwehrstellungen einnehmen zu lassen. So erweist sich das Phänomen als eine schwere Hypothek.

Im Kopf von Rassisten zieht die Sexualität des Fremden regelmäßig Aufmerksamkeit auf sich. Daß die Vertreter fremder Gruppen oder Rassen als Träger für bedrohliche Triebhaftigkeit, als gefährliche ödipale Rivalen fungieren, die es auszuschalten gilt, erhellt mustergültig aus der Geschichte des Nationalsozialismus. Freud hatte zu seiner Zeit bereits die Vermutung geäußert, daß der „Kastrationskomplex", verbunden mit Phantasien, die um den beschnittenen Penis des Juden kreisen, die „Wurzel des Judenhasses" sei.[244] Danach wird der Jude abwechselnd als halb kastriert, weil beschnitten, und als überpotent, d. h. als jemand, der die Kastration überstanden hat, phantasiert. Er ist auf mannigfache (gesellschaftliche, wirtschaftliche, religiöse, rassische) Art bedrohlich, vor allem aber ist er sexuell gefährlich. Die unselige Verquickung von erotischen Phantasien und kriegerischen Handlungen haben wir oben (S. 231) schon gezeigt. In der Phantasie wird das Eindringen des Fremden als schmerzvoll-schmachvolle Penetration erlebt, wohingegen das eigene Eindringen in fremdes Territorium sexuelle Euphorie auslöst, die sich dann oft genug in realen Vergewaltigungsaktionen austobt. Die Eros-Thanatos-Verquickung, an die Freud glaubte, scheint hier bestätigt.

---

242 Vgl. Cash (1960).
243 Siehe Kovel (1984), S. 72 f.
244 Freud (1941), *G.W.* Bd. 8, S. 165, Anm. 2.

Adolf Hitlers *Mein Kampf* steckt voller verräterischer Bilder von Juden, die ständig darauf erpicht sind, deutsche Frauen und Mädchen zu schänden und dadurch den „Volkskörper" zu verseuchen. Wie Hitler behauptet: „Planmäßig schänden diese schwarzen Völkerparasiten unsere unerfahrenen, jungen, blonden Mädchen und zerstören dadurch etwas, was auf dieser Welt nicht mehr ersetzt werden kann."[245] Um sich diese „Planmäßigkeit" so auszumalen: „Der schwarzhaarige Judenjunge lauert stundenlang, satanische Freude in seinem Gesicht, auf das ahnungslose Mädchen, das er mit seinem Blute schändet und damit seinem, des Mädchens, Volke raubt. Mit allen Mitteln versucht er die rassischen Grundlagen des zu unterjochenden Volkes zu verderben. So, wie er selber planmäßig Frauen und Mädchen verdirbt, so schreckt er auch nicht davor zurück, selbst im größten Umfange die Blutschranken für andere einzureißen."[246] Dies ist die Vorstellung, daß der Rassenkrieg vor allem auf dem Schlachtfeld menschlicher Sexualität ausgetragen wird und daß Rassenmischung einer Blutvergiftung des „Volkskörpers" gleichkommt. Sie entspringt gänzlich der lasziven, paranoiden Phantasie Hitlers und seinesgleichen;[247] denn die Kriminalgeschichte des Dritten Reiches weist keine rassistisch motivierten Vergewaltigungen „arischer" Frauen durch jüdische Männer auf. Wo sexuelle Kontakte von Juden und Nicht-Juden stattfanden, dürfte es sich um normale Intimbeziehungen aufgrund wechselseitig bestehender Anziehung gehandelt haben – ohne das triumphale Bewußtsein, Akte von rassischer Bedeutung vollzogen zu haben. Zu „Schändungen", „Entweihungen", „Verseuchungen" wurden sie erst durch einen ideologisch pervertierten Sittenkodex auf der Grundlage der Nürnberger Rassengesetze von 1935. Hier parallelisiert die Ideologie der NSDAP die Doktrin des Ku-Klux-Klan.

In der Phantasie vertreten Deutschland und die deutsche Frau einander metaphorisch. Die deutsche Heimat figuriert als Mutter in einem ödipalen Drama, in dem der Jude als mächtiger Rivale auftritt, der sie vergewaltigen, in sie eindringen, ihrem rechtmäßigen ‚Besitzer' nehmen will. Welche gesellschaftliche Rolle ihm auch zugeschrieben wird, welche pseudowissenschaftliche Diagnose jüdischen Charakters auch erstellt wird, sie ist nie ganz frei vom Argwohn einer Usurpation sexueller Gelüste, und dieser ist wiederum nicht unabhängig von phantasierten/projizierten Komponenten. Deutlicher noch als Hitler geht sein Propagandaminister Joseph Goebbels auf die ödipale Konfiguration ein, wenn er anklagend schreibt: „Wenn jemand deine Mutter mit der Peitsche mitten durchs

---

245 Hitler (1937), S. 630.
246 Ebd., S. 357.
247 Vgl. Fromm (1980), S. 360 ff.

Gesicht schlägt, sagst du dann auch: Danke schön! Er ist auch ein Mensch!? Das ist kein Mensch, das ist ein Unmensch! Wieviel Schlimmeres hat der Jude unserer Mutter Deutschland angetan und tut es ihr noch an! Er hat unsere Rasse verdorben, unsere Kraft angefault, unsere Sitte unterhöhlt und unsere Kraft gebrochen."[248]

Wo genau Goebbels' Denkweise ihren Anfang nimmt – ob bei der vorgegebenen nationalsozialistischen Ideologie, die dann mittels der Phantasie in sprachliche Bilder gekleidet wird, oder bei einer spontan entwickelten Phantasie, die dann in den Dienst der Ideologie tritt, läßt sich nicht bestimmen. Entscheidend für die Beurteilung ist, daß eine paternalistische Betrachtung herrscht, die ihren eigenen Herrschaftsanspruch so gegen den (unterstellten) Anspruch der fremden Rasse zu behaupten sucht, daß der Konflikt negativ emotionalisiert wird: Rache für eine (angeblich) geschändete Mutter, die den Namen Deutschland trägt. Aggressive Absichten, die ganz offensichtlich der eigenen Psyche angehören, werden auf den Anderen projiziert, im sadistischen Bild von der Peitsche phantasievoll ausgemalt, um auf diese Weise Abscheu und Zorn gegen den Transgressor zu mobilisieren. Um eigene schlimme Ressentiments gegen das Judentum zu rechtfertigen, muß der Spieß (durch Reaktionsbildung) umgedreht und das Judentum viel schlimmerer Motive bezichtigt werden. In der aufwallenden Empörung über Unsittliches, Unmenschliches ist es denn auch nicht verwunderlich, daß Goebbels, indem er der Phantasie die Zügel schießen läßt, die Logik opfert: Denn wenn der Jude die Rasse verdorben, die Sitte unterhölt und die Kraft gebrochen hat, wenn das „verderbliche völkische Element" schon auf breiter Front obsiegt hat, dann ist schwer verständlich, wie der Nationalsozialismus den vollzogenen Niedergang der arischen Rasse noch aufhalten oder gar wenden will. Schließlich ist gebrochene Kraft eingebüßte Kraft – doch solcher nüchternen Überlegung ist die überhitzte Phantasie offensichtlich nicht fähig.

Fast alle ehemals führenden Nazi-Größen sind heute tot. Aber ihre Ideen leben gefährlich fort, und mit den infektiösen Ideen die schwer tilgbaren Phantasien von Rasse, Größe und Volk. Auf einer Webseite der Jungen Nationaldemokraten Baden-Württemberg vom August 2000 heißt es – in bestem Nazi-Vokabular: „Ein neues Menschenbild entsteht aus der nationalen Revolution aus uns und vor uns als maßgebend für die Lebensordnung und verpflichtend für die Menschenformung, als Leitbild der Zukunft: der in der völkischen Lebensganzheit gliedhaft gebundende Mensch, eingespannt zwischen Rasse und Geschichte, zwischen seiner Naturgegebenheit und der auferlegten geschichtsbildenden Aufgabe, dessen persönliches Werden sich erfüllt aus Teilhabe an der Substanz der völkischen Lebensganzheit, in der dienenden Gliedschaft, im rassischen

---

248 Zit. nach Ottomeyer (1997), S. 126.

Charakter, in der Arbeit und [im] Kampf um die politische Lebensrichtung ... ."
Man muß kein Experte für nationalsozialistische Ideologie sein, um sich ausmalen zu können, was „rassischer Charakter" und „Kampf um die politische Lebensrichtung" implizieren. Ein Minimum an geschichtlichem Denken reicht aus, um in solchem „neuen Menschenbild" die spukende Wiederkehr der alten Phantasien als dessen Basis zu erkennen. Der Virus des Rassismus ist noch virulent.

2.7 Das lebendige Böse: Dämonische Phantasien

Tief verankerte und kollektiv verbreitete Phantasien sind selten folgenlos; denn ihnen eignet die Fähigkeit, aus einer mythischen Matrix eine schwer widerstehbare Geistesmacht zu ziehen, die sich um Kritik wenig kümmert. Zu den inhaltlich schrecklichsten und wirkungsgeschichtlich verheerendsten Phantasieprodukten, die jemals in der abendländischen Kultur- und Gesellschaftsgeschichte Einfluß ausübten, zählt ein theologisches Werk: der berühmt-berüchtigte *Hexenhammer* oder *Malleus maleficarum*, zusammengestellt im späten 15. Jahrhundert von zwei dominikanischen Inquisitoren, Heinrich Institoris und Jakob Sprenger, 1487 zum ersten Mal gedruckt, 1609 zum dreißigsten und letzten Mal aufgelegt. Der *Hexenhammer* ist das vielleicht abschreckendste Zeugnis für die Exzesse des Dämonenglaubens, der davon genährten Phantasiegespinste und seiner unvorstellbar destruktiven Wirkung auf die Gesellschaft, insonderheit ihren weiblichen Teil. Er ist das erschütternde Dokument einer geistigen Verirrrung, die – vielleicht mit Ausnahme der Juden-Pogrome – in der Geschichte der Menschheit ihresgleichen sucht. Zugleich ist es ein hochinteressantes Werk, das Aufschluß gibt über die wundersamen Wege menschlichen Denkens, Fühlens und Handelns, wenn diese von einem Zeitgeist diktiert werden, der uns in seiner Perversion heute nur noch schwer begreiflich gemacht werden kann.

Formal ist das Werk eine großangelegte Rechtfertigungs- und Anleitungsschrift für die prozedurale Praxis der Inquisition, geschrieben gegen den vom Klerus gefürchteten subversiven Einfluß der Ketzerei. Äußerst penibel werden die Verfahrensschritte festgelegt, mittels derer die Bräute und Komplizen Satans ausfindig gemacht, ihrer Schandtaten überführt, zur Erpressung von Geständnissen ‚kunstgerecht' gefoltert und zur Abschreckung auf dem Scheiterhaufen hingerichtet werden. Ein heutiges Handbuch zum Gebrauch von Hochleistungscomputern kann kaum detaillierter und komplizierter ausfallen als diese höchst gewissenhafte ‚Dienstanweisung' zur Durchführung von hochnotpeinlichen Verfahren. Psychologisch ist der *Hexenhammer* ein überaus komplexes Gebilde, ein facettenreicher Spiegel des fatalen Zusammenwirkens von mythischem Glauben, neurotisierter Phantasie, ideologischer Verblendung und paranoidem Wahn. Tatsächlich haben wir es mit einer Weltanschauung zu tun, in welcher der Phantasieanteil, obwohl identifizierbar, so mit anderen geistigen Prozessen verquickt ist, daß ein vielschichtiges Denk- und Verhaltensmuster resultiert, das die mentale *facultas* der Phantasie weit überschreitet.

Versucht man, so etwas wie eine hierarchische Ordnung in diese Geisteshaltung zu bringen, wird man sagen können, daß das Phänomen auf einem magisch-mythischen Fundament (Dämonismus als kollektive Glaubensstruktur) ruht, dort mit allerlei grotesken Phantasiegebilden (Geschichten von Dämonen und Hexen) angereichert wurde, dann vom ideologischen Denken (Machtanspruch des Klerus) ergriffen und in eine Pseudowissenschaft (Dämonologie) gegossen wurde, um schließlich in kollektive Wahnvorstellungen (Paranoia, Massenhysterie, Halluzinationen) oder sexuelle Abartigkeiten (Sadismus, Voyeurismus) auszuarten. Dämonische Phantasien unterscheiden sich also von anderen, z. B. tagträumerisch-erotischen, durch einen viel höheren Grad des Eingebundenseins in eine komplexe Struktur, die eine ganze Bewußtseinslage bestimmt. Im weitesten Sinne des Wortes könnte man sie als den Überbau eines dämonischen Welt- und Menschenbildes bezeichnen, der auf einer mythischen Basis ruht. Einerseits sind die Aktivitäten frei in den Möglichkeiten wild wuchernden Fabulierens; andererseits sind sie gebunden und tief verankert im Mutterboden der kollektiven Psyche. Dadurch sind sie kompulsiv in einer Weise, wie es die meisten anderen Vorstellungsgebilde des Menschen nicht sind.

Der Dämonen- oder Teufelsglaube wird umrankt von allerlei neurotischen Phantasien, die, nimmt man sie unter die Lupe, auf unbewältigte, aus Selbst- und Naturentfremdung resultierenden Konflikte hindeuten. In dämonischen Phantasien wird der Mensch, ohne es zu wollen und zu wissen, zu seinem eigenen und ärgsten Feind. Im Extremfall wird er, ohne sich selbst zu erkennen, zum Zerstörer seiner selbst. Er entwickelt zum Beispiel die Vorstellung,
– daß man mit dem Teufel einen Pakt zur Selbsterhöhung schließen kann, der einem am Ende die unsterbliche Seele kostet;
– daß Hexen als Satans Gehilfinnen die Naturgesetze aufheben und auf Besen, Mistgabeln oder Ziegenböcken reitend fliegen können;
– daß die Kongregation der vereinigten Dämonen sich einmal im Jahr auf dem Blocksberg (oder andernorts) trifft, um dort orgiastisch die Walpurgisnacht zu feiern;
– daß der Teufel seine Gestalt wechseln, als Katze, Kröte, Rabe, Bock, Wolf, Vampir, Drache erscheinen und sich bei Bedarf auch unsichtbar machen kann;

– daß Hexen ihren obersten Gebieter in Satan haben, für den sie tätig sind und der von ihnen Ehrerbietung (in Form obszöner Handlungen) erwartet;
– daß Hexen und Zauberer andere Menschen „verhexen", also ihnen über Fernwirkung Schaden zufügen oder sie sonstwie manipulieren können;
– daß Dämonen in Menschen hineinfahren und sie seelisch quälen und körperlich zugrunde richten können;
– daß Hexen in Naturprozesse eingreifen und Vorgänge wie Wetter, Saat und Ernte, Verlauf von Krankheiten, Eintritt von Schwangerschaften u. dgl. beeinflussen können;
– daß Hexen über alchimistisches Geheimwissen verfügen, das sie für dubiose Zwecke (z. B. Schadenszauber) in besonderen Hexenküchen praktizieren;
– daß Satan mit Vorliebe ‚schwache' Frauen verführt und ihnen als Incubus geschlechtlich beiwohnen kann (Teufelsbuhlschaft).

Jahrhundertelang wurden solche Phantasien, indem ihr Grundbestand zu einem Thema mit infiniten Variationen ausgearbeitet wurde, amplifiziert und modifiziert. Das Ergebnis war ein verzweigtes mythologisches System, das schier endlos abgewandelt, ergänzt, ausgeschmückt, revidiert, in Frage gestellt und erneuert wurde. Besonders skurril waren zum Beispiel die strittigen Vorstellungen, die von hochgelehrsamen Männern über die Teufelsbuhlschaft entwickelt und hitzig diskutiert wurden. Eine rohe, verräterische Sinnlichkeit konkurrierte darin mit der allergrößten akademischen Ernsthaftigkeit. Persönliche Hungerphantasien vergegenständlichten sich zu dogmatisch verkündeten ‚Weisheiten'. Einig war man sich darin, daß der Leibhaftige vorzugsweise donnerstags erschien, um schwachen Weibern seine unkeuschen Besuche abzustatten. Einigkeit bestand auch in der (männlichen) Überzeugung, daß eine ungebührliche Geilheit der Frauen für die diabolischen Umtriebe als ursächlich anzusehen sei. Ohne Ausnahme wurde Satan – von beiden Geschlechtern – als ebenso unersättlich wie potent angesehen. So sagte eine gewisse Alexia Dragaea 1598 in einem Lothringer Hexenprozeß aus, der Penis des Teufels sei „groß als ein Ofengabel-Stiel", während eine andere Angeklagte, Isobel Gowdie, bezeugte, das Teufelsglied sei kalt wie Eis und „groß wie das Glied eines Pferdes."[249] Äußerst umstritten war indes die Frage, wie es der Teufel als dämonisches Wesen überhaupt anstelle, seine fleischliche Begierde zu befriedigen, und ob der sexuelle Kontakt zu Konsequenzen in Form von Nachwuchs führe. Bestanden einige ‚Zeuginnen' darauf, von feurigen Drachen zum Verkehr gezwungen worden zu sein, hielten sich andere an Satan als Verführer in schöner Jünglingsgestalt.[250] Was einige Experten

---
249 Zit. nach *Spiegel*, Nr. 52 (1986), 156.
250 Umgekehrt konnte er aber auch als verführerisch schönes Weib, als Succubus, erscheinen.

hinwiederum zu dem Schluß führte, Satan, der ja häßlich sei, mache zu diesem Zweck Gebrauch von den Leibern Gehenkter, deren schöne Gestalt und kalten Samen er raube. Glaubten einige Gelehrte, die Kopulation könne *per naturam* keine Schwangerschaft auslösen, waren andere der Auffassung, aus der Verbindung ginge die sogenannte Teufelsbrut (Raupen, Würmer, Spinnen, Eidechsen, Mäuse) hervor, die der Menschheit Krankheit und Siechtum brächte.

Die aufwendigsten Phantasien wurden natürlich auf bildhafte Vorstellungen von der Hölle, dieser mythischen Heimstatt der Dämonen, verwandt, wobei in der historischen Retrospektive die Bestimmung schwerfällt, welcher Anteil reinen Phantasien, welcher krankhaften Halluzinationen und welcher mythologischen Ausschmückungen zuzuschreiben ist. Es darf nicht vergessen werden, daß (neurotische) Phantasien eine psychische Realität annehmen können, die für die Phantasierenden die allein maßgebliche ist und über die Fähigkeit verfügt, die erstaunlichsten ‚Nebenprodukte' zu erzeugen. Die sogenannten nachtfahrenden Weiber, die in der Walpurgisnacht zum Blocksberg ‚flogen', waren größtenteils davon überzeugt, wirklich geflogen zu sein. Entweder waren sie die leichten Opfer kollektiver Hysterie geworden, oder sie hatten sich zur Induktion der Flugphantasien halluzinogene Kräuter verabreicht. Mediziner bieten auch die Erklärungshypothese an, daß Unterernährung die Bildung entsprechender Halluzinationen begünstigte. In der Literatur und der bildenden Kunst gab es imposante Meisterleistungen – wie Dantes *Göttliche Komödie* mit dem Purgatorio und Inferno, Pieter Bruegels phantastische Höllenbilder oder Goethes Walpurgisnachtszene im *Faust* –, die überhaupt nur deshalb realisierbar waren, weil der Dämonenglaube als Bestandteil eines ausgefeilten metaphysischen Systems sich in eine grandiose Ästhetik zu kleiden verstand. Wir bewegen uns hier zwischen bewundernswert sublimen Visionen an einem Pol und wahnhaft perversen Groteskerien am anderen. Die in negativer Hinsicht eindruckvollste Leistung dürfte die Vision eines gewissen Tundals sein, das dichterische Phantasieprodukt eines irischen Mönchs aus dem 12. Jahrhundert, das wir bei Friedrich Heer beschrieben finden. Gehen die (kanonisierten) Bücher der Bibel eher sparsam mit Einzelheiten über die höllische Lokalität um (aus der Schrift läßt sich ihre Topik tatsächlich nur sehr unvollkommen ablesen), kompensiert Tundal dieses ‚Defizit' durch eine sadistisch wuchernde Vorstellungskraft:

Die Hölle ist hier ein dunkler Talkessel, mit brennenden Kohlen gefüllt. Auf der Mündung des Kessels liegt ein riesiger Eisendeckel oder Rost. Hier werden in Massen die Seelen geröstet, bis sie schmelzen, dann tropft die Flüssigkeit auf die glühenden Kohlen hinab, in dieser Dunstglut erneuern sich die Seelen zu frischer Pein. Sie werden später zu noch schlimmeren Qualen weggeschleppt. Ein feuerspeiendes Ungeheuer sitzt auf einem gefrorenen Teich und verschlingt die Seelen, es verdaut sie und läßt die Überreste aufs Eis fallen, dort wachsen sie zu neuen Qualen wieder heran. Das sind die Mitglieder

religiöser Orden, die ein unkeusches Leben führten. Alle die auf diesen Eisteich kommen, fühlen sich innerlich sofort mit zahllosen kleinen Tieren angefüllt, die wie Vipern versuchen, sich Auswege aus dem Körper zu bohren. Sie können das aber nicht, da sie an ihren Schwänzen Widerhaken haben. Selbst an den Fingern und Zehenspitzen tragen diese Sünder Köpfe von Tieren. Frauen und Männer bringen im Unterleib, in den Armen und in der Brust ein Schlangengezücht hervor. Diese Schlangen fressen die Seelen bis auf die Knochen und Sehnen auf. Selbst die Schamglieder sind zu Schlangen geworden und zerfleischen Bauch und Eingeweide dieser Fleischessünder. [...]
Der Teufel ist hier schwarz wie ein Rabe. Vom Kopf bis zu den Füßen hat er einen menschlichen Körper mit tausend Händen, dazu einen Schwanz und Krallen an den Füßen. Der Schwanz besitzt Widerhaken, um die Seelen zu plagen. Er liegt bäuchlings auf eisernem Rost über brennenden Kohlen, mit einer eisernen Fessel an jedem Glied. In seinem Schmerz windet er sich hin und her, streckt seine Hände nach Seelen aus, packt sie, quetscht sie, wie Bauern Weintrauben pressen, bis sie zerrissen und zerfetzt sind. Dann bläst er sie in alle Richtungen der Hölle, saugt sie mit einziehendem Atem wieder zurück und verschlingt sie. Wer seinen Händen entkommt, wird von seinem Schwanz gepeitscht. [251]

Von sadistisch-neurotischen Phantasien der obigen Art wird man eher ergriffen, als daß man sie ergreift. Man kann sie nicht ohne weiteres ‚abschalten‘, sobald man erkennt, daß es ‚nur‘ Phantasien sind. Dazu fehlt es an Möglichkeiten zur Realitätsprüfung, zur kontrollierend-distanzierenden Kontrolle. Ob theologisch begründet und insofern ‚fachmännisch‘ ausgeschmückt oder persönlich wahnhaft erlitten – dämonische Phantasien haben etwas Zwanghaftes. Sie setzen sich zusammen aus Komponenten religiöser Angst, sexuellen Hungers und sadistischer Rache- und Destruktiontriebe, und es ist dieses Kompositum, das ihnen den Stempel einer gefährlich pathogenen Geistesverfassung aufprägt. Haß auf das Fleisch des anderen Geschlechts und Selbsthaß wider das eigene Fleisch, konterkariert von triebhaften Begierden, schaffen einen idealen Boden für das Wuchern neurotischer Phantasien. Der Tiefenpsychologe und Religionsgeschichtler Oskar Pfister stellt fest: „Der Teufel der Hexen ist der Sexualteufel. Der wütende Haß auf die Hexen ist im Grunde Haß auf die begehrten, aber durch strengste Moral versagten Sexualregungen, und diese rächen sich mit teuflischer List, indem sie den schändlichsten sadistischen Gelüsten im Namen der heiligen Religion ein ungeheuer weites Feld orgiastischer Betätigung verschaffen."[252] Welch ein fatales Geflecht widersprüchlicher Impulse! Einem utopischen Tagtraum kann man sich hingeben im latenten Bewußtsein, daß man phantasiert. Das Ich hat die fiktiven Gebilde sozusagen eingeladen und kann sie deshalb auch jederzeit wieder ausladen. Sie stehen zur willfährigen Verfügung. Eine dämonische Phantasie steigt auf – entweder weil sie im mythischen Glauben an infernalisch-dämonische Wesen wurzelt, was dann ihre Wirklichkeit verbürgt, oder weil sie sich unwillkürlich als Halluzination aufdrängt, was dann ihren trügerischen Realitätsstatus bestimmt. Sie steht dem Alptraum viel näher als dem Tagtraum. Erst

---

251 Heer (1990), S. 86–87.
252 Zit. nach Heer, S. 144.

in der Form von Fiktionalisierungen in Kunst, Literatur und Film wird die dämonische Phantasie frei verfügbar, so daß sie – im Grundsatz – an- und abgeschaltet werden kann wie andere Fiktionen. Die fiktionalisierte Phantasie ist eine entmythisierte Phantasie.[253]

Die Autoren des *Hexenhammer* haben den phantastischen Überbau des Dämonenglaubens so weit internalisiert, systematisiert und dogmatisiert, daß er für sie zur ‚Wirklichkeit' schlechthin geworden ist. Die Ironie dabei: Institoris und Sprenger sind informiert genug zu wissen, was Phantasie ist, sie sind sogar sachlich genug, die Möglichkeit zu prüfen, daß die Existenz von Magiern, Hexen und Dämonen nur auf Einbildung beruhen, also das Produkt von Phantasietätigkeit sein *könnte*. Gewissenhaft und gelehrsam, wie sie sind, setzen sie sich ausführlichst mit dieser Frage auseinander. Sie kennen die Argumente ihrer Gegner und Kritiker und nehmen sie durchaus ernst: „Einige nämlich haben nach der Lehre des S. Thomas, IV, dist. 24, wo er von der Hexenhinderung spricht, zu behaupten versucht, es gebe auf Erden keine Zauberei; sie lebe nur in der Vorstellung der Menschen, die natürliche Erscheinungen, deren Ursachen verborgen sind, den Hexen zuschreiben. Andere geben zu, daß es Hexen gibt, daß sie aber nur in der Einbildung und Phantasie bei den Hexentaten mitwirken; noch andere behaupten, die Hexenkünste seien überhaupt Phantasie und Einbildung, mag auch ein Dämon wirklich mit einer Hexe zu tun haben." [254]

Sodann, mit der beflissensten theologischen Dialektik, die man sich nur denken kann, die Zurückweisung. Gegen die Zweifler werden der ganze geballte Sachverstand der Scholastik und die allergründlichste Kenntnis der biblischen Bücher ins Feld geführt: Die Argumente der Zweifler seien „wider die gewichtigen Lehren der Heiligen"; sie wurzelten im Unglauben, „weil die Autorität der Heiligen Schrift sagt, daß die Dämonen Macht haben über die Körperwelt und über die Einbildung der Menschen, wenn es von Gott zugelassen wird". Der Zweifel widerstreite dem wahren Glauben, „nach dem wir glauben, daß Engel aus dem Himmel gestoßen und Dämonen geworden seien". Die These von den Dämonen als Phantasiegebilden seien Irrtümer, „die nach Ketzerei riechen und gegen den gesunden Sinn des Canon verstoßen". Es folgen lange Tiraden, die sich um penible Beweisführung auf der Grundlage einer fundamentalistischen Deutung einschlägiger Bibelstellen und deren Kommentatoren bemühen. Heutigen Lesern fällt es schwer, den Aufwand, die Akribie, die Geduld und den Eifer nachzuvollziehen, mit denen die Autoren sich einem Phänomen widmeten, das die allermeisten Psychologen der Gegenwart als krankhaftes Hirngespinst ein-

---

253 Vgl. z. B. John Updikes Roman *Die Hexen von Eastwick*, der den Dämonismus fiktionalisiert und ironisch perspektiviert , wodurch er zur freien intellektuellen Disposition gestellt wird..
254 Sprenger u. Institoris (1982), S. 3.

zuordnen geneigt sind. Vor allem fällt es schwer, gelehrten, gläubigen Christen, bei denen man die Kenntnis der Bergpredigt (Matthäus 5–7) und anderer biblischer Versöhnungsappelle unterstellen darf, die unnachgiebige Brutalität und den offenkundigen Sadismus nachzusehen, mit denen Menschen verfolgt, gequält, gefoltert und vernichtet werden sollen, sobald der Verdacht bestand, sie kooperierten, konspirierten und kopulierten mit dem Leibhaftigen. Der Kulturhistoriker Joseph Hansen, der diesen ganzen schmachvollen Komplex gründlich aufgearbeitet hat, bezeichnet den Hexenwahn als ein „unglaubliches Monstrum voll geistiger Sumpfluft",[255] wobei dem *Malleus* der traurige Ruhm gebührt, die ohnhin schon schlimmen, vom religiösen Wahn infizierten Verhältnisse des 15. Jahrhunderts auf die Spitze der Hysterie getrieben zu haben. Die ‚Frohbotschaft' wurde zu einer ‚Drohbotschaft', in der begriffliche Eckpfeiler der christlichen Ethik wie Gnade, Vergebung, Versöhnung Fremdwörter waren. – Wie konnte es zu dieser immensen Verirrung des menschlichen Geistes kommen? Wie konnte die kollektive Phantasie in einer Weise Amok laufen, deren Auswüchse geschichtlich präzedenzlos und für das Christentum so überaus beschämend sind?

Während der Dämonenglaube ein Universalphänomen darstellt,[256] das im magischen Weltbild beheimatet ist, steckt die Wurzel des Dämonismus der judäochristlichen Kultur in jener mythischen Gestalt, welche die biblischen Bücher als „Satan", den großen und mächtigen Widersacher Gottes, den „Herrn der Welt" und „Fürsten der Finsternis" führen. Dieser Chef-Dämon des Abendlandes mit seiner großen Komplizenschar hat zwar eine weit verzweigte Vorgängerschaft (der persische Ahriman, der ägyptische Seth, der arkadische Pan, sowie der jüdische Azazel zählen zu seinen Ahnen), aber als abendländisch eingeführter Teufel ist er vergleichsweise neuen Datums, kaum mehr als zweitausend Jahre jung – für einen mächtigen Dämon überhaupt kein Alter. Deswegen ist er auch nicht der „ewige Widersacher" Gottes; denn mythologisch betrachtet ist er keineswegs ewig. Der manichäische Glaube, Gott und Satan seien koexistente Urprinzipien, ihr Antagonismus sei Ausdruck immerwährender Auseinandersetzung zwischen Licht und Finsternis, ist religionsgeschichtlich nicht haltbar. Eine urzeitliche Existenz Satans ist nicht nachweisbar. Vielmehr ist er das Resultat einer historisch datierbaren, geistigen Spaltung, einer „*Kernspaltung der Gottheit*", wie Friedrich Heer diesen Vorgang genannt hat.[257] Für die semitischen Stämme Palästinas, die eine monotheistische Vorstellung ihrer Gottheit entwickelt hatten, war Jahwe noch eine allumfassende Einheit, ein monistisches Got-

---

255 Hansen (1983), S. 474.
256 Siehe Müller-Sternberg (1969) sowie von Petersdorff (1960).
257 Heer (1990), S. 19.

tesbild, in dem positive und negative, geistige und naturhafte, bewußte und unbewußte, helle und dunkle Elemente vermischt waren. Dieser Zustand schloß dualistisches Denken (und damit den Antagonismus von Gott und Satan als ewig unversöhnlichen Gegenspielern) aus. Goethe stellt in seinem *Faust* einen über die eigene Herkunft gut informierten Teufel auf die Bühne, wenn er Mephisto sagen läßt: „Ich bin ein Teil des Teils, der anfangs alles war, / Ein Teil der Finsternis, die sich das Licht gebar. / Das stolze Licht, das nun der Mutter Nacht / Den alten Rang ihr streitig macht."[258] Und Sigmund Freud, der beide Mächte aus *einer* Figur, der des Urvaters, ableitet, bemerkt: „Es braucht nicht viel analytischen Scharfsinn, um zu erraten, daß Gott und Teufel ursprünglich identisch waren, eine einzige Gestalt, die später in zwei mit entgegengesetzen Eigenschaften zerlegt wurde."[259]

In der Frühzeit altjüdischer Religion, aus deren Boden die Satansgestalt allmählich wie eine dunkle Blume emporwächst, die sich im späteren Christentum geradezu wildwuchernd ausbreiten sollte, tritt uns mit Jahwe eine noch weitgehend einheitlich gefügte Gottesvorstellung entgegen: ambivalent und vielschichtig in seiner geschichtlichen Wirkung zwar, doch einheitlich in seiner religiösen Konzeption. Er schließt das Dämonische ein, das man später auf seinen rebellischen Herausforderer überträgt. Jahrhundertelang ist sein Bild von jener einheitlichen Ambivalenz oder ambivalenten Einheitlichkeit geprägt, die dem evolutions- und geschichtsbedingten Differenzierungs- und Abspaltungsprozeß vorangeht, der seinem Gegenspieler erst zu selbständigem Leben verhilft. Ungefähr zur Zeit des babylonischen Exils der Kinder Israels (586–537 v. Chr.), als politischer Druck und existentielle Not das kollektive Bewußtsein schwer belasteten und ein Verursacherprinzip gesucht wurde, trat Satan langsam aus dem Schatten Gottes hervor und profilierte sich zu einer mythischen Figur mit eigener Macht. Ihm wurde angelastet, was mittlerweile als nicht mehr mit der Einheitlichkeit Jahwes vereinbar erschien: Verfolgung, Unterdrückung, Knechtschaft, Fronarbeit, Genozid. An präpotente Feindesmacht ausgeliefert, an Gottes Allmacht und der eigenen Zuversicht zweifelnd, sieht das Bewußtsein keine Möglichkeit mehr, am Monismus seiner Gottesvorstellung festzuhalten; denn für das naive Verständnis impliziert die Einheitlichkeit Gottes eine Einheitlichkeit aller Ursachen und damit auch die Einheitlichkeit aller Verantwortung. Die Phase extremen Leidensdrucks disponierte das „auserwählte Volk" somit zu einer Trennung von Heilserwartung und Leidenserfahrung, die projektiv eine Abspaltung des Satanischen vom Göttlichen bewirkte. Danach ist der Teufel das Produkt eines geistigen Differenzierungsprozesses, in dem aus einer ursprünglich monistischen Kernerfahrung eine dualistische Erlebnis- und

[258] *Faust, 1. Akt. 3. Szene.*
[259] Freud (1940c), *G. W.* Bd. 13, S. 331.

Kernerfahrung eine dualistische Erlebnis- und Denkweise hervorging – mit getrennten Verantwortlichkeiten und separaten Zuständigkeiten für Gut und Böse. Dem widerspricht zwar scheinbar die Tatsache, daß Satan nach verbreiteter Lesart bereits im Schöpfungsbericht (Genesis 1) als verführerische Schlange auftritt, also Gottes Widersacher von Anfang an war. Die Schlange als satanische Manifestation ist jedoch nachweislich das Produkt einer späteren ideologisierenden Deutung, kein Bestandteil der ursprünglichen Erzählung des Jahwisten. Dieser erwähnt Satan tatsächlich mit keinem Wort. Überhaupt taucht der „Fürst der Finsternis" im Alten Testament recht selten auf (Sacharja 3, 1; Hiob 1,6; Chronik 21, 1), spielt dort eigentlich nur Nebenrollen und ist noch keineswegs der Urheber all der diabolischen Tücken und infernalischen Gelüste, als welcher christliche Theologie und pathogener Volksglaube ihn sich später ausmalen sollten. Eugen Drewermann hat in einer akribischen Untersuchung der jahwistischen Urgeschichte klargestellt, daß die Schlange als komplexes Natur-, Fruchtbarkeits- und Sexualsymbol keineswegs den Teufel als Wesenheit repräsentiert, sondern eine religiöse Stigmatisierung der weiblichen Natur darstellt. Der Teufel ist erst das Ergebnis eines langsam einsetzenden Abwehr- und Abspaltungsprozesses, den man mit metaphorischer Legitimation als „Verteufelung" des Urweiblichen bezeichnen kann. Er ist eine Erfindung patriarchalischen Denkens: „... je stärker das männliche, geistige Element mit dem Willen zum Ewigen und Unvergänglichen jenseits des Naturkreislaufs sich entwickelt, desto mehr wird die Schlange zur Versucherin eben dieses höheren Strebens, desto mehr verdichtet sie sich zu einem Bild des Niederen, Bösen, geheimnisvoll-Dämonischen, das nicht mehr das Leben, sondern den Tod des nur naturhaften, stets vergänglichen Lebens bringt."[260]

Typisch für einen solchen Spaltungsprozeß ist, daß Dämonen zu Trägern all derjenigen Qualitäten und Strebungen werden, die im Kult der etablierten Gottheit(en) tabuisiert, verdrängt, ausgeschlossen und bekämpft werden. Die Dämonen sind die Sammelbecken und Symbole all des Unbewältigten, Problematischen, Bedrohlichen, Feindseligen in einer Gesellschaft oder Grupppe, die das kollektive Seelenleben nicht zu integrieren vermag – sei es, daß innere Labilität (Selbstzweifel, Schuldgefühle, Willensschwäche) solche Integration verhindern; sei es, daß äußerer Druck (Kriege, Katastrophen, Konflikte) sie erschwert, oder daß beides zusammentrifft. Nur so sind zwei Phänomene erklärbar, die die Qualität und den Status Satans als eines abgespaltenen Bewußtseinsinhalts betreffen:

Erstens handelt es sich um seine ikonographisch allenthalben deutliche Häßlichkeit als physisches Äquivalent moralischer Verwerflichkeit. Nicht von ungefähr zeigen seine Bildnisse ein scheußlich-phantasievolles Kompositum aus Tei-

---
260 Drewermann (1985), Bd. 2, S. 87.

len animalischer Anatomie (Hörner, Krallen, Schwanz, Bocksfuß, Zottelfell, Fledermausflügel), die seine mythologische Verwandtschaft mit heidnischen Naturgottheiten unterstreichen sollen. Und nicht von ungefähr verfügt er über eine Beinamenspalette, die metaphorisch überwiegend aus einem (fabulösen) Tierreich schöpft (alte Schlange, großer Drache, Tier aus dem Abgrund, Fliegenherr, Leviathan). Daß hier Naturwesen verteufelt werden, die für den Menschen als Naturkräfte prinzipiell notwendig und virtuell heilsam sind, liegt auf der Hand. Daß hier Erbschaften aus der Frühphase der kulturellen Evolution (Totemismus) ausgeschlagen werden, wird überdeutlich. Der französische Historiker Jules Michelet hatte schon 1883 erkannt: „Das Böse ist ... die Selbstentfremdung, die den Menschen aus der Natur ausschließt."[261] Denn was in allen Naturreligionen als Ziel menschlicher Entwicklung gilt, die Einheit von Natur und Geist, wird im christlichen Dämonenglauben zum Urheber des Bösen.

Zweitens handelt es sich um die allmähliche Anreicherung und Ausstattung mit negativen Zügen, die fremden Gottheiten und feindlichen Kulturen zugeschrieben werden. Das bedeutet, daß nicht nur das eigene ‚Fremde' in die Satansfigur projiziert wird, sondern auch das fremde ‚Fremde'. Die Ausdifferenzierung des Satansbildes entspricht der Ausdifferenzierung des Feindbildes. Babylon, Ägypten, Rom, die politischen Feinde und Unterdrücker Israels, sind die moralischen Freunde und Komplizen Satans. Die Legionen dieser militanten Mächte sind die Legionen des moralischen Erzfeindes. Ihre ‚falschen' Götter (Baal, Astarte, Aschera, Seth, Jupiter, Mars usw.) sind die ‚wahren' Alliierten Satans; denn von ihnen geht sicht- und fühlbar all das Bedrohliche, Gewalttätige, Zerstörerische, Ketzerische, Sündhafte, Unverständliche aus, das den Kindern Israels zu schaffen macht und mit ihrem Kultur- und Gottesbild nicht vereinbar ist.

Doch es sind erst die Bücher des Neuen Testaments und besonders die sie beeinflussenden jüdischen Legendenbücher, die Pseudepigraphen, die den satanischen Mythos in eine Richtung stilisieren, die das Zerrbild hervorbringt, das die Christenheit – unterschwellig oder offen – bis auf den heutigen Tag verfolgt. Dabei entbehrt es nicht der Ironie, daß es überwiegend apokryphe Schriften sind, die durch phantasievoll morbide Ausschmückungen Satan zu der Statur verhelfen, die erst den Aposteln, danach den Kirchenvätern, danach der professionellen Geistlichkeit und schließlich Millionen von Gläubigen so viel angstvollen Respekt einflößten. Es sind solche heute wenig bekannten Schriften wie *Das Buch Henoch, Das Jubiläenbuch, Das Testament der Zwölf Patriarchen* und *Das Leben Adam und Evas* (entstanden zwischen 200 vor und 150 nach Chr.), die das Diabolische zum Urprinzip erheben – Bücher mithin, die nicht in

---
261 Michelet (1988), S. 7.

den Kanon der Heiligen Schrift aufgenommen wurden, in vor- und frühchristlicher Zeit gleichwohl auf sehr fruchtbaren Boden fielen. Auf den Autor des *Leben[s] Adam und Evas* ist es wesentlich zurückzuführen, daß die fatale Ineinssetzung von Satan und Schlange stattfindet, als deren williges Opfer die Frau (Eva) hingestellt wird. Und dem Verfasser von *Henoch* ist es zu verdanken, daß Satan jene Enthistorisierung zuteil wurde, die den religiösen Dualismus festschreibt und die dunkle Figur ‚verewigt'.

In *Henoch* geht es besonders pittoresk und dramatisch zu, was mutmaßlich den Grund für die große Popularität dieses Buches und seine nachhaltige Wirkung liefert. Während sich das Alte Testament über die konkreten Fragen der Herkunft, Identität und Funktion Satans ausschweigt – er ist einfach da und scheint eine Art Sachwalter oder Emissär Gottes für Sonderaufgaben zu sein –, präsentiert Henoch die ‚Theorie' vom Engelssturz und liefert damit den ätiologischen Teil des Mythos von der Spaltung. Danach fand sich unter den „Himmelssöhnen", zu denen auch Satan (Azazel) zählte, eine Gruppe, die lüsterne Blicke auf liebliche Menschentöchter geworfen hatten und leichtsinnig genug gewesen waren, sich sexuell mit ihnen einzulassen. Dies war – nach Henoch – die Sünde, die aus Engeln Teufel machte, denn diese „Befleckung" wurde ihnen vom Patriarchen des Himmels derart verübelt, daß Bestrafung auf dem Fuße folgte: Ewige Verbannung aus den himmlischen Gefilden und Sturz in die Tiefe der Finsternis. Der Erzengel Rafael wird zum Exekutivorgan bestimmt: „Und weiter sprach der Herr zu Rafael: ‚Binde den Azazel an Händen und Füßen und wirf ihn in die Finsternis und öffne die Wüste, die in Dudael ist, und wirf ihn hinein. Und häufe auf ihn raue und spitze Steine und bedecke ihn mit Finsternis, und er soll dort ewig hausen, und bedecke sein Gesicht, daß er das Licht nicht sehe. Und am großen Tage des Gerichts soll er in die feurige Lohe geworfen werden.'"[262]

Durch die Pseudepigraphen wurden der Christenheit seelische Hypotheken aufgebürdet, an deren Abtragung sie immer noch arbeitet. Hier wurde sowohl die Zwei-Mächte-Vorstellung verfestigt als auch die Sündhaftigkeits-Weiblichkeits-Identifikation geschaffen, die zu den fragwürdigsten Bestandteilen unseres kulturellen Erbes zählen. Hier prägte sich der Dämonismus so tief in die Bild- und Vorstellungswelt des Abendlandes ein, daß seine Spuren unübersehbar bis in die Kultur der Gegenwart verfolgbar sind. Ist die Einrichtung der Heiligen Inquisition auch mit Abstand das gräßlichste Gewächs aus Satans Garten, so gibt es andere, spätere Blüten, die zu betrachten ebenso unerfreulich ist. Zwar wird man nicht behaupten können, daß der Satanismus derzeit noch eine ernst zu nehmende kulturelle Macht darstellt; aber er existiert, und er verschafft denjenigen konservativen Kreisen im Klerus Argumentationshilfe, die auch heu-

---

262 Zit. nach Flemming u. Radermacher (1901), S. 31.

te von der Idee einer realen Existenz des Urhebers des Bösen nicht lassen wollen. Nach katholischem Dogma behauptet Satan nach wie vor seine eigene Bastion in Gottes Universum, von der Orthodoxie unangreifbar gemacht und den Gläubigen als unverzichtbarer Glaubensartikel vorgeschrieben. Und „Ketzerei" ist nach wie vor ein Tatbestand, der vom Heiligen Officium des Vatikans beim ordinierten Klerus durch Exkommunikation geahndet werden kann. In der katholischen Dogmatik besteht Einmütigkeit darüber, daß es einen Teufel oder Satan und ungezählte Dämonen gibt. Es sind gefallene Engel, vom rebellisch-verschwörerischen Satan in die Sünde hineingerissen. Satans Plan ist es, mit Hilfe der ihm gefügigen Dämonen ein widergöttliches Reich aufzurichten und die Menschen durch die Sünde seiner Herrschaft zu unterwerfen. Dadurch übt er einen bestimmenden Einfluß auf den Ablauf der Menschheitsgeschichte aus, und dadurch währt der Kampf Satans gegen Gott und die Menschen bis zum Jüngsten Tag. Erst dann werden er und sein Anhang entmachtet.

Hier spielt der Leibhaftige seine angestammte Rolle so, als habe es Aufklärung und neuzeitliche Bibelkritik nie gegeben. Das *Rituale romanum*, die offizielle Anleitung der katholischen Kirche zur Teufelsaustreibung, hat in der Fassung von 1952 nach wie vor seine Gültigkeit. Das Zweite Vatikanische Konzil von 1965 hat den Dämonenglauben in mehreren seiner 16 Artikel bekräftigt. Papst Paul VI. kritisierte 1972 in einer Ansprache diejenigen, „welche die Existenz des Dämons nicht anerkennen oder daraus ein autonomes Prinzip machen, indem sie behaupten, daß sie ihn als Pseudo-Realität erklären, eine Erfindung des Geistes, um die unbekannten Ursachen des Schlechten zu personifizieren." Wenig später veröffentlichte die Kongregation für die Reinheit der Glaubenslehre eine affirmative Schrift unter dem Titel *Christlicher Glaube und Dämonologie*[263] Auch der amtierende Papst Johannes Paul II. hält am Teufelsdogma fest. In seiner Generalaudienz vom 13. August 1986 verkündete er: „Die Heiligen Schriften präsentieren den Teufel als eine Person, wenn sie auch gleichzeitig hervorheben, daß er nicht allein existiert, sondern als eine Gemeinschaft von bösen Geistern."[264] Derzeitiges Ziel dieser Bösewichter sei es, den aufgeklärten Menschen, welche nicht mehr an die Essenz des Bösen glauben, eine Scheinfreiheit zu versprechen, die sich alsbald als leere Lüge herausstellen werde.

Fairerweise muß man darauf hinweisen, daß es progressive Theologen gibt, die – wie zum Beispiel Herbert Haag – der Christenheit dringend den „Abschied vom Teufel" anempfehlen und den radikalen Dualismus als psychologisch wie theologisch schädlich ansehen.[265] Aber: Dieser Dualismus wirkt fort.

---

263 Siehe Kertelge (1975).
264 Zit. nach *Spiegel* Nr. 52 (1986), S. 148.
265 Siehe Haag (1980).

Teuflische Riten, Schwarze Messen, diabolische Kult- und Kunstformen (Hexensabbate, Horror-Filme, Heavy Metal, satanische Sekten) sind die späten Hinterlassenschaften, die ein frühchristlicher Wahnkomplex in den Ländern Europas und Amerikas deponiert hat. Ist das teuflische Widersachertum auch nicht mehr äußerlich als dämonisches Agententum in der Welt am Werke, so wirkt es fort als verinnerlichte rebellische Geste. Doch ob nach altem Modus fundamentalistisch oder nach neuem dialektisch: Es gibt es immer noch „Besessene", denen per bischöflichem Dekret von der katholischen Kirche ein Exorzismus verordnet werden kann. Es gibt immer noch professionelle Exorzisten, auch wenn diese an einer Publizität ihres Tuns meist wenig interessiert sind und diskret im Verborgenen handeln. Es gibt immer noch Fälle für die Psychiatrie, die einer amoklaufenden religiösen Phantasie entstammen und als „ekklesiogene Neurosen" behandelt werden müssen. Und nicht zuletzt gibt es diabolische Taktiken in der Politik, die darin bestehen, Andersdenkende (wenn auch nur metaphorisch) dem Lager Satans und seiner verruchten Komplizenschaft zuzurechnen.[266] „Verteufelung" ist seit eh und je ein probates Mittel zur Herabwürdigung gegnerischer Meinungen und Anprangerung verhaßter Menschen. Man erinnere sich an Ronald Reagan, den 40. Präsidenten der USA, der 1986 die Sowjetunion zum „Imperium des Bösen" erklärte. Hier ist die gleiche spalterische Geistesart am Werk, die schon im frühen 6. Jahrhundert den Bischof Fulgentius verkünden ließ: „Halte mit felsenfestem, unerschütterlichem Glauben daran fest, daß nicht nur alle Heiden, sondern auch alle Juden, alle Häretiker und Schismatiker ... in das ewige Feuer gehen werden, das dem Teufel und seinen Engeln bereitet ist."[267] Ronald Reagan fügte – geschichtlich bedingt – die Kommunisten hinzu. Wäre er dazu imstande gewesen, hätte er sie bedenkenlos zur Hölle geschickt.

Auch wenn die Metapher überkonventionalisiert und deshalb abgegriffen erscheint – in jeder Verteufelung steckt ein Stück dämonischer Phantasie, der schlimme Habitus, das Böse zur Selbstentlastung nach außen, in den Anderen hinein zu verlagern. Dies ist bequem; denn die Verteufelung des anderen Menschen bewahrt das Ich vor der Einsicht in eigene Mitverantwortung und mögliche Komplizenschaft im Bösen. Aber es ist zugleich gefährlich; denn es bedarf nur einer zufälligen Krise, um die alten, zwanghaften Projektionen erneut auf den Plan zu rufen und die heftigsten Konflikte anzufachen. Das nachaufklärerische Zeitalter feit die Menschen keineswegs vor Affekten, die sich auf voraufklärerischen Pfaden Bahn brechen. Besonders bedenklich wird es, wenn Kinder sich heute just jener Denunziationstechniken bedienen, die vor Jahrhunderten die Malefiz-Kommissionen der Herrschenden anwandten, um den Ver-

---

266 Vgl. Fischer (1991).
267 Zit. nach Heer (1990), S. 17.

schwörerkreis um Satan ausfindig zu machen. Als „Mythomanie" bezeichnet Hans Sebald den (krankhaften) kindlichen Drang, zusammenphantasierte Geschichten zu erzählen, in denen unschuldige Personen leichtfertig der unglaublichsten Verfehlungen und Verstrickungen bezichtigt werden.[268] Dabei macht es keinen wesentlichen Unterschied, ob – wie ehedem – Anklagen der Hexerei ins Spiel gebracht oder – wie heute – Bezichtigungen der Kinderschändung geäußert werden. Mythomanie ist eine zwanghafte Gewohnheit, um der eigenen Profilierung willen phantastische Geschichten zu erfinden. Wenn es keine Teufeleien mehr sind, die man mißliebigen Nachbarn oder verhaßten Eltern anzuhängen versucht – dergleichen kam in Hexenprozessen häufig vor –, dann sind es zum Beispiel sexuelle Perversionen, die man ungeliebten Erziehern vorwirft, um Aufmerksamkeit zu erhaschen. Letzteres ist auf seine Art ebenso diabolisch wie Ersteres; denn beidemal trifft Lust am Fabulieren mit Gelüsten der Rache zusammen. Friedrich Heer schreibt: „In den Tiefen der Person werden die Höllenfahrten der Frühzeit konserviert wie alte Filme in einem Filmmuseum. Diese ‚Filme' spielen in das Innen- und Außenleben der Person hinein, sobald eine Lebenskrise als ‚Auslöser' wirkt."[269]

Die Spaltung des Denkens, die der Dämonismus fördert, bedeutet eine Spaltung des Lebens als Folge des göttlich-satanischen Widerspruchs. Aus ihr geht die gefährliche Tendenz zum Entweder-Oder der abendländischen Kultur hervor, die immer wieder schizoide und paranoide Zustände nach sich gezogen hat. Aus ihr nähren sich der Wahn, die Rachsucht und die Intoleranz, die allzuoft in der Geschichte die psychischen Anlässe zu kriegerischen Auseinandersetzungen geliefert haben. Aus ihr formen sich Kräfte, die sich ursprünglich ergänzten, zu Gegensätzen, die sich heillos bekriegen: Gott gegen Satan, Himmel gegen Hölle, Gläubige gegen Ungläubige, Tugend gegen Sünde, Seelenrettung gegen Verdammnis, Geist gegen Natur, Mann gegen Frau, Kinder gegen Eltern, Weiß gegen Schwarz, Bewußtes gegen Unbewußtes – ein außerordentlich fruchtbarer Boden für Phantasien, in denen endlose Geschichten fortgesponnen werden, welche die Antithetik dramatisieren und perpetuieren. Denkt man dies zu Ende, wird verständlich, wenn Skeptiker zu dem paradoxen Schluß gelangen: „Das Christentum ist selbst die Krankheit, deren Heilung es verspricht." – Zwei Beispiele für das unselige Fortleben des Dämonismus in der zeitgenössischen Kultur:

1971 veröffentlichte der Amerikaner William Peter Blatty seinen international erfolgreichen Roman *Der Exorzist*. Sofort nach Erscheinen ein Bestseller, 1973

---

268 Sebald (1996).
269 Heer (1990), S. 23.

von William Friedkin publikumswirksam verfilmt, inzwischen mit zwei epigonenhaften Fortsetzungen anderer Regisseure versehen, ist *Der Exorzist* so etwas wie ein Paradigma des Dämonischen in der westlichen Medienwelt geworden. Wenige andere Werke führen das Überleben dämonistischer Elemente in der Kultur so drastisch und dramatisch vor Augen wie diese Geschichte einer Teufelsaustreibung im zeitgenössischen Amerika unter zeitgenössischen Gesellschaftsbedingungen mit zeitgenössischen (aufgeklärten) Menschen. Das Faszinierende des Werkes resultiert wesentlich aus seiner gelungenen Gratwanderung zwischen Aberglauben und Wissenschaft, Dämonologie und Psychiatrie, die durchgängig eine spannungsreiche Ambivalenz zu stiften imstande ist, die den Leser/Zuschauer in Atem hält. Sind wir Zeugen einer ‚echten' dämonischen Besessenheit, wie sie sonst nur aus biblischen Geschichten oder ethnographischen Berichten über primitive Völker bekannt sind? Oder haben wir es mit dem Fall einer besonders schweren Psychose zu tun, wie sie im Prinzip zum täglichen Pensum von Psychiatern gehört? Oder ist der Versuch einer Differenzierung von Aberglauben und Wissenschaft von vornherein zum Scheitern verurteilt, weil das Phänomen die bekannten Kategorien überschreitet und jedweder adäquaten Beschreibung spottet – das Böse als unergründbares Mysterium?

Im Spannungsfeld dieser Antithetik, die ihre eigene Gültigkeit durchaus in Frage zu stellen bereit ist, siedelt Blatty sein Werk an:

These: Das Dämonische ist uralt und allgegenwärtig. Es ist essentiell, nur seine Repräsentanten, die Dämonen, sind akzidentell. Scheint es auch unter den Ruinen der Seelen- und Kulturgeschichte irgendwo zu schlummern, scheint es auch zu den abgesunkenen Schichten des Bewußtseins zu gehören, es bedarf nur des leichten Anrührens, um es wieder zu entfesseln: Lankester Merrin, renommierter Jesuit und Amateurarchäologe, gräbt im nördlichen Irak, unweit vom altmesopotamischen Ninive, das Amulett eines heidnischen Dämons aus: Pazuzu, Personifikation des Südwestwindes, Gebieter über Plagen und Krankheiten. Die archäologische Arbeit fördert das schlummernde Böse zutage. Das ausgegrabene Objekt verkörpert seine reaktivierbare mythische Macht. Das wiederentdeckte Alte ist das sich ständig gleichbleibende Neue. Intuitiv erfaßt Merrin, daß er es mit einem Vorboten des Erzfeindes zu tun hat, daß er mit Pazuzu einen Mächtigeren wiedererweckt hat, der ihn in die Schranken fordern wird. Der alte Drachenkampf wird seine fällige Neuauflage erfahren. Jedenfalls genügt die Freilegung des Dämons, um Kräfte zu entfesseln, die in einem ganz anderen Teil der Erde, in der amerikanischen Hauptstadt Washington, ein zwölfjähriges Mädchen in den Abgrund zu ziehen drohen. Regan MacNeil wird praktisch über Nacht vom Teufel heimgesucht und zur hilflosen Beute seiner verderblichen Macht.

Antithese: Das Problem des Mädchens ist ein medizinisches. Regan MacNeil, obwohl ohne pathologische Vorgeschichte, ist das Opfer einer schweren nervlichen Störung, über deren Art und Ursache die Ärzte zunächst nur Vermutungen anstellen können, an deren psychosomatischer Diagnostizierbarkeit aber kein grundsätzlicher Zweifel besteht. Von hyperkinetischer Verhaltensstörung über eine seltene Form von Hysterie, Epilepsie und Schizophrenie werden diverse Erklärungen angeboten, die in keinem Fall zu einer durchgreifenden Therapie führen. Mögliche Verletzung des vorderen linken Hirnlappens, schwere Schuldgefühle wegen Scheidung der Eltern, hohe Suggestibilität als Folge pubertärer Spannungen werden als pathogene Ursachen gehandelt. Die somatische Medizin fährt schwere apparative Geschütze auf, die Psychotherapie versucht es mit Hypnosetechnik, die Psychiatrie stellt sich auf somnambule Wahnvorstellung ein.

Zwei Weltmodelle als Erklärungsmodi konkurrieren miteinander: Hypostasie des Bösen gegen Diagnostik des Krankhaften, Satan als heimtückischer Zerstörer gegen Psychose als akute Störung, externe Einwirkung gegen interne Verwirrung. An der Grenze zwischen beiden ‚Welten', im Zweifel mit sich selbst und der Verläßlichkeit der Erklärungsansätze, steht der junge Pater Damien Karras, Theologe *und* Psychiater, Angehöriger des Jesuitenordens *und* Mitglied der amerikanischen Gesellschaft für Psychiatrie. Der Arzt und Wissenschaftler Karras ist auf pathologische Ursachen eingestellt, handelt es sich doch um Krankheitssymptome, die aus dem Umgang mit schweren Psychotikern nicht unbekannt sind: starke Entstellung der Persönlichkeit, aggressive Ausbrüche, telekinetische Fähigkeiten, halluzinative Wahrnehmungen, obszöne Sprache, animalisch regressives Verhalten (Grunzen, Blöken, Wiehern, Bellen, Knurren, Miauen). Der Theologe Karras kann allerdings nicht umhin, die Anzeichen einer Besessenheit wahrzunehmen, die nach der Lehre der katholischen Kirche einen Exorzismus rechtfertigen: Anwesenheit ‚fremder' Persönlichkeiten, Mobilisierung übermenschlicher Körperkraft, Entwicklung hellseherischer Fähigkeiten, Gebrauch unbekannter Sprachen (Xenoglossie), Unempfindlichkeit gegen Schmerz. Im Zwielicht zwischen Skepsis und Glauben, hin- und hergerissen zwischen psychologischen Hypothesen und dämonologischer Spekulation, droht Karras schließlich selbst seelischen Schaden zu nehmen. Er verfängt sich im *einerseits ... andererseits; für ... wider; möglich, daß ... ausgeschlossen, daß ... .*

Als schließlich die Entscheidung fällt – gegen die Wissenschaft, für die Dämonologie –, ist es Merrin, der als Experte hinzugezogen und mit der Dämonenaustreibung beauftragt wird: Pater Merrin, der Archäologe, der Spezialist für antike heidnische Kulturen, der Streiter im Kampf gegen Dämonen, die er (unbeabsichtigt?) selbst freigesetzt hat. In einem neuen Kampf, der von beiden beabsichtigt?) selbst frei gesetzt hat. In einem neuen Kampf, der von beiden Parteien als der ewig alte verstanden wird, tritt er gegen Satan an. Der Ausgang des perennierenden Dramas bleibt freilich unentschieden und impliziert ewige Fortsetzung: Zwar verläßt der Dämon unter der Wirkung des sakralen Exerzitiums den Körper des Mädchens – aber nur, um in den Leib von Pater Karras zu fahren. Zwar scheint die Gesundheit von Regan MacNeil am Ende wiederhergestellt, doch zwei andere Menschen sind Opfer der tödlichen Macht des Dämons geworden: der betagte und herzkranke Merrin, der die heftige Auseinandersetzung nicht überlebt, und der nicht ganz glaubensfeste Karras, der im Ringen mit dem Dämon aus einem Fenster zu Tode stürzt.

Was *Der Exorzist* als kulturellen Konkurrenzkampf zwischen zwei Weltbildern inszeniert, was in dem Konflikt als Kapitulation des Neuen vor dem Alten, des Logos vor dem Mythos, erscheint, stellt sich psychologisch als exemplarischer Fall einer „Wiederkehr des Verdrängten" dar. „Das Verdrängte", sagt Sigmund Freud, „kann zwar in der Regel sich nicht ohne weiteres als Erinnerung durchsetzen, aber es bleibt leistungs- und wirkungsfähig, es läßt eines Tages unter dem Einfluß einer anderen Einwirkung psychische Abfolgen entstehen, die man als Verwandlungsprodukte und Abkömmlinge der vergessenen Erinnerung auffassen kann... ."[270] Merrin rührt mit seiner archäologischen Arbeit an Heidnisches als Verdrängtes, an scheinbar Vergessenes, aber psychisch Unbewältigtes. Er setzt gewissermaßen kulturell in Gang, was Regan MacNeil individuell erleidet: den Wahn des Satansglaubens. Merrin beschwört den Dämon als „Verwandlungsprodukt" unterdrückter Erinnerungsspuren herauf. Daher seine gefährliche Transformation, daher die symbolischen Erscheinungsformen des Schrecklichen, Rohen, Animalischen, Obszönen: „Zerzauste Schwingen, Krallenfüße, ein knolliger, hervorspringender, stumpfer Penis – der Mund in wildem Grinsen verzerrt. Der Dämon Pazuzu." Es ist ja kein Zufall, daß der Jesuit seine Ausgrabungen auf heidnischem Territorium durchführt, wie es auch kein Zufall ist, daß der Roman die dämonische Verwandtschaft des heidnischen Pazuzu und des christlichen Teufels geradeso voraussetzt wie ehedem die altjüdische Glaubenslehre die Identität von babylonischen Göttern und satanischen Kreaturen. Das Alte ist das Fremde, das Fremde ist das Feindliche, das Feindliche ist das Verdrängte, das Verdrängte ist das angstbesetzt Gefährliche.

Wahrscheinlich läßt sich die Freudsche These von der „Wiederkehr des Verdrängten" in keinem anderen Bereich so gut stützen wie in der Domäne von Satanskult und Satanskultur. Was abgespalten und dann verdrängt wurde, meldet sich zurück. Was verboten, aus den Köpfen verbannt wurde, spukt umso heftiger im Untergrund und im Unterbewußtsein. Und hier formiert es sich neu, vollzieht

---

270 Freud (1941b), *G. W.* Bd. 7, S. 60.

eine späte Rache an denjenigen Instanzen, die die dunkle Wahrheit des Verdrängten nicht wahrhaben wollen. „Gerade das", sagt Dagmar Scherf, „was man bis zur Unkenntlichkeit verzerren, ins bedrohlich Monströse aufblähen, in die fernste, finsterste Region verbannen und tief vergraben muß, zieht alle Aufmerksamkeit auf sich und schreit so wider Willen das Verdrängte am deutlichsten heraus."[271] Daran rühren heißt an Explosivstoff rühren. Solchen Stoff ausgraben birgt Risiken; es sei denn, es wird kulturell akzeptiert und psychisch integriert. Es muß als Menschliches angenommen werden, will man verhindern, daß es abgespalten als Dämonisches weitertobt. Die Lektion lautet: Ohne Heimholung des Teufels gibt es keine Befreiung des Menschen, da keine Befriedung seiner Seele. Aber es ist eine schwer zu lernende Lektion.

Natürlich lassen sich, will man das Banner der Wissenschaft und Aufklärung schwenken, Buch und Film schlicht auf das Konto des Fiktionalen setzen und der Dämonismus auf diese Weise in mentale Schranken weisen. Genauer: Man kann – durchaus im Bewußtsein der psychohistorischen Basis des Phänomens – darauf hinweisen, daß Blatty historisches Wissen mit ästhetischer Vorstellungskraft und dramaturgischem Geschick kombiniert, wenn er das Thema dämonischer Besessenheit so nervenkitzelnd für seine Leser aufbereitet. Hochdramatisch, eindrucksvoll und kontrovers wie das Buch auch erscheint – *Der Exorzist* ist ein Stück Unterhaltung, und in der Unterhaltung spielt die Phantasie eine zwar wichtige, aber relativ ‚unschuldige' Rolle. Man könnte sagen: Was der Autor kraft seiner Phantasie anbietet, wird vom Publikum mehrheitlich auch per Phantasie rezipiert.[272] Diese höllische Phantasmagorie verpflichtet zu nichts. Ihre Erregung führt zu nichts. Jedenfalls läßt sich auf der Grundlage des Romans und seiner Wirkung der Konflikt der Weltbilder nicht entscheiden, denn die Lösung, die Blatty anbietet, ist hypothetisch, unverbindlich, tentativ. Nüchtern betrachtet ist der Roman nur ein raffiniertes ästhetisches Spiel mit dem Gedanken, daß es dämonische Besessenheit auch unter den Auspizien des aufgeklärten 20. Jahrhunderts geben *könnte*. Sicherlich eine Herausforderung für manche Leser, aber kein quasi-theologisches Plädoyer für die reale Existenz Satans.

Aber: Der historische Zufall wollte es, daß just zu dem Zeitpunkt, da *Der Exorzist* begonnen hatte, als fiktionales Werk die Gemüter zu erhitzen, ein ‚realer' Fall von dämonischer Besessenheit aus der Schweiz gemeldet wurde, der zum Teil verblüffende Ähnlichkeiten mit Blattys Fiktion aufwies: Der Zürcher Pries-

---

271 Scherf (1990), S. 94.
272 Allerdings sind diverse Fälle belegt, in denen Rezipienten der Wirkung nicht gewachsen waren und sich in seelenärztliche Behandlung begeben mußten. Siehe Bozzuto (1975) sowie Greenson (1974).

ter Georges Schindelholz wurde im Oktober 1971 zu einer Familie gerufen, deren 19jährige Tochter Barbara regelmäßig in den späten Abendstunden von einer Schar böser Geister heimgesucht wurde. Ähnlich vorsichtig und skeptisch wie Pater Karras in Blattys Roman, holte sich Schindelholz zunächst sachkundigen Rat bei der Wissenschaft. Hans Naegeli, Psychiater und Präsident der Schweizer Gesellschaft für Parapsychologie, wurde als Spezialist hinzugezogen. Nach Inaugenscheinnahme der jungen Frau, sorgfältiger Beobachtung ihres Verhaltens und fachmännischen Studiums der Symptome, kam Naegeli zu dem Schluß, daß er es mit einem Fall ‚echter‘ dämonischer Besessenheit und nicht mit irgendeiner ihm bekannten geistigen Störung zu tun hatte. Barbaras Fall sei eindeutig kein Fall für die Medizin, sondern ein Kasus für die Kirche. Naegeli war sich seiner Sache sicher, er äußerte: „In der Tat ist kein eindeutiger Besessenheitsfall in eine psychiatrische Diagnose einzuordnen, sei es nun die Schizophrenie, die Hysterie oder die Epilepsie. [...] Besessenheit ist kein medizinisches Phänomen, und so bleiben auch Medikamente unwirksam. Sie ist vielmehr ein *religiöses* Geschehen. Gerade deshalb ist es von Bedeutung, daß auch ein im Hexenwesen und in der Zauberei erfahrener Theologe hier sein Credo darlegt."[273]

Das tat der Theologe denn auch. Der Pater wähnte sich nach wiederholten Besuchen der Patientin imstande, die Anwesenheit von sieben verschiedenen Dämonen in ihrem Körper konstatieren und eben jene Art von „Zeichen" feststellen zu können, welche die katholische Kirche als Hinweise auf Besessenheit ernst nimmt. Er vergewisserte sich: Barbaras Krankheit hatte keine Vorgeschichte, und das Mädchen war als ausgeglichen, sanftmütig und allerorts gut gelitten bekannt gewesen. Sie und ihre Familie waren fromm, verfügten über keinerlei Kenntnisse oder Erfahrungen im Hinblick auf Okkultes, Magisches oder Diabolisches. Schindelholz vergewisserte sich sogar, um suggestive Übertragung auschließen zu können, daß Barbara nicht zufällig Blattys Buch gelesen, Friedkins Film gesehen oder ähnliche Medienprodukte konsumiert hatte. Die Änderungen an Körper und Geist traten ziemlich unvermittelt und unerklärbar auf:

Ende Oktober 1971 begann Barbara eine erstaunliche Kraft zu entwickeln. Sie äußerte sich auch plötzlich in Stimmen, die nicht zu ihr gehörten – Stimmen, die sich von der ihren stark unterschieden. Es begann jeweils abends um 23 Uhr, und das Phänomen erstreckte sich über zwei Stunden. Barbara verwandelte sich für diese Zeit in einen Menschen, der mit der normalen Barbara nichts gemein hatte. Bereits Ende August hatten sich Anzeichen einer Veränderung im Wesen gezeigt – sie klagte über sonderbare Schmerzen, bemerkte an beiden Beinen plötzlich Striemen und Kratzer unerklärlicher Herkunft, und ihr Gesicht wies rote Flecken auf. Zu dieser Zeit mußte Barbara ihre Arbeitsstelle aufgeben. Sie begann unter Hustenanfällen, Atemnot, steifen Fingern, Rückenschmerzen, Kratzern an Beinen und Armen zu leiden. Sie glaubte auch, Schmerzen zu verspüren, als würde man ihr Nadeln in den Kopf, in den Hals, in die Lungen und in den Bauch stossen. [...] Seit dem 29. Oktober 1971 meldeten

---

[273] Vorwort zu Schindelholz (1984), S. 10, 11.

sich die Stimmen jeden Abend. Die Stimmen unterschieden sich voneinander, als gehörten sie verschiedenen Personen – es schien sich um Männer zu handeln. Sie weigerten sich ihre Namen zu nennen, aber sie trugen allesamt Nummern. Nummer 1, 2, 3, 4, 5, 6. Eine geheimnisvolle Nummer 7 wurde von den andern „der Meister" oder „der Gentleman" genannt. Niemals jedoch äußerte sich diese Nummer 7, und wenn man die sechs anderen über die Nummer 7 befragte, übertrafen sie sich über den „Meister" in Lobpreisungen, fanden nicht genügend Worte, um sich darüber auszulassen, wie groß, schön, vornehm und zurückhaltend er sei.[274]

In den Stimmen spiegelten sich die unterschiedlichen ‚Persönlichkeiten' der dazugehörigen Dämonen, und keine hatte auch nur entfernte Ähnlichkeit mit der Barbaras. Ihr Habitus war manchmal grob und gewalttätig, manchmal geschwätzig und selbstgefällig, dann wieder hochmütig aggressiv und obszön. Ihre jeweilige Sprechweise (Klangqualität, Intonation, Frequenzband) war ihrem jeweiligen Charakter angepaßt. Doch etwas vereinte die Sieben: ihr Haß auf das Mädchen. Kaum jemals wurde Barbara mit ihrem Namen angesprochen, sondern mit häßlichen, erniedrigenden Übernamen wie „Dirne", „Schlampe", „Luder", „Kuh", „Göre" oder Schlimmerem bedacht. Stellte der Priester die Frage, weshalb die „Nummern" überhaupt gekommen seien, gaben sie entwaffnend offen zu: „Um sie zu quälen." Fragte jemand aus der Familie, wann sie von ihrem Opfer lassen würden, kam die Auskunft: „Der Meister befahl uns, sie erst nach langer Zeit zu verlassen, denn es sind zu viele Dinge im Spiel!"

Die erste Heimsuchung des Mädchens durch die Dämonen erlebte der Priester in Anwesenheit der Familie so:

Das junge Mädchen hatte sich auf den Diwan geworfen und wand sich in Krämpfen. Ich beobachtete sie aufmerksam, aber sie schien unsere Anwesenheit nicht mehr wahrzunehmen. Ihr Atem ging in kurzen und unregelmäßigen Zügen, das Gesicht war eine Spur röter als vorher. Die Mutter hatte sich ihr zur Seite niedergelassen. Wir anderen betrachteten die Szene stehend. Ich riskierte die Frage: „Wer seid ihr"? Wütendes Spucken in meine Richtung war die Antwort. Ich wiederholte die Frage, indem ich etwas zurückwich; die Antwort war nun eine Flut von Flüchen und Kraftausdrücken, von denen ich folgende verstehen konnte: „Schweinehund, Affenkopf, Schafsbrut" usw. Zwischen diesen Ausdrücken Zornesgebrüll, Augenverdrehen. In den Blick stieg die Röte des Hasses. Bereits war Barbara nicht mehr sie selber, eine völlig neue Kreatur. Sie war nun gewissermaßen das Gegenstück zu der Person, die ich kennengelernt hatte: sanft, entspannt und ruhig...[275]

Die Anwesenheit der Dämonen war begleitet von typischen Poltergeist-Phänomenen. Es flogen Gegenstände durch die Luft, Türen wurden geöffnet und zugeknallt, Geschirr ging in tausend Stücke. Die unsichtbaren ‚Gäste' machten sich einen Spaß daraus, Schubladen zu entleeren und deren Inhalt den Familienmitgliedern an den Kopf zu werfen. Je zorniger und haßerfüllter ihr Zustand, desto wilder ihr chaotisches Treiben, wobei es die Präsenz des Geistlichen war,

---

274 Schindelholz (1984), S. 20–21.

die sie zunehmend in Rage versetzte und dazu führte, daß sich ihre destruktive Energie an der armen Barbara entlud. Der vom Priester gesprochene Exorzismus nach dem *Rituale romanum* ärgerte sie ganz offensichtlich und machte das Leiden für das Mädchen eine Zeitlang nur noch schlimmer. Die „Nummern" dachten nicht daran, den Körper unter der Wirkung der sakralen Sprüche zu verlassen und dehnten ihre ungebetene Anwesenheit – mit Intervallen – auf über sechs Jahre aus. Bei allem blieben sie jedoch erstaunlich redselig und auskunftswillig. Sie waren fast immer antwortbereit und setzten über ihr Medium sogar einschlägig diabolische Botschaften in die Welt. Beispielsweise diktierten sie ihrem Opfer am 3. März 1976 folgenden Schlüsseltext:

„Ihr möchtet wissen, warum wir hier sind? Warum wir bei diesem Luder gelandet sind? Der Grund ist der: sie ist gut, sie kann leiden, und das schätzen wir. Wir haben versucht, ihr den Glauben an G... zu vermiesen, aber ohne Erfolg. Das Luder war uns zur Verfügung gestellt. Wir konnten sie quälen, weil jener, der ‚oben' ist, es uns erlaubt hat. Wir haben versucht, sie zu quälen mittels der Krankheit, mittels unserer Anwesenheit, vergebens, ohne Erfolg, wir konnten sie nicht auf unsere Seite ziehen. Herr W. hat uns auch viel geholfen bei unserer Arbeit. Aber es war verlorene Mühe. Warum vor allem sind wir gekommen? Vor langer Zeit hat jemand eine Verwünschung auf den Großvater von Barbara ausgesprochen, eine Verwünschung mit Zuhilfenahme eines gewissen ‚Buches'. [...] Herr W. hat uns gerufen, um ihm durch unsere Mitarbeit zu helfen. Aus diesem Grund sind wir so zahlreich erschienen! Herr W. gehört zu uns!"

Hier kommt also von den Dämonen selbst der Hinweis, daß ihr Auftreten keineswegs so willkürlich ist, wie es den Anschein hat, sondern daß eine einstmalige „Verwünschung" in der Geschichte der Familie sie heraufbeschworen hat. Es ist der sprichwörtliche Gedanke: Wenn man den Teufel ruft, dann kommt er – wenn auch eventuell mit einiger Verspätung. Die Beschwörung seiner dunklen Macht geht vom Inneren der Menschen selbst aus. Aber: Die Ausübung dieser Macht ist Sache der außerhalb des Menschen befindlichen Geister. Ergo: der Mensch ist schlecht beraten, Verwünschungen auszusprechen oder Beschwörungen vorzunehmen: Die Geisterwelt reagiert darauf und tritt in Erscheinung.

Eines Tages kam Barbaras Mutter auf den Gedanken, die „Nummern" nach der Wirkung von Elektroschocks zu fragen. Sie hatte erfahren, daß Elektroschocktherapie eine konventionelle Behandlungsmethode bei Schizophrenie darstellt, malte sich die Konsequenzen bei satanischer Besessenheit aus und wollte wissen: „Ist es wahr, daß, wie ich von einem Studierten gehört habe, Elektroschocks euch sehr stören?" Antwort:

„Die Elektroschocks können uns nichts anhaben. Man kann uns auf diese Art mit Schlägen bombardieren; die Schläge gehen jedoch nur durch uns hindurch. Wir können hingegen so tun, als hätten uns

---

275 Ebd.., S. 24.

die Elektroschocks auf die Probe gestellt. Aber das ist nur eine Finte. Wir tun dergleichen, um die Leute in die Irre zu führen... . Die blöden Rosenkränze und andere Instrumente können uns auch nicht schaden. Der Dämon, der sich eines ‚Instruments' (eines Menschen, der Schwarze Magie betreibt) bedient, besitzt dieses eines Tages. Wenn sich ein Mensch einem Dämon verkauft hat, hat dieser Macht über ihn. Und wenn der Dämon ein menschliches Wesen in die Hölle bringt, wird er befördert, er ‚steigt einen Grad höher' und kann nun seinerseits jenen quälen, der sein Instrument wurde, um das Schlechte zu tun. Derjenige, der ein Instrument für den Dämonen wurde, kann sich seinerseits hinter einer Kreatur halten, derer er sich als Instrument bedienen kann und über welche er Befehlsgewalt hat. So können sich sehr schön alle weiterbringen, alle steigen auf, oder, besser gesagt, alle sinken immer weiter hinab. Quälen ist eine Freude für uns! Alles schreitet fort in der Boshaftigkeit."

Im Verlauf dieses phantastisch anmutenden Berichts meldet sich im Kopf kritischer Leser der Argwohn. Nicht unbedingt deshalb, weil sie sich nicht mehr imstande sähen, den Dämonismus – wenigstens hypothetisch – ernst zu nehmen, sondern weil der Diskurs der Dämonen zunehmend theologisch, ja geradezu didaktisch wird. Die Dämonen fallen aus der Rolle; sie fangen an zu dozieren, so als hätten sie eine Lehrkanzel für dogmatische Theologie inne und als bestünde ihre Aufgabe darin, arme Seelen zu warnen statt sie zu verderben. Statt rollenkonform die *advocati diaboli* für Satan, Luzifer, Astaroth (oder in wessen Dienst sie auch immer stehen) abzugeben, machen sie den Fall Barbara zu einer Plattform für fundamentalistische Bibelexegese und dogmatische Moraltheologie. Sie sind auf einmal keine Widersacher mehr, sondern ‚Aufklärer'. Sie schlüpfen vereint in eine Rolle, die eigentlich dem Priester zukäme, nämlich ihre jämmerliche Situation ewiger Verdammnis zu schildern und die Hoffnungslosigkeit und Verzweiflung einer Existenz in der Finsternis zu artikulieren. Sie (nicht der Priester) geben wohlfeile Ratschläge für die Wahrung des menschlichen Seelenheils, so daß der (freilich schwer beweisbare) Verdacht aufkeimt, daß der Priester die Dämonen als sein eigenes Sprachrohr ‚mißbraucht'. Die ‚Logik' des dualistisch-dämonistischen Weltbildes einmal unterstellt: weshalb sollten die Bewohner der Hölle ein Interesse verspüren, nicht nur die ‚Betriebsgeheimnisse' ihrer Wirkungsstätte auszuplaudern, sondern die Menschen, ihre begehrte potentielle Beute, auf deren kardinale Fehler aufmerksam zu machen? Hier scheint das priesterliche Kalkül im Spiel gewesen zu sein: Wenn die Dämonen bestätigen, was die konservative Theologie schon immer behauptet hat, dann habe ich glaubwürdige Zeugen für die Richtigkeit des dualistischen Weltbilds. Bessere Gewährsleute als solche Emissäre aus einem infernalischen Jenseits kann ich mir doch gar nicht wünschen! – Jedenfalls erweckt das folgende Frage-und-Antwort-Spiel den Eindruck, daß die sieben Nummern eher als Seelsorger denn als Versucher agieren:

„Ist das Leben eine ernste Angelegenheit?" – „Ja, man versteht dies, wenn man nicht mehr auf der Erde ist. In diesem Moment erst erkennt man, daß es eine ernste Angelegenheit ist." – „Ist es also schwierig, alles richtig zu tun?" – Wenn man seine Fehler einsieht und versucht, sie zu korrigieren, kann es nicht von Nachteil sein, im Gegenteil." – „Ist die Angst etwas Schlechtes?" – „Nein, nichts Schlechtes, die Angst ist zerstörend." – „Wie denn?" – „Die Angst ist eine Schwäche, von welcher wir profitieren. Aus Angst tut man das, was nicht richtig ist. Aus Angst verliert man die Hoffnung und tut das, was nicht stimmt. Eine dumme Sache kann viel schneller jenem passieren, der Angst hat. Die Angst fügt dem ‚Unbewußten' Unrecht zu!" – „Was ist denn das Unbewußte?" – „Ich würde sagen: Das sind wir und der Andere (der Schutzengel). Ja, das Geistige, das man mit der Intelligenz nicht erfassen kann. Wir und der Schutzengel wissen alles." – „Viele Bücher sind über das Unbewußte geschrieben worden." – „Ja, man akzeptiert das Einfache nicht, sondern sucht das Komplizierte. Man produziert tausend Dinge, die alle eine Variation der einen Sache sind, die nicht wahr ist, aber beliebter ist, weil sie kompliziert ist. Die Dummen verstehen nur das Einfache und die Intelligenten verstehen auch das Komplizierte – so ist es klar, daß jedermann das Komplizierte dem Einfachen vorzieht, weil jedermann intelligent sein möchte. Dabei haben die Dummen manchmal einen Vorsprung vor den Intelligenten. Man glaubt, daß man immer groß und kompliziert sein muß. So ist es genau mit dem Glauben. Man glaubt an die Varianten des Glaubens, ha, ha, ha. Alle Bücher über das Unbewußte und den Glauben sind aus Profitdenken entstanden und weit weg von der Realität. Der gegenwärtige Mensch akzeptiert alles, ohne zu überlegen, was ihm Zeitungen, Bücher, Radio und Fernsehen offerieren. Er nimmt sich nicht die Zeit zu überlegen. So versteht er nichts von einem Buch, weil er es zu oberflächlich liest. Alles zieht so am Menschen vorbei, wie im Film."[276]

Und so geht das Dozieren noch ein gutes Stück weiter. Indes – böse Geister, die gekommen sind, um ein unschuldiges Mädchen zu quälen, und die gleichzeitig ihrer Familie wie Beauftragte der Telefonseelsorge Rede und Antwort stehen oder wie Geistliche von der Kanzel Gesellschaftskritik üben, sind ein bizarres Vorkommnis. Schindelholz, dem die Redseligkeit der Plagegeister selbst merkwürdig erscheint, gesteht dies ein. Gleichwohl besteht er auf der Authentizität seines Berichts, wenn er schreibt: „Trotzdem ist es ein Zeugnis aus dem Jenseits. Es öffnet ein kleines Fenster auf die Natur und Aktivität dieser unsichtbaren Wesenheiten, die ihre Heimsuchungen auf eine Person oder einen Ort richten."[277]

Die Kontroverse um das Phänomen dämonischer Besessenheit ist nicht beigelegt. Nach wie vor lautet die kardinale Frage: exogen verursachte Heimsuchung oder endogen bedingter Wahn? Eine konservative Theologie hält an der Dämonenlehre fest und wird dabei sogar von einigen Seelenkundlern bestärkt. „Besessenheit ist kein medizinisches Phänomen ... vielmehr ein *religiöses* Geschehen", erklärte der mit Barbaras Fall befaßte Psychiater Naegeli.Er sah eine Differenz zwischen den Symptomen einer dämonischen Besessenheit und solchen einer Geisteskrankheit. Doch die allermeisten Seelenärzte gehen von inneren Störungen aus, die sie auf das Konto schwerer Psychosen setzen. Oskar Pfister, Theologe und Tiefenpsychologe, widerspricht seinem Kollegen heftig, wenn er äußert: „Ich halte es für ein psychotherapeutisches Verbrechen, Geisteskranken

---
276 Schindelholz (1984), S. 52–53.
277 Ebd., S. 56.

den Glauben an ihre Besessenheit beibringen zu wollen. Leicht entstehen neue pathologische Symptome, und der nachträgliche ‚Exorzismus' bleibt wirkungslos."[278]

Dies ist das Grundproblem: Theologen geraten offenkundig in Erklärungsnot, wenn sie den Kontextfaktor berücksichtigen und Fragen beantworten müssen wie: Weshalb werden Christen, die nach einem Exorzismus verlangen, stets von Dämonen der judäo-christlichen Tradition, also gewissermaßen von Hausgeistern, heimgesucht? Weshalb handelt es sich bei den Opfern auffallend häufig um Pubertierende? Wieso sind hier Katholiken sehr viel häufiger betroffen als Protestanten und Personen von bigotter Frömmigkeit eher als solche mit säkularer Weltanschauung? Warum bleiben Ungläubige, wenn sie psychotisch werden und unter Halluzinationen leiden, von Dämonen aus dem christlichen Lager unbehelligt? – Muß dies nicht als ein Hinweis auf den limitierten, kulturbedingten Rahmen des ganzen Phänomens gesehen werden? Andere Kulturen, andere Geister? Andere Glaubensformen, andere Heimsuchungen? Aber wenn dem so ist, wie steht es dann mit Satan als dem „Herrn dieser Welt"? Kann er religiös auch dort zuständig sein, wo er kulturell und biographisch überhaupt nicht zuständig ist?

Psychiater geraten jedoch ihrerseits in Erklärungsnot, wenn sie auf Rätsel stoßen und Fragen beantworten müssen, die selbst Parapsychologen bislang nicht beantworten können: Wieso werden Patienten von Kräften attackiert, die sie zu Dingen veranlassen, welche der Lebens- und Erfahrungswelt der Personen eventuell vollkommen widersprechen, in keinster Weise mit ihrer Biographie und Persönlichkeitsstruktur vereinbar sind? Woher kommt auf einmal ein erstaunliches Wissen, das sowohl die geistige Kapazität des Individuums als auch seine realen Möglichkeiten um vieles übersteigt? Wie erklärt sich die Materialisation von Gegenständen, die Besessene aus Mund, Nase oder anderen Körperöffnungen speien? Wie kann sich das Gehirn fremder Sprache bedienen (Xenoglossie), welche der/die Betreffende nie gehört, geschweige denn gelernt hat? Greift die Hypothese einer Wiederkehr des Verdrängten hier nicht zu kurz? Kann eine unbekannte Sprache etwas Verdrängtes sein? Sind, da das Verdrängte ja nur als das Eigene in deformierter Gestalt auftreten kann, solche Erscheinungen nicht doch ein Hinweis auf eine Invasion durch äußere Mächte?

Die immer noch herrschende Frontstellung von Theologen und Psychiatern ist offenbar wenig geeignet, solche Fragen zu beantworten und die Probleme zu lösen. Hypothesen gibt es in beiden Lagern in Hülle und Fülle.[279] Doch vonnöten sind ganzheitliche, integrierende Bewußtseinsmodelle, die von den Disziplinen

---

278 Pfister (1985), S. 48.
279 Siehe Schulz (1974).

gemeinsam zu erarbeiten und erproben wären. Vonnöten sind kulturanthropologische Erklärungsansätze, die, indem sie Theologie und Psychiatrie zu integrieren versuchen, die Antithetik aufheben und zu einer Synthese fortschreiten. Von diesem Ziel, obwohl längst anvisiert, ist man derzeit allerdings noch weit entfernt.[280] Und solange dies so bleibt, muß man einräumen, daß der Phantasie-Begriff in diesem Umfeld tatsächlich nur ein vorläufiges und eingeschränkt leistungsfähiges Konzept darstellt. Der Dämonismus nimmt die Phantasie in Anspruch, daran ist nicht zu zweifeln; aber er ist mehr als Phantasie. Hinter dem Dämonismus steckt ein ganzes, umfangreiches, unsägliches Kapitel der menschlichen Bewußtseinsgeschichte, dessen Studium immer noch mehr Rätsel aufwirft als es Problemlösungen verspricht.

2.8 Die Seele am Abgrund: Apokalyptische Phantasien

Dämonische Gespinste sind nicht die alleinigen Geistesprodukte im Bezirk der religiösen Phantasie, die dem aufgeklärten Bewußtsein als fragwürdig und der humanen Gesellschaft als gefährlich erscheinen müssen. Die mit ihnen verwandten apokalyptischen Vorstellungen sind es nicht minder. Allerdings herrscht auch hier eine begriffliche Konfusion, die vorab nach Klärung verlangt:

Säkular definiert ist Apokalyptik der Ausdruck eines kulturellen Lebensgefühls, wonach der Kurs der Geschichte, aus welchen weltlichen Gründen auch immer, auf eine Katastrophe zusteuert: Weltuntergang als gesellschaftliches oder planetarisches oder kosmisches Ereignis. Als typische Ursachen dafür kommen in Frage: verheerende Naturkatastrophen, weltweite Kriege, sozialpolitische Umwälzungen, moralische Dekadenz oder wissenschaftlich-technische Fehlentwicklungen großen Stils. Wenn die Natur sich gegen die Menschheit wendet oder wenn diese als Opfer eigener Verblendung dabei ist, ihren Heimatplaneten zugrunde zu richten, steht das Leben am Abgrund. Säkulare Apokalyptik wird wesentlich durch Befürchtungen genährt, die von globalen Gefahren wie atomare Vernichtung, tödlich wirkende Epidemien, unkontrolliert wachsende Bevölkerung, irreparable Umweltschäden, kosmische ‚Unfälle' (oder deren Kombinationen) ausgehen. Apokalyptik dieser Spielart ist des Ergebnis einer Realangst, die sich an diesseitigen, empirisch bestimmbaren oder futurologisch prognostizierbaren Ereignissen entzündet. Sie kann aber auch das Symptom einer neurotischen Angst sein, einer diffusen *fin-de-siècle*-Stimmung, die aus all-

---
280 Vgl. Quekelberghe u. Eigner (1996).

gemeinem Lebensüberdruß oder zivilisatorischer Übersättigung erwächst. Hier erlischt die Vitalität, die Zuversicht schwindet und das Wunschdenken verkümmert. Es gibt keine sinnvollen Optionen mehr. Hier herrscht das Gefühl: Es kann so, es wird so nicht weiter gehen, wir bewegen uns auf das Ende zu. Der Endzeit-Neurotiker weiß nicht, wie das Ende aussieht; aber er glaubt zu wissen: die Menschheit hat es nicht anders verdient.

Religiös definiert ist Apokalyptik der Ausdruck einer mythischen Erwartung, wonach Gott oder göttliche Mächte das Ende der Menschheit verhängt haben, weil diese (durch Unbotmäßigkeit, Verderbtheit, Sündhaftigkeit o. ä.) ihr Lebensrecht verwirkt und den Zorn des Himmels auf sich geladen hat. Die fatalen Ereignisse sind dann nicht die Folgen kataklystischer Zusammenbrüche oder menschlichen Versagens, sondern die Geißeln göttlicher Strafe, Instrumente einer von höherer Stelle ausgeübten Rache. Fehlverhalten verdient, geahndet zu werden, doch da dies von weltlichen Gerichten nicht zu erwarten ist, weil auf menschliche Instanzen wenig Verlaß ist, bedarf es angesichts der Ungeheuerlichkeit der Schuld des ‚reinigenden Feuers' von oben. Nur ein großes Gericht als Gottesgericht vermag hier noch Recht zu sprechen. Nur die allerhöchste Instanz kann hier noch ein- und durchgreifen. Allerdings ist das Strafgericht, obwohl Vernichtung nach sich ziehend, kein ultimativer Vernichtungsakt. Im mythischen Bewußtsein verläuft der Prozeß in verschiedenen Negativ-Positiv-Phasen: In einer Abwärtsbewegung führt zunehmende Korruption zu schließlicher Destruktion, deren Tiefpunkt die verdiente Katastrophe ist. In einer Aufwärtsbewegung führt die fällige Purifikation sodann zur Einleitung einer Regeneration. Deren Endpunkt ist die ersehnte Erlösung. Dies ist der Verlauf des apokalyptischen Geschehens, das einem Weltenlenker und Weltenrichter zuschreibt, was das eigene Wunschdenken und Erlösungsstreben in Szene setzen möchte, aber nicht kann.

Der Unterschied zwischen säkularer und religiöser Auffassung gründet also nicht nur auf unterschiedliche Verursachung, sondern auf strukturelle Differenzen in der jeweiligen Erwartung. Apokalyptiker der ersten Art erwarten gewöhnlich nichts als ein radikales Ende: globale Vernichtung, biologische Auslöschung, kollektiver Exitus. Diese Art von Untergang ist kalkuliert, vorausberechnet, nicht visualisiert oder imaginiert. Der Phantasieanteil ist dementsprechend gering. Genau genommen sind diese ‚Schwarzseher', ob sie nun als Futurologen, Philosophen, Historiker oder Gesellschaftskritiker zu ihren Prognosen gelangen, keine Apokalyptiker, sondern Katastrophisten oder prognostische Pessimisten. Was sie publik machen, hat physikalische, ökologische, technische oder gesellschaftspolitische Ursachen.Sie deuten die Menschheits- und/oder die Naturgeschichte kraft ihres Expertenwissens unter dem Aspekt eines kausal ermittelbaren oder sich sozial abzeichnenden Endes. Sie überführen ihre Diagnose des schlimmen Zustands der Welt in eine Prognose wenn nicht des totalen Untergangs, so doch eines unvermeidlichen Niedergangs. Und sie sehen für die Menschheit entweder keine oder eine nur minimale Chance der Rettung. Die Exponenten solcher Apokaplyptik sind heute zumeist Umweltwissenschaftler, wie beispielsweise Dennis Meadows und die Mitglieder des Club of Rome, deren Devise lautet: „Wundert euch nicht! Wir haben euch gewarnt"[281]

Apokalyptiker der zweiten Art, die auf dem Boden einer viel älteren, metaphysischen Tradition stehen, hoffen demgegenüber auf einen jenseitigen Neuanfang: Rettung zumindest einiger ‚Gerechter', Regeneration der Überlebenden, Neuschöpfung der Weltordnung, also: Ende um eines neuen Anfangs willen. Für sie ist die unausweichliche Katastrophe die dramatische Schwelle, die überschritten werden muß, damit (in einem glücklichen Jenseits) neues Leben aufkeimen kann. Haben die Himmlischen auch den Willen, die Irdischen zu bestrafen, so haben sie doch nicht die Absicht, sie samt und sonders auszurotten. Es wird einer dezimierten Menschheit, einer auserwählten Minorität von Rechtschaffenen und Rechtgläubigen, eine neue Chance eingeräumt: es wartet das Heil auf der anderen Seite des Unheils – für diejenigen, die es verdienen.

Apokalyptiker dieser Tradition sind nicht nur die Verkünder des bevorstehenden Vernichtungsdramas, sondern gleichzeitig die Enthüller dieser Chance für eine bessere Zukunft. (Das griechische Verb *apokalyptein* bedeutet eben dies: *enthüllen* oder *offenbaren.*) Was sie enthüllen hat jenseitige Bedeutung; sie nehmen für sich in Anspruch, die Besitzer ‚höheren' Wissens als Beauftragte Gottes zu sein. Somit sind diese Apokalyptiker keine Sprecher aus eigener Machtbefugnis, sondern Vermittler eines transzendenten Fatums, Überbringer des Ratschlusses einer höheren Instanz – zumindest begreifen sie so ihre Rolle. Beispiele finden sich in den prophetischen Büchern der Bibel, zunehmend auch unter den Vertretern zeitgenössischer Sekten. Seit eh und je hat es Menschen gegeben, die zu wissen glaubten, daß die Himmlischen die Irdischen dem Untergang zu weihen beabsichtigen.

Diesseits solcher Unterschiede, die den historischen Wandel markieren und der Apokalyptik neben dem hergebracht religiösen ein neueres säkulares Profil verleihen, haben wir es jedoch mit einer gemeinsamen mythischen Matrix zu tun, die tiefer liegt als altbiblische oder modern weltliche Paradigmen vermuten lassen. Denn unabhängig davon, was Propheten in der Vergangenheit von sich gaben und Futurologen in der Gegenwart verkünden, ist die Apokalyptik psychostrukturell im Menschen und seiner Geschichte verwurzelt. Sie ist ein Stück

---

281 Dennis Meadows plant, den dritten, für 2002 vorgesehenen Bericht an den Club of Rome unter den Titel „Wir haben euch gewarnt" zu stellen.

archaischer Ontologie. Welche äußere Veranlassung sie auch immer haben mag, Apokalyptik gehört zu unserer inneren Welt. Andernfalls würden Wissenschaftler, wenn sie gefährlich abwärtsführende Trends der planetarischen oder gesellschaftlichen Entwicklung diagnostizieren, den Begriff gar nicht verwenden, was sie nachweislich aber tun.[282] Die Apokalyptik ist ein langwährendes und beharrlich wirkendes mythogenes Erbe. Wahrscheinlich ist sie archetypisch angelegt als Niederschlag uralter, wiederkehrender Erfahrungen, die sich der kollektiven Psyche ‚eingeschrieben' haben als eine Art Reflex des ewigen Auf und Nieder in Natur und Gesellschaft. Was entsteht vergeht, und was vergeht stirbt nicht, sondern wandelt sich. Auf der tiefsten Ebene seelischer Regungen dürfte das Phänomen etwas mit diesem perennierenden Rhythmus des Entstehens, Reifens, Alterns, Vergehens und Wiedergeborenwerdens zu tun haben, den der Mythenforscher Mircea Eliade als „Mythos der ewigen Wiederkehr" beschrieben hat.[283] Da der gesamte Kosmos unter dem Gesetz der Periodizität steht, bedarf das menschliche Leben der periodischen Erneuerung. Dieser Mythos, der aus der Anschauung der Zyklik alles Seienden erwächst, ist wirkungsmächtiger als die moderne Geschichtsauffassung, welche die Entwicklung der Menschheit – ob auf der Grundlage der Evolution oder eines linear-progressiven Zeitbegriffs – als ein Kontinuum begreift. Die Anschauung der Zyklik ist psychologisch tiefer verankert als die Erfahrung von Kontinuität. Davon legen die Mythologien der Völker ein gültiges Zeugnis ab:

Nach hinduistischer und buddhistischer Lehre, niedergeschrieben in den heiligen Texten des *Vishnu Purana*, entwickelt sich das Universum in großen kosmischen Zyklen, die dem gleichen Muster wie die Jahreszeiten und das Leben selbst folgen. Am Ende jedes vollständigen Zyklus, eines sogenannten Mantavara, tritt alles Leben in eine neue Entwicklungsphase ein. Derzeit lebt die Menschheit in der Endphase des vierten Mantavara, des dunklen Zeitalters Kaliyuga, das insgesamt 2.592 Jahre währt. Es wird so bezeichnet, weil dieses Zeitalter von Kali, der Göttin der Finsternis und des Todes, beherrscht wird. Ihm gehen das Krita-yuga, Tetra-yuga und Dvapara-yuga voran, die sämtlich nach Ablauf ihrer metaphysischen Uhr in fixer Reihenfolge wiederkehren. Jedes Zeitalter entfaltet sich gemäß einem göttlichen Plan und wird von universell-spirituellen Gesetzen gelenkt. Dabei ist das Kaliyuga von gewaltsamen, destruktiven Energien gekennzeichnet, die Konflikthaftigkeit, Grausamkeit, Rücksichtslosigkeit und Machtbesessenheit unter den Menschen sowie Chaos und Katastrophen in der Natur bedeuten. Am Ende setzen sich jedoch die kreativen gegen-

---
282 Vgl. Asimov (1982).
283 Eliade (1966).

über den destruktiven Energien durch. In den ersten Jahren des 3. Jahrtausends verläuft sich die Zeit der Stürme, und die Welt tritt wieder in das Krita-yuga, ein neues (altes) Goldenes Zeitalter, ein.

Auch die uns näherstehende Apokalyptik jüdisch-christlicher Herkunft ist zyklisch; genauer: sie erwächst aus den Wurzeln eines religiösen Weltgefühls, in dem Anfang und Ende sich nach Irrungen und Wirrungen der Menschheit ebenfalls zu einem großen Kreis schließen. Der Anfang ist ein paradiesischer Zustand des Einsseins mit Gott, den der Mensch durch seinen Ungehorsam verwirkt. Es folgt eine lange Phase menschlicher Geschichte, die den Fluch der bösen Tat durch die Generationen trägt, aber die Sehnsucht nach dem göttlichen Ursprung unter den Gläubigen nicht sterben läßt. Gott greift schließlich in die Menschheitsgeschichte ein und macht sie zur Heilsgeschichte dadurch, daß er einen Erlöser in die Welt sendet und dieser das Schuldkonto durch seinen Opfertod tilgt. Doch muß, bevor ein neuer Himmel und eine neue Erde erstehen können, das große Strafgericht stattfinden, das die Bösen von den Guten, die Renegaten von den Getreuen trennt. Danach wird der Kreis geschlossen. Der Erstzustand wird wieder hergestellt und der Garten Eden in Form des Neuen Jerusalem restituiert. Der englische Dichter John Milton hat diesen heilsgeschichtlichen Zyklus auf der Grundlage der biblischen Bücher in zwei großen epischen Werken behandelt: *Paradise Lost* (1667) schildert, wie der Mensch den Urzustand verwirkt; *Paradise Regained* (1671), wie er ihn wiedergewinnt. Also: Das Ende kehrt zurück zum Anfang.

Auf dieser Grundlage sind konkrete Apokalypsen, also gestaltete Weltuntergangsphantasien in Religion, Kunst, Medien und Literatur, als Manifestationen der eingeschriebenen Anschauung nur die zufälligen Dramatisierungen einer allgemeinen Seelenlage, eines universalen Erwartungsaffekts, der Angst vor dem Verfall mit Hoffnung auf Erneuerung verquickt. Apokalypsen sind die kulturellen Erscheinungsformen (Symbole, Texte, Bilder) der religiös fundierten Apokalyptik (Endzeitgefühl aus Erlösungssehnsucht). Und auf dieser Ebene sind Propheten und Mahner nur die zufälligen Sprecher einer Erwartung, die, wenn sie Wirkung zeigt, in der kollektiven Psyche einer Gruppe oder Gesellschaft Resonanz findet. Eben dadurch erhält sie den Status eines Mythos. In der Prophetie bedient sich die Apokalyptik eines Werkzeugs, sie benötigt sie nicht als Voraussetzung ihrer Entstehung. Und in der Phantasie gestaltet sie die näheren Umstände, unter denen das Endzeitdrama sich entfaltet. Apokalyptische Erwartungen kann jeder Mensch hegen, sofern negative Lebensbedingungen jenen psychosozialen Mechanismus auslösen, der Endzeitgefühle nährt und sie in bildhafte Ausdrucksformen umwandelt.[284] Gesellschaftlich wirksam werden die

---

284 S. dazu Pflüger (1985).

Formen freilich erst dann, wenn sie sich einem Kollektiv mitteilen, das sie kommuniziert und kultiviert.

Es geht in der Apokalyptik also um mehr als die Vergegenwärtigung zyklischer Abläufe, wie sie in den Laufbahnen der Gestirne, den Rhythmen der Natur, dem Tag- und Nachtwechsel, dem Geborenwerden und Sterben der Lebewesen, oder dem Aufstieg und Verfall von Kulturen augenfällig werden. Die organizistischen Vorstellungen werden über Analogiebildung auf moralische und sozialpolitische Kategorien übertragen: Die Welt altert, und indem sie altert, verdirbt sie – wie eine faulende Frucht. Da der Mensch an diesem Vorgang teilhat, werden Korruption und Dekadenz zu Symptomen gesellschaftlich-moralischer Fäulnis. So wie der Kosmos physisch zerfällt, so verkommt der Mensch sittlich. Die organisch-kosmischen Prozesse haben demnach Weiterungen: Es prägt sich der negative Erwartungsaffekt sowohl im Seelenleben als auch im sozialen Leben deutlicher aus, als es die Anschauung der Gesetze von Werden und Vergehen ermöglichen würde. Er hat ein bestimmbares Muster, eine beschreibbare Grundstruktur. Denn der Affekt bestimmt nicht nur die seelische Verfassung, sondern auch das geschichtliche Bewußtsein, die gesellschaftliche Erwartung und das moralische Urteil des Apokalyptikers. Ähnlich wie im Dämonismus können die ganze Denkweise und der ganze Lebensstil davon betroffen sein. Es stellt sich eine höchst ambivalente Haltung ein, die einerseits von der Angst vor Verderben und Untergang, andererseits von der Hoffnung auf Rettung und jenseitigem Neuanfang geprägt ist.

Dementsprechend bringt die Apokalyptik nicht nur ihre eigene Kosmologie, sondern auch ihre eigene Psychologie hervor. Man glaubt zu wissen: Die Welt wird untergehen, denn sie ist dazu verdammt unterzugehen. Was verderbt ist, verdient ausgelöscht zu werden. Was fällt, muß man stoßen. Hier gibt es keine Flucht, keinen eskapistischen Rückzug, keine illusionistische Abwehr, sondern nur ein rigoroses Bekenntnis zur Notwendigkeit einer dramatischen Wende. Das Bewußtsein eines wachsenden Kontos menschlicher Schuld läßt keine andere Lösung zu. Wo Schutthalden kollektiver Verfehlungen, lebensweltlicher Drangsale und moralischen Versagens den weiteren Weg versperren, kann es keinen Ausweg geben. Altes muß zugrundegehen, bevor Neues eine Chance erhält. Angst muß durchlitten, Terror erduldet, Blutzoll entrichtet werden, bevor Seelenfrieden eintritt und Versöhnung gefeiert werden kann.[285]

Insofern werden die Zeichen der Zeit, die vom bevorstehenden Ende künden, trotz aller Befürchtungen mit einer gewissen Genugtuung registriert. Für die Erneuerung bedarf es einer schmerzhaft radikalen, aber innigst ersehnten Zäsur. Hier hat die Rede von der Lust am Untergang ihren (begrenzten) Sinn. Die Seele

---

285 Vgl. Gockel (1987).

schwelgt in Bildern der Vernichtung und berauscht sich am Spektakel eines krachenden Untergangs. Sie sucht den Tod als Vorstufe zur Erlösung. Der zwiespältige Affekt ersehnt das Ende, weil es als verdientes, notwendiges Ende empfunden wird, und er findet Befriedigung in der Vorstellung, daß es mit radikaler Unbarmherzigkeit hereinbrechen wird. Ende bedeutet Beendigung der Seelenqual, des Bösen, der Ungerechtigkeit, Schluß mit der Verderbnis – finale Abrechnung. Jenseitig bedeutet es: Seelenfrieden, Befreiung, Erlösung vom Druck einer unerträglichen Realität. „Es ist das Gefühl", bemerkt Eugen Drewermann, „daß auf Erden durchaus nichts zu erhoffen ist, das die Sehnsucht nach Erlösung überbordend macht über alle Welt hinaus und das die geschichtliche Eschatologie der Propheten in die kosmologische Ekstase des Apokalyptikers verwandelt: Insbesondere der Kern der apokalyptischen Vision, die Vorstellung vom Weltuntergang, ist nicht anders zu begreifen, als daß diese Phantasie das Problem löst, wie man mit einer Welt leben soll, die ganz anders sein müßte, um mit ihr leben zu können"[286]

Zugleich fürchtet der Apokalyptiker aber den Untergang, weil dieser trotz aller Hoffnung auch mit zitternder Ungewißheit besetzt ist. Die Gewaltsamkeit bringt unausweichlich ihre Grausamkeit mit sich. Schrecknisse bleiben der Menschheit nicht erspart, und dies führt zu beklemmenden Fragen: Wird das gewaltsame Ende, wenn es über die Erde hereinbricht, nicht gänzlich die Grenzen des Vorstell- und Ertragbaren überschreiten? Wird es jenseits der historischen oder kosmischen Nullpunktsituation wirklich ein besseres Leben geben? Und wird der Glaube daran ausreichen, um zu jenem Kreis der Erwählten gezählt zu werden, denen nach dem schrecklichen Gericht die letztmalige Chance eingeräumt wird? – Psychologisch betrachtet ist die Geschichte der Apokalyptik die Geschichte dieser Zwiespältigkeit. Sie verleiht dem Vorstellungskomplex eine Psychodramatik von universaler Bedeutung. – Drei Beispiele:

Die Idee der Zerstörung und Regeneration der Welt stellt den religiösen Kern des Zoroastrianismus dar, einer vom Propheten Zoroaster (Zarathustra) gegründeten Religion, die in Altpersien um 600 v. Chr. zur Blüte gelangte und über 12 Jahrhunderte Einfluß auf die Kultur des Vorderen Orients nahm. Von der indischen Sekte der Parsi, der Feueranbeter, wird sie heute noch praktiziert. Ursprünglich hatte Zoroaster angekündigt, die Welt werde noch zu seiner Zeit in einer gewaltigen Feuersbrunst zugrundegehen. Als die Katastrophe ausblieb, verkündete er einen alternativen ‚anspruchsvolleren' Mythos, indem er ein kosmisches Drama projizierte, in welchem Ormuzd, der Gott des Lichts, und Ahriman, der Dämon der Finsternis, sich in einem langwährenden Kampf bekriegen

---

[286] Drewermann (1985), Bd. 2, S. 477.

und um die Vorherrschaft ringen. Das Drama vollzieht sich in vier Akten, von denen jeder einzelne 3000 Jahre dauert, was bedeutet, daß die Weltgeschichte sich in vier Trilennien abspielt. Das vierte Trilennium beginnt mit der Geburt Zoroasters, und das Ende eines jeden Jahrtausends ist durch das Erscheinen eines Erlösers, Saoshyant genannt, gekennzeichnet – ein jeder ein gottgesandter Prophet, ein jeder von einer Jungfrau geboren, und ein jeder ein Weiser und Weltverbesserer. Nach Ablauf des gesamten Zyklus erscheint der letzte und bedeutendste der Erlöser, ein mythischer Sohn Zoroasters, der für das fällige Ende und den ersehnten Neuanfang sorgt. Dieser große Welterlöser steigt triumphal vom Himmel, Feuer und Hitze verschlingen die Erde, der Endkampf zwischen Ormuzd und Ahriman findet statt, in dem der Dämon unterliegt. Nach der Ausrottung des Bösen und dem Sieg des Guten erstellt Ormuzd eine von dämonischem Schandwerk befreite Welt, in der Reinheit, Freiheit und Unsterblichkeit der Menschen ein ewiges Regiment führen.

In der altnordischen Mythologie finden wir den narrativen Zyklus „Ragnarök", Untergang oder Finsternis der Götter, überliefert in verschiedenen Liedern der germanischen *Edda*-Dichtung, am vollständigsten in der „Voluspà" (um 1000). Das Sujet diente Richard Wagner als Inspirationsquelle für seine grandiose Opern-Tetralogie *Der Ring des Nibelungen*. „Ragnarök" weist ebenfalls die typische Dreiphasigkeit apokalyptischer Dichtung auf: Niedergang und Auflösung der Ordnung, Zerstörung der Welt und Untergang im Chaos, Schaffung einer neuen Ordnung und Tröstung/Belohnung der Rechtschaffenen. Der Mythos schildert den Kampf der nordischen Götter, der Asen, gegen eindringende feindliche Mächte, die Riesen, ihren Untergang im Kampf, die Vernichtung der Erde und ihre nachherige glorreiche Restitution. Das Desaster kündigt sich an durch unheilvolle Träume von Sehern, die Tötung des Lichtgottes Balder durch seinen Bruder Höder, einen darauf folgenden dreijährigen dunklen Winter, das Beben der Weltesche Yggdrasill und weitere Zeichen eines bevorstehenden Chaos. Drei ominöse Hahnenschreie wecken die Bewohner Asgards (Walhall), und Heimdall bläst zum Kampf, als die Feinde, schreckliche Monstren und Dämonen, aus allen Himmelsrichtungen heranziehen. Auf der Ebene Vigrid findet die Entscheidungsschlacht statt. Der Fenriswolf verschlingt Odin und wird von dessen Sohn Vidar getötet; Thor erschlägt die Midgarschlange, stirbt jedoch am giftigen Hauch des Drachen; Freyr unterliegt gegen Surt, den Feuerriesen, der daraufhin den Weltenbrand entfacht. Die Sonne wird schwarz, die Erde versinkt im Meer, und die Sterne fallen vom zerberstenden Himmel. Das Epos macht hinreichend klar, daß die Katastrophe zu deuten ist als Bestrafung des Göttergeschlechts für moralisches Versagen (Eidbruch und Verrat durch den Unterweltsdämon Loki). Das Vergehen muß in typisch apokalyptischer Manier unter Mitleidenschaft einer gefallenen Natur gesühnt werden, folglich bekommt das Drama jene kosmischen Dimensionen, die der mythophile Richard Wagner in der *Götterdämmerung* so eindrucksvoll auf die Opernbühne bringt. Danach folgt die Vision von der Entstehung einer neuen, konfliktlosen Welt, in der die ehemals feindlichen Brüder Balder und Höder nunmehr in Frieden leben, und ungesäte Äcker zum Zeichen einer regenerierten Natur Früchte tragen. Die unschuldig Erschlagenen werden wiedererweckt und dürfen glücklich ihre Residenz in einer Halle mit goldenem Dach nehmen.

Am Ende des 19. Jahrhunderts entstand im Umfeld der kriegerischen Auseinandersetzungen zwischen nordamerikanischen Eingeborenenstämmen und der US-Armee die sogenannte Ghost-Dance-Religion. Diese auf dem eschatologischen Mythos von einem indianischen Messias und seinen Weissagungen basierende Religion breitete sich unter mehreren Stämmen der Great-Plains-Indianer, insbesondere den Pajuten und Sioux, aus. Die Stämme hatten unter Dezimierung, Vertreibung und Entwurzelung schlimm gelitten. Hungersnöte und Epidemien breiteten sich aus. Wieder und wieder war die amerikanische Regierung wort- und vertragsbrüchig geworden, und stets war versprochene Hilfe ausgeblieben. Der Mythos, ganz offensichtlich eine kollektive Rachephantasie, prophezeite eine apokalyptische Ausmerzung aller weißen Amerikaner und das heraufziehende Paradies für die zu tröstenden Kinder Manitus. Nach der fälligen Katastrophe, überlieferten Varianten zufolge entweder als Erdbeben oder als Sintflut zu erwarten, sollten die Zeiten der Entbehrungen und Verfolgungen vorüber, die ausgepowerten Jagdgründe wieder ergiebig und das entrissene Territorium wieder besiedelbar sein. Initiator der Lehre war der Prophet Tävibo aus dem Stamm der Pajuten (im heutigen Nevada). Um 1870 hatte Tävibo unter seinen Stammesbrüdern mit der Verbreitung seiner Doktrin vom Ende der weißen Vorherrschaft und der Weissagung vom bevorstehenden Paradies begonnen. Der eigentliche Messias war jedoch nicht Tävibo, sondern sein charismatischer Sohn Wovoka, ein Schamane, der beanspruchte, aus dem Jenseits die Weisung erhalten zu haben, seinen roten Brüdern den Geistertanz zu lehren. Dieses rituelle Zeremoniell sollte bei regelmäßiger Aufführung eine Versöhnung mit den Mächten des Himmels bewirken und schließlich, nach Vernichtung der weißen Eindringlinge, den Paradieseszustand herbeiführen: Rückkkehr der Büffel in die angestammten Jagdgründe, Auferstehung der getöteten Krieger, Heilung der Kranken, Sättigung der Hungernden, Tröstung der Unglücklichen. Die kriegerischen Sioux fügten dem Ritual und seiner ‚frohen Botschaft' eine Variante hinzu, die sich später als fatal erweisen sollte: das magische *ghost shirt,* ein sakrales Gewand, das seinen Trägern Unverwundbarkeit im Kampf versprach. Als die Indianer im Dezember 1891 gegen die repressive Regierungspolitik rebellierten, kam es im Gefecht gegen die weit überlegene US-Kavallerie zum berüchtigten Massaker am Wounded-Knee-Fluß. Dem Blutbad fielen mehrere Hundert der Sioux, darunter viele Frauen und Kinder, zum Opfer. Messias-Glaube und präsumptiver *ghost-shirt*-Effekt hatten die Indianer den wirklichen Machtverhältnissen gegenüber blind gemacht. Der beschworene Untergang des weißen Mannes wurde zur selbstinszenierten Apokalypse.

Wie angedeutet übt die Tradition der jüdäo-christlichen Apokalyptik den tiefsten Einfluß auf das religiöse Bewußtsein und seine kulturellen Schöpfungen im Abendland aus – ein Einfluß, dessen Nachhaltigkeit gar nicht hoch genug veranschlagt werden kann. Die Tradition beginnt mit den alttestamentarischen Propheten vor ca. 5000 Jahren, prägt immer noch das Denken vieler Möchtegern-Propheten unserer Zeit und wirkt darüber hinaus wie ein ewiger Magnet auf apokalyptische Themen und Motive in Literatur, Musik, Film und bildender Kunst. Das biblische Grundmuster finden wir im Buch Daniel. Es ist die Vision von den vier heidnischen Weltreichen (Assyrien, Persien, Ägypten, Rom) und deren Überwindung durch „das ewige Reich des Menschensohnes". Hier eine zentrale Passage:

Ich sah, wie aus den vier Himmelsrichtungen die Winde bliesen und das große Meer aufwühlten. Vier große Tiere stiegen aus dem Meer; jedes hatte eine andere Gestalt. Das erste sah aus wie ein Löwe, hatte aber Adlerflügel. [...] Das zweite Tier sah aus wie ein Bär. Es war halb aufgerichtet und hatte zwischen seinen Zähnen drei Rippenknochen. [...] Danach sah ich ein Tier, das aussah wie ein Panther, es hatte vier Vogelflügel auf dem Rücken, und vier Köpfe. Ihm wurde große Macht gegeben. Schließlich sah ich in meiner Vision ein viertes Tier, das sah schreckenerregend aus und war sehr stark. Es hatte große Zähne aus Eisen, mit denen es alles zermalmte, und was es nicht hinunterschlingen konnte, zertrat es mit den Füßen. Es war völlig verschieden von den anderen Tieren und hatte zehn Hörner. Ich war wie betäubt von dem, was ich sah. Verwirrt und ratlos wandte ich mich an einen, der in der Nähe stand, und bat ihn, mir zu erklären, was das alles bedeutete. Er sagte zu mir: „Die vier großen Tiere sind vier Weltreiche, die nacheinander auftreten werden; aber zuletzt wird das heilige Volk des höchsten Gottes die Herrschaft ergreifen und besitzen bis in alle Ewigkeit." Ich wollte Genaueres erfahren über das vierte Tier, das ganz anders war als die anderen, die schreckliche Bestie mit Zähnen aus Eisen und Krallen aus Bronze, die alles zermalmte und verschlang und den Rest mit den Füßen zertrat. [...] Auf meine Frage bekam ich zur Antwort: „Das vierte Tier bedeutet ein viertes Reich, das anders ist als alle vorangehenden. Es wird alle Völker der Erde zermalmen, verschlingen und zertreten. Er wird verächtlich über Gott, den Höchsten, reden und das heilige Volk des höchsten Gottes unterdrücken. Es wird versuchen, das Gesetz Gottes und die heiligen Feste abzuschaffen. Ein Jahr und zwei Jahre und ein halbes Jahr wird das Volk Gottes in seine Gewalt gegeben. Dann aber tritt das himmlische Gericht zusammen und nimmt ihm seine Macht; er wird endgültig vernichtet. Der höchste Gott wird die Herrschaft über die Völker der ganzen Erde seinem heiligen Volk übertragen. Dessen Reich soll alle anderen Reiche ablösen und ihre Macht und Größe in sich vereinigen, Gott aber behält die Herrschaft in alle Ewigkeit, alle Mächtigen der Erde werden ihm dienen und gehorchen müssen.

Jenseits phantasievoller poetischer Variationen verraten die apokalyptischen

Schriften der Bibel eine bemerkenswerte Gleichförmigkeit in der Problembehandlung, die wir durchaus als Reflex einer Gleichstrukturiertheit der psychoreligiösen Erwartungsaffekte auffassen dürfen. Ob wir Daniel, Jeremia, Joel, Hosea im Alten Testament oder Matthäus, Petrus, Johannes im Neuen betrachten – die Schilderungen der Endzeit spiegeln durchgängig die gleiche Schrecklichkeit geschichtlicher Erwartung vor der Folie der gleichen Erlösungsbedürftigkeit der Seele. Buchstäblich erschütternde Dinge spielen sich ab: die Erde bebt, Gestirne werden aus ihrer Bahn geschleudert, Sonne und Mond verfinstern sich, Stürme zerfetzen Städte und Dörfer, Feuersbrünste verzehren die Natur, Heuschreckenplagen verwüsten das Land, Drachen und Dämonen toben über die Erde, Heere treffen in knirschendem Zorn aufeinander, die entsetzlichsten Schlachtfeste spielen sich ab, Ströme von Blut tränken den Boden, Panik ergreift die gesamte Schöpfung. Solche Szenarien werden ausgemalt, ihre Schrecknisse ausgekostet – bis nach den Tagen des Zorns und der Düsternis die Morgenröte anbricht und die neue Zeit ihren tröstlich-triumphalen Einzug hält.

Das literarische Meisterwerk aus dieser Tradition ist zweifellos die Offenbarung des Johannes, des Sehers von Patmos. Dieses Werk, gewissermaßen die Coda der Bibel, ist eine großartige Phantasmagorie von dramatischer Wucht und poetischer Kraft. Gespickt mit esoterischer Symbolik, kosmischen Wundern und großen Prophezeiungen ist es das eindrucksvollste und zugleich einflußreichste Buch des gesamten Kanons, das Lieblingsstück christlicher Fundamentalisten und der unangefochtene Favorit von Predigern der „Feuer-und-Schwefel"-Tradition. Die Johannes-Apokalypse ist ihr präferiertes Demonstrationsobjekt für göttliche Allmacht auf der einen Seite und satanisches Widersachertum auf der anderen, eine unerschöpfliche Inspirationsquelle für Gerechtigkeitsfanatiker und Unheilsapostel. Es ist ein rundum schreckliches Werk, das Produkt eines gequälten, rachsüchtigen Hirns. Seine halluzinatorische Qualität ist wahnhaft, seine grandiose Poesie krankhaft. Das Szenarium weist auf einen Verfasser hin, der zumindest Anflüge von Schizophrenie zeigt.[287] Deshalb sind Vorbehalt und Vorsicht im Umgang mit diesem ‚explosiven' Text angezeigt, und zwar auch dann, wenn man ihn nicht wörtlich, sondern ‚nur' symbolisch versteht. Aus folgendem Grund:

Das auffälligste Merkmal im Menschen- und Gottesbild der Offenbarung ist die überscharfe Polarität von Gut und Böse, ihre Projektion in die Gläubigen und Ungläubigen, und dies vor der psychologischen Folie von Versprechungen und Drohungen, Entzücken und Entsetzen, Erlösung und Bestrafung, Schonung und Vernichtung. Den Angehörigen des „Gottesvolkes" wird das ewige Leben im Neuen Jerusalem versprochen, allen anderen die ewige Verdammnis im feu-

---

287 Vgl. oben Kap. 1.6, S. 117 ff.

rigen Schwefelsee der Hölle. Der Dualismus, der *per se* ein Merkmal apokalyptischen Denkens ist, wird hier zum Extrem getrieben. Dementsprechend findet ein emotionales Wechselbad statt, in dem die Beschreibung von Glückseligkeitszuständen so mit Horrorszenarien alterniert, daß mildernde Zwischentöne unmöglich sind. Vor Gott als gnädigem Vater oder strafendem Richter gibt es – nach der Phantasie des Johannes – nur das radikale Entweder/Oder: höllische Qual oder himmlischer Friede, elysische Wonne oder vulkanische Wut, hochgestimmtes Frohlocken oder glühender Zorn, grenzenlose Destruktion oder wunderwirkende Neuschöpfung. Während Christus in der Bergpredigt (Mt. 5–7) seinen Zuhörern ausdrücklich Mäßigung der Affekte, Friedfertigkeit und Gewaltverzicht anempfiehlt, ja sogar das Vergeltungsprinzip („Auge um Auge, Zahn um Zahn") durch das Duldungsprinzip („Ich aber sage euch, Ihr sollt euch überhaupt nicht gegen das Böse wehren") ersetzt, schwelgt das paranoide Hirn des Apokalyptikers in Gewaltphantasien und Racheträumen, deren rhapsodische Töne ihresgleichen suchen. Aus dem veritablen Massenvernichtungs- und Folterprogramm der Apokalypse beispielhaft folgende Vision (Offb. 9, 1–6):

Ich sah einen Stern, der vom Himmel auf die Erde gestürzt war. Dieser Stern erhielt die Schlüssel zum Abgrund, da quoll Rauch daraus hervor wie aus einem großen Ofen und verdunkelte die Sonne und die Luft. Aus dem Rauch kamen Heuschrecken, denen die Kraft von Skorpionen gegeben war. Sie durften weder Gras noch Bäume noch andere Pflanzen beschädigen; sie sollten nur die Menschen quälen, die nicht mit dem Siegel Gottes auf der Stirn gekennzeichnet waren. Es war ihnen verboten, diese Menschen zu töten; sie durften sie nur fünf Monate lang quälen. Die Menschen sollten solche Schmerzen leiden, wie wenn ein Skorpion sie gestochen hätte. Während dieser fünf Monate werden die Menschen den Tod suchen, ihn aber nicht finden. Sie möchten dann gern sterben, aber der Tod wird vor ihnen fliehen.

Was Johannes an Sadismus, Aggression und Psychoterror aufbietet, erscheint heute so fragwürdig, daß der Verbleib dieser Apokalypse im Kanon der neutestamentarischen Bücher, unter moralisch-politischen Aspekten, mehr als bedenklich ist – auch dann, wenn man Erlösungssehnsucht als Hauptmotiv anerkennt; auch dann, wenn man berücksichtigt, daß all die Wut sich gegen die deklarierten Gottesfeinde entlädt. Es gibt keine Versöhnung mit den Andersgläubigen, keine Vergebung ihrer Sünden, nur mitleidlose Bestrafung und gnadenlose Vernichtung. Wobei zu berücksichtigen ist, daß sich hinter den verderbten Gottesfeinden – historisch – die römischen Besatzer Judäas, also politische Feinde verbergen. Es sind diejenigen, die für die Verbannung des Propheten auf die Ägäis-Insel Patmos verantwortlich waren. Für Johannes indes sind sie das satanische Prinzip schlechthin, der Inbegriff all dessen, was ihm an politischen, kulturellen und moralischen Vorstellungen verhaßt war, weil es anders war und weil es mächtig war: Babylon als Chiffre für Rom. Diagnostisch läßt sich der Sachverhalt heute nicht mehr klären, aber die gewaltstrotzende Bildersprache der Johannes-Apokalypse mit ihren halluzinatorischen Allmachts- und Vernichtungsphantasien, begründet den Verdacht, daß ihr Autor ein poetisch begabter, paranoider Schizophreniker war. Er ‚hörte' himmlische Stimmen und ‚sah' kosmische Wunder, doch was er hörte und sah war der persönliche Ausdruck einer überpersönlichen Mythostruktur.

Erschreckend für uns Heutige sind weniger die globalen Destruktionsorgien, denen Johannes epische Statur verleiht, als vielmehr die archaischen Rachegelüste, die dem ethischen Fortschritt der christlichen Lehre Hohn sprechen und die alttestamentarische Tyrannei Gottes wieder heraufbeschwören. In der Apokalypse ist eine zwar leidenschaftliche, aber im Grunde puerile Phantasie am Werk, welche die Ohnmacht, die sie selbst verspürt, in die Allmacht ummünzt, die sie Gott zuschreibt. Hier findet Sigmund Freuds Konzept eines ambivalenten Über-Ichs Bestätigung, wonach väterliche Macht vom kindlichen Gemüt in bipolarer Ausprägung erfahren wird: als Liebe wie als Tyrannei, als Wunscherfüllung wie als Angsterfahrung..[288] Die Seelennot des Visionärs projiziert sich in Bilder von entsetzlicher Vergeltung, die die Befreiung von eigener Pein nur in der Auferlegung fremder Qual zu vollziehen vermag und dabei offenkundige Lust verspürt. Zittern und Zagen ob schwerer Bedrängnis verbinden sich mit Freude und Frohlocken ob bevorstehender Erlösung. So verkündet (in Kap. 18, 4–8) eine Stimme aus dem Himmel, bevor Babylon, „die Mutter aller Hurerei und aller Greuel" zugrunde geht:

Auf, mein Volk! Verlaßt diese Stadt! Sonst werdet ihr mitschuldig an ihren Sünden und müßt ihre Strafe mit ihr teilen. Denn Gott hat ihr schändliches Tun nicht vergessen. Ihre Sünden häufen sich bis an den Himmel! Behandelt sie so, wie sie es mit euch getan hat; zahlt ihr alles zweifach heim. Gießt ein Getränk in ihren Becher, das doppelt so stark ist wie das, was sie für euch bereithielt. Gebt ihr so viel Schmerzen und Trauer, wie sie sich Glanz und Luxus geleistet hat. Sie sagt zu sich selbst: „Als Königin sitze ich hier! Ich bin keine Witwe und werde niemals traurig sein!" Deshalb werden an einem einzigen Tag Krankheit, Unglück und Hunger über sie hereinbrechen, und sie wird im Feuer umkommen. Denn Gott, der Herr, der sie verurteilt hat, ist mächtig

Fast scheint es überflüssig, dies zu betonen: Aber in den Visionen von Apokalyptikern begegnen uns keine geschichtsadäquaten Wirklichkeiten, sondern, wie man sagen könnte, innerseelische Wirklichkeitssurrogate. Unter dem Diktat zwanghaft religiöser Wünsche werden Phantasiewelten geschaffen, die von der

---

288 Die weite Verbreitung und tiefe Verankerung des apokalyptischen Denkens im Judentum der damaligen Zeit zeigt sich, abgesehen von dieser Phantasmagorie des Johannes und ihren alttestamentarischen Vorläufern, mustergültig in der sog. Kriegsrolle unter den 1947 ff. entdeckten Schriftrollen von Qumran. Dort wird die finale Schlacht bei Armageddon mit generalstabsmäßiger Präzision imaginiert, und alle Militäroperationen tragen den Duktus ausgedehnt blutrünstiger Rachefeldzüge (s. dazu Wise 1997, S. 167 ff.).

historischen Realität weit entfernt sind. Es sind psycho-religiöse Ersatzprodukte, die an die Stelle gestörter Realitätsfunktionen treten und in ihrer Struktur deutliche Züge paranoiden Denkens verraten – geistige Formationen, aus denen wesentliche Stücke funktionsgerechter Realitätsanpassung gleichsam weggebrochen und durch archaische Elemente ersetzt worden sind. Was sie noch mit der Realität verbindet, läßt sich eigentlich nur negativ bestimmen: eine entschiedene Absage an das Äußere und dessen Rekonstitution zu den Bedingungen des Inneren, eine Kritik an der vorgegebenen Wirklichkeit, die derart radikal ist, daß nur ein vollständiger Rückzug aus dieser Wirklichkeit ihrer Unerbittlichkeit genüge zu tun vermag. Was hier seelisch inszeniert wird, entspricht der Strategie von Psychotikern, die eine ihnen unerträgliche Realität durch bizarre Träume oder Halluzinationen ersetzen und darin ein mentales Refugium suchen.

Damit bricht das kardinale Problem apokalyptischen Denkens auf: Denn politisch und moralisch fragwürdig wird es notwendig dann, wenn Gläubige sich mit einem derartigen introjizierten Welt- und Gottesbild identifizieren und es in die Wirklichkeit rückprojizieren, ohne den Modus der symbolischen Vermittlung zu berücksichtigen. Dies stiftet fast unvermeidbar Konflikte und stimuliert Gewalt. Denn nun wird das Weltgeschehen zu einer gigantischen Konspiration Satans, der mit jeder beliebigen Unorthodoxie in Verbindung gebracht werden kann, egal ob diese religiös, politisch, ethnisch oder anders fundiert ist. Die Feinde Gottes, die zugleich die Freunde Satans sind, lauern überall – außer in den eigenen Reihen. Ehedem waren es die Babylonier, die Ägypter oder die Römer, die dem ewigen Widersacher in die Hände spielten. Später waren es die Juden oder auch die Liberalen, die Homosexuellen, die Kommunisten oder andere mißliebige Gruppen, die dem satanischen Feindbild entsprachen. „Antichrist", eine vage biblische Formel für religiös-politisches Widersachertum, wird zum bequemen Etikett für alle Andersdenkenden und -lebenden. Drewermann weist zu Recht darauf hin, „daß gerade die Stellen der Bibel, an denen sich das Zentralanliegen ihrer tiefsten und leidenschaftlichsten Verkünder am dichtesten und klarsten ausspricht, uns Heutigen, historisch betrachtet, am deutlichsten als irrig, verwirrend, ja gefährlich erscheinen müssen."[289] Denn die unmittelbare Umsetzung einer visionären Erfahrung in historische Erwartung ist heikel, läuft sie doch auf den Versuch hinaus, Glaubensnot und Krisengefühl eines (inspirierten) Einzelmenschen mit geschichtlicher Wahrheit für die gesamte Gesellschaft auszustatten und diese Wahrheit über Jahrtausende hinweg für sakrosankt zu erklären. Die Johannes-Apokalypse in die Menschheitsgeschichte hineinlesen heißt, eine Projektion von einer Projektion machen – ohne Rücksicht auf die Entstehungsbedingungen. In einer apokalyptischen Glaubensstruktur leben bedeutet, im

---

[289] Drewermann (1985), S. 481.

Wechsel von Straf- und Erlösungsphantasien leben. Kraft charismatischer Vermittlung wird die Vision zur historischen Prophezeiung, die Prophezeiung zum ideologischen Programm, das Programm zur gesellschaftlichen Handlungsanweisung. Wieder müssen wir auf die Analogie zum Dämonismus hinweisen. Das Innere kehrt sich nach außen, und die einzelne Seele verwechselt ihren eigenen Zustand mit dem der ganzen Welt. Historisch ist offenkundig, daß Johannes sich geirrt hat; denn seit fast zwei Jahrtausenden wartet das „Gottesvolk" vergeblich auf den Vollzug eines Ereignisses, das der Prophet mit aller Emphase als unmittelbar bevorstehend ankündigte. Doch der Gedanke, der heilige Seher von Patmos könnte sich geirrt haben, erscheint – religiös betrachtet – als zu blasphemisch, – psychologisch betrachtet – als zu entmutigend, um zum Weltbild christlicher Apokalyptiker zugelassen zu werden. Also kommt es darauf an, sich entweder weiter in Geduld zu fassen oder, wo dies zu schwerfällt, einer Inszenierung der Apokalypse nachzuhelfen, falls nötig, sie selbst ins Werk zu setzen, damit sich die Prophezeiung erfüllt.

Eben dies ist in der abendländischen Geschichte wiederholt geschehen, und eben dies hat Konflikte über Konflikte heraufbeschworen. Die Wirkungsgeschichte der Offenbarung ist deshalb so problematisch, weil allzu viele Christen sie nicht phantasmagorisch, sondern wörtlich aufgefaßt haben, nicht als religiöses Abbild menschlicher Drangsal, sondern als Drehbuch für eine imposante ‚Theatervorstellung' Gottes. Mit vorgeblich höchster Autorisation haben sie sich an eigenen Inszenierungen versucht und den Text gewissermaßen als Regieanweisung für das große Weltdrama benutzt. Gerade davor haben besonnene Theologen (u. a. schon der Kirchenvater Augustin) zwar immer wieder gewarnt, doch die Eiferer unter den Christen lassen sich davon nicht beeindrucken. Lieber nehmen sie unendliche Enttäuschung oder verzweifelte Selbstauslöschung in Kauf. Auf der Apokalyptik lastet deshalb eine schwere kulturelle Hypothek, die bis heute nicht getilgt ist – nicht weil ihre Glaubensbasis religionspsychologisch verwerflich wäre, sondern weil sich auf der Basis ein politisch-ideologischer Überbau errichtet hat, der gefährlich ist. Mag auf der positiven Seite die Sehnsucht nach Reinheit, Glückseligkeit und Gottesnähe stehen, die Negativa auf der Kehrseite sind: Schwarzweiß-Denken, Radikalität, Militanz, Fanatismus, Sadismus, Unduldsamkeit, Kompromißlosigkeit, Vergeltungssucht – die genauen Gegenteile derjenigen Tugenden, welche die Bergpredigt für die Sicherung des christlichen Seelenfriedens anempfiehlt. Zwischen der Bergpredigt und der Offenbarung herrscht tatsächlich ein unaufhebbarer Widerspruch. Wollte man die Botschaft des Johannes wirklich als das geoffenbarte Wort Gottes (mit entsprechendem Aufforderungscharakter) verstehen, käme man nicht umhin, dem göttlichen Autor all diese negativen Attribute zuzusprechen, denn sie kommen in der

Bildersprache des Buches ganz unmißverständlich zum Ausdruck und lassen sich auch mit der größten exegetischen Anstrengung nicht hinausinterpretieren. Von den Resultaten legt die Sozial- und Kulturgeschichte der Apokalyptik ein eindrucksvolles Zeugnis ab. – Einige Beispiele:[290]

Von Christoph Kolumbus, weltweit berühmt und gerühmt als genialheldenhafter Entdecker, ist wenig bekannt, daß er ein ziemlich fanatischer Apokalyptiker war.[291] Seine Mission in die Neue Welt, die heute von Historikern entweder (positiv) auf das Konto der wissenschaftlichen Entdeckerfreude eines Renaissance-Menschen gesetzt oder (negativ) auf das Blatt wirtschaftlicher Profitgier eines Imperialisten geschrieben wird, war vornehmlich von messianischem Sendungsbewußtsein motiviert. Kolumbus kannte sich gründlich in den prophetischen Büchern der Bibel aus und befaßte sich intensiv mit der Deutung ihrer Mysterien. Wie vielen fundamentalistisch Gläubigen hatte es ihm die Offenbarung des Johannes angetan, und unter ihrem Einfluß gab er selbst ein *Buch der Prophezeiungen* (1495) heraus. In singulärer Kühnheit stellte er die These auf, das irdische Paradies würde in transatlantischen Gefilden restituiert, nach dem Tag des Zorns würde der Herr das Neue Jerusalem jenseits des Ozeans errichten. Dem vorherbestimmten Ende müßten jedoch die Eroberung des neuen Kontinents, die Bekehrung der Heiden und die Vernichtung des Antichrist vorausgehen. Er, Kolumbus, sei von Gott gesandt, um jenen Ort auszukundschaften, an welchem dermaleinst ein neuer Himmel und eine neue Erde erstehen würden. Von keiner Bescheidenheit angekränkelt, nahm Kolumbus eine Hauptrolle in diesem zugleich historischen und kosmischen Drama für sich in Anspruch. Er verkündete: „Gott hat mich zum Boten des neuen Himmels und der neuen Erde gemacht, von dem Er in der Apokalypse nach St. Johannes gesprochen hat, nachdem Er davon durch den Mund des Propheten Jesaja gesprochen hatte, und er zeigte mir, wo sie zu finden wären."[292] Der Ort, San Salvador in der Karibik, wurde gefunden, der Kontinent wurde erobert, die Heiden wurden bekehrt, aber die Apokalypse blieb aus, und das Neue Jerusalem in der Neuen Welt läßt bis heute auf sich warten. Kolumbus starb im Kerker – als desillusionierter, geistig umnachteter Mann.

Nach Thomas Münzer, dem militanten lutherischen Prediger und Möchtegern-Messias, der die Bauernkriege (1524– 1526) anzettelte, sollte die metaphysische Entscheidungsschlacht bei Armageddon, von der Johannes im 16. Kapitel kündet, im Mai 1525 anbrechen. Wie er zu just diesem Datum kam, ist nicht geklärt.

---

290 Ausführliche Darstellung dieser Geschichte bei Weber (1999).
291 Vgl. Sale (1991), S. 40 ff.
292 Zit. nach Eliade (1973), S. 118.

Doch die deutschen Bauern revoltierten damals gegen ihre Unterdrücker aus Adel und Klerus, und Münzer sah in ihnen eine „Armee des Lichts", die eines geistigen und politischen Führers bedurfte. In seinem Kopf verquickte sich der Gedanke proletarischer Revolution mit christlichem Endzeitmythos. Offenbar hielt er die Ausssicht auf das große Weltgericht für zündender als alle Argumente für politische Veränderung. Im April 1523 entrollte er in einer Kirche zu Mühlhausen eine selbstgemachte Fahne und rief mit feuriger biblischer Rhetorik zu den Waffen. Er überzeugte die Rebellen, daß er der Prophet der Apokalypse sei, vom Allmächtigen gesandt, um ihren Kampf gegen den verderbten Feudalismus zu unterstützen. Ihre Sache sei gerecht, und ihr Aufstand könne nicht fehlschlagen. Ihre Feinde seien auch seine Feinde. Viel wichtiger: sie seien die Feinde Gottes. Wer im Glauben daran lebe, der sei geheiligt und bedürfe der Kirche und ihrer Lehren nicht. Alle Mönche, Priester und gottlosen Adeligen würden unter dem Schwert enden. Er, Thomas Münzer, werde die Gerechten in die Schlacht gegen diese Mächte der Finsternis führen und ihnen nach dem Sieg helfen, das Neue Jerusalem zu errichten. „Treibt die Feinde Christi aus dem Kreis der Erwählten, denn ihr seid das Instrument zu diesem Zweck", verkündete er. Und: „... ein Gottloser hat kein Recht zu leben, wenn er die Guten behindert."[293] Indes – die historische Ironie wollte es, daß die Propheziung sich in ihr Gegenteil verkehrte: Wer unter dem Schwert endete, waren nicht die vermaledeiten Gottesfeinde, sondern Münzer und viele seiner Getreuen. Politische Emanzipation per apokalyptischer Kriegführung ist ein Unding. Christus wußte das, Münzer nicht. Am 27. Mai wurde der selbsternannte Messias enthauptet – in eben dem Monat, für den er die Schlacht bei Armageddon prophezeit hatte.

Im Mai 1832 wurden die Bewohner der Ostküste Amerikas durch die Vorhersagen des Endzeitpropheten William Miller von einer eskalierenden Panikwelle erfaßt. Miller, ein Baptistenprediger aus Pittsfield, Massachusetts, war besessen von der Idee, das Datum enthüllen zu müssen, das der Höchste für die Wiederkehr Christi und den Anbruch des Millenniums festgesetzt hatte. Er war davon überzeugt, daß es in verschlüsslter Form in der Bibel enthalten sei und sich berechnen ließe. Nach Monaten komplizierter Kalkulationen, hauptsächlich auf der Basis von Zahlenmystik im Buch Daniel, verkündete Miller schließlich, das Ende der Welt sei nahe, es werde im März 1843 eintreten. Binnen kurzem hatte er eine 100.000 Personen starke Gefolgschaft aus allen Gesellschaftskreisen rekrutiert, die er mit seiner tiefen Gläubigkeit und mathematischen Sachkompetenz beeindruckte. Die Milleriten erklärten, sie seien berufen, auf die Wiederkunft des Herrn zu warten, und verpflichtet, zur Einleitung des Vorgangs gottwohlgefällige Werke zu tun. Während sie sich mit Gebeten und guten Taten auf

---

[293] Zit. nach Lamszus (1909), S. 89.

das große Ereignis vorbereiteten, gerieten Teile der ‚infizierten' Öffentlichkeit Neuenglands in Panik. Einige Bürger gingen mit einem Schirm umher, in der Überzeugung, dieses Instrument werde ihnen beim Aufstieg zum Himmel helfen, wenn die Zeit gekommen sei. Eine Frau band sich an einen hohlen Baumstamm in der Hoffnung, er werde mit ihr zum Himmel getragen. Viele verschenkten ihren Besitz, so sicher waren sie sich ihres bevorstehenden Endes. Geschäfte und Fabriken wurden geschlossen. Zeitungsleute, die die sensationelle Geschichte auf den Titelseiten haben wollten, befragten prominente Theologen und Politiker nach ihrer Meinung und erhielten kryptische Antworten. Die Intellektuellen wollten sich nicht gern festlegen, aber Millers Prophezeiung kategorisch widersprechen mochten sie auch nicht. Ein durchaus bivalenter Erwartungsaffekt breitete sich aus. Neuengland litt an einer regelrechten Endzeit-Fieber-Epidemie. Als der Monat April ereignislos blieb, sah sich der enttäuschte Prophet zu einer Neuberechnung veranlaßt, und die Apokalypse wurde auf den März 1844 verschoben. Doch auch zu dieser Zeit zeigten sich am Firmament weder Zeichen noch Wunder. Wahrscheinlich, verbreitete Miller daraufhin, komme der Messias am jüdischen Versöhnungstag, dem 22. Oktober. Als auch der Oktober ereignislos verstrich, verfluchte die düpierte Welt die Milleriten und ging zur Tagesordnung über. Jedoch gilt das Datum bei den Siebenten-Tags-Adventisten, der Sekte, die aus den Milleriten hervorging, bis heute als „Tag der Großen Enttäuschung". Und die gleichermaßen endzeitlich gestimmten Zeugen Jehovas ließen auch danach nichts unversucht, den mutmaßlichen Geheimcode der Apokalypse zu knacken, um den Tag des Zorns zu berechnen.

Wenn wir es mit einer religiösen Erwartungsstruktur von archetypischer Verwurzelung zu tun haben – wofür vieles spricht –, wird plausibel, daß sich diese Struktur bis in die Gegenwart hinein behauptet und sich bei vielen Zeitgenossen jedweder Aufklärung widersetzt. Enttäuschungen führen hier nur zu immer neuen Erwartungen, und neue Erwartungen tragen sichtbar die Handschrift der alten Verkündigungen. Die Vorstellung einer zur Zukunft hin offenen Menschheitsgeschichte, die mit Geduld ertragen und mit Zuversicht gestaltet werden muß (Kontinuitätsprinzip), ist nicht vereinbar mit der Vorstellung eines periodischen Rhythmus von Anfang und Ende und Neuanfang, der mit Zittern und Zagen erwartet wird (zyklisches Prinzip). Doch wenn die Düsternis sich herabsenkt, der Mond sich blutrot färbt, Verzweiflung das Tageslicht verdunkelt, schlägt die Stunde derjenigen, die das Endzeitdrama wieder am Horizont heraufziehen sehen. Wenn die zeitgenössische Zivilisation den Charakter des sündigen Babylons annimmt, regt sich der apokalyptische Affekt, der das Drama von Vernichtung und Erlösung in die politische Geschichte projiziert:

Wie im Falle des David Koresh, des jungen Führers der Sekte der Davidianer, der am 19. April 1993 ein apokalyptisches Inferno in Waco, Texas, entfachte, als er und seine Gefolgschaft sich eine erbitterte Schlacht mit Polizisten des ATF, einer Einsatztruppe des *Bureau of Alcohol, Tobacco and Firearms,* lieferten. Die Davidianer, eine Splittergruppe der Siebenten-Tags-Adventisten, glaubten an die unmittelbar bevorstehende Wiederkehr Christi und das Ende der Welt, und – fundamentalistisch gläubig wie sie waren – wußten sie aus der Schrift, das große Ereignis würde nicht ohne Gewalt abgehen. Bis an die Zähne bewaffnet rüsteten sie sich zum finalen Gefecht gegen den Antichrist. Es kam zu Schießereien mit ATF-Beamten, die das Horten von Waffen mit Argwohn beobachtet hatten. Die Davidianer verschanzten sich in einem Gebäudekomplex, den sie zu einer Art Festung gegen die Attacken der Legionen Satans ausgebaut hatten, und scharten sich um Koresh, den sie als Reinkarnation des Erlösers anbeteten. Dieser hatte behauptet, er lebe eine Prophezeiung aus, die nach der Heiligen Schrift erfüllt werden müsse. Seinen Anhängern erklärte er zum Beispiel, sein Zuname bedeute auf hebräisch „die Sonne", genauso wie der Name Kyros, des Perserkönigs und Eroberers Babylons. Dessen gute Tat war, wie vom Propheten Esra im Alten Testament berichtet und von Koresh in seinen Bibellesungen wieder und wieder zitiert, die Beendigung der babylonischen Gefangenschaft Israels gewesen. Da der Sektenführer das symbolträchtige Alter von 33 Jahren (das Alter, in dem Christus gekreuzigt wurde) erreicht hatte, redete er sich und den Seinigen auch noch ein, als unehelicher Sohn eines Zimmermanns sei er nicht nur ein Prophet, sondern der Messias in Person. Selbstopfer und Martyrium seien ihm und seinen Davidianern auferlegt, bevor sie in den Genuß der verheißenen Erlösung kämen. Als die ATF-Truppen nach 51tägigen Verhandlungen und vergeblichen Aufforderungen zur Waffenübergabe am Morgen des 19. April das Lager stürmten, versammelte Koresh seine Getreuen um sich und hielt Lesungen aus der Bibel. Gegen Mittag breitete sich im Gebäude ein Feuer aus, und der Schlußakt der Armageddon-Inszenierung machte alles mit rasender Geschwindigkeit zu Asche. 85 Personen und ihr Pseudo-Messias kamen in dem infernalischen Flammenmeer um. Nach ATF-Aussagen hatte Koresh das Feuer selbst gelegt, gemäß konträrer Behauptungen Überlebender wurde es vom ATF verursacht. Nach Jahren juristischen Zanks gab ein US-Gericht im Oktober 2000 den Ordnungskräften Recht.

Noch entsetzlichere Konsequenzen hatte die apokalyptische Selbstverbrennung einer Sekte unter dem Namen „Bewegung für die Wiedereinsetzung der Zehn Gebote" in Kanungu (Uganda). Für den 17. März 2000 hatte der Sektenführer, ein exkommunizierter katholischer Priester namens Joseph Kibweteere, seiner Gemeinde die Erscheinung der Jungfrau Maria und eine darauffolgende

Himmelfahrt angekündigt. Offensichtlich vom Millennium-Virus infiziert, hatte Kibweteere den Weltuntergang ursprünglich schon für den 31. Dezember 1999 vorhergesagt und ihn dann, ähnlich wie William Miller, verschoben, als seine Prophezeiung sich kalendarisch nicht erfüllte. Und ganz wie bei den Milleriten hatten Anhänger der Sekte ihren irdischen Besitz verkauft und sich auf die Fahrt in den Himmel vorbereitet. Ob die Jungfrau erschien und die Himmelfahrt stattfand, ist nicht bekannt. Bekannt wurde nur, daß 650 verkohlte Leichen aus einer Kirche geborgen werden mußten, in die der ‚Prophet' seine Anhänger zu dem ‚glorreichen' Ereignis geladen hatte. Bekannt wurde auch, daß zahlreiche weitere Sektenmitglieder schon vor dem Ereignis ermordet worden waren, da man nach dem Ereignis ihre Gräber fand. Offenbar hatten sie sich dem Erlösungsprogramm ihres Führers widersetzt.

Schreckliche Geschehnisse – zugegeben. Aber nicht schrecklicher in Taten als die Johannes-Apokalypse in Gedanken. Wir haben es mit einem weitreichenden Syndrom zu tun, das ein ganzes kulturelles Spektrum an Ausdrucks- und Gestaltungsformen (von primitiven physischen Inszenierungen bis zu anspruchsvollen künstlerischen Behandlungen) umfaßt: Wer sich auf kulturgeschichtliche Spurensuche begibt, wird schnell fündig: die apokalyptischen Phantasien sind keine mentale Verirrung weniger Psychopathen, sondern bilden eine kulturelle Strömung von beträchtlicher Macht:[294] Es gibt die apokalyptischen Bücher der Bibel. Es gibt den apokalyptischen Glauben daran. Es gibt unzählige theologische Abhandlungen darüber. Es gibt hochdramatische Predigten über den Tag des Zorns. Es gibt Apokalyptik in der Bildenden Kunst, apokalyptische Romane und Erzählungen, apokalyptische Filme und Dramen, apokalyptische Opern und Symphonien. Es gibt Apokalyptik in der populären Kultur. Es gibt apokalyptische Symbolik und Rhetorik, sogar apokalyptische Politik. Renommierte Theologen, Historiker, Kulturtheoretiker, Philosophen, Schriftsteller und Künstler haben sich mit dieser seelischen Tiefenströmung befaßt, sie interpretiert, analysiert und kritisiert, sie umgestaltet und fortgeführt. Oft mag es schwerfallen, in dieser Tradition genau den Grad zu bestimmen, in dem die verschiedenen kulturellen Gestaltungen den Urvorstellungen noch entsprechen, ihnen geistig wirklich verpflichtet sind, oder sie eventuell nur noch ästhetisch oder ideologisch ausbeuten. Hollywood liebt Armageddon, ob Hollywood an Armageddon glaubt, steht auf einem anderen Blatt. Etablierte Konventionen sind meist langlebig; sie können fortbestehen, auch wenn der ursprüngliche Geist sich längst verflüchtigt hat und die Säkularisierung weit fortgeschritten ist. Das innere Leben kann zusammengebrochen sein, aber sein äußeres Gehäuse intakt gelassen haben.

---

294 Vgl. Heuermann (1994), S. 111 ff., Weber (1999).

Doch wenn die gesamte Kultur des Westens geradezu durchtränkt ist von den Themen und Motiven des apokalyptischen Denkens, wenn der unlängst vollzogene Wechsel vom zweiten zum dritten Millennium die Erwartungen von Apokalyptikern aufs neue ‚elektrisiert', wenn der Medienmarkt zu diesem Zeitpunkt apokalyptische Produkte nur so ausspuckt, dann dürfte die innere Welt noch recht lebendig sein. Dann kann es nicht unrichtig sein, hier eine psychoreligiöse Kraft am Werke zu sehen, mit der auch in Zukunft zu rechnen ist. Über 30 Millionen Exemplare verkaufte der Amerikaner Hal Lindsey seit 1970 von seinem Bestseller *The Late Great Planet Earth*, einem fundamentalistisch gezeichneten Weltuntergangsszenarium, das seine biblischen Vorbilder an ausphantasierter Schrecklichkeit und militanter Unversöhnlichkeit noch übertrifft. Wann der nächste Thomas Münzer oder David Koresh oder Shoko Asahara oder Joseph Kibweteere auf den Plan tritt, ist nur eine Frage der Zeit. In der Apokalyptik artikuliert sich ein Dualismus, der unversöhnlich, konfliktträchtig und tendenziell selbstzerstörisch ist. Darin manifestiert sich ein Vorstellungs- und Symbolkomplex, der halluzinatorisch und wahnhaft ist. Daß dieser Komplex an seinem Ursprung von der Sehnsucht nach Erlösung und Versöhnung getragen ist – gerade das bedingt seine tragische Ironie.

Teil 3

Jenseits empirischer Grenzen

3.1 Dem Hier und Jetzt entrückt: Mystische Transzendenz

Unser alltägliches Geistesleben – die Wahrnehmungen, die wir tätigen, die Gedanken, die wir fassen, die Vorstellungen, die wir entwickeln, die Gefühle, die wir hegen – ist mit dem Siegel dessen versehen, was wir als das Alltagsbewußtsein bezeichnen. Dieses Bewußtsein verschafft uns bestimmte Möglichkeiten und setzt uns gleichzeitig Grenzen, die wir beide als naturgegeben hinnehmen und als mehr oder minder selbstverständlich annehmen. Es gehört zu uns, zu unserem Dasein, so wie es anscheinend auch zu dem der allermeisten unserer Mitmenschen gehört. Es bestimmt einfach die ‚Normalität', d. h. den empirisch gegebenen Kreis unserer mentalen Funktionen und das kulturell markierte Umfeld unserer geistigen Betätigungen. Diese Normalität ist es, die unser seelisches und soziales Leben kalkulierbar macht. Sie schafft – auf das Innen gemünzt – so etwas wie die Heimat oder den Sitz unseres Weltbildes. Diese Normalität gewährt Stabilität und gestattet Orientierung.

Selten wird uns bewußt, daß es Wege gibt, die über die Grenzen dieses Alltagsbewußtseins hinaus in benachbarte Gefilde des Geistes führen, Gefilde, die nicht beliebig zugänglich sind, sondern für ihren Zugang bestimmte Dispositionen erfordern, gewissermaßen mit einem mentalen Privileg verbunden (oder auch mit einem ‚Fluch' belegt) sind. Der Besuch in solchen Gefilden mag phänomenal, in den konkreten Erscheinungs- und Erlebnisformen, phantastisch anmuten, zumal wenn der Besucher sich davon überwältigt fühlt. Diese dürfen psychologisch aber dennoch nicht zu den reinen Phantasiegebilden gerechnet werden. Dazu sind sie zu eigenartig, zu wirkungsmächtig, zu profund, zu wahrheitsträchtig, vor allem zu transformativ. Sie haben ihren eigenen mysteriösen Urgrund in der Psyche der so Disponierten und beanspruchen ihre eigene Autorität für deren geistiges Leben – zumindest ist das die vorherrschende Überzeugung derer, die ihrer teilhaftig werden. Sie haben nicht die bizarr groteske Oberflächenstruktur der Nachtträume, welche den Träumenden so oft vor Rätsel stellt und zu dem Schluß verleitet, ‚Unsinn' geträumt zu haben. Sie unterliegen aber auch nicht der Kontrolle, welcher die Tagträume unterliegen, besitzen weder deren flüchtige Leichtigkeit noch deren bequeme Manipulierbarkeit. Sie erzeugen nicht die affektgeleiteten Kollektivvorstellungen, welche die seelischen Energien einer Gruppe bündeln und mythische Glaubenskomplexe daraus hervorbringen. Sie unterscheiden sich auch von den ästhetischen Schöpfungen und kulturellen Verwirklichungen, die künstlerische Phantasien zu Fiktionen oder Artefakten werden lassen. Und sie lösen schließlich nicht die physiologischen Impulse aus, welche im Bereich der Gewalt- oder erotischen Phantasien zu Grenzüberschreitungen führen und verhaltensbestimmend wirken können. Es sind exzeptionelle Bewußtseinszustände außerhalb jeder persönlichen Willkür, jenseits empirisch bestimmbarer Koordinaten, bar aller Restriktionen durch die Gesetze von Raum und Zeit – und trotzdem von gebieterischer Bedeutsamkeit. Die Rede ist von jenen tiefen, geheimnisvollen Erfahrungen, die unter dem Begriff der Mystik gefaßt werden.[295]

Mystische Erlebnisse betreffen den Seelenhaushalt einer Minderheit entsprechend disponierter Menschen, über deren Zahl es keine verläßliche Statistik gibt, da die Zustände stark fluktuieren[296] Jedenfalls dürfte für die meisten Zeitgenossen des 20. und 21. Jahrhunderts das Land der Mystik ein unbekanntes Land sein, und da sie dem geistigen Phänomen fernstehen, es weder persönlich erlebt haben noch phänomenal einordnen können, wird das Attribut *mystisch* oftmals als Ausdruck abwehrender Geringschätzung gebraucht, als Qualifikation von Zuständen, die man als ärgerlich verschwommen, unangebracht obskur oder hoffnungslos sentimental ansieht – etwas, das fern von den Tatsachen des Lebens und der Logik des Denkens anzusiedeln ist. Mystisch wird so zu einem Synonym für schwer verständlich, irrational, nebelhaft, anti-empirisch. Es gilt als eine Art Rausch, der gegen die Regeln des gesunden Menschenverstandes verstößt, oder als etwas, das einen Rückfall in die religiösen Schwärmereien überwundener historischer Epochen darstellt. Als Mystifikation wird die Verunklarung oder Einnebelung von Sachverhalten bezeichnet, die nicht selten Reaktionen der Verärgerung über absichtlichen Obskurantismus auf den Plan ruft.

Näher betrachtet ist das Phänomen jedoch nicht nur ganz anders, sonders auch viel bedeutsamer als es solche populären Auffassungen signalisieren. Nach Meinung einiger kulturkritischer Denker (keineswegs nur Theologen) liegt in einer kultivierten Mystik sogar das geistige Heil der Menschheit, wenn nicht die ökologische Rettung des ihr anvertrauten Planeten.[297] Für diese Denker sind gerade die den Mystizismus verdrängenden oder bekämpfenden Tendenzen des Rationalismus und Kritizismus das Abwegige, das den Menschen sich selbst und seiner höheren Berufung Entfremdende, welches den rechten Pfad zu höherer Entwicklung in einen Irrweg der Evolution verwandelt. „Nur ein mystisch inspirierter Aufbruch der Tiefenschichten des Menschen kann überhaupt an den Negativitäten des Bestehenden etwas ändern", meint Hubertus Myranek, um dann zu prophezeien: „Die mystisch getönte Ehrfurcht vor dem Leben wird der lebens-

---

295 Umfassende Darstellung bei Walther (1976).
296 Siehe Wulff (2001), S. 406 ff.
297 Vgl. Grof (1984), Wilber (1990).

zerstörenden, technokratischen Hybris des Menschen entgegenwirken."[298] Doch was ist diese „mystisch getönte Ehrfurcht"?
Der große amerikanische Psychologe William James hat vier kardinale Merkmale der mystischen Erfahrung beschrieben, die den dazugehörigen Seelenzustand allgemein charakterisieren.[299] Für James ist zunächst unbezweifelbar, „daß unser normales waches Bewußtsein, das rationale Bewußtsein, wie wir es nennen, nur ein besonderer Typ von Bewußtsein ist, während überall jenseits seiner, von ihm durch den dünnsten Schirm getrennt, mögliche Bewußtseinsformen liegen, die ganz andersartig sind. Wir können durchs Leben gehen, ohne ihre Existenz zu vermuten; aber man setze den erforderlichen Reiz ein, und bei der bloßen Berührung sind sie in ihrer ganzen Vollständigkeit da: wohlbestimmte Typen von Mentalität, für die wahrscheinlich irgendwo ein Reich besteht, in dem sie angewendet werden können und passen. Keine Betrachtung des Universums kann abschließend sein, die diese anderen Bewußtseinsformen ganz außer Betracht läßt."[300] Ob und wie sich diese „Andersartigkeit" erklären läßt, wird später zu erörtern sein; auf jeden Fall zeichnet sich die innere Welt der Mystiker bei aller Vielfältigkeit der Erscheinungen gleichermaßen aus durch:
1. *Unaussprechlichkeit.* Dieses Merkmal erscheint als Negativum zunächst recht unbefriedigend, das populäre Vorurteil sogar bestätigend, denn damit entzieht sich die Mystik scheinbar der Kommunikation. Unaussprechlichkeit impliziert ja Nicht-Mitteilbarkeit, und diese bedingt sowohl Restriktion wie auch Exklusivität. Das Wort Mystik ist vom griechischen Verb *myein* abgeleitet, was so viel wie „die Augen und den Mund schließen", „stumm sein" bedeutet. Tatsächlich behaupten Mystiker regelmäßig, daß ihnen der notwendige Sprachschatz fehle, um das Erlebte zu versprachlichen; daß über dessen Inhalt folglich kein angemessener Bericht gegeben werden könne. „Wenn ich vom Höchsten reden will, stelle ich fest, daß ich es nicht vermag; meine Zunge versagt mir den Dienst, mein Atem gehorcht mir nicht, ich verstumme", gesteht der Dichter Walt Whitman,[301] ansonsten einer der wortgewaltigsten Vertreter seiner Zunft. Daraus erhellt, daß die mystische Welt unmittelbar erfahren werden muß; sie kann anderen nicht mitgeteilt, geschweige denn auf sie übertragen werden – jedenfalls nicht direkt und nicht annähernd ‚realistisch'. Der Mystiker fühlt sich der empirischen Wirklichkeit entrückt, und die gebieterische Wahrheit dieser Erfahrung besteht – als *transverbale* Wahrheit – nur für das entrückte Individuum. In dieser Besonderheit sind mystische Zustände, obwohl sie das normale Sensorium

---
298 Myranek (1976), S. 18.
299 James (1979), S. 359 ff.
300 Ebd., S. 366.
301 Zit. nach Bucke (1988), S. 112.

für Empfindungen und Wahrnehmungen verändern und weit über gewöhnliche Gefühlsregungen hinausgehen, spontanen Gefühlszuständen verwandter als allen Formen rational-begrifflichen Denkens. Wir wissen: Niemand kann einem andern, der ein bestimmtes Gefühl nicht gehabt hat, klarmachen, worin seine eigentliche Qualität oder sein besonderer Wert besteht. Man muß schon ein musikalischer Mensch sein, um die Qualität z. B. einer Symphonie ein- und wertschätzen zu können; man muß selbst verliebt gewesen sein, um den Bewußtseinszustand von Liebenden zu verstehen. Sonst ist man in Sachen Musik bzw. in der Liebe inkompetent. Mystiker finden nun, daß Menschen ohne ihre besondere Disposition für die Beurteilung ihrer Erfahrungen ähnlich inkompetent sind, sich ungefähr so verhalten wie Blinde, die sich anmaßen, von den Farben zu sprechen. Unter Mystikern ist es ein Gemeinplatz, daß Wahrheit – sei es solche der eigenen Seele, der Natur, der Kunst, des Kosmos, der Gottheit – überhaupt nicht mittelbar diskursiv sein kann, sondern unmittelbar intuitiv zu sein hat. Sie muß dank besonderer Sensitivität eingegeben und dann ‚geschaut' werden; sie läßt sich weder logisch entwickeln noch rational aufbauen, weder verbal stiften noch symbolisch abbilden. Das Denken und Sprechen kann in seiner Unzulänglichkeit und Abstraktheit nicht die Unmittelbarkeit und Vollkommenheit mystischer Erleuchtung treffen. Der indikativisch gesprochene Satz oder das induktiv gefällte Urteil sind dem Zustand der Entrückung ganz und gar äußerlich, folglich einer Beschreibung nur schwer zugänglich. Wenn der Zustand dennoch versprachlicht wird – Versuche dazu sind natürlich immer wieder unternommen worden –, so nur als sekundäre Wiedergabe primärer Erfahrung, als ‚armseliger' Versuch einer verbalen Annäherung von der Peripherie an ein Zentrum, das eigentlich nicht-verbal ist.

2. *Noëtische Qualität.* Obwohl von intensivster sinnlicher Wahrnehmung und tiefsten Gefühlen gekennzeichnet, sind mystische Zustände zweifelsfrei auch Formen der Erkenntnis, vielleicht sogar der höchsten, deren der Mensch für fähig gehalten wird. Sie gewähren Einsichten in Dimensionen der Wahrheit, die vom diskursiven Intellekt nicht ausgelotet werden können und weit außerhalb des hergebrachten Schulwissens liegen. Sie schaffen Zustände eines erweiterten Bewußtseins, das zum Empfangsorgan dessen wird, was die meisten Mystiker als Manifestation des göttlichen Seins oder eines absoluten Sinns empfinden – ein Modus intuitiv-apperzeptiver Erkenntnis, der gleichermaßen erhellend und beseligend wirkt. Diese „Schau" des Seins, die *visio beatifica*, ist von solcher Art, daß sie normalerweise keine Wünsche offenläßt, keine über sie selbst hinausführende Neugier stimuliert, keine Anreize zur Rechtfertigung oder Infragestellung liefert; auch nicht zu irgendeiner Handlung auffordert. Daher die typische Begrifflichkeit der Mystiker, die hier mit Vorliebe von „geistiger Erleuch-

tung" oder „höherer Offenbarung" sprechen, um ihren Erkenntnismodus von gewöhnlicher Kognition abzugrenzen. Daher der selbstsichere Anspruch, der die durchlaufene Erfahrung aufgrund ihrer psychischen Macht mit fragloser Autorität austattet, sie als dermaßen essentiell und richtig empfindet, daß sich jedweder Streit darüber, jedwede Skepsis gegenüber ihrer Gültigkeit erübrigt. Das Absolute ist das, was es als Absolutes zweifelsfrei ist, und diese Tautologie ist nicht auflösbar. Da es keine Attribute hat, läßt es sich mit nichts vergleichen. Da es alldurchdringend ist, kann es von nichts gesondert werden. Da es undifferenzierte Einheit ist, kann es nicht in Bestandteile zerlegt werden. Äußere Umstände und innere Schauungen können von Person zu Person durchaus variieren, aber der Eindruck, auf geheimnisvolle Weise des Absoluten teilhaftig geworden zu sein, bleibt bemerkenswert konstant.

3. *Flüchtigkeit.* In merkwürdigem Kontrast zur Tiefe der mystischen Erfahrung steht die Tatsache, daß die Zustände sich selten für lange Zeit aufrechterhalten lassen. Die Entrückung ist dem Mystiker nicht als Dauerzustand beschieden. Die Illumination der inneren Welt läßt sich nicht an- und abstellen wie ein elektrischer Leuchtkörper, sondern geschieht unvermittelt und spontan, manchmal überfallartig. Meist scheinen eine halbe oder höchstens eine Stunde die Grenze zu sein, jenseits derer das strahlende Licht der Visionen wieder in den blassen Schimmer der Alltagserfahrung verschwimmt. Es kann, nachdem die Quellen des Lichts verloschen sind, ihre Qualität auch nur unzulänglich vergegenwärtigt werden, da die Leistungsfähigkeit der wieder in Kraft gesetzten ‚normalen' Gehirnfunktionen dazu nicht ausreicht. Doch wenn der Zustand wiederkehrt, ist er bei manchen Individuen kontinuierlicher Intensivierung fähig. Für die mit der Gabe mystischer Seinsschau Ausgestatteten kann ihr innerer Reichtum von Mal zu Mal zunehmen, und nicht selten endet sie mit der Überzeugung, den Glanz der Ewigkeit oder das Wesen Gottes geschaut zu haben. Und doch liegt eine Paradoxie darin, daß die Erfahrung von Unendlichkeit und Unsterblichkeit unter Bedingungen stattfindet, die selbst ganz und gar endlich sind. Der erhabene Zustand ist nicht, wie schon der spätantike Philosoph Plotin leidvoll erfuhr, von dauerhaftem Bestand. Plotin wußte: „Wir kommen nur dann und wann in den Genuß dieser uns barmherzigerweise zuteil werdenden Erlösung aus den Fesseln des Fleisches und der Welt."[302] Er wußte nicht, weshalb dies so ist.

4. *Passivität.* Obgleich der Eintritt von mystischen Zuständen durch bestimmte Psychotechniken (vorbereitende Handlungen in Form meditativer Versenkung, kontemplativer Fixierung und/oder körperlicher Übung) erleichtert und das ‚höhere' Bewußtsein in vielen Religionen systematisch kultiviert wird, hat der Mystiker, wenn er seiner irdischen Befindlichkeit entrückt wird, doch ein Gefühl, als

---

302 Zit. nach Bucke (1988), S. 83.

sei sein eigener Wille außer Kraft gesetzt und sein Ich von einer transzendenten Macht ergriffen. Es sind andere, überpersönliche Instanzen im Spiel, die vorübergehend das Regiment übernehmen und den beschränkten, ich-zentrierten Bezirk des Geistes entgrenzen. Es sind übermächtige ‚gewährende' Kräfte aktiv, die das ‚empfangende' Individuum vorübergehend zu einer willkommenen Passivität und Rezeptivität veranlassen. Dies ist der Grund dafür, daß die meisten mystischen Erlebnisse als wesensmäßig religiös eingestuft werden, als Funken göttlicher Eingebung gelten oder als Momente transzendenter Seinsschau erfahren werden (auch wenn, wie wir gleich sehen werden, neben den beseligenden Qualitäten solche auftreten können, die beunruhigen, da überwältigend wirken). Diese Eigenart verbindet sie mit den sogenannten Psi-Funktionen, alternativen Bewußtseinsäußerungen wie prophetisches Sprechen, eidetisches Wahrnehmen, automatisches Schreiben, Schlafwandeln im hypnoiden Zustand oder Halluzinieren bei psychopathischem Leiden. Religiöse Traditionalisten sehen hier höhere (göttliche oder dämonische) Inspiration am Werke, Neurowissenschaftler eher Erscheinungsformen der Schizophrenie oder Epilepsie.

„Worüber man nicht sprechen kann, darüber muß man schweigen", lautet ein bekanntes Diktum des Philosophen Ludwig Wittgenstein. Doch trotz der Einschränkungen, denen die Wiedergabemöglichkeit mystischer Erfahrungsinhalte unterliegt, haben es begnadete Mystiker immer wieder unternommen, das Hilfswerkzeug der Sprache für die Schilderung der geheimnisvollen Zustände einzusetzen, um Zeugnis von ihrer Beseligung abzulegen und das Unvermittelbare zu vermitteln. Als dermaßen augenöffnend, erfüllend und beglückend erschienen ihnen die Erlebnisse, daß Versuche einer Wiedergabe entweder als Pflicht gegenüber ihren unerleuchteten Mitmenschen erschienen oder als Rechenschaft gegenüber dem Selbst aufgefaßt wurden. Solche Schilderungen mögen nur konturarme Schatten der eigentlichen Illuminationszustände sein, uneigentliche symbolische Annäherungen an das Eigentliche; aber sie sind dennoch illustrativ. Hier ein Beispiel aus der Autobiographie von Jeremy Trevor, einem englischen Schriftsteller, der den Moment seiner Erleuchtung als Himmel auf Erden schildert und sich nach Kräften um narrative Wiedergabe des exzeptionellen Zustands bemüht:

An einem strahlenden Sonntagmorgen gingen meine Frau und meine Söhne zur unitarischen Kirche in Macclesfield. Ich hatte das Gefühl, daß ich sie unmöglich begleiten könnte – als wäre es im Augenblick ein Akt geistigen Selbstmords, den Sonnenschein auf den Hügeln zu verlassen und dort hinunter in die Kirche zu gehen. Und ich fühlte ein solches Bedürfnis nach neuer Inspiration und Erweiterung in meinem Leben. So trennte ich mich mit großem Bedauern und traurig von meiner Frau und meinen Söhnen, die in die Stadt hinuntergingen, während ich mit meinem Stock und meinem Hut weiter hinauf in die Berge ging. In der Lieblichkeit des Morgens und der Schönheit der Berge und Täler verlor ich bald das Gefühl der Traurigkeit und des Bedauerns. Ungefähr eine Stunde wanderte ich die Straße entlang bis zur ‚Katze und Geige' und kehrte dann um. Auf dem Wege zurück hatte ich plötzlich, ohne Vorwarnung, das Gefühl, daß ich im Himmel sei – ein Zustand innerer Friedlichkeit und Freude und Gewißheit von unbeschreiblicher Intensität, begleitet von dem Gefühl, die Grenzen des Körpers verlassen zu haben, obwohl die Szene, die mich umgab, klare Konturen hatte und mir aufgrund des hellen Lichts, in dessen Mitte ich zu stehen schien, näher zu sein schien als vorher. Diese tiefe Emotion dauerte an, obschon mit abnehmender Stärke, bis ich mein Haus erreichte und einige Zeit danach, nur mählich schwindend.[303]

Den romantisch-träumerischen Umständen zum Trotz: Trevor ist kein romantischer Träumer, sondern ein kritischer Intellektueller. Er beläßt es nicht bei der Schilderung der transformativen Erfahrung, sondern bringt seinen prüfenden Verstand ins Spiel. Er ringt um Verstehen und die Vermittlung des Verstandenen. Er reflektiert über die Bedeutung des Erfahrenen, vergleicht seinen Status mit dem verwandter Zustände und analysiert sorgfältig die ‚Realität' dessen, was ihm auf seinem Spaziergang so plötzlich und wunderbar widerfahren ist. Ihm ist klar: Trug- und Traumbilder, Illusionen und Halluzinationen sind entlarvbar, da sie in dieser oder jener Form vom kritischen Tagesbewußtsein als solche erkannt werden können oder früher oder später an der äußeren Wirklichkeit ‚zerbrechen'. Gewissenhafte Prüfung führt Trevor jedoch zu der Überzeugung, daß sich die innere Wirklichkeit des Mystikers selbst beglaubigt – sie ist authentisch, unwiderlegbar, auf nichts anderes rückführbar, erhaben über Krittelei und unabhängig vom räsonierenden Verstand, ein Erfahrungsmodus *sui generis,* der, indem er Visionen der Transzendenz gewährt, dem limitierten menschlichen Geist befristeten Zutritt zum unendlichen Geist Gottes verschafft. Hier ist der positive Kern der allermeisten echten mystischen Erfahrungen: die Begegnung mit dem Göttlichen, die der überzeugte Mystiker, was immer skeptische Psychologen oder Theologen dagegen vorbringen mögen, sich um keinen Preis abhandeln läßt. Dabei ist es ziemlich unbedeutsam, ob der religiöse Begriff des Göttlichen oder der eher philosophische Begriff des Absoluten in Anspruch genommen wird; denn beide Begriffe sind nur verbale Surrogate für etwas, dessen ureigenstes Wesen nicht-verbal ist. Trevor reflektiert:

Das geistliche Leben rechtfertigt sich selber denen gegenüber, die es leben; aber was können wir denen sagen, die es nicht verstehen? Zumindest dies können wir sagen, daß es ein Leben ist, dessen Erfahrungen sich ihren Besitzern dadurch als real erweisen, daß sie ihnen auch erhalten bleiben, wenn sie in engsten Kontakt mit den objektiven Realitäten des Lebens gebracht werden. Träume können diesen Test nicht bestehen. Wir erwachen aus ihnen, um festzustellen, daß sie nur Träume sind. Die schweifenden Vorstellungen eines überanstrengten Gehirns bestehen diesen Test nicht. Diese höchsten Erfahrungen, die ich von Gottes Gegenwart gehabt habe, sind selten und kurz gewesen – Bewußtseinsblitze, die mich zu dem überraschenden Ausruf zwangen: *Hier* ist Gott! – oder Zustände des Erhobenseins und der Einsicht weniger intensiv und nur allmählich schwindend. Ich habe ernsthaft die

---
303 Zit. nach James (1979), S. 370.

Frage nach dem Wert dieser Momente gestellt. Keiner Seele gegenüber habe ich sie erwähnt, damit nicht mein Leben und Wirken auf bloße Phantasien des Gehirns baute. Aber ich finde, daß sie nach jeder Art Infragestellung und Prüfung heute dastehen als die allerrealsten Erfahrungen meines Lebens und als Erfahrungen, die alle früheren Erfahrungen und Entwicklungen erklärt und gerechtfertigt und zur Einheit gebracht haben. [...] Es geschah in den realistischen Lebensphasen, daß die wahre Gegenwart mich ergriff und mir bewußt wurde, daß ich in den unendlichen Ozean Gottes versenkt war.[304]

Die wichtigsten unter den mystischen Gipfelerlebnissen haben sakralen Charakter. Sie sind gelebte Metaphysik, auf Transzendierung irdischer Schwere gerichtete Erlebnismomente, und hier treffen wir auf Berichte, die den mystischen Zustand als schwer faßbare Ekstase schildern, als eine Art seelisches Außersich-Sein, das – ähnlich wie in Trevors Erlebnis – identisch wird mit einem vorbehaltlosen In-Gott-sein. Hier stellt sich Enthusiasmus ein im buchstäblichen Sinne des griechischen Wortes, als ein Zustand *entheos* (*in Gott* oder *erfüllt von Gott*). „Die Mystik", schreibt Erich Fromm, „gibt den Versuch auf, Gott gedanklich erfassen zu können. Statt dessen versucht sie zum Erlebnis der Einheit mit Gott zu gelangen, in der kein Platz mehr ist für ein Wissen *über* Gott und wo auch kein Bedürfnis mehr danach besteht."[305] Als Quelle mystischer Inspiration wird die Gotteserfahrung zu einer Erfahrung beseligender Fusion, in der sich alles auslöscht, was zuvor, in der ‚objektiven' Welt, von der Seele als entzweiend, begrenzend, bedrückend, partikular empfunden wurde. Der Grundton ist unveränderlich der einer großen Erregung, die – scheinbar widersinnig – einhergeht mit dem Gefühl einer tiefen Befriedung. Es ist, als wenn die Gegensätze der Welt, die in ihrer Konfliktträchtigkeit die allzu bekannten Schwierigkeiten und Sorgen des Alltags begründen, in einer versöhnenden Einheitlichkeit aufgehoben würden, und als würde der Seele damit gewährt, worauf sie im Bewußtsein ihrer Bestimmung stets sehnlichst gewartet. Deshalb wird der mystische Zustand meist leidenschaftlich gesucht, angestrebt und anvisiert als der letzte und höchste Gipfel auf dem langen Weg, der mit des Menschen Aufstieg aus den Niederungen vegetativen Daseins begann.

Henri-Frédéric Amiel, ein Schweizer Autor, beschreibt in seinem *Journal intime*, einem wegen seiner introspektiven Empfindsamkeit bemerkenswerten Tagebuch, die Wehmut, die ihn als reifen Mann befiel, wenn er an die mystischen „Träumereien" seiner Jugend dachte:

Werde ich nicht einmal wieder eine solche wundersame Träumerei erleben, wie sie mir schon ein paarmal beschieden war: als Jüngling im Morgengrauen, auf den Trümmern der Burg Faucigny, ein andermal in der Mittagssonne, in den Bergen über Lancy am Fuß eines Baumes, umschwärmt von drei Schmetterlingen; in einer Nacht am Strand der Nordsee, im Sande liegend, den Blick verloren im Ster-

---

304 Trevor (1879), S. 370.
305 Fromm (1988), S. 43.

Sternenmeer – solch eine großartige, unsterbliche, kosmische Träumerei, wo man die Welt in seinem Busen trägt, wo man an die Sterne rührt, wo man das Unendliche besitzt? Göttliche Augenblicke, Stunden der Verzückung, wo der Gedanke von Welt zu Welt sich schwingt, das große Rätsel durchschaut, weit, ruhig, tief atmend, wie der tägliche Atem des Meeres, heiter und grenzenlos wie das blaue Firmament; Besuche der Muse Urania, welche die Stirne ihrer Auserwählten mit dem Strahlenkranz der Kontemplation umwindet und in ihr Herz die ruhige Trunkenheit, wenn auch nicht die Macht des Genies, gießt, Augenblicke eines alldurchdringenden Schauens, in denen man sich weit fühlt wie die Welt und ruhig wie Gott? -- Von den himmlischen Sphären bis zum Moos oder zu den Muscheln, worauf ich ruhe, war mir die ganze Schöpfung untertan, lebte in mir und vollendete ihr ewiges Werk mit der Gesetzmäßigkeit des Schicksals und der leidenschaftlichen Glut der Liebe. Was für Stunden, was für Erinnerungen! Die kärglichen Überreste, die mir davon geblieben sind, erfüllen mich noch mit Andacht und Begeisterung, wie wenn der heilige Geist sich auf mich herabgesenkt hätte.[306]

Aus der Erfahrung von Einheitlichkeit, die zumeist als von Helligkeit, Freundlichkeit, Klarheit, Süßigkeit, Seligkeit, Heiligkeit und Wahrheit begleitet empfunden wird, entsteht das Gefühl für ein Absolutum, als dessen Urheber nur Gott in Frage kommt und als dessen Prinzip nur eine alles einschließende, alles durchdringende Liebe vorstellbar scheint – göttliche Liebe als universal waltendes Prinzip. Viele ‚professionelle‘ Mystiker sind der Überzeugung, daß die Realität Gottes überhaupt nur mystisch, in einer die Seele transformierenden Gott-Mensch-Vereinigung, und nicht anders erfahren werden kann. Ihre Religiosität gründet auf Mystizität; alle anderen Glaubensformen und -bekenntnisse sind demgegenüber blasse, äußerliche, formelhafte, abstrakte, seelenlose Vergegenwärtigungen Gottes, die vielleicht den Intellekt von Schriftgelehrten oder die Denkweise von Dogmatikern befriedigen, aber nicht zum ‚Herzen der Dinge‘ vorzudringen vermögen. Der Beweis Gottes liegt in seiner unmittelbaren Anwesenheit in der Seele, nicht in seiner mittelbaren Präsenz in der Heiligen Schrift oder seiner ‚vergegenständlichten‘ Erscheinung in der sakralen Kunst. Theresia von Jesu (auch bekannt als Theresa von Ávila), die wohl bedeutendste Mystikerin christlichen Glaubens, erfährt ihre Beseligung typischerweise im Gebet. Sie schreibt:

Hier, im Gebete der Vereinigung, ist die Seele ganz wach für Gott, für Dinge dieser Welt aber und für sich selbst ganz empfindungslos; denn während der freilich nur kurzen Dauer der Vereinigung ist sie wie von Sinnen, so daß sie, wenn sie auch wollte, an nichts denken kann. Darum ist es auch nicht nötig, das Denken künstlich zu unterdrücken; hier liebt sie nur, weiß aber in diesem Zustande nicht einmal, wie sie liebt, noch was das ist, was sie liebt, noch was sie möchte. Kurz, die Seele ist hier der Welt ganz abgestorben, um desto mehr in Gott zu leben. Ein süßer Tod, fürwahr! Ja, es ist ein Tod, weil ein Sichloslösen von aller Tätigkeit, die sie sonst vollziehen kann, solange sie im Leibe ist; aber es ist ein wonnevoller Tod, weil die Seele, obwohl in Wirklichkeit noch im Leibe, sich nur deshalb von ihm loszulösen scheint, um desto inniger mit Gott vereinigt zu sein, und zwar so, daß ich nicht einmal weiß, ob dem Leibe so viel Leben bleibt, daß er noch atme. [...] Der Verstand möchte sich vol-

---

306 Amiel (1986), S. 52.

ler Hingabe damit beschäftigen, etwas von den Empfindungen der Seele zu begreifen; da aber seine Kräfte dies nicht vermögen, ist er von Staunen so hingerissen, daß er weder Hand noch Fuß bewegt, wenn er sich nicht ganz verliert. [...] Hier kann weder die Einbildungskraft, noch das Gedächtnis, noch der Verstand der Seele in ihrem Genusse hinderlich sein. Ja, ich würde es wagen zu behaupten, daß selbst der Teufel sich nicht einzudrängen und zu schaden vermag, wenn das Gebet eine wahre Vereinigung der Seele mit Gott ist. Denn hier ist die göttliche Majestät mit dem Wesen der Seele so verbunden und vereinigt, daß jener sich ihr nicht zu nahen wagt, ja, er wird nicht einmal erkennen, was hier in geheimnisvoller Weise in der Seele vorgeht.[307]

Daß Theresia sich dem christlichen Gott verpflichtet weiß, spielt für sie als Katholikin zwar eine persönliche Rolle, doch ist die *unio mystica* als seelisches Phänomen grundsätzlich transkonfessionell. Sie ist nicht gebunden an besondere Religionen oder deren Kodizes und geschieht jenseits aller kirchlichen Dogmatik. Ihre Grundlage ist eine mentale *facultas,* keine kodifizierte Glaubenslehre. Sie kann katholischen Ordensschwestern ebenso widerfahren wie buddhistischen Mönchen, empfindsamen Künstlern ebenso wie religiösen Freigeistern. Auch ist der rituelle Zugang über das Gebet hier nichts anderes als eine von Theresia gewählte Zweckmäßigkeit, er ist keine psychologische Notwendigkeit; denn außer dem Gebet können Meditation, Kontemplation oder auch nur – wie bei Trevor – eine besondere seelische Gestimmtheit den Zugang erleichtern. Obwohl bei Theresia die religiöse Erziehung im Orden der Karmeliter eine erkennbare Rolle spielt, ist die Lehre als solche, inhaltlich gefaßt, nur der zufällige Brennpunkt, auf den das erlebte Mysterium sich richtet. Sofern die erforderliche Disposition besteht, kann sie in den Dienst jeder beliebigen Religion genommen werden.

Das wird klar, wenn wir mystische Erfahrungen in anderen Glaubensrichtungen und Kulturbereichen betrachten. Bekanntlich zählen Hinduisten und Buddhisten zu denjenigen Gläubigen, deren orientalische Traditionen der Mystik weitaus größere Bedeutung beimessen als die abendländisch- christlichen und die kraft entwickelter Meditations- und Yoga-Übungen auch bessere Empfänglichkeit für Erleuchtungszustände herbeizuführen imstande sind. Hier ein Bericht von Gopi Krishna, einem indischen Weisen, der sich meditierend auf eine Lotus-Blüte konzentriert und dabei die Stufe „reinen Bewußtseins" erklimmt. Hier bleibt es letztlich ohne großen Belang, ob man darin die Gewährung göttlicher Gnade oder das Maximum menschlicher Erkenntnisfähigkeit sieht. Wer die Erleuchtung als göttlichen Funken auffaßt, wird Gott am Werke sehen. Wer die Entgrenzung als geistige Leistung ansieht, wird Regionen seines eigenes Bewußtseins aktiviert finden.

Krishna folgt seiner heimischen Tradition: Er hat „Kundalini" erweckt, eine

---

307 Theresia von Jesu (1984), S. 87, 88.

mythologisch als Schlange vorgestellte, psychosomatisch wirkende Energie, die, in Nervenbahnen der Wirbelsäule hochsteigend, das Bewußtsein transformiert. Entscheidend ist auch hier der Vorstoß in eine Transzendenz, die säkulare Welt und säkulares Weltgefühl auslöscht und in mystischer Glut das Selbst verwandelt:

> Ich hatte wunderbare Berichte von gelehrten Männern über große Wohltaten als Ergebnis der Konzentration gelesen und über geheimnisvolle Kräfte, die die Yogis durch solche Übungen erlangt hatten. Mein Herz begann wie wild zu schlagen, und ich fand es schwierig, meiner Aufmerksamkeit den notwendigen Grad der Zielgerichtetheit zu geben. Aber nach einer Weile wurde ich ruhig und fand mich bald in tiefer Meditation. [...] Plötzlich fühlte ich einen Strom flüssigen Lichtes, tosend wie einen Wasserfall, durch meine Wirbelsäule in mein Gehirn eindringen. Ganz unvorbereitet auf ein solches Geschehen, war ich völlig überrascht. Ich blieb in derselben Stellung sitzen und richtete meine Gedanken auf den Punkt der Konzentration. Immer strahlender wurde das Leuchten, immer lauter das Tosen. Ich hatte das Gefühl eines Erdbebens, dann spürte ich, wie ich aus meinem Körper schlüpfte, in eine Aura von Licht gehüllt. Es ist unmöglich, dieses Erlebnis genau zu beschreiben. Ich fühlte, wie der Punkt meines Bewußtseins, der ich selber war, größer und weiter wurde und von Wellen des Lichtes umgeben war. Immer weiter breitete es sich nach außen aus, während der Körper, normalerweise der erste Gegenstand seiner Wahrnehmung, immer mehr in die Entfernung zu rücken schien, bis ich seiner nicht mehr bewußt war. Ich war jetzt reines Bewußtsein, ohne Grenze, ohne Körperlichkeit, ohne irgendeine Empfindung oder ein Gefühl, das von Sinneswahrnehmungen herrührte, in ein Meer von Licht getaucht. Gleichzeitig war ich bewußt und jeden Punktes gegenwärtig, der sich ohne jede Begrenzung oder materielles Hindernis gleichsam in alle Richtungen ausbreitete. Ich war nicht mehr ich selbst, oder genauer: nicht mehr, wie ich mich selbst kannte, ein kleiner Punkt der Wahrnehmung, in einen Körper eingeschlossen. Es war vielmehr ein unermeßlich großer Bewußtseinskreis vorhanden, in dem der Körper nur einen Punkt bildete, in Licht gebadet und in einem Zustand der Verzückung und Glückseligkeit, der unmöglich zu beschreiben ist. Nach einer Weile – wie lange es gedauert hat, wüßte ich nicht zu sagen – begann der Kreis wieder enger zu werden. Ich fühlte, wie ich mich zusammenzog und immer kleiner wurde, bis ich der Grenzen meines Bewußtseins erst dumpf, dann klarer bewußt wurde. Als ich in meine alte Beschaffenheit zurückschlüpfte, nahm ich plötzlich wieder den Lärm auf der Straße wahr, fühlte ich wieder meine Arme, meine Beine und meinen Kopf und wurde wieder mein eigenes Selbst in Kontakt mit Körper und Umgebung. Als ich meine Augen öffnete und um mich blickte, fühlte ich mich ein wenig schwindelig und verwirrt, als ob ich aus einem seltsamen Land zurückkehrte, das mir ganz fremd gewesen war.[308]

Psychologisch, wenn auch nicht theologisch, sind die Erfahrungsinhalte austauschbar, die Dogmen wandelbar, die Gottesbilder variierbar. Ungeachtet der Überzeugung vieler Mystiker, mit *dem* Göttlichen oder *dem* Höchsten in Berührung gekommen zu sein, gibt es – empirisch betrachtet – in den Gefilden der Mystik keinen religiösen Monismus, kein Prinzip, das die Inhalte einheitlich prägte und die innere Welt einheitlich ausstattete. Es gibt überhaupt kein sachlich bestimmbares Bild oder ideell definierbares Programm. Die Pluralität in den geistigen Anlagen von Individuen ist eine Pluralität, die sich in der Mystik durchaus spiegelt. Das unterschiedliche Erfahrungsspektrum der Menschen ist

---

308 Krishna (1993), S. 10.

ein Spektrum, das sich, qualitativ transformiert, in den Visionen durchaus wiederfindet. Obzwar die Metapher der Erleuchtung zur geistigen Zustandsbeschreibung eine fast universelle Verwendung findet (Trevor wähnte sich sogar buchstäblich in „hellem Licht" stehend, Krishna von „flüssigem Licht" durchströmt), handelt es sich um unterschiedlich erleuchtete Szenen aus der Topographie des Bewußtseins. Die exzeptionellen Wahrnehmungen sind von lebensgeschichtlichen Erfahrungen nicht unabhängig, auch wenn sie diese in mirakulöser Weise transzendieren. Danach ist das, was als Absolutum erfahren wird, nicht in einem absoluten Sinne absolut, sondern – paradoxerweise – in einem relativen Sinne. Entscheidend ist allein der *Modus* der Erfahrung, seine trans-empirische Prägung und spirituelle Färbung, und diese können Christen ebenso erfahren wie Buddhisten, Taoisten ebenso wie Hinduisten usw. Dieser Modus wird von William James so umschrieben: „Aus dem Alltagsbewußtsein heraus gelangen wir in mystische Zustände als aus dem Weniger in das Mehr, als aus dem Kleinen in das Immense und zur gleichen Zeit aus einer Unruhe in eine Ruhe. Wir empfinden sie als versöhnende, einheitsstiftende Zustände. Sie sprechen mehr die Jafunktion in uns an als die Neinfunktion. In ihnen absorbiert das Unbegrenzte das Begrenzte und schließt die Rechnung im Frieden."[309]

Was hier anklingt, ist der Gedanke, daß es in letzter Instanz gleichgültig und nur ein terminologisches Problem sein könnte, ob der Gottesbegriff für derartige Zustände in Anspruch genommen wird oder nicht; denn wenn Gott der beschriebene Zustand, die *unio mystica*, ist und der Zustand als göttlich oder von Gott gestiftet gilt, dann werden theologisch-konfessionelle Definitionen seiner Realität nachrangig. Gott ist dann eben das „Mehr", das „Immense", die „Ruhe", das „Versöhnende", das „Einheitsstiftende", die „Ja-Funktion", das „Unbegrenzte", der „Frieden" etc; er ist das, was den Mystikern in ihren Gipfelerlebnissen zuteil und von Nichtmystikern ersehnt wird; er wird zur Bezeichnung einer exzeptionellen seelischen Befindlichkeit und gibt jedwede personale Identität auf – ein Gedanke, der sich interessanterweise vom Neuen Testament her wie auch von der Tiefenpsychologie her stützen läßt. So heißt es zum Beispiel bei Lukas (17, 20–21) über Christus und die Pharisäer: „Da er aber gefragt ward von den Pharisäern: Wann kommt das Reich Gottes? antwortete er ihnen und sprach: Das Reich Gottes kommt nicht mit äußerlichen Gebärden. Man wird auch nicht sagen, siehe, hier oder da ist es. Denn sehet, das Reich Gottes ist inwendig in euch." So spricht der Psychologe Carl Gustav Jung ganz in diesem Sinne von einer „Auffassung Gottes als eines autonomen, psychischen Inhalts", was das Außen-Innen-Problem gleichermaßen zugunsten des Innen löst; denn: „... wenn diese Problematik nicht existiert, so ist auch Gott nicht wirklich, denn dann

---

309 James (1979), S. 386 f.

greift er nirgends in unser Leben ein. Dann ist er ein historischer Begriffspopanz oder eine philosophische Sentimentalität."[310] Die Implikationen sind weitreichend: Denn falls diese Inwendigkeit, dieser seelisch erfahrbare Himmel auf Erden, das Essentielle oder Zentrale ist, dann können Konfession und Theologie bestenfalls das Akzidentelle oder Periphere sein. Dann zielen ihre Ansprüche vorbei am Wesentlichen und legitimieren sich höchstens als äußerlicher Rahmen oder ideologischer Überbau, der Erklärungen liefert, Dogmen verkündet, Prozeduren festlegt, Einrichtungen errichtet, Moralbegriffe prägt, sozialen Zusammenhalt fördert u. dgl. Wenn der Glaube letztlich nur tief innerlich und spontan, als mystische Erleuchtung des Individuums, erfahrbar ist, dann – so muß man folgern – wird die Rolle der Kirche als Stifterin und Hüterin des Glaubens einigermaßen fragwürdig; denn in ihrer institutionellen Rolle kann sie solchen Glauben ja weder stiften noch hüten. Bestenfalls kann sie ihn ‚verwalten', d. h. fördern, deuten, tradieren, kommentieren usw. Ergo: die Mystik als Kernerfahrung kann – wie im übrigen der Buddhismus vorführt – gut und gerne ohne die Sekundanz der Kirche auskommen. Historisch betrachtet antezediert und transzendiert die Mystik ja auch tatsächlich jede Form des Klerikalismus, und als Bewußtseinsphänomen ist sie über Institutionen jedweder Art erhaben. Noch einmal James:

Die Überwindung aller gewöhnlichen Barrieren zwischen dem Einzelnen und dem Abolutem ist das große Werk der Mystik. In mystischen Zuständen geschieht beides: Wir werden eins mit dem Absoluten, und wir werden uns dieser Einheit bewußt. Dies ist die unverwüstliche und triumphale Tradition der Mystik, kaum verändert durch unterschiedliche Himmelsstriche oder religiöse Überzeugungen. Im Hinduismus, im Neoplatonismus, im Sufismus, in der christlichen Mystik, im Whitmanismus finden wir denselben wiederkehrenden Ton, so daß die mystischen Äußerungen von einer unwandelbaren Einmütigkeit durchzogen sind, die einen Kritiker innehalten lassen und nachdenklich machen muß und die dazu führt, daß die mystischen Klassiker, wie man gesagt hat, weder Geburtstag noch -land haben. Indem sie ständig von der Einheit des Menschen mit Gott sprechen, ist ihre Rede älter als die Sprache und werden sie nicht alt.[311]

Allerdings: Ganz so ausnahmslos positiv und einmütig „triumphal", wie es scheint, ist das Phänomen nicht. Dies wird in dem Moment klar, da wir die Aufmerksamkeit auf Seiten- und Irrwege lenken, die den Mystiker in seelische Gefahrenzonen führen können. Dann wird sichtbar, daß das Phänomen nicht nur viel umfassender als irgendeine spezielle Glaubensdefinition ist, sondern in seiner potentiellen Wirkung auch vieldeutiger und (in manchen Fällen) bedrohlicher. Es ist einerseits eine Frage von Qualität und Intensität der momentan durchlebten Erfahrung, anderseits eine Frage der allgemeinen mentalen Disposi-

---

310 Jung (1964), *G.W.* Bd. 7, S. 262.
311 James (1979), S. 389.

tion des Individuums, ob die innere Illumination für das Bewußtsein eine religiöse oder andere, etwa dämonische Qualität annimmt. Nicht unter allen Umständen wird die seelische Haltung gegenüber der Transzendenz von jener vorbehaltlosen Dankbarkeit und ekstatischen Glückseligkeit geprägt, für die Gott als Name gewählt wird. Nicht ausnahmslos wird die transformative Wirkung der *unio mystica* willkommen geheißen. Lebensgeschichte, psychische Konstitution und körperliche Verfassung spielen einflußnehmende Rollen, wenn der Glanz von Visionen vom Zweifel an seiner Wirkung und Bedeutung überschattet wird.

Es gibt Fälle, in denen die gegenwärtige Illumination gefolgt wird von nachheriger Beunruhigung über den ontologischen Status und die ultimative Bedeutung dessen, was einem zuteil wurde. Da die mystische Entrückung keinen psychischen Dauerzustand, sondern eine exzeptionelle Phase in der Abfolge geistiger Aktivitäten darstellt, die früher oder später eine Rückkehr auf den ‚Boden der Tatsachen' erzwingt, werden im Kopf des Mystikers (wie im Kopf des Drogenkonsumenten oder des Alkoholikers) unvermeidbar zwei Erfahrungsmodi miteinander konfrontiert: das empirisch ‚normale' Alltagsbewußtsein und das davon geheimnisvoll abweichende mystische Bewußtsein. Dies kann Anlaß zu radikalen Fragen bei denjenigen geben, welche die Entrückung nicht naiv als Geschenk an die eigene Seele hinzunehmen bereit sind, sondern sich Gewißheit über dessen Status verschaffen wollen, Menschen, deren Disposition so geartet ist, daß sie in den Entgrenzungen potentielle Gefährdungen wahrnehmen: Was ist wirklich real? Was möglichenfalls ein böser Wahn? Wenn der mystische Zustand eine ‚höhere' Wirklichkeit, eventuell sogar *die* Wirklichkeit vermittelt, weshalb sind wir dann gewöhnlich an ein niederes Alltagsbewußtsein gekettet? Wenn umgekehrt – vielleicht aus gutem Grund – das Alltagsbewußtsein unser Dasein bestimmt, ein Dasein, mit dem wir uns notgedrungen arrangieren müssen, was signalisieren uns dann diese lockenden Momente geistiger Beseligung? Was ist mit unserem Ich, wenn es sich transformiert, unserer Identität, wenn sie sich entgrenzt? Was wird aus Raum und Zeit, wenn phänomenal ihre Kategorien aus dem Bewußtsein schwinden? Was ist mit den Sicherungen mentaler Kontrolle, wenn die ‚narkotisierenden' Effekte mystischer Verwandlung effektiv sprachlos machen? Wo bleibt der eigene Wille, wenn die Rezeptivität in das Gefühl von Ausgeliefertsein umschlägt?

Derartige Fragen stellt der Lyriker John Addington Symonds, wenn er über seine ihm unvermutet widerfahrenen Zustände räsoniert und ihre Gültigkeit dem intellektuellen Zweifel aussetzt. Offenbar gibt es Menschen, auf welche die mystische Entrückung eher als Schock denn als Geschenk wirkt, und das Resultat kann beträchtliche Beunruhigung sein:

Plötzlich in der Kirche, oder in Gesellschaft, oder beim Lesen und immer, glaube ich, wenn meine Muskeln in Ruhe waren, fühlte ich die Stimmung nahen. Unwiderstehlich nahm sie Besitz von meinem Geist und Willen, dauerte wie es schien eine Ewigkeit und verschwand mit einer Reihe von rapiden Empfindungen, die dem Aufwachen aus der Narkose glichen. Ein Grund, aus dem ich diese Art von Trance nicht liebte, war die, daß ich sie für mich selbst nicht beschreiben konnte. Ich kann sogar jetzt keine Worte finden, die sie verständlich machten. Sie bestand in einem gradweisen, aber langsam zunehmenden Vergessen von Raum, Zeit, Gefühl und den vielfältigen Faktoren der Erfahrung, die dasjenige zu qualifizieren scheinen, was wir gerne unser Selbst nennen. In dem Maße, in dem diese Bedingungen des normalen Bewußtseins entzogen wurden, nahm das Gefühl für ein darunterliegendes oder wesentliches Bewußtsein an Intensität zu. Schließlich blieb nichts zurück als ein reines, absolutes, abstraktes Selbst. Das Universum wurde formlos und entleerte sich jeden Inhalts. Aber das Selbst hielt sich durch, ungeheuer in seiner lebendigen Schärfe, mit dem Gefühl des schmerzhaftesten Zweifels hinsichtlich der Realität, wie es schien, bereit, die Wirklichkeit wie eine Seifenblase um sich herum zerbrochen zu finden. Und was dann? Die Wahrnehmung einer bevorstehenden Auflösung, die wütende Überzeugung, daß dieser Zustand der letzte Zustand des bewußten Selbst war, das Gefühl, daß ich dem letzten Faden des Seins bis zum Scheitel der Tiefe gefolgt war und zur Demonstration ewiger Maja oder Illusion gelangt war... .
Diese Trance kehrte in abnehmender Häufigkeit wieder, bis ich das Alter von 28 Jahren erreichte. Sie führte dazu, meiner heranwachsenden Natur die ganze gespensterhafte Unwirklichkeit aller der Umstände einzuprägen, die zu einem bloß phänomenalen Bewußtsein gehören. Beim Aufwachen aus diesem formlosen Zustand nackten, scharf empfindenden Seins habe ich mich oft ängstlich gefragt: Was ist die Unwirklichkeit – der Traum vom feurigen, leeren, wahrnehmenden, skeptischen Selbst, aus dem ich entspringe, oder diese umgebenden Phänomene und Gewohnheiten, die jenes innere Selbst verhüllen und ein konventionelles Selbst aus Fleisch und Blut bilden? Weiter: sind die Menschen die Elemente irgendeines Traums; die traumhafte Unwirklichkeit, von der sie in solchen Momenten etwas ergreifen? Was würde passieren, wenn der Endzustand des Traums erreicht würde? [312]

Ja, was würde passieren? Hier werden wir der Kehrseite einer geistigen Erfahrung gewahr, wo das Bewußtsein den Zugang zum Geheimnis der Wirklichkeit als von dem zu entrichtenden Preis eines Ich-Verlusts abhängig wähnt und deshalb als bedrohlich empfindet. Hier wird die Umstrukturierung der Welt offenbar als so tiefgreifend und erschütternd erlebt, daß auf dem Grund der profunden Erfahrung die Angst vor ihrer Nicht-Bewältigung die Psyche in Unruhe versetzt. Willkommene Entgrenzung wird zur befürchteten Auflösung, Wege zu höherer Seinsschau werden zu Einfallstoren für unbeherrschbare Kräfte. Es droht der Fall in die Schizophrenie. Wo Gott sich nicht positiv offenbart oder die Natur den Menschen nicht liebend in ihrem Schoß aufnimmt, kann die Mystik zum Alptraum werden. Anders gewendet: Wo die kritiklos rezeptive Haltung des Mystikers durch die sezierenden Fragen des Rationalisten oder Philosophen zerstört wird, kann die ‚himmlische' Erfahrung in ‚höllische' Qual umschlagen. Hier lauern Risiken, die vom drohenden Lapsus in den Wahn verursacht werden, wenn der bohrende Verstand an dem Versuch irre wird, etwas zu ergründen, was sich verstandesmäßig nicht ergründen läßt. Hier entstehen Gefährdungen, wenn

---

312 Addington Symonds (1986), S. 255.

die seelische Gestimmtheit nicht stimmt und die beglückende Harmonie in erschreckende Kakophonie übergeht. Es droht der Absturz in die Psychose.

Tatsächlich stellt die religiöse Mystik nur die eine Seite des Phänomens dar, während die andere in den Chroniken der Psychiater und den Archiven der Drogenforscher zu finden ist. Psychotische Phänomene lassen sich als eine Art *diabolische* Mystik bezeichnen, eine gewissermaßen negativ gepolte Seinsschau, bei der das Unterste zuoberst gekehrt scheint. Das gleiche Gefühl unaussprechlicher Wichtigkeit der Wahrnehmung, das gleiche Auftauchen von ‚Offenbarungen' bei der Kontemplation von Objekten, die gleichen Visionen einer anderen Wirklichkeit, die gleiche Kontrolle durch überpersönliche Mächte – nur daß die getätigten Wahrnehmungen erschreckend und die begleitenden Emotionen negativ gestimmt sind: dämonisch, pessimistisch, qualvoll, zerstörerisch. Statt Tröstungen finden wir Trostlosigkeiten, anstelle freundlicher Kräfte bedrohliche Gewalten, an den Platz von Glückseligkeit tritt Angst. Überzeugte Mystiker der religiösen Art würden heftigen Protest gegen die These einlegen, ihre Erleuchtung sei nur die Kehrseite des Wahnsinns, ihr Himmel nur zufällig eine andere Form der Hölle. Doch der Fall John Addington Symonds sollte zu denken geben; denn seine unausgesprochene Botschaft lautet: Es ist die zerebrale Konstitution, die darüber befindet, was als elysisch und was als infernalisch gilt; es ist die innere Welt, die Gott und Satan kreiert.

Hier öffnet sich von der Mystik ein Pfad zur Psychopathologie, der erkennen läßt, daß Himmel und Hölle, psychologisch betrachtet, sehr viel dichter beieinanderwohnen, als es die hergebrachte Theologie uns glauben macht. Hier wird deutlich, daß zwischen dem rationalen Bewußtsein und alternativen Bewußtseinszuständen nur die allerfeinsten Grenzen bestehen, die unter wechselnden Umständen – auch gegen den Willen des Menschen – leicht überschreitbar sind. Wird die biblische Figur des Satans entmythologisiert und statt dessen das Satanische als das seelisch Qualvolle, Chaotische, Böse, Grauenvolle psychologisiert, dann bekommt dieses Prinzip eine ewige Bedeutung, welche die mythologische Gestalt des Leibhaftigen nicht hat. Dieser wird seiner gräßlichen äußeren Attribute entkleidet und erlangt eine negative innere Macht. Dann ist die Quelle alles Dämonischen das Innen, das lediglich über die (gefährliche) Fähigkeit verfügt, sich über Projektionen nach außen zu kehren und das Diabolische in der Welt zu verdinglichen. Die Phänomenologie der Mystik legt es tatsächlich nahe, Himmel und Hölle als zwei grundverschiedene Erfahrungsmodi *einer* geistigen Struktur des Menschen aufzufassen, denen zur Definition nur konträre metaphorische Ausformungen verliehen wurden. Das ambivalente Erlebnis von Addington Symonds deutet bereits darauf hin, aber noch einprägsamer tritt dieser Sachverhalt in den Erfahrungen Gopi Krishnas hervor. Dessen (oben wiedergegebener) Moment der Erhebung in himmlische Höhen wurde gefolgt von einem jähen Sturz in einen Abgrund, der wie ein mentales Fegefeuer erlebt wurde. Das Wahnhafte, Alptraumhafte und Infernalische gelangten zur Deckung in einem Zustand, in dem Entsetzen und Grauen allbeherrschend wurden:

> Die folgenden Tage erschienen mir wie ein langer böser Traum. Es war, als hätte ich mich vom festen Felsen des Normalen jählings hinabgestürzt in einen rasenden Strudel anormalen Daseins. Der heftige Wunsch, zu sitzen und zu meditieren, der in den vorangegangen Tagen immer lebendig gewesen war, setzte plötzlich aus und wurde durch ein Gefühl des Grauens vor dem Übernatürlichen ersetzt. Ich wollte selbst vor dem Gedanken daran fliehen. Zur gleichen Zeit fühlte ich einen plötzlichen Widerwillen gegen die Arbeit und gegen Gespräche mit der unausweichlichen Folge, daß ich allein gelassen, ohne irgendeine Beschäftigung, die Zeit wie eine Wolke über mir hängen fühlte. Dies vermehrte noch den zerrütteten Zustand meines Geistes. Die Nächte waren noch furchtbarer. Ich konnte kein Licht in meinem Zimmer ertragen, wenn ich mich ins Bett zurückgezogen hatte. Sobald mein Kopf das Kissen berührte, sprang eine große Flammenzunge über meine Wirbelsäule in das Innere meines Kopfes. Es schien, als ob der Strom des lebendigen Lichts, der ständig durch den Rückenmarkskanal zur Hirnschale hin eilte, während der Stunden in der Dunkelheit noch an Geschwindigkeit und Ausmaß zunahm. Wenn immer ich meine Augen schloß, schaute ich in einen unheimlichen Kreis von Licht, in dem sich leuchtende Ströme drehten und herumwirbelten und sich rasch von der einen zur anderen Seite bewegten. Das Schauspiel war faszinierend aber entsetzlich, von übernatürlichem Schauer durchwirkt, der mich manchmal bis aufs Mark erzittern ließ.[313]

Krishna gelang es schließlich, den Fängen des lauernden Wahns zu entkommen, doch mußte er ein insgesamt fünfzehnjähriges ‚Fegefeuer' aus Zweifeln, Mühen und Leiden überstehen, bevor er den himmlischen Frieden des Mystikers endgültig als seinen geistigen Besitz ansehen durfte. Er gehörte zu den Menschen, für die der Himmel der Mystik nur um einen hohen Preis zu haben ist, zu denjenigen, deren Hirnphysiologie und Körperchemie – aus schwer erklärbaren Gründen – dem Streben in die Transzendenz erhebliche Widerstände entgegensetzen. Weiter unten (S. 350 ff.) werden wir sehen, wie sich diese Ambivalenz in den Funktionen des Geistes im Wirkungsfeld bewußtseinserweiternder Drogen wiederholt.

3.2 Eins mit dem All: Kosmisches Bewußtsein

Mystische Erlebnisse, so mysteriös sie erscheinen, lassen sich bewußtseinsgeschichtlich perspektivieren. Die mentale Evolution des Menschen ist – metaphorisch – als Stufenleiter betrachtbar, als hierarchisch strukturierter Phasenablauf, der mit jeder Höherentwicklung etwas zur Entfaltung bringt, das, potentiell an-

---

[313] Krishna (1993), S. 37.

gelegt, in den vorhandenen niederen Schichten des Bewußtseins ‚schlummert‘ und auf Erweckung wartet. Dementsprechend lassen sich die Aktivitäten des mystischen Bewußtseins als ein graduelles Geschehen auffassen, das höhere und niedere Formen der Verwirklichung kennt. Es gibt fortschreitende Intensivierungen, die auf eine Optimierbarkeit der mystischen Disposition hindeuten und Prozesse in Gang setzen, die dem Individuum Blicke zunehmender Klarheit und Gefühle wachsender Glückseligkeit bescheren. Mystiker können – je nach seelischer Gestimmtheit oder dem Grad ihrer Sensitivität – diese Stufenleiter auf- und niederklettern. Lassen sich zum Beispiel die von Alkohol stimulierte Trunkenheit oder die von ästhetischem Genuß ausgelöste Entzückung oder die in Liebesvereinigungen erlebte Verschmelzung zu den niederen Formen der Mystik rechnen, weil hier ein zwar besonderes, aber kein *radikal* anderes Bewußtsein erzeugt wird, muß man jenen Zustand wohl zu den höchsten rechnen, der von Psychologen und Philosophen als „kosmisches Bewußtsein" bezeichnet wird. Es handelt sich um eine Form visionärer Erfahrung, die ein qualitatives Maximum dessen realisiert, wozu der menschliche Geist überhaupt befähigt scheint. Hier ist ein ‚Überbewußtsein‘ aktiv, das weniger auf eine Erkenntnis dessen gerichtet ist, was sich ihm inspirativ über das Mensch-Gott-Verhältnis (als *unio mystica*) erschließt, als vielmehr auf eine grandiose synoptische Schau des Makrokosmos als Spiegelung des Mikrokosmos eingestellt – unabhängig davon, ob diese Schau als Emanation Gottes oder als Schlüssel zu einer höheren Ontologie des Alls erfahren wird. Im kosmischen Bewußtsein gelangt die Wahrnehmung zur Erkenntnis einer ungeahnten Strukturgleichheit von Innen und Außen, von irdischer Kreatur und umgebendem Universum unter dem Aspekt geistiger Durchdringbarkeit aller materiellen Erscheinungen. Die Seele schwingt sich auf zur Höhe einer allsehenden, allwissenden Rundumschau auf das Schöpfungs- und Lebensprinzip. Ihr Erfahrungsradius ist transpersonal, die Grenzen des Ichs überschreitend, das Wissen um die materielle Bindung an den Körper hinter sich lassend. „Kosmisches Bewußtsein", sagt der Psychiater Richard M. Bucke, der den Begriff geprägt hat, „ist nicht einfach eine Ausdehnung oder Erweiterung des selbst-bewußten Geistes, der uns allen vertraut ist, sondern das zusätzliche Auftreten einer psychischen Funktion, die von allen, die der durchschnittliche Mensch besitzt, so verschiedenen ist, wie *Selbst*-Bewußtsein von jeder psychischen Funktion verschieden ist, die irgendein höheres Tier besitzt."[314]

Als kosmisch erscheint diese Form des Bewußtseins insofern, als sie intuitiv Einblicke vermittelt in Strukturen und Ordnungsprinzipien des Universums, die kognitiv, mittels wissenschaftlicher Analyse oder philosophischer Reflexion, so

---

314 Bucke (1988), S. 7.

nicht gewonnen werden können. Diese Einblicke sind rein ideeller Natur und entlarven für diejenigen, welche ihre platonische Metaphysik für gültig erklären, die materialistische Anschauung des Universums als Illusion. Sie redefinieren die Position des Menschen im All und offenbaren Zusammenhänge zwischen kosmologischer Erkenntnis und spiritueller Teilhabe, die die materialistisch-naturgesetzliche Basis herkömmlicher Kosmologie in Frage stellen. Die Welt erscheint hier als vollkommen transparent. Jedwede Subjekt-Objekt-Trennung hebt sich auf. Jedwede störende Distanz zum „Herzen der Dinge" wird beseitigt. Jedwede Empfindung der lächerlichen Kleinheit des Menschen inmitten der immensen Größe des Alls schwindet und weicht dem Gefühl einer universalen Partizipation. Mehr noch: die übliche funktionale Trennung von Fühlen und Denken, Intuition und Intellekt, Anschauung und Urteil, Beobachtung und Schlußfolgerung wird gegenstandslos, weil auf die involvierten Aktivitäten des Geistes nicht mehr anwendbar. Denn diese sind aufgehoben in einer unmittelbaren Apperzeption, in der alles präsent ist, alles verschmilzt. Es gibt keine Trennung mehr zwischen Erkennendem und Erkannten, Innen und Außen, Subjekt und Objekt. Es ist so, als wandelten sich sämtliche intellektuellen Prozesse der Analytik, ihrer Vergeblichkeit gewärtig, in den Vorgang einer großartigen Synoptik, die plötzlich den Schleier von der Rätselhaftigkeit des Universums zieht und seine verborgene Wirklichkeit zur leuchtenden Erscheinung bringt. Das kosmische Bewußtsein erlangt Kenntnis der äußeren Welt dadurch, daß es verborgene innere Quellen erschließt. Bucke schreibt:

Das kosmische Bewußtsein ist das Ergebnis einer Erfahrung, die man als das plötzliche Erwachen eines neuen, nämlich des kosmischen Sinns bezeichnen kann. In diesem Erwachen erfährt der Mensch eine Intensivierung aller seiner Verstandeskräfte, die in sich schon genügt, ihn auf eine seinem gewöhnlichen Ich-Bewußtsein überlegene Bewußtseinsstufe zu heben. Darüber hinaus erlebt er in einer oft als unbeschreiblich beschriebenen Freude und Seligkeit eine allgemeine geistige Erleuchtung, die dem inneren Auge völlig neue Dimensionen öffnet. Das wichtigste Merkmal des kosmischen Bewußtseins aber ist, wie der Name schon sagt, das Erkennen der ewigen kosmischen Gesetze wie auch das Wissen, daß der Mensch unsterblich ist, nicht war oder sein wird, sondern *ist*.[315]

Hier werden anscheinend andere Lebensgesetze offenbar – so als ob eine höhere Gattung Mensch mit einem um vieles verfeinerten Sensorium ausgestattet wäre, das die höchsten Leistungen der Sinne und die größte Schärfe des Verstandes bei weitem übertrifft und damit imstande ist, das Mysterium der Welt zu durchdringen – wenn auch nur in einer Art Momentaufnahme, als zeitlich befristeter Zugang zum Unzugänglichen, als innere Sicht auf das Unsichtbare oder als intuitives Begreifen des Unbegreiflichen. Im Erlebnis einer grandiosen Unifikation löst sich jedwedes Leiden an der Bruchstückartigkeit der Existenz des Men-

---

315 Bucke, S. 19.

schen, aller Zweifel an der Sinnhaftigkeit des ihn umgebenden Universums auf. Mystiker mit kosmischem Bewußtsein haben das Gefühl, „alles zu wissen", aber ganz und gar nicht in irgendeinem enzyklopädischen Sinne, sondern so, daß alles Wissen sich zu einer harmonischen Einheitlichkeit und Einfachheit fügt. Die für das abendländische Denken typischen, konfliktträchtigen Dualismen und verwirrenden Antithesen lösen sich auf und weichen einem Bild des Alls, in dem das Universum als das erscheint, was sein lateinischer Name buchstäblich bezeichnet: das einheitlich Gewendete. Es kommt zu einem plötzlichen Durchbruch des Sehens: „In seiner tiefen Unendlichkeit sah ich, eingesammelt und durch Liebe zu einem Strauße gebunden, die verstreuten Blätter des ganzen Universums", schrieb dereinst Dante Alighieri in seiner *Göttlichen Komödie*. „Ich blickte in die Struktur des Universums; ich hatte den Eindruck von Wissen jenseits des Wissens und von mir gewährten Einsichten in das ALL", schrieb jüngst die Amerikanerin Sophy Burnham in ihrer Autobiographie[316]

Schon seit Jahrhunderten scheint in einzelnen außergewöhnlichen Exemplaren des *genus homo* psychologisch etwas aufzutreten, was abendländische Denker wie Schelling oder Hegel oder Teilhard de Chardin philosophisch ausformulierten – Schelling erkenntnistheoretisch mit dem Begriff der „Identität alles Seins", Hegel geschichtsphilosophisch mit seiner These vom sich „selbst verwirklichenden Geist", Teilhard evolutionistisch mit dem Konzept der „Noëgenese", dem vorgezeichneten Wachstum menschlicher Spiritualität. In der jüngeren Evolutionsforschung dient der Begriff der Emergenz dazu, jenes universelle Prinzip in Natur und Geist zu beschreiben, das im Aufbau von komplexen Systemen aus einfachen Teilsystemen ständig Neues schafft, somit auch die Entwicklung neuer, sprich höherer Bewußtseinsformen als möglich erscheinen läßt. Bucke hat es unternommen, den verschiedenen Erkenntnislehren so etwas wie eine historisch-empirische Basis zu geben, indem er ausgewählte Repräsentanten als „Vorläufer eines neuen Bewußtseins" präsentiert, herausgehobene Individuen, in denen er die mentale Zukunft der Menschheit bereits verkörpert findet. Zu dieser Gruppe der „Erwählten" zählen Laotse, Gautama (der Buddha), Jesus Christus, Plotin, Mohammed, Dante Alighieri, St. Johannes vom Kreuz, Jakob Böhme, Blaise Pascal, Benedict de Spinoza, Emanuel von Swedenborg, William Blake, Henry David Thoreau, Ramakrishna, Walt Whitman u. a. – sämtlich Vertreter einer „höheren" Spezies, in denen sich sporadisch, aber indikatorisch die geistige Geburt des neuen Menschen kundtut. Zwar ist es eine langsame und schwierige Geburt aus dem Schoß der kollektiven Psyche, ein evolutionärer Vorgang, der schon vor Tausenden von Jahren eingeleitet wurde; aber Bucke glaubt: So wie

---

316 Burnham (1997), S. 79.

dereinst der ich-bewußte Mensch aus seinem animalisch-dämmerhaften Urahnen hervorging, so wird der Mensch mit kosmischem Bewußtsein allmählich aus dem mental ich-bewußten Menschen geboren werden. Der Wachstumsprozeß ist erratisch und langwierig, alle drei Wachstumsstufen der Gattung können, solange der Prozeß unabgeschlossen ist, koexistieren. Übergangsstufen sind denkbar; Rückfälle sind möglich. Dennoch ist die Richtung des Weges vorgezeichnet:

> Die Menschen, die noch in einem dämmerhaften Zustand befangen sind, schwimmen dahin auf dem Strom der Zeit gleich den Tieren, lassen sich von den Jahreszeiten, dem Kampf ums Dasein usw. treiben wie ein Blatt im Winde, weder durch eigene Bewegung, noch durch eigenes Gleichgewicht, sondern ähnlich der Kreatur und der Pflanze von den Naturkräften und anderen äußeren Einflüssen getrieben. Der Mensch mit vollentwickeltem Ichbewußtsein hingegen hat sozusagen sein Zentrum in sich selbst gefunden. Er fühlt sich selbst als festen Punkt. Er beurteilt alle Dinge von diesem Punkt aus. Indes kann er außen nichts Festes finden. Er setzt sein Vertrauen auf das, was er Gott nennt, und vertraut ihm in Wirklichkeit doch nicht – er ist Deist, Atheist, Christ und Buddhist. Er glaubt an die Wissenschaft, aber die Wissenschaft ist ständigem Wandel unterworfen und wird ihm selten Auskünfte geben, die er wirklich braucht. So ist er seiner selbst und des Kosmos bewußt, seines Sinnes, seines Zieles, er ist feststehend im Innern und im Äußern, in seinen Fähigkeiten und seinem Wesen. Das Geschöpf mit dämmerhaftem Bewußtsein ist einem Strohhalm vergleichbar, der im Strom dahertreibt und von jedem äußeren Einfluß bewegt wird. Der ichbewußte Mensch ist einer Nadel gleich, die ihren Angelpunkt in einem Zentrum gefunden hat, um das sie sich frei dreht und bewegt. Der Mensch mit dem kosmischen Bewußtsein gleicht einer Magnetnadel. Noch ist er an sein Zentrum, seinen Angelpunkt gebunden, doch weist er beständig in eine bestimmte Richtung, nach Norden. Er hat etwas Wahres und Ewiges gefunden, das sein kleines Ich übersteigt und auf das er ständig bezogen bleiben muß, damit die Richtung stimmt[317]

Bucke verfaßte seine Untersuchung vor hundert Jahren. Aber der Grundgedanke geht ihm voraus und lebt nach ihm fort. Die „New Age"-Bewegung hat ihn aufgegriffen und weitergeführt. Demnach soll das Zeitalter des Wassermanns der entscheidende Zyklus auf dem Wege zu einer höher entwickelten Menschheit sein. Auch namhafte Psychologen der Gegenwart (Ken Wilber, Stanislav Grof, Alan Watts u. a.) extrapolieren aus dem bisherigen Verlauf der Evolution und dem Studium charismatischer Individuen der Geschichte den zukünftigen Kurs der Gattung. „Die Zukunft der Menschheit heißt kosmisches Bewußtsein", prognostiziert Ken Wilber, Fachmann auf dem Gebiet der transpersonalen Psychologie, und begründet seine Prognose mit der Theorie genetisch vorstrukturierter Transformationen. Die Wendung nach Innen, die Meditation, fördert das psychogenetische Wachstum. Könnte man alle Individuen dieser Welt zu Meditationsschülern machen, so glaubt Wilber, ließe sich der Transformationsprozeß beschleunigen: "So wie der Körper die Materie transzendierte und der Geist den Körper, so transzendiert die Seele bei der Meditation den Geist, und

---

317 Bucke (1988), S. 176–177.

dann transzendiert der Geist die Seele. [...] Das Ich-Bewußtsein steht vor dem Übergang ins Überbewußtsein"[318]

Ob eine solche, die gesamte Menschheit emporführende, genetisch-evolutionäre Möglichkeit oder gar Gesetzmäßigkeit tatsächlich vorliegt, sei dahingestellt – die These ist kühn, und die sie stützende Indizienlage von weltanschaulichem Optimismus nicht frei –, doch daß dieses Bewußtsein in den mannigfaltigsten Abwandlungen existiert, darf nicht bezweifelt werden. Bucke hat in seiner eigenen Lebenspraxis erfahren, was er theoretisch beschreibt, und nur weil er es persönlich erfuhr, fühlte er sich überhaupt zu seiner Beschreibung berechtigt. Auch er gehört zur Gruppe jener Mystiker, die keineswegs gezielt gesucht und methodisch vorbereitet haben, was ihnen widerfuhr, sondern der Erleuchtung spontan, nahezu blitzartig, in einem unvorhergesehenen Moment ihres Lebens teilhaftig wurden. Ihr Eintritt war für ihn ein Ereignis von kausaler Willkür. Bucke wußte buchstäblich nicht, wie ihm geschah, und hatte keine Ahnung, warum das geschah, was mit ihm geschah.

Tatsächlich hat das wenige, was sich allgemein über die Verursachung solcher plötzlichen Illuminationen sagen läßt, mit der Beobachtung zu tun, daß sie – ganz wie die Intuitionen – in Phasen äußerer Inaktivität und innerer Rezeptivität auftauchen, daß sie ein gewisses Maß an regressiver Selbstversenkung voraussetzen, sei diese durch Meditation absichtlich herbeigeführt oder durch äußere Lebensumstände zufällig begünstigt. Der Grad der Aufmerksamkeit, der das Individuum in der empirischen Wirklichkeit funktionsfähig macht, wird deutlich gesenkt. Das mentale Ich gibt ein Stück seiner Kontrolle über den Geist auf. Der Fluß seelischer Energie wird – wie von einem Schalter umgestellt – von der äußeren Welt abgezogen und nach Innen gelenkt. Wahrnehmungsorgane und Nervensystem erhalten einen minimalisierten Input von Außen, und das Bewußtsein konzentriert sich auf Perzeption und Interpretation von Prozessen im Innern. Ein Zustand relativer Ruhe tritt ein. Eine besondere seelische Gestimmtheit breitet sich aus. Aus diesem Grund ist die Lösung des Geistes aus äußeren Bindungen, die sich mit einer Konzentration auf ideale Dinge überschneiden könnten, der wichtigste Imperativ aller Mystiker, wenn sie die Zustände höheren Bewußtseins methodisch, per Meditation, kultivieren wollen. Die Zustände gehen mit charakteristischen psychophysiologischen Veränderungen einher, und Hirnforscher sind heute imstande, die in Meditiationszuständen eintretenden Verlagerungen neuronaler Aktivitäten elektronisch (mittels Computertomographie) zu beobachten und spektographisch sichtbar zu machen. Als „Neuro-Theologie" hat sich jüngst ein Forschungszweig etabliert, der religiöse Empfindungen mit

---

[318] Wilber (1990), S. 7, 366.

zerebralen Veränderungen korreliert.[319] Man konnte feststellen, daß die Nervenbahnen bestimmter Hirnregionen im sogenannten Scheitellappen deaktiviert, während andere Zentren im Frontal- und Schläfenlappenbereich aktiviert werden. Es kommt dadurch zu dramatischen Veränderungen des Bewußtseins. Da derartige Veränderungen jedoch auch bei anderen Tätigkeiten des Gehirns – mystischen wie träumerischen, imaginativen wie kreativen – beobachtbar sind, erklärt sich daraus noch keinesfalls das Kosmische im kosmischen Bewußtsein. Es erklärt ebensowenig, warum Mönche und Asketen zur Erreichung dieses Zustands oft Jahrzehnte strengster meditativer Vorbereitung benötigen, während Alltagsmenschen manchmal unerwartet davon ‚überfallen' werden. Und schließlich läßt es die entscheidende Frage unbeantwortet, ob kosmische Seinsschau als eine projektive Leistung des menschlichen Gehirns aufzufassen ist, die keinerlei ‚objektive' Aussage über Gott und/oder Kosmos zuläßt, oder ob unser Gehirn prinzipiell imstande ist, höhere Seinsformen als die ultimativ wahren und wirklichen zu erkennen. Haben Bucke und die Evolutionisten recht, die hier das Prinzip einer mentalen Höherentwicklung der Gattung (Emergenz neuer Bewußtseinsformen) walten sehen? Oder verfügt die gesamte Menschheit seit langem über eine entsprechende *facultas*, die aus psychohistorischen oder anderen Gründen bei den meisten Individuen lediglich schlummert und der Erweckung harrt? Auf diese Frage werden wir zurückkommen müssen. Hier zunächst Buckes Schlüsselerlebnis, über das er – etwas ungewöhnlich – in der dritten Person berichtet. Dessen äußerer Anlaß war eine mit Freunden in Gesprächen über Poesie verbrachte Soirée, von der er spät in der Nacht nach Hause aufbrach. Das mystische Erlebnis traf ihn wie der sprichwörtliche Blitz aus heiterem Himmel:

Sie [die Freunde] hatten sich um Mitternacht getrennt, und er [Bucke] war im offenen Wagen allein in die Nachbarstadt zurückgefahren. Noch ganz unter dem Eindruck des Gelesenen und der von der Lektüre angeregten Gespräche stehend, befand er sich gleichwohl in einem Zustand friedvoll heiterer Gelöstheit. Da geschah es: Völlig unvermittelt fühlte er sich so etwas wie von einer flammenden Wolke erfaßt. Im ersten Augenblick dachte er an eine plötzliche Feuersbrunst in der Stadt, doch dann erkannte er, daß dieses gleißende Licht aus seinem eigenen Innern hervorgebrochen war. Vom Frohlocken gewiegt, von Seligkeit durchflutet, erfuhren seine Verstandeskräfte jene totale Durchlichtung, die mit Worten unmöglich wiederzugeben ist.

Es war Brahmas Glanz, der seinen Geist für die Dauer eines Augenblicks blitzartig erleuchtete und der seitdem nicht aufgehört hat, ihm ein Licht auf dem Lebensweg zu sein. Unter anderem schaute und erkannte er, daß der Kosmos keine tote Materie, sondern lebendige Gegenwart ist; daß die menschliche Seele unsterblich ist; daß das Grundprinzip der Welt das ist, was wir Liebe nennen, und daß die Seligkeit eines jeden letzten Endes eine Gewißheit ist. Der Autor weiß, daß er in den kurzen Augenblicken der Erleuchtung mehr lernte als in allen vorangegangenen Jahren und daß sie ihm darüber hinaus so manches erschloß, das ihm kein Studium je hätte beweisen können. Die Erleuchtung währte nur wenige Augenblicke, doch die Wirkung erwies sich als unauslöschlich. Nie konnte er vergessen,

---

319 S. dazu Begley (2001).

was er geschaut und erkannt hatte, noch hat er an dem, was sich damals als Wahrheit offenbarte, je zweifeln können.[320]

Wie die meisten Mystiker beansprucht der Autor für die ihm zuteil gewordene Schau des Kosmos die Qualität geoffenbarter Wahrheit, wobei das Gefühl, einer transzendenten Wirklichkeit als einer besseren, höheren Wirklichkeit teilhaftig geworden zu sein, als unabweisbarer Garant solcher Wahrheit gilt. Das Helle, Klare, Leuchtende, Erhebende und Beseligende im Bewußtsein *muß* des Wahre im Kosmos sein. Was sich im Innern so glorios zu spiegeln vermag, kann nur der glaubhafte Widerschein eines universalen Außen sein, die Offenbarung einer grandiosen Strukturgleichheit, das verliehene Wissen um die ultimative Wirklichkeit.

Doch hier brechen im Zeitalter von Skeptizismus und Rationalismus natürlich Probleme auf, Probleme, die viel weiter reichen als die Fragen irgendeiner dogmatischen Theologie: Wie wahr, will sagen: wie verbindlich kann die geschaute Wahrheit überhaupt sein? Was bedeutet der Anspruch für diejenigen, die der ‚höheren' illuminierenden Sicht nicht fähig sind? Sind sie dazu verdammt, ihr Leben bis auf weiteres im Schatten, in der Region einer niederen psychischen Existenz zu fristen? Sind die Erleuchteten ihrerseits berechtigt, auf die Unerleuchteten als geistig minderbemittelte Kreaturen herabzublicken? Weiter: Wenn die Bedeutung auf die konkrete Erfahrung beschränkt bleibt, weil sie in ihrer unverwechselbaren Besonderheit nicht vermittelbar ist, ist dann so etwas wie eine Kultur der Mystik mit kosmischer Spiritualität überhaupt denkbar? Solche Fragen, zwischen Erkenntnistheorie und Metaphysik, Kognitionspsychologie und Theologie angesiedelt, zählen zu den schwierigsten, denen sich das Denken überhaupt zuwenden kann.

William James hat solche Fragen gestellt, ist beim Versuch ihrer Beantwortung aber sehr vorsichtig und auch zwiespältig. Auf der einen Seite glaubt er relativierend feststellen zu können, „daß Nichtmystiker keiner Verpflichtung unterliegen, in mystischen Zuständen eine höhere Autorität anzuerkennen, die diesen aufgrund ihrer inneren Natur zukäme," denn: „Mystische Zustände üben in der Tat nicht einfach deshalb Autorität aus, weil sie mystische Zustände sind." Ihr „Supernaturalismus" trägt für die Menschheit keineswegs das Siegel einer ganz und gar unbezweifelbaren Wahrheit, also enthält er auch nicht den Imperativ irgendeiner Verpflichtung. Auf der anderen Seite sieht James psychologisch aber keinen Grund, die Möglichkeit einer sich darin kundtuenden höheren Bewußtseinsform auszuschließen; denn „ ...die höheren unter ihnen weisen

---

320 Bucke (1988), S. 22

in Richtungen, denen sich auch die religiösen Empfindungen nichtmystischer Menschen zuneigen. Sie sprechen von Überlegenheit des Idealen, von Unermeßlichkeit, von Vereinigung, von Sicherheit und von Ruhe. Sie bieten uns *Hypothesen* an, Hypothesen, die wir willentlich ignorieren, die wir aber denkend nicht außer Kraft setzen können. Schließlich könnte der Supernaturalismus und Optimismus, von dem sie uns überzeugen möchten..., die wahrsten Einsichten in den Sinn dieses Lebens sein."[321] Womit er die Autoritätsfrage gleichsam durch die Hintertür wieder einführt, denn die „wahrsten Einsichten in den Sinn des Lebens" dürften solche sein, die, glaubt man an ihre Möglichkeit, implizit Autorität erheischen. Schließlich streben alle Wahrheiten, wenn sie sich über Zweifel erhaben wähnen, nach Anerkennung.

Das Problem „supernaturalistischer" Wahrheitsansprüche verschärft sich nochmals, wenn diese geltenden naturwissenschaftlichen Erkenntnissen gegenübergestellt werden. Denn liest man Zeugnisse, die, wie glaubwürdig und bedeutsam auch immer, das Universum in Wolken des Geheimnisvollen und Übersinnlichen zu hüllen scheinen, welche der gemeine Hausverstand nicht zu durchdringen vermag, bemerkt man nicht nur ihre Abweichung vom Alltagsbewußtsein, sondern vor allem auch ihre Kollision mit etablierten Prinzipien wissenschaftlichen Denkens, zumal des abendländischen. Man kann den Eindruck gewinnen, daß es in der gesamten menschlichen Geisteswelt keinen größeren Kontrast, keine spannungsreichere Polarität gibt als die zwischen den intuitiv geschauten Wahrheiten im Land der Mystik und den logisch entworfenen Wirklichkeiten in den Domänen der Wissenschaft. Ja, ein auf die Rationalität wissenschaftlichen Denkens verpflichteter Mensch des 21. Jahrhunderts dürfte zu dem Schluß gelangen, daß hier Unvereinbarkeiten vorliegen, die es erfordern, einer der beiden Seiten schlichtweg das Mißtrauen auszusprechen und sich entweder zur Welt der Mystik oder der der Wissenschaft zu bekennen. Denn eine Koexistenz scheint schwerlich möglich, wo die Aktivitäten des Gehirns so verschieden und die Erkenntnisformen so (scheinbar) unvereinbar sind. Mystik, Daseinsschau, Offenbarung, Transzendenz auf der einen Seite und Logik, Rationalität, Analytik, Kausalität auf der anderen sind wahrlich ungleiche Geschwister, bei denen die Vorstellung schwerfällt, sie könnten demselben Elternhaus entstammen, d. h. aus der Zellstruktur *eines* Gehirns hervorgehen. Ist es bei der oben (S. 41ff.) diskutierten Mythos-Logos-Dichotomie noch möglich, den einen Modus aus dem anderen hervorgehen zu sehen und (wie z. B. im Verhältnis von Astrologie und Astronomie) ihre wechselseitigen Überlagerungen und Abwandlungen zu verfolgen, so scheint solche Rückbezüglichkeit hier kaum herstellbar. Weder sind die Zugangspforten zur Realität vergleichbar, noch passen die hier notwen-

---
321 James (1979), S. 397.

digen Schlüssel für die dort vorhandenen Schlösser – von den jeweils grundverschiedenen Erkenntnissphären hinter den Pforten ganz zu schweigen. Also, so möchte man meinen, wird der Mystiker dem Wissenschaftler den Anspruch auf Aussagen über kosmologische Wahrheiten streitig machen, wie der Wissenschaftler seinerseits die Erkenntnisse des Mystikers und was sie für die Beschaffenheit des Universums implizieren ins Reich der Phantasie verweisen wird. Momentan können wir feststellen: Auf ihre je besondere Weise sind die Erkenntnisformen zwar ‚real', aber aufgrund ihrer Andersartigkeit verweigern sie eine ultimative Antwort auf die Frage nach dem, was in letzter Instanz das Wirkliche ist. Auf jeden Fall verbieten sie „einen voreiligen Abschluß unserer Rechnung mit der Realität".[322]

Doch nähere Prüfung zeigt: Ganz so unversöhnlich alternativ, wie es scheint, sind die jeweiligen Weltsichten nicht. Denn interessanterweise kennt auch die Wissenschaft Mystiker, wie umgekehrt Mystiker existieren, die sich für Wissenschaft engagieren. Es gibt Brücken zwischen den Welten, und es gibt Berührungspunkte der Denkweisen. Es gibt sogar Auffassungen, die hier bloß zwei verschiedene Pole *einer* Wirklichkeit sehen, die sich nicht nur mental ergänzen, sondern in fruchtbarer Spannung aufeinander angewiesen sind.[323] Hegel sah zwischen seinen Schriften zur Logik und denen zur Metaphysik keinen Widerspruch, und Teilhard de Chardin entwickelte seine Ideen zur wachsenden Spiritualität des Menschen aus Befunden paläontologischer Forschung. Zwar dürften hartgesottene Rationalisten und Positivisten wenig geneigt sein, den polyphonen Stimmen der Mystiker zu lauschen, doch gibt es eine recht illustre Schar unter den Naturwissenschaftlern des 20. Jahrhunderts, die mystische Empfindsamkeit und intellektuelle Denkgewohnheit nicht als Gegensätze ansehen. Das gilt für Albert Einstein, Max Planck, Arthur Eddington ebenso wie für Niels Bohr, Erwin Schrödinger, Pascual Jordan, David Bohm, Werner Heisenberg und Carl Friedrich von Weizsäcker. Für diese Denker besteht zwischen Naturgesetzlichkeit und Transzendenz keine Opposition, sondern ein Verhältnis, in dem die Transzendenz eher als inspirierender Leitstern der Forschung denn als ärgerlich unberechenbarer Störenfried angesehen wird. Es sind Menschen, für welche die Wissenschaft als ‚pure' Wissenschaft der Sinnhaftigkeit entbehrt, Forscher, die erkannt haben, daß ein intellektuelles Operieren in Sequenzen von Zahlen und Begriffen nur *einen* Modus der Welterfahrung darstellt und andere Modalitäten existieren, die logischer Strukturen und linearen Denkens nicht bedürfen.

So bekennt sich Einstein zu einer Art von Glauben, den er als „kosmische Religiosität" charakterisiert und als solchen über die niederen und historisch frühe-

---

322 James (1979), S. 366.
323 Vgl. Myranek (1991).

ren Formen der „Furcht-Religion" und „Moral-Religion" stellt. Kosmische Religiosität ist für Einstein „die stärkste und edelste Triebfeder wissenschaftlicher Forschung"; ihre Kraft liegt „im verzückten Staunen über die Harmonie der Naturgesetzlichkeit, in der sich eine so überlegene Vernunft offenbart, daß alles Sinnvolle menschlichen Denkens und Anordnens dagegen ein gänzlich nichtiger Abglanz ist." Über die Selbstoffenbarung dieser überlegenen Vernunft schreibt Einstein:

> Das tiefste und erhabenste Gefühl, dessen wir fähig sind, ist das Erlebnis des Mystischen. Aus ihm keimt wahre Wissenschaft. Wem dieses Gefühl fremd ist, wer sich nicht wundern und in Ehrfurcht verlieren kann, der ist seelisch bereits tot. Das Wissen darum, daß das Unerforschliche wirklich existiert und daß es sich als höchste Wahrheit und strahlendste Schönheit offenbart, von denen wir nur eine dumpfe Ahnung haben können – dieses Wissen und die Ahnung sind der Kern aller wahren Religiosität [324]

Besonders in jener in den späten 60er Jahren aufkeimenden Kulturbewegung, die unter dem Sammelbegriff „New Age" geführt wird, haben verschiedene Wissenschaftler eine programmatische Hinwendung zu Erscheinungsformen alternativen Bewußtseins vollzogen und deren Vereinbarkeit mit „neuem" wissenschaftlichen Denken geprüft. Hier hat effektiv eine Wiederannäherung von Physik und Metaphysik stattgefunden, die den Logozentrismus westlicher Wissenschaft mit dem Mystizismus östlicher Philosophie und Religion konfrontiert, um unter der Oberfläche von Exklusivansprüchen und Unvereinbarkeitsdogmen nach Konvergenzen zu suchen. Der Physiker Fritjof Capra, einer der Chefdenker der Bewegung und selbst des mystischen „Sehens" fähig, hat in mehreren Büchern tiefenstrukturelle Analogien herauszuarbeiten versucht, die er zwischen der modernen Quantenphysik und der taoistischen Mystik gegeben sieht. Fritjof behauptet, daß westliche Quantenphysiker und östliche Mystiker es mit einer ähnlichen Phänomenologie zu tun haben und ähnliche Erfahrungen mit kosmischer Energie machen. Er glaubt, daß westliches Denken sich infolge des vorherrschenden Intellektualismus in eine Sackgasse manövriert hat und der Ausweg nur in einer Verschränkung der Spiritualität des Menschen mit der Materialität der Welt bestehen kann. Die Dualismen von Innen und Außen, Geist und Materie, Subjekt und Objekt, die das intellektuelle Erbe cartesianischer Philosophie darstellen und die westliche Wissenschaft jahrhundertelang bestimmt haben, müssen überwunden werden. Denn immer, wenn das Wesen der Dinge einseitig vom puren Intellekt analysiert wird, stößt der Geist an Barrieren und die Welt erscheint früher oder später als sinnlos, absurd oder paradox. Während die Mystiker dies von jeher erkannt haben und jedwedem Intellektualismus argwöh-

---

324 Einstein (1998), S. 20, 21.

nisch gegenüberstehen, ist es für die Naturwissenschaften erst seit kurzem ein Problem – und zwar seit jener Zeit, da die Physik tief in die submikrosmische Welt einzudringen begonnen hat, die mit unserer Erfahrung der makroskosmischen Umwelt nur noch wenig zu tun hat. Auf dieser Ebene erwerben Forscher Kenntnisse der Materie nicht mehr aus unmittelbarer, viel zu grober Sinneserfahrung, sondern forschen auf einer gedanklich-experimentellen Ebene, wo sie erste flüchtige Einblicke in die „wesentliche Natur der Dinge" erhaschen. Ähnlich wie die Mystiker haben sie es dort nicht mit einer an das gewöhnliche Sensorium gebundenen Erfahrung des Wirklichen zu tun, sondern mit einer Welt, die eher als ein Netzwerk komplexer energetischer Beziehungen oder subtiler Ideen denn als Gefüge physischer Objekte erscheint. Die große arbeitende Maschine, die vormals als von einem Himmelsmechaniker geschaffen und in Gang gesetzt galt, entpuppt sich als ein pulsierender schöpferischer Gedanke, der vom Wirken eines universalen Geistes zeugt. In seiner Beschäftigung mit östlicher Spiritualität stieß Capra immer wieder auf Begriffe und Anschauungen, die ihm durch seine Schulung in atomarer und subatomarer Physik vertraut waren. Ihm wurde in visionären Momenten die Korrespondenz offenbar:

Eines Nachmittags im Spätsommer saß ich am Meer; ich sah, wie die Wellen anrollten, und fühlte den Rhythmus meines Atems, als ich mir plötzlich meiner Umgebung als Teil eines gigantischen kosmischen Tanzes bewußt wurde. Als Physiker wußte ich, daß der Sand und die Felsen, das Wasser und die Luft um mich herum sich aus vibrierenden Molekülen und Atomen zusammensetzen. Diese wiederum bestehen aus Teilchen, die durch Erzeugung und Zerstörung anderer Teilchen miteinander reagieren. Ich wußte auch, daß unsere Atmosphäre ständig durch Ströme kosmischer Strahlen bombardiert wird. Teilchen von hoher Energie, die beim Durchdringen der Luft vielfache Zusammenstöße erleiden. All dies war mir von meiner Forschungstätigkeit in der Hochenergie-Physik vertraut, aber bis zu diesem Augenblick beschränkte sich meine Erfahrung auf graphische Darstellungen, Diagramme und mathematische Theorien. Als ich an diesem Strand saß, gewannen meine früheren Experimente Leben. Ich „sah" förmlich, wie aus dem Weltenraum Energie in Kaskaden herabkam und ihre Teilchen rhythmisch erzeugt und zerstört wurden. Ich „sah" die Atome der Elemente und die meines Körpers als Teil dieses kosmischen Energie-Tanzes; ich fühlte seinen Rhythmus und „hörte" seinen Klang, und in diesem Augenblick wußte ich, daß dies der Tanz Shivas war, des Gottes der Tänzer, den die Hindus verehren.[325]

Man kann beim gegenwärtigen Stand der Bewußtseinsforschung einerseits und der Kosmologie andererseits nicht erwarten, daß die Wissenschaft die mystische Schau des Kosmos rational bestätigt oder widerlegt. Man kann keine lineare Beziehung aufstellen zwischen neuer theoretischer Erkenntnis und visionärem Erlebnis, um aus dem zweiten das erste wissenschaftlich herzuleiten und zu begründen. Unter Psychologen, Erkenntnisphilosophen und Neurowissenschaftlern wird erbittert Streit darüber geführt, ob die mystische Wahrnehmung kos-

---

325 Capra (1988), S. 33.

mischer Strukturen nichts weiter als eine Projektion des Gehirns darstellt, mithin letztlich als eine besondere Phantasieleistung oder gar als Wahngebilde des Menschen zu gelten hat, oder ob sie effektiv den Zugang zu einer metaphysischen Wirklichkeit darstellt, der wenigen Begnadeten vorbehalten bleibt – die bohrende ultimative Frage nach dem Realitätsstatus von Innen gegenüber Außen, die John Addington Symonds (s. o. S. 317) umtrieb. Gleichwohl scheint das Systembild des Geistes mit der naturwissenschaftlichen wie der mystischen Auffassung mittlerweile nicht mehr gänzlich unvereinbar zu sein. Darin tritt das Prinzip der Selbstorganisation physikalischer und biologischer Systeme als ein *geistiges* Prinzip zunehmend in den Vordergrund, während die Auffassung von materiellen Strukturen als primärer Wirklichkeit mehr und mehr in den Hintergrund tritt. „Weiten wir nun diese Art zu denken auf das Universum als Ganzes aus", meint Capra, „dann ist die Annahme nicht an den Haaren herbeigezogen, daß *alle* seine Strukturen – von den subatomaren Teilchen zu den Galaxien und von den Bakterien bis zu den Menschen – Manifestationen der universalen Dynamik der Selbstorganisation sind, also des kosmischen Geistes. Und das ist mehr oder minder die Anschauung der Mystik."[326] Hier also nähern sich Mystik und Ratio einander an, und ihre Versöhnung wird zu einer denkbaren, wenn auch noch entfernten Möglichkeit.

Eine der Hauptschwierigkeiten besteht aber nach wie vor darin, daß Mystiker größten Wert auf die Unmittelbarkeit ihrer Erfahrung des kosmischen Bewußtseins legen, wohingegen wissenschaftliche Erkenntnis als öffentlich kommunizierte Erkenntnis stets nur mittelbar sein kann, und damit tritt das leidige Subjektivitäts-Objektivitätsproblem der Wissenschaft auf den Plan. Es führt zu der Frage, ob visionäre Erfahrungen, die, wie wir gesehen haben, oftmals als unkalkulierbar erratisch und höchst privat erscheinen, sich soweit ‚systematisieren' lassen, daß sie überhaupt gezielt in den Dienst wissenschaftlicher Erkenntnis treten können. „Wie kann man das Denken transzendieren, ohne der Wissenschaft untreu zu werden?", fragt Capra denn auch.[327] Dieses diffizile Problem läßt sich derzeit kaum befriedigend lösen. Denn: „Lernen, Wissenwollen hat Widerspruchsfreiheit zum Ziel, während Wissen, Weisheit nach Wahrheit strebt. Das eine ist allgemein gültig, intersubjektiv, öffentlich, während das andere nur persönlich verwirklicht werden kann und darum privat bleibt." Dies äußert Herbert Pietschmann,[328] ein Physiker, wie Capra, und östlicher Weisheit mehr zugetan als westlichem Szientismus, wie Capra. Immerhin ließen aber, sollte die Metaphysik der Visionen ‚stimmen', diese sich wie Intuitionen behan-

---
326 Capra, S. 148.
327 Ebd., S. 30.
328 Pietschmann (1995), S. 162.

deln, nämlich als Quelle von Eingebungen und als Basis von Hypothesenbildungen, die der Forschung unter Umständen vitale Impulse und Motive liefern. Sie wären eine Qualitätsstufe des Bewußtseins jenseits der der Intuitionen. Die aus dem „neuen Denken" erwachsende Naturanschauung könnte einen Rahmen abgeben, innerhalb dessen uralte Fragen nach der Beziehung von Geist und Materie, Mensch und Natur, Welt und Bewußtsein neu gestellt und (versuchsweise) beantwortet werden. Es könnte eine Chance dafür bestehen, in einer gespaltenen Welt das Universum hier drinnen mit dem Universum da draußen zur Harmonie zu bringen.

3.3 Die enthüllte Zukunft: Prophetie

Wenn es gerechtfertigt ist, Mystiker als psychisch ‚privilegierte' oder konstitutionell begabte Exemplare des *genus homo* zu bezeichnen, so müssen die Propheten unter ihnen als Sonderbegabungen angesehen werden – zumindest diejenigen, deren Talent kritischer Prüfung standhält und die über den Verdacht der Scharlatanerie erhaben sind. Wiewohl ein gesundes Mißtrauen zum Schutz vor Traumtänzern und Geisteskranken stets angebracht erscheint, kann doch kein ernsthafter Zweifel daran bestehen, daß es prophetische Fähigkeiten gibt und daß die Zukunft keine der menschlichen Wahrnehmung gänzlich verschlossene Zeitdimension darstellt. Dies beweist die Geschichte ebenso wie (seit mehr als hundert Jahren) die wissenschaftliche Forschung. Seit Menschengedenken wird mit bemerkenswerter Gleichförmigkeit von ungewöhnlichen Erscheinungen berichtet, von Träumen, die die Zukunft künden, von Visionen, die entfernte Ereignisse voraussagen, von Ahnungen, die Tod und Vernichtung prophezeien. Seit Menschengedenken treten in allen Kulturen ‚professionelle' Propheten auf, um die sich Anhänger scharen und vor denen sich Potentaten fürchten. Und seit eh und je widerstehen solche Erscheinungen allen Versuchen von seiten des Skeptizismus, sie als irreal, illusionär oder imaginär zu entlarven. Der Prophetismus läßt sich weder abschaffen noch widerlegen, es sei denn, man schaffte zuvor den Menschen ab und widerlegte so das ganze Phänomen.

Gewiß – Wahrsager, Hellseher und Astrologen genießen in unserer Gesellschaft keinen sonderlich guten Ruf, es sind Bewohner einer Subkultur, die toleriert, aber wenig respektiert wird. Der Ruch des Aberglaubens und der Scharlatanerie geht ihnen voran – ganz im Gegensatz zu früheren Epochen, als solche Menschen das höchste Ansehen genossen. Zu biblischen Zeiten gab es eine ganze Berufsgruppe, die sich Propheten nannte, und es existierten Schulen, die die erforderlichen Fähigkeiten vermittelten. Zum Propheten konnte man sich regelrecht ausbilden lassen. Doch die meisten sich aufgeklärt dünkenden Menschen rümpfen heute darüber die Nase, und die Mehrheit der Wissenschaftler lehnt es nach wie vor ab, sich mit derartigem „Obskurantismus" überhaupt zu befassen. Die Parapsychologie, die sich der Beschreibung und Analyse übersinnlicher Erscheinungen widmet, hat immer noch Schwierigkeiten, von der wissenschaftlichen Gemeinschaft das akademische Bürgerrecht zugebilligt zu bekommen. Prophetie ist auf der Basis des etablierten naturwissenschaftlichen Weltbilds nicht erklärbar, also ist sie für vernünftige Zeitgenossen nicht annehmbar – so lautet der kognitive (Kurz-)Schluß. Kein Wunder also, daß es dem Prophetismus noch schlechter geht als der Mystik. Wir haben es mit einer Gesellschaft zu tun, die sich – zumindest im öffentlichen Leben – dem Rationalismus verschrieben und der Metaphysik (nebst allem, was daran erinnert) entfremdet hat. Wer heute auf Prophetie schwört, zieht es meist vor, dies verschämt im Verborgenen zu tun; denn täte er es öffentlich, liefe er Gefahr, mitleidig belächelt zu werden, als naiv, hinterwäldlerisch oder fanatisch zu gelten, im schlimmsten Falle als geistig verwirrt oder ideologisch verführt. Der Glaube an Prophetie erscheint als Marotte seltsamer Käuze oder als Religion weltfremder Sekten. Daran haftet das Stigma des Irr- oder Aberglaubens. Nicht von ungefähr sind die Fälle, in denen die kirchliche Lehrmeinung Prophezeiungen als göttliche Offenbarungen anerkennt, selten geworden.[329]

Doch zu bedenken ist: Die Oberflächenstruktur des äußeren (gesellschaftlichen) Lebens ist *eine* Sache, die Tiefenstruktur innerer (seelischer) Erfahrung eine *andere*. Während jene allen möglichen Fluktuationen und modischen Trends unterliegt, eignet dieser ein eigentümliches transhistorisches Beharrungsvermögen. Und hier läßt sich folgendes beobachten: Erfährt das äußere Leben eine allgemeine Beruhigung, d. h. verläuft es in kontrollierten und relativ konfliktlosen Bahnen, deaktiviert sich die Fähigkeit und Prophetie ist wenig gefragt. Paranormale Erscheinungen stehen nicht hoch im Kurs, denn die Menschen vertrauen auf ‚Normalität' und den eigenen Verstand, wähnen sich infolgedessen prophetischer Ratgeber nicht bedürftig. Es findet ein Prozeß statt, den Hans Bender als „säkulare Verdrängung" bezeichnet.[330] Das Leben wird veräußerlicht, der Sinn für Immanenz setzt sich durch, und alles Transzendente tritt in den Hintergrund. Aber: Der äußere soziale Wandel spiegelt sich nicht unmittelbar in einer ihm entsprechenden psychostrukturellen Anpassung. Das Seelenleben ist, zumal im affektiven Bereich, konservativ. Gerät der Mensch individuell

---
329 Vgl. unten Kap. 3.6, S.385 ff.
330 Bender (1980), S. 6.

oder kollektiv (durch Kriege, Katastrophen, politische Umwälzungen, Schicksalsschläge) in eine ernsthafte Krise, reaktiviert sich dieser „sechste Sinn" und Propheten finden wieder Gehör. Offenbar gehen die Erfahrungen des Schicksalhaften und der Glaube an das Übersinnliche Hand in Hand. Wenn Erwartungs- und Angstaffekte sich intensivieren, wenn das Lebensgefühl mythisch wird, verstärkt sich das Verlangen nach charismatischen Figuren, nach Wunderheilern, Gurus und Propheten. Das Wissen dürstet nach anderen Quellen als denjenigen, die aus dem ‚banalen' Hausverstand gespeist werden. Der Mensch sucht Gewißheit, wo die Ungewißheit ihm zum unerträglichen Problem wird. Er will begreifen, was das Schicksal ihm an Unbegreiflichem beschert. Bender schreibt:

Dieser geheimnisvolle Bereich der als „übersinnlich" bezeichneten Erscheinungen beschäftigt die Menschen in Krisenzeiten stärker und nachhaltiger als in geordneten und geregelten Verhältnissen. Der Blick für das Ungewöhnliche ist weiter geöffnet. Vielfach sind es persönliche Erlebnisse, die eine Beziehung zu jenem Bereich herstellen. Wie oft begegnet man Menschen, die den Tod von Angehörigen aus der Ferne zu spüren glaubten, die Träume, Ahnungen, Gesichte hatten und dann erfahren mußten, daß zwischen diesen seelischen Erlebnissen und dem tatsächlichen Ereignis eine Übereinstimmung bestand. In Krisenzeiten verstärkt sich auch die Bereitschaft, Hoffnungen auf die Möglichkeiten solcher verborgener Kräfte im Menschen zu setzen. Man wendet sich an „Hellseher", um über Vermißte Auskunft zu erhalten oder sich in Lebensschwierigkeiten beraten zu lassen.[331]

Indes, zu bedenken ist gleichzeitig, daß es gerade zu solchen Zeiten gefährlich sein kann, die Stimme gesunder Skepsis zu überhören. Denn auf jeden echten Propheten fallen in der Geschichte mehrere falsche; und wer beansprucht, Visionen der Zukunft zu haben, kann eher das Opfer seiner eigenen Manie als der Empfänger von Botschaften aus der Zukunft sein. Die Umstände sind oft dubios; die Irrtumsquote ist hoch, und die Betrugsfälle sind zahlreich. Alljährlich unternehmen es selbsternannte Propheten aufs neue, die sensationellen oder umwälzenden oder öffentlich interessanten Ereignisse des Jahres vorauszusagen. und ein neugieriges Publikum schenkt ihnen Gehör. Doch am Ende eines jeden Jahres erleben die meisten von ihnen in ihrem Würfelspiel mit dem Schicksal das Fiasko falscher Prognosen. Als unlängst das dritte Millennium anbrach ohne desaströse Kataklysmen, ohne weltweiten Zusammenbruch der Computersysteme, ohne die Wiederkehr des Messias, war der öffentliche Kredit der Propheten so ziemlich verspielt – bis auf weiteres.

Haben wir es einerseits mit allzu leichtgläubigen Menschen zu tun, die geschützt werden müsssen, so haben wir es andererseits mit Hyperskeptikern zu tun, die aufgeklärt werden müssen. Rational und nüchtern eingestellte Menschen neigen zum Skeptizismus. Ihnen fällt es schwer, auch wenn keine Betrügereien im Spiel sind, sich davon überzeugen zu lassen, daß es ein Vorauseilen der

---

331 Bender (1980), S. 5.

Wahrnehmung in der Zeit tatsächlich gibt; daß es möglich sein soll, einen Vorgang zu schauen, der sich in der Zukunft ereignen wird und von dem in der Gegenwart keinerlei Bedingungen, die ihn herbeiführen, bekannt sind. Dies erschüttert drei empirische Grundanschauungen, die aufzugeben Rationalisten und Skeptiker nicht ohne weiteres bereit sind, nämlich:
1. daß alle beobachtbaren Wirkungen (prinzipiell) erkennbare Ursachen haben und nur aus der Kenntnis ihrer Ursachen angemessen bestimmt werden können;
2. daß alle Zeitabläufe sich – ohne Sprünge – progressiv linear entwickeln und unsere Wahrnehmungsfähigkeit an dieses Gesetz gebunden ist;
3. daß alle zukünftigen Ereignisse einem Feld des Noch-nicht-Seienden angehören, das sich als solches der Perzeption/Kognition entzieht.

Dies sind Fundamente sowohl alltäglicher Erfahrung als auch wissenschaftlicher Operationen, stabile Stützen des vorherrschenden Weltbilds. Abweichungen werden nicht akzeptiert, bestenfalls zu den spielerischen oder spekulativen Aktivitäten gerechnet, die sich die Autoren von Zukunftsromanen leisten können. Diese ‚Gesetze' finden wir jedoch im Prophetismus suspendiert, und eben dies erscheint mysteriös und verunsichernd. Zwar sind auch Rationalisten bereit, bestimmte Aussagen über Zukünftiges zu akzeptieren. Die Voraussetzung dafür ist aber, daß die Vorhersagbarkeit von Ereignissen auf Vorbedingungen und damit auf einer gewissen Wahrscheinlichkeit ihres Eintreffens basiert. Wenn gegenwärtige Trends in zukünftige Entwicklungen projiziert, Daten und Fakten hochgerechnet, bestehende Möglichkeiten simulativ durchgespielt werden, wie dies in den gezielten Extrapolationen von Zukunftsforschern geschieht, lassen die meisten Menschen sich davon mehr oder minder bereitwillig überzeugen. Im Rahmen ausformulierter Voraussetzungen und hypothetisch gesetzter Bedingungen sind sie willens, im Buch der Zukunft zu lesen und – wie bei Wetterberichten – den Prognosen Glaubwürdigkeit zuzubilligen. Wettervorhersagen sind nicht immer verläßlich, Fehlprognosen kommen vor, das wissen wir, aber an einer prozentualisierbaren Wahrscheinlichkeit meteorologischer Berechnungen zweifeln wir nicht. Verblüfft und verunsichert sind wir erst, wenn außerhalb solcher an Bedingungen geknüpften Voraussagbarkeit Zukünftiges (durch Träume, Visionen, Ahnungen) enthüllt wird, das durch spätere Ereignisse effektiv bestätigt wird. Hier fehlt der einsehbare kausale Nexus, und dies macht ungläubig. Die gepanzerte und wohlverteidigte Ratio schaltet auf Abwehr, wenn an der Festung ihrer festgefügten Annahmen gerüttelt wird. Die Stimme der Erfahrung meldet sich und flüstert: „Das gibt es nicht." Doch gerade der fehlende Nexus definiert die Prophetie: Im Unterschied zu kognitiv nachvollziehbaren, mehr oder minder plausiblen Prognosen, liegt echte Prophetie nämlich dann vor, wenn ein Ereignis vorausgeschaut wird, dessen Vorbedingungen in der Gegenwart weder sinnlich wahrnehmbar noch rational erschließbar sind.[332] Dies stellt den kritischen, an empirischen Bedingungen des Möglichen und Unmöglichen geschulten Intellekt auf eine harte Probe, und dies begründet den relativen Unterschied zwischen der Skepsis gegenüber Propheten und dem Vertrauen gegenüber Prognostikern.

Allein, das Phänomen existiert und läßt sich nicht wegdiskutieren. Es gibt geistige Prozesse, bei denen der lebende Organismus in Kontakt mit Vorgängen außerhalb seiner selbst tritt und dabei andere Mittel anwendet, als sie mit den heute bekannten Modellen und Begriffen der Sinnesphysiologie erklärt werden können. Psychophysische Wechselwirkungen zwischen Subjekt und Objekt ohne sensomotorische Vermittlung sind ausgiebig nachgewiesen. Dazu bedarf es nicht der Bestätigung durch Castañedas Lehren des Don Juan.[333] Der mentale Sprung über die Grenzen von Raum und Zeit ist möglich, ohne daß gesagt werden könnte, unter welchen physikalischen und neurophysiologischen Bedingungen er möglich ist. Die Parapsychologie betrachtet heute die übersinnlichen Phänomene als Äußerung einer einheitlichen, außerhalb der Raum-, Zeit- und Massenrelationen wirkenden Funktion, der sogenannten Psi-Funktion. Schon vor 40 Jahren erklärte der bekannte Psychologe Hans-Jürgen Eysenck, nachdem er einschlägige Forschungsergebnisse geprüft hatte, „daß sich diese Phänomene [Prophetie, Telepathie, Psychokinese] wirklich ereignen und daß keine naturwissenschaftlichen Erklärungen hier ausreichen." Und den Skeptikern schrieb er damals ins Stammbuch: „Nur Toren kritisieren, ohne sich mit dem Problem beschäftigt zu haben.[...] Meines Erachtens sind parapsychologische Phänomene ohne Zweifel experimentell bewiesen im Sinne der Wissenschaft, d. h. sie sind nicht mehr eine Frage des Glaubens, sondern nur noch des Wissens."[334] Tatsächlich gibt es inzwischen Hunderte von seriösen empirischen Untersuchungen, die die Erscheinungen zweifelsfrei nachweisen, wenn auch nicht befriedigend erklären. Der Prophetismus ist ein mentales und kulturgeschichtliches Faktum, über dessen Zustandekommen bislang die kühnsten Hypothesen aufgestellt, aber keine konsensfähigen Theorien angeboten worden sind. Es steht uns frei, dieses psychohistorische Erbe zu leugnen, einfach abschaffen können wir es nicht. Es ist uns unbenommen, Prophezeiungen als wahnhaft, teuflisch oder göttlich inspiriert zu qualifizieren, gänzlich ignorieren können wir sie nicht. Was zeitphiloso-

---

332 Auch hier ist die Begrifflichkeit leider unscharf: Theologen reservieren *Prophetie* gewöhnlich für göttlich inspirierte Vorausschau, Psychologen sprechen fachterminologisch lieber von *Präkognition*, die Alltagssprache verwendet oft auch *Weissagung* oder *Sehertum*. Der Begriff *Orakel* wird demgegenüber fast ausschließlich historisch benutzt, wenn antike Stätten institutionalisierter Weissagung gemeint sind.
333 Siehe oben S.34 ff.
334 Zit nach Bender (1980). S. 74.

phisch und erkenntnistheoretisch unmöglich zu sein scheint, ist psychologisch möglich: die Durchbrechung der Schranke zwischen Gegenwart und Zukunft. Was den Gesetzen der Physik ins Gesicht schlägt, ist dennoch real: der Blick in die vor uns liegende Zeit.

Der berühmteste Prophet des Abendlandes in der Neuzeit dürfte der französische Seher Nostradamus sein: „Meister Michel Nostradamus, Doktor der Medizin, Sternkundiger, praktizierender Arzt und Berater des Königs", wie er sich selbst offiziell titulierte.[335] Er wurde 1503 in Saint-Rémy-de-Provence geboren. Diesem begabten und hochgebildeten, über jeden Verdacht der Scharlatanerie erhabenen Mann eignete eine geradezu unheimliche Fähigkeit, die wichtigsten Ereignisse und Umwälzungen seiner Zeit sowie der vor ihm liegenden Jahrhunderte vorauszusehen: Morde, Familientragödien, Krankheiten, Staatsstreiche, Terrorakte, Verrat, Unglücke, Naturkatastrophen, Kriege, Seuchen, Umweltschädigungen – die gesamte Palette an Übeln aus der Büchse der Pandora, welche die Menschheit heimsuchen und ihre Existenz bedrohen. Nostradamus war ein veritabler Schwarzseher, eher disponiert, den Menschen eine irdische Hölle zu verkünden, als dazu bestimmt, ihnen das Paradies auf Erden in Aussicht zu stellen. Gleichwohl war er kein Psychopath mit apokalyptischem Imponiergehabe, sondern ein Mahner mit humanem Anliegen. Er transponierte seine düsteren Visionen in Serien von Vierzeilern, die er als *Centurien* veröffentlichte, um zeitgenössische und zukünftige Generationen zu warnen. Er glaubte, eine lernfähige Menschheit könne den schlimmen Konsequenzen der von ihm geschauten Ereignisse entgehen. Keineswegs sah er sich als Heiligen oder in der Nachfolge biblischer Propheten. Er war ein bedeutender Gelehrter, gleichzeitig aber ein bescheidener Mensch und demutsvoller Christ, „der größte Sünder der Welt und Erbe jedes menschlichen Elends", wie er sich selbst charakterisierte. Doch er wußte um sein unvergleichliches Talent und folgte dem Drang, es der Nachwelt dienstbar zu machen: „... indem mich bisweilen eine prophetische Stimmung inmitten einer längeren Berechnung überraschte, während ich süßduftenden nächtlichen Studien nachging, habe ich Bücher mit Prophezeiungen zusammengestellt, deren jedes hundert astronomische Vierzeiler enthält, die ich dunkel verband und die durchgehende Weissagungen von jetzt bis zum Jahr 3797 bilden." [336]

Wie Nostradamus zu seinen Visionen kam, ob er dabei eine bestimmte Technik (Selbsthypnose, Wasserdivination, Zauberspiegel o. a.) anwandte, ist bis heute nicht geklärt, denn er schwieg sich darüber aus. Entweder scheute er die psychologische Selbstanalyse oder er wollte sein Geheimnis niemandem preis-

---

335 Hall (1998), S. 22.
336 Zit. nach Hall, S. 20.

geben. Auf jeden Fall aber wähnte er sich – bei aller Sündhaftigkeit – göttlich inspiriert und für den Empfang ‚höherer' Botschaften auserwählt. Entscheidend war für ihn „die verborgene Quelle göttlichen Lichts", die ihn an der Ewigkeit teilhaben und Fragen nach dem Wie und Warum als unerheblich ansehen ließ. „Durch ewige Mächte und übermenschliche Erregung wird mir himmlischer Ratschluß bekannt", schrieb er, und: „ ... die vollständige Kenntnis der Ursachen kann nur durch göttliche Inspiration erlangt werden. Jede echte Prophezeiung leitet ihr erstes Prinzip von Gott dem Schöpfer ab, dann von günstigen Umständen, und drittens von natürlicher Begabung." Allerdings: Die Berufung auf Gott behagte einigen seiner klerikalen Kritiker nicht. Nostradamus sah sich deshalb veranlaßt, um dem Vorwurf der schwarzen Magie und einer Anklage vor dem Inquisitionsgericht zu entgehen, seine Enthüllungen zu verschlüsseln, sie durch Wortspiele, Anagramme, Symbole und Codewörter sprachlich so zu entstellen, daß die kryptischen Formulierungen zu ihrer Deutung einigen interpretatorischen Aufwand erfordern.

Wenn seine Vierzeiler Fundgruben der erstaunlichsten geschichtsträchtigen Visionen darstellen, so nur für diejenigen, die sie zu deuten verstehen, und das setzt sowohl solide historische Kenntnisse als auch Vertrautheit mit seiner Verschlüsselungstechnik voraus. Darin steckt das Kernproblem des Umgangs mit Visionen und prophetischen Texten. Die kryptischen Verse müssen jeweils dekodiert und kontextualisiert werden. Ihnen fehlt der konkrete Bezugsrahmen, der, soll die Prophezeiung Sinn ergeben, vom Interpreten geliefert werden muß. Sie sind deshalb eher als prophetische Poesie denn als Futurologie zu qualifizieren. Sie verlangen die Kunst der richtigen Deutung und beinhalten damit das Risiko der Fehldeutung. Alle Verse sind, wie Philologen sagen würden, semantisch schwach determiniert, d. h. sie zeichnen sich durch eine ‚Wolkigkeit' aus, die einen unerfreulichen Freiraum für Spekulationen schafft. Ist es für informierte Historiker noch relativ einfach, die Visionen *retrospektiv* als zutreffend zu erkennen, so ist es für Fachleute wie Laien fast unmöglich, sie *prospektiv* zu nutzen. Denn: Wenn ein prophezeites Ereignis eingetreten ist, kann es historisch leicht identifiziert und als eingetroffen akzeptiert werden. Es kommt im Nachhinein zu „Stimmt-ja-tatsächlich"-Erlebnissen, weil man Fäden knüpfen kann zwischen vorherig geschauten Ereignissen und nachherig bekannten Fakten. Liegt es zeitlich aber noch vor dem Leser – Jahre, Jahrzehnte, Jahrhunderte entfernt – , ist seine Identifikation ein großes Problem, denn die geschichtlichen Koordinaten zur Einordnung sind nicht vorhanden und die vom Propheten angegebenen Daten sind meist schwach. Zur Illustration:

Der 35. Vierzeiler der 1. Centurie, der sich auf das unglückliche Schicksal von König Heinrich II. von Frankreich bezieht, sagt folgendes voraus:

Der junge Löwe wird den alten besiegen
im einzigartigen Kampf auf einem Kriegsfeld.
Seine Augen, in goldenem Käfig, werden bersten.
Zwei Wunden, eine, zum Sterben eines grausamen Todes.

Damit sah Nostradamus – Jahre bevor sie eintrat – eine Situation, in welcher der König bei einem Turnier tödlich verwundet wurde, nachdem er seinen jungen schottischen Gardekapitän, den Grafen Montgomery, zum Duell herausgefordert hatte. Heinrich trug einen goldenen Helm („Käfig"); die beiden Männer traten als „Löwen" gegeneinander an, denn beide hatten das gleiche Wappentier auf der Brust. Als sich ihre Lanzen zum dritten Mal kreuzten, wurde die Waffe Montgomerys nach oben abgelenkt und verwundete den Hals des Königs. Die Lanze zerbrach, ein Splitter hob Heinrichs Visier und durchbohrte sein Auge. So kam es zu den zwei Wunden, von denen sich eine als tödlich erweisen sollte – dies allerdings erst nach einer Periode extremer physischer Pein. 11 Tage lang regierte ein einäugig gewordener Monarch unter Schmerzen das Reich, bevor er eines qualvollen Todes starb. Auch dies und die resultierenden politischen Turbulenzen hatte Nostradamus vorausgesehen. Der 55. Vierzeiler der 3. Centurie lautet:

In dem Jahr, wenn ein Auge in Frankreich regiert,
wird der Hof in einer recht bösen Unruhe sein.
Der Große von Blois tötet seinen Freund,
das Reich ins Elend gestürzt und in doppelten Zweifel.

Wahrlich bemerkenswert. Doch welcher Franzose wäre zwei oder drei Jahre *vor* dem Ereignis imstande gewesen, den Orakelspruch eindeutig auf den Unglücksfall bei einem Turnier zu beziehen, das noch gar nicht anberaumt war, um vorausschauend präventiv zu handeln? Wie hätten König und Reich vor den schlimmen Folgen geschützt werden können? Allgemein gefragt: Wie soll die Menschheit mit Prophezeiungen umgehen, deren vage und vieldeutige Sprache der notwendigen Referenz entbehrt? Auf dieses Problem kommen wir unten zurück.

Es gibt nicht viele Ereignisse von nationaler und weltgeschichtlicher Bedeutung, die der Seher nicht in seinen Visionen festgehalten hätte: den großen Brand von London, die Dreyfus-Affäre, den Aufstieg und Fall Napoleons, den Abschluß des Hitler-Stalin-Pakts, die beiden verheerenden Weltkriege, den Abwurf der Atombomben über Japan, die Attentate auf John und Robert Kennedy, den Zusammenbruch des Sowjet-Imperiums, den Fall der Berliner Mauer. Er sah all dies und mehr – auf seine Weise. Vom 26. Vierzeiler der 1. Centurie wird beispielsweise angenommen, daß er die Ermordung der beiden Kennedy-Brüder in den 60er Jahren des vorigen Jahrhunderts weissagt:

> *Der Große stürzt durch einen Blitz zur Tagesstunde,*
> *elend und vorhergesagt durch den Träger einer Petititon,*
> *dem Vorzeichen folgend fällt zur Nachtstunde*
> *Konflikt, Reims, London, Etrurien verpestet.*

Der historische Bezug ist von Nachgeborenen, die beides, prophetischen Text und politischen Kontext kennen, ohne große Probleme herstellbar: Der 35. Präsident der Vereinigten Staaten, John F. Kennedy, wurde zur Mittagszeit am 22. November 1963 in Dallas, Texas, getötet. Sein Bruder Robert, damals Justizminister, wurde in den frühen Stunden des 6. Juni 1968 in einem Hotel in Los Angeles erschossen, nachdem er als Präsidentschaftskandidat die kalifornischen Vorwahlen gewonnen hatte. Das Attentat von Dallas war tatsächlich durch Jean Dixon, eine amerikanische Wahrsagerin („Träger einer Petititon"), vorhergesagt worden, die den Präsidenten bis zu seinem Tode immer wieder vor Anschlägen gewarnt hatte. Nostradamus-Interpreten nehmen an, daß sich die letzte Zeile auf die Tumulte rund um Roberts Ermordung bezieht, als in Frankreich und London Studentenunruhen ausbrachen. Eine Überschwemmungskastrophe führte 1968 in Florenz zu Angst vor der Ausbreitung einer Seuche. Doch wer wäre imstande gewesen, den Vierzeiler vorausschauend mit mörderischen Ereignissen in Dallas und Los Angeles und einer Naturkatastrophe in Europa in Verbindung zu bringen? Welcher Politiker könnte, wenn Namen, Orte, Zeiten, Umstände fehlen, zum Selbstschutz nach solch düsteren Prophezeiungen handeln?

Der überraschende Zusammenbruch des sowjetischen Imperiums 1991 wird in den 32. Vierzeiler der 4. Centurie hineingelesen:

> *Zu Orten und Zeiten macht Fleisch dem Fisch Platz,*
> *das allgemeine Gesetz wird ins Gegenteil verkehrt,*
> *alt wird stark standhalten, dann aus der Mitte entfernt,*
> *der Freundschaftsgeist stark zurückgedrängt.*

Auf den politischen Kontext bezogen wird hier die schlechte Wirtschaftslage und Ernährungssituation der Bevölkerung – tatsächlich mußte in den 80er Jahren für viele Menschen getrockneter Fisch als Ersatz für frisches Fleisch herhalten –

als Ursache des in sein Gegenteil verkehrten Gesetzes, sprich: der von Gorbatschow reformierten Kommandowirtschaft, gesehen. Die Altkommunisten werden Widerstand mobilisieren, können aber an ihrer Entfernung „aus der Mitte", sprich der Aufhebung ihrer Zentralmacht, schließlich nichts ändern. Nostradamus verwendet „Freundschaftsgeist" als Umschreibung für Kommunismus, was keine unpassende Bezeichnung für ein politisches System ist, das kollektiven Besitz an Wirtschafts- und Industrieanlagen und die Solidarität der Arbeiterschaft propagierte. Doch wiederum die Frage: Wer hätte damals den notwendigen geschichtlichen Bezug herstellen und politische Konsequenzen ziehen können?

Zur schärferen Akzentuierung des Problems jetzt eine Vision der ferneren Zukunft, die zeigt, daß fehlende historische Referenz nur durch gewagte Spekulation ausgleichbar ist: Das diskreditiert zwar nicht unbedingt den Seher, aber invalidiert weitgehend das, was er sieht: Im 43. Vierzeiler der 2. Centurie schreibt Nostradamus:

Während der geschweifte Stern erscheint,
werden die drei großen Prinzen zu Feinden gemacht,
geschlagen vom Himmel. Frieden, Erde bebend,
Pau, Tymbre überschwemmend, Schlange auf den Rand gesetzt.

Dem Nostradamus-Exegeten John Hogue zufolge ist der geschweifte Stern „wahrscheinlich" ein Komet, der bislang noch von keinem Teleskop entdeckt wurde – *also keine Identifikation möglich.* Die drei Prinzen „könnten" für die Erste, die Zweite und die Dritte Welt stehen, oder für einen Bund zwischen drei Nationen, die terroristische Aktivitäten unterstützen und sich eines Tages gegenseitig bekriegen werden – *ein nicht unerheblicher Unterschied.* Ein Angriff vom Himmel (Raketen und Bombenflugzeuge) ist ein Unheil, vor dem Nostradamus die Menschheit des zweiten und dritten Jahrtausends ständig warnt – *dergleichen kann irgendwo auf der Erde jeden Tag passieren.* Hogue orakelt dann weiter: „Vielleicht wird ein libysches oder anderes arabisches U-Boot im Schutz der Dunkelheit einige PLO-Kommandos und ihre ‚Schlange' – eine Metapher für eine gestohlene Atombombe oder selbstgebastelte Atombombe – vor der italienischen Küste an der Tibermündung absetzen. Sogar ein Atomkraftwerk in der Po-Ebene könnte das Ziel eines terroristischen Überfalls sein. Das eine der beiden italienischen Atomkraftwerke liegt bei Caorso, zwei Meilen südlich des Po in der Nähe von Cremona."[337] Es ist klar: Wo so viel wilde Spekulation wuchert, hat die auslösende Vision nur noch geringe Bedeutung. Vorhersagbarkeit ver-

---
337 Hogue (1997), S. 517

schwimmt in Beliebigkeit, die Phantasie des Interpreten überlagert die Prophetie des Autors, im schlimmsten Fall gerät die Interpretation zu einer Deformation. Da die innere Welt des Sehers nicht der äußeren Welt des Deuters entspricht, da zudem jeder Deuter sein eigenes System (mit eigenen Erwartungen, Vorurteilen, Wertsetzungen etc.) benutzt, das wiederum mit dem anderer Interpreten konkurriert, läßt sich ein verläßliches Bild der Zukunft daraus nicht ermitteln. Was in der Deutung von Poesie zu Recht als Stärke gilt, ein immer neu zu erstellender Interpretationshorizont, kann sich für die Prophetie nur negativ auswirken. Ergo: Die Warnungen des Nostradamus sind (para-)psychologisch bemerkenswert, aber futurologisch wertlos.

Ein ‚Prophet' ganz anderer Art war Morgan Robertson (1861–1915), ein amerikanischer Schriftsteller, der zu jenen bemerkenswerten Vertretern seiner Zunft zählt, die das „automatische Schreiben" praktizieren und dabei paranormale Fähigkeiten nutzen. Robertson war in seiner Jugend zur See gefahren und hatte sich gründliche Kenntnisse über Schiffahrt und Navigation angeeignet, die ihm literarisch von Nutzen waren. Er verbrachte Stunden des Tages in schlafähnlicher Trance: In somnambulem Zustand lag er in seiner New Yorker Wohnung und ‚empfing' die Texte für über 200 Kurzgeschichten und mehrere Romane. Robertson erklärte seine Kreativität damit, daß sein Schaffen von einem „Geistwesen mit literarischen Fähigkeiten" diktiert werde, einem „Ghost-writer" im wahrsten Sinne des Wortes. Er behauptete, die Botschaften seiner Muse in allen Einzelheiten ästhetischer Feinarbeit zu erhalten: mit ausformulierter Sprache, entwickelten Charakteren und allen Details der Handlung. Im Wachzustand hatte er dann nichts weiter zu tun, als die geistigen Früchte seiner Trance zu Papier zu bringen und seinem Verleger zu schicken[338]

„Automatisches Schreiben" gehört nachweislich zu den psychischen Mehrleistungen, denen einige Menschen mit paranormalen Talenten fähig sind.[339] Wenn sie sich selbst in Trance versetzen, einen veränderten Bewußtseinszustand durch Autohypnose herbeiführen und sich der Regie ihres kreativen Unbewußten überlassen, meldet sich oftmals ein "Schutz- oder Kontrollgeist", der scheinbar Botschaften aus der Geisterwelt vermittelt. Spiritisten glauben bekanntlich an derartige Interventionen aus dem Jenseits, in denen durch menschliche Medien zwischen Menschen- und Geisterwelt Brücken geschlagen werden. Doch dieser Glaube ist, nach allem was man darüber weiß, tatsächlich ein Aberglaube. Statt aus der Welt der Geister treten durch „Steigrohre des Unterbewußten",

---

338 Vgl. die Aktivitäten der „Heinzelmännchen" von Robert Louis Stevenson (unten S. 417 f.).
339 Der Vorgang wurde 1889 erstmalig von dem französischen Psychologen Pierre Janet als ‚écriture automatique" beschrieben und als psychotherapeutisch wirksam angesehen.

wie Hans Bender die Kommunikationswege nennt, Eindrücke zutage, die sich normalerweise gegen die ‚Torwächter' und Kontrollen des wachen Bewußtseins nicht durchsetzen können, aber im Trancezustand Wirkung gewinnen. Neben Vergessenem, längst Versunkenem und Verdrängtem, neben Wünschen, Ängsten und Phantasien melden sich im Extremfall ganze Ideenkomplexe, übernehmen vorübergehend die Regie und teilen sich in sprachlich-ästhetischer Gestalt mit. Bender erwähnt folgenden Fall: „Das von dem Genfer Psychologen Theodor Flourney ... untersuchte Medium Helene Smith produzierte durch Vermittlung ihres Kontrollgeistes Leopold auf diese Weise ganze Romanzyklen, die erst um eine indische Prinzessin, dann sogar um Marsbewohner kreisten, die sich in einer zunächst unverständlichen, dann mühsam entzifferten Sprache äußerten. Diese unterbewußt erfundende Sprache hatte eine durchgebildete Syntax, die bei genauerer Analyse erkennen ließ, daß sie aus dem Französischen abgeleitet war. Das Medium schrieb in dieser Sprache automatisch mit eigenen Schriftzeichen."[340]

Morgan Robertsons „Geist" erfand allerdings keine eigene Sprache, sondern schrieb 1898 die einzige Erzählung der Literaturgeschichte, die das Attribut „prophetisch" verdient: den Kurzroman *Futility* (deutsch *Titan,* 1997), eine Liebes- als Katastrophengeschichte, welche um 16 Jahre den Untergang der *Titanic* ‚vorwegnahm'[341]. Sie handelt von einer Schiffshavarie, die (wie es im Vorwort zur deutschen Ausgabe heißt) „so sehr dem grauenvollen Szenario auf der *Titanic* ähnelte, daß ein großes Rätselraten über den bis dahin nur kleinen, aber spannenden Roman begann. Wie hatte Morgan Robertson wissen können, was erst dem *Titan* und dann der *Titanic* widerfuhr?" Das Rätselraten hält an. Werden populäre Autoren wie Jules Verne oder Herbert George Wells oder Stanislaw Lem wegen ihres Gespürs für Zukünftiges auch oft als „Propheten" apostrophiert, so ist ihr Talent doch eher das einer literarischen Prognostik, der glücklichen Verbindung von Phantasie, Sachkenntnis und Sprachvermögen, als das eines Prophetismus im eigentlichen Sinne. Es ist eine Symbiose aus empirischem Wissen, persönlicher Imagination und sprachästhetischer Konstruktion. Robertson jedoch imaginierte, konstruierte und projizierte nicht, sondern er „träumte". Er sah in nächtlichen Bildern, wie ein riesiger Luxusdampfer im Nordatlantik aus einer dichten Nebelbank hervorkam und einen Eisberg rammte – mit katastrophalen Folgen. Die Parallelen zwischen dem *Titan* und der *Titanic* lassen sich auflisten; sie sind schlechthin verblüffend und stellen den Glauben an Zufälligkeiten auf eine harte Probe:

---

340 Bender (1980), S. 51.
341 Robertson (1998).

- Beide Schiffe gehörten britischen Reedereien mit Sitz in Liverpool und einer Dependance am New Yorker Broadway.
- Bruttotonnage des *Titan* 45 000, der *Titanic* 46 328.
- Die Länge der Schiffe: *Titanic* 290 Meter, *Titan* 260 Meter.
- Beide Schiffe waren mit innovativer Technik (aus Stahl) gebaut und mit drei Schraubenwellen ausgerüstet.
- Beide verfügten über ein fortschrittliches Sicherheitssystem mit wasserdichten Schotten. Der *Titan* hatte davon 19, die *Titanic* 16.
- Beide galten als unsinkbar und wurden insofern Opfer ihres eigenen Mythos.
- Beide waren die größten Passagierschiffe, die es zu ihrer Zeit gab.
- Beide brachten es auf die für damalige Passagierschiffe präzedenzlose Geschwindigkeit von 25 Knoten.
- Beide wurden auf Kosten der Sicherheit von ruhmsüchtigen Reedern durch den gefährlichen Nordatlantik ‚gepeitscht'.
- Beide konnten je 3000 Passagiere befördern.
- Beide traten ihre fatale Reise im Monat April an.
- Beide hatten eine ‚tödliche' Kollision mit einem Eisberg.
- Beide hatten ihre Havarie in der gleichen Region des Ozeans.
- Beide waren mit 24 Rettungsbooten für den Notfall unterausgestattet.

Zwar gab es, wie nicht anders zu erwarten, auch Abweichungen: Zum Beispiel fuhr der *Titan* frontal auf einen Eisberg auf, wohingegen die *Titanic* an dem Hindernis steuerbordseitig vorbeischrammte. Zum Beispiel beschreibt Robertson allerlei Ereignisse an Bord des *Titan*, kreiert Figuren und nennt Namen, die keinerlei Übereinstimmung mit den realen Gegebenheiten auf der *Titanic* aufweisen. Gleichwohl war seine Vision der Katastrophe verblüffend, eine Tatsache, die – Ironie des Schicksals – niemand zu einer Zeit würdigen konnte, als das reale Schiff noch nicht einmal auf dem Zeichenbrett existierte. Zu seiner Zeit war das Büchlein deshalb auch nur ein mäßiger Erfolg, eine Sensationsgeschichte neben vielen anderen, schon bald nach seiner Erstveröffentlichung vergessen. Aber Anfang 1912 entschloß sich der Verleger zu einer Neuauflage unter dem neuen Titel *The Wreck of the Titan* – und dieser (willkürliche? intuitive?) Entschluß fiel wenige Monate vor der tatsächlichen Tragödie. Heute gilt das Werk auf dem internationalen Buchmarkt als „der Roman, der den Untergang der Titanic vorwegnahm".

Morgan Robertson hatte auf dem Feld der Prophetie einen berühmteren Konkurrenten: seinen Landsmann Edgar Cayce (1877–1945), bekannt als „der schlafende Prophet", weil er ähnlich wie Robertson in einen traumartigen Zustand fiel, wenn er seine übersinnlichen Erkenntnisse und zukunftsbezogenen Visionen hatte.[342] Cayce war ein Exzentriker, aber kein Scharlatan. Er zapfte eine Quelle an, die er als „universales Bewußtsein" bezeichnete, eine Art Fundus des mental gespeicherten Weltwissens, das – auf mirakulöse Weise – auch Zukunftswissen beinhalten soll. Unter Esoterikern ist dieses Wissen als „Akasha-Chronik" bekannt und wird mit einem Energiefeld auf astraler Ebene als Speicher aller menschlichen Äußerungen, Empfindungen und Erinnerungen in Verbindung gebracht. Im Trancezustand hielt Cayce „Lesungen" aus dieser Quelle, die von einem Stenographen aufgezeichnet und in Reinschrift übertragen wurden. Die archivierten Texte werden von der *Association of Research and Enlightenment* in Virginia Beach aufbewahrt und sind für Forscher zugänglich.

Cayces besonderen psychischen Fähigkeiten meldeten sich früh: Im Alter von 12 Jahren war Edgar eines abends beim Lernen über einem Schulbuch eingeschlafen. Als er erwachte, stellte er fest, daß er unbewußt jede Seite des Buches aufgenommen hatte und alle Informationen aus dem Gedächtnis abrufen konnte. Andere paranormale Fähigkeiten traten in den Folgejahren hervor und konzentrierten sich auf das Geistheilen. Im Alter von 16 Jahren wurde er während eines Basketballspiels schwer verletzt und mußte das Bett hüten. Zur Überraschung seiner Eltern bat er sie, ihm eine bestimmte Art von Umschlag zu machen, und dieser heilte ihn angeblich über Nacht. Erstaunliche Heilungen von Freunden und Verwandten folgten, und bald war Cayce als einer der erfolgreichsten Geistheiler über die Grenzen seines Landes hinaus bekannt. Ohne jemals Medizin studiert oder in einer Arztpraxis assistiert zu haben (er war nur der Gehilfe eines Kleinstadt-Photographen), stellte er intuitiv die treffendsten Diagnosen – in manchen Fällen sogar in Abwesenheit der jeweiligen Patienten. Oft waren die Medikamente, die er verschrieb, spezielle Mischungen, die selbst erfahrene Ärzte nicht kannten. In einem Fall empfahl er einem Patienten einen Stoff namens Codirion und nannte auch den Hersteller. Auf seine Anfrage bei der Firma erfuhr der verblüffte Patient, daß man den Namen für das neue Medikament erst eine Stunde zuvor ausgesucht hatte. Bei allem hatte Cayce kein Interesse an Publicity oder Reichtum , er war sogar bereit, sein moderates Honorar zurückzuzahlen, falls seine Therapie einem Patienten nicht helfen würde.

In seiner zweiten Lebenshälfte verlagerten sich Cayces Psi-Funktionen zunehmend auf die Gabe der Prophetie. So warnte er am 5. März und nochmals am 6. April 1929 einen Geschäftsmann vor einer lang anhaltenden Abwärtsbewegung der Aktienkurse. Solche Warnung mußte zu diesem Zeitpunkt als abwegig erscheinen, hatte der Kapitalmarkt der USA doch seit zwei Jahren einen unvergleichlichen Boom erlebt, dessen abruptes Ende sich niemand vorstellen konnte.

---

342 Siehe Johnson (1998).

Aber Cayces Vorhersage traf ein, als es Ende Oktober 1929 zum denkwürdigen Wall-Street-Crash kam. Innerhalb von fünf Tagen wurden panikartig 29 Millionen Aktien verkauft. Bank- und Firmenzusammenbrüche, Produktionseinbußen, Geldentwertung, Arbeitslosigkeit, Massenelend schaukelten sich auf zur größten Weltwirtschaftskrise der Geschichte.

Der schlafende Prophet von Virginia wurde zum Brennpunkt öffentlichen Interesses. Angesichts seiner wundersamen Vorausschau des Schwarzen Freitags war es verständlich, daß man mehr von ihm wissen wollte. So bat man ihn 1930 um seine Prognose der wichtigsten Ereignisse der kommenden 50 Jahre. Seine ominöse Antwort lautete: „Dies wäre besser auf die Zeit nach der großen Katastrophe verschoben worden, die die Welt 1936 erwartet; viele Mächte werden zerbrechen, die derzeit als Faktoren im Kräftespiel der Welt existieren."[343] Er ließ sich – für einen Propheten ungewöhnlich und riskant – auf die Angabe einer Jahreszahl zu einem Zeitpunkt ein, als noch kein Politiker den Weltfrieden akut bedroht sah; doch er behielt er recht, denn 1936 kam es zum Ausbruch des Spanischen Bürgerkrieges, den Nazideutschland als Übungsfeld für seine wieder erstarkte Armee verwendete. Im selben Jahr marschierte Italien in Äthiopien ein, und Hitler befahl die Besetzung des Rheinlands. Der Faschismus bereitete sich darauf vor, den europäischen Kontinent zu erobern und den Zweiten Weltkrieg vom Zaun zu brechen. Das „Kräftespiel der Welt" änderte sich grundlegend.

Doch nach Edgar Cayce war 1936 nicht nur ein politisches Schicksalsjahr, sondern auch ein ökologischer Wendepunkt für den Globus. 1934 sagte er für die zweite Hälfte des 20. Jahrhunderts eine zunehmende Verschiebung des Gleichgewichts der Erde mit katastrophalen Auswirkungen voraus. Es ist wahrscheinlich, daß er die Folgen der globalen Erwärmung im Sinn hatte, obgleich er natürlich den Terminus „Treibhauseffekt" nicht benutzt. Er erwartete, daß seismische Erschütterungen an Kraft gewinnen, daß sich die Pole verlagern, daß klimatische Verschiebungen eintreten und Überflutungen der Ostküste der USA, Nordeuropas und großer Teile Japans stattfinden würden. Ist dies vom Standpunkt geophysikalischer Wissenschaft auch nicht alles lupenrein, so ist es doch realistisch genug, um als Vorankündigung dessen gelten zu können, was jüngst an Naturkatastrophen über den Planeten hereingebrochen ist und uns nach Meinung kompetenter Umweltwissenschaftler in noch katastrophalerer Form bevorsteht.[344] Zur Skepsis Anlaß gibt hinwiederum die Tatsache, daß Cayce, wie alle Vertreter seiner Zunft, sich mehr als einmal gründlich irrte. Und dies hat angebbare Gründe:

---

343 Zit. nach Johnson (1998), S. 117.
344 Vgl. Hutton (1996).

Prophetische Psi-Funktionen sind, wie verwandte Funktionen der Telepathie, der Präkognition und des Hellsehens, überwiegend *negativ* affektbetont. Das heißt, die Erlebnisinhalte sind unheilschwanger, und zwar unabhängig von der Erlebnisart – ob Traum, Trance, Halluzination, Vision, Delirium oder diffuse Ahnung. Die Phänomene entstammen tendenziell angstbesetzten Feldern wie Tod, Todesgefahr, Zerstörung, Verwundung, Erkrankung, Bedrohung, Trennung, Liebesverlust u. dgl. Offenbar werden unter Streß bestimmte Nervenbahnen aktiviert, die abseits der normalen Aktivationsmuster liegen. Das Sensorium erbringt (vorübergehend) Mehrleistungen. Erinnern wir uns: Nostradamus sprach von „übermenschlicher Errregung", die seine Visionen begleiteten. Insofern sind er, Robertson und Cayce gleichermaßen typisch. Nur zu ungefähr 10 Prozent handeln Prophezeiungen von positiv gefärbten oder erfreulichen Ereignissen wie persönlichem Glück, wirtschaftlichem Erfolg, politischem Triumph, bedeutender Entdeckung u. ä. Auf jeden Fall ist das, was vorausgesehen wird, in einem affektiven Spannungsfeld angesiedelt, das verschiedene Eigentümlichkeiten von Prophetien im Unterschied zu Prognosen erklärt und Konsequenzen für das Deutungsproblem besitzt:

Obgleich individuelle Unterschiede existieren, sind die Wahrnehmungen in den meisten Fällen eigentümlich diffus und geben nur Fragmente oder schwache Konturen des wirklichen Sachverhalts wieder. Prophezeiungen basieren nicht auf photographisch scharfen Innenbildern. Realistische Wiedergaben prophetischer Visionen, die eine weitgehende Kongruenz mit dem tatsächlichen Ereignis haben (wie in Robertsons Katastrophen-Traum), sind selten, es sei denn, Propheten sind gleichzeitig sehr talentierte Eidetiker. Obwohl Propheten also leistungsfähiger sind als normale Menschen, sind die aktivierten Funktionen vergleichsweise leistungsschwach. Vielfach kann von Wahrnehmung im eigentlichen Sinne des Wortes nicht einmal die Rede sein. Eher handelt es sich um eine Art Identifikationserlebnis. Darin gelangt die außersinnliche Wahrnehmung nicht zu einer scharfen Vergegenständlichung des Wahrnehmungsobjekts als Funktion seiner Distanz zum wahrnehmenden Subjekt; es wird kein ‚Ding' in Klarheit geschaut und in seiner eigenständigen Realität erkannt; es wird im Sehzentrum des Kortex kein Film abgespult, der den Namen „Szenen aus der Zukunft" tragen könnte; sondern es drängt sich dem Bewußtsein eher der besondere Ausdrucksaspekt eines Ereignisses auf, das als solches ziemlich opak bleibt – ungefähr so wie frühkindliche Impressionen verarbeitet werden. Die ‚gesehenen' Ereignisse erscheinen eher als suggestiv wirksame, psychische Gravitationsfelder denn als ‚reale', visuell getätigte Wahrnehmungsakte. Es ist deshalb auch kein Erkennen im Sinne eines sachadäquaten *Auf*fassens möglich, sondern nur ein Registrieren im Sinne stimmungsgeleiteten *Er*fassens. (Nostradamus sprach nicht nur von „übermenschlicher Erregung", sondern auch von „prophetischer Stimmung".) Der in die Zukunft Schauende begreift intellektuell ebensowenig wie der in der Gegenwart Hellsehende. Nach den Schilderungen paranormal Begabter wird offenbar zunächst Atmosphärisches erlebt, Stimmungsmomente, gefühlsmäßige Tönungen, dramatische Verdichtungen, dann unverstanden Anschauliches und (eventuell) mehr oder minder viel konkret Bildhaftes, manchmal auch Hörbares. Es ist ein graduelles Geschehen. Die Dinge entwickeln sich aus einer affektiven Spannung als Kern des Erlebnisses heraus und gewinnen dann mehr oder minder konkrete sinnliche Gestalt. Oftmals zeigen sich die Subjekte davon seelisch mitgenommen, sogar regelrecht erschöpft. Dies gibt Anlaß zu der Vermutung, daß das Gehirn in prophetischen Schauungen neuronale Wege beschreitet, die zwar ontogenetisch angelegt sein müssen, aber deren Inanspruchnahme besondere Mühe kostet – möglicherweise, weil sie quasi-obsolet und nur unter seltenen Sonderbedingungen beschreitbar sind.

Jedenfalls handelt es sich um einen ganz anderen Kontakt mit der Objektwelt, als ihn der erkennende Mensch mit den Gegenständen normaler Wahrnehmung hat. Deshalb kann der paranormal Wahrnehmende sich auch nicht scharf auf einen Gegenstand richten, um ihn zu erfassen. Sein gezielter Wille bewirkt nichts. Er muß hinnehmen, was ihm eine ‚Sonderabteilung' seines Sensoriums eingibt, und dies impliziert stets die Gefahr einer Verzerrung oder Entstellung des Wirklichen. Alle paranormalen Funktionen haben ihren Ort in dem von gefühlsbesetzten Bildern bewegten Unbewußten, und dieser Ort ist zwar potentiell eine Quelle der erstaunlichsten psychischen Mehrleistungen, kann aber auch als Quelle von Konfusionen und Fehlleistungen wirken. Irrelevante Phantasien und bizarre Kombinationen können sich einmischen; täuschende Bilder und persönliche Symbole können das Geschaute bis jenseits der Grenze des Intelligiblen transformieren. Raum wird enträumlicht, Zeit wird entzeitlicht, denn das Unbewußte hält sich nicht an die Gesetze von Raum und Zeit. Die aus Nachtträumen bekannten Darstellungsmittel (Verdichtungen, Symbolisierungen, Spaltungen, Umwandlungen) sind Mittel, die auch in den prophetischen Visionen aktiv werden können. Die Sprache, die in der Sequenz psychischer Vorgänge zuletzt in Aktion tritt, kann dann nur noch sehr kryptisch wiedergeben, was zuvor mehr oder minder impressionistisch geschaut wurde. Daher der Mangel an zeiträumlichen Festlegungen in den meisten Visionen; daher die Scheu der Propheten vor präzisen Angaben, daher auch die hohe prognostische Fehlerquote.

Peter Lemesurier, ein Nostradamus-Interpret, der „Gesetze" der Prophetie zu formulieren versucht hat, kommt u. a. zu dem Schluß, daß Prophezeiungen umso ungenauer werden, je weiter der Prophet in die Zukunft hineinzublicken versucht ("Gesetz der abnehmenden Treffsicherheit").[345] Ob Nostradamus in der Lage gewesen wäre, seine telehistorischen Eingebungen genauer zu fassen, hätte er dies gewollt und keine Notwendigkeit zur Verschlüsselung seiner Centurien gesehen, ist eine interessante, aber nicht mehr zu beantwortende Frage. Es kann sehr wohl sein, daß er zu einer expliziteren Darstellung gar nicht imstande war. Denn es gibt Präzedenz- und Parallelfälle: Malachias O'Morgair, der Erzbischof von Armagh, machte im Jahr 1139 eine Pilgerreise nach Rom. Dort hatte er eine Serie von Visionen, in denen er die historische Abfolge der Inhaber des päpstlichen Stuhls ‚sah', vom damals amtierenden Papst Innozenz II. bis zum zukünftigen 65. Papst Peter, dem „Papst der letzten Tage" in unserem Jahrhundert.[346] Malachias verschlüsselte seine Visionen ähnlich wie Nostradamus, indem er den Amtsinhabern pittoreske Namen wie „Wächter der Hügel" oder „Rose von Umbrien" oder „apostolischer Wanderer" oder „Papst des Mittelmondes" gab. Alle konnten – *ex post* – in der Kirchengeschichte anhand bestimmter Merkmale (Wappentiere, astrologische Zeichen, regionale Herkunft, lebensgeschichtliche Ereignisse etc.) identifiziert werden, und alle hatten ihr Amt in der von Malachias vorhergesagten Reihenfolge inne. Ohne Zweifel verblüffend. Aber was sagt es für die Zukunft des Vatikans, wenn Malachias apokalyptisch orakelt: „Während der letzten Verfolgung der Heiligen Römischen Kirche ist Peter aus Rom Papst, der die Schafe unter großem Leid füttert. Ist das vorbei, wird die Stadt der Sieben Hügel zerstört werden, und der grausame Richter richtet die Menschen"?[347] Wir fragen: Was für eine Verfolgung? Welcher Peter? Welche Art von Leid? Wann die Zerstörung? Wie das Gericht? Es dürfte für die römische Kurie besser sein, gar nichts über ihre Zukunft zu wissen, als düstere Dinge zu erfahren, die sich nirgendwo dingfest machen lassen.

Wie vage auch immer die sprachlich-bildliche Einkleidung – das Rätsel der Prophetie als Zukunftsschau bleibt bestehen. Die Sprengung der Grenzen von Raum, Zeit und Materie durch die Psi-Phänomene wirft Probleme von tiefgreifender Konsequenz auf, die fortfahren werden, die Menschheit zu faszinieren und die Wissenschaft herauszufordern. Denn damit ist die kitzlige philosophische Frage aufgeworfen, ob und wie der Mensch seinen freien Willen ausüben und die eigene Geschichte gestalten kann, wenn Visionäre die Zukunft im Voraus wissen (das Freiheits-/Notwendigkeits-Problem). Wenn die Visionen des Nostradamus ‚stimmen', setzt dies logischerweise einen wie auch immer determinierten Geschichtsverlauf voraus. Die Dinge müssen vorherbestimmt sein, weil ihre prophetische Schauung andernfalls von bedeutungsloser Zufälligkeit

---

345 Lemesurier (1993), S. 35.
346 S. dazu Spirago (1923), Roland (1997), S. 66–67.
347 Zit. nach Roland (1997), S. 67.

bliebe. Falls dies aber so ist, wie können sie dann zugleich eine warnende Funktion erfüllen, die der Menschheit noch Optionen beläßt und Kurswechel ermöglicht? Dies bleibt unklar.– Eines indes ist klar: Prophezeiungen, wie erstaunlich sie auch sein mögen, liefern nicht den Stoff für Geschichtsbücher, aus denen die Zukunft abgelesen werden kann wie aus einem Drehbuch die Szenen eines Films. Lemesurier dürfte recht haben mit seiner Feststellung: „...die einzigen Prophezeiungen, die exakt so eintreten wie erwartet, sind diejenigen, welche absichtlich von Menschen erfüllt werden, die davon überzeugt sind, daß die Zeit für ihre Erfüllung gekommen ist"[348]

3.4 Mental durch Himmel und Hölle: Psychedelische Reisen

Im Frühjahr 1953, als der Kenntnisstand der Forschung über Chemie, Physiologie und Psychologie der Wirkung von Rauschmitteln noch wenig entwickelt und die ‚frohe Botschaft' der Drogen-Gurus in der westlichen Öffentlichkeit noch kaum vernehmbar war, führte ein kalifornischer Arzt Experimente mit Meskalin, einer pflanzlichen, aus dem Peyotl-Kaktus extrahierten Droge durch. In Kenntnis seiner Suche nach Probanden meldete sich der englische Schriftsteller Aldous Huxley, der damals in Los Angeles lebte und „bereit, ja begierig" war, sich als Subjekt für eine Versuchsreihe zur Verfügung zu stellen. Huxley kannte den Verlauf der Bewußtseins- und Kulturgeschichte, die im Westen qua Entmythisierung zur weitgehenden „Entzauberung der Welt" geführt hat. Er kannte die Werke seiner Landsleute, die zu den großen poetischen Visionären des Abendlands zählen – William Blake, Samuel Taylor Coleridge, George Russell, William Butler Yeats. Und er wünschte, mental auf deren Pfaden wandeln und chemisch herbeiführen zu können, was ihm konstitutionell nicht beschieden war: die Erfahrung eines ‚höheren' Bewußtseins. Huxley verspürte den Drang, die Grenzen ichbewußter Selbstheit zu überschreiten und damit einem Verlangen der Seele zu folgen, von dem er vermutete, daß es universal sei. Er war überzeugt: Wem es nicht gelingt, durch religiöse Andacht, meditative Übung oder ästhetische Schöpfung über sich selbst hinaus zu gelangen, der ist allzu bereit, auf die chemischen Surrogate zu verfallen, die ihm künstliche Paradiese versprechen: auf Alkohol, Marihuana, Pcylobin, Heroin, Kokain, Opium, LSD oder andere Mittel – je nach kommerzieller Verfügbarkeit, je nach kultureller Zulässigkeit. William James hatte seinerzeit bereits über die Attraktivität alkoholi-

---

348 Lemesurier (1993), S. 213.

scher Rauschzustände geäußert: „Die Macht des Alkohols über die Menschen ist ohne Frage in seiner Kraft begründet, die mystischen Fähigkeiten der menschlichen Natur zu stimulieren, die gewöhnlich von dem trockenen Kritizismus der nüchternen Stunden zu Boden getreten werden. Nüchternheit verkleinert, unterscheidet und sagt Nein; Trunkenheit erweitert, schafft Einheit und sagt Ja. Sie bringt ihre Anhänger von der kalten Peripherie der Dinge zu ihrem strahlenden Herzen."[349] Eben dies war Huxleys Wunsch: weg von der „kalten Peripherie" des Lebens, hin zum „strahlenden Herzen". Ideal wäre zwar, meint er, wenn jeder Mensch allein kraft seines Geistes, also ohne ‚Krücken', in das Land der Selbsttranszendenz gelangen könnte, aber er wußte: Spontane Mystik ist selten und herkömmliches Christentum und konventionelle Frömmigkeit weisen dafür keinen Weg. Sie führen den Gottesbegriff zwar noch auf einer formalen sprachlichen und rituellen Ebene, aber stellen das Göttliche nicht in den Mittelpunkt bewußtseinsmäßiger Transzendenz.

So nahm Huxley eines Morgens, unter ärztlicher Überwachung, 40 Milligramm Meskalin und wartete gespannt darauf, daß ihm bislang verschlossene „Pforten der Wahrnehmung" geöffnet würden. Der Arzt legte ein Tonbandprotokoll an, und Huxley registrierte, wie es nur ein feinfühlig-sprachgewandter Schriftsteller vermag, alle wahrnehmungs- und bewußtseinsverändernden Effekte der Droge. Seine differenzierten Selbstbeobachtungen und intimen Kommentierungen hielt er später in einem Buch fest, das bis heute eines der aufschlußreichsten Dokumente zur Psychologie des Drogenrausches ist: *The Doors of Perception* (1954).[350]

Allerdings: Die anfänglichen Effekte des Meskalins waren minimal, wenig erwartungsgemäß und für Huxley beinahe enttäuschend. Er sah bei geschlossenen Augen allerlei bunte Farb- und Formerscheinungen: Reigen goldener Lichter, sich verändernde farbige Flächen, verschiedene vibrierende Muster, sich im Raum bewegende Kugeln. Die innere Welt hatte sich optisch belebt, aber es erschienen ihm keine verklärten Gesichter oder ätherischen Figuren. Es tauchten auch keine Landschaftsbilder mit phantastischer Fauna und Flora oder fabulösen Wesen auf, die im entferntesten die Szenerie für so etwas wie ein interessantes innerseelisches Schauspiel abgegeben hätten. Bei geöffneten Augen stellte er fest, daß die äußere Welt sich wenig verändert hatte und die Objekte seiner Umgebung eigentlich noch so gegeben waren, wie er sie kannte. Erst allmählich trat hier ein Transformationsprozeß ein: „Die ‚andere' Welt, zu der das Meskalin mir Zutritt gewährte, war nicht die Welt der Visionen; sie existierte draußen, war das, was ich mit offenen Augen sehen konnte. Die große Veränderung voll-

---
349 James (1979), S. 365.
350 Dt. Fassung zuerst 1970 als *Die Pforten der Wahrnehmung* (Piper).

zog sich im Bereich objektiver Tatsachen. Was mit meinem subjektiven Weltall geschehen war, war verhältnismäßig unbedeutend."[351]

Diese „große Veränderung" im Bereich objektiver Tatsachen, die mit wachsender Wirkung der Droge wachsenden Einfluß auf die Wahrnehmung nahm, betraf den Modus der Perzeption von Gegenständen, gewöhnlichen Dingen der Lebenswelt, denen normalerweise nicht viel Aufmerksamkeit zuteil wird: Pflanzen, Gebäude, Einrichtungsgegenstände, Kleidungsstücke, Automobile. Es waren solche Dinge, die dem Blick plötzlich – wie es Huxley schien – ihre lang verborgene Identität, ihre eigentliche ‚Natur', ihre wahre Beschaffenheit, ihr eigenes, selbstgenügsames Dasein offenbarten: bar jeder sekundären Bedeutung und lebenspraktischen Funktionszuweisung. Huxley betrachtete zum Beispiel Blumen an einer Pergola, und der Eindruck der ihm längst bekannten Gebilde war ebenso tief wie neu. Es war so, als ließe die sinnlich wahrgenommene Wirklichkeit hinter sich oder unter sich eine andere, reinere Wirklichkeit erkennen, die zwar immer noch die den Sinnen vertraute war, aber zugleich eine gründlich veränderte, entschleierte. Oder so, als habe sich die Beschaffenheit der Welt über die Jahrtausende unter dem menschlichen Blick abgenutzt, sei schäbig, konturlos und langweilig geworden und erlange nun ihre ursprüngliche Schönheit zurück, die überraschend und begeisternd wirkte. Wer Huxleys Buch liest, erkennt, weshalb der Psychiater Humphrey Osmond 1962 auf das Wort „psychedelisch" (von gr. *delos* = klar, wahr, deutlich) verfiel, als er das qualifizierende Merkmal der bewußtseinserweiternden Drogen zum Ausdruck bringen wollte: „Ich sah, was Adam am Morgen seiner Erschaffung gesehen hatte – das Wunder, das sich von Augenblick zu Augenblick erneuernde Wunder bloßen Daseins." Der Eindruck dieses Wunders war überwältigend, das Wahrnehmungsvermögen fast überfordernd, zugleich aber ungemein revelatorisch:

In grünen Parabeln von der Hecke herabhängend, strahlte das Efeulaub ein jadeartiges glasiges Leuchten aus. Einen Augenblick später explodierte ein Beet vollerblühter Hyazinthenaloen innerhalb meines Gesichtsfeldes. Die Blumen waren bis zu einem solchen Grad lebendig, daß sie ganz nahe daran zu sein schienen, sich zu äußern, während sie in das Blau des Himmels emporstrebten. Wie der Liegestuhl unter den Latten der Pergola beteuerten auch sie zuviel. Ich blickte auf die Blätter und entdeckte ein wellenförmiges kompliziertes Muster aus den zartesten grünen Lichtern und Schatten, das pulsierte, als enthülle es ein Geheimnis, das nicht enträtselt werden konnte.[352]

Es waren nicht nur die Blumen als Naturerscheinungen, die derartige Effekte bewirkten, sondern alle von Huxley fixierten Gegenstände, herausgelöst aus den Beziehungen ihrer vormaligen Belanglosigkeit und hineingestellt in ein Sicht-

---
351 Huxley (1989), S. 14–15.
352 Ebd., S. 46.

feld neuartiger Bedeutsamkeit. Zum Beispiel auch die Rücken der Bücher, die die Wände seines Arbeitszimmers bedeckten. Sie erglühten in derart klar leuchtenden Farben, daß ihre Qualität eher der Natur von Edelsteinen als den Farb- und Formgebungen durch einen Buchbinder zu entsprechen schien: ubine, Smaragde, Topase, Jade. Seitenlang läßt sich Huxley über eine für ihn neue, quasi heilige Ästhetik aus, welche die profansten Gegenstände seiner Umwelt aus sich selbst hervorzubringen schienen – ob es sich dabei um die Bügelfalten seiner Hose, die Bambusbeine seines Sessels, die Form eines Schreibmaschinentisches oder die polierte Oberfläche seines Schreibtisches handelte. Alles verband sich zu einem signifikanten Muster von fesselnder Qualität und interessanten Beziehungen, das ihm eine ungekannte „sakramentale Schau der Wirklichkeit" eröffnete. Es war

ein Muster, das umso interessanter war, als es nicht mit Hilfe der räumlichen Beziehungen der Gegenstände zueinander gebildet wurde. Tischchen, Sessel und Schreibtisch vereinigten sich zu einer Komposition, die einem Bild von Braque oder Juan Gris glich, einem Stilleben, das erkennbar mit der gegenständlichen Welt verwandt war, aber keine Tiefe besaß, keinen Versuch unternahm, mit fotografischen Mitteln Realismus zu erzeugen. Ich blickte auf meine Möbel nicht wie ein Anhänger des Nützlichkeitsprinzips, der auf Sesseln sitzen, auf Schreibtischen und Tischchen schreiben muß, und auch nicht wie der Fotograf oder der Sammler wissenschaftlicher Daten, sondern wie der reine Ästhet, der sich nur mit Formen und ihren Beziehungen innerhalb des Gesichtsfelds oder innerhalb der Grenzen des Bildes befaßt.[353354]

Psychologischer Begleitumstand dieser Art intensiv-innovativer Wahrnehmung war die Erfahrung, daß räumliche Beziehungen und zeitliche Abfolgen unbedeutsam wurden. Huxleys Geist nahm die Welt in Repräsentations- und Daseinsmustern auf, die jenseits raum-zeitlicher Kategorien lagen. Raum und Zeit waren nicht abgeschafft, aber sie traten fast völlig in den Hintergrund, wurden irrelevant. Fragen wie *wo? wann? wie weit? wie bald?* hörten auf, von Interesse zu sein. Die Position von Objekten im Raum, ihre Entfernung zu anderen Objekten, der Zeitpunkt ihres Erscheinens oder Verschwindens spielten für das Bewußtsein keine wichtige Rolle mehr. Statt dessen tätigte der Geist alle Wahrnehmungen in Begriffen der Daseinsintensität, der Bedeutungstiefe oder der Beziehungen innerhalb bestehender Konfigurationen. Er gewann das Geschenk einer neuen, unmittelbaren Einsicht in das Wesen der Dinge selbst. Es war die „Istigkeit" der Dinge, wie Huxley unter Verwendung einer Wortprägung des Mystikers Jakob Böhme sagt, die der Welt ein neues, offenes, wahres Antlitz verlieh. Istigkeit: Alles *ist*, wie es *ist*, und wie es *ist*, so *ist* es richtig, rein und wahr und klar – in Übereinstimmung mit der ewigen Ordnung des Seins.

---

353 Huxley, S. 18.

Was zum Beispiel beim Betrachten so lapidarer Objekte wie Bücher bedeutsam war, hatte überhaupt nichts mit ihrer jeweiligen Form, ihrer relativen Anordnung im Raum oder ihren verschiedenen Größen zu tun, sondern mit ihrer „Herrlichkeit", d. h. der immanenten Kraft, von lebendigem Licht zu erglühen und ihre Bedeutung auf den Betrachter „auszustrahlen". Oder was für Huxley beim Blick auf seine Hosenfalten aufleuchtete, hatte wenig mit der textilen Beschaffenheit des Objekts zu tun, so wie sie vielleicht ein Schneider gesehen hätte, sondern: „Diese Falten in meiner Hose – welch ein Labyrinth unendlich bedeutsamer Vielfältigkeit! Und das Gewebe des grauen Flanells – wie reich, wie tief bedeutsam und geheimnisvoll üppig!"[355]

Unter Meskalin war Huxleys Geist weder mit Maßen oder räumlichen Beziehungen noch mit Zeit oder Chronologie befaßt, sondern mit einem Erlebnis von Sein und Sinn, die in den jeweiligen Gegenständen unmittelbar manifest wurden, so als ob einem alternativen Schöpfungsplan gemäß die Dinge plötzlich den Auftrag erhalten hätten, das Geheimnis ihrer Essenz zu enthüllen, gewissermaßen die platonische Idee aufscheinen zu lassen, die ihnen innewohnt. Auf die Frage des Experimentators, welches Gefühl von Zeit er habe, antwortete Huxley gleichgültig: „Sie scheint reichlich vorhanden zu sein", ohne im geringsten den Wunsch verspürt zu haben, seine Aussage durch Blick auf seine Armbanduhr zu überprüfen, und ohne die Richtigkeit seines Gefühls anzuzweifeln, sich in einer unaufhörlichen Gegenwart zu befinden, die ihm als eine sich ständig verändernde Offenbarung der Welt zuteil wurde. Er hatte das Gefühl, seine Uhr befände sich „in einem anderen Universum" und dieses alternative Universum ginge ihn nichts an. Er erkannte: Mit einem von Drogen veränderten Gefühl des Lebens ändern sich auch die Prioritäten des Lebens, das Empfinden für Wichtigkeiten und Belanglosigkeiten, und was in dem einen „Universum" als wichtig erscheint, kann in dem anderen vollkommen belanglos werden.

Doch damit entpuppte sich das kardinale Problem seines Zustands: Denn mit eben dieser Erkenntnis stellten sich bei Huxley intellektuelle Vorbehalte ein, die zu durchdenken er durchaus imstande war. Der Meskalinrausch, so revelatorisch seine Wirkung auch empfunden wurde, war in bestimmter Hinsicht „unpraktisch". Denn die ganz und gar fesselnde Schau der Wirklichkeit, die den Dingen eine neue, bessere Daseinsform einzuflößen schien, hatte zur Folge, daß der in Beschaulichkeit versunkene Geist keine anderen Wünsche und Triebe mehr spürte, daß die Lebenspraxis mit ihren Verpflichtungen und Verantwortlichkeiten als nachrangig in den Hintergrund trat und daß die Mitmenschen mit ihren Ansprüchen und Erwartungen gewissermaßen keine Rechte mehr besaßen. Das

---

355 Huxley (1989), S. 25.

ungemein bereichernde und beglückende Schauen der Welt war selbstgenügsam. Darin erfüllte sich temporär das ganze Leben, in ihm steckte vorübergehend der ganze Sinn. Es hatte keine Konkurrenz auf der Palette der Motive und der von ihnen gesteuerten Aktivitäten: „‚So sollte man sehen!' sagte ich immer wieder, während ich auf meine Hose blickte oder auf die wie mit Edelsteinen besetzten Bücher in den Regalen... ‚Das ist die Art und Weise, wie man sehen sollte und wie die Dinge in Wirklichkeit sind.'"[356]

Aber diese zeitlose Seligkeit kontemplativer Versenkung in die Dinge war unter den Auspizien des späten 20. Jahrhunderts unvereinbar mit den täglichen Pflichten eines Menschen inmitten einer hochentwickelten Zivilisation. Sie war buchstäblich a-sozial und a-politisch, da keiner anderen Verpflichtung unterworfen als der des genußreichen Schauens. Sie war der reinste visuelle Hedonismus – nicht nur fern von der gesellschaftlichen Praxis, von der Welt des Selbst, der Zeit, der moralischen Urteile und der Nützlichkeitserwägungen, sondern auch indifferent gegenüber allen daraus resultierenden Interessen: „Dieses Teilhaben an der offenkundigen Herrlichkeit der Dinge ließ sozusagen keinen Raum für die gewöhnlichen, die notwendigen Angelegenheiten menschlichen Daseins, vor allem blieb kein Raum für Menschen. Denn Menschen besitzen ein Selbst, und in dieser Hinsicht zumindest war ich nun im Zustand des Nicht-Selbst-Seins und gewahrte dabei, wie den Dingen meiner Umgebung das Selbst fehlte... ."

Huxley sah in aller Schärfe den hier aufbrechenden Konflikt und litt darunter – noch lange nachdem sein erster Meskalinrausch verflogen war. Was er durchlebte, war eine Neuauflage der alten Antithese von tätigem und beschaulichem Dasein, der *vita activa* vs. *contemplativa* der antiken Philosophen, aber durch die Meskalinerfahrung um ein Vielfaches verschärft. Bis zu seinem Tode 1964 versuchte er sich an Lösungen, die eine Versöhnung der scheinbar unversöhnbaren Universen möglich machen würden. Aber er traute den Drogen weit mehr zu, als die zeitgenössische Gesellschaft bereit war, ihnen zuzutrauen, und so erlitt er das typische Schicksal eines Rufers in der Wüste. Sein letztes großes Werk, der utopische Roman *Island* (1965),[357] ist über weite Strecken eine gesellschaftsphilosophische Debatte der Möglichkeiten zur „Resakralisierung" der Gesellschaft durch Rekultivierung der Drogen. Trotz der internationalen Reputation seines Autors: ein nennenswertes Echo hat das Buch nicht gehabt. Die amerikanische Bundesgesundheitsbehörde (FDA) ächtete 1965 sämtliche halluzinogenen Drogen. Die meisten europäischen Länder folgten und zwangen die Drogenkultur in den Untergrund. Die Träume (und Alpträume) wurden von ihren Anhängern hinfort heimlich, mit schlechtem Gewissen geträumt.

---

356 Huxley, S. 28.
357 Dt. *Eiland: Roman* (1971).

Meskalin ist ein pflanzliches Mittel von relativ moderatem Wirkungspotential, ein Stoff, der von amerikanischen Indianerstämmen seit Jahrhunderten für religiös-zeremonielle Zwecke konsumiert wird und (in Maßen genossen) nicht für gesundheitsschädigende Effekte bekannt ist. Andere Rauschmittel synthetischer Herkunft wie die Tryptamine oder halbsynthetischer Art wie Lysergsäurediäthylamid (LSD) sind tiefwirkender und (wenn hoch dosiert und längerfristig genommen) gefährlicher als Meskalin. Mittlerweile ist pharmakologisch unumstritten, daß bei den sogenannten harten Drogen die seelischen Beglückungen die toxischen Gefährdungen nicht aufwiegen, und eben daraus resultieren die notorischen Drogenprobleme in den westlichen Gesellschaften: Kurzfristig erfahrene Glückseligkeit kann umschlagen in langfristig währende Nervenzerrüttung, aber die Erfahrung des einen blendet für viele die Furcht vor dem anderen immer noch aus.

Es geschah aufgrund ihrer positiven Effekte, daß die Drogen von Humphrey Osmond die Bezeichnung „psychedelisch" erhielten, worin Wertschätzung zu einer Zeit zum Ausdruck kam, als die zerstörerischen, halluzinogenen und psychoseverdächtigen Effekte der Mittel noch nicht oder nicht hinreichend bekannt waren. „Psychedelisch" meint jene Eigenschaft der Drogen, die das Bewußtsein zu Visionen befähigt, welche oftmals als veritable Offenbarungen empfangen werden – durchaus in dem Sinne, in dem die großen Visionäre der Weltgeschichte, die Schamanen, Propheten und Poeten, ihre Eingebungen als geoffenbarte Wahrheiten angesehen haben. Es meint die Entbindung von psychischen Konfigurationen, die deutlich außerhalb des normalen Tagesbewußtseins angesiedelt sind und ungekannte Dimensionen seelischer Erfahrung erschließen, Konfigurationen mithin, deren Qualität die „Orgien des Schauens", die Huxley erlebte, noch weit übertreffen. Das Wirkungsspektrum der Drogen ist zwar unterschiedlich, da unterschiedliche neuronale und katabolische Prozesse in Gang gesetzt werden;[358] doch das medizinische Bild ergibt, daß zentrales Nervensystem, Hormonhaushalt sowie kortikale und subkortikale Hirnregionen übergreifend aktiviert werden. Die damit ausgelösten Veränderungen betreffen mehrere beobachtbare Bereiche, die wiederkehrend, wenn auch mit graduellen Unterschieden involviert sind:
- die Psychomotorik, wo die Erregungszustände dazu tendieren, sich in auffälliges, z. B. theatralisches, symbolisch agierendes, manchmal auch aggressives Verhalten zu übersetzen;
- die sinnliche Wahrnehmung, wo die Erfassung der Struktur des Raums, das Erkennen von Formen und Farben sowie überhaupt die Verarbeitung von Sin-

---

358 Zur Chemie der Drogen und den Unterschieden ihrer Wirkung s. Wagner (1970).

nesdaten drastischen Veränderungen (Intensivierungen, Umstrukturierungen, Verzerrungen, Auflösungen) unterliegt;
- der Intellekt, wo die Befähigung zu analytischem Denken und logischem Schlußfolgern abgeschwächt, statt dessen die Befähigung zu ganzheitlich-intuitivem Erfassen der Wirklichkeit gefördert, die Empfänglichkeit für spirituelle Eindrücke erhöht und die Versprachlichung des Gedachten von der Verbildlichung des Wahrgenommenen verdrängt wird;
- das Ich-Bewußtsein, in dem sich das Gefühl für ein persönliches Sosein entgrenzt zu einem ‚höheren' Gefühl überindividuellen Daseins, mitunter sogar zu einem Bewußtsein reinen Seins;
- das Erinnerungsvermögen, das instandgesetzt wird, Unbewußtes bewußt zu machen, in frühere Lebensphasen zu regredieren und deren Erlebniswelten zu aktivieren;
- die Willens- und Antriebskräfte, die deutlich deaktiviert werden zugunsten einer passiv-kontemplativen Haltung, in welcher der Mensch wenig Anlaß zum Planen, Handeln und Sich-Sorgen-machen sieht;
- das Zeitempfinden, in dem die Kategorie der empirischen Zeit weitgehend ihre Bedeutung verliert, Chronologie keine intelligible Rolle mehr spielt und das Bewußtsein sich zeitlos in der Zeit bewegt;
- die Gefühlswelt, wo Zustände der Euphorie, der Glückseligkeit, der Ekstase auf der einen Seite und Zustände der Angst, der Panik, des Terrors auf der anderen geradezu überwältigende Formen annehmen können.

Huxley war auf dem Gebiet der Psychedelika ein Amateur, wenn auch ein außerordentlich gut beobachtender und gründlich informierter. Einer der erfahrensten professionellen Drogenforscher der westlichen Welt ist Stanislav Grof, ein Mitte der 60er Jahre aus der Tschechei in die USA eingewanderter Arzt und Psychotherapeut. Grof experimentierte unter klinischen Bedingungen mit LSD, dem potentesten Psychopharmakon, das jemals in der Natur gefunden oder im Labor synthetisiert wurde. Er veranstaltete LSD-Sitzungen unter kontrollierter Beobachtung seiner Patienten, um die psychotherapeutischen Möglichkeiten der Droge zu erforschen, wertete Tausende von Protokollen der LSD-Sitzungen aus und entwickelte daraus eine komplexe Theorie zur „Karthographie des inneren Raums":[359]

Die von LSD erzeugten eidetischen Bilder und visionären Erfahrungen werden von Grof der Existenz spezifischer Matrizes des Unbewußten zugeschrieben, die er „COEX-Systeme" (*condensed experience systems*) nennt. Dabei handelt es sich um intrapsychische Archive oder Register, die ‚angezapft' werden können,

---
359 Siehe Grof (1998).

wenn bestimmte Lebensumstände dies begünstigen. Die COEX-Systeme sind geschichtete Erinnerungskomplexe oder -konfigurationen variierender Zahl und Stärke, deren Inhalte über Regressionen abrufbar sind, seelische Speicher gewissermaßen, die gebündelte Informationen über psychogenetisch wichtige Ereignisse liefern. Nach Grof hat jedes COEX-System ein Grundthema, das alle Schichten der Psyche durchdringt und ihren gemeinsamen Nenner darstellt. Typischerweise verdichten sich Erlebnisse intensiver Beglückung einerseits und tiefwirkender Traumatisierung andererseits zu COEX-Systemen, die lebenslang existent und, je nach Umständen, auch virulent bleiben. Dazu zählen in der Regel Kernerfahrungen wie die Empfängnis, die vorgeburtliche Existenz, das Geburtstrauma, die Defloration, gesundheitliche Krisen, beglückende Begegnungen, existentielle Erschütterungen, spirituelle Erleuchtungen – kurz: Lebenserfahrungen, für welche die Seele eine spezifische Sensitivität besitzt, Erfahrungen, die infolgedessen auch in engem Zusammenhang mit den psychischen Angstabwehr- und Wunscherfüllungsmechanismen stehen, die das Individuum typischerweise wählt. Dazu zählen aber auch phylogenetisch angelegte, prä- und transpersonale Ereignisse, die in keinem unmittelbaren Konnex mit der individuellen Psyche stehen, sondern per Regression in die gruppeneigene Kulturgeschichte, in die menschliche Gattungsgeschichte, ja sogar in Nachbarbezirke der Naturgeschichte zurückreichen.

Nicht ungewöhnlich ist bei psychedelisch Reisenden, daß in eidetischen Bildern z. B. der Verlauf der eigenen Geburt mit allen physischen und physiologischen Einzelheiten wiedererlebt wird, und zwar mit besonderer Intensität offenbar dann, wenn das Geburtstrauma deutliche Spuren im Seelenleben des Betreffenden hinterlassen hat (natale und perinatale Erfahrungen). Nicht selten sind auch Reminiszenzen an Einzelheiten der Säuglingszeit, an Eltern, Geschwister und Lebensumstände, die in der frühesten Lebensphase gewöhnlich nicht der aktiven Erinnerbarkeit unterliegen. Überhaupt sind Regressionen in jene Bereiche der Ontogenese keine Seltenheit, die der Phase präpersonaler Entwicklung angehören, deshalb normalerweise unzugänglich bleiben, und, wenn überhaupt, nur mühsam über Traumanalyse oder paläopsychische Rekonstruktion erschließbar sind. Geht die Reise in die phylogenetische Vergangenheit, gibt es Patienten, die verblüffenderweise imstande sind, die Bezirke des Humanen hinter sich zu lassen und in den animalischen oder gar vegetativen Bereich zurückzugehen, also auf der evolutionären Leiter mental weit nach unten zu klettern. Grof sammelte Berichte, die Einblicke darin bieten, wie sich z. B. eine Schlange fühlt, wenn sie hungrig ist, oder eine Schildkröte, wenn sie sexuell erregt ist. Es liegen phantastisch anmutende Protokolle von Testpersonen vor, die behaupten, sie hätten den Trieb erlebt, der einen Lachs auf seiner Reise gegen die Strömung eines Flusses vorantreibt, oder die Empfindung gespürt, welche eine Spinne beim Weben ihres Netzes hat, oder die Metamorphose durchlebt, die ein Schmetterling vom Ei über die Raupe und die Puppe zur Endgestalt als Falter vollzieht. Testpersonen, die derartiger Erfahrungen fähig sind, sehen sich selbst z. B. als ein Samenkorn im Keimungsprozeß oder als ein Blatt bei seiner photosynthetischen Tätigkeit oder als eine Wurzel, die Wasser in ihren Stoffwechsel aufnimmt.

Was solche Erlebnisse von puren Hirngespinsten unterscheidet, sind die meist erstaunlich detaillierten anatomischen oder physiologischen Einblicke, die unter normalen Umständen eine wissenschaftliche Spezialausbildung voraussetzen, hier aber spontan auftreten und in ihrer Bildhaftigkeit ungleich konkreter ausfallen, als es wissenschaftliche Beschreibungen jemals sein können. Die Erkenntnis ist unabweisbar: Wir tragen die Evolution mental in uns; das Alte ist noch im Neuen vorhanden – unabhängig von den jeweiligen Formen ihrer Nachwirkung, Nutzung, Reaktivierung oder Deaktivierung. Die evolutionsgeschichtlichen ‚Rückblenden' unter LSD-Einfluß zeigen, daß das phylogenetische Potential in der aktuellen genetischen Struktur voll erhalten bleibt. Nicht nur die Erfahrung des rudimentär Seelischen im Menschen wird konserviert, wie schon die klassische Psychoanalyse wußte, sondern offenbar auch eine Kenntnis des organischen Lebens in der evolutionären Kette.

Die psychoaktiven Eigenschaften der Droge sorgen dafür, daß die gespeicherten Erfahrungen in visionäre oder halluzinative Vorstellungen umgesetzt werden, die – je nach Konfiguration der Systeminhalte – außerordentlich euphorisch stimmen, aber auch stark beklemmend oder angsterregend wirken können. Personen unter dem positiven Einfluß intrauterinärer Sicherheit (störungsfreie Mutter-Kind-Symbiose) neigen bespielsweise dazu, neue Dimensionen des Kosmos wahrzunehmen. Sie haben das intensive Empfinden, integraler Teil der Schöpfung zu sein, oder leben in dem Gefühl, gewöhnliche Dinge des Lebens wie die Einnahme von Mahlzeiten, Spaziergänge in der Natur, Spielen mit Kindern, sexuelle Begegnungen als etwas Heiliges erfahren zu dürfen. Die Droge schickt sie sozusagen auf Reisen in den Himmel, und die Visionen haben poetisch idealisierenden Charakter. Bilder von segensreichen Gottheiten oder gütigen Archetypen tauchen auf und scheinen so etwas wie Schutz- und Leitfunktionen zu übernehmen.

Personen unter dem negativen Einfluß vorgeburtlicher Existenz (Risikoschwangerschaft, Abtreibungsversuche, Schädigungen des mütterlichen Organismus) oder stark traumatisch verlaufener Geburten erleben demgegenüber verschiedene Formen und Grade emotionaler und physischer Pein. Die Schwierigkeiten werden dann in einem negativen mythischen oder metaphysischen Bezugsrahmen erlebt und oft in satanisch-dämonischen Begriffen gedeutet. Der erlebte unangenehme Zustand wird feindseligen Schicksalsmächten zugeschrieben, schlechten astrologischen Einflüssen angelastet oder bösartigen Geistwesen aller Art. Es sind Reisen in die Hölle, die aus dieser Matrix hervorgehen, Reisen, die im Extremfall die schlimmen psychotischen Ausmaße bösartiger Regression annehmen (keine Rückkehr möglich). Die Drogen aktivieren/stimulieren ein Potential, das prinzipiell vorhanden und in den COEX-Systemen in unterschiedlicher Ausprägung angelegt ist. Es sind somit ‚nur' Katalysatoren, keine Produzenten. Sie setzen etwas in Gang, schöpfen aber nichts neu. Die von ihnen ausgelösten Zustände lassen medizinisch erkennen, was metaphysisch nie in Frage stand: daß es andere, tiefere, und engere Beziehungen zwischen Innen und Außen gibt, als uns vom Alltagsbewußtsein gewöhnlich vermittelt wird. Keinesfalls lassen sie jedoch den Schluß zu, daß neue Beziehungen gestiftet werden können, die eine gänzlich andere Realität erzeugen. Was im Spiel ist, sind neurochemisch verursachte Expansionen und Transformationen, nicht eigentlich Kreationen. Es ist – bildlich ausgedrückt – das Schöpfen aus einem tiefen Brunnen, nicht das Herbeizaubern von frischem Wasser, das diesen Vorgängen entspricht. Zu bedenken ist stets: Erfahrene Mystiker sind imstande, kraft ihres Geistes eben jene Zustände in sich herbeizuführen, für welche Nicht-Mystiker der chemischen Stimulation bedürfen. Die Drogen sind somit künstliche Türöffner, auf die manche Menschen gar nicht angewiesen sind, weil die eigene Natur ihnen Passagen in ‚andere Welten' zu öffnen vermag.

Dies wirft die Frage auf, weshalb die mentale Evolution den Menschen so verschwenderisch mit Fähigkeiten ausgestattet, seinem Bewußtsein ‚Reichtümer' verliehen hat, welche die meiste Zeit brachliegen. Ganz offensichtlich verfügen wir samt und sonders über ein viel größeres Potential, als wir ahnen und willentlich zu aktivieren imstande sind. Unser Bewußtsein gleicht einem großen Erinnerungsspeicher, angeschlossenen an einen Hochleistungsgenerator, von deren Umfang und Leistungsvermögen wir uns keine realistische Vorstellung machen. Dabei scheint maßgeblich die jeweilige Kultur und nur unmaßgeblich die jeweilige Genetik dafür verantwortlich zu sein, daß Selektionsprozesse eingreifen, die das Gesamtpotential in spezifischer Weise filtern, so daß bestimmte Möglichkeiten aktiviert, andere jedoch eliminiert werden, wenn ihre Inanspruchnahme dysfunktional wäre. Tatsächlich arbeiten unsere Sinnesorgane, das Gedächtnis und das Nervensystem stark eliminierend, und man kann die Hypothese aufstellen, daß sie dies tun, um den Menschen vor einer verwirrenden Flut totaler Eindrücke zu schützen und ihm die Gelegenheit zu geben, unter den restriktiven Bedingungen zu leben und überleben, die sein jeweiliger Kontext ihm abfordert. Der Philosoph Henri Bergson hat einst die These gewagt, daß jeder Mensch potentiell in jedem Augenblick fähig sei, sich all dessen zu erinnern, was ihm je widerfahren ist, und alles wahrzunehmen, was irgendwo im Universum geschieht.[360] Dies ist (als philosophisches Analogon zur esoterischen Akasha-Chronik) die kühne Idee von der Existenz des größtmöglichen Bewußtseins als Niederschlag und Reservoir unserer langen Evolution, eine provokante Antithese zu den Grundannahmen der Ich-Psychologie, welche unser Seelenleben tendenziell auf personale Grenzen beschränkt sieht.

Aber: Eine jederzeitige totale Verfügung über ein derartiges Maximalbewußtsein bedeutete keineswegs die Beherrschung eines Instrumentariums für lebensfreundliche Orientierung, sondern verlangte zahlreiche Abwehr- und Kontrollmaßnahmen, um zu verhindern, daß das Bewußtsein von einer Vielfalt der verschiedensten Szenarien im Kopf überflutet wird. Um ein biologisches Überleben der Gattung zu ermöglichen, müssen die potentiellen Inhalte eines größtmöglichen Bewußtseins offenbar einen Reduktionsfilter im Gehirn und Nervensystem passieren. Was normalerweise durchgelassen wird, scheint nur ein relativ spärliches Rinnsal aus Wahrnehmungen, Erinnerungen, Gedanken und Gefühlen zu sein. Aber eben dies macht es möglich, daß wir uns auf diesem Planeten einrichten und unsere Aufgaben erfüllen können. Natürlich hat es immer ‚professionelle' Eremiten, Mönche und Mystiker gegeben, die konsequent und kompromißlos die *vita contemplativa* kultivierten. Aber ein drogenseliger Aldous Huxley, der unentwegt verzückt auf das Muster seiner Hosenfalten geschaut hätte, wäre bald ein lebensuntüchtiger Huxley geworden. Und Gleiches hätte seine Geltung für die allermeisten heute lebenden Menschen. Nur unter besonderen Bedingungen lassen sich die Pforten der Wahrnehmung öffnen und geben Blicke auf Landschaften frei, die uns die meiste Zeit verborgen bleiben. Die mystischen Erlebnisse und Past-Life-Regressionen, die wir oben erörtert haben, Huxleys sakramentale Schau der Wirklichkeit, die wir gerade vorgestellt haben, und die Erlebnisse unter LSD, die wir gleich erörtern werden, liefern Schlüssel für solche Pforten.

An dieser Stelle erscheint es sinnvoll, zwei Grofsche Versuchspersonen zu Worte kommen zu lassen, um die Wirkung einerseits positiver, andererseits negativer perinataler Erfahrungen zu veranschaulichen. Bei der ersten Person handelt es sich um einen Mediziner, dessen naturwissenschaftlich nüchternes Weltbild von LSD spürbar erschüttert und nachhaltig verändert wurde. Er entdeckte eine ihm zuvor unbekannte, aber willkommene, da reichere innere Welt. Sein Bericht ist ein perfektes Exemplum für die erhebende Wirkung einer „guten Reise", in starker Übereinstimmung mit den Äußerungen von Mystikern, wenn sie den Himmel in sich selbst entdecken. Er ist nichts Geringeres als der Bericht

---

[360] Bergson (1991).

eines Menschen über seine eigene spirituelle Revolution:

Der Gedanke, daß im Fötus ein scharfsinniges Bewußtsein existiert, und die Möglichkeiten, daß der Fötus alle Nuancen seiner Integration mit der Mutter subjektiv wahrnimmt, standen natürlich im scharfen Gegensatz zu den Vorstellungen, die aufgrund meiner medizinischen Ausbildung in mir verankert waren. Die Realität und Konkretheit dieser Erfahrungen und ihre Überzeugungskraft brachten den ‚Wissenschaftler' in mir eine Zeitlang in einen sehr ernsten Konflikt. Dann tauchte plötzlich die Lösung des Dilemmas auf; es wurde mir klar, daß es wichtiger war, die Notwendigkeit einer Revision der gegenwärtigen wissenschaftlichen Überzeugungen ins Auge zu fassen – eine solche Revision ist ja im Laufe der Menschheitsgeschichte viele Male erfolgt –, als die Relevanz meiner Erfahrungen in Frage zu stellen. Als ich es dann fertig brachte, mein analytisches Denken aufzugeben und die Erfahrung zu akzeptieren, so wie sie war, veränderte sich das Wesen der Sitzung auf dramatische Weise. Die Gefühle von Übelkeit und gestörter Verdauung verschwanden, und ich erlebte einen immer intensiver werdenden Zustand der Ekstase. Hand in Hand damit wurde mein Gesichtsfeld klarer und heller. Es war, als ob vielfache Schichten dicker, schmutziger Spinnweben auf magische Weise zerrissen und aufgelöst würden. Oder wie wenn ein schlechtes Film- oder Fernsehbild von einem unsichtbaren kosmischen Techniker korrigiert und scharf eingestellt würde. Die Szenerie öffnete sich, und eine unglaublich gewaltige Flut von Licht und Energie hüllte mich ein und strömte in leichten Schwingungen durch mein ganzes Sein. Auf einer Ebene war ich immer noch ein Fötus, der absolute Vollkommenheit und Seligkeit eines guten Mutterschoßes erlebt, oder ein neugeborenes Kind, das mit einer nährenden, lebensspendenden Brust verschmilzt. Auf einer anderen Ebene wurde ich zum gesamten Weltall; ich erlebte das Schauspiel des Makrokosmos mit unzähligen pulsierenden und vibrierenden Milchstraßen und war zugleich dieser Makrokosmos. Diese strahlenden und atemberaubenden kosmischen Bilder waren vermischt mit Erlebnissen des ebenso wunderbaren Mikrokosmos – vom Tanz der Atome und Moleküle bis zu den Ursprüngen des Lebens und der biochemischen Welt der einzelnen Zellen. Zum ersten Mal erlebte ich das Universum so, wie es wirklich ist: ein unergündliches Geheimnis, ein göttliches Spiel von Energie. Alles in diesem Universum schien bewußt zu sein. Nachdem ich die Möglichkeit des fötalen Bewußtseins hatte akzeptieren müssen, stand ich nun einer noch verblüffenderen Erkenntnis gegenüber: daß möglicherweise das Bewußtsein alle Existenz durchdringt. Mein wissenschaftlicher Geist wurde durch diese Erkenntnis hart bedrängt, bis ich erkannte, daß zwar viele dieser Erfahrungen mit unserem gesunden Menschenverstand unvereinbar waren, aber nicht notwendigerweise außerhalb des Bereichs der Wissenschaft standen. Diese Enthüllungen waren sicherlich nicht verblüffender als die Implikationen von Einsteins Relativitätstheorie, der Quantenmechanik, verschiedener astronomischer Konzeptionen und moderner kosmogenetischer Theorien. Die pantheistischen Religionen, die Philosophie Spinozas, die Lehren des Buddha, die hinduistischen Vorstellungen von Atman-Brahma, *maya* und *lila*: sie wurden alle plötzlich lebendig und bekamen einen neuen Sinn. [...]
Mir wurde klar, daß hier die Antwort lag auf das fundamentale Dilemma der Menschheit: Diese unersättliche Sehnsucht, dieses unstillbare Verlangen kann durch keine Errungenschaft und keinen Erfolg in der äußeren Welt, wie groß sie auch seien, befriedigt werden. Die einzige Antwort ist die Wiederherstellung der Verbindung mit diesem Ort im eigenen Geist, im eigenen Unbewußten. Ich verstand plötzlich die Botschaft so vieler geistiger Lehrer, daß die einzige Revolution, die funktionieren kann, die innere Umwandlung des Menschen ist.
Während der Perioden des anscheinenden Wiedererlebens positiver Erinnerungen an die fötale Existenz erfuhr ich Gefühle der fundamentalen Identität, des Einsseins mit dem Weltganzen; es war das ‚Tao', das Jenseits, das im Innern ist, das ‚Tat twam asi' (Das bist du) der Upanischaden. Ich verlor mein Individualitätsbewußtsein, mein Ich löste sich auf, und ich umfaßte in mir die Gesamtheit aller Existenz. Manchmal war diese Erfahrung immateriell und inhaltslos, manchmal war sie von vielen schönen Visionen begleitet – archetypischen Bildern des Paradieses, der höchsten Fülle, des goldenen Zeitalters, der jungfräulichen Natur. Ich wurde zu Fischen, die im kristallklaren Wasser schwimmen,

Schmetterlingen, die über Bergwiesen gaukeln, Möwen, die übers Meer hinglitten. Ich war das Meer, die Tiere, die Pflanzen, Wolken – manchmal alle diese Dinge gleichzeitig.

Bei einer Gelegenheit schien sich die Erfahrung des guten Mutterschoßes ins Zeitliche, anstatt ins Räumliche zu öffnen. Zu meinem äußersten Erstaunen erlebte ich meine eigene Empfängnis und verschiedene Stadien meiner embryologischen Entwicklung wieder. Während ich all die Komplexitäten der Embryogenese erlebte, in Einzelheiten, welche die besten medizinischen Handbücher übertrafen, bewegte ich mich blitzartig in eine noch fernere Vergangenheit zurück und erblickte einige phylogenetische Spuren aus dem Leben meiner tierischen Ahnen. Der Wissenschaftler in mir stieß auf ein weiteres Rätsel: Kann es sein, daß der genetische Code unter bestimmten Umständen in eine bewußte Erfahrung übersetzt wird? Ich beschloß, über diese Probleme nachzudenken, und überließ mich ganz der verlockenden Entfaltung der Geheimnisse der Natur.

Später an diesem Nachmittag geschah nichts Konkretes mehr, und in den Abendstunden verbrachte ich die meiste Zeit damit, mich eins mit der Natur und dem Weltall zu fühlen, und badete in dem goldenen Licht, das langsam schwächer wurde. Nur widerwillig gab ich dieses Erlebnis auf und kehrte zu meinem gewöhnlichen Bewußtsein zurück. Ich fühlte jedoch, daß an diesem Sitzungstag etwas zutiefst Bedeutendes mit mir geschehen war und daß ich nie wieder der gleiche Mensch wie vorher sein würde.[361]

Bei der zweiten Person handelt es sich um einen jungen Sozialwissenschaftler, dessen perinatale Matrix dem Zustand ‚höllischen' Leidens entspricht. Auch hier spielt die Biographie des Unbewußten eine erkennbare Rolle; aber das seelische Erlebnis wird jetzt gespeist aus Quellen der Angst und verhängt schwerste Qual und Pein. Es steht in gefährlicher Nähe zu einem psychotischen Abgrund und beschwört sogar die Gefahr eines Selbstmordes herauf. Wo die psychedelische Reise die erste Person in Regionen ungeahnter Befreiung und Entgrenzung führt, endet diese in Gefilden qualvollster Beengung und labyrinthischer Verwirrung. Dieser Bericht liefert uns das Exemplum für einen ausgesprochen „schlechten Trip". Er gleicht der Durchquerung einer mentalen Hölle:

In dieser Sitzung schien es sehr lange zu dauern, bis die Drogenwirkung einsetzte. Nach einer Periode der Ungeduld, hinter der sich Angst verbarg, begann ich ein deutliches Unbehagen zu spüren. Das Gefühl des Unwohlseins, das mich umfing, war zuerst ganz schwach. Leichte Gefühle der Übelkeit und Spannung machten sich bemerkbar. Bald jedoch steigerten sich Übelkeit und Spannung bis zu einem Punkt, wo jede Zelle betroffen zu sein schien. Es ist schwer, diese Erfahrung zu beschreiben – sie war allumfassend. Die etwas humoristische Beschreibung, daß ich mich fühlte, als ob ein Zahnarzt in jeder Zelle meines Körpers bohrte, ist nur ein Versuch, die Atmosphäre drohenden Unglücks und der Erwartung von Not und qualvollen Schmerzen zu vermitteln, die mir eine Ewigkeit zu dauern schien. Obwohl ich keine Bilder sah, begann ich an Petronius, Seneca, Sartre und andere Philosophen zu denken, die den Selbstmord für den einzig sinnvollen Tod erachteten. Ich hatte die Phantasie, in einem warmen Bad zu liegen, während mein Lebensblut aus meinen Adern ausströmte. Ich bin tatsächlich fest überzeugt, daß ich mich umgebracht hätte, wenn ich in diesem Augenblick die Möglichkeit dazu gehabt hätte. Ich war völlig von einer Situation überflutet, aus der es kein Entrinnen geben konnte, außer durch den Tod. Und so wie das ganze Leben mir absurd erschien, kam mir auch die erschöpfende Anstrengung, meinen schmerzgeplagten Körper durch Tage, Jahre, Jahrzehnte, eine ganze Lebenszeit, weiterzuschleppen, irrsinnig vor. Warum mußte ich in etwas so absolut Nutzloses

---

361 Zit. nach Grof (1998), S. 134–137.

und zugleich Qualvolles wie das Leben verwickelt sein, nur um dann unter Qualen zu sterben? Dieser Zustand hielt stundenlang an. Ich dachte, ich würde diesen Ort nie mehr verlassen, aber obwohl diesem Bewußtseinszustand etwas Seltsames anhaftete, erkannte ich ihn doch als etwas Vertrautes. Es war ein Zustand, den ich schon früher in verschiedenen Formen erlebt hatte; tatsächlich schien er die Grundmatrix zu sein, die meine Weltanschauung und meine Seinsweise beeinflußt hatte. Diesen Zustand, wenn auch nur für ein paar Stunden, so intensiv zu erleben, als eine erweiterte Hölle, aus der es kein Entkommen gab, war eine wichtige Lektion. Ich wußte während des späteren Teils dieser Erfahrung, daß ich nicht mehr bei den Leidensaspekten der Menschen verweilen wollte, aber hatte ich denn eine Wahl? Ich fühlte, daß ich alles tun würde, um zu entkommen, aber gab es überhaupt einen Weg? Ich erkannte plötzlich, daß ich in dieser Situation auf einer bestimmten Ebene keine Wahl hatte. Ich wurde durch ein tiefinneres, alle meine Zellen durchdringendes Leiden hindurchgetrieben; es wurde mir einfach zugefügt, ich hatte keinen Einfluß darauf. Der Gedanke an das Karma kam mir, und ich versuchte herauszufinden, was in meiner Vergangenheit mich an einen solch ungeheuerlichen Ort geführt hatte. Aber alles Analysieren führte zu keiner Antwort. Ich fühlte mich in einem Labyrinth gefangen, das keinen Ausweg hatte. Ich saß fest, und das war mein Schicksal, ans Rad des Leidens gefesselt zu sein. Ich verabscheute es, so auf das Leiden fixiert zu sein, aber je weniger ich mein Schicksal akzeptieren konnte, desto schwieriger wurde es für mich. Es war, als sei ich gefangen in einem Konzentrationslager, und je hartnäckiger ich mich bemühte, herauszukommen, desto mehr würde man mich schlagen; je mehr ich mich zu befreien versuchte, desto straffer wurden die Fesseln. Und doch wußte ich irgendwo tief innen, daß ich kämpfen mußte, daß ich entfliehen mußte und auch würde, aber wie? Diese nicht nachlassende Qual dauerte Stunden und hielt sogar bis in den letzten Teil der Sitzung an. In einem fast schon normalen Bewußtseinszustand fühlte ich mich noch immer von Qualen zerrissen. Ich erkannte die Gefühle, die aus meinem Unterbewußtsein kommen und mein tägliches Leben beeinflussen, jetzt deutlicher, sie hatten sich wie altbekannte Feinde manifestiert. Ich fragte mich, wann die Schlacht zu Ende sein würde.[362]

Die stark wechselnde, bipolar hervortretende Qualität der erlebten Zustände ist nicht nur von natalen/perinatalen Umständen beeinflußt, sondern von der seelisch-körperlichen Gesamtverfassung des Menschen abhängig. Die Drogen aktivieren biochemisch das, was konstiutionell angelegt ist. Doch statt hier die recht komplizierten Veränderungen auszubreiten, die Psychedelika im Organismus bewirken,[363] ist es hilfreich, zur Beschreibung des Einflusses der Konstitution eines Menschen das Bild eines gut oder schlecht gestimmten Musikinstrumentes heranzuziehen. Je nach seiner Gestimmtheit resultieren beim Spiel Euphonie oder Kakophonie. Und je nach dem Talent des Spielers ergeben sich harmonische oder mißstimmige Töne. Schon die klassischen Mystiker wußten, daß niemals eine Gewähr dafür gegeben ist, daß der Vorstoß zur Transzendenz als unveränderbar beseligend erlebt wird. Es entsprach ihrer Erfahrung, daß gesundheitliche Befindlichkeit und soziale Situation einflußnehmende Rollen spielen und, unter ungünstigen Bedingungen, schreckenerregenden ‚Invasoren' die Einfallstore zur Psyche öffnen können. Auf jeden Fall sind seelische Dispositionen und physische Konditionen im Spiel, die darüber befinden, ob die psychede-

---

362 Zit. nach Grof (1998), S. 144–145.
363 Siehe dazu Wagner (1970).

lische Reise glücklich oder unglücklich verläuft. Es gibt die gut gestimmten, ausgeglichenen, psychisch gesunden Individuuen, die imstande sind, sich den Himmel auf Erden dadurch zu verschaffen, daß sie ihre Seele – mit oder ohne Drogen – frei schwingen lassen. Und es gibt die mühselig Beladenen, deren Lebens- und Bewußtseinsgeschichte ihnen das Kreuz menschlichen Leidens aufbürdet, welches das Streben nach kosmischer Transzendenz immer wieder an die Grenzen irdischer Schwernis und seelischer Pein stoßen läßt. Unter günstigen Umständen können Menschen, die kreativ tätig sind (Schriftsteller, Musiker, bildende Künstler) in ihrer Kreativität ungemein befügelt werden.[364] Unter negativen Vorzeichen können Individuen, auf denen das Leben schwer lastet (Menschenhasser, Pessimisten, nervenkranke oder in sich gespaltene Naturen) in einen Abgrund gestoßen werden. Erweitertes Bewußtsein als Erfahrung transpersonalen Seins steht gequältem Bewußtsein als Erleiden pathologisch angstbesetzter Erlebnisse gegenüber, wobei hier wie dort das Fundament von Konstituenten gebildet wird, deren Phänomenologie geschichtlich und psychogenetisch vorgeprägt ist.

Aus diesem Grund sind gute Vorbereitung und Anleitung unerläßlich für alle, die mit Hilfe von LSD unbekannte Territorien des menschlichen Geistes betreten wollen. Reisen ohne sachkundigen Begleiter sind riskant. LSD-Sitzungen, die zu keinem befriedigenden Abschluß kommen, können schwere Depressionen, destruktive und aggressive Impulse, paranoide Zustände, sogar Manifestationen von Größenwahn und Omnipotenzgehabe zur Folge haben. Hier ist das tiefe Innere die Matrix für alle Phänomene seiner sinnlich erfahrbaren Entäußerung. Die Wirkung der Drogen gleicht also weder der eines Nürnberger Trichters, durch den sich Weisheit und Wissen einflößen läßt, noch der eines Schauspiels, das dem Bewußtsein bloße Illusionen vorgaukelt. Sie gleicht eher dem Effekt eines starken Lichtkegels, welcher der Topographie des Seelischen neue Farben, schärfere Konturen und ungekannte Profile verleiht. Dieser macht das Bewußtsein auf sich selbst und seine unbewußte Geschichte aufmerksam. Er erhellt den Blick auf unausgeschöpfte Möglichkeiten und bestehende Alternativen, beleuchtet aber auch grell und gnadenlos seelische Verletzungen, innere Verkrampfungen und mentale Fehleinstellungen.

Wie erwähnt wurden LSD und verwandte Rauschmittel in den allermeisten westlichen Ländern aus gesundheitspolitischen Gründen mit einem Verbot belegt. Dieses Verbot – so verständlich es ist – hat, medizinisch gesehen, eine Kehrseite, die für Patienten einen Verlust in der Akzeptanz ihres Leidens und für Ärzte eine Einbuße in ihrem Wirkungsfeld darstellt. Grof und sein Forscher-

---

364 Vgl. Masters u. Houston (1971); ebenso Kohtes u. Ritzmann (1987).

kreis konnten nämlich zeigen, daß LSD ermutigende therapeutische Wirkungen unter Bedingungen auszuüben imstande ist, die den meisten Therapeuten als eher entmutigend erscheinen müssen:[365] bei schwer krebskranken Patienten, denen im unheilbar fortgeschrittenen Stadium ihrer Krankheit oft nur noch eine kurze Lebensspanne beschieden ist. Solchen Menschen stehen oft Schmerz, Verzweiflung, Bitterkeit, Auflehnung, Todesangst auf die Stirn geschrieben, ohne daß ihre Ärzte, ihre Verwandten oder sie selbst in der Lage wären, das finale Drama in seiner empfundenen Grausamkeit erträglich zu machen. Die Entfremdung des abendländischen Menschen vom Tod als einer Naturtatsache hat oftmals eine Verdrängung zur Folge, die das Naturereignis, eben weil es verdrängt wird, zur Nemesis werden läßt. Verdrängung ist nicht Aufhebung, und die Todesangst (nebst ihren entnervenden Begleitumständen) stellt die Rache dar, welche die Natur an denjenigen vollzieht, die vermeinen, den Tod durch Verdrängung aufheben zu können. Je stärker der Versuch einer Abwehr des Unvermeidbaren, desto schrecklicher die Erfahrung des Sterbenmüssens und je geringer die Akzeptanz des Todes. In dem Bemühen, den Sterbenden die Realität ihrer Situation zu verbergen, spielen das medizinische Personal und die Familienangehörigen dann meist noch das fragwürdige ‚Gesellschaftsspiel‘ wohlgemeinter Heuchelei, um das bedrohliche Problem in den Hintergrund zu drängen und illusionäre Hoffnungen zu wecken.

Hier kann LSD ‚versöhnend‘ eingreifen, indem es als Pharmakon nicht nur physische Schmerzen lindert, sondern als Psychedelikum die Erwartungshaltung dem bevorstehenden Tod gegenüber transformiert und seine Bedeutung insofern redefiniert: Nach positiv verlaufener Sitzung wird er nicht mehr als ein Feind angesehen, als Sensenmann, der unbarmherzig die physische Vernichtung des Individuums betreibt, sondern als Begleiter für einen metaphysischen Übergang in einen anderen Zustand angenommen. Unter positivem LSD-Einfluß assoziiert sich der Tod oftmals mit den uralten Übergangsriten aus Mythos und Religion, die seiner Erscheinung einen hohen Wert beimessen dadurch, daß sie ihn in den weiteren Erfahrungskomplex von Tod und Wiedergeburt einordnen. Der brutale Gedanke an das Ende der biologischen Existenz verliert seinen Schrecken und weicht der Vorstellung einer spirituellen Fortsetzung des Lebens. Ein bejahendes Hinnehmen tritt an die Stelle eines verzweifelten Leugnens; ein antizipiertes geistiges Abenteuer vertreibt die Angst vor einer biologischen Katastrophe – nicht unbedingt in Form einer Konversion zur Wiedergeburtslehre der Buddhisten, aber als trostreiches Gewahrwerden der Kontinuität des Lebens, seiner unveräußerlichen Einheitlichkeit und erfahrbaren Versöhnlichkeit. Wiedergeburt setzt nicht unbedingt den religiösen Glauben an Seelenwanderung voraus, son-

---

[365] Siehe Grof u. Halifax (1980).

dern meint im psychologischen Sinne einfach die verwandelnde Überwindung einer schweren Krise, eine Transformation aus dem Selbst heraus. – Hier einige Auszüge aus dem Bericht einer 42jährigen Patientin, Gloria, deren weit fortgeschrittener Brustkrebs sie dem Tode geweiht hatte:

> Am Tag vor dem LSD war ich voller Angst und Unbehagen. Zu diesem Zeitpunkt hätte ich mich gern von der Sache zurückgezogen. Am Ende der vorbereitenden Sitzung war dann so gut wie alle Angst verschwunden; ich hatte die Instruktionen begriffen und das Vorgehen war klar. [...] Ich erhielt sofort die erste Dosis und saß dann da und schaute Bilder aus meinem Familienalbum an. Allmählich wurden meine Bewegungen unsicher, und ich fühlte mich unbehaglich. Man ließ mich Kopfhörer und Augenschirm aufsetzen, und ich sollte mich hinlegen. Irgendwann erhielt ich die zweite Dosis LSD. Diese Phase war von einer allgemeinen Unruhe begleitet. Man hatte mir Anweisungen gegeben für den Fall, daß Schmerzen, Angst oder andere Schwierigkeiten aufkämen. Ich war bereit, meine Fähigkeit auszuprobieren, dem Unbekannten, das vor mir lag, ins Gesicht zu sehen und über meine Schwierigkeiten zu triumphieren. Ich war bereit, aber außer dem physischen Gefühl des Unbehagens und einer gewissen Schläfrigkeit geschah nichts.
>
> Etwa um diese Zeit, scheint es, verschmolz ich mit der Musik und wurde von ihr davongetragen. So völlig war ich eins mit dem Klang, daß ich, als eine bestimmte Melodie oder Schallplatte aufhörte, sei es auch nur für einen Moment, die Pause deutlich registrierte und begierig auf die nächste Etappe der Reise wartete. Ein köstliches Spiel war im Gange. Was kam als nächstes? Würde es machtvoll, zart, wie ein Tanz oder düster sein? Es kam mir jetzt vor, als würde ich geneckt, aber auf eine sehr nette, sehr sanfte Weise. Ich wollte lachen, einfach weil mir diese Reaktionen Spaß machten, ganz gleich, wo ich gerade eben noch gewesen war, wie traurig oder wie ergriffen. Und sobald die Musik einsetzte, war ich wieder fort. Ich erinnere mich auch nicht an sämtliche Erkundungsreisen.
>
> In der Hauptsache erinnere ich mich an zwei Erlebnisse. Ich war allein in einer zeitlosen Welt ohne Grenzen. Es gab keine Atmosphäre; es gab keine Farben, keine Bilder, vielleicht aber Licht. Plötzlich erkannte ich, daß ich ein Augenblick in der Zeit war, geschaffen von denen, die vor mir waren, und meinerseits die Schöpferin anderer. Dies war mein Augenblick, und meine Hauptfunktion war erfüllt. Durch mein Geborenwerden hatte ich der Existenz meiner Eltern Sinn gegeben.
>
> Aufs neue im Leeren, allein ohne die Raum-Zeit-Grenzen. Das Leben reduzierte sich immer und immer wieder auf den kleinsten gemeinsamen Nenner. Ich kann mich an die Logik der Erfahrung nicht erinnern, aber es wurde mir eindringlich bewußt, daß der Kern des Lebens die Liebe ist. In diesem Augenblick hatte ich das Gefühl, daß ich die ganze Welt umfaßte – alle Menschen, insbesondere aber die, die mir am nächsten standen. Ich weinte lange um die verschwendeten Jahre, die Suche nach Identität an den falschen Orten. Die versäumten Gelegenheiten, die seelische Energie, die ich in zutiefst sinnlose Bestrebungen vergeudet hatte. [...] Als ich allmählich wieder zu mir kam, gelangte ich in eine frische, winddurchwehte Welt. Mitglieder des Departments hießen mich willkommen, und ich empfand nicht nur Freude über mich selbst, sondern auch darüber, daß ich fähig gewesen war, das Erlebnis zu nützen, das ich nach dem Wunsch dieser Menschen, die mich gern hatten, haben sollte. Ich fühlte mich einer großen Gruppe von Menschen sehr nah. Später, als Familienangehörige kamen, verspürte ich eine enge Verbundenheit, die mir neu erschien. An diesem Abend, als ich wieder zu Hause war, kamen auch meine Eltern. Alle bemerkten eine Verwandlung an mir. Ich strahlte und schien Frieden zu haben, sagten sie. Was hat sich für mich verändert? Ich lebe und bin *jetzt*. Ich kann es hinnehmen, wie es kommt.[366]

---

366 Zit. nach Grof u. Halifax (1980), S. 36–38.

Fünfeinhalb Wochen nach der LSD-Sitzung starb Gloria. Sie benötigte keine weitere Sitzung. Das „psychedelische Nachglühen", wie es genannt wird, verhalf ihr zu einem friedvollen Tod. Ob ein Geistlicher imstande gewesen wäre, ihr den inneren Frieden zu geben, den ihr in einer hochkritischen Situation das Rauschmittel gewährte, läßt sich füglich bezweifeln. Nach Grofs Erkenntnissen zeigen Personen, die in LSD-Sitzungen die Erfahrung von Tod und Wiedergeburt gemacht haben, spezifische Veränderungen ihres Selbstbildes und ihrer Auffassung von Geist und Natur. Sie ändern ihr Wertesystem, ihr allgemeines Verhalten sowie ihre gesamte Einstellung zur Umwelt. Depressionen lösen sich, Angst und Spannungen weichen, Schuldgefühle schwinden, und das Selbstwertgefühl erneuert sich – die Psyche versöhnt sich mit sich selbst. Nunmehr wird der Tod, wo nicht ausdrücklich willkommen geheißen, so doch ruhig akzeptiert: statt sinnloser Auflehnung die sinnstiftende Erkenntnis, daß der Tod eine der Transformationen der Natur darstellt, wenn der Mensch seinen Weg durch die Lebenszyklen bahnt; statt bitterer Anklage des Schöpfers die gelassene Hinnahme höherer Ordnung, wenn das Lebensende naht. Es könnte wohl sein, daß das Verbot von LSD auch für den klinischen Gebrauch voreilig und unklug war.[367]

3.5 Rendezvous mit dem Gevatter: Nahtod-Erfahrungen

In den Schriften Wilhelm von Humboldts findet sich der Aphorismus: „Der Tod ist kein Abschnitt des Daseins, sondern nur ein Zwischenereignis, ein Übergang aus einer Form des endlichen Wesens in eine andere."[368] Damit äußert der gelehrte Mann natürlich keinen neuen Gedanken. Er wiederholt und bekräftigt nur, was die Religionen der Welt in dieser oder jener Form seit Jahrtausenden verkünden und woran Milliarden religiöser Menschen unter wechselnden kulturellen Bedingungen und mit Ausschmückung allerlei Varianten glauben: Unsterblichkeit der Seele, Existenz einer jenseitigen Welt, Tod als Übergang zu diesem anderen Reich, Scheidung der Gerechten von den Ungerechten, höhere geistige Seinsform im Jenseits, Eintauchen in eine überirdische Ewigkeit. Nicht nur die sakralen Texte der Religionsgemeinschaften zeugen reichhaltig von solchen Vorstellungen. In den Mythen und Sagen, Epen und Märchen der Völker wimmelt es von Berichten über Jenseitsreisen, bildhaften Konkretisierungen dessen, was die Transzendenz für diejenigen bereithält, welche die Schwelle des Todes

---

367 Siehe dazu auch Grof (1999).
368 Humboldt (1964), S. 67.

überschritten haben und zurückgekommen sind. Einige der größten Werke der Weltliteratur, das *Gilgamesch*-Epos, das altägyptische *Totenbuch*, Homers *Odyssee*, Vergils *Aeneis*, Platons *Der Staat*, Dantes *Göttliche Komödie* enthalten Szenen, die in mannigfaltiger Weise die Schwellenerfahrung behandeln und die Gefilde des Jenseits schildern. In all diesen Berichten besitzt der Tod, wie immer er den Menschen konfrontiert, keinerlei Finalität, sondern erscheint nurmehr als Passage, als eine Brücke, die die Sterblichen vom Diesseits ins Jenseits führt, ein Jenseits, das interessanterweise so beschaffen ist, daß es den Weg zurück ins Diesseits zuläßt. Welchen Schrecken der strenge Gevatter auch ausübt – hier wird er personifiziert als Wegbegleiter vorgestellt, der zu unbekannten Ufern führt, nicht als Sensenmann, der unbarmherzig die Rolle eines Terminators spielt. Die vermeintlich dem Tode Geweihten erhalten die Möglichkeit, der anderen Welt eine kurze Visite abzustatten, um sie dann wieder gegen die irdische Welt rückzutauschen.

Alle Berichte vom Rendezvous mit dem Tod basieren logischerweise auf der Voraussetzung, daß die Daseinsformen (vor und jenseits der Schwelle) wandelbar, Körper und Seele sozusagen konvertierbar sind und eine Rückkehr ins irdische Leben grundsätzlich möglich ist. Denn berichten kann ein Reisender nur das, was er in Kategorien einer Wahrnehmung erfährt, die als solche an irdische Bedingungen, d. h. an seine gegebenen Sinnesfunktionen, gebunden bleibt. Würde er gänzlich Anderes, vollkommen Übersinnliches, absolut Unvorstellbares erfahren, vermöchte er davon keinen Bericht abzugeben. Gleiches würde vom Tod in seiner denkbaren Wirkung als unwiderruflichem biologischen Ende, der totalen Auslöschung, gelten. Die Berichte gründen also auf der Überzeugung, daß die Erfahrung der Transzendenz, zu welcher der Tod überleitet, prinzipiell kommensurabel ist mit der der Immanenz. Die Anschauungs- und Erlebnisformen müssen hier wie dort gleichermaßen ‚menschlich' sein, so daß ihre Übersetzbarkeit und Erzählbarkeit gewährleistet sind. Daher sind die Gefilde, in welche die Seele reist, nur in einem eingeschränkten Sinne eine *terra incognita*. Sie sind irdisch in einem scheinbar überirdischen Sinne. Dies ist, wie wir sehen werden, ein Punkt von einigem Gewicht.

Hier ein Beispiel aus der Antike, ein Jenseitsbericht, der von Platon im letzten Kapitel seines Hauptwerks *Der Staat* (ca. 375 v. Chr.) wiedergegeben wird:[369] Der Soldat Er aus Pamphylien, so berichtet Platon, sei auf dem Schlachtfeld gefallen. Als nach dem Kampf die Toten, die schon in Verwesung übergegangen waren, aufgesammelt werden, findet man ihn wundersamerweise unversehrt und bringt ihn nach Hause. Hier soll er verbrannt werden. Als er bereits auf dem Scheiterhaufen liegt, kehrt er unverhofft ins Leben zurück und ist imstande, von

---

369 Platon (1958), S. 245 ff.

seinen Erlebnissen im Jenseits zu berichten. Er erzählt, daß seine Seele, nachdem sie ausgefahren war, mit vielen anderen Seelen gewandert sei. Auf der Wanderung seien sie an einen wunderbaren Ort gelangt, wo sich in der Erde zwei aneinandergrenzende Spalten befunden hätten und am Himmel gleichfalls zwei andere ihnen gegenüber. Zwischen diesen seien Richter gesessen, die, nachdem sie ihre Sprüche gefällt, den Gerechten befohlen hätten, den Weg rechts nach oben durch den Himmel einzuschlagen, den Ungerechten aber den Weg links in die Unterwelt. Als er hinzugetreten sei, hätten ihm die Richter gesagt, er solle den Menschen Kunde vom jenseitigen Leben bringen, und ihm geboten, genau auf alle Vorgänge zu achten. Er habe nun dort gesehen, wie durch die Spalten im Himmel und in der Erde die Seelen, nachdem sie gerichtet worden, abgezogen seien. Danach seien aus dem einen Spalt Seelen voller Schmutz und Staub hervorgekommen, durch den anderen reine Seelen vom Himmel herabgestiegen. Mit Freuden seien alle zu einer Aue hingezogen, wo sie sich wie zu einer Festversammlung niedergelassen hätten. Die einander Bekannten hätten sich begrüßt und von ihren Erlebnissen erzählt – die aus dem Tartaros klagend und weinend in Erinnerung an all die Leiden, die sie auf ihrer unterirdischen Wanderung durchgemacht hätten; die aus dem Himmel hingegen erfüllt von den Wonnen und der unbegreiflichen Schönheit dessen, was sie geschaut.

Der Bericht betont, daß für alle Ungerechtigkeiten Bußen verhängt wurden: Wer Elend verschuldet und Unrecht getan habe, müsse dafür durch Qualen sühnen. Wer hingegen anderen Wohltaten erwiesen und sich gerecht und fromm gezeigt habe, könne den ihm gebührenden Lohn der Glückseligkeit empfangen. Es wird auch eine regenbogenfarbig schillernde Lichtsäule von außerordentlicher Helligkeit beschrieben: die „Spindel der Notwendigkeit", die alle Seelen zur Wiederverkörperung zieht. Platon knüpft an diesen Bericht seine Philosophie eines tausendjährigen Reinigungszyklus der Seele, die Lehre von ihrer Wiedergeburt und den Gedanken der Eigenverantwortung des Menschen. Er schließt: „Wenn es nach mir geht, wollen wir, in der Überzeugung, die Seele sei unsterblich und vermöge alles Übel und alles Gute zu ertragen, uns immer an den oberen Weg halten und auf alle Weise mit Vernunft Gerechtigkeit üben."[370]

Als nächstes ein Beispiel aus dem frühen Mittelalter, der Jenseitsbericht des Benediktinermönchs Wetti aus dem Jahr 824. Wetti, Vorstand einer Klosterschule auf der Insel Reichenau, hatte sich an einem Oktobertag wegen akuten Unwohlseins in seine Zelle zurückgezogen. Mit geschlossenen Augen sieht er plötzlich neben seinem Bett einen geistlichen Herrn stehen, dessen Augenhöhlen leer sind. In den Händen hält dieser verschiedene Marterwerkzeuge, mit denen er den Mönch offenbar zu foltern beabsichtigt. Mit ihm erscheint eine Schar bö-

---
370 Platon., S. 254.

ser Geister mit Spießen und Schilden und macht sich daran, ihr Opfer einzumauern. Der Kranke wähnt angstvoll seine letzte Stunde gekommen. Da erscheinen etliche Mönchsfiguren und befehlen den bösen Geistern, von ihrem Werk abzulassen. Als die Dämonen verschwunden sind, tritt ein leuchtender Engel ans Bett und spricht: „Ich komme zu dir meine liebste Seele." Wetti ist nun für seinen Abtritt aus dem irdischen Leben bereit, bekennt seine Sünden und wird von seinem Schutzengel ins Jenseits geleitet. Er wandert in den Gefilden von Hölle und Himmel, erblickt einen Feuerstrom, in dem unzählige Verdammte ihre Strafen abbüßen müssen. Zahlreiche „befleckte" Priester sieht er auf Folterbänke gespannt, während ihre Buhlschaften bis zu den Geschlechtsteilen in den Fluß getaucht sind. Wetti sieht sogar seinen kurz zuvor verstorbenen Abt Waldo, der zur Läuterung Sturm und Regen ertragen muß. Doch nicht nur Höllisches erblickt der Mönch. Er gelangt auch in überaus schöne Gefilde, deren Glanz das Auge kaum zu erfassen vermag. Hohe Bögen von Gold und Silber bilden ein Gewölbe, an dem der Herr mit den Heiligen vorüberzieht. Da eröffnet ihm plötzlich der Engel, er werde am folgenden Tage sterben und solle deswegen um Barmherzigkeit bitten. Der Mönch bittet um Fürsprache, doch vernimmt er vom göttlichen Thron den Vowurf, er habe kein gutes Beispiel der Erbauung für die Seinigen gegeben. Der Schutzengel erläutert, was am Klosterleben falsch sei, und befiehlt ihm zornig, er möge davon seine Mitbrüder unterrichten. Zu diesem Zwecke erhielte er noch einmal Aufschub. Wetti erwacht und findet sich in seiner Zelle wieder. Von seiner ‚Reise' zurück, beginnt er mit Eifer, die Weisung auszuführen und seinen Mitbrüdern von seinen Erlebnissen zu erzählen. Er ermahnt sie mit einem Bericht, der auf ebenso große Ehrfurcht wie Verwunderung stößt. Schon am Tag darauf ist seine Frist abgelaufen: er hat die Aufgabe erfüllt und fällt tot zu Boden.

Abschließend ein drittes Beispiel aus der Neuen Welt des späten 19. Jahrhunderts: 1891 erlebt ein an Scharlach erkranktes Mädchen aus der Religionsgemeinschaft der Mormonen, wie sein Geist den Körper verläßt. Es versucht, sich dagegen zu wehren, denn es wird Zeuge des Weinens und Trauerns seiner Familie und kann dies nur schwer ertragen. Doch sobald das Mädchen einen Blick in die andere Welt geworfen hat, will es unbedingt dorthin, denn seine Sorgen und Ängste fallen sogleich von ihm ab. Es kann Musik und Gesang hören und betritt einen großen Saal, in dem sich viele Menschen aufhalten, darunter zahlreiche Verwandte und Freunde. Es habe sich mit ihnen unterhalten können und dabei bemerkt, daß sie richtig glücklich gewesen seien, erzählt das Mädchen später. Einige hätten sich nach ihren Freunden und Verwandten auf der Erde erkundigt. Außer einer Person seien alle in Weiß gekleidet. Das Mädchen betritt dann einen anderen Raum, der voller Kinder ist, die wie in der Sonntagsschule perfekt nach

Alter und Größe geordnet sind. Während es die Kinder singen hört, wird ihm jedoch unerwartet bedeutet, es müsse zurückkehren. Als es durch den großen Saal geht, sagt es den dort Versammelten, daß es nun auf die Erde zurück müsse. Es scheint, daß die Umstehenden nicht einverstanden sind und das Mädchen bei sich behalten wollen, doch es befolgt den Befehl, auch wenn es selbst diesen schönen Ort im Jenseits nicht gern verläßt. Nach der Rückkehr schreibt es seinen Bericht.

Dies sind nur drei, voneinander unabhängige Fälle aus der Geschichte eines ungewöhnlichen Phänomens.[371] Wollte man die Häufigkeit und Ernsthaftigkeit der Behandlung von Jenseitsreisen in den diversen kulturellen Zeugnissen zum Maßstab ihrer Wahrheit machen, käme man nicht umhin, den Schilderungen eine Realität *sui generis* zuzusprechen. Das schiere ‚Gewicht' der Dokumente, ihr häufiges Auftreten zu ganz verschiedenen Zeiten, an ganz verschiedenen Orten, in ganz verschiedenen Gesellschaften könnte als Indikator ihrer Glaubwürdigkeit gelten. Man sähe sich dann veranlaßt, sie aus dem Reich der Mythen und Fiktionen zu lösen und sie gewissermaßen als Augenzeugen- oder Tatsachenberichte aus dem Jenseits ernstzunehmen. Eventuell wären hier und dort Abstriche an den dekorativen Elementen der Narrationen vorzunehmen, aber der jeweilige Erfahrungskern bliebe intakt. – Daß dies nicht ohne weiteres möglich ist, weil es die Skepsis, wenn nicht den Spott, der Rationalisten und Empiristen auf den Plan rufen würde, leuchtet unmittelbar ein. Visionen und Fiktionen, die die innere Welt spiegeln, sind in unserer Gesellschaft nun einmal wenig kongruent mit Erkenntnissen, die den rationalen Geist und das wissenschaftliche Interesse befriedigen. Der zeitgenössische Verstand verlangt „Beweise" und läßt sich von „Spekulationen" wenig beeindrucken. Wer wollte leugnen, daß Platon ausgiebig spekuliert? Oder wer wollte sich dafür verbürgen, daß Wettis Bericht keine Fieberphantasie darstellt? Was also hat es mit diesen Berichten aus dem Jenseits auf sich? Wie kommen sie zustande, und welche Beweiskraft kommt ihnen zu?

Man muß zunächst den bemerkenswerten Sachverhalt konstatieren, daß sich – was immer uns die geschichtlichen Zeugnisse vermitteln – eine wachsende Zahl heute lebender Menschen zu Wort meldet, die behaupten, dem Tod ins Auge gesehen zu haben. Sie erzählen von Reisen in eine „andere Welt", intensiven Erlebnissen der dort angetroffenen Schönheit und Andersartigkeit und ihrer Rückkehr aus jenseitigen Gefilden. Insofern besteht eine Kontinuität zwischen historischen und zeitgenössischen Berichten. Das Phänomen ist weder obsolet noch ist es neu. Offenbar ist es jedoch jüngst zum Gegenstand eines stark erhöhten öffentlichen Interesses avanciert. Der Soziologe Hubert Knoblauch schreibt:

---

371 Wiedergegeben nach Knoblauch (1999); zahlreiche weitere Fälle ebenda.

„Das Jenseits bekommt wieder einen Raum in der Welt – eine Wirklichkeit, die nicht nur aus dem Materiellen besteht und die viele Dimensionen kennt. Die zeitgemäßen Züge dieses wieder eingeräumten Jenseits erweisen sich in der Wiederentdeckung einer Spiritualität, die eine transzendente Dimension des individuellen Menschen beansprucht und verbunden ist mit der Ausbreitung einer Religiosität, die außerhalb der Kirche und kanonisch dogmatisierter Festlegung steht"[372]

Was immer es näherhin mit der „Wiederentdeckung der Spiritualität" auf sich hat – fest steht, daß die sich vermehrenden Berichte begonnen haben, eine wachsende Zahl von Psychologen und anderen Wissenschaftlern zu interessieren, die sie grundsätzlich ernst nehmen – so ernst, daß sich bereits eine wissenschaftliche Vereinigung, die *International Association for Near-Death Studies,* konstituiert hat, die Konferenzen veranstaltet und auch ein einschlägiges Fachorgan herausgibt. Es mag eine gesunde Skepsis angezeigt sein, solange es sich um Sensationsberichte der populären Medien mit den üblichen Dramatisierungen, Ausschmückungen und Übertreibungen handelt, Berichte, in denen Fakten und Fiktionen oft differenzierungslos ineinander verschwimmen, wenn sie nicht sogar absichtlich konfusioniert werden. Wenn sich jedoch eine zunehmende Schar seriöser Forscher des Problems annimmt und aus empirischen Untersuchungen ‚harte' Daten gewinnt, läßt sich zwar immer noch trefflich über deren Deutung streiten, nicht aber über die beobachteten und registrierten Phänomene als solche. An der Erfahrungsbasis und damit an der Realität der gesammelten und ausgewerteten Erlebnisse kann tatsächlich nicht mehr gezweifelt werden.[373] Umstritten sind die organischen (neurophysiologischen) Hintergründe der beobachteten Prozesse sowie die etwaigen metaphysischen Implikationen der Erfahrungsinhalte. Hier streiten Psychologen mit Neurologen, Neurologen mit Biologen, Biologen mit Chemikern, Chemikern mit Philosophen und Philosophen mit Anthropologen in einer Arena, die sich als Thanatologie, die Wissenschaft vom Tod, etabliert hat. Hier geht es um die heikle, aber entscheidende Frage: Erzeugt das menschliche Gehirn die Transzendenz zu seinen je eigenen physiologischen Bedingungen, so daß diese grundsätzlich als ein Produkt des Geistes zu gelten hätte, oder bricht die Tranzendenz unter ihren eigenen Bedingungen in das menschliche Bewußtsein ein, so daß sie als unabhängige, jenseitige Realität anzuerkennen wäre? Und hier ist voraussagbar, daß der tobende Streit über diese Frage so bald kein Ende nehmen wird.[374] Wir kommen unten darauf zurück.

Fakt ist, daß Menschen beiderlei Geschlechts, aller Altersstufen, aus allen so-

---

[372] Knoblauch (1999), S. 31; vgl. auch Saint-Claire (1999).
[373] Siehe Knoblauch und Soeffner (1999).
[374] Vgl. Greyson u. Flynn (1984).

zialen Schichten und allen Kulturkreisen, wenn sie in Lebensgefahr schweben oder bereits als klinisch tot gelten, in den außergewöhnlichen Zustand geraten können, in dem sie sich körper- und schmerzlos in eine Dimension versetzt finden, die ihnen als „jenseitig" erscheint. Fest steht auch, daß solche „Nahtod-Erfahrungen" eine eigene Qualität besitzen, die es verbietet, sie mit Träumen, Halluzinationen, hypnoiden Zuständen, mystischen Visionen oder psychedelischen Reisen in einen Topf zu werfen. Sie tragen phänomenologisch tatsächlich ihre eigene Handschrift, und können sowohl von den Betroffenen selbst als auch von wissenschaftlichen Beobachtern in ihrer distinktiven Beschaffenheit identifiziert werden. Zwar findet die Nahtod-Erfahrung in einem inneren Erfahrungsraum statt, der dem entspricht, den wir aus anderen Zusammenhängen (religiöse Offenbarungen, mystische Entrückungen, psychedelische Schauungen u. a.) kennen; aber einerseits sind es die physischen Rahmenbedingungen bedrohten Lebens, andererseits die typischen, wiederkehrenden Wahrnehmungsinhalte und Motive, die sie als unverwechselbar ausweisen. Zum Beispiel: Zeichnet sich die mystische Erfahrung, wie wir gesehen haben, durch die Abwesenheit jedweder Ich-Bezogenheit der Schauenden aus, so bleibt das Ich- oder Persönlichkeitsgefühl der Jenseitsreisenden voll erhalten. Oder: Ist das kosmische Bewußtsein ein transpersonales Bewußtsein, das zwischenmenschliche Beziehungen unbedeutsam erscheinen läßt, sind solche Beziehungen in den Nahtod-Erfahrungen von großer Bedeutsamkeit. Oder: Haben Träume eine mehr oder minder bizarre Struktur, die sie oftmals jeder Verständlichkeit beraubt, zeichnen sich Nahtod-Erfahrungen durch eine fast übersinnliche Klarheit aus. Und so weiter.

Tatsächlich läßt die Phänomenologie der Nahtod-Erfahrungen bestimmte bildhaft-motivische Komponenten erkennen, die sich zu so etwas wie einem Standardmodell zusammenfügen lassen. Die Erlebnisse wiederholen sich, sind miteinander vergleichbar, zeigen in ihrer Motivik ein überindividuelles Muster, das von manchen Forschern als Indiz für seine metaphysische Fundierung und damit die Existenz eines ‚realen' Jenseits angesehen wird. Am nachdrücklichsten wird dieses Standardmodell von dem Amerikaner Raymond Moody formuliert. Moody hat zahlreiche Interviews mit Menschen in den USA geführt, die sich in Todesnähe befanden – sei es in Folge einer bedrohlichen Krankheit, eines schlimmen Unfalls oder eines diffizilen chirurgischen Eingriffs. Auf der Grundlage eines Vergleichs der gesammelten Berichte kommt er zu dem Schluß, die Struktur der Todesnähe-Erlebnisse weise immer die gleichen Elemente auf. Diese faßt er in einem spezifischen Erfahrungsmuster zusammen, das er so beschreibt:

Ein Mensch liegt im Sterben. Während seine körperliche Bedrängnis sich ihrem Höhepunkt nähert, hört er, wie der Arzt ihn für tot erklärt. Mit einem Mal ... hat er das Gefühl, daß er sich sehr rasch durch einen langen, dunklen Tunnel bewegt. Danach befindet er sich plötzlich außerhalb seines Körpers, jedoch in derselben Umgebung wie zuvor. Als ob er ein Beobachter wäre, blickt er nun aus einiger Entfernung auf seinen eigenen Körper. In seinen Gefühlen zutiefst aufgewühlt, wohnt er von diesem seltsamen Beobachtungsposten aus den Wiederbelebungsversuchen bei. Nach einiger Zeit fängt er sich und beginnt, sich immer mehr an seinen merkwürdigen Zustand zu gewöhnen. Wie er entdeckt, besitzt er immer noch einen ‚Körper', der sich jedoch sowohl seiner Beschaffenheit als auch seinen Fähigkeiten nach wesentlich von dem physischen Körper, den er zurückgelassen hat, unterscheidet. Bald kommt es zu neuen Ereignissen. Andere Wesen nähern sich dem Sterbenden, um ihn zu begrüßen und ihm zu helfen. Er erblickt die Geistwesen bereits verstorbener Verwandter und Freunde, und ein Liebe und Wärme ausstrahlendes Wesen, wie er es noch nie gesehen hat, ein Lichtwesen, erscheint vor ihm. Dieses Wesen richtet – ohne Worte zu gebrauchen – eine Frage an ihn, die ihn dazu bewegen soll, sein Leben als Ganzes zu bewerten. Es hilft ihm dabei, indem es das Panorama der wichtigsten Stationen seines Lebens in einer blitzschnellen Rückschau an ihm vorüberziehen läßt. Einmal scheint es dem Sterbenden, als ob er sich einer Art Schranke oder Grenze näherte, die offenbar die Scheidelinie zwischen dem irdischen und dem folgenden Leben darstellt. Doch wird ihm klar, daß er zur Erde zurückkehren muß, da der Zeitpunkt seines Todes noch nicht gekommen ist. Er sträubt sich dagegen, denn seine Erfahrungen mit dem jenseitigen Leben haben ihn so sehr gefangengenommen, daß er nun nicht mehr umkehren möchte. Er ist von überwältigenden Gefühlen der Freude, der Liebe und des Friedens erfüllt. Trotz seines inneren Widerstands – und ohne zu wissen, wie – vereinigt er sich dennoch wieder mit seinem physischen Körper und lebt weiter.[375]

Moody steht mit dieser Typisierung in der Thanatologie nicht allein. Auch die bekannte Schweizer Sterbeforscherin Elisabeth Kübler-Ross teilt die generalisierende Sicht, obzwar mit einigen bedeutsamen Modifikationen.[376] Sie stößt von der empirischen Basis ihrer Forschung gedanklich zu einer neuen (alten) Metaphysik vor, welche Moody mit dieser Entschiedenheit nicht entwickelt. In ihren eigenen Gesprächen mit Betroffenen glaubt sie ein Dreiphasenmuster entdeckt zu haben, das sich stets nach demselben Schema vollzieht. In der ersten Phase trete „der Schmetterling aus dem Kokon", was heißen soll, die unsterbliche Seele verläßt den vergänglichen Körper. In der zweiten Phase nach dem Tode tritt die Seele in den Bereich des Ätherischen ein. Sie nimmt dort zwar noch ihre Umwelt wahr, ist aber nicht mehr imstande, mit ihr zu kommunizieren. Dafür begegnet sie Geistführern, Schutzengeln sowie den Seelen bereits Verstorbener. Mit dem Gang durch einen Tunnel, dem Durchqueren eines Flusses oder dem Passieren eines Tores wird die dritte Phase eingeleitet: Dort tritt ein Licht auf, das Liebe oder Göttlichkeit symbolisiert. Der Mensch, so mutmaßt Kübler-Ross, nehme nun wieder die Gestalt an, die er vor seinem Erdenleben hatte. Somit wird hier eine Position vertreten, die dem Platonismus sehr nahe steht und den Glauben an die Unsterblichkeit der Seele auf die Selbstwahrnehmung von Sterbenden stützt. Den möglichen Einwand, daß diese ebenso spekulativ sein könnte wie die platonische Ideenwelt läßt Kübler-Ross nicht gelten. Das Sterbeerlebnis

---

375 Moody (1993), S. 18 f.
376 Siehe Kübler-Ross (1999), dies. (1998).

ist für sie „eine Geburt in eine andere Existenz, die ganz, ganz einfach bewiesen werden kann."[377]

Auch der Psychologe Kenneth Ring glaubt an die Existenz eines wirklichen Jenseits, das durch Nahtod-Erfahrungen bewiesen werde. Er deutet die von ihm untersuchten Erlebnisse explizit „als die direkte persönliche Vergegenwärtigung einer höheren geistigen Realität." Ring gehört zu den Evolutionspsychologen, die wie Richard Bucke, Ken Wilber oder Alan Watts von der geistigen Höherentwicklung der menschlichen Gattung überzeugt sind. Er geht aus von der Hypothese, „daß die Menschheit als Ganzes gemeinsam darum ringt, zu einer neuen und höheren Bewußtseinsebene zu erwachen, die häufig als ‚planetarisches Bewußtsein' bezeichnet wird."[378] Wie die Vertreter der transpersonalen Psychologie vertritt er die Meinung, daß die bildhaften Vergegenwärtigungen der vom Tode Bedrohten als Symptome einer psychischen Transformation auftreten, die in einigen Individuen den zukünftigen Kurs unserer mentalen Evolution vorwegnehmen. Die Nahtod-Erfahrung repräsentiert für Ring einen evolutionären Vorstoß zu einem höheren Bewußtsein. Die Menschen, die sie gemacht haben, bilden zusammen bereits einen höher entwickelten Typus der Gattung: „Es sind Menschen, deren Bewußtsein mit einer höheren Art von Wahrnehmung erfüllt wurde, einer höheren spirituellen Erleuchtung; sie sehen die Dinge von einer anderen Ebene als wir. Und es gibt mehr und mehr dieser Menschen."[379]

Ob als ganz gewöhnliche Sterbliche oder als Repräsentanten eines höheren Menschentyps – fragen wir zunächst: Was erleben die Menschen der gegenwärtigen Generation? Die Antwort enthält zwei Aspekte: Einerseits das, was ihre Vorgänger in der Geschichte auch erlebt haben: Nähe des Todes, Außerkörperlichkeit, Himmel und Hölle, Geistwesen, Lichterscheinungen, Euphorie – die bekannten Elemente der Standarderfahrung; andererseits aber auch ‚unkonventionelle', neue Inhalte, für die es keine Präzedenzen gibt: Szenen, Figuren, Bilder, Objekte, Umstände, Ereignisse aus der zeitgenössischen Lebenswelt – abweichende Motive also, welche die Standarderfahrung modifizieren. Betrachten wir einige ‚moderne' Fälle:[380]

Als erstes den Bericht von Frau W., einer von häufigen schweren Krankheiten heimgesuchten Patientin, die oft in Kliniken weilt und schon mehrere Nahtod-Erfahrungen durchlebt hat. Sie gehört zu denjenigen, welche konventioneller Allegorik gemäß den Tod als schrecklichen Sensenmann gewärtigen, ihn aber

---

377 Kübler-Ross (1998), S. 9.
378 Identisch mit dem, was wir auf S. 319 ff. als kosmisches Bewußtsein beschrieben haben.
379 Ring (1982), S. 112; siehe auch Ring (1999).
380 Alle Fälle wiedergegeben nach Knoblauch (1999).

mit Unterstützung eines freundlichen Engels um seine erhoffte Beute bringen. Ihr Bericht könnte gut und gern aus dem Mittelalter stammen, ist aber zugleich zeitgenössisch eingefärbt. Fast jedesmal widerfährt ihr das Gleiche:

> Und zwar bin ich in einem Raum, also jedes Mal, wenn ich schwer krank war. Dann stehe ich in diesem Raum herum. Ich unterhalte mich mit anderen Leuten, so etwa wie bei einer Stehparty. Und dann kommt so etwas wie der Sensenmann. Gleichgültig, wie Sie ihn nennen wollen, also so ein Klappergestell, ein Knochengestell, ein Skelett. Der Sensenmann nimmt mich am Arm, hängt sich ein und sagt mir: „Es ist Zeit."' – Dann hab' ich zu ihm gesagt: „Muß das jetzt sein?" Der Sensenmann erwidert: „Ja." – „Gut, also wenn du meinst, geh' ich halt mit." Dann geb ich ihm einen kleinen Schubs und sag': „Weißt du was, ich hab' mir's noch einmal überlegt, guck ein anderes Mal wieder rein, ich bleib' noch ein bißchen da." Dann macht er immer so ein trauriges Gesicht, wie wenn er sagen wollte: "Was soll ich meinem Boß jetzt wieder sagen", so in etwa. Hinter mir steht dabei mein Schutzengel. Der hat dicke Pausbacken und ist ein lächelnder Engel. Ein freundlich lächelnder Engel. Der lacht immer, wenn ich dem Sensenmann einen Korb gebe. Und dann geh' ich. In dem Moment, wo ich wieder zurückgehe, bin ich wieder zurück, gell, bin ich aus dem Schneider, also wieder unter den Lebenden. Und dann werd' ich wach.

Als nächstes der Bericht von Frau S., einer Hausfrau aus Bayern, die einen schweren Autounfall erlitt, als sie von einem entgegenkommenden Fahrzeug geblendet wurde. Frau S. berichtete darüber in einer Fernseh-Talkshow:

> Ich hatte nur noch das Gefühl, daß es mich dreht wie in einem Karussell. Dann hatte ich ein Geräusch im Ohr, etwa so, wie wenn Alufolie zusammengequetscht wird. Dann kam ich zum Stehen und hatte fürchterliche Schmerzen. Ich hatte fürchterliche Erstickungsangst, da ich keine Luft mehr bekommen hatte. [...] Ich wußte dann auch, wenn ich beim nächsten Atemzug keine Luft mehr bekomme, dann ist alles vorbei. Ich bekam keine Luft mehr. Und dann ist es plötzlich, wie wenn Sie in einen anderen Film kommen. Es war auf einmal total ruhig. Ich hatte keine Schmerzen mehr. Ich war so leicht, und ich hab' ein wunderschönes Licht gesehen. Das war so nahe bei mir, so wunderbar, so goldfarben wie ein schöner Sonnenuntergang. Und weiter in der Ferne ist das Licht immer heller und gleißender geworden. Aber es tat den Augen nicht weh, es tat bloß wohl. Ich war in dem Licht, habe mich darauf zubewegt. Es war einfach alles wunderbar, und Sie wissen, es muß einfach so sein. Es ist ein Gefühl vollendeter Harmonie.
> Und dann sah ich meinen Vater vor mir, und ein bißchen weiter nach hinten versetzt sah ich meinen Bruder. Die sahen beide wunderschön aus. Es ist schwer zu beschreiben, weil man die Worte so schwer finden kann. [...] Und mein Vater hat mich angeschaut mit einem speziellen Blick, den er immer dann hatte, wenn wir als Kind nicht folgen wollten. Und er hat zu mir gesagt: „Schrei!" Also ich hörte seine Stimme, und da sagt er ganz streng zu mir: „Schrei!" Und da hab' ich angefangen zu schreien. Ich wollte eigentlich weiter in dieses Licht gehen, das war wunderschön, und ich wollte zu den beiden hin. Dann hatte ich das Gefühl, als ob ich vorher eine unsichtbare Mauer hätte. Da konnte ich mit der größten Willensanstrengung nicht durch, obwohl ich so gern wollte. Und dann war alles sofort weg. Die Schmerzen waren wieder da. Es war dunkel. Ich hatte fürchterliche Geräusche im Ohr. Aber durch das Schreien hatte ich Luft bekommen, denn ich saß im Auto und habe geschrien.

Den seltenen Fall einer Verbindung von Nahtod-Erfahrung mit paranormaler Wahrnehmung finden wir in dem Bericht von Herrn H. aus der Zeit des Zweiten Weltkriegs. Herr H., wegen seines jugendlichen Alters selbst noch nicht im

Fronteinsatz, hatte einen Bruder bei der Luftwaffe, der zum Zeitpunkt des Erlebnisses als vermißt galt. Eine Vision unter ungewöhnlichen Umständen bestätigte den Tod des Piloten infolge eines Absturzes: Eines Tages geriet H. beim Baden in den Strudel eines Flusses, der ihn in die Tiefe riß und in einen Kampf um sein Leben verwickelte. Er mußte viel Wasser schlucken und verlor das Bewußtsein. Tod durch Ertrinken schien sein unausweichliches Schicksal. Aber:

Meinen Körper konnte ich zu der Zeit nicht mehr wahrnehmen. Eine Spirale zog mich mit hoher Geschwindigkeit nach oben. Dort sah ich ein helles, wunderschönes, goldfarbenes Licht. Dazu erklang eine Melodie, die mit dem Licht zusammen eine wohltuende und glückliche Stimmung erzeugte. Im Hintergrund vernahm ich eine Stimme, die mir bekannt vorkam. Es war die Stimme meines Bruders, der zu der Zeit vermißt war. Mein Bruder hat mir erzählt, daß er mit seinem Flugzeug in einen Feuerball geraten war und abgestürzt sei. Er könne deshalb auch nicht wieder zur Familie zurückkommen. Aber ich sollte wieder dahin zurückkehren, wo ich hergekommen sei. In dem Augenblick wurde es wieder dunkel um mich herum, die Spirale fing an, sich rückwärts zu drehen, und ich verspürte einen Schlag in mein Gesicht. Und dann bekam ich mein Bewußtsein wieder – am Ufer dieses Flusses.

Abschließend noch der Bericht von Frau H, einer Schweizer Psychologin, deren Erlebnis dem von Frau S. ähnelt. Auch sie war in einen Autounfall verwickelt und befand sich in lebensbedrohender Situation. Allerdings hatte sie ihr Rendezvous mit dem Gevatter erst, nachdem sie bereits in eine Klinik eingeliefert worden war und ihren kritischen Zustand als bevorstehendes Lebensende gedeutet hatte:

Ich habe so im Bett gelegen und dachte: So ist es also, wenn man stirbt. Die Schmerzen wurden immer unerträglicher, sie waren kaum mehr auszuhalten. Und dann weiß ich noch, daß ich mir dachte: Ich habe ein schönes Leben gehabt, ich habe es gut geführt – so ganz selbstzufrieden und gar nicht kritisch ... [Nachdem Frau H. „abgetaucht" ist, wie sie es nennt, sieht sie sich plötzlich auf einem Weg in einer anderen Welt:] Dort ging ich einen steilen Weg aufwärts, ein sandiger Weg, der das Gehen beschwerlich machte. Nach den ganzen Schmerzen, dachte ich, ist es aber sehr angenehm, auf Sand und Kiesel zu gehen. Der Weg führte nach oben. Er ähnelte mehr einer Brücke, ja einem Grat. Links und rechts unten lag Nebel. Und oben links sah ich eine Gestalt, die mich an etwas erinnerte. Woran, fragte ich mich, erinnert mich diese Gestalt? Eine große männliche Gestalt in einem weißen Kleid. Ich habe ja immer mit Begeisterung Mozarts Zauberflöte gesehen, und Sarastro mit seiner tiefen Stimme hat mich immer beeindruckt. Diesem Sarastro ähnelte diese Figur, und ich wunderte mich, warum er da steht. Er rührte sich nicht, und ich lief einfach auf ihn zu und habe ihn angeschaut. Da war eine unglaubliche Helligkeit, es war sagenhaft: gar kein Schmerz, totale Erlösung. Und das Licht wurde immer heller, wie bei einer Explosion, so daß ich Angst hatte, ich könnte nicht mehr sehen... Und auch die Musik war phantastisch. Es war Mozart oder einfach ein A-Dur-Akkord, so, wie ein Freund von mir auf der Posaune spielt. Einfach reine, wunderschöne Töne, Sphärenklänge. Ich war wie schwerelos und ging einfach weiter und dachte: Mein Gott, ist das schön. Ich habe das einfach genossen. [...] Als ich dann wieder erwachte, standen alle Ärzte um mich herum. Ich wußte gar nicht mehr, was los ist, bis der Arzt, ein guter Freund von mir, sagte: „Gott sei Dank!" Und dieses „Gottseidank" hat mich erreicht, und ich hatte in mir ein Gefühl der Kraft und Energie, ich hätte das gesamte Krankenhaus wegtragen können – obwohl ich ja nicht einmal meine Finger bewegen konnte. Aber die innerliche Energie, die so sehr im Kontrast zur äußeren stand, war so groß, ich wäre schier geplatzt.

Ob wir in solchen Zeugnissen nun Hinweise auf ein Leben nach dem Tode sehen oder nicht – auf jeden Fall hinterlassen die Erlebnisse tiefe Spuren im Bewußtsein der Betroffenen. Allenthalben wird von den Zurückgekehrten empfunden, daß ihnen etwas ganz und gar Ungewöhnliches, wenn nicht Einmaliges widerfahren ist, das die allermeisten als ein hochspirituelles oder religiöses Erlebnis einstufen. Glücksgefühle, Euphorie, Erschütterungen begleiten die geschauten Szenen, und unvergeßlich ist die emotionale Tiefe der gemachten Erfahrungen. Hinzu kommt vielfach, wenn auch nicht durchgängig, die Überzeugung von der fraglosen Echtheit des Erlebten: So gut die Betroffenen wissen, daß sinnliche Wahrnehmungen täuschen können, so sicher sind sie sich, daß sie ganz ‚real' etwas Außergewöhnliches erlebt haben, und so sicher sind sie sich auch, daß sie nichts anderes als einen Vorgeschmack des Todes und vom Leben danach erfahren haben. Alternative, von Skeptikern angebotene Erklärungshypothesen wie „Du hast nur geträumt" oder „Du warst das Opfer einer Halluzination" oder „Mit dir ist die Phantasie durchgegangen" weisen sie entschieden zurück: sie seien nicht so debil, um diesbezüglich keine kategorialen Unterscheidungen treffen zu können. Die Wirklichkeit der Nahtod-Erfahrung erscheint ihnen als so zweifelsfrei und gebieterisch wahr wie die Wirklichkeit der kosmischen Vision den Mystikern oder die der Halluzination den Schizophrenen. Sie wissen, was sie wissen, und kein Spötter oder Zweifler kann sie zu einem Meinungswechsel bewegen. Was sie erfahren, erscheint ihnen so fraglos ‚real', daß dagegen der Alltag, in den sie wieder zurückkehren müssen, fahl und flach und unecht wirkt.[381] Viele glauben unerschütterlich, eine Antwort auf *die* Frage aller Fragen gefunden zu haben: Was kommt nach dem Tod? Manche legen die Angst vor dem Sterben vollkommen ab. Andere gewinnen für ihr Leben eine neue, regenerative oder spirituelle Qualität.

Freilich ist mit derartigen Bekenntnissen das kardinale Problem der Transzendenz noch nicht gelöst. Bewiesen wird damit – entgegen den anderslautenden Ansprüchen von Moody, Kübler-Ross u. a. – im streng wissenschaftlichen Sinne noch nichts. Denn es könnte ja sein, daß, stimuliert durch die Todesnähe als physische Ausnahmesituation, bestimmte neurophysiologische und -chemische Prozesse in Gang gesetzt werden, die dem Bewußtsein Streiche spielen. Denkbar wäre, daß, ebenso wie potente Drogen imstande sind, die Psyche in andere Wirklichkeiten zu versetzen, der nahende Tod den Effekt hat, alternative Bewußtseinszustände von vorübergehender Geltung zu erzeugen. Die kritische Si-

---

[381] So wurde in seltenen Fällen von Nachwirkungen in Form von Depressionen, emotionaler Destabilisierung und sozialer Selbstisolation als Reaktionen auf die Enttäuschung nach der Rückkehr berichtet (s. Greyson [2001], S. 326).

tuation der Todgeweihten könnte der Auslöser für psychoaktive Schutzmechanismen im Kortex sein, von der Natur eingerichtet, um dem leidenden Körper das Schlimmste zu ersparen. Von Neurowissenschaftlern sind dazu die verschiedensten Hypothesen vorgetragen worden.[382] Dabei spielt als eine der am häufigsten vermuteten Ursachen der Nahtod-Erfahrung der Einfluß von Sauerstoff-Mangel, die sogenannte Hypoxie, ein Rolle. So wurden bereits in den vierziger Jahren Versuche unternommen, bei denen psychiatrischen Patienten variierende Sauerstoff-Kohlendioxyd-Mischungen verabreicht wurden, woraufhin einige der so Behandelten von Lichterscheinungen, Tunneldurchquerungen und Außerkörperlichkeitserfahrungen berichteten. Eine neuere Untersuchung aus dem Jahr 1994, mit 42 Versuchspersonen am Rudolf-Virchow-Universitätsklinikum in Berlin durchgeführt, zeigte ganz ähnliche Phänomene: „Akute globale zerebrale Hypoxie" erzeugt Visionen und Vorstellungen, die starke Ähnlichkeit mit Nahtod-Erfahrungen aufweisen. Eine andere medizinische Vermutung geht dahin, daß es körpereigene Stoffe aus dem hormonellen Bereich sind, die ursächlich beteiligt sind. So ist bekannt, daß außergewöhnlicher Streß, wie er im Sterbevorgang oft auftreten dürfte, eine Überdosis Endorphine freisetzt. Dabei handelt es sich um Eiweißstoffe, die von der Hirnanhangsdrüse ausgeschüttet werden und eine schmerzstillende, euphorisierende Wirkung ausüben können. Von den Endorphinen weiß man auch, daß sie eine wichtige Rolle für die Aktivierung der zerebralen Lustzentren spielen, und ferner, daß sie bei manchen Individuen komplexe Halluzinationen auszulösen imstande sind. Demgegenüber vertreten einige Psychoanalytiker die Hypothese, die Bildvorstellungen vom jenseitigen Leben seien eine Folge der Weigerung der Seele, den eigenen Tod zu akzeptieren, stellten somit einen psychischen Abwehrmechanismus dar. Die Seele kompensiere die Todesangst mit der Illusion einer jenseitigen Wirklichkeit. Es handele sich um eine „Schockphantasie" als Funktion einer unbewußten Schutzvorrichtung. Jungianer unter den Psychologen gehen demgegenüber von einer krisenbedingten Manifestation des Archtyps der Tod-Wiedergeburtserfahrung aus.[383]

Das Konzert der Meinungen reicht noch viel weiter; aber die fällige Verifikation von Hypothesen und damit die Entwicklung einer anerkannten Theorie fällt schwer. Schlüssige Beweise finden wir nicht, denn es ist weder möglich, echte Nahtod-Erfahrungen nach Maßgabe kontrollierter Experimente unter Laborbedingungen zu simulieren, noch ist es machbar, das Unbewußte des Menschen bei Schockphantasien nach den Gründen seines Verhaltens zu befragen. Eine direkte introspektive Analyse kann von keiner Forschungsmethode vorgenom-

---

382 Siehe Ewald (1999).
383 Zur Diskussion der konkurrierenden Hypothesen s. Greyson (2001), S. 332 ff.

men werden, weshalb man auf Indikatoren angewiesen ist und notgedrungen in einem Bereich spekuliert, wo Spekulationen nicht weiterführen. Welche Instrumente Forscher auch einsetzen – ihre Anwesenheit just in dem Augenblick, da eine Versuchsperson ein Nahtod-Erlebnis hat, ist äußerst unwahrscheinlich. Und selbst wenn sie anwesend wären – es ist nichts darüber bekannt, ob der Nahtod zum Zeitpunkt seines Auftretens überhaupt verbalisierbar ist. Alle Berichte davon sind *ex post*-Berichte und beziehen sich sämtlich auf psychische Begleitumstände des Todes, nicht auf den Tod als metaphysische Wirklichkeit. Deshalb muß sich die Wissenschaft mit Beschreibungen zufriedengeben, die sie erst im Nachhinein auswerten und zu Erklärungshypothesen in Beziehung setzen lassen. Da die Beschreibungen verbale *Äußerungen* (im wörtlichen Sinne von „nach außen gewendete" Botschaften) sind, wohingegen die Erfahrungen selbst von *inneren* Prozessen ausgelöst oder zumindest begleitet werden, entsteht eine problematische Beobachtungs- und Deutungslücke. Die Forscher können weder zeigen, daß das menschliche Gehirn ein abhängiges Jenseits zu seinen eigenen, neurophysiologisch beschreibbaren Bedingungen erzeugt, noch können sie einen Beweis dafür erbringen, daß ein unabhängiges Jenseits sich dem Gehirn unter bestimmten neurophysiologischen Bedingungen mitteilt.[384] Der Konflikt zwischen Materialisten und Spiritualisten in der Thanatologie besteht fort.

Ist somit das kardinale Problem auch ungelöst, so gibt es doch Erkenntnisfortschritte bei der Deutung der Erfahrungen in ihrer Abhängigkeit von historisch-kulturellen Einflußfaktoren, die die Plausibilität der Transzendenz-Hypothese schwächen. Eine Forschergruppe an der Universität Konstanz hat jüngst in einer repräsentativen Befragung festgestellt, daß sich die These von der Standarderfahrung nicht aufrechterhalten läßt – jedenfalls nicht ohne beträchtliche Relativierungen.[385] Durch die Lupe interkulturellen Vergleichs betrachtet er-weisen sich die Visionen, deren Inhalte Raymond Moody noch als strukturgleich beschrieben hatte, als stark kultur- und geschichtsabhängig und damit als variabler als von der Thanatalogie bislang angenommen. Sie sind deutlich geprägt von der Umwelt und der Biographie derjenigen, denen sie widerfahren, undspiegeln auch dort, wo sie die typischen wohligen Glücks-und Befreiungsgefühle vermitteln, den lebensweltlichen Kontext und Erfahrungsschatz der Menschen. Obwohl im Modus ihres Auftretens unverwechselbar, gleichen die subjektiven Inhalte der Nahtod-Erfahrungen denen der Träume, mystischen Visionen und psychedelischen Reisen. Ihre individuelle Prägung tritt unter dem Eindruck

---

384 Vgl. Schröter-Kuhnhardt (1997).
385 Mittels Zufallsstichprobe wurden 2044 Personen aus der deutschen Gesamtbevölkerung ausgewählt und interviewt. Immerhin 4,3% der Population gaben an, schon Nahtoderfahrungen gehabt zu haben und wurden daraufhin genauer nach Umständen und Inhalten befragt. (Näheres bei Knoblauch u. Soeffner [1999]).

‚übermenschlicher' Sinneserfahrung zwar wenig ins Bewußtsein, da die Genzüberschreitung den Betroffenen als objektiv vollzogen erscheint; aber der systematische Vergleich von Berichten fördert zutage, daß das Jenseits vom individuellen Bewußtsein ganz unterschiedlich ausgestattet wird. Es hat sein eigenes Inventar je nach der religiösen, kulturellen und sozialen Orientierung des Reisenden, je nach seinem Horizont, seinem Wertesystem, seinem Rollenverständnis und Problembewußtsein. Hubert Knoblauch bringt das Phänomen auf den Punkt, wenn er die Jenseitserfahrung von Frau H. (s. oben S. 382) kommentiert:

Frau H. hat sich später noch mit anderen Menschen unterhalten, die ähnliche Erfahrungen gemacht haben. Und es ist kaum zu übersehen, daß ihre Erfahrung einige Elemente aufweist, die auch in der Standarderfahrung auftreten: sie ist am Rande des Todes, die Schmerzen verschwinden. Sie sieht ein Licht, sie trifft auf eine Figur, die man als Geistwesen bezeichnen könnte, und sie hat ein euphorisches Glücksgefühl, das noch im wirklichen Leben nachwirkt. Aber zugleich sehen wir die Besonderheiten. Das Geistwesen gleicht Sarastro, einer Figur aus der Oper, die Frau H. liebt. Die Sphärenmusik stammt von ihrem Lieblingskomponisten Mozart, und sie erklingt auf dem Instrument eines ihrer musizierenden Freunde.Die Erfahrung trägt also sehr individuelle Züge, wie sie in keiner anderen Nahtoderfahrung zu finden sind. Wenn wir uns diese pittoreske Schilderung vor Augen halten, ist unübersehbar, daß sie den Stempel der besonderen Kultur aufweist, in der die Schweizerin H. lebt..[386]

Traten ehedem schon die literarischen Berichte über Visiten im Jenseits mit zeitgemäßen Varianten auf (Platons pamphylischer Soldat Er erlebt dort anderes als der christliche Benediktinermönch Wetti), sind die Erfahrungsinhalte in der pluralisierten, säkularisierten Gesellschaft der Gegenwart noch wesentlich vielfältiger und wandlungsfähiger. Sie zehren von den Bildern und Leitideen der Jetztzeit, aus denen sich die traditionellen Jenseitsmotive der christlichen Kunst und Religion mehr und mehr verflüchtigen. Hatten es die Altvordern in der christlich-abendländischen Kultur noch mit einem Jenseits zu tun, in dem Himmel und Hölle nahezu obligatorisch zum Inventar gehörten, geraten die Menschen der Moderne oftmals in eine Art romantisches Paradies, das sie als spirituell, nicht aber als biblisch empfinden. Und während in den alten Quellen fast überall die Guten von den Schlechten, die Ungerechten von den Gerechten geschieden werden, wird heute kaum mehr gerichtet, gestraft und verurteilt. Die in der christlichen Religion enthaltene Strafideologie, jahrhundertelang Wächter über die öffentliche Moral, hat ihre Vormachtstellung im kollektiven Bewußtsein offenbar stark eingebüßt. Die Jenseitsvorstellungen sind eher permissiv und liberal, so wie die gesellschaftlichen Verhältnisse. Der kollektive Bewußtseinswandel findet seinen Niederschlag in den Jenseitserlebnissen. Wie es die Psychologin Carol Zaleski ausdrückt: „Vorbei ist es in den modernen Überlieferungen mit dem qualvollen Tod, mit dem mitleidlosen Jüngsten Gericht, den Tortu-

---

386 Knoblauch (1999), S. 109–110.

ren des Fegefeuers und dem höllischen Martyrium, das die mittelalterlichen Visionen beherrscht; das moderne Jenseits ist ein vergleichsweise ansprechender Aufenthaltsort, eine Demokratie, eine Stätte kontinuierlichen Lernens und ein Garten unirdischen Entzückens."[387]

Auch der Blick über die Grenzen der abendländischen Kultur hinaus zeigt sehr klar Veränderungen der Bewußtseinsinhalte und Motive bei den Repräsentanten anderer Kulturen. So sind zum Beispiel in Indien die Abweichungen von der (an westlichen Personen gewonnenen) Standarderfahrung besonders signifikant. Dort treten in den Nahtod-Erfahrungen andere Wesen auf, und häufig kommt es zu einem „bürokratischen Irrtum", der als Grund für die Rückkehr des Reisenden herhalten muß. Darüber entscheidet dann typischerweise eine Autoritätsperson, die Papiere oder Bücher in der Hand hält – möglicherweise ein Indiz für eine ‚buchhalterische' Mentalität der Inder. Interessanterweise fehlen in den indischen Berichten aber die Außerkörperlichkeitserfahrungen. Auch Tunnelerfahrungen sind selten, und die Empfindung eines Panoramas, bei dem das Leben wie in einem Rückblick erscheint, treten unter spezifischen Bedingungen auf – nämlich so, als ob von irgendjemand die Lebensdaten des Betroffenen verlesen würden, nicht so, als liefe ein biographischer Film vor dem inneren Auge ab.

Wie in der Konstanzer Studie ermittelt werden konnte, unterscheiden sich infolge unterschiedlicher Sozialisation sogar West- und Ostdeutsche voneinander, je nachdem, ob sie religiös, agnostisch, humanistisch-atheistisch oder okkultistisch eingestellt sind bzw. erzogen wurden. Das unterschiedliche Umfeld der Menschen in beiden Teilen Deutschlands wurde seelisch verinnerlicht und erweist sich in emotionalen Krisensituationen als bildhaft reaktivierbar. Im Westen erkennt fast jeder Zweite einen Hinweis auf Gott, im Osten nur jeder Vierte. Ergo: Was die Menschen in der Nähe des Todes erfahren, ist tatsächlich zu einem guten Teil aus dem Vorrat derjenigen Kultur geschöpft, in der sie zufällig leben. Knoblauch folgert: „Nahtoderfahrungen tragen offenbar nicht nur die individuellen Züge der Vergangenheit, der Biographie und der Umgebung der Betroffenen. Es ist auch unübersehbar, daß in diese Erfahrungen das besondere kulturelle Erbe der jeweils betroffenen Personen eingeht. Die Menschen haben eine unverkennbar individuelle Stimme – aber sie sprechen die Sprache ihrer Kultur."[388] Und, wie hinzuzufügen wäre: diese Sprache ist vielstimmig.

Man kommt angesichts der empirischen Befunde kaum um die vorsichtige Folgerung herum, daß die Nahtod-Erfahrungen, welcher Sprache sie sich auch bedienen, uns mehr über das subjektive Bewußtsein der Menschen als über die objektive Beschaffenheit des Jenseits vermitteln. Es sind bestimmte Topogra-

---

387 Zaleski (1995), S. 213.
388 Knoblauch (1999), S. 116.

phien der inneren Welt, welche die Frage nach ihrer ultimativen Bedeutung offenläßt. Dies ist kein definitives Argument gegen die mögliche Existenz einer transzendenten Welt, aber ein ernstzunehmender Hinweis auf die spezifisch humanen Bedingungen, unter denen sie erlebt wird. Ganz wie bei mystischen Visionen und psychedelischen Reisen liegen effektiv Grenzüberschreitungen vor, die dem Bewußtsein ungekannte Dimensionen des Erlebens und Erkennens erschließen.[389] Dies bezweifeln zu wollen, verriete Borniertheit. Doch ganz wie bei solchen alternativen Erfahrungen bleibt die Frage unbeantwortbar, ob es sich um zerebrale Aktivationsmuster handelt, die, wenn man sie befragt, letztenendes nur auf sich selbst verweisen, oder um exzeptionelle Wahrnehmungen, die als Wegezeichen zu höheren Sphären des Seins fungieren. Im ersten Falle wäre das visionäre Bewußtsein wie ein Spiegel, bei dem nicht ausgeschlossen werden kann, daß es sich um einen Zerrspiegel handelt; im zweiten eher wie ein Fenster, bei dem sich hoffen läßt, daß es jenseitige Perspektiven eröffnet. Eine schlüssige Antwort auf die Frage kann derzeit nicht von der Wissenschaft erwartet werden. Man muß entweder ein bewußtseinsphilosophisches Rätsel in Kauf nehmen oder sich eine religiöse Auffassung zu eigen machen.

3.6 Die Stimme des Zensors: Was die Kirche sagt

Sämtliche in diesem Buchteil behandelten Phänomene berühren aufgrund ihrer deutlich religiösen oder religionspsychologischen Komponenten die Zuständigkeit von Theologie und Kirche. Doch, obwohl offenkundig, sind die Berührungspunkte in keinem Fall unproblematisch. Dies aus mehreren Gründen:

Daß das Verhältnis von visionärer Erfahrung und kirchlicher Lehrmeinung in der Christenheit nicht spannungsfrei sein kann, dürfte schon bei geringer Überlegung einleuchten. Denn der private Charakter der einen kann von vornherein nicht deckungsgleich mit dem öffentlichen Auftrag der anderen sein. Es kann keine Identität geben zwischen dem ursprünglichen Grundvollzug der Transzendentalität des Menschen auf das Mysterium hin, das Gott genannt wird, und dem verbalen, reflektierenden und argumentierenden Logos, für den Theologie und Kirche stehen. Für den eingeschworenen Mystiker muß Theologie schon vom Wortsinn her ein Widerspruch in sich selbst sein. Denn der Mystiker ‚theologisiert' nicht; er empfängt und schaut und erlebt. Bereits die außergewöhnliche, den Glauben in besonderer Weise profilierende Disposition von Vi-

---

[389] Vgl. Tart (1975).

sionären hebt sie aus der Masse derjenigen heraus, die über solche exzeptionellen Gaben nicht verfügen und sich eher aus Tradition zum kirchlich verwalteten Glauben bekennen – die große Zahl der ‚Mitläufer', die Gottesdienste besuchen, Rituale vollziehen, Gebete murmeln, Predigten hören, welche nicht wirklich Herz und Seele berühren und daher keine transformative Kraft ausüben. Und schließlich sind die Interessen von mystischen Charismatikern und kirchlicher Institution insofern nicht kongruent, als es die Kirche als ihre Pflicht ansieht, Echtheitskriterien für mystische Erfahrungen festzulegen, die es ermöglichen sollen, profane von sakralen und pathologische von religiösen Phänomenen zu trennen, was eine heikle Diskriminierungsarbeit darstellt. Diese kann sie ohne Anleihen bei Psychologie und Psychiatrie kaum vollbringen und daher der Gefahr einer Kollision der Meinungen nur schwer entgehen. Was der einzelne Visionär für eine Eingebung Gottes halten mag, könnte sich nach Auffassung der Kirche als eine List des Teufels entpuppen. Was der Mystiker als grandiose Schau des göttlich geschaffenen Kosmos erlebt, könnte der Psychiater für eine bloße Sinnestäuschung halten. Hier besteht beträchtliche Spannung.

Die Kirche steckt in einem Trilemma. Denn: Wird die innere Erleuchtung, sofern sie mit dem Gottes- und Menschenbild der christlichen Religion konform geht, als Charisma, als Gewährung einer göttlichen Gnade anerkannt, ist die nüchterne Feststellung unabweisbar, daß der großen Mehrheit diese Gnade vorenthalten bleibt und ihr Gottesbild deshalb sehr viel schwächer, da nur mittelbar und äußerlich erfahrbar, ausfallen muß. Nach theologischer Auffassung steht es Gott ja frei, an bestimmten Menschen Gnadenakte zu vollziehen und sie anderen vorzuenthalten; gleichzeitig wiegt aber das oben (S. 314) zitierte, in Lukas 17, 20–21 begegnende Argument der „Inwendigkeit" des Reiches Gottes schwer; denn wie soll man es in dieser Lesart anders interpretieren, als daß die göttlichen Attribute des Friedens, der Einheit, der Freude, des Vertrauens, der Liebe usw. als seelisch manifeste Attribute im Menschen auftreten? Und dem entsprechen nun einmal am ehesten die mystischen Erfahrungen, die ‚gewöhnlichen' Gläubigen gar nicht oder so nicht zu Gebote stehen. Nimmt die Kirche die einschlägigen Bibelstellen und die ihnen entsprechenden Erlebnisse ‚professioneller' Mystiker ernst, betrachtet sie deren Visionen als wesentlich, kann für Nichtmystiker die „Frohe Botschaft", was davon im Geist verbaler Verkündigung oder im Glanz religiöser Kunst aufleuchtet, nur Ersatz sein – ein matter Reflex dessen, was die Charismatiker in ihrer Seele direkt als Himmel auf Erden erleben. Als Glaubensaspiranten sind Nichtmystiker dann Menschen vergleichbar, die einem zentral wichtigen Ereignis unbeteiligt von der Peripherie her zuschauen müssen, obwohl sie gern als Beteiligte im Zentrum stünden. Kann man es ihnen verübeln, wenn sie sich ausgeschlossen fühlen und dem Glaubenszweifel verfallen?

Dem hoffenden Christen bleibt es zwar unbenommen, rituell die Gnade zu erflehen oder mental die Erleuchtung zu suchen; aber Phänomenologie und Psychologie lassen erkennen, daß der Mystizismus nun einmal keine Kondition darstellt, die sich von Millionen ohne weiteres erwerben ließe oder die man ihnen einfach eintrichtern könnte. Ob genetisch vorgeprägt oder kulturell bedingt – die vorherrschende Psychostruktur bietet dafür nicht die erforderlichen Voraussetzungen. Dies ist ein schlichtes Faktum, eine empirische Gegebenheit, die seit Jahrhunderten besteht und an der langfristig vielleicht eine neue Phase der mentalen Evolution des Menschen oder der Verlauf der christlichen Heilsgeschichte etwas ändern könnte, die gegenwärtig aber noch eine harte Widerständigkeit bedeutet.

Andererseits: Distanziert sich die Kirche von dieser inneren Welt – sei es, daß sie ihre Fürsorge lieber der Majorität ihrer nicht-charismatischen ‚Schafe' als der Minderheit der Charismatiker zuwendet, oder sei es, daß sie bei Mystikern eine dubiose Verwandtschaft mit Obskurantisten und Esoterikern fürchtet, dann entfernt sie sich von ihrer eigenen Geschichte und den Quellen religiöser Weisheit. Denn von der Genesis bis zur Geheimen Offenbarung, vom alttestamentlichen Mose bis zum neutestamentlichen Johannes von Patmos, haben Mystiker, Visionäre und Propheten Schlüsselrollen bei der Entwicklung der judäo-christlichen Kultur gespielt. In der Gestalt des Jesus von Nazareth, selbst ein Prophet, sollte sich ja erfüllen, was die Propheten des Alten Testaments wieder und wieder angekündigt hatten. Mehr noch: das Versprechen ging über die Ankündigung eines Messias weit hinaus: es stellte den Gläubigen eine höhere mentale Verfassung, eine Infusion des göttlichen Geistes in Aussicht. Bei Joel 3,1–2 spricht der Herr: „Es kommt die Zeit, da werde ich alle Menschen mit meinen Geist erfüllen. Alle Männer und Frauen ... werde ich dann zu Propheten machen. Alte wie Junge werden Träume und Visionen haben. Sogar den Knechten und Mägden werde ich zu jener Zeit meinen Geist geben." Und bei den Mystikern schien eben dieses Versprechen in besonderer Weise erfüllt. So heißt es in einem Traktat des berühmten Meister Eckhart: „Manche einfältigen Leute wähnen, sie sollten Gott (so) sehen, als stünde er dort und sie hier. Dem ist nicht so. Gott und ich, wir sind *eins*."[390]

Hier finden wir das Fundament jener Wahrheits-als-Inwendigkeitstheologie, ohne welche weder der jüdische noch der christliche Glaube das hätten werden können, was sie geistig geworden sind. Die Propheten sind die Schöpfer kardinaler Symbole und Allegorien, die den menschlichen Erlösungsweg als inneren Weg beschreiben. Es sind die Zeugen einer Transzendenz, die das geschichtlich Gegebene als das heilsgeschichtlich Vorläufige definieren. Und es sind auch die

---

390 Zit. nach Quint (1977), S. 186

frühen Inspiratoren jenes philosophischen Idealismus, der im christlichen Abendland von Augustin bis Hegel das Spirituelle über das Materielle gestellt oder beide miteinander zu verschränken versucht hat. Der Zusammenhang ist klar: Man kann dieses Erbe nicht leugnen oder herunterspielen, ohne die Axt an die Wurzeln der abendländischen Tradition zu legen. Die Mystik ist das wichtigste Organ des religiösen Lebens und war es schon, als von einer christlichen Kirche noch gar keine Rede sein konnte. Die schlichte Tatsache ist: Jede Religion nimmt ihren Anfang in einem nicht-kirchlichen, nicht-theologischen Zustand. Jesus war kein Theologe, Mohammed war keiner, Konfuzius und Gautama Siddharta (der Buddha) waren keine. Theologie beginnt erst dann, wenn Anhänger, Schüler, Apostel, Epigonen sich daran machen, die gesprochenen Worte der Propheten aufzuzeichnen, aus den Worten eine Lehre zu entwickeln und aus der Lehre schließlich ein Dogma.

Gleichzeitig läßt sich nicht ignorieren, daß das Zeitalter der großen Visionäre und Propheten als Religionsstifter vorüber ist. Die Gnosis, das esoterische Wissen frühchristlicher Gruppen, die die Spiritualität des Einzelnen in das Zentrum das Glaubens stellten, wurde von der Kirche unterdrückt. Und den Boten fernöstlicher Lehren zur selbstinduzierten Innerlichkeit schlägt heute eher Argwohn als Akzeptanz entgegen. Joels Prophezeiung ist nicht eingetroffen – weder in Israel noch andernorts. Die Mystik hat im Abendland heute fast nur noch privatistische Bedeutung, und ob sie im Rahmen der Kirche jemals eine öffentliche Renaissance erleben wird, erscheint fraglich. Der von Hubertus Myranek vorhergesagte „mystische Aufbruch der Tiefenschichten des Menschen" (s. o. S. 304) ist ein Stück Utopie – sicherlich nicht unmöglich, aber bis auf weiteres wenig wahrscheinlich. Fälle einer *revelatio publica*, einer sich unter den Augen der Öffentlichkeit abspielenden Offenbarung, wie sie beispielsweise im Sommer 1917 im portugiesischen Fátima geschah und von der katholischen Kirche als Wunder (Erscheinung der „Muttergottes vom Rosenkranz") anerkannt wurde, sind rar geworden. Die protestantische Kirche hält sich bei solchen Ereignissen im Urteil gänzlich zurück, und der Vatikan ist in seinen Stellungnahmen heute außerordentlich vorsichtig. Als sich 1981 ein neues Marienwunder im kroatischen Medjugorje ereignete und die Jungfrau dort sechs Kindern erschien, versagte Rom die Anerkennung.

Die Vokabeln „Offenbarung" und „Wunder" gehören kaum mehr zum aktuellen Wortschatz progressiver Kleriker, es sei denn in strikt biblisch-historischer Anwendung. Wo heute Phänomene auftreten, die ehedem als Offenbarungen akzeptiert wurden, wird rasch der Verdacht laut, es eher mit Anwandlungen von Wahn als mit Zeichen göttlicher Intervention zu tun zu haben. Fundamentalisten, die sich – wie die Mitglieder der Pfingstbewegung – auf Petrus berufen und der „Zeichen und Wunder am Himmel" harren, die nach Apostelgeschichte 2 die Endzeit bringen sollen, werden auf eine harte Probe gestellt, ist doch vor kurzem ein neues Millennium wieder einmal enttäuschend ereignislos angebrochen. Selbsternannte Propheten, die sich – wie David Koresh von der amerikanischen Sekte der Davidianer (s. o. S. 299 f.) – zum Exekutivorgan göttlichen Vernichtungswillens stilisieren, laufen das Risiko, als Psychopathen in die Religionsgeschichte einzugehen. Visionäre unter den Poeten und Künstlern, die sich – wie die Kulturreformer Timothy Leary, Allen Ginsberg oder Ernst Fuchs – vertiefte religiöse Erfahrungen durch halluzinogene Drogen verschafft haben, geraten in die Nähe zu Kriminellen und Gesetzesbrechern.[391]

Aufklärung, Religionskritik, Säkularismus und Wissenschaft haben den Enthusiasmus einer öffentlichen Skepsis preisgegeben. Hier wird vom Rationalismus argwöhnisch beäugt und bekämpft, was sein festgefügtes Weltbild untergraben könnte. Und dies nicht unbedingt aus Engstirnigkeit oder Einseitigkeit der Rationalisten: Wer heute mit kritischer Aufmerksamkeit zum Beispiel die Offenbarung des Johannes liest, muß wirklich in Zweifel geraten, ob er es, wie vom Propheten beansprucht, mit göttlich inspirierten Visionen oder mit pathologisch einzustufenden Halluzinationen zu tun hat. Wie oben (S. 291ff.) erwähnt, vollzieht der „Seher von Patmos" eine prekäre, psychologisch ebenso problematische wie moralisch fragwürdige Gratwanderung zwischen religiöser Erlösungssehnsucht, politischem Haß und fortgeschrittener Paranoia. Daß dieses letzte prophetische Buch der Bibel zu den kanonisierten Schriften zählt, ärgerte bereits Martin Luther und ist heute so manchem Theologen peinlich. Jedenfalls kann es sich die Kirche nicht leisten, in ein gesellschaftliches Gravitationsfeld zu geraten, wo die Mystik schnell mit Magie, Okkultismus, Supernaturalismus, Fanatismus, Wahn oder Aberglaube assoziiert wird. Die Furcht, falschen Propheten zu folgen oder gar Spinnern und Paranoikern zu einem Forum zu verhelfen und sich damit lächerlich zu machen, ist groß, offenbar zu groß, um heute eine ausformulierte, zeitgemäße Theologie der Innerlichkeit entstehen zu lassen. Man überläßt dieses Feld lieber anderen: Philosophen, die sich den Erscheinungsformen orientalischer Mystik zugewandt haben, oder Psychologen, die alternative Bewußtseinszustände experimentell untersuchen.[392] Die zeitgenössische Theologie tut sich schwer mit einem Thema, das sie offensichtlich als kul-

---

391 Ein ganz und gar mysteriöses Phänomen außerhalb des christlichen Kontexts ist das *Urantia-Buch*, eine umfangreiche Kollektion von „Offenbarungen" kosmo-religiöser Geheimnisse, zuerst 1955 von der Urantia Foundation (Chicago) veröffentlicht. Der Inhalt des über 2000 Seiten starken Werkes wird auf interplanetarisch existierende Geistwesen zurückgeführt, die ihre ‚höheren' spirituellen Wahrheiten einem menschlichen Medium zur Niederschrift übermittelten. Der Psychiater William Sadler, ein Fachmann für Psi-Phänomene und beruflich mit dem Empfänger der Botschaften involviert, hielt die Offenbarungen für echt.
392 S. dazu Cardeña u. a. (2001).

turell belastet empfindet. Die Amtskirchen ziehen es vor, dem skeptischen Zeitgeist Tribut zu zollen.

Dennoch gibt es Versuche, dem Phänomen gerecht zu werden und das Trilemma zu lösen. So hat der Jesuit Karl Rahner, nicht eben ein Leichtgewicht unter den Theologen des 20. Jahrhunderts, einen solchen Versuch unternommen. Wir wollen sehen, welchen Kurs er steuert:

Gänzlich unbezweifelbar ist für Rahner zunächst, daß mystische Fähigkeiten (Visionen, Auditionen, das Charisma der Prophetie) psychologisch real sind und theologisch ihren Ursprung in Gott haben können. Offenbarungen haben stattgefunden und finden weiterhin statt; denn es sind für den Theologen mögliche Formen einer „Selbsterschließung" Gottes, die keiner geschichtlichen Einschränkung oder mentalen Reserve unterliegen. Daß Gott dabei als außer- und übermenschliche Instanz und nicht etwa als autonome psychische Kraft (im Sinne C. G. Jungs) figuriert, ist dogmatisch festgelegt: „Die Möglichkeit einer Privatoffenbarung durch Visionen und damit verbundene Auditionen steht grundsätzlich für einen Christen fest. Gott kann als persönlicher, freier Gott sich dem geschaffenen Geist vernehmbar machen, nicht nur durch seine Werke, sondern auch durch sein freies, persönliches Wort."[393] Wie die Schrift belegt, hat er vor Zeiten auf mannigfaltige Weise zu den Vätern persönlich „gesprochen" und zu Beginn der christlichen Ära auf die Nachgeborenen durch seinen Sohn gewirkt. Er hat sie angeleitet, aufgerichtet, erleuchtet, gesegnet, getröstet, gestärkt, aber ihnen auch gezürnt, sie zurechtgewiesen, gezüchtigt, auf die Probe gestellt. Die Methoden variieren; die heilsgeschichtliche Absicht bleibt dieselbe. Menschen, denen sich Gott persönlich offenbart, können seine Stimme vernehmen oder eine Schauung erleben oder Traumbilder und Symbole empfangen oder Erscheinungen vom Erlöser, der Jungfrau, von Engeln, Heiligen und Märtyrern haben. Inhalt und Form solcher Mitteilungen entsprechen der jeweiligen Phase der göttlichen Heilsgeschichte, in welcher der Visionär steht und in die er hineinwirken soll. Sie sind von seiner historischen Situation mitabhängig und durch seine persönliche Konstitution in dieser oder jener Form medialisiert. Aber durch sie hindurch kann die göttliche Absicht grundsätzlich ebenso entziffert werden wie über den offiziellen Weg der Verkündigung von der Kanzel oder durch das gewissenhafte Studium der Heiligen Schrift.

In seiner Souveränität steht es Gott frei, für seine Zwecke durch das Forum der Kirche zu wirken oder sinnlich und emotional erfahrbare Bewußtseinsvorgänge in just den Formen zu vermitteln, in denen sie auch sonst – ohne göttliche Inspiration – auftreten können: als Modus einer Wahrnehmung, einer bloßen Vorstellung, einer Intuition, eines eidetischen Phänomens, eines Traums, einer

---
[393] Rahner (1989), S. 18.

Halluzination usw. Die Botschaften können einzelne Sinne affizieren oder auch in mehreren Sinnen zugleich auftreten. Ebenso steht es ihm frei, die konkreten Eindrücke, die sogenannten „species sensibilis impressa", nach Gestalt, Farbe, Dauer, Intensität usw. inhaltlich so zu gestalten, daß sie mit dem geistigen Vermögen des Gläubigen kommensurabel sind. Liegen ‚echte' mystische Visionen vor, steht dahinter die göttliche Absicht, den Visionär in seinem persönlichen Leben als Christenmenschen zu vervollkommnen und in seinem Glauben zu festigen – Enthusiasmus im ursprünglichen Wortsinn. Liegen prophetische Visionen von der Art vor, wie sie die Bücher der Bibel in großer Zahl enthalten, handelt es sich um göttliche Imperative, Aufträge an die Visionäre, sich mit Botschaften belehrend, warnend, fordernd, die Zukunft voraussagend, an ihre Mitmenschen zu wenden. Es ist klar, daß in theologischer Hinsicht die prospektive Tendenz der Prophezeiungen wichtiger ist als die affirmative Funktion der Visionen. Denn dort kann der Geist Gottes auf die Glieder der Kirche einwirken und sie erkennen lassen, welches Gebot der Stunde er ihnen auferlegt, während es hier eher um eine Demonstration dessen geht, was die Güte, die Liebe, der Friede etc. Gottes in der Seele des einzelnen zu bewirken vermag. Antithetisch dazu gilt aber auch, daß psychische Vorkommnisse, die das religiös-sittliche Leben des Menschen hemmen, gefährden oder zerstören, im theologischen Sprachgebrauch als „teuflisch" zu gelten haben. Hier besteht ein Berührungspunkt mit der von William James so genannten „diabolischen Mystik",[394] auch wenn dieser sie nicht der Intervention des Teufels, sondern den Erscheinungsformen der Psychose zurechnet.

Jedenfalls sind Prophezeiungen für Rahner auch unter der Ägide des vorherrschenden Säkularismus keineswegs anachronistisch. Zur Aufgabe eines christlichen Propheten kann man ebenso berufen sein wie zur Rolle eines kirchlichen Amtsträgers; der innere Weg ist ebenso wichtig wie der äußere; der visionäre Zustand ebenso glaubensfördernd wie die verbale Verkündigung. Auch heute noch: „Die soziologischen und psychologischen Formen des prophetischen Charismas und seines Eingreifens in den Gang der Kirchengeschichte können sich wandeln. Aber immer muß es neben dem durch Handauflegung weitergegebenen Amt in der Kirche auch die menschlich unübertragbare Berufung des Propheten geben. Keine der beiden Gaben kann die andere ersetzen."[395] Demnach betrachtet Rahner den Weg mystischer Erleuchtung und den amtlicher Verkündigung als komplementär. Und danach obliegt es dem gläubigen Christen, die verschiedenen Wege einer Selbstmitteilung Gottes anzuerkennen und ihrer jeweiligen Erscheinungsmöglichkeiten gewärtig zu sein. Er darf sie nicht dem ra-

---

394 Siehe oben S. 315 f.
395 Rahner (1989), S. 30.

dikalen Zweifel aussetzen oder ihren transzendenten Ursprung leugnen; denn: „Wer *alle* solche Dinge zurückführen wollte auf natürliche oder gar krankhafte menschliche Zustände, würde konsequent leugnen, daß ein geschichtliches Handeln des sich im Wort offenbarenden persönlichen Gottes möglich sei. Damit aber würde er den Charakter des Christentums als einer übernatürlichen geschichtlichen Offenbarungsreligion bestreiten"[396]

Auf der anderen Seite ist größte Vorsicht, wenn nicht Mißtrauen, im Umgang mit Visionen und Prophezeiungen geboten, bei denen eine sorgfältige Prüfung der Wahrnehmungen zeitigt, daß diese nicht göttlichen Ursprungs sind, sondern entweder parapsychologische Fähigkeiten darstellen (Trance, Telepathie, Telästhesie, Glossolalie) oder als pseudoreligiöse Maskeraden auftreten (Täuschungen, Scharlatanerie, Suggestion) oder als pathologische Phänomene einzuordnen sind (Halluzinationen, Obsessionen, fixe Ideen). Rahner weiß: Der religiöse Wahn hat ebensoviele Gesichter wie der religiöse Glaube, und selbst die anerkannten christlichen Mystiker sind nicht unbedingt erhaben über Selbsttäuschungen oder krankhafte Einbildungen. Er erwähnt den Kasus nicht; aber die berühmten sexuellen Versuchungen des heiligen Antonius (ein beliebtes Sujet in der abendländischen Kunst) dürfte der Paradefall eines Heiligen sein, der Opfer seiner selbstquälerischen projektiven Phantasien wurde, obgleich er sich als Spielball von Dämonen wähnte. Erwähnung findet freilich eine bemerkenswerte Vision der heiligen Teresia von Ávila, in der sie am 26. Juli 1570 das Leiden von 40 brasilianischen Märtyrern „sah", und zwar just in dem historischen Moment, als sich das Drama abspielte. Rahner sieht darin – dem sakralen Charakter der Tragödie zum Trotz – einen ganz profanen Fall von Telästhesie, keine Manifestation einer gottgewirkten Offenbarung. Danach können auch kanonisierte Heilige rein psychogene Visionen haben, die nicht auf göttliche Einwirkungen zurückgehen.

Die psycho- bzw. neurologische Verwandtschaft all dieser Phänomene macht es schwierig, sie voneinander zu sondern, und gebietet gerade deshalb die höchste Sorgfalt bei einer Prüfung ihrer möglichen „Gottgewirktheit". Spricht, erscheint, agiert hier wirklich Gott? Oder ist es einer seiner Kontrahenten unter den Dämonen? Oder handelt es sich lediglich um eine Regung des persönlichen Unbewußten, die zufällig eine religiöse oder dämonische Färbung annimmt? – Vermag die Phantasie schon einer gesunden Psyche verwirrende Streiche zu spielen, so können die Gaukeleien einer verführten, labilen oder kranken Seele allerlei Falsches, Morbides und Täuschendes suggerieren. Zudem ist es unmöglich zu sagen, wo genau die Grenze zwischen den im Akt einer Vision ablaufenden psychischen Vorgängen und der durch das Eingreifen Gottes eintretenden

---

396 Rahner, S. 20.

Transzendenz verläuft. Die Tatsache eines starken Realitätseindrucks des Visionsgegenstands auf den Visionär oder die Eingliederbarkeit des Gegenstands in den christlichen Kontext ist noch kein Beweis für die religiöse „Objektivität" des Eindrucks. Selbst die seherische Wahrnehmung identifizierbarer Szenen oder Figuren aus der Heilsgeschichte, selbst das Vernehmen von Gottes oder des Erlösers oder eines Apostels Stimme ist *per se* noch kein Garant für die Echtheit einer Vision/Audition. Sogar Ereignisse, die auf den ersten Blick alle Züge einer *revelatio publica* zu besitzen scheinen, können sich als kollektive Täuschung, als Fälle von Massensuggestion erweisen. Eine unmittelbare, theologisch beweiskräftige „Wahrnehmungsevidenz" gibt es nicht; denn auch „echte", d. h. gottgewirkte Visionen benutzen dieselben psychischen Mechanismen wie Halluzinationen oder sonstige eidetische Phänomene. In jedem Fall obliegt es deshalb zunächst und bis auf weiteres der Kirche, bei Visionen (auch solchen religiösen Inhalts) stets „einbildliche" Prozesse zu vermuten. Sie sind wesentlich alltäglicher und mit dem Instrumentarium der Psychologie/Psychiatrie besser erklärbar als jene seltenen Ereignisse, die effektiv gottgewirkt sind.

Wenn es letztere dennoch gibt und für ihre Bestimmung Echtheitskriterien existieren, so können diese weder aus dem mystischen Erlebnismodus noch aus dessen sinnlichem Inhalt abgeleitet werden. Hier trennen sich die Wege von Psychologie und Theologie: Für Rahner liefert das übersinnlich-sinnliche Geschehen als solches keinen Anhaltspunkt für dessen theologische Echtheit. Was immer die Mystiker dabei empfinden, es ist nicht selbstbeglaubigend in bezug auf seinen vermuteten Ursprung, weil die göttliche Einwirkung stets „tiefer" ansetzt als in der sinnlichen Sphäre und Gott selbst größer ist als der größte Radius menschlicher Erfahrung. Das Imaginäre einer Vision, wie erhebend, inspirierend, beseligend auch immer, kann nicht mehr sein als eine „abhängige Funktion" der göttlichen Inspiration. Es kann nur ein Reflex des Eigentlichen, der Gnade Gottes, im Medium des Uneigentlichen, der Psyche des Menschen sein, „so daß dadurch gerade die Aufmerksamkeit des Menschen und seine personale Entscheidung auf das gelenkt wird, worauf es allein ankommt: auf das Werk, das die mystische Gnade Gottes in der eingegossenen Beschauung in der Tiefe der Person tut, auf den reinen Glauben und die Liebe zu dem über alle Bilder erhabenen Gott." Nicht die Qualität des Erlebnisses liefert also das Kriterium, sondern dessen nachhaltige Wirkung, eine den Menschen wandelnde Vertiefung mit praktischen Konsequenzen. „An den Früchten sollt ihr sie erkennen", ließe sich mit Matthäus sagen. Das bedeutet: Stellt sich hernach ein besonders gottgefälliges Leben ein, finden sich verstärkt die christlichen Tugenden im Herzen des Mystikers, sind seine Werke dem Menschenbild des Evangeliums entsprechend, dann – und nur dann – hat der Mystiker die Berechtigung, seine Visionen als gottgewirkt anzusehen. Der Prüfstein ist somit der Kurs seines davon geprägten Lebens, nicht die Qualität seiner Visionen.

So zeichnet sich die konzipierte Lösung des Trilemmas ab: Um der Konkurrenz mit der Psychologie zu entgehen und die fließenden Grenzen zwischen religiösen, profanen und pathologischen Erscheinungen nicht markieren zu müssen, wird das Phänomen als solches, seine vom Mystiker erlebte Transzendenz, gewissermaßen ‚ausgelagert'. Nicht die mögliche Präsenz Gottes in der Seele des Christen ist der Schauplatz des theologisch bedeutsamen Geschehens, sondern ihre zu erwartende Wirkung auf das Leben des Christen. Die erwiesene Gnade läßt sich nicht primär festmachen am Wesen der Schauungen, sondern muß sekundär bezogen werden auf die Qualität ihrer Effekte. Damit wird die Unmittelbarkeit der religiösen Erfahrung, ihre immanente Wahrheit, durch die Mittelbarkeit ihrer theologischen Deutung relativiert. Damit wird aber auch das ‚Beweismittel' der Einheitlichkeitserfahrung in Frage gestellt – gegen die Überzeugung der meisten Mystiker, sogar gegen die biblischen Botschaften selbst. Es ist nicht nur der Prophet Joel, der, wie zitiert, die göttlich verfügte Spiritualisierung des Menschen verkündet, auch der Apostel Paulus sagt unmißverständlich: „Wir alle sehen mit unverhülltem Gesicht die Herrlichkeit des Herrn. Dabei werden wir selbst in das verwandelt, was wir sehen, und bekommen mehr und mehr Anteil an seiner Herrlichkeit. Das bewirkt der Herr mit seinem Geist" (2. Kor. 3, 18). Ähnlich heißt es in dem (apokryphen) Thomas-Evangelium: „Wenn die, die euch führen, zu euch sagen: seht, das Königreich ist im Himmel, so werden euch die Vögel im Himmel vorangehen; wenn sie euch sagen; es ist im Meer, so werden euch die Fische vorangehen. Aber das Königreich ist in eurem Inneren ... ."[397]

Hingegen reklamiert Rahner das von der Mystik ‚bedrohte' kirchliche Recht, die letzte und oberste Instanz in allen Fragen des Gott-Mensch-Verhältnisses zu sein. Er insistiert auf ihrem Privileg, als Mutter Kirche Modus und Status der Gläubigkeit ihrer Kinder zu zensieren, und danach kann es keine Gott-Mensch-Identität geben. Rahner würde Paulus und Thomas sicherlich nicht widersprechen, macht aber geltend, daß es dem Mystiker nicht zusteht, selbst über die Wahrheit seiner Visionen/Auditionen zu befinden. Es ist Sache der Institution, deren Echtheit zu prüfen und ggf. auf Selbsttäuschung, Scharlatanerie, Autosuggestion, Massenhysterie zu tippen, sollte die Prüfung negativ ausfallen. Die (katholische) Kirche ist der selbstautorisierte Mittler zwischen Gott und den Menschen und der zuständige Schiedsrichter in Zweifelsfragen. (Unerwähnt bleibt freilich, daß die Kirche in dieser Hinsicht selbst gewaltig irren kann, wie der historische Fall der heiligen Johanna in so skandalös-ironischer Weise vorführt:

---
397 In Schneemelcher (1987), S. 98.

nach der Verbrennung der „ketzerischen" Jungfrau ihre Heiligsprechung. Unerwähnt bleibt auch, daß das Lehramt sich schwertut mit Propheten wie Nostradamus, der seine Visionen selbst als gottgewirkt ansah, aber der Inquisition nur knapp entging.) Da Rahner zwar eine Offenbarung Gottes, nicht aber eine Gott-Mensch-Fusion *in* der Offenbarung für möglich hält, wird damit der „Einheitlichkeitstheologie" eine Absage erteilt. Gott bleibt in seinem Wesen außerhalb und oberhalb des Menschen – als Entität, die in menschliche Existenz eingreifen kann, ohne je mit der menschlichen Seele identisch zu werden. Damit wird der Anspruch selbst großer Mystiker wie Jakob Böhme, Meister Eckhart, Teresia von Ávila oder Emanuel von Swedenborg stark relativiert. Damit wird dann auch verständlich, weshalb die Kirche dem Umsichgreifen östlicher Meditationslehren im Westen und den Versuchen spiritueller Selbsterneuerung des Menschen im „Zeitalter des Wassermanns" so argwöhnisch gegenübersteht. Im kirchlichen Interesse soll die Tür für diejenigen Christen offengehalten werden, die selbst keine Charismatiker sind und den Weg des Glaubens viel mühsamer gehen müssen als ihre erleuchteten Brüder und Schwestern. Ein Leben in Christo soll für sie im Schoße der Kirche auch dann eine moralische Option bleiben, wenn bei ihnen die mystische Disposition nicht vorhanden ist und der Geist Gottes sie nicht unmittelbar beseelt. Die Institution steht über dem Individuum, die Theologie über persönlicher Erfahrung.

Es spiegelt sich die Reserviertheit des Klerus gegenüber Erfahrungen, die von vielen Betroffenen als deutlich religiös empfunden werden, auch in der Einstellung zu den Nahtod-Phänomenen.[398] Hier gibt es zwar allerlei vorsichtig und vorläufig geäußerte Gedanken einzelner Theologen, aber keine offizielle Lehrmeinung der Kirche – weder auf katholischer noch auf protestantischer Seite. Dies ist nicht ohne weiteres verständlich, geht es im christlichen Glauben doch seit Jahrtausenden um Vorstellungen, in denen die Frage nach einem Leben im Jenseits zentral ist. Die Menschen wollten stets und wollen heute wissen: Was kommt nach dem Tode? Wird die Seele fortleben? Was ist mit der „Auferstehung des Fleisches"? Existiert ein Jenseits? Sie stellen solche Fragen ganz und gar zu Recht, denn letzten Endes lassen die biblischen Bücher keinen Zweifel daran, daß eben dies die essentiellen Fragen sind. Immerhin hatte der Gekreuzigte einem seiner Leidensgenossen am Nachbarkreuz versprochen: „Ich sage dir, du wirst noch heute mit mir im Paradies sein" (Lk. 23, 43). Immerhin wurden die Sadduzäer von Jesus belehrt: „... die, die nach der Auferstehung in der kommenden Welt leben dürfen ... werden nicht mehr sterben, sondern leben wie die Engel im Himmel. Weil sie vom Tod auferstanden sind, sind sie Söhne Gottes, die bei ihm leben" (Lk. 20, 35–36). Ganz in diesem Sinn erhielten die Ko-

---

[398] Siehe oben S. 368 ff.

rinther von Paulus den Rat, an ein paradiesisches Jenseits zu glauben: „Ich kenne einen bestimmten Christen, der vor vierzehn Jahren in den dritten Himmel[399] versetzt wurde. Ich weiß nicht, ob er körperlich dort war oder nur im Geist; das weiß nur Gott. Ich bin jedenfalls sicher, daß dieser Mann ins Paradies versetzt wurde..." (2. Kor. 12, 2–3). Ebenso wurde den Ephesern von Johannes, dem Apokalyptiker, in Aussicht gestellt: „Wer [in Glaubensanfechtungen] den Sieg erlangt, dem gebe ich das Recht, vom Baum des Lebens zu essen, der im Garten Gottes wächst" (Offb. 2, 7). Und – am allerwichtigsten: Jesus selbst wurde nach den Berichten aller Evangelisten von den Toten auferweckt, um in den Himmel als den Ort seiner göttlichen Bestimmung aufzusteigen – nur daß sie sich darüber ausschweigen, wie dieser geistig vorzustellen oder sinnlich zu fassen ist.

Hatten vergangene Generationen von Kirchenvertretern noch ein relativ ungebrochenes Verhältnis zu den biblisch begründeten Perspektiven des Jenseits, schossen sie in ihrem Enthusiasmus manchmal sogar über das Ziel hinaus, indem sie zusammenphantasierten und illustrierten, was die Bibel ungesagt ließ, so zeichnen sich die zeitgenössischen Autoritäten durch eine merkwürdige Scheu aus, wenn es um eine Diskussion der Nahtod-Erlebnisse und ihrer möglichen religiösen Implikationen geht. Hatte Karl Rahner immerhin einen systematischen Versuch unternommen, die Bedeutung der Mystik für heutige Katholiken zu bestimmen, so weichen seine Nachfolger einer klaren Stellungnahme zu den Nahtod-Erlebnissen aus. Dabei dürfte das beredte Schweigen der Deckmantel einer Unsicherheit sein, die sich scheut, ein Bekenntnis zur Gültigkeit der persönlichen Zeugnisse abzulegen, aber sich auch nicht dazu durchringen kann, eine begründete Ablehnung zu formulieren. Die Stimme des Zensors bleibt hier aus Verlegenheit stumm. Die Konsequenz dieser ‚Politik' ist jedoch, daß privat fundierter Glaube und institutionell verwaltete Theologie noch weiter auseinanderdriften, als sie es in der jüngeren Vergangenheit bereits getan haben. Die Institution versagt. Der Religionssoziologe Klaus-Peter Jörns kritisiert denn auch: „Die Kirchen haben nicht begriffen, daß eine der elementarsten Fragen im Leben eines Menschen ist, ob es so etwas wie Unsterblichkeit gibt."[400] Hilfe und Rat für Fragende müßte eines ihrer pastoralen Hauptziele sein; aber ihr Versagen ist diesbezüglich offenkundig. Die Kirche räumt Positionen, die sie halten müßte, und es entsteht eine Lücke, die gefüllt wird durch angelesenes Wissen aus populärwissenschaftlichen Darstellungen oder (immer häufiger) durch dubiose Angebote aus dem Reich der Esoterik.

Was sich hier – in psychohistorischer Perspektive – abspielt, hat der Bewußt-

---

399 Mit „dritter Himmel" ist der den Sterblichen verborgene Ort des himmlischen Paradieses gemeint, bevor es nach dem Gericht für die Erlösten wiedererteht.
400 Zit. nach Thimm (2000), S. 128.

seinsforscher Charles Tart sehr treffend beschrieben. Er erläutert am Beispiel der Theologie, wie bestimmte Wissenssysteme entstehen, sich geschichtlich verfestigen und, indem sie sich verfestigen, sich weiter und weiter von ihren Ursprüngen im Bewußtsein entfernen. Nach Tart ist jedes maßgebliche Wissen ein „zustandsbezogenes Wissen" (*state-specific knowledge*), das einer jeweils herrschenden, als normal geltenden Bewußtseinslage entspricht, sich aber von früherem und anderem Wissen mehr oder minder signifikant unterscheidet. Die Folge kann sein, daß, bedingt durch den Fortgang der Bewußtseinsgeschichte, das originäre Wissen schwindet, wodurch sein Kern nur noch schwer oder gar nicht mehr zugänglich ist. Interveniert die historische Distanz und ändert sich die kulturelle Lage, kann die Vermittlung der jeweiligen Bewußtseinszustände schwierig werden:

Der Gedanke des zustandsbezogenen Wissens ... wirft Licht auf einen Aspekt der organisierten Religion, auf die „Trockenheit" der Theologie. Man achte auf das Gefühl, das so viele Menschen innerhalb wie außerhalb organisierter Religion schon gehabt haben, nämlich daß Theologie intellektuelle Haarspalterei ist, eine Tätigkeit, die irrelevant ist für das, womit Religion es wirklich zu tun hat. Ich glaube, daß dies in vielen Fällen zutrifft, und der Grund liegt darin, daß das Wesen der Religion größtenteils zustandsbezogenes Wissen ist, ein Wissen, das man wirklich nur aus einer anderen Bewußtseinslage heraus verstehen kann. Die ursprünglichen Gründer der Religion *erfahren* bestimmte Dinge in einem alternativen Bewußtseinszustand, sprechen aber davon im normalen Zustand. Sie wissen, daß die Worte nur eine armselige Wiedergabe der direkten Erfahrung ermöglichen, aber Worte sind alles, was sie haben, um darüber reden zu können. Nun kommen und gehen die Generationen, und während immer weniger Theologen über eine unmittelbare Erfahrung des Sinnes der Worte verfügen, diskutieren sie deren Bedeutung immer ausführlicher, und die Entfernung vom ursprünglichen Wissen wird immer größer. [...] Also können Ideen wie „Wir sind alle eins" oder „Liebe durchdringt das ganze Universum" nicht angemessen im normalen Bewußtseinszustand begriffen werden, wie sehr wir uns auch bemühen, obwohl sie unser Denken und Handeln im normalen Zustand durchaus berühren können, sofern wir sie zuvor im jeweils anderen Zustand erfahren und verstanden haben.[401]

Dieses Problem sehen die Kirchenleute offenbar nicht, wenn sie als Theologen die mystische Erfahrung nur indirekt anzuerkennen gewillt sind, das „zustandsbezogene Wissen" der Mystiker theologisch zensieren oder sich über die Bedeutung der Nahtod-Erlebnisse vielsagend ausschweigen. Sie sehen es nicht, weil die Institution, die sie vertreten, zunehmend dasjenige veräußerlicht, was im Ursprung ausschließlich innerlich war. Einerseits ist dies zwar eine Konsequenz der abendländischen Säkularisierung als Folge der allgemeinen Verschiebung des geistigen Lebens vom Mythos zum Logos, die keiner kirchlichen Verfügbarkeit unterliegt, andererseits aber auch die Konsequenz einer Selbstbezogenheit der Institution, die ihre eigene Anfänglichkeit nicht mehr wahrnimmt. So verblaßt ein Prinzip, das für den Protestantismus dereinst konstitutiv war: das

---

401 Tart (1985), S. 218, Anm. 7.

ganz persönliche Zeugnisablegen für den Glauben. Und so gerät eine Überzeugung in Vergessenheit, die für den Katholizimus stets fundierend war: das Vertrauen auf das Fortbestehen der menschlichen Seele nach dem Tode. Die Frage stellt sich, ob die Kirche auf Dauer in einer geistigen Existenzform zu leben vermag, die sie ihren eigenen Ursprüngen entfremdet. Die Prognose dafür ist nicht günstig.

Teil 4

Transformationen des Wirklichen

4.1 Inkubationszeit des Geistes: Kreative Ideen

Eine für die Topographie seines Bewußtseins bedeutsame, vom zeitgenössischen Menschen besonders hoch geschätzte Fähigkeit heißt Kreativität. Kreativität ist in unserer Gesellschaft gefragt, sie wird wie eine neue Tugend gepriesen, der gegenüber die Kardinaltugenden von ehedem alt und blaß aussehen. Kreativität ist ein aktuelles, in die Aura quasi-sakraler Bedeutung gehülltes „Heilswort",[402] von dem man sich Erfüllung oder Rettung verspricht. Schenken wir den Parolen Glauben, die den Begriff allüberall propagieren, besteht die vornehmste Pflicht des heutigen Menschen darin, kreativ zu sein. Eltern erwarten von ihren Sprößlingen Kreativität, Pädagogen von ihren Schülern, Professoren von ihren Studenten, Arbeitgeber von ihren Mitarbeitern, Wirtschaftsführer vom ökonomischen System, Politiker möglichst von der gesamten Bevölkerung. Eine regelrechte Kreativitätssucht breitet sich aus. Längst vorbei ist die Zeit, da es im Abendland eine eher mißtrauisch beäugte als sozial willkommene Minderheit gab, der man Kreativität als eine Art Verrücktheit zuschrieb: die Künstler. Weit zurück liegt die Epoche, da Schöpfertum von den antiken Philosophen als eine Art heiliger Wahn angesehen wurde.

Woher diese kulturelle Modeerscheinung? Offensichtlich spricht sich in dem beschwörenden Gebrauch, den wir heute von dem Wort machen, ein verdecktes Urteil über unsere Lage aus: über geistige Not, Defizite, Entbehrungen – oder was wir dafür halten. Wir suchen auf einmal etwas, von dem wir meinen, daß es uns fehlt. Wir setzen auf etwas, das uns wünschenswert, wenn nicht notwendig erscheint. Die Häufigkeit, mit der das Wort in der öffentlichen Debatte auftaucht, suggeriert, daß Kreativität im buchstäblichen Sinne als etwas *Notwendiges* gilt, weil sie empfundene Not zu wenden verspricht. In dem Ruf nach Kreativität kommt, schaut man unter die Oberfläche des Phänomens, ein Zustand des Festgefahrenseins, der Auswegslosigkeit, des Endes rationaler Arbeits- und Handlungsweise zum Ausdruck. Wir zappeln im Netz selbstgeschaffener äußerer Systemzwänge und versprechen uns innere Befreiung durch mehr Kreativität. Wir leiden an dem mulmigen Gefühl, daß es uns schlecht ergehen wird, sollten wir nicht imstande sein, unsere Kreativität zu steigern – für das Leben des Einzelnen ebenso wie für das der Gemeinschaft. Infolgedessen unternehmen wir alle möglichen Anstrengungen, um dieses hehre Ziel zu erreichen. Es gilt die Überzeugung: Kreative Menschen sind die besseren Vertreter ihrer Gattung, kreative Gesellschaften die erfolgreicheren Gemeinwesen, und wir haben offensichtlich Nachholbedarf. Kreativitätsberater schießen wie die Pilze aus dem Boden und veranstalten Seminare über „Brainstorming" oder „bilaterales Denken".

---
[402] Begriff von Hartmut von Hentig (2000), S. 9.

Kreativitätssteigerung wird der Öffentlichkeit in fast inbrünstigen Appellen von allen möglichen Interessengruppen anempfohlen. Nur ein Beispiel: Im Sommer 1994 verfaßte der Deutsche Philologenverband ein Memorandum mit dem Titel *Bildung – Kreativität – Innovation,* unterzeichnet von illustren Persönlichkeiten aus Forschung, Bildungspolitik und Wirtschaft. Es heißt dort programmatisch: „Der Wirtschaftsstandort Deutschland bedarf des Bildungsstandorts Deutschland. Wir leben von der Kreativität der Menschen und der Qualität ihrer Arbeit" – als wenn sich Kreativität durch wohldurchdachte Bildungsprogramme induzieren ließe, als wenn sich das Niveau kreativen Denkens durch gut dotierte Fördermaßnahmen heben ließe, als wenn eine Verbesserung äußerer Rahmenbedingungen es ermöglichte, die inneren Voraussetzungen für die gewünschte Niveauanhebung zu schaffen. Beim Tanz um das Goldene Kalb der Kreativität herrscht ein schlimmer Illusionismus.

Um die den Begriff umwabernden Illusionen entlarven zu können, ist es hilfreich, sich zunächst eine Definition aus einem seriösen Nachschlagewerk anzuschauen. Das *Lexikon der Psychologie* von Wilhelm Arnold u. a. bestimmt Kreativität als „die Fähigkeit, Gegenstände in neuen Beziehungen und auf originelle Art zu erkennen, sie auf ungewöhnliche Art sinnvoll zu gebrauchen, neue Probleme zu sehen, wo scheinbar keine sind, vom gewohnten Denkschema abzuweichen und nichts als fest zu betrachten und aus der Norm fallende Ideen zu entwickeln, selbst gegen den Widerstand der Umwelt, wenn es gilt, etwas Neues zu finden, das eine Bereicherung für Kultur und Gesellschaft darstellt."[403] Durchdenkt man die Implikationen dieser Definition, wird erkennbar, daß wir es bei den aufgelisteten Aktivitäten wesentlich mit dem Innern des Menschen zu tun haben, auf welches das Außen einen nur mittelbaren (problemauslösenden) Einfluß nimmt. Und nichts wäre naiver als die Annahme, daß ein problembeladenes Außen in einem direkt proportionalen Verhältnis zu einem kreativen Innen steht – nach der Devise: je schwieriger seine Lebenswelt, desto schöpferischer der Mensch. Der Pädagoge Hartmut von Hentig dürfte recht haben, wenn er schreibt: „Die enthusiastischen Erwartungen an die Kreativität und an die von ihr freizusetzenden Kräfte sind im doppelten Sinn ‚falsch', nicht nur trügerisch, sondern betrügerisch. Die davon reden, sollten jedenfalls wissen, wie beschränkt die Möglichkeit ist, Kreativität zu mobilisieren, sie sollten wissen, wie ... ungedeckt die damit verbundenen Behauptungen und Forderungen [sind]."[404]

Natürlich kann nicht bestritten werden, daß auch hier ein grundsätzlich dialektisches Verhältnis von Innen und Außen herrscht. Kreative Lösungen setzen real bestehende Probleme voraus, und zu deren Lösung kann man durch äußere Umstände geführt oder ermuntert werden. Kreativität reagiert, sofern sie

---
403 Arnold (1980), Bd. 2, S. 1156–1157.
404 Hentig (2000), S. 11.

stände geführt oder ermuntert werden. Kreativität reagiert, sofern sie sich nicht spontan, aus purer Freude an schöpferischem Tun entfaltet, auf Realitätsdruck. Insofern lassen sich Externa nicht grundsätzlich ausklammern. Aber, wie sich darlegen läßt, sind die inneren Prozesse sehr viel erratischer, zufälliger und unkalkulierbarer als es äußere Konstellationen sind. Bei gebührend nüchterner Betrachtung zeigt sich: Kreativität läßt sich nicht pädagogisch züchten, nicht soziotechnisch programmieren und schon gar nicht politisch herbeireden. Sie läßt sich weder in den Dienst einer herrschenden Ideologie noch in die Zwecksetzungen einer gesellschaftlichen Einrichtung nehmen. Sie kann auch nicht das Produkt irgendeiner Marktlage sein; denn sie entzieht sich der Plan- und Herstellbarkeit. Kein Mensch verfügt über die Fähigkeit, seine Kreativität über den Willen zu steuern und sie bedarfsgerecht an- oder abzuschalten, so wie er seine Aufmerksamkeit an- oder abschaltet. Zwar besitzen verschiedene Drogen anerkanntermaßen die Eigenschaft, Phantasietätigkeit und Schöpferkraft anzuregen,[405] aber ihr Genuß birgt die hinlänglich bekannten Suchtgefahren und steht deshalb nicht zur öffentlichen Disposition. Die wirksamste Kreativitätsförderung besteht im Kampf gegen Kreativitätsverhinderung, d. h. in der Schaffung von Umständen, die die Entfaltung schöpferischer Aktivität nicht unterdrücken. – Durch einen Blick auf zwei (miteiander verwandte) Schlüsselerfahrungen, *Intuition* und *kreativer Traum*, läßt sich dies veranschaulichen:

Zu den populären Anekdoten der Wissenschaftsgeschichte zählt jene Episode aus dem Leben des Archimedes, wonach der berühmte Mathematiker, im Bade sitzend, plötzlich das Prinzip des statischen Auftriebs im Wasser entdeckte. „Heureka" ("Ich hab's gefunden"), soll er ausgerufen und damit ein Aha-Erlebnis willkommen geheißen haben, das seitdem als exemplarisches Schlüsselereignis für kreative Problemlösungsprozesse gilt. Sein Geist hatte dem Archimedes beschert, was in der Psychologie gemeinhin als „Intuition" bezeichnet wird – eine unerwartet aufblitzende, schöpferisch wirksame Erkenntnis. Intuition ist die innere Wahrnehmung eines sich gedanklich auftuenden Weges, dessen Beschreiten zu neuen Einsichten, Erkenntnissen und Kreationen führt. Das Wort kommt aus dem Lateinischen und ist von dem Verb *intueri* abgeleitet, was soviel heißt wie „auf etwas schauen", „in etwas hineinschauen", „in Betracht ziehen" oder „über etwas nachsinnen". Fachterminologisch präzisiert bedeutet es „das unmittelbare Gewahrwerden eines Sachverhalts in seinem Wesen, ohne daß bewußte Reflexion darauf hingeführt hat", was den zentralen Aspekt eines spontanen Geschehens, der Unmittelbarkeit im Mittelbaren, des Nicht-intentional-Gedachten im Denken zum Ausdruck bringt. In jedem Fall verweist die Grund-

---

[405] S. dazu Masters und Houston (1971).

bedeutung des Wortes auf Spontaneität und sofortiges Verstehen. Intuitionen werden nicht durch bewußte Analyse einer Situation *vermittelt*, sondern durch unbewußtes Begreifen einer Problemlage *erfahren*. Wir denken (oder handeln) intuitiv, wenn wir etwas wissen, ohne zu wissen, wie wir zu diesem Wissen gekommen sind, oder wenn wir etwas sehen, ohne zu sehen, wie wir zu dieser Sicht gelangt sind.

Ein solches unmittelbares Gewahrwerden wird in den meisten Fällen mit Befriedigung oder freudiger Überraschung aufgenommen, auch wenn die Regel gilt, daß dunkle Ahnungen auf demselben Weg empfangen werden können, so daß der Vorgang – situationsabhängig – positive oder auch negative Bedeutung annehmen kann. Es können sich lang gehegte Erwartungen erfüllen ("Großartig! – Ich wußte, es geht"), doch ebenso können latente Befürchtungen wahr werden ("Verflixt! – Ich hab' es geahnt"). Die Intuition garantiert also *per se* nichts für das Wohlergehen und Wunschdenken des Menschen, sie verschafft ihm lediglich eine außerrationale Klarheit für Vorgehensweisen und Situationseinschätzungen. Sie bringt ihn auf der Bahn seiner Lebensprobleme über einen kurzen Weg einen langen Schritt weiter. Sie vermittelt Einsichten in Zusammenhänge, die nur dämmernd oder gar nicht bewußt waren und sorgt so für plötzliches ‚Licht im Dunkeln'. Doch ob dieses Licht auf fruchtbare Ideen fällt oder drohende Gefahren beleuchtet, läßt sich nicht vorab bestimmen. Der Psychologe Philip Goldberg beschreibt die Intuition als ein

Schlüsselelement bei Entdeckungen, Problemlösungen und Entscheidungsprozessen, der zündende Funke so mancher schöpferischen Idee und hellsichtigen Ahnung. Sie ist ein wichtiger Bestandteil dessen, was wir Genie nennen, aber auch ein unentbehrlicher Ratgeber im Alltag. Menschen, die offensichtlich stets zur rechten Zeit am rechten Platz sind und denen praktisch alles zu gelingen scheint, haben nicht einfach nur Glück: Sie verfügen über ein intuitives Gespür, wie sie sich entscheiden und wie sie handeln sollen. Langsam wächst die Erkenntnis, daß Intuition nicht nur ein zufälliges Phänomen oder eine außergewöhnliche, nicht recht erklärbare Begabung ist, sondern daß jeder Mensch – unabhängig von seinen sonstigen unterschiedlichen, individuellen Fähigkeiten – sie besitzt[406]

Besitzt sie auch jeder, so stellt sie diejenigen, bei denen ‚der Funke zündet', doch vor ein Rätsel; denn es fehlt die Erklärung für den überraschenden Effekt. Es entsteht der paradoxe Eindruck, daß etwas von außen eingegeben wurde, obwohl man weiß, daß es nur von innen gekommen sein kann. Man erlebt sich selbst als passiv, obwohl klar ist, daß zur Auslösung des Geistesblitzes eine Instanz im Innern höchst aktiv gewesen sein muß. In dem älteren, manchmal synonym verwendeten Wort „Inspiration" (wörtlich: Einhauchung) kommt noch deutlich dieser Gedanke eines externen Agens, einer außermenschlichen Geis-

---

[406] Goldberg (1988), S. 9.

teskraft zum Ausdruck, die man sich traditionellerweise als einen Gott oder Dämon vorstellte. Bekanntlich wurde der biblische Adam dadurch zum Leben erweckt, daß Jahwe ihm physisch seinen Lebenshauch in die Nase blies. In der klassischen Mythologie waren es die Musen, die dem Poeten dadurch auf die Sprünge halfen, daß sie durch seinen Mund ‚sangen'. Und in unserer Zeit hat die Idee immerhin noch so viel metaphorische Kraft, daß Arthur Koestler einer Studie über Intuitionen den Titel *Der göttliche Funke* gab.[407] Zwar hat der Glaube an Inspirationen ‚von oben herab' oder ‚von außen herein' heute nur noch wenig Kredit, aber, da die Kausalität ihres Zustandekommens für das Individuum im Dunkeln liegt, eignet der Intuition bis auf den heutigen Tag etwas Mysteriöses. Man spürt, daß Vorgänge im Unbewußten beteiligt sind; man wird Zeuge, wie Ahnungen Gestalt gewinnen; man erlebt, daß sich der Knoten der Gedanken und Gefühle löst; aber aus welchen Tiefen diese Regungen emporsteigen, welche prärationale Struktur sie haben und warum sie plötzlich die Schwelle zur Bewußtheit überschreiten, bleibt verborgen. Es gibt keine Möglichkeit, die Intuition methodisch zu analysieren und Regeln aufzustellen, die man lehren könnte, so wie man logisch-operative Verfahren lehren kann. Es gibt keine linear aufstellbare Ursache-Wirkungsbeziehung zwischen einem intellektuell registrierten Problem und seiner intuitiv herbeigeführten Lösung. Es gibt kein Modell, das die verschlungenen Pfade der Vorgänge im menschlichen Gehirn ‚realistisch' abzubilden in der Lage wäre. Ist die Wissenschaft heute zwar imstande, die verschiedensten neuronalen Vorgänge elektronisch sichtbar zu machen, so ist sie außerstande, die Wege einer Intuition nachzuzeichnen. Können auch mittels funktioneller Kernspintomographen bestimmte Aktivationsmuster des Gehirns dargestellt werden, so bleibt das Wie und Warum der Aktivitäten im Dunkeln. Anderslautenden Parolen zum Trotz[408] hat noch niemand ein Programm entwickelt, mit dessen Hilfe sich intuitive Fähigkeiten systematisch antrainieren und in ihrer ‚Trefferquote' perfektionieren ließen. Zwar ist es möglich, sich selbst zu prüfen und in sich hinein zu lauschen. Auch ist es möglich, für mentale Offenheit zu sorgen und sein Bewußtsein in ‚Hab-Acht-Stellung' zu versetzen. Aber es ist nicht möglich, sich von einem eingeschworenen Rationalisten zu einem erfolgreichen Intuitionisten umzupolen.

Nach der Psychologie Carl Gustav Jungs gibt es im menschlichen Seelenleben vier orientierende Grundfunktionen, von denen eine die intuitive ist. Auf Jungs „Kompaß der Psyche" erscheinen vier Richtungen, die Felder der Erfahrung unterschiedlich bestimmen und miteinander verbinden. Dabei stehen einerseits

---
407 Koestler (1966).
408 Vgl. z. B. Tepperwein (1997); Adams (1984).

Denken und *Fühlen* in einem polaren Verhältnis (wie Norden und Süden), andererseits *Empfindung* und *Intuition* (wie Westen und Osten). Alle vier Funktionen gestatten aber, da sie wie auf einer Windrose kreisförmig angeordnet sind, Bewegungen im Uhrzeigersinne wie auch umgekehrt. Ihr Verhältnis ist dynamisch: *Denken* und *Fühlen* können sich aufeinander zu oder voneinander wegbewegen, und *Empfindung* und *Intuition* können das gleiche tun. Es können relativ starre (monofunktionale) Verhältnisse herrschen, und es können relativ fließende (multifunktionale) Beziehungen eintreten. Die Polaritäten können stark markiert sein, sie können sich aber auch tendenziell aufheben. Dazu Jung:

Ich stellte fest, daß es Leute gibt, die hauptsächlich ihre intellektuelle Fähigkeit benutzen, um sich ihrer Umgebung anzupassen – die also *dachten*. Andere gleichermaßen intelligente suchten und fanden ihren Weg dadurch, daß sie *fühlten*. [...] Wenn ich das Wort „Gefühl" im Gegensatz zu „Denken" gebrauche, beziehe ich mich auf ein Werturteil, zum Beispiel angenehm oder unangenehm, gut oder böse usw. Nach dieser Definition ist Gefühl keine Emotion (die ja unwillkürlich kommt), sondern eine *rationale,* das heißt ordnende Funktion wie das Denken, wogegen die Intuition eine *irrationale,* wahrnehmende Funktion ist. Intuition als „Ahnung" ist nicht das Produkt eines willkürlichen Aktes, sondern ein unwillkürliches Geschehen, das von inneren und äußeren Umständen abhängt. Intuition ist eher wie eine Sinneswahrnehmung, die insofern auch ein irrationales Geschehen darstellt, als sie wesentlich von objektiven Reizen abhängt, die ihr Vorhandensein physikalischen, nicht geistigen Ursachen verdanken. Die Hilfsmittel, durch die das Bewußtsein seine Orientierung in der Wirklichkeit erhält, sind also vier Funktionen. Die *Empfindung* (das heißt Sinneswahrnehmung) sagt, daß etwas existiert; das *Denken* sagt, was es ist; das *Gefühl* sagt, ob es angenehm oder unangenehm ist; und die *Intuition* sagt, woher es kommt und wohin es geht.[409]

Demnach gibt es Menschen, die ihrer Natur nach intuitiver veranlagt sind als andere; es gibt solche, die sich gewohnheitsmäßig mehr auf ihre Intuitionen verlassen als andere, wie auch solche, die ihnen mit großem Mißtrauen begegnen und die Impulse unterdrücken. Die seelisch-charakterliche Konstitution der Menschen kann funktional variieren, die jeweilige Kultur kann den Gebrauch von Intuitionen fördern oder hemmen, und die Psyche kann sich (unter rationalistischen oder anderen Zwängen) Kernbereichen ihrer eigenen Natur entfremden – eine Gefahr, die ohne Zweifel für den Menschen in der westlichen Zivilisation gegeben ist. Das paradigmatische Erlebnis des Archimedes liegt über zwei Jahrtausende zurück, und die intuitive Funktion ist nicht unbeeinflußt von psychohistorischen Veränderungen. Aldous Huxley stellt fest: „Indem das Individuum aufwächst, wird sein Wissen mehr begrifflich und systematisch. Der brauchbare Tatsacheninhalt dieses Wissens wird gewaltig vermehrt. Aber dieser Gewinn wird durch eine gewisse Verschlechterung in der Qualität der unmittelbaren Wahrnehmung, ein Abstumpfen und einen Verlust an intuitiver Kraft be-

---

409 Jung (1988), S. 60–61.

einträchtigt."⁴¹⁰ Also kommt es darauf an, was psychogenetisch angelegt ist, in Schutz zu nehmen vor dem, was es kulturell zu unterdrücken droht. Denn im Prinzip ist jedes Exemplar des *homo sapiens* mit einem ‚Generator' für derartige Leistungen ausgestattet, und jedes ist mit einem ‚Rezeptor' versehen, der Intuitionen zu empfangen imstande ist.⁴¹¹ Der seelische Mechanismus läßt sich nicht einschalten wie eine Maschine, doch unter günstigen Umständen kann er, sofern man ihn läßt, Erstaunliches leisten, und der alte Archimedes hat etliche junge Nachfolger:

Als der Biochemiker Melvin Calvin, der 1961 den Nobelpreis für die Beschreibung der Chemie der Photosynthese erhielt, eines Tages in seinem Auto saß und auf die Rückkehr seiner Frau von einem Einkaufsbummel wartete, wurde ihm schlagartig die Lösung eines verwirrenden Widerspruchs in seiner damaligen Forschungsarbeit bewußt. Calvin schrieb über diese Entdeckung: „Sie kam gewissermaßen aus dem Nichts – urplötzlich –, und genauso plötzlich, innerhalb von Sekunden, sah ich den Weg des Kohlenstoffs bei der Photosynthese vor meinem geistigen Auge."⁴¹² Die Problemlösung mußte sich irgendwie, irgendwo in den Sphären seines Gehirns vorbereitet und nach einer Phase der Latenz konkretisiert haben. Wobei das, was da „aus dem Nichts" kommt, hier nur zufällig ein wissenschaftliches Problem berührt. Im Prinzip können Intuitionen in jedem menschlichem Gehirn aufblitzen, auch wenn Wissenschaftler und Künstler daraus sicherlich mehr Nutzen ziehen als andere, einfach weil sie – berufsbedingt – häufiger an Projekten und Problemlösungen tüfteln.⁴¹³ Grundsätzlich können intellektuelle Leistungen von Intuitionen ebenso profitieren wie schöpferische Arbeiten, soziale Verhaltensweisen ebenso wie praktische Aufgabenlösungen, politische Entscheidungen ebenso wie wirtschaftliche Planungen. Es gibt keine geistigen Aktivitäten, die von intuitiven Einflüssen abgeschnitten wären. Ungeachtet ihrer rätselhaften Entstehung stellen Intuitionen eine natürliche mentale Fähigkeit dar, die von den Menschen nur verschieden intensiv genutzt und dementsprechend hoch oder gering geschätzt wird. Man kann sie abweisen, gewissermaßen in den ‚Generator' zurückschicken, und man kann sie willkommen heißen, den ‚Rezeptor' für sie öffnen.

Allerdings gilt: Intuitionen können Verstandesleistungen nicht ersetzen, dazu sind sie zu zufällig und (unter Umständen) auch unzuverlässig. Insofern stellt sich hier keine Alternative zum Denken, sondern es geht um wechselseitige Ergänzung. Die Geistesgeschichte zeigt wieder und wieder: Erfolgreiche geistige Arbeit und fruchtbares schöpferisches Tun entstehen aus einer

---

410 Huxley (1987), S. 5 - 6.
411 Siehe Perkins (1984).
412 Zit. nach Goldberg (1988), S. 48.
413 Vgl. Bunge (1975).

Arbeit und fruchtbares schöpferisches Tun entstehen aus einer Symbiose von klarsichtiger Logik *und* kraftvoller Intuition. Menschen, die ihre Lebensführung ausschließlich auf den Verstand bauen (also im Jungschen Sinne auf das *Was* fixiert sind), stellen nämlich oftmals fest, daß sie damit Wege blockieren oder wider Erwarten in die Irre gehen. Der Intellekt kann sich ‚verrennen' oder in seiner eigenen Systematik ‚straucheln'. In der beharrlichen Verfolgung eines Ziels stößt er an Grenzen, die ihm eine Situation irgendwann als paradox oder absurd erscheinen lassen und die schließlich die Kapitulation erzwingen. Der reine Verstandesmensch, wenn es ihn denn gäbe, wäre ein geistiger Krüppel. Doch besteht solche Gefahr intellektueller Verirrung, können Intuitionen, wenn sie in das Denken eingreifen, überraschend kurze Wege zu fernen Zielen eröffnen – Zielen, deren Erreichen man sich als viel mühsamer und langwieriger, wenn nicht gar als unmöglich vorgestellt hat, nicht selten sogar zu Zielen, deren Vorhandensein man noch gar nicht voll erkannte. Der Psychologe Donald Norman bemerkt: „Wir geben spontan richtige Antworten, bevor wir genügend Daten besitzen. Trotz fehlender überzeugender Argumente kommen wir intuitiv zu einem Schluß, der sich uns geradezu aufdrängt. Daß wir dabei öfter recht als unrecht haben, ist das Wunder des menschlichen Geistes." [414]

Nicht wenige Seelenkundler sind der Auffassung, daß dem in einer problembefrachteten, undurchschaubaren, hochkomplexen, hyperzivilisierten Welt lebenden Menschen kein besserer Rat gegeben werden kann als der, seinen Intuitionen zu folgen, um in der inneren Welt Leitfäden durch das Labyrinth der äußeren zu entwickeln. In einer gesellschaftlichen Wirklichkeit, in der Rationalismus und Szientismus obwalten, aber immer mehr ihre eigene Beschränktheit für die Gestaltung eines sinnhaften Lebens erkennen lassen, können Quellen erschlossen werden, die das in seinem Selbst- und Weltbild verunsicherte Subjekt wieder sicherer machen.[415] In zwiespältigen und sehr diffizilen Situationen kann die Intuition dem Menschen helfen, falsche Prämissen oder unbrauchbare Schlußfolgerungen zu erkennen, die das !ogische Denken auf Abwege führen oder das rationale Urteilsvermögen überfordern würde. Das trifft vor allem dann zu, wenn nicht genügend Zeit verfügbar ist, um komplexe Probleme einer erschöpfenden systematischen Prüfung zu unterziehen. Und es trifft dann zu, wenn eine multivalente Sachlage (der sprichwörtliche Wald, den man vor lauter Bäumen nicht sieht) in eine operative Sackgasse führt und Ratlosigkeit verursacht. Das in solcher Lage benötigte Gefühl der Sicherheit und Richtigkeit, das reine Analytik nicht bereitstellen kann, läßt sich oft nur über Intuitionen gewinnen.

---

414 Norman (1995), S. 137.
415 Vgl. Volkamer (1996); Vaughn (1979).

Vieles von dem, was Intuition leistet, kann tatsächlich logisch-rational gar nicht vollbracht werden. Denn eine streng logische Vorgehensweise – handele es sich um das Lösen einer einfachen mathematischen Aufgabe oder das operative Verfahren bei komplexer wissenschaftlicher Forschung – erfordert bestimmte induktiv oder deduktiv entwickelte Prozeduren auf der Basis unbezweifelter Fakten. Jeder einzelne Schritt muß richtig vollzogen sein, bevor der nächste getan werden kann; alle notwendigen Informationen müssen verfügbar und in der richtigen Weise integrierbar sein; alle Ableitungen und Folgerungen müssen einwandfrei nachvollziehbar, d. h. auch für andere verständlich sein; sämtliche Ergebnisse sollen formal einer Nachprüfbarkeit standhalten, d. h. intersubjektiv gültig sein usw. Nun ist aber bisweilen in schwierigen Situationen, zumal am Beginn eines Problemlösungsverfahrens, weder ein umfassender Informationsstand gegeben noch läßt sich der Weg streng linearer Logik beschreiten. Es herrschen Lücken des Wissens, es besteht Unsicherheit über die beste Vorgehensweise, es gibt schwer entscheidbare Alternativen, oder es stellen sich dem kreativen Schaffen Denkblockaden in den Weg. Die von Rationalisten kultivierte, ‚unbestechliche' Objektivität stellt ein unerreichbares Wunschziel, wenn nicht eine kollektive Illusion, dar. Die psychologische Forschung zeigt, daß schon eine ganz einfache Sinneswahrnehmung ein interpretierender Akt ist, beeinflußt von Erwartungen, Vorurteilen und Wertmaßstäben. Und die genetische Erkenntnistheorie macht plausibel, daß es reine Logik überhaupt nicht gibt, sondern nur verschiedene Logiken auf verschiedenen Entwicklungsstufen des Menschen.[416] Auf jeden Fall versieht der Intellekt, unverzichtbar wie er ist, nur eine Teilfunktion im Konzert anderer mentaler Funktionen und ist insofern ein Operateur mit beschränkter Kompetenz.

Oft müssen, besonders wenn es um schöpferische Lösungen geht, ungewöhnliche Zusammenhänge hergestellt, spielerische Assoziationen miteinander verknüpft, gewagte Hypothesen eingebracht werden – kurzum: mentale Akte vollzogen werden, die nicht offen zutage liegen und in einer logischen Sequenz gar nicht in Erscheinung treten würden. Mit einem ausschließlich logisch-rationalen Ansatz für Planungen und Entscheidungen ist es unmöglich, die nicht-meßbaren, geistig-gefühlsmäßigen Dimensionen einer Problemlage zu erkennen. Und mit einem solchen Ansatz ist es ebenso unmöglich, divergierende, scheinbar widersprüchliche Sachverhalte zu einer Problemlösung zusammenzufügen. Hier ist es die Intuition, die Gräben zwischen fehlenden Informationen überspringt, divergenten Gedanken folgt und unorthodoxe Kombinationen herstellt. Offensichtlich ist sie strukturell verwandt mit der von Traumanalytikern so genannten Traumarbeit und den sich darin abspielenden Primärprozessen. Statt mit bekannten

---

416 Vgl. Piaget (1973).

Fakten, rationalen Konstrukten und verifizierbaren Informationen arbeitet sie mit zufälligen Assoziationen, spontanen Ideen und symbolhaften Vorstellungen. Sie schöpft aus dem Fundus seelischer Energien, die sie so vorstrukturiert und in eine bestimmte Richtung lenkt, daß sie der Arbeit des Gehirns einen Schub verleihen. Sie ist eine psychodynamische Kraft von sowohl aktivierender als auch strukturierender/synthetisierender Wirkung. Nicht von ungefähr gibt es in der wissenschaftlichen Erkenntnislehre einen Zweig, der sich Intuitionismus nennt und dessen Vertreter die Basis aller wissenschaftlichen Erkenntnis auf Intuitionen gründen.[417] Der Physiker Albert Einstein äußerte über den Vorgang der Entdeckung von Naturgesetzen: „Zu diesen elementaren Gesetzen führt kein logischer Weg, sondern nur die auf Einfühlung in die Erfahrung sich stützende Intuition."[418] Der Wirtschaftstheoretiker John Maynard Keynes schrieb über Isaac Newton: „Seine Intuition war überragend und außergewöhnlich. Er hatte so viel Glück mit seinen Vermutungen, daß er mehr zu wissen schien, als er jemals hoffen konnte zu beweisen. Die Beweise wurden nachgeliefert; sie waren nicht das Instrument der Entdeckung." Und der Wissenschaftsphilosoph Karl Popper bekräftigt diese Einsicht: „So etwas wie eine logische Methode zum Erlangen neuer Ideen gibt es nicht, ebensowenig eine logische Rekonstruktion dieses Vorgangs... . Jede Entdeckung enthält ein irrationales Element oder eine schöpferische Intuition."[419]

Wie kommen Intuitionen zustande? – Gewöhnlich erfahren und verstehen wir etwas auf lineare Weise, als eine zusammenhängende Aufeinanderfolge von Anschauungen, Gedanken und Begriffen, die wir kausal verküpfen und temporal strukturieren. Das Paradigma dafür ist die Sprache: In der üblichen Satzstruktur trifft ein Subjekt mittels eines Verbs auf ein Objekt und bildet so einen linear strukturierten, zeitlich gegliederten Zusammenhang zwischen Anfang und Ende, Ursache und Wirkung, Agens und Aktion. Auf dieser Basis, die horizontal angelegt zu sein scheint, geschieht ‚normales' Verstehen. Es folgt einer inneren Grammatik mit einer spezifischen eingebauten Logik. Doch intuitive Erfahrung benötigt keine solchen Strukturen, kein linear-logisches Nacheinander. Sie arbeitet nicht mit aktuell gegebener Information auf der Grundlage einer rational vorgezeichneten Methodik, sondern mit Prozessen und Impulsen aus einem, wie man sagen könnte, Reservoir geistiger Rohstoffe. Sie enthält das Wesentliche des Erkennens nicht so wie eine Blaupause einen Gebäudeplan, sondern eher so wie ein Samenkorn die Genetik einer Pflanze – keimhaft. Der Vorgang keimt in

---

417 Siehe Bunge (1976).
418 Einstein (1998), S. 121.
419 Zit. nach Goldberg (1988), S. 18.

tiefen, subrationalen Bewußtseinsschichten und durchläuft mehrere Phasen:

Ein Problem stellt sich und wird intensiv überdacht oder auch nur dunkel (mit Beklemmung oder Unlust) wahrgenommen – zunächst, ohne ein erkennbares Resultat für seine Lösung zu zeitigen. Als solches erzeugt es jedoch psychischen Druck; es wird, populär ausgedrückt, „gewälzt" oder „es lastet auf der Seele", und zwar selbst dann (und gerade dann), wenn es nicht mehr an der Oberfläche des Bewußtseins weilt, scheinbar vergessen oder in den Hintergund der Überlegungen getreten ist. Doch obwohl es abwesend zu sein scheint, ist es anwesend. Im Zustand ungelösten Vorhandenseins erfährt das Problem so etwas wie eine „Inkubationszeit". Das bedeutet: Nachdem es registriert wurde, nistet es sich gewissermaßen im Kopf ein und setzt kraft seiner eigenen ‚Virulenz' verschiedene zerebrale Prozesse in Gang, ohne daß diese bewußt würden. Die Vorgänge, welche die Problemlösung vorbereiten, sind latent; ihre interne Steuerung ist unbeeinflußbar und die Dauer der Inkubation unberechenbar. Man kann den Zeitablauf weder willkürlich beschleunigen noch retardieren. Man kann auch die Qualität der Eingebung in keiner Weise beeinflussen. Was im Kopf heranreift, nimmt sich nach eigenem Gutdünken seine Zeit, ist nur seiner eigenen Spontaneität und Produktivität verpflichtet. Goldberg schreibt: „Intuition können wir ebensowenig erzwingen, wie wir jemand zwingen können, uns zu lieben. Man kann sich auf sie vorbereiten, sie gewissermaßen einladen und attraktive Bedingungen für sie schaffen, doch man kann nicht beschließen: ‚Jetzt werde ich eine Intuition haben.'"[420] Arbeiten mehrere Menschen an einer gemeinsamen Aufgabe, wird häufig versucht, zündenden Ideen durch ein sogenanntes *brainstorming* auf die Sprünge zu helfen, d. h. durch spontanes, gleichsam anarchisches Denken und Diskutieren die einladenden Bedingungen für das Auftauchen intuitiver Lösungen zu verbessern („ ...und wenn es sich nun genau umgekehrt verhielte?"). Derartige ungeordnete Aktivitäten sind oftmals erfolgreich, weil sie Zufallstreffer wahrscheinlicher machen; aber ihr Einsatz garantiert *per se* nichts, denn die Ergebnisse lassen sich auch hier nicht herbeizwingen und nicht steuern.

Tatsächlich kann die Inkubationszeit nur wenige Sekunden, unter Umständen aber auch mehrere Monate oder gar Jahre währen, und eine Gewähr für einen ‚Durchbruch' gibt es nicht. Wir haben es mit Möglichkeiten, nicht mit Notwendigkeiten zu tun. Vermutlich werden aber, da der Geist auf mehreren Ebenen gleichzeitig zu arbeiten und aus großen Tiefen zu schöpfen vermag, während der Inkubation die verschiedensten Erfahrungen, Wahrnehmungen, Erinnerungen usw. aktiviert und neu konfiguriert – Dinge, die irgendwann gespeichert oder durch vorbewußte und andere nicht-sinnliche Mittel erworben wurden, Erfah-

---
420 Goldberg, S. 80.

rungen, die weit in die Lebensgeschichte des Individuums zurückreichen können. Beginnt der Geist mit seiner Arbeit im Verborgenen, werden aus diesem Fundus ‚Daten' eingespeist, die gewissermaßen in den Archiven des Gehirns lagern und, obwohl als solche nicht gegenwärtig, doch disponibel bleiben und fruchtbar sind. Das Unbewußte ist eben kein bloßer Ablageplatz für das Vergangene, sondern auch ein Boden mit Keimen für Jetziges und Zukünftiges. Es ist eine Tatsache, daß, wie Jung sagt, „zusätzlich zu Erinnerungen aus weit entfernter bewußter Vergangenheit gänzlich neue Gedanken und schöpferische Ideen aus dem Unbewußten hervorkommen können."[421] Sie formen sich zu einer Substruktur des Denkens, die, mit der Energie des Problemdrucks angereichert, früher oder später den entscheidenden Schub auslöst, der Unterschwelliges über die Schwelle zum Bewußtsein befördert und das Latente manifest macht. Damit tritt die Phase ein, in welcher der den Knoten lösende Durchbruch passiert: Es kann eine Idee oder ein Gedanke sein, der intelligible Gestalt gewinnt; es kann eine sinnliche, quasi halluzinatorische Wahrnehmung sein, die plötzlich im Sehzentrum auftaucht; es kann aber auch eine deutliche Gefühlsqualität sein, die fälliges Denken und Handeln gebieterisch in dieser oder jener Weise prädisponiert: „So geht es am besten" oder „so besser nicht". Auf jeden Fall entstehen Vorstellungen vor dem geistigen Auge, die den Schleier von der Optik des Bewußtseins ziehen. Ihre Quelle ist ganz und gar innen, und sie haben kein sinnliches Pendant im Außen.

Dem ganzen Vorgang förderlich ist erfahrungsgemäß eine gelassene und entspannte Verfassung, die es dem Geist gestattet, Aufmerksamkeit, sprich Energie, von der Außenwelt abzuziehen und nach innen zu lenken. Durch solchen Rückzug auf sich selbst, „heuristische Regression" genannt, wird er für intuitive Impulse empfänglicher. Aktivitäten in der Außen- und solche in der Innenwelt schließen einander weitgehend aus – zumindest dann, wenn sie seelische Energien binden. Stellt die Lebenswelt vorübergehend keine besonderen Anforderungen an den Organismus, entspannt sich das Muskelsystem und die Nerven kommen zur Ruhe. Ein gelassener Bewußtseinszustand, geringe Nervenanspannung und eine ruhige Umgebung bieten günstige Voraussetzungen für Intuitionen. Äußere Ruhe fördert das Sammeln innerer Kraft. Daß Archimedes das physikalische Prinzip des Auftriebs durch heuristische Regression, nämlich entspannt im Bade sitzend, entdeckte, ist kein Zufall. Von anderen kreativen Menschen ist bekannt, daß sie ihre besten Einfälle im Bett haben oder vor dem Rasierspiegel oder während beschaulicher Spaziergänge. Auf jeden Fall geschieht intuitives Begreifen in dem Augenblick, da der sich selbst zugewandte Geist das Ergebnis von zerebralen Vorgängen empfängt, die ihm das gewünschte oder ge-

---

421 Jung (1988), S. 37 f.

ahnte Resultat in intelligibler Form präsentiert. Offenbar müssen wir die ‚Tyrannei' diskursiver Denkgewohnheiten abschütteln, um für günstige Inkubationsbedingungen zu sorgen. Wir müssen momentane Freiheit von den Restriktionen des Tagesbewußtseins herstellen und eingefahrene Denk- und Handlungsbahnen verlassen, um kreativen Einfällen das Tor zu öffnen. Insofern – und *nur* insofern – können äußere Umstände innere Vorgänge fördern.

Kennzeichnend für das Phänomen ist zudem, daß nicht nur zerebrale Prozesse beim Zustandekommen von Intuitionen beteiligt sind, sondern daß vielfach physische Begleitsymptome auftreten. Körper und Geist sind offenbar imstande, sich über Prozesse im Zentralnervensystem kurzzuschließen. Der eine kann gewissermaßen wie ein Seismograph für den anderen fungieren. Bekannt ist, daß ausgeprägtes Körperbewußtsein und hohe intuitive Begabung Hand in Hand gehen. Fernöstliche Weise sind sogar der Auffassung, daß es nicht der Kopf ist, in dem der alles beherrschende Geist ‚thront', sondern daß der Körper, insbesondere Rückgrat und Bauch, der Quell aller Energie und der Sitz tiefster Weisheit ist.[422] Jedenfalls ist der Körper als Mittler zwischen der Umwelt und dem intuitiven Sinn oft und spürbar an den Vorgängen beteiligt und imstande, den entscheidenden Impuls zu geben – entweder als ein Warnsignal oder als Willkommensgruß:

Eine plötzliche Muskelspannung, ein schneller werdender Puls oder ein flatterndes Gefühl in der Magengegend können uns auf eine reale Gefahr aufmerksam machen. Hier sind Warnzeichen der Physis oft verläßlicher und viel schneller als Reflexionen des Verstandes. Hier ist unser animalisches Erbe wie ein ‚verlorener' Instinkt am Werke, der manchmal in mirakulöser Weise die Sinne schärft. In kritischen, eventuell lebensbedrohenden Situationen kann es eher ein starker körperlicher Drang als eine reflektierte Entscheidung sein, der uns gebieterisch das richtige Verhalten aufzingt: „Nichts wie raus hier!" oder „Rette sich wer kann!" Das Nervensystem spürt die Imminenz dramatischer Ereignisse. Diese können von wichtiger lebenspraktischer oder gar schicksalhafter Bedeutung sein, auch wenn sie weder eine tiefschürfende Erkenntnis noch eine beachtenswerte Kreation zur Folge haben. Sie steuern, indem sie in der Gegenwart blitzschnell Weichen für die Zukunft stellen, richtiges, vorteilhaftes, evtl. lebensrettendes Verhalten. Sie wirken momentan wie ein sechster Sinn, obwohl weder Neurologie noch Psychologie das Vorhandensein eines solchen ‚übernatürlichen' Sensoriums im Menschen lokalisieren können. Hier wird kognitiv nichts gemutmaßt, gewußt, abgeleitet, konstruiert oder kalkuliert, sondern es wird präkognitiv etwas empfangen, das zu spontanem Handeln führt. Im Zweiten Weltkrieg soll sich Winston Churchill einmal vor der Splitterwirkung

---

422 Siehe Radhakrishnan (1992), S. 271 ff.

einer deutschen Fliegerbombe dadurch gerettet haben, daß er – entgegen seiner Gewohnheit – intuitiv die andere Seite seines Dienstwagens zum Einsteigen benutzte. Das Fahrzeug wirkte wie ein schützender Schild.

Körperliche Empfindungen können aber auch Positives ankündigen, etwa dann, wenn man in Gegenwart einer bestimmten, noch unbekannten Person ein ausgesprochen gutes Gefühl bekommt – bereits ‚wissend‘, daß sich eine wichtige Verbindung daraus entwickeln wird, woraufhin das Herz schneller schlägt; oder dann, wenn man beim Hören einer an sich neutralen Nachricht eine freudige Erregung in sich aufsteigen fühlt – schon ahnend, daß sich damit eine willkommene Wende im Lebenslauf ankündigt, woraufhin ein unwillkürliches Lächeln auf das Gesicht tritt. Von „aufregendem Prickeln", „eiskaltem Frösteln", „brennendem Gefühl", „unkontrollierbarem Zittern" und anderen Signalen wird berichtet. Körperliche Sinneswahrnehmungen sind Teil eines biologischen Feedback-Vorgangs, der unmittelbar keine Erkenntnis liefert, aber eintretende Intuitionen bewerten hilft und damit mittelbar im Dienst von Erkenntnis operiert. Eine Leistung, eine Entscheidung, eine Problemlösung kann von intensiv empfundener körperlicher Veränderung begleitet sein. Der Lyriker A. E. Housman pflegte beim Dichten allerlei Symptome zu spüren, wie sie sonst eher bei Krankheiten oder psychischen Störungen auftreten. Wenn ihm ein Vers einfalle, schrieb er, werde seine Haut ganz spröde: „Dieses besondere Symptom ist begleitet von einem Frösteln längs der Wirbelsäule. Es kann sich auch als Verengung in der Kehle äußern, wobei Wasser in die Augen tritt. Ein weiteres Symptom kann ich nur beschreiben, indem ich einen Satz aus einem der letzten Briefe von Keats zitiere. Da sagt er in bezug auf Fanny Brawne: ‚Alles, was mich an sie erinnert, geht wie ein Speer durch mich hindurch.' Sitz dieser Empfindung ist die Magengrube."[423] Hier wird also der „Kuß der Muse" begleitet von physischen Empfindungen, die anzeigen, daß die Leidenschaft des Dichters eine Mitleidenschaft seines Organismus involviert. Der Genius, der später die Poesie kodiert, hat ein Pendant im Körper, das sympathetisch den kreativen Prozeß registriert.

Stärke, Beharrlichkeit und Qualität physischer Zustände können aber auch ein Hinweis darauf sein, *wie* man den mentalen Inhalt einer Intuition aufzufassen hat und *ob* man ihn umsetzen sollte. Der Physiker Carson Jeffries bemerkte, wenn ihn eine plötzliche Erkenntnis, die sich als wahr erweist, „überfällt", schaffe ihm das körperlich spürbares Vergnügen. Er könne daher genau sagen, ob die Idee gut sei, „weil sie mich freudig erregt und glücklich macht."[424] So hat der Körper eine eigene Sprache, die nicht die Sprache des Verstandes ist, sondern eine Artikulationsform der Körperseele als höherer Einheit darstellt. Es

---

423 Housman (1961), S. 178.
424 Zit. nach Goldberg (1988), S. 95.

werden Bedeutungen durch Gefühle und Zustände geschaffen, die vollkommen außerhalb ‚offizieller' Semantik zustandekommen.

Allerdings: Intuitionen sind – bei allem, was für sie spricht – keineswegs unproblematisch. Denn ebenso, wie ihr Eintreten unkalkulierbar ist, ist auch ihre Verläßlichkeit unberechenbar. Jeffries mag mit seinen persönlichen Erfahrungen recht haben, doch, grundsätzlich betrachtet, gibt es keine Gewähr für die ‚Wahrheit' einer Intuition – weder im Blick auf eine bestimmte Eingebung noch im Blick auf die Beständigkeit einer Serie. Ein Intuitionist ist kein Prophet. Einer Intuition zu folgen, impliziert stets ein Wagnis, besonders dann, wenn ihr blind gefolgt wird und eine Prüfung ihres ‚Realitätsstatus' unter den Aspekten der Sinnhaftigkeit, Durchführbarkeit, Wahrscheinlichkeit, Brauchbarkeit u. dgl. unterbleibt. Die Psychologie der Intuition ist alles andere als einfach. Neben einer gesunden, zweckdienlichen Einstellung der inneren Kompaßnadel liegen ‚ungesunde' Abweichungen. Entwicklungspsychologisch und charakterologisch gesehen, gibt es offenbar so etwas wie einen *über*entwickelten gegenüber einem *unter*entwickelten intuitiven Sinn:

Der Mensch mit überentwickeltem Sinn kann sich schwer einen anderen Zugang zur Wirklichkeit vorstellen; d. h. er arbeitet tendenziell monofunktional und nimmt an, jede Intuition sei zwangsläufig richtig. Er baut so stark auf die innere Stimme, daß er in Gefahr steht, Angst oder Wunschdenken mit Intuition zu verwechseln. Menschen mit einer gewissen spirituellen Neigung tun oft so, als sei jedes Gefühl, jeder Traum, jede tiefe Empfindung die Botschaft eines transzendenten Geistes. Sie siedeln alle nicht-rationalen Geschehnisse auf der Ebene göttlicher Inspiration an, was genauso problematisch ist wie die bei Hyper-Rationalisten anzutreffende Tendenz, echte mystische Seinsschau auf pathogen verursachte Halluzinationen zu reduzieren. Demgegenüber tendiert der Mensch mit unterentwickeltem Sinn aufgrund mangelnder Erfahrung und Selbstbeobachtung dazu, erratisch und rätselhaft zu sein. Was er liefert, ist manchmal richtig, manchmal falsch; gelegentlich eindeutig, dann wieder vieldeutig; oft sinnhaft, aber oft auch sinnlos. Wer unterentwickelt funktioniert, kann auch nur ein schlecht informierter, fauler Denker sein, der wild drauflosrät, statt einen Sachverhalt sorgfältig zu überdenken und das Denkergebnis gegen seine Intuition abzuwägen. „Das Wunder des Geistes", von dem Norman Donald so bewundernd spricht, kann für den unkritischen Geist auch zum „blauen Wunder" werden. Das intuitiv gefäßt Urteil kann auch ein Fehlurteil sein, das nur ein Vorurteil bestärkt.

Man muß zudem berücksichtigen, daß intuitiver *Stil* und intuitive *Qualität* zwei verschiedene Dinge sind. Ist ersterer stark ausgeprägt, heißt das keineswegs, daß letztere ihm in puncto Verläßlichkeit stets gerecht wird. Selbst eingeschworene Intuitionisten können in kläglicher Weise mit ihren Geistesblitzen oder Ahnungen daneben liegen. Wer in einem Bereich intuitiv und ‚treffsicher' ist, muß es nicht unbedingt in anderen sein. So kann ein intuitiver Arzt und begnadeter Diagnostiker, der für die Beschwerden seiner Patienten immer wieder ein verblüffendes Gespür bewiesen hat, bei seinen finanziellen Transaktionen durchaus auf den Pfad falscher Ahnungen geraten. Ein intuitiver Personalchef, der sich etwas darauf zugute hält, stets eine glückliche Hand bei der Auswahl von Mitarbeitern gehabt zu haben, kann mit dem Urteil über engste Freunde katastrophal schief liegen. Ein intuitiver Künstler, dessen kreative Höhenflüge ehrfürchtige Bewunderung hervorrufen, kann sich hinsichtlich seiner sozialen Einschätzungen empfindlich irren. Selbst hellseherische Medien, deren intuitives Potential exzeptionell sein mag, sind oft nur auf *einem* Gebiet intuitiv. Sie diagnostizieren vielleicht Krankheiten oder haben ein besonderes Gespür dafür, wo vermißte Personen sich aufhalten, oder sie ‚sehen' dramatische Ereignisse an fernen Orten. Daß sich selbst die Begabtesten unter ihnen nicht selten krass verrechnen, ist ein offenes Geheimnis.

Nützliche Wege zur Orientierung und Selbstfindung eröffnen Intuitionen effektiv erst dann, wenn es dem Individuum gelingt, die komplizierte und sich gegenseitig beeinflussenden Beziehungen zwischen intuitivem und rationalem Denken ausgewogen zu gestalten, d. h. im entwickelten Denkstil stets ihrer Komplementarität gewahr zu sein. Es genügt selten, sich nur auf den intuitiven Anteil einer Aufgabenlösung oder Entscheidung zu stützen, komplette Bilder abzurufen oder fertige Ideen zu empfangen, wie einige wenige Intuitionisten dies können. Der Normalfall sieht eher so aus, daß man für eine Problemlösung Erfahrungen auswertet, Material sammelt, Situationen beobachtet, über Optionen nachdenkt. Vielfach findet man so die Lösung. Wenn nicht, sinkt das Problem in tiefere Schichten des Bewußtseins, erfährt seine Inkubation und bewirkt früher oder später, erwartet oder unerwartet einen intuitiven Durchbruch. Im Wissen, daß dieser gewöhnlich nicht mehr als ein Indikator oder initiierender Faktor sein kann, suchen wir danach erneut nach bestätigenden Daten, prüfen diese, um so das Produkt der Intuition kritisch einzuordnen und zweckdienlich einzusetzen. Der große Erfinder Thomas Alva Edison soll auf die Frage nach dem Geheimnis seiner Erfolge lapidar geantwortet haben: „Ein Prozent Inspiration, 99 Prozent Transpiration". Nur im Wechselverhältnis von Bewußtem und Unbewußtem, Rationalem und Nichtrationalem kann sichergestellt werden, daß ein Bekenntnis zum Nichtrationalen nicht zum Irrationalismus entartet – zu unkritischem Denken, Gefühlsduselei und einer Impulsivität, die fälschlicherweise für intuitive Spontaneität gehalten wird. Intuition ist nicht gleich Empfindung, und das Motto „Hast du ein gutes Gefühl bei einer Sache, dann ist sie auch gut" ist auf gefährliche Art viel zu simpel.

Inkubationszeiten wirken nicht nur positiv auf schöpferische Intuitionen, sondern auch auf kreative Träume. Die Phänomene hängen psychologisch eng zusammen, insofern als beide von Impulsen aus der *camera obscura* der unbewußten Psyche gespeist werden, die sich – nach gebührender Inkubation – in Erkenntnisformen umwandeln. Phänomenologisch sind sie freilich verschieden, insofern als wir es mit je eigenen Erlebnisformen zu tun haben: Geistesblitze gegenüber Bildsequenzen, Eingebungen gegenüber Anschauungen. Intuitionen sind meist kurze Vergegenwärtigungen, die sich überfallartig und mehr oder minder dramatisch bemerkbar machen: Das „Ich hab's"-Erlebnis des Archimedes. In Inkubationsträumen hingegen produziert die Psyche Sequenzen, die aus dem tiefen Fundus ihrer Erfahrungen aufsteigen, Elemente aus dem dort gespeicherten Schatz zu originellen Formen kombinieren und das Ergebnis in bildlichen Handlungszusammenhängen präsentieren. Es ist, als habe die Psyche die Wahl zwischen zwei Methoden, die sie wie nach eigenem Gutdünken bestimmt, um das eine Mal sozusagen kurze Telegramme zu schicken und das andere Mal längere illustrierte Botschaften zu übermitteln. Doch welche Wahl sie auch trifft – je vielfältiger und interessanter das Material ist, das der Mensch *zuvor* in sich aufgenommen hat, und über je mehr Fähigkeiten dieser grundsätzlich verfügt, umso größer ist seine Chance, ein wertvolles Ergebnis zu erhalten. Der Lyriker Durs Grünbein kommentiert diesen Sachverhalt: „Beim Schreiben gilt es an die diversen Gedächtnislager heranzukommen, so oft und so tief wie möglich in die privaten Archive einzudringen, also gleichzeitig an das semantische, das episodische, das autobiographische Gedächtnis."[425] Es ist der innere Reichtum, der das Maß für die äußere Brauchbarkeit abgibt, und es ist die interne Problemlage, die über die Art der Äußerung in Traum oder Intuition befindet. Weder die Intuition noch der kreative Traum ist *creatio ex nihilo*. Ob es sich um die Leistungen von Genies oder gewöhnlichen Sterblichen handelt, ob es Poesie, Kunst, Wissenschaft, Technik oder ‚Alltagskram' ist, was nach kreativen Lösungen verlangt – stets geht dem Traum ein lebensweltliches Problem voran, das als innerer Auslöser fungiert. Hier drei berühmte Fälle von kreativen Träumen:

Der Archäologe Hermann Vollrat Hilprecht machte im Jahr 1893 eine verblüffende Traum-Entdeckung. Der Professor arbeitete daran, die Keilschrift auf zwei in assyrischen Tempelruinen gefundenen Achat-Bruchstücken zu entziffern. Sein Problem bestand darin, daß er nicht wußte, zu welchen Artefakten die

---

[425] *Spiegel* Nr. 51 (2000), S. 215.

Fragmente gehörten und welche Funktion sie einst erfüllt hatten. Eines Abends kam er auf den Gedanken, daß die beiden Achatstücke möglicherweise Teile von verschiedenen Fingerringen sein könnten. Das eine Bruchstück glaubte er der Cassitischen Periode (ca. 1700 v. Chr.) zuordnen zu dürfen, doch das andere ließ sich nicht genauer bestimmen. Mit diesem ungelösten Problem im Kopf ging er zu Bett – und hatte folgenden Traum:

Ein großer schlanker Priester aus dem alten vorchristlichen Nippur ... führte mich zur Schatzkammer des Tempels. Er ging mit mir in einen kleinen Raum mit niedriger Decke, in dem eine große hölzerne Truhe stand. Bruchstücke von Achat und Lapislazuli lagen verstreut auf dem Boden herum. Hier wandte er sich zu mir und sagte: „Die beiden Fragmente, welche du getrennt auf den Seiten 22 und 26 veröffentlicht hast, gehören zusammen und waren keine Fingerringe. Und das ist ihre Geschichte: König Kurigalzu (ca. 1300 v. Chr.) sandte einst dem Tempel von Bel zusammen mit anderen Gegenständen aus Achat und Lapislazuli einen mit einer Inschrift versehenen Votiv-Zylinder aus Achat. Dann wurde uns Priestern plötzlich befohlen, für die Statue des Gottes von Ninib ein Paar Achat-Ohrringe anzufertigen. Wir waren sehr bestürzt, denn wir hatten kein Achat-Rohmaterial mehr zur Hand. Um den Befehl ausführen zu können, blieb uns nichts anderes übrig, als dem Votiv-Zylinder in drei Stücke zu zersägen, so daß wir drei Ringe erhielten, von denen jeder einen Teil der Original-Inschrift trug. Die beiden ersten dienten als Ohrringe für die Götterstatue. Die zwei Fragmente, die dir so viele Schwierigkeiten bereiteten, sind Teile davon. Wenn du sie zusammenfügst, so wirst du meine Worte bestätigt finden. Aber den dritten Ring habt ihr bei euren Ausgrabungen nicht gefunden und ihr werdet ihn auch niemals finden." Dann verschwand der Priester.... . Ich erwachte plötzlich und erzählte sofort meiner Frau den Traum, um ihn ja nicht zu vergessen. Am nächsten Morgen – einem Sonntag – nahm ich mir die beiden Fragmente wieder vor und prüfte sie im Lichte dieser Enthüllungen. Zu meinem Staunen fand ich alle Einzelheiten des Traumes auf das Genaueste bestätigt, wenigstens soweit die Mittel zur Bestätigung in meinen Händen lagen. Die Original-Inschrift auf dem Votivzylinder lautet: „Dem Gott Ninib, Sohn des Bel, seinem Herrn, hat Kurigalzu, Pontifex von Bel, dieses gestiftet."[426]

Hilprecht hatte zur Zeit seines Traumes nur mit Zeichnungen der Bruchstücke gearbeitet. Sobald es ihm möglich war, ging er ins Museum von Konstantinopel, wo die echten Fragmente aufbewahrt wurden. Man hatte sie dort in verschiedenen Kästen untergebracht, da man nicht wußte, daß sie zusammengehörten. Vor Ort konnte Hilprecht feststellen, daß sie genau zueinander paßten, und fand so die im Traum enthüllten Zusammenhänge bestätigt. Über den Fall ist viel spekuliert und diskutiert worden. Er wurde 1896 zuerst in den *Proceedings of the Society for Psychical Research* veröffentlicht und löste seinerzeit eine Diskussion über Möglichkeiten und Grenzen paranormaler Wahrnehmung aus. Wie in fast allen solchen Fällen läßt sich das Ungewöhnliche der Perzeption wissenschaftlich nicht dingfest machen. Nicht bestreitbar ist jedoch die Tatsache, daß ein 3000 Jahre altes Rätsel im Traum seine Lösung fand, und daß der Träumer bis kurz vor dem Einschlafen in seine Arbeit vertieft gewesen war – ein typisches Inkubationsphänomen.

---

426 Zit. nach Garfield (1980), S. 63.

Der britische Autor Robert Louis Stevenson beschreibt in seinen Memoiren die Entwicklung seines Traumlebens.[427] Als Kind, so erwähnt er, habe er sich oft geweigert einzuschlafen, weil er Angst vor Albträumen hatte, die ihn regelmäßig heimsuchten. Voller Schrecken sei er aus solchen Träumen erwacht – „die Gardinenstange umklammernd und die Knie bis zum Kinn hochgezogen". Mit zunehmendem Alter gelang es Stevenson jedoch, die nächtlichen Schrecknisse zu bannen und seine innere Erlebniswelt in den Dienst seines schriftstellerischen Talents zu stellen. Selbsttherapeutisch entwickelte er die Angewohnheit, sich vor dem Einschlafen zu seinem Vergnügen mit selbsterdachten Geschichten zu unterhalten, die er variierte, hier und dort abbrach, um den Faden in andere Richtung weiterzuspinnen. Dabei gelang es ihm, den schreckeinflößenden Traumfiguren Paroli zu bieten und sie in ein kooperatives „kleines Völkchen" von Traumfreunden umzuformen. Er entdeckte seine angeborene Freude am Fabulieren, was den Entschluß begründete, das Medizinstudium in Edinburgh aufzugeben, und den Wunsch weckte, Schriftstellerei zu seinem Beruf zu machen. Hinfort suchte er nach Stoffen für Erzählungen, die er Verlegern anbieten und veröffentlichen konnte. Aus einer symbiotischen Kooperation von Traumerlebnissen und Schreibarbeit entstanden seine besten Werke. Während seine „Heinzelmännchen", wie er sie nannte, nächtens damit beschäftigt waren, ihm Bilder und Motive zu liefern, oblag es seinem sprachbewußten Ich, die Eingebungen tagsüber in die notwendige narrative Form zu kleiden. Er sah sich somit zwar als Mitbeteiligten am Schaffensprozeß, aber den „unsichtbaren Mitarbeitern" galt das Hauptverdienst seiner kreativen Tätigkeit. Er gab an, daß sie ihm „eine Geschichte Stück für Stück erzählen, wie ein Fortsetzungsroman". Oftmals, wenn er, von Geldnot getrieben, neue Motive suchte, geschah folgendes:

Siehe da! Sofort beginnen die Heinzelmännchen sich an derselben Suche zu beteiligen und arbeiten die ganze Nacht lang. Und die ganze Nacht lang spielen sie ihm haufenweise Geschichten auf ihrer beleuchteten Bühne vor. Er hat keine Angst mehr, erschreckt zu werden – das fliegende Herz und der vor Schrecken gelähmte Körper gehören der Vergangenheit an. Applaus, wachsender Applaus, wachsendes Interesse und Frohlocken über seine eigene Gescheitheit (denn ihm gelten die Achtungsbezeugungen) – und schließlich ein Sprung ins Wache mit dem jubelnden Ausruf: „Ich hab's – das schreibe ich."[428]

Manchmal war Stevenson nach dem Erwachen allerdings enttäuscht, wenn die „Heinzelmännchen" minderwertige Arbeit geleistet hatten, die publizistischen Anforderungen nicht genügte, woraus zu folgern ist, daß die kreativen Träume ebensowenig als innere Garanten für äußeren Erfolg betrachtet werden dürfen wie die Intuitionen. Doch oft genug erfanden seine nächtlichen Helfer

---

427 Stevenson (1924).
428 Ebd., S. 46–47.

bessere Geschichten, als sein waches Ich jemals hätte erfinden können. Eines seiner Meisterwerke, die Novelle *Der seltsame Fall des Dr. Jekyll und Mr. Hyde* (1886), wurde teilweise von seinen nächtlichen Helfern erdacht. Zwar hatte er schon früher ein Manuskript über das Thema der Dissoziation der menschlichen Psyche verfaßt, dieses aber aus Unzufriedenheit zerrissen. Wieder einmal von Geldknappheit geplagt, griff er eines Tages auf das abgelegte Sujet zurück und begann, über eine Neufassung nachzudenken. Die Lösung stellte sich ein, nachdem das Problem genügend ‚eingesunken' war:

> Ich hatte schon lange versucht, eine Geschichte über dieses Thema zu schreiben: den Körper als Träger für jenes starke Gefühl des doppelten Daseins des Menschen darzustellen, das zuweilen jedes denkende Geschöpf überwältigt. [...] Zwei Tage lang lief ich herum und zerbrach mir den Kopf, um eine passende Handlung zu finden, und in der zweiten Nacht träumte ich die Szene am Fenster, und dann eine Szene, die sich in zwei aufteilte, in der Hyde, der wegen eines Verbrechens verfolgt wird, das Pulver einnahm und sich in der Gegenwart seiner Verfolger verwandelte. Alles übrige schrieb ich im Wachzustand, obwohl ich glaube, auch dabei das Wesen meiner Heinzelmännchen zu spüren.[429]

Als Matrix der Träume wird bekanntlich das sogenannte Unbewußte angesehen, ein Reservoir an Erfahrungen und Vorstellungen, Wünschen und Ängsten, das sich als *camera obscura* in der Psyche etabliert, ohne daß anatomisch gesagt werden könnte, ob und wo es lokalisierbar ist. Das Unbewußte ist ein psychoanalytisches Konstrukt, ein postuliertes seelisches Wirkungsfeld, dem sich kein spezifischer neuronaler Bezirk im Gehirn zuordnen läßt. Wohl aber lassen sich die beiden Hirnhemisphären als unterschiedlich beteiligt angeben, wenn es um die Traumaktivitäten als solche im Unterschied zu deren Erinnerung, Prüfung, Auswertung oder Umsetzung geht. Hier operieren die beiden Sphären arbeitsteilig: Sind die Funktionen der linken Hemisphäre überwiegend ordnend tätig und liegt ihre Stärke in der Schaffung logischer Strukturen, rationaler Denkverfahren und sprachlicher Äußerungen, versorgt die rechte Hemisphäre das Bewußtsein mit affektiv spontanen, widersprüchlichen, zum Teil chaotischen Erfahrungsmustern, die zumeist bildhaft vergegenwärtigt werden. Hier entstehen Szenarien aus Wünschen und Trieben, die stark energiebesetzt und deshalb kreativ wirksam, aber auch potentiell angsteinflößend und konfliktträchtig sind. Bei abrupter Ausschaltung der linken Hemisphäre würde das Individuum mit einer erschreckend desorganisierten ‚Realität' konfrontiert, in der die Phantasien Amok laufen. Nach Ausschaltung der rechten Hemisphäre hingegen erschiene die Welt konfliktlos und geordnet, aber wenig interessant.

Offenbar verfügte Stevensons Gehirn über die seltene Fähigkeit, die rechte und die linke Hemisphäre in optimaler Weise kooperieren zu lassen. Diese Zu-

---

429 Stevenson, S. 51–52.

sammenarbeit verhalf seinen Heinzelmännchen zu intelligiblem literarischem Leben.

Der deutsch-amerikanische Arzt und Pharmakologe Otto Loewi machte 1921 eine bahnbrechende Entdeckung zur Übertragung von Nervenimpulsen in lebenden Organismen. Vor seiner Entdeckung hatte man in der Neurologie allgemein angenommen, daß diese Übertragung auf die direkte Ausbreitung elektrischer Wellen zurückzuführen sei – eine medizinisch weithin akzeptierte Annahme, die aber nicht über den Status einer Hypothese hinausgelangte. Loewi kam jedoch schon kurz nach der Jahrhundertwende auf den Gedanken, daß die Synapsen, die Kontaktstellen zwischen zwei Nervenzellen, chemische Übertragungssubstanzen enthalten könnten, die Austauschprozesse also gar keiner elektrischen Wellen bedürften. Damals sah er aber noch keinen experimentellen Weg, um die Richtigkeit seiner Überlegungen beweisen zu können, und so verfolgte er den Gedanken nicht weiter. Erst 1920 tauchte er – nach siebzehnjähriger (!) Inkubationszeit – in einem Traum wieder auf und hatte sofort praktische Konsequenzen:

In der Nacht vor dem Ostermontag jenes Jahres wachte ich auf, drehte das Licht an und warf einige Notizen auf ein winziges Stück dünnen Papiers. Dann schlief ich wieder ein. Es fiel mir um sechs Uhr morgens ein, daß ich in der Nacht etwas höchst Wichtiges niedergeschrieben hatte, ich war aber nicht imstande, das Gekritzel zu entziffern. In der folgenden Nacht, um drei Uhr, kam der Gedanke wieder. Es war der Entwurf eines Experiments, um zu bestimmen, ob die Hypothese der chemischen Übertragung, die ich vor siebzehn Jahren geäußert hatte, richtig war oder nicht. Ich stand sofort auf, ging in das Laboratorium und führte einen einfachen Versuch – dem nächtlichen Plan gemäß – mit einem Froschherzen durch... . Seine Ergebnisse wurden der Grundstein zur Theorie der chemischen Übermittlung des nervösen Impulses.[430][431]

Loewi hatte entdeckt, daß man durch den Botenstoff Acetylcholin, dessen chemische Eigenschaften damals schon bekannt waren, die Herztätigkeit von Fröschen beschleunigen bzw. retardieren kann. Über „bisoziatives Denken" (die Vermutung einer chemischen Impulsübertragung, gekoppelt mit der Traumidee, zur Prüfung ein Experiment mit Acetylcholin durchzuführen) hatte er die Lösung gefunden. Dies war der erste Schritt auf dem Wege der Entdeckung weiterer Neurotransmitter und der Beschreibung des neuronalen Kommunikationssystems in höheren Organismen. 1936 erhielt er für seine Forschungen den Nobelpreis für Medizin. Die Tatsache, daß der Wissenschaftler in zwei aufeinanderfolgenden Nächten vom Froschherz-Experiment träumte, entspricht einer von Schlafforschern gemachten Entdeckung, die in der Fachsprache als „laterale Homologie" bezeichnet wird. Sie bedeutet, dass ein bestimmter ‚schwer-

---

[430] Zit. nach Garfield (1980), S. 61.

rgewichtiger' Traumgedanke, der zunächst folgenlos bleibt, dazu neigt, zu einem späteren Zeitpunkt wiederzukehren, so als wolle er seinen Anspruch auf jeden Fall gewürdigt wissen. Loewi hatte beim ersten Mal derart unklare Aufzeichnungen gemacht, daß er die Traumidee kognitiv nicht umsetzen konnte. Der kreative Gedanke wäre wirkungslos ‚verpufft', hätte sein Unbewußtes ihn nicht erneut aus der rechten in die linke Hirnhemisphäre geschickt. Als der Gedanke sich wieder meldete, ließ Loewi sich die Gelegenheit nicht noch einmal entgehen, sprang aus dem Bett und eilte in sein Labor, um die Idee experimentell zu überprüfen.

Wenn auf solchen Wegen derart weltbewegende Dinge zustande kommen, aus seelischen Inkubationen so großartige Leistungen erwachsen, dann ist der öffentliche Wunsch verständlich, den persönlichen wie gesellschaftlichen Nutzen aus den geistigen Aktivitäten zu mehren, und dann obläge es in Erfüllung solchen Wunsches der Kreativitätsforschung, den Menschen gangbare Wege zum Zentrum ihrer kreativen Fähigkeiten zu weisen. Diese Forschung existiert,[432] die Aktivitäten sind höchst intensiv, die publizierten Ergebnisse zahlreich, und das Interesse daran ist groß. Etwas sarkastisch bemerkt von Hentig: „Am liebsten würde man eine geeignete, nämlich ökonomisch wünschenswerte oder erträgliche Innovationsquote ermitteln und anordnen: eingeplante Kreativität; oder eine Kreativitäts-Dispositon anlegen, die (nur) aktiviert wird, wenn man sie braucht."[433] Indes – solche Wege sind nicht gangbar. Denn es gibt eine Barriere, die noch keine Forschung bislang zu überwinden vermochte: Sie besteht darin, daß eine wissenschaftliche Diagnose der psychologisch-neurologischen Prozesse in hochkreativen Menschen nicht zu einer Rezeptur für deren Mitmenschen führt, die sich gleiche Talente wünschen. Kreatives Denken ist weder lehr- noch übertragbar, und Spitzenleistungen sind umso seltener, je höher man die Meßlatte legt. Albert Einstein war auf seine Art einmalig, sein Genius ist nicht reproduzierbar, und die Analyse seines konservierten Gehirns hat unter Neurologen bislang nur sinnlosen Streit über die anatomische Lokalisierbarkeit seiner Begabung verursacht. Aus dem Studium von Gehirnstrukturen lassen sich zwar allerlei physiologische und auch pathologische Befunde gewinnen, aber keine exzeptionellen Talente erschließen. Sicherlich resultiert das hohe Interesse an gentechnischer Manipulation des Menschen, von der sich manche Forscher in den Fußstapfen des legendären Dr. Frankenstein die Reduplikation von Begabung versprechen, aus eben dieser, den Perfektionsdrang konterkarierenden Einsicht. Das Kreative ist auf ärgerliche Weise unberechenbar, also lautet die Devise: Die

---

432 Siehe Popitz (2000), Urban (1992), Preiser (1986).
433 Hentig (2000), S. 71.

Forschung mache es berechenbar! Und es ist nicht einmal ausgeschlossen, daß dieser Machbarkeitswahn in absehbarer Zeit Erfolge zeitigt, denn am gentechnisch ‚überholten' Menschen wird fieberhaft gearbeitet. Doch einstweilen gilt, was die Poeten und Philosophen vergangener Jahrhunderte zu wissen glaubten und wovon viele Psychologen heute noch überzeugt sind: „Das Schöpferische ist etwas, das man empfängt"[434] – nur daß die mythische Erwartung eines Besuchs lieblicher Musen zu ersetzen ist durch die psychologische Erkenntnis einer angeborenen Disposition.

4.2 Das dritte Auge des Homo faber: Erfindergeist

Kreative Ideen können nicht nur geistige Unternehmungen (im platonischen Wortsinn) beflügeln, sondern auch äußerst handfeste, praktische, materielle, nicht selten sogar verheerende Konsequenzen zeitigen. Das uralte, zwischen Schöpfertum und Zerstörung schwankende Bestreben des Menschen, das Wirkliche zu transformieren und seiner Lebenswelt den eigenen Stempel aufzudrücken, zeigt sich nirgendwo so konkret wie in seinen Artefakten. Hier entäußert sich der Mensch am sichtbarsten und greifbarsten. Hier tritt der Geist des Menschen als eines Machers, eines *homo faber* hervor, der das naturgegebene Vermögen des *homo sapiens* auf die Herstellung kultureller Objekte richtet – sei es, daß er mit Kultgegenständen symbolisch die Götter beschwört oder Dämonen beschwichtigt; sei es, daß er mit Instrumenten und Werkzeugen eine Ummodelung, sprich Verbesserung seiner Lebensumstände anstrebt; oder sei es, daß er kunstvolle Dinge zu seiner eigenen Freude und Selbstbestätigung fertigt. In allen Fällen dienen menschengemachte Objekte zur Gestaltung des Wirklichen und zur Befriedigung benennbarer Bedürfnisse. Denn Artefakte sind Gegenstände, die zur Realisierung vorgefaßter kulturtechnischer Ziele konzipiert und von Personen (oder Personengruppen) zum Erreichen dieses Ziels gefertigt werden. Sie schaffen eine artifizielle Welt zwischen Mensch und Natur – eine Welt, die beide Seiten verändert. Der evolutionäre Schritt von der ‚niederen' Natur zur ‚höheren' Kultur vollzieht sich wesentlich dank der menschlichen Fähigkeit, die rohe unbehauene Wirklichkeit umzugestalten und ihr eine ‚veredelte' Form zu verleihen. Denken, Sprechen, Symbolisieren und Schaffen stehen in der mentalen und kulturellen Evolution auf *einer* Stufe, da sie sich wechselseitig bedingen. Kultur ist gedachte ebenso wie gemachte Kultur, ein geistiges ebenso wie

---
[434] Matussek (1974), S. 281.

ein handwerklich-technisches Produkt, eine innere Verfassung ebenso wie eine äußere Formgebung. Nehmen wir als Beispiel das Buch: Dieses weit verbreitete Kulturprodukt ist sowohl eine Kette von Ideen im Kopf eines Urhebers (Ertrag geistiger Arbeit) als auch ein gefertigtes Objekt aus einem bestimmten Material in einer bestimmten Form (Resultat handwerklichen Könnens). Es ist die zweckmäßige, der Verbreitung von Ideen dienende Materialisierung einer geistigen Vorstellung. In der Gedankenwelt des Lesers verwandelt es sich zurück in geistige Vorgänge, die relative Unabhängigkeit von der sie auslösenden Materialität des Objekts erlangen. Das Buch veranschaulicht besonders gut die kulturelle Beziehung von Innen und Außen.

Die Geschichte der Artefakte beginnt mit dem Menschen der magischen Phase, der die Natur rituell zu beherrschen trachtet, damit er nicht von ihr beherrscht werde (s. o. S. 26 ff.), und endet (vorerst) mit dem Menschen des postindustriellen Zeitalters, dessen zivilisatorische ‚Errungenschaften' die Natur nicht nur zweckdienlich gestalten, sondern bereits begonnen haben, ihr Gesicht bedenklich zu entstellen. Bei den jeweiligen Zielsetzungen findet sich eine enorme Variationsbreite: Die Erbauer von Stonehenge hatten anderes im Sinn als der Konstrukteur der ersten Dampflokomotive, und der Erfinder des Telefons bezweckte etwas ganz anderes als die Architekten des World Trade Center. Davon kündet die Geschichte der Technik mit ihrer weit gefächerten Pluralität der Erfindungen.[435] Aber allenthalben ist dieselbe Gattung Mensch am Werk, die es darauf anlegt, ihrer Umwelt gestalterisch das gattungseigene Siegel aufzuprägen. Ob als Jäger, Ackerbauer, Gärtner, Krieger, Handwerker, Baumeister, Techniker, Ingenieur oder Hobbybastler agierend – der *homo faber* hat den Schaffensdrang in seinen Adern. Schon das spielende Kind beweist es: der Mensch begegnet der Welt aus einer konstruktiven Grundeinstellung heraus. Er will planen, werkeln, bauen, herstellen, anfertigen, und je mehr er diesen Willen erfolgreich umsetzt, desto mehr fühlt er sich zu weitergehenden Aktivitäten ermuntert: größer, besser, schneller, wirkungsvoller, funktionsgerechter, bequemer usw. Was seit der Renaissance als Fortschritt der Menschheit aufgefaßt und von einer entsprechenden Fortschrittsideologie vorangetrieben wird, basiert weitgehend auf der rapide fortschreitenden Entwicklung von Artefakten.

Ebenso wie das Wissenwollen entspricht das Schaffenwollen humaner Bestimmung, wobei allerdings – als unaufhebbare Ironie des Lebens – das Schaffenwollen leicht in Zerstören- und Tötenwollen umschlagen kann. Die motivationale Grundausstattung der Spezies ist ambivalent: Der Mensch als virtueller Macher und Schöpfer trägt den Menschen als potentiellen Zerstörer in sich. Er baut auf, und er reißt ein; er errichtet Pyramiden, und er konstruiert Atombom-

---

435 Überblick mit zahlreichen Abbildungen bei Klemm (1989).

ben. In manchen Fällen reißt er ein, um hernach besser aufbauen zu können; in anderen geht es jedoch um Zerstörung als perversen Selbstzweck. Und die hier waltende Ironie verschärft sich dadurch, daß die Verbesserung der Funktion von Artefakten oft nicht zu trennen ist von der Erhöhung ihrer zerstörerischen Wirkung. Waffen und Kriegsmaschinen sind hierfür die augenfälligsten Beispiele; aber auch Hochtechnologie, die aus dem Ruder läuft, kann fatale Destruktionskraft entfalten. Irgendwie gleicht der Mensch immer noch Goethes Zauberlehrling, der ein hochwirksames Instrumentarium nur unzureichend beherrscht und deshalb immer wieder (Beinahe-)Katastrophen heraufbeschwört. Artefakte wirken also nicht *per definitionem* segensreich. Von Beginn an dient ihre Bestimmung – in wechselnder Ausprägung und funktionaler Verbindung – fünf verschiedenen, den Naturzustand verändernden Zwecken, nämlich:

- der Deutung von Welt und Kosmos,
- der Kultivierung/Domestizierung der Umwelt,
- der Erleichterung von Arbeit,
- der Machtausübung über andere Menschen und Kreaturen,
- der Zerstörung von Gewachsenem und Erschaffenem.

Wenn uns heute die äußere Realität, so wie sie in hochzivilisierten/-technisierten Ländern gegeben ist, als *die* Realität schlechthin beeindruckt, als harte, dominante, objektive Wirklichkeit, die unausweichlich unsere Lebenswelt bestimmt, so liegt die Ursache für diesen Eindruck wesentlich in der Fülle der Artefakte, die uns umgeben. Wir befinden uns ständig in ihrer Gesellschaft unabhängig vom Gebrauch, den wir persönlich von ihnen machen. Die ‚Veräußerlichung' des Lebens, von der in der Einleitung (S. 6 ff.) die Rede war, ist nicht nur den Trends der Massengesellschaft, der Macht des Marktes, den Zwängen von Wirtschaft und Werbung anzulasten, sondern – maßgeblich – einer Umwelt zuzuschreiben, in der es von Artefakten nur so wimmelt. Wie eine zweite Natur, die bedenklich zu einer Gegennatur zu werden droht, legt sich das Netz menschengemachter Objekte über die Welt, läßt ihre Wirklichkeit zur Selbstverständlichkeit werden und prägt dem Bewußtsein ein spezifisches Realitätsgefühl auf. Was wir als zivilisatorische Infrastruktur bezeichnen ist nichts anderes als der technisch hergestellte Verbund der verschiedensten Artefakte im Dienste der verschiedensten Zwecksetzungen. Da die Zwecke potentiell unendlich sind, sich faktisch auch ständig vermehren, wird der strukturelle Verbund der Objekte immer dichter und sein ‚Realitätsanspruch' immer gebieterischer. Und da der heutige Mensch diesen Verbund immer schon vorfindet, wenn er auf die Welt kommt, ihn im Verlauf seines Lebens bestenfalls geringfügig verändert oder erweitert, aber in seinem Systemcharakter weder neu schafft noch abschafft, entsteht das Bewußtsein eines fest vorgegebenen Außen, das selten auf die Voraussetzungen eines das Außen erst bedingenden Innen befragt wird.

Maschinen, Apparate, Werkzeuge, Waffen, Gebäude, Straßen, Brücken, Möbelstücke, Meßgeräte, Flugzeuge, Schiffe, Kräne, Transportfahrzeuge, Fernsehgeräte, Computer etc. sind Artefakte, die, obwohl sämtlich irgendwann erfunden, scheinbar fertig in unsere Umwelt treten, deren Antlitz sicht- und greifbar prägen und seine Züge mehr oder minder nachhaltig verändern. Über die Erfinder, deren Eigentümlichkeiten, Schwierigkeiten, Widrigkeiten beim Erfinden, denken wir selten nach. Wir unterstellen stillschweigend die erforderlichen Fachkenntnisse handwerklich-technischer, mathematischer oder naturwissenschaftlicher Art. Wir freuen uns, wenn die Artefakte (aus unserer Sicht) dem Fortschritt dienen, oder sind beunruhigt, wenn sie sich als gefährlich erweisen; aber daß Artefakte (ganz wie Fiktionen und Kompositionen, Theorien und Philosophien) im Kopf ihrer Erfinder ein Innenleben haben, bevor sie als fertige Gegenstände der Zivilisation ihr Außenleben beginnen, ist wenig bewußt. Der Programmierer einer Computerfirma mag ungefähr wissen, was sich in seinem eigenen Kopf abspielt, wenn er neue Programme schreibt; aber er hat wenig Ahnung von den internen Prozessen, die ablaufen, wenn ein Ingenieur einen neuen Verbrennungsmotor entwirft. Entsprechend: der Architekt einer Konzerthalle kennt (bis zu einem gewissen Grad) die schöpferischen Phasen, die er vom anfänglichen Bild über den ersten Entwurf bis zum fertigen Gebäude durchläuft, aber er weiß wenig von den Vorgängen im Gehirn eines Komponisten, der an einer Orchesterpartitur arbeitet. Umgekehrt gilt das gleiche. Wahrscheinlich ist es auf den nachwirkenden Geniekult des ausgehenden 18. Jahrhunderts und das Menschenbild des europäischen Idealismus zurückzuführen, daß geistige Leistungen im musischen und philosophischen Bereich hochgeschätzt und bewundert werden, während sie im handwerklich-technischen Bereich eher unter Funktionalitäts- als unter Kreativitätsgesichtspunkten betrachtet werden. Das impliziert nicht unbedingt eine Geringschätzung, wohl aber eine Nivellierung der Bedeutung der Objekte und eine Normalisierung des Status ihrer Urheber. Heutzutage sind Erfinder, die bekannt sind, in der Regel weniger berühmt als Autoren oder Komponisten, die zu Ruhm gelangt sind. Beide sind schöpferisch tätig, aber der *homo faber* erscheint, was seinen Glorienschein in der gegenwärtigen Gesellschaft betrifft, gegenüber dem *homo creator* vergleichsweise blaß. Dies aus vier, geschichtlich bedingten Gründen:

Erstens unterliegt die Herstellung der meisten Artefakte heute den Bedingungen industrieller Serienproduktion, die Originalität schwer erkennbar macht. Viele Objekte, besonders die bewährten, langlebigen, sind untereinander nicht nur redundant, sondern durchlaufen gewissermaßen eine eigene Evolution, welche sie nur *peu-à-peu* verändert und Vertrautheit alsbald in abstumpfende Gewohnheit umschlagen läßt. Die Benutzer von Gebrauchsgegenständen, so originell diese einmal gewesen sein mögen, verschwenden keine Gedanken auf die ursprüngliche Leistung des Erfinders. Einige Zeitgenossen wissen vielleicht, wer den Verbrennungsmotor erfunden hat; aber wer weiß schon noch, wer einst das Kugellager oder den Flaschenzug erfand?

Zweitens fällt es Erfindern zunehmend schwer, zu persönlichem Ruhm zu gelangen, weil sie oftmals in industrielle Kollektive eingebunden sind, die für Einzelprofilierung wenig Gelegenheit bieten. Teamarbeit optimiert (unter Umständen) die Effizienz, nivelliert aber die Eigenleistung. Zudem macht die Verdichtung des Netzes der Artefakte revolutionäre Schritte bei Erfindungen und Entdeckungen immer schwieriger und darum seltener. Das Spezialistentum fordert seinen gesellschaftlichen Tribut. Der Typ des genialen Erfinders wird zur soziologischen Rarität.

Drittens eignet der modernen Technik eine wachsende, schwer berechenbare Ambivalenz, die Fluch und Segen von Artefakten der Bestimm- und Vorhersagbarkeit entzieht. Dies begründet bei vielen Zeitgenossen eine Skepsis, die Bewunderung und Anerkennung in Angst und Zorn umschlagen läßt. Der Fortschrittsgedanke löst sich von den ihn tragenden Objekten bzw. deren Schöpfern, und der Glaube daran wird vom Kulturpessimismus ausgehöhlt.

Viertens stehen technische Artefakte in dem Ruf, die Ergebnisse angewandter Wissenschaft zu sein, also einer strengen Gesetzmäßigkeit zu unterliegen, die sie ihrer individuellen schöpferischen Note beraubt. Der in ihnen waltende Funktionalismus (oder was man dafür hält) hat wenig Kredit. Daß Technik und Kunst ursprünglich engere Verwandte waren als Technik und Naturwissenschaft, daß *artefactum* wörtlich das „kunstvoll oder künstlerisch Geschaffene" bedeutet, gerät dabei aus dem Blick. Die Gegenständlichkeit des Gemachten verdeckt die Innerlichkeit des Gedachten. Daß eine gelungene Verquickung funktionaler und ästhetischer Merkmale visionäre Fähigkeiten fast wie in der Poesie voraussetzt, entschwindet dem Bewußtsein. Dazu der Ingenieur Eugene Ferguson:

Dieses wissenschaftliche Zeitalter nimmt allzu bereitwillig an, daß alles Wissen, das in den Erzeugnissen der Technik stecken könnte, aus der Naturwissenschaft stammen muß. Diese Annahme ist Teil einer modernen Überlieferung, die die vielen nicht-wissenschaftlichen Entscheidungen, die großen wie die kleinen, unbeachtet läßt, die Techniker treffen, wenn sie die von uns bewohnte Welt entwerfen. Viele Dinge des täglichen Umgangs sind offensichtlich von den Naturwissenschaften beeinflußt worden, aber ihre Form, ihre Ausmaße und ihr Erscheinungsbild wurden von Technikern bestimmt – von Handwerkern, Ingenieuren und Erfindern, die nicht wissenschaftlich dachten. Tranchiermesser, Brücken, Uhren und Flugzeuge sind, so wie sie sind, weil ihre Entwerfer und Konstrukteure ihre Formen, Stile und Materialien festlegten[436]

---

436 Ferguson (1993), S. 9.

Damit greift Ferguson verbreitete Vorstellungen an, die dem technologisch fundierten Funktionalismus allzu bereitwillig das Feld räumen, obgleich sich zeigen läßt, daß Stil und Form von Artefakten ästhetischen Eingebungen ebenso folgen wie rein funktionalen Festlegungen. Die überpersönlichen Zwänge sind bei weitem nicht so groß, daß sie persönliche Kreativität unterdrücken. An vielen Beispielen aus der Geschichte von Technik und Handwerk läßt sich zeigen, daß ein Irrtum in der Annahme steckt, die Form eines Objekts folge nur seiner Funktion, sei also nichts weiter als eine praktisch erzwungene Anpassung. Und ebenso läßt sich zeigen, daß künstlerische Motive durchaus nicht immer gezwungen sind, ihre Ansprüche an funktionale Überlegungen abzutreten. Zwar steht außer Frage: Funktionen können eine ganze Reihe von Rücksichtnahmen und Entscheidungen diktieren – wie z. B.Vorgaben durchphysikalisch-mechanische Gesetze, Eigenschaften des zu verwendenden Materials, Gebote adäquater Handhab- und Beherrschbarkeit der Objekte, Grenzen äußerer Dimensionierung, Realisierbarkeit einer leistungsfähigen Struktur, vertretbare Kosten-Leistungsrelationen u. a. Aber längst nicht alle Funktionen sind *a priori* determiniert und selbst bei denjenigen, die es sind, herrscht ein mehr oder minder großes Maß an gestalterischer Freiheit. Der pure Funktionalismus tritt seine Diktatur nur dort an, wo der *homo faber* bereit ist, sich solcher Diktatur zu beugen und kreativer Eigenleistung zu entsagen. Das Formschöne, Gefällige, Elegante, Eindrucksvolle, Symbolische, Neue, das zu seiner Verwirklichung nicht nur der fachlichen Kompetenz, sondern der Imagination, des Geschmacks und der Erfahrung bedarf, kann sich dort behaupten, wo der Künstler im Menschen seine innere Welt erschließt, um dem Macher im Menschen äußere Wege zu weisen. Der Erschließungsprozeß garantiert noch nicht unbedingt das komplette, für die Fertigung notwendige Wissen. Aber er liefert Protowissen, den Ausgangspunkt und die Basis weiterer Planungen und Umsetzungen.

Man kann die ursprüngliche Einheit von Kunst und Technik, die unter der Herrschaft des modernen Funktionalismus zu zerbrechen droht, an berühmten Beispielen veranschaulichen – etwa an Daedalos, dem genialen Baumeister, kühnen Erfinder und legendären Künstler aus der Antike. Daedalos war der Inbegriff eines Universalgenies seiner Zeit, eine überragende Persönlichkeit, ausgestattet mit einem Übermaß an gestalterischer Kraft und begabt mit einem unerschöpflichen Fundus an kreativen Ideen. Eine große Anzahl von Statuen und Bauwerken, von Ägypten über Kreta und das griechische Festland bis nach Sizilien und Sardinien, wurde ihm zugeschrieben. Am berühmtesten jedoch war sein Meisterwerk, das Labyrinth von Knossos, errichtet im Auftrag des kretischen Königs Minos, gedacht als weitläufiger Kerker (ohne Ausgang) für den mörderisch-monströsen Minotaurus. Daedalos sollte – funktional – ein sicheres Gefängnis für das Ungeheuer bauen, machte aber – ästhetisch – ein singuläres Kunstwerk daraus. Die Notwendigkeit zur Errichtung eines relativ simplen Gebäudes wandelte der Architekt in die Freiheit zur Konstruktion eines monumentalen Baukunstwerkes. Kunstvoll sind in seinem Inneren Treppen, Gänge, Fluchten gestaltet, mäandrisch ineinander verflochten, zu Höhen hinaufsteigend, in Tiefen hinabführend, einen einzigen Irrweg in einem raffinierten Raum-Wege-System bildend. Es wurde ein Gefängnisbau als durchdachtes technisch-funktionales System durch eine künstlerische Konzeption in einen seine Zweckbestimmung übersteigenden Sinnzusammenhang gestellt. Die komplizierte Binnenstruktur des Bauwerks wurde ebenso kunstvoll gestaltet wie planerisch raffiniert angelegt und technisch virtuos verwirklicht. Ästhetische Ideenbildung, architektonische Formfindung und technische Realisierung gelangten zu einer unvergleichlichen Symbiose. Der körperlich-räumlichen und technisch-funktionalen Struktur war das bedeutungsschwere Kulturmerkmal „Labyrinth" immanent. Der große Baumeister transformierte auf einzigartige Weise die niedere Wirklichkeit einer nüchternen Zwecksetzung in die höhere Zielvorstellung eines universalen Sinnbilds, und ihm gelang, was nur wenigen Handwerkern/Baumeistern/Technikern gelingt – die Schaffung eines kardinalen Symbols von überzeitlicher Bedeutung: ein künstlerischer Lebensraum, aus dem es für das Leben kein Entrinnen gibt, ein Trugbild endloser Bewegungsfreiheit.[437]

Daedalos verfügte über etwas, das alle wirklich großen Vertreter der Zunft des *homo faber* besessen haben und besitzen – eine visionäre Kraft, eine Bewußtseinsinstanz, die Ferguson als „das innere Auge" bezeichnet.[438] Es ist dies eine Fähigkeit zur internen Verbildlichung eines konstruktiven Vorhabens, die jedweder Formalisierung und experimentellen Prüfung vorangeht – die Initialzündung für alle handwerklich-technischen Prozeduren. Wenn das innere Auge in Funktion tritt, befinden sich das sprachlich geleitete Denken und das rational planerische Entwerfen noch im Zustand des ‚Schlummerns'. In der Sequenz der mentalen und mechanischen Aktivitäten wird dieses dritte Auge für innere Wahrnehmungen geöffnet, bevor noch irgendein Material gewählt, irgendeine Funktion festgelegt, irgendein Werkzeug ergriffen wird.

Das innere Auge ist ein hochentwickeltes Organ, das nicht nur den Überblick über das hat, was im visuellen Gedächtnis gespeichert ist, sondern auch, falls erforderlich, neue oder andere Bilder abändert. Beim Nachdenken über Vorgänge kann man das Bild im Geist bewegen. Wer etwas entwirft und Einzelteile zusammenfügt, kann in der Vorstellung Geräte bauen und handhaben, die es noch gar nicht gibt. Wenn wir das Wesen der Ingenieurkunst verstehen wollen, müssen wir diese wichtige, wenn auch wenig beachtete Denkweise schätzen lernen. Im großen und ganzen war es nichtsprachliches

---
437 Vgl. Welzel (1993).
438 Ferguson (1993), S. 47 ff.

Denken, das die Form der uns umgebenden materiellen Gegenstände festlegte und sie im einzelen ausfüllte. Mit ihren unzählbaren Wahlmöglichkeiten und Entscheidungen haben die Ingenieure, materiell gesehen, die Welt geschaffen, in der wir leben. Pyramiden, Kathedralen und Raketen gibt es nicht aufgrund von Geometrie, Strukturtheorie oder Thermodynamik, sondern weil sie Bilder – buchstäblich Visionen – im Geist derer waren, die sie erdachten.[439]

Eindrucksvoller noch als die Werke des antiken Daedalos sind in diesem Sinne die Leistungen des Renaissance-Genies Leonardo da Vinci. Obgleich – quantitativ – nur ungefähr ein Viertel der von ihm kreierten Bilder, Skizzen, Pläne und Modelle erhalten geblieben sind, ist das überkommene Oeuvre des berühmten Italieners – qualitativ – überwältigend, da ganz und gar einmalig. Es gibt in der Geschichte der Gattung wahrscheinlich keinen zweiten Menschen, der so universal begabt und multifunktional als Erfinder, bildender Künstler, Techniker, Geometer, Ingenieur, Baumeister, Mechaniker, Waffenkonstrukteur, Geologe, Anatom, Regierungsberater und ‚Prophet' tätig war. (In einem Brief an Lodovica Sforza, dem Herzog von Mailand, dem er 1496 seine Dienste anbot, rechnet er sich selbst nicht weniger als 36 (!) verschiedene Fertigkeiten zu.) Und es gibt wohl kein zweites Gehirn, das den vielschichtigen Zusammenhang zwischen Bild und Begriff, Kreativität und Rationalität, Vorstellungskraft und Tatsachensinn so eindringlich vorführt wie seines. Leonordo war ein Meister der „rationalen Phantasie". Er füllte unzählige Notizbücher mit kühnen Erfindungen und futurologischen Spekulationen, mit Abhandlungen über theoretische und angewandte Mechanik, mit Entwürfen für die phantastischsten Apparaturen und Maschinen. Mit seiner präzisen Vorstellungskraft und seinen genauen Zeichnungen konnte Leonardo seine Erfindungen um vieles klarer darstellen als in Worten oder Gleichungen. Die Leistungsfähigkeit seines inneren Auges war phänomenal. Es besaß eine den platten Hausverstand übersteigende handwerklich-künstlerische ‚Magie'. Nicht zufällig trägt ein Essayband namhafter Leonardo-Forscher den Titel *Leonardo: Künstler, Forscher, Magier*.[440]

Die Ursprungsbedeutung des lateinischen Worts *ingenium*, das der modernen Berufsbezeichnung „Ingenieur" zugrundeliegt und so viel wie eingegebener Geist oder angeborenes Talent bedeutet, trifft auf das Empoliner Genie zu wie auf wenige andere. Leonardo hatte bereits um 1500 die wesentlichen Bestandteile eines Motors vor seinem inneren Auge. Er sah und zeichnete schon damals, was erst Jahrhunderte später berechnet, konstruiert und produziert werden konnte. Die Muskelkraft von Bauer, Pferd und Ochse ersetzte Leonardos Geist durch die verschiedensten Apparate, angetrieben von Wind und Wasser, Schießpulver, Feuer und Dampf. Seine Zeichnungen vermitteln gründliche Kenntnis von Getrieben, Flaschenzügen, Sperrklinken, Nocken, Keilen, Gelenken, Kurbeln und

---

439 Ferguson, S. 9–10.
440 Siehe Reti (1996)

Zahnstangengetrieben. Der Technikwissenschaftler Friedrich Klemm schreibt: „... so tief wie er vermochte vor ihm wohl niemand in das Wesen der Maschinenwelt einzudringen. Er erkannte in der Maschine als wesentliche Teile die einzelnen Bewegungsmechanismen und ihre Elemente, die er losgelöst vom Maschinenganzen betrachtete. Viele von Leonardos technischen Zeichnungen haben ganz den Charakter sachlicher Werkstattskizzen, nach denen die einzelnen Maschinenteile wirklich angefertigt werden können."[441]

In einem bestimmten Sinne war Leonardo ein radikaler Utilitarist: die meisten seiner Maschinen waren zur gezielten gewerblichen Verwendung bestimmt: zum Hämmern, zum Formen von Holz, Stein und Metall, zum Heben großer Gewichte, Gießen von Metall, Ziehen von Bändern und Draht, Weben von Textilien, zur Münzprägung, zum Schleifen, Graben, Winden, Heben und Bewegen – also für die handwerklichen Bedürfnisse einer städtischen Gesellschaft. In einem anderen Sinne war Leonardo jedoch ein Idealist und Ästhet, wenn nicht gar ein Phantast. Seine visuelle Sonderbegabung manifestiert sich in zahlreichen Kunstwerken, insbesondere in Gemälden. In seinen diversen Porträt-, Landschafts- und Städtemalereien paart sich die Fähigkeit zu scharfer Beobachtung mit einem beispiellosen Sinn für Farbe, Form und (vor allem) Perspektive.[442] Und beide profitieren von Eingebungen aus einem visionären Vorstellungsvermögen.

Eine große Errungenschaft des Geistes der Renaissance war bekanntlich die Entdeckung der optisch realistischen Zentralperspektive. Die lebhafte Phantasie Leonardos ließ in seinen Bildern und Zeichnungen jedoch immer neue Perspektiven entstehen, deren Blickpunkt nur in seiner Vorstellung existieren konnte, da ihr optisch keine reale Position entsprach – Blicke aus den Wolken, Szenen inmitten eines Gewitters, Öffnung unendlicher landschaftlicher Fernen. Doch zwischen dem Utilitaristen und dem Idealisten gab es keinen Bruch. In fast jedem seiner Werke offenbart der ruhelose Schöpfergeist Leonardos eine unerhört fruchtbare Verbindung von Technik und Kunst, handwerklichem Geschick und geistiger Gestaltungskraft. Dementsprechend wurde er am Hof von Lodovico Sforza offiziell auch als „pictor et ingenarius ducalis" geführt.

Introspektionen in die Schaffensmethoden solcher Genies lassen erkennen, was

---

441 Klemm (1989), S. 76.
442 Wenig bekannt sind demgegenüber Leonardos ‚prophetische' Gaben. Hellsichtig war er sich der Ambivalenz und der Widersprüche eines technischen Fortschritts bewußt, den er selbst maßgeblich vorantrieb. Als Prophet der ökologischen Veränderungen der modernen Zeit sah er voraus, daß „die großen Wälder verwüstet werden" und die Menschen „Tod und Leid, Drangsal, Angst und Schrecken unter allen lebendigen Wesen verbreiten". Er klagte eine brutale, moralisch blinde Menschheit an. Was er in seiner Klage freilich nicht sah, war das synergetische Zusammenspiel von Mensch und Artefakt, das die potentielle Destruktivität einer progressiven Technik im Zusammenwirken mit immer erfinderischeren Technikern ständig erhöht (s. Heydenreich, 1989, S. 184).

Evolutionspsychologen und Bewußtseinsforscher bestätigen: Stets behauptet, psychogenetisch bedingt, die Bildhaftigkeit von Vorstellungen eine Priorität gegenüber der Sachlichkeit/Sprachlichkeit von Erklärungen und der Konkretheit aller Implementierungen. Dies entspricht den Entwicklungsphasen unserer mentalen Evolution, und diese ‚Gesetzmäßigkeit' läßt sich nicht außer Kraft setzen. Von dem Künstlergenie Michelangelo ist die Bemerkung überliefert, skulptieren hieße, die dem Stein bereits „eingeschriebene" Figur von ihrem „Überschuß" befreien. Was nur bedeuten kann, daß die Gestalt einer Skulptur voll visualisiert sein muß, bevor Hand und Meißel ihr Werk verrichten; denn würde man sie objektiv auf die morphologische Struktur des Steins beziehen, ergäbe die Bemerkung keinen Sinn. Bei allen Plänen für eine Umgestaltung der Welt nehmen wir innere Bilder wahr, bevor wir verbal, rational, instrumental ans Werk gehen. Eben darum hielten nicht wenige Schöpfer aus der Vergangenheit ihre Pläne für göttlich eingegeben oder ihre Modelle für kosmologisch inspiriert. Mag sich solche visionäre Qualität im Zeitalter des Funktionalismus auch verflüchtigt haben, das bildhafte Protowissen ist nach wie vor eine psychologische Realität.

Auch auf der sekundären Ebene sprechen exakte Planzeichnungen immer noch eine Bildsprache, eine Sprache, deren Grammatik durch Übung gelernt wird und die nur Eingeweihten voll verständlich ist. Wenn Zeichnungen auf großen Papierbögen angefertigt erscheinen, haben sie zwar den Anschein überpersönlicher Autorität und Vollkommenheit. Doch so genau und eindeutig die Zeichnungen auf dieser Transformationsstufe auch zu sein scheinen, ihre Präzision verbirgt viele informelle Entscheidungen, unausgesprochene Urteile, Intuitionen und Annahmen auf der primären Ebene. „Die Umwandlung einer Idee in eine künstliche Sache, an der Erfinder und Erbauer beide beteiligt sind, ist ein komplexer und subtiler Vorgang, der wohl immer der Kunst näher ist als der Wissenschaft", schreibt Ferguson.[443]

Wenn die verschiedenen Bedeutungskomponenten des deutschen Wortes *Bildung* (i. S. von Formung, Schöpfung, Darstellung, Gestaltgebung, Ausprägung, Anfertigung, Erziehung) sämtlich auf dieselbe Wortwurzel, nämlich *Bild* (von ahd. *bilodi*) zurückgehen, so spiegelt dieser Ableitungszusammenhang das evolutionäre Verhältnis von primärer Erfahrung und sekundärer Ausarbeitung, früher ‚Initialzündung' und späterer Entwicklung. *Bilodi* hieß ursprünglich so viel wie wesensmäßige Gestalt oder innere Kraft, auch wunderwirkende Macht. Wie sich zeigen läßt, durchaus zu recht:

Bei der Beschreibung des Ursprungs der von ihm erfundenen Dampframme, eines wichtigen technischen Abkömmlings der legendären Dampfmaschine, sagte ihr Erfinder, James Nasmyth, daß die Maschine „in meinem Kopf war, lange

---

[443] Ferguson (1993), S. 15.

bevor ich sie in Betrieb sah". Er erklärte, er könne „im Kopf mechanische Gebilde bauen, sie in der Vorstellung in Betrieb setzen und vorweg die Einzelheiten beobachten, die die jeweiligen Funktionen ausführen, als ob sie ihrer Form und Wirkungsweise nach wirklich wären."[444] Hier zeigt sich, daß Gebilde tatsächlich die Abkömmlinge von Bildern sind.

Elmer Sperry, ein Ingenieur, dessen Name mit dem Kreiselkompaß, wie er in Schiffen und Flugzeugen benutzt wird und mit dem stabilisierenden Schiffskreisel verwandt ist, fühlte sich bei seiner Arbeit stark von inneren Eingebungen abhängig. Er hatte eine selbst unter Ingenieuren ungewöhnlich starke Neigung zur Veranschaulichung. Ein Angestellter der Sperry Gyroscope Company erinnert sich, wie Sperry „einfach nur in die Luft schaute, dann plötzlich einen Schreibblock nahm, ihn auf Armeslänge hielt und mit einem Bleistift in der anderen Hand zu zeichen begann... . ‚Das ist es! Sehen Sie es nicht? Man braucht nur eine Linie um das herum zu ziehen, was man sieht.' Was er sah, sah Sperry 100 Prozent vollkommen, dort in der Luft, aber es brauchte viel Zeit und viele Veränderungen, bis er das, was er sah, als Räderwerk nachgeschaffen hatte."

Walter P. Chrysler, der Gründer des gleichnamigen amerikanischen Automobilkonzerns, erzählt in seiner Autobiographie, wie er als Lehrling ohne jede Zeichnung ein Lokomotivmodell baute, das „in meinem Kopf so wirklich und vollständig existierte, daß es dort drei Dimensionen zu haben schien... . Meine Finger waren ein Einlaßventil, durch das meine inneren Vorräte gefüllt wurden; natürlich halfen mir meine Augen und Ohren, aber was ich mit meinen Fingern und meinen Augen lernte, vergesse ich anscheinend niemals."[445]

Der Physiker Richard Feynman berichtet von einer Episode aus seiner Jugend, als er über die Innerlichkeit von Denk- und Sprachprozessen nachsann und ihm die verschiedenen Modalitäten von einem Spielkameraden klargemacht wurden: „Einmal – wir müssen damals elf oder zwölf gewesen sein – diskutierten wir über etwas, und ich erklärte: ‚Aber denken ist ja nichts anderes, als innerlich mit sich selbst reden.' ‚Meinst du?' antwortete Bernie. ‚Kennst du die Kurbelwelle am Auto, die so komisch aussieht?' ‚Ja, warum?' ‚Gut, dann sag mir doch, wie beschreibst du sie, wenn du mit dir selbst redest?' So lernte ich von Bernie, daß Gedanken verbal *und* visuell sein können."[446] Feynman blieb übrigens seiner früh gewonnenen Erkenntnis treu: Jahre später erleichterte er der Fachwelt den Umgang mit der diffizilen Quantenmechanik durch die Erfindung der „Feynman-Diagramme", einer visuellen Alternative für eine stattliche Zahl mathematischer Gleichungen. Er vertrat auch die bemerkenswerte These, Albert Einstein

---

444 Zit. nach Ferguson, S. 53.
445 Chrysler (1950), S. 43.
446 Feynman (1991), S. 52.

habe im Alter deshalb keine einheitliche Theorie mehr entwickeln können, weil er „aufhörte, in konkreten physikalischen Bildern zu denken, und nur noch mit Gleichungen umging."[447]

Der Chemiker und Philosoph Robert Root-Bernstein hat die spezifischen Leistungsprofile von mehr als 100 prominenten Wissenschaftlern aller möglichen Fachrichtungen aus dem 18., 19. und 20. Jahrhundert untersucht, und zwar unter dem Aspekt ihrer „außerplanmäßigen" Fähigkeiten.[448] Damit meinte er Fähigkeiten ohne unmittelbaren Konnex zu fachlichen Kompetenzen. Es stellte sich heraus, daß die meisten sich nicht nur fachwissenschaftlich, sondern auch als bildende Künstler, Musiker oder Dichter betätigten. Sie waren weit davon entfernt, in ihren Fächern reine ‚Intelligenzbestien' oder ‚Fachidioten' zu sein. Einige komponierten, andere schrieben Romane oder photographierten, und diese „Außerplanmäßigkeit" gereichte ihnen zum Vorteil. Root-Bernstein gelangte in seiner Dokumentation zu der ihn überraschenden Überzeugung, die künstlerischen Neigungen hätten sich deutlich auf die Kreativität der Wissenschaftler ausgewirkt. Seine Untersuchungen hätten ihn dazu gebracht, mit Gewißheit behaupten zu können, daß „die meisten hervorragenden Wissenschaftler für ihr Denken übereinstimmend nichtsprachliche Formen des Denkens viel wichtiger finden als sprachliche."

Natürlich unterscheiden sich die anspruchsvollen Entwurfszeichnungen von Wissenschaftlern und die simplen Pläne von Hobbyhandwerkern erheblich, aber eher durch die äußere Form als durch die innere Erfahrung. Beidemal steht am Anfang – manchmal schon recht deutlich, in anderen Fällen erst schemenhaft vorläufig – ein inneres visuelles Erlebnis, eine bildgewordene Idee, die gleichsam auf den geistigen Schirm geworfen und vom „inneren Auge" beobachtet und bearbeitet werden kann. Sie kann intuitiv aufblitzen, sie kann aber auch wie aus einem Dunst hervortreten und erst allmählich Gestalt gewinnen. Dies entspricht der Genese aller schöpferischen Leistungen, ihrem typischen prozeduralen Ablauf wie auch ihrer internen Hierarchie. Dies ist die ‚Logik' der Schöpfung: vom Primären zum Sekundären, vom Bild zum Objekt, von der Idee zur Form, vom motivierenden Gedanken zur materialisierenden Ausführung. Es führt kein direkter Weg aus der Geometrie oder Mathematik oder Statik oder Mechaniklehre zu einem fertigen Artefakt. Es gibt keine pure Intelligenzleistung, die sich selbst verwirklicht. Hirnanatomisch betrachtet arbeiten die beiden Hirnhälften des Menschen hier (wie in anderen Fällen) in besonderer Weise zusammen: Die primären kreativen Impulse ganzheitlicher Visualisierung entste-

---

[447] Zit. nach Freeman Dyson (1979), S. 53.
[448] Root-Bernstein (1985), S. 50–67.

hen offenbar in der rechten Hemisphäre, werden von dort zur Bearbeitung über den verbindenden Nervenstang, das Corpus callosum, in die linke Hemisphäre gesandt und geben nach Fertigstellung Rückmeldungen an ihren zerebralen Ursprungsort.[449] So geht die Anschauung imaginativer oder intuitiver Art jeder formalen Abstraktion und gegenständlichen Konstruktion voran, und jede Abstraktion und Konstruktion kehrt früher oder später zur Anschauung zurück. Alle Schöpfungen und Erfindungen bedürfen jenes initiierenden Momentes, da auf der Bühne des Innern etwas in Szene gesetzt wird, das hernach für die Kulissen des Außen umgesetzt wird: Die meisten Komponisten ‚hören' eine Melodie, bevor sie sie in Notenschrift zu Papier bringen und dadurch für andere verfügbar machen. Und die meisten Architekten ‚sehen' ein Gebäude, bevor sie sich am Zeichentisch oder am Computerbildschirm an einer ersten Konkretisierung versuchen. (Es soll sogar Hersteller von Parfums geben, die eine neu zu komponierende Duftnote schon vor ihrer Mixtur riechen können und erst danach die Ingredienzien auswählen.) Anschauliches Denken ist für den *homo faber* unverzichtbar. Sein inneres Auge, Ort der Bilder der erinnerten Wirklichkeit wie auch aller imaginierten Gegenstände und deren Strukturen, fungiert als ein leistungsfähiges konzipierendes ‚Organ'. Es sammelt und deutet viel mehr als nur die Informationen, die zufällig von außen durch den optischen Nerv des Auges eintreten. Es arbeitet eng mit dem Gedächtnis und der Imagination zusammen, speichert und verknüpft lebenslang Sinneseindrücke, die es mit Hilfe von Gesichts- und Tastsinn, Muskeln, Gehör, Geruch und Geschmack gewinnt, um konstruktive Beziehungen zwischen ihnen herzustellen.

Allerdings: Enger als der überwiegend denkerisch oder musisch tätige Mensch steht der schaffende Mensch in körperlichem Kontakt mit der realen Welt. Man könnte sagen, der *homo faber* ist – bei aller visionären Begabung – ein physikalischer Konkretist. Er lernt die Dinge der Wirklichkeit durch ihn prägende Sinneswahrnehmungen kennen: durch Berühren, Anstoßen, Zerschlagen, Fallenlassen, Hochheben, Auseinandernehmen, Zusammenfügen von Material. Auch Leonardo war ein solcher Konkretist. Hier besteht offenbar ein grundlegender Unterschied zum Platonisten, der die ‚reinen' Ideen vor den ‚harten' Dingen der Wirklichkeit rangieren läßt und folglich kein großes Interesse an ihrer Ummodelung zeigt. Es dürften überwiegend taktile Erfahrungen sein, die psychologisch den Grundstein legen für eine (berufliche) Disposition zum *homo faber,* weil sie den Wunsch wecken, die Materialität der Welt zu ergründen und formgebend zu beherrschen. Diese Erfahrungen werden durch das innere Auge beurteilt und können mit dessen Hilfe um- und neugebildet werden, sobald gestalterischer Wille und fachliche Kompetenz hinzutreten und für die notwendige Transforma-

---

[449] Vgl. Arnheim (1969).

tion sorgen.⁴⁵⁰ Darin zeichnet sich der Fachmann gegenüber dem Laien aus: Wenn wir als Laien zum Beispiel ein Stück Stoff betrachten, können wir vermutlich sagen, ob es weich oder rauh, schmiegsam oder steif, locker oder fest gewebt ist und vielleicht auch noch, ob es einen guten oder schlechten Kälteschutz abgibt. Ein Handwerksmeister aus der Zunft der Schneider kann aber noch ganz andere Merkmale über seine Struktur und Eigenschaften hinzufügen. Und diese Kenntnisse dienen seinem inneren Auge dazu, den Stil eines zu entwerfenden Kleidungsstücks in der richtigen Weise mit dem dazu passenden Material zu kombinieren. Oder: Wenn wir eine Eisenbahnbrücke in Augenschein nehmen, können wir vielleicht ein paar elementare Angaben zu ihren Konstruktionsprinzipien machen, ob Holz- oder Stein- oder Eisenkonstruktion, ob Spann- oder Hänge- oder Bogenbrücke, aber ein Brückenbauingenieur ‚sieht' sofort viel mehr, und was er sieht, ist das Produkt einer verinnerlichten Erfahrung, die strukturell qualifiziert und differenziert, was er optisch wahrnimmt. Bedingt durch das variable Zusammenspiel von Innen und Außen, ist jede Wahrnehmung eine *qualifizierende* Wahrnehmung. Äußerlich, so möchte man meinen, sieht der Ingenieur das, was wir auch sehen, aber innerlich erfaßt er wesentlich mehr.

Deshalb erfüllt es nicht wenige Designer, Architekten und Ingenieure mit Sorge, wenn heute die Arbeit des „inneren Auges" nebst Folgearbeiten zunehmend ‚ausgelagert', d. h. Computerprogrammen übertragen wird. Nicht daß sie CAD-gestützten Entwurfs- und Berechnungsverfahren grundsätzlich die Brauchbarkeit absprechen, vielmehr sehen sie menschliche Selbsttäuschungen im Spiel, wenn den elektronisch arbeitenden Maschinen Qualitäten zugesprochen werden, die sie als solche nicht besitzen. Vor einigen Jahren wurde in der international verbreiteten Fachzeitschrift *Mechanical Engineering* eine Anzeigenserie der Firma Celestial Software zur Vermarktung ihres „IMAGES-3D"-Programms geschaltet. Es wurde zunächst eine Photographie wiedergegeben, die die Brücke über die Tacoma Narrows (US-Staat Washington) bei ihrem spektakulären Einsturz im Jahr 1940 zeigt, eine Katastrophe, die seinerzeit eine heftige Debatte über Fehler und Versagen der verantwortlichen Konstrukteure auslöste. Die Überschrift, in Großbuchstaben, lautete: „Was ging schief?" Der Blick des Lesers/Betrachters wurde dann zu der Antwort geleitet „Sie hatten kein IMAGES-3D". Dem folgte die vielversprechende Empfehlung: „IMAGES-3D gibt Ingenieuren die Möglichkeit, mit nie dagewesener Mühelosigkeit, Genauig-

---

450 Aus der Psychologie der Wissenschaft (s. Maslow, 1977) und der Ideologiekritik an der Technik (s. Horkheimer, 1985) ist freilich bekannt, daß dieser Impuls leicht zur negativen Seite ausschlagen kann, wenn der Wunsch nach Ergründung und Beherrschung in den Willen zu manipulativer Kontrolle ausartet und zum Selbstzweck wird.

keit und Zuverlässigkeit Bauten zu entwerfen und zu analysieren, die sicherer und stärker sind." Für Anwender, die eventuell mit dem „menügetriebenen, voll interaktiven und mit automatischem Prompt" ausgerüsteten Programm nicht sogleich zurechtkommen, bot die Firma per „heißen Draht" noch kostenlosen Beistand.

Erfahrene Fachleute wissen: Die angepriesene Mühelosigkeit und Genauigkeit gibt es nicht – weder in der Computersoftware noch im menschlichen Gehirn. Ein Computer ist ein Instrument, kein Schöpfer. Er kann – rechnerisch – (fast) alles, aber begreift – konzeptionell – rein gar nichts. Ein Ingenieur, der sein Vertrauen ganz auf digitalisierte Entscheidungsprozeduren setzt, arbeitet mit blindem Vertrauen. Er schließt sein drittes Auge. Er wird Opfer der gefährlichen Suggestion, daß alle Entscheidungen über das Wesen eines Entwurfs von Software-Spezialisten getroffen werden können, und ignoriert dabei, daß Annahmen in das Programm eingeflossen sein können, die nichts mit den technischen Anforderungen zu tun haben, die die jeweilige Aufgabe wirklich stellt. Ferguson warnt: „Wenn wir katastrophale Entwurfs- und Konstruktionsfehler ... vermeiden wollen, müssen Ingenieure begreifen, daß solche Fehler keine Fehler der Mathematik oder der Berechnung sind, sondern Fehler der Urteilsfähigkeit."[451]

Freilich ist zu bedenken, daß die notwendige Urteilsfähigkeit weit mehr umfaßt als die aktive Funktion des inneren Auges. Letztere darf in ihrer Bedeutung nicht überschätzt werden. Das Sehvermögen dieses Auges hat Grenzen, und zwar insofern, als es gewöhnlich nicht über die Objekthaftigkeit von Artefakten hinaus in die Geschichte ihrer Einflußnahme auf Natur und Kultur zu blicken vermag. So wichtig sie auch ist – die innere Visualisierung garantiert keine äußerlich segensreiche Wirkung des Visualisierten. Hier kann ein unkalkulierbares Phänomen auf den Plan treten, das von Neil Postman als das „Frankenstein-Syndrom" bezeichnet wird: Die Erfindung löst sich vom Geist des Erfinders, kann – einmal erfunden – nicht mehr ‚wegerfunden' werden und entwickelt eine scheinbar eigenwillige Dynamik, die der Kontrolle entgleitet. Postman: „Man baut eine bestimmte Maschine für einen bestimmten begrenzten Zweck. Aber sobald die Maschine gebaut ist, entdecken wir – manchmal zu unserem Entsetzen, gewöhnlich zu unserem Unbehagen, immer zu unserer Überraschung –, daß sie gewissermaßen eigene Ideen hat, daß sie durchaus imstande ist, nicht nur unsere Verhaltensweisen, sondern auch unsere Denkweisen zu verändern."[452]

Revolutionäre Erfindungen wie die der Druckerpresse, der Dampfmaschine, des Telegraphen, der mechanischen Uhr, des Benzinmotors, des Computers – von der infernalischen Waffe der Atombombe ganz zu schweigen – hatten just

---

451 Ferguson (1993), S. 189.
452 Postman (1982), S. 23.

solche Wirkung: sie veränderten samt und sonders unsere Denk- und Lebensweise, in mancherlei Hinsicht positiv, in anderer Hinsicht negativ. Gewinn und Verlust. Die Ambivalenz der Artefakte ist schwer prognostizierbar, und gibt es auch historisch weitsichtige Erfinder wie Leonardo da Vinci, der den globalen Konflikt von Natur und technischer Zivilisation voraussah, oder politisch gewissenhafte Forscher wie Albert Einstein, der nach dem Krieg den Bau der A-Bombe als schweren Fehler erkannte, so kommen große Erfindungen doch kaum jemals mit verläßlichen Prophezeiungen ihrer zukünftigen Rolle auf die Welt. Ein vielbewundertes Genie ist *eo ipso* kein gütiger Gott. Hier erweist sich das kreative Vermögen im Kopf als limitiert gegenüber einer unkalkulierbaren Machtentfaltung von Artefakten in der Welt. Hier haben die Transformationen des Wirklichen unter dem Aspekt ihrer Akzeptanz mehr mit sozialem Verantwortungsbewußtsein als mit innerer Sehfähigkeit zu tun. Die visuelle Schöpferkraft, so leistungsfähig sie uns auch erscheint, besitzt keinen Qualitätsstempel, der das Geschaffene für universal wertvoll und allzeit unschädlich deklariert. Der reine Erfindergeist, so produktiv er sich gibt, bietet keine Gewähr für die gesellschaftliche oder ökologische Verträglichkeit des Erfundenen. Erfindungen eignet eine „unsichtbare Metaphysik" (C. Nystrom), welche die sichtbare Physik der Objekte überschreitet. Hier stoßen wir wiederum auf die unaufhebbare Dialektik von Innen und Außen, wo die Dinge des Geistes der sozialen Abgleichung und historischen Regulierung bedürfen, weil die innere Welt die Belange der äußeren zwar befördern, aber ihnen auch schaden kann.

4.3 Die Verlockung der Macht: Ideologisches Denken

Am Übergang vom 18. zum 19. Jahrhundert stellte sich ein französischer Gelehrter namens Antoine Destutt de Tracy die ehrgeizige Aufgabe, im Wirkungsfeld der französischen Revolution die ideellen Grundlagen gesellschaftspolitischen Denkens zu erforschen und sie in eine Theorie zu fassen. Was ihm vorschwebte, war die Entwicklung einer Lehre oder Wissenschaft von der Entstehung und Verbreitung der Ideen, um daraus Maßstäbe für eine rationale Politik im Gegensatz zur irrationalen Barbarei der revolutionären Schreckensherrschaft zu gewinnen. Wenn die Menschen sich wirklich selbst in vernünftiger Weise regieren wollten, dann müßten die Voraussetzungen solcher Selbstregierung akribisch untersucht und in ihrer Abhängigkeit von den sie formenden Ideen systematisch beschrieben werden. Es war der Fehler der Revolutionäre gewesen, dies intellektuell versäumt und deshalb politisch unbesonnen, blut- und rachedurstig, statt besonnen und vernünftig gehandelt zu haben. Was die Welt brauchte, war ein Newton für die Wissenschaft vom Denken, und Destutt de Tracy hielt sich selbst für den aussichtsreichsten Kandidaten auf diesem Posten. Es ging ihm um nichts Geringeres als die Schaffung einer Wissenschaft von den Ideen, und was lag näher, als einer solchen Disziplin den Namen „Ideologie" zu geben? Da alles einflußreiche Denken von Ideen geprägt war, die hergebrachten Ideen staatlicher wie klerikaler Ordnung jedoch abgewirtschaftet hatten, zudem der politischen Vernunft entbehrten, kam es darauf an, Politik, Ethik, Pädagogik, Ökonomie etc. völlig neu aufzubauen. Da ihm gesellschaftliche Institutionen nur auf dem Fundament eines möglichst exakten Wissens der menschlichen Natur als rational veränderbar erschienen, schien es Tracy notwendig, die Analyse bis in die tiefsten Schichten und die höchsten Sphären des Bewußtseins vordringen zu lassen. Alles, von der elementarsten Empfindung bis zum luftigsten Geistesgebäude, bedurfte der wissenschaftlichen Erhellung. Dabei sollte die so konzipierte Ideologie nichts Idealistisches oder Metaphysisches an sich haben; vielmehr sollte sie, ganz auf die Klärung von Naturprozessen verpflichtet, als Zweig der Zoologie gelten, als umfassende Wissenschaft vom Menschen als einem ideenproduzierenden Tier.

Vier voluminöse Bände schrieb der Gelehrte unter dem Titel *Eléments d'idéologie* (1801 ff.) Auf der Grundlage seiner Theorien sollte eine Elite aus Wissenschaftlern und Philosophen damit beauftragt werden, Frankreich geistig zu erneuern, das Bildungssystem zu reformieren und die Politik auf eine moralisch einwandfreie Legitimationsbasis zu stellen. Im *Institut National*, dessen Mitglieder den theoretischen Flügel der Reformisten bildeten, fand Tracy Mitstreiter, und er und seine Kongenialen wurden alsbald in der französischen Geisteswelt als „Ideologen" bekannt. Möglicherweise hätte diese Gruppe eine geschichtsbestimmende Rolle für Frankreichs Zukunft gespielt, hätte sie sich nicht mit Napoleon Bonaparte angelegt und dessen Verärgerung auf sich gezogen. Der Imperator, zunächst begeistert von dem Projekt und sogar Ehrenmitglied des Instituts, nahm in dem Maße Anstoß an den Plänen der Ideologen, wie ihr philosophischer Duktus in Kollision geriet mit seiner eigenen patriotischen Politik. Den Ideologen ihrerseits mißfiel zunehmend das cäsarische Gebaren des Herrschers, seine Selbstherrlichkeit und Machtversessenheit; doch ließ es Napoleons persönlicher Ehrgeiz nicht zu, sich die Leviten von Theoretikern lesen zu lassen, die eine neue Wissenschaft über seine ‚hehre' Auffassung von der Bestimmung der Großen Nation stellten. Und so verfiel er auf eine Strategie der Diskreditierung: Er stempelte den lästigen Tracy und seine Jünger zu Sektierern und subversiven Elementen. Er monierte, daß sie Schwätzer und Träumer seien – eine gefährliche Brut von Männern, die die Wurzeln der politischen Autorität untergruben, durch ihren kalten Kritizismus die Bevölkerung ihrer tröstlichen Fiktionen beraubten und das edle Gefühl des Patriotismus zerstörten. 1812, im Gefolge seines militärischen Debakels in Rußland, machte er die Ideologen sogar für seine Niederlage verantwortlich: „Für alles Unglück, das unserem geliebten Frankreich widerfahren ist, muß die Lehre der Ideologen verantwortlich gemacht werden – jene diffuse Metaphysik, die auf künstliche Weise nach den Grundlagen sucht, auf denen sie dann die Gesetze der Menschen errichten kann, anstatt diese Gesetze den Erkenntnissen des menschlichen Herzens und den Lektionen der Geschichte anzupassen"[453]

Hier sind wir schon dicht am Zentrum des ganzen Ideologieproblems, wie es sich heute darbietet: Denn Bonaparte (als Ideologe) bediente sich ironischerweise just jenes Verfahrens einer Anklage anderer, das die Ideologen (als Wissenschaftler) analysieren und abschaffen wollten: Er kaschierte seine eigene Ideologie, indem er die Ideologie der anderen anprangerte und sie damit erst zur Ideologie machte. Anders formuliert: er unterstellte ihrem Menschen- und Gesellschaftsbild inadäquates oder falsches Bewußtsein. Damit funktionierte er den Ideologiebegriff Tracys um, reklamierte Wahrheit und Richtigkeit für seine eigene Weltsicht und behauptete Falschheit und Fehlerhaftigkeit auf der anderen Seite. Napoleon verurteilte die „Ideologen", weil sie eingeschworene Feinde der Ideologie waren, d. h. die Absicht hegten, jene sentimentalen Illusionen, rührseligen Nationalismen und gefährlichen Machtspiele zu entmystifizieren, durch die er seine diktatorische Herrschaft zu legitimieren hoffte. Nur – der Imperator merkte nicht, daß er selbst Opfer einer Denkweise geworden war, die seit eh und je für Politiker typisch ist und die die politischen Auseinandersetzungen in der Moderne zunehmend bestimmen sollte. Jedenfalls wurden hier, in der Auseinandersetzung zwischen Bonaparte und Destutt de Tracy, die Weichen gestellt für die Geschichte eines Begriffs, der heute zu den diffusesten und umstrittensten zählt, der jemals geprägt wurde. Hier beginnt er schon, sich in Richtung seiner späteren pejorativen Bedeutung und dubiosen Verwendung auszudehnen. Nach Auffassung der Ideologen sollte Ideologie eine rationale Wissenschaft sein, eine akademische Disziplin zur Erforschung und Formulierung der Gesetze des Denkens – so etwas wie eine ältere Schwester der heutigen Kognitionspsychologie –, doch in dieser Definition und Funktion überlebte sie nicht. Statt dessen wurde daraus ein politischer Kampfbegriff zur egoistisch motivierten Attacke auf den weltanschaulichen Gegner. Er bekam eine herabsetzende Bedeutung, die er bis auf den heutigen Tag beibehalten hat. Tracy war, intellektuell

---

453 Zit. nach Eagleton (1993), S. 82.

gesehen, ohne Zweifel der schärfere Denker und, moralisch gesehen, der bessere Mensch; aber Napoleon war politisch der mächtigere Mann, er fand mit seiner Kritik öffentliche Resonanz und setzte sich durch. Aus der Ideologie wurde nie eine Wissenschaft.

Die weitreichende historische Folge war, daß nach heutigem Sprachgebrauch ideologisches Denken stets den anderen zugeschrieben, aber kaum jemals zur Charakterisierung der eigenen Position herangezogen wird. Ideologisch ist das (angeblich) verfehlte Denken und Handeln der anderen, das falsche oder fragwürdige Bewußtsein der Out-Group in Abgrenzung zur vermeintlich richtigen Weltsicht der In-Group. Was die In-Group glaubt, für sich in Anspruch nimmt, für richtig hält, kultiviert und propagiert, kann verbal in der verschiedensten Weise benannt werden – als Politik, Religion, Philosophie, Recht, Ethik, Wissenschaft, alles Mögliche, nur nicht Ideologie. Nach der Devise „Ich sehe die Dinge so, wie sie sind, du nimmst sie durch die verzerrende Optik deiner Doktrin wahr" wird das Phänomen ‚veräußerlicht'. Das Wissen um den richtigen Kurs wird für das eigene Denken reklamiert, die Ursachen für Abweichungen und Verirrungen liegen im Denken der anderen.

Der Begriff sollte sich nie mehr von der verfälschten Bedeutung befreien, die Napoleon ihm übergestülpt hatte, und so ist er, obwohl in der Gesellschaft nach wie vor eine eminente Rolle spielend, heute eher ein plakatives Schimpfwort als ein leistungsfähiges Konzept. Die Etablierung des solchermaßen negativ konnotierten Begriffs führte Napoleon später sogar dazu, sich als sein Erfinder auszugeben, obwohl er den Begriff nur in bestimmter Weise popularisiert hatte. Ideologen waren für ihn schlechthin Leute, die weltferne, theoretische Konzepte ausbrüteten, welche den ernsten Belangen des politischen Lebens und den Geboten des nationalen Interesses nicht gerecht wurden. Ideologen waren politische Gedankenfeinde, weltanschaulich Irregeleitete, gesellschaftlich Verblendete oder – salopp ausgedrückt – Spinner.

Doch dabei sollte es nicht bleiben. Zwar erholte sich die Schule der Ideologen nie von der erfahrenen Herabwürdigung, und ihre Wissenschaft von der Ideenbildung ist heute nur noch von historischem Interesse, aber Jahrzehnte später griff Karl Marx das Konzept auf und gab ihm seine eigene gesellschaftspolitische Bedeutung – immer noch im Sinne eines „falschen" Bewußtseins, aber philosophisch nun sehr viel intelligenter begründet als bei Bonaparte und politisch sehr viel anspruchsvoller definiert.

Marx löste das Phänomen (die Falschheit, die man bis dahin mit heidnischem Glauben oder philosophischen Irrlehren in Verbindung gebracht hatte) aus seiner Verflechtung mit metaphysischen Vorstellungen und bezog es auf die Differenz von Sein und Bewußtsein, materieller Wirklichkeit und ideeller Transformation. Hatte das Bewußtsein ursprünglich die Sanktion des Wahren und Wirklichen in Gott oder in den in reiner Kontemplation zu erfassenden Ideen gesucht, so tritt jetzt als Kriterium des Wirklichen die politökonomische Praxis der Gesellschaft in den Vordergrund. Man muß – nach Marx – die Ideenhaftigkeit des Denkens als solche, d. h. den *intentionalen* Sinn des Gedachten außerhalb seiner unmittelbar realitätsbezogenen Bedeutung, prüfen, um damit das Sein vom Bewußtsein unterscheiden und eventuell bestehende Widersprüche aufdecken zu können. Der Mensch muß sich durch geschichtlich-politische Aufklärung instand setzen, Ideen zu beurteilen, die falsch, da realitätsunangemessen oder unwahrhaftig sind, nicht weil diese seinem eigenen Weltbild widersprechen – dies war Napoleons persönliches Problem –, sondern weil sie objektiv bestimmbare Widersprüche zwischen dem vorgegebenen Sein und dem davon gebildeten Bewußtsein erzeugen. In der politischen Praxis muß der Mensch auf die Gedanken, Theorien, Philosophien anderer Menschen oder -gruppen achten, bei denen Argwohn angezeigt ist, weil sich ihre Denkweise in einem bestimmten Sinne als unlauter oder unwahr entlarven läßt. Dies nicht unbedingt, weil die Inhalte selbst verdammenswert wären, ihre zum Ausdruck kommende Weltanschauung ganz und gar irrig erschiene, sondern weil darin eine motivationale Täuschung wahrnehmbar ist, eine bewußte oder unbewußte Verhüllung eines Tatbestandes, dessen wahre Erkenntnis nicht im Interesse des anderen liegt. Bei gründlicher Prüfung erhellt, daß die Inhalte nicht (oder nicht nur) das bedeuten, was sie vorgeben zu bedeuten, sondern etwas verschleiern, was vor oder jenseits der Bedeutung liegt und unausgesprochen bleibt. Die manifeste Botschaft und das latente Motiv zur Verbreitung der Botschaft stimmen nicht überein. Eine das falsche Bewußtsein begründende Duplizität schleicht sich ein; eine Art Doppelmoral kommt ins Spiel. Der Ideenträger deklariert eine bestimmte Weltsicht für wahr oder richtig oder notwendig, deren Wahrheit (usw.) nicht vom offenen Bemühen um die Sache, sondern vom kaschierten Wissen um den eigenen Vorteil in der Sache geleitet ist. Ist der eigene Vorteil bewußt, läuft die Deklaration in der Behauptung reiner Wahrheit auf Lüge hinaus. Ist er nicht bewußt oder nur halbbewußt, handelt es sich eher um Verschleierung. Jedenfalls beginnt mit solcher Deformation die Ideologie.

Allerdings muß das falsche Bewußtsein auf die geschichtlich-gesellschaftliche Situation ihrer jeweiligen Träger bezogen und in ihrer politischen Funktion analysiert werden. Nach Marx genügt es nicht, bestimmte Ansichten als irgendwie falsch oder verlogen zu empfinden, sondern die Falschheit muß als Funktion einer sozialen oder politischen Lagerung nachweisbar sein. Sie ist klassen- und interessenabhängig. Deutungen der Wirklichkeit stehen nur dann unter Ideologieverdacht, wenn sie der Rechtfertigung und Durchsetzung von Interessen dienen, die von Außenstehenden als inadäquat, ungerechtfertigt oder nen, die von Außenstehenden als inadäquat, ungerechtfertigt oder fragwürdig und insofern als falsch angesehen werden; mit anderen Worten: wenn sie dem begründeten Verdacht unzulässiger Machtansprüche ausgesetzt sind. Die Funktionalisierung der ideologischen Interessenlage (aus der Außenperspektive) kommt in der berühmten Definition zum Ausdruck, die Marx von der bürgerlichen Ideologie gegeben hat. Seine Kritik richtet sich dabei gegen die „Mystifikationen", gegen das idealistisch-illusionistische Denken, welches verschleiert, daß die herrschenden Gedanken die Gedanken der Herrschenden sind. Diese entstammen mitnichten dem Universum freier Ideen, sondern der Welt handfester ökonomischer Interessen. Die Bourgeoisie gründet ihre Herrschaft auf Ideen, deren Gültigkeit sie unbefragt aus dem reinen Denken ableitet, ohne zu erkennen, daß ihre Grundlage in Wirklichkeit von der materiellen Verteilung der Macht gebildet wird. Sie ignoriert oder verkennt, daß ihr Bewußtsein vom Sein bestimmt wird, und insofern ist ihr Bewußtsein falsch:

Die Ideologie ist ein Prozeß, der zwar mit Bewußtsein vom sogenannten Denker vollzogen wird, aber mit einem falschen Bewußtsein. Die eigentlichen Triebkräfte, die ihn bewegen, bleiben ihm unbekannt; sonst wäre es eben kein ideologischer Prozeß. Er imaginiert sich also falsche respektive scheinbare Triebkräfte. Weil es ein Denkprozeß ist, leitet er seinen Inhalt wie seine Form aus dem reinen Denken ab, entweder seinem eigenen oder dem seiner Vorgänger. Er arbeitet mit bloßem Gedankenmaterial, das er unbesehen als durchs Denken erzeugt hinnimmt und sonst nicht weiter auf einen entfernteren, vom Denken unabhängigen Ursprung untersucht, und zwar ist ihm dies selbstverständlich, da ihm alles Handeln, weil durchs Denken *vermittelt*, auch in letzter Instanz im Denken *begründet* erscheint.[454]

„Sein" bedeutet für Marx (im weiteren Sinne) die materielle Welt, (im engeren Sinne) das ökonomische System und die politische Praxis, „Bewußtsein" das durch beide bedingte Denken des Menschen. Er kehrt damit die Prämissen hergebrachter metaphysischer Systeme, insbesondere die Philosophie Hegels, im Verhältnis von primär Gegebenem und sekundär Konzipiertem um. Die bürgerliche Gesellschaft konstituiert eine falsch organisierte Praxis, und diese führt zu einem falschen Bewußtsein der Menschen und damit zu falschen Fixierungen in Wirtschaft, Politik, Kultur und Wissenschaft. Das wahre Interesse der Menschheit liegt in der Schaffung einer konfliktfrei-klassenlosen Gesellschaft, denn dies ist die dialektisch vorgezeichnete Bewegung der Geschichte, doch das falsche Bewußtsein der bürgerlichen Gesellschaft macht ihre Mitglieder gegenüber dieser Wahrheit blind. Ironischerweise ist es dann die Ausformulierung dieser Position zu einem weltanschaulichen System mit universalem Anspruch, die den Marxismus, der sich selbst als wahr setzt, für Nicht-Marxisten unwahr, also ideologisch macht. So kommt es zum Wettbewerb von Innen und Außen und zur historischen Erfahrung, daß Ideologien einander mit Worten (nicht selten auch mit Waffen) bekämpfen. Wie immer man zum marxistischen Wahrheitsanspruch steht – bleibendes Verdienst von Karl Marx ist die kritische Analyse einer Denkweise, die auf politischer Verblendung infolge verschleierter oder unerkannter Motive beruht. Denn solche Verblendung begegnet uns auch dort, wo überhaupt keine Marxisten und deren „Klassenfeinde" zur Debatte stehen. Sie ist ein verbreitetes psychopolitisches Phänomen, das nicht an bestimmte Doktrinen gebunden, sondern von Bewußtseinsprozessen abhängig ist. Deshalb wurde der Begriff von anderen Denkern aufgegriffen, anderen Denkweisen und Umständen angepaßt und fast bis zur Unkenntlichkeit umdefiniert. Terry Eagleton hat bei der Analyse dieses veritablen ‚Chamäleons' unter den gesellschaftswissenschaftlichen Begriffen jüngst 16 (!) verschiedene Verwendungen gezählt.[455] Doch welch verwirrende Begriffsvielfalt heute auch besteht, herausschälen läßt sich ein Bedeutungskern, der auf das Innere des Menschen verweist:

Ideologiehaltiges Denken und Handeln schreiben wir Menschen oder Institutionen zu, deren Ideen darauf abzielen, die Welt nach ihrem Bilde zu deuten und zu ihrem Vorteil zu formen, die diese Intention aber kaschieren. Die Welt zu eigenem Vorteil formen heißt, da die Welt sich nicht *uni*-formieren läßt, sie auf Kosten oder gegen den Willen anderer formen – anderer Individuen, anderer Gruppen, anderer Völker. Und damit kommt unvermeidbar das Konfliktpotential von Ideologien ins Spiel; denn ihre Verkündigung und Durchsetzung muß mit dem Widerstand derjenigen rechnen, die das transportierte Weltbild ablehnen, entweder weil sie den begründeten Argwohn hegen, daß der Vorteil der anderen ihr eigener Nachteil sein könnte, oder weil sie merken, daß ein konkurrierendes System ihrem eigenen die Vorherrschaft streitig macht. Während also die eine Partei versucht, ihre Weltanschauung zu legitimieren, unternimmt es die andere, diese zu diskreditieren, d. h. als Ideologie bloßzulegen.

Der Legitimationsprozeß umfaßt typische, geschichtlich wiederkehrende Strategien, die einzeln oder in Kombination der Sicherung von Dogmen und Positionen dienen, zum Beispiel :
- Legitimierung der herrschenden Klasse/Gruppe/Institution durch Propagierung ihrer Überlegenheit oder Auserwähltheit;
- Universalisierung von Meinungen/Deutungen/Überzeugungen, um sie unangreifbar zu machen;
- Aufbau eines Kommunikations- und Indoktrinationssystems zum Zweck der öffentlichen Überzeugungsarbeit;

---

454 Zit. nach Klaus u. Buhr (1972), S. 504–505.
455 Eagleton (1993), S. 7–8.

- Verunglimpfung konkurrierender Überzeugungen und Verfolgung/Unterdrückung ihrer Vertreter (oft unter Ausübung oder Androhung von Gewalt);
- Ausschluß rivalisierender Denkansätze (vorzugsweise unter Berufung auf ‚höheres' Wissen);
- Umdeutung und Verfälschung gesellschaftlicher Realitäten und historischer Prozesse in ideologiekonformer Weise;
- Mystifizierung/Heroisierung/Glorifizierung von Ideologieträgern, denen man Überlegenheit, Unfehlbarkeit, Weisheit oder andere charismatische Qualitäten zuschreibt.[456]

Umgekehrt streben die Kritiker danach, die gedankliche Basis eben solcher Strategien dadurch zu erschüttern, daß sie Egoismen kritisieren, Denkfehler analysieren, Widersprüche enthüllen, Willkürakte feststellen, Intoleranz anprangern, Täuschungsmanöver aufdecken – eben das Falsche am falschen Bewußtsein sichtbar machen. Menschen werden dadurch zu Ideologen, daß es Kritiker gibt, die sie als Ideologen entlarven. Beide Parteien begegnen sich auf dem Feld politischer Auseinandersetzungen – nicht unbedingt im Parlament oder auf Versammlungsplätzen, sondern auch in der Familie, am Arbeitsplatz, im Parteienwahlkampf, in der Tagespressse, der Berufsorganisation o. a. – und streiten um die Macht. Mögen sie sich dessen bewußt sein oder nicht, ihr Interessenkonflikt ist wesentlich ein Machtkonflikt; ihre Auseinandersetzung zielt auf die Ausübung bzw. Herausforderung von Herrschaft, die von Ideen ebenso wie die von Personen, von Einrichtungen ebenso wie von Organisationen.

Allerdings ist Macht nicht gleich Ideologie. Wir müssen grundsätzlich differenzieren und den legitimen vom illegitimen Aspekt der Macht trennen: Macht im Verein mit Vernunft und Konsens ergibt legitime Macht als erworbene oder delegierte Autorität. Sofern sie sich nicht korrumpieren läßt, ist legitime Autorität über den Ideologieverdacht erhaben. Macht als legitime Autorität ist notwendig, will eine Gesellschaft nicht im Chaos unentscheidbarer Machtkämpfe versinken. Insofern ist die Ausstattung gesellschaftlicher Instanzen mit Autorität und daraus abgeleiteter Macht unvermeidbar und vertretbar. Aber Macht ohne (oder mit erzwungener) Legitimierung mündet in ideologieanfällige Macht als affektgeleitetes Streben nach Herrschaft.[457] Unter allen denk- und beobachtbaren Beweggründen, die Ideologen auf der sekundären Ebene motivieren (Sicherung von Einfluß, Ruhm, Prestige, Reichtum, Überlegenheit etc.) oder auf der tertiä-

---

456 Die wirklichkeitsverändernde und –verfälschende Wirkung solcher Strategien ist wahrscheinlich nirgendwo so drastisch entlarvend beschrieben worden wie in George Orwells Satiren *1984* und *Animal Farm*.
457 Allerdings gibt es hier eine machiavellistische Grauzone, in der Staatsräson und Opportunität die Prinzipien politischer Ethik (vorübergehend) außer Kraft setzen, wie es auch Personen gibt, die der Verlockung der Macht nur temporär unterliegen.

ren Ebene aktiv werden lassen (Stiftung von Wert- und Moralkodizes, Ordnungs- und Rechtssystemen, Glaubens- und Verhaltensregeln etc.) finden wir den Faktor der Macht auf der primären Ebene, denn dieser stellt die eigentliche Triebfeder des Denkens und Handelns in ideologischen Auseinandersetzungen dar. Bei allen Transformationen des Wirklichen, die von Individuen oder Gruppen politisch initiiert werden, sind wir prinzipiell berechtigt, argwöhnisch zu sein, denn es könnte sein, daß sich hinter wohlmeinenden Parolen und vernünftig erscheinenden Gedanken selbstsüchtige Motive verbergen.

Terry Eagleton macht hier auf eine zunächst schwer verständliche Besonderheit aufmerksam, wenn er feststellt: „Es ist Ideologie, was Menschen von Zeit zu Zeit dazu bringt, einander für Götter oder Ungeziefer zu halten. Man kann nur zu gut verstehen, daß Menschen aus materiellen Gründen kämpfen und morden – Gründe, die z.B. mit ihrem physischen Überleben verknüpft sind. Schwieriger ist es jedoch zu verstehen, warum sie dies auch im Namen von etwas so Abstraktem wie Ideen tun. Und doch sind es Ideen, für die Menschen leben und manchmal auch sterben."[458] Schwer verständlich ist dies nur, solange man die „abstrakten" Ideen als solche betrachtet und sie von ihren affektiven Wurzeln abschneidet; das heißt, solange man die hierarchisch strukturierte Stufenleiter menschlicher Lebensäußerungen (vom Instinkthaften zum Spirituellen, vom Unbewußten zum Bewußten) ignoriert und das Streben nach Macht als machtvollen Motivator auf der untersten Stufe unberücksichtigt läßt. Verständlich wird es, sobald man die hierarchischen Abhängigkeiten herstellt und erkennt: *Macht verhält sich zu Ideologie wie affektiver Impuls zu kognitiver Rechtfertigung.* Macht ist das seelische Fundament zum gedanklichen Gebäude der Ideologie. Sie kann sich ihren Weg bis in alle Bereiche des Denkens, der Sprache, der Kunst, der Erziehung, der Moral, des Rechts, des Wissens und natürlich der Politik bahnen. Sie stellt eine große Versuchung dar, weil damit zahlreiche äußere Verlockungen korrespondieren, Verlockungen, die – nach Erfüllung – vielen Menschen innere Befriedigung bieten. Die Prozesse laufen so, daß primäre Impulse aus dem sub- oder prärationalen Bereich auf eine höhere, sekundäre Ebene gelangen, wo sie – rationalisiert – als Ideen, Absichten, Pläne, Maßnahmen auftreten. Sie arbeiten damit im Dienst eines im Kopf geformten Weltbilds oder Realitätsmodells, dessen Umsetzung deshalb als dringlich wünschbar erscheint, weil es von Affekten getrieben wird. Die Bilder oder Modelle zielen auf die Regelung der sozialen, politischen, wirtschaftlichen und religiösen Belange der Menschen, deren Institutionen und Organisationen, die so geprägt werden sollen, daß sie den Modellen möglichst exakt entsprechen, also dem waltenden Machtwillen gefügig sind. Erfolgreich ein- und durchgesetzte Ideolo-

---

458 Eagleton (1993), S. 3.

gie ist deshalb stets eine Form der Unterdrückung, selbst wenn dies von den Unterdrückten nicht empfunden wird. Wie Eagleton bemerkt: „Am effizientesten ist der Unterdrücker, der seine Untergebenen dazu überredet, seine Macht zu lieben, zu begehren und sich mit ihr zu identifizieren."[459]

Es ist sehr wahrscheinlich, daß das Machtstreben einen Urtrieb des Menschen darstellt, wenngleich der psychogenetische Sachverhalt umstritten ist und das Vokabular, das von Psychologen und Anthropologen zur Bestimmung des Phänomens eingesetzt wird, variiert und wechselnd von Machttrieb, Geltungsstreben, Ego-Dominanz, Allmachtswahn, Antriebserleben u. a. die Rede ist. Sigmund Freud leitet diese Strebung aus einer angemaßten „Allmacht der Gedanken" ab, einer archaischen Disposition, die den Menschen animistischer Geistesverfassung der Frühzeit charakterisiert. Es handelt sich um einen auf Selbstüberschätzung basierenden Wahn, der seine seelische Wurzel im praktischen Bedürfnis hat, sich der Welt zu bemächtigen. Sein frühestes Instrumentarium ist die Magie. Doch seine späten Spuren können wir heute noch entdecken, wenn im infantilen Gemüt oder in der Gedankenwelt der Zwangsneurotiker Wunsch und Wille mit sozialer Wirklichkeit verwechselt wird: „Es entsteht ... eine allgemeine Überschätzung der seelischen Vorgänge, das heißt, die Einstellung zur Welt, welche uns nach unseren Einsichten in die Beziehung von Realität und Denken als solche Überschätzung des letzteren erscheinen muß. Die Dinge treten gegen deren Vorstellungen zurück; was mit den letzteren vorgenommen wird, muß sich auch an den ersteren ereignen."[460] Daß Macht Grenzen hat, daß Omnipotenz-Wünsche notwendig an naturgesetzlichen und sozialen Gegebenheiten scheitern, ist – evolutionspsychologisch – eine relativ späte Einsicht. So manchem Politiker, Wissenschaftler und Wirtschaftsboß fehlt sie heute noch.

Alfred Adler universalisiert die auf Macht gerichtete Geistesverfassung: für ihn ist das Streben nach Macht ein dominantes Motiv aller Menschen, eine seelische Bewegung, die auf Herstellung eines Gefühls von Überlegenheit zielt und in dieser Strebung eine "natürliche Expansionstendenz des Ichs" erkennen läßt. Adler findet gewichtige literarisch-philosophische Zeugen in Nietzsche und Dostojewski, die ihm zur kulturellen Erweiterung seiner klinischen Beobachtungen dienen. Aber die psychostrukturelle Basis des Machtriebs ist auch für ihn am deutlichsten bei Kindern und Neurotikern ausgeprägt: „Wer sich den Blick angeeignet hat, in der Seele der Kinder zu lesen, der wird bemerken, daß sie eine außerordentliche Gier nach Macht und Geltung, nach erhöhtem Selbstbewußtsein haben...."[461] Und: „Der Zweck der Kampfstellung [des Neurotikers gegen

---

459 Eagleton., S. 3.
460 Freud (1940), *G.W.* Bd. 11, S. 105.
461 Adler (1984), S. 329.

die Umwelt] ist die Eroberung von Macht und Geltung – das Ziel: ein mit kindlicher Unfähigkeit und Überschätzung aufgebautes Ideal der Überlegenheit, dessen Erfüllung Kompensationen und Überkompensationen ganz allgemeiner Art bietet... ."[462] Ist die (infantile) Erfahrung der eigenen Ohnmacht im Individuum besonders stark, kann das Machtstreben durch Überkompensation pathologische Formen annehmen, in Monomanie, Aggression und Tyrannei umschlagen. Ist die Position des Individuums in Familie und Gesellschaft relativ gesichert, schwächt sich das Streben ab und ‚sozialisiert' sich. Gesteigertes Machtstreben geht mit vermindertem Gemeinschaftsgefühl einher und umgekehrt.

Wir können hier nicht sämtliche Theoretiker der Macht auftreten lassen. Doch ob triebgesteuert oder anders motiviert – das Interesse an Macht, ihrer Aneignung und Ausübung in der Humangesellschaft, setzen von Niccolo Machiavelli bis Michel Foucault alle Theoretiker voraus, wobei allerdings die „monothematischen" Erörterungen der frühen Theoretiker (Macht als dynamischer Generalfaktor) inzwischen ersetzt worden sind durch die „polythematischen" Diskussionen in der heutigen Motivationspsychologie (Macht verflochten mit anderen Motiven; der Mensch als „Motivbündel"). Doch unverändert gilt: Machtmenschen sind Individuen mit aufgeblähtem Ego, Repräsentanten einer Arroganz, in der das notwendige und gesunde Selbstwertgefühl zur gefährlichen Selbstübersteigerung entartet ist. Eben dies unterscheidet sie von Menschen, denen Autorität auf legale Weise übertragen wurde und die die darin liegende Macht verantwortungsbewußt nutzen.

Machtmenschen bedeutet die Durchsetzung eigener Vorstellungen mehr als die Verantwortung gegenüber ihren Mitmenschen, auch wenn sie charakteristischerweise das eine mit dem anderen verwechseln und so tun, als sei ihr persönliches Interesse ausschließlich geleitet von Besorgnis um das öffentliche Wohl. Nichts wäre verkehrter, als das pfauenhaft gespreizte Ego eines Machtmenschen unbesehen mit Charisma oder Größe gleichzusetzen; denn wahre Größe dürfte eher eine Form der Weisheit und Charakterstärke als eine Funktion der Fülle an Macht sein. Vielfach haben wir es nur mit einer sozialen Maske zu tun, die Gefühle der Minderwertigkeit hinter einem Gehabe von Überlegenheit verbirgt, so daß demonstrierte Stärke als Symptom kaschierter Schwäche entlarvbar ist. Tief im Innern sind Machtmenschen oftmals infantil, schwach und hilflos, weil Teile ihres Egos auf einer Entwicklungsstufe stehengeblieben sind, die von der Natur nicht als Dauerzustand gedacht ist. Die Entwicklung gesunder Autonomie ist ihnen mißlungen (oder wurde ihnen verwehrt), so daß sich ihre psychischen Energien umlenken und ihre Phantasien und Pläne der Kompensation von Defiziten dienen. Dabei kommen ihnen die sozialen und moralischen Maßstäbe ab-

---

462 Ebd., S. 43.

handen: „Macht korrumpiert", wußte John Acton of Aldenham, „und absolute Macht korrumpiert absolut." Untersucht man unter diesem Aspekt die Biographien der großen Despoten und Cäsaren der Weltgeschichte, findet man mannigfache Bestätigung. Dionysius I., Nero, Caligula, Dschingis Khan, Torquemada, Attila, Iwan IV. (genannt „der Schreckliche"), Cromwell, Robespierre und natürlich Napoleon kommen aus der Vergangenheit in den Sinn. Im 20. Jahrhundert sind es Tyrannen wie Hitler, Mussolini, Stalin, Marcos, Pinochet, Saddam Hussein, Milosevic, welche die selbstgeschaffenen Ikonen der Macht darstellen. Aus ihrer Unfähigkeit zu Solidarität und Moralität erwächst die Leidenschaft, das Leben anderer zu kontrollieren und, im Extremfall, zu vernichten. Und aus ihrem Rechtfertigungsdrang entsteht die ‚Notwendigkeit', ihr Herrschaftssystem durch eine darauf zugeschnittene Ideologie abzusichern.

Über Robespierre zum Beispiel liegt eine gut dokumentierte Studie von Hans von Hentig vor, deren signifikanter Untertitel „Studien zur Psycho-Pathologie des Machttriebes"[463] auf so manchen anderen Potentaten anwendbar wäre. Maximilien de Robespierre, ein Advokat aus Arras, spielte eine Schlüsselrolle bei der Französischen Revolution. Im Club der Jakobiner, dem republikanischen Stoßtrupp der Revolutionäre, stieg er zu Macht und Ansehen auf und betrieb 1792 die Absetzung und Hinrichtung König Ludwigs XVI. Er initiierte die berüchtigte Schreckensherrschaft als Mittel zur Überwindung der Krise und griff zu zunehmend brutalen Mitteln des Terrors, um seine Ziele, die Herrschaft des Dritten Standes, durchzusetzen. Bald genoß er die Macht eines unumschränkten Diktators. In einer selbstgestrickten Legende bezeichnete er sich als den „Unbestechlichen", dazu vorherbestimmt, die verlotterten Sitten der Oberschicht auszumerzen und das korrupte politische System zu sanieren. Es ging ihm darum, den verhaßten Adel mit Stumpf und Stil auszurotten und, koste was es wolle, dem Volk Moral und Tugend beizubringen. Revolutionstribunal und Guillotine waren seine gefürchteten Waffen. Von Hentig vertritt die These, daß all seine dramatischen Inszenierungen, politischen Rechtfertigungen und rhetorischen Anstrengungen der Kompensation körperlicher und seelischer Defizite dienten, daß er an Komplexen mit „Wurzeln im dunkelsten Trieblebleben" litt, die er schmerzlich spürte, aber zu verarbeiten nicht in der Lage war. Aus verwundetem Selbstgefühl wegen „defekter" Sexualiät entsprang giftiger Haß:

Dem eigenen Defektbewußtsein entspringt bei gewissen Individuen ein Geltungsdrang vehementester Art. Auch Wehtun ist als eine Erscheinung dieser Selbstbetonung anzusehen. Diese Menschen wollen sich wiederfinden in der Einwirkung auf andere, im Wehtun wie im Wohltun. [...] Dieser krankhafte

---

[463] Hentig (1924).

Geltungsdrang lag auch Robespierres Wesen zugrunde, wühlte in ihm, und suchte Nahrung in den äußeren Geschehnissen. Robespierres in Arras und in den ersten Jahren des parlamentarischen Lebens angestoßene, reizbare, gedemütigte Schwäche war nicht imstande, durch eine große positive Leistung seine politischen oder menschlichen Konkurrenten zu schlagen, und damit sein hungerndes Selbstgefühl zu füttern und aufzurichten. Diese Schwäche, die verdoppelt wurde durch das deutliche Gefühl, schwach zu sein, war wie gemacht für Zeiten der Verbitterung, der Rache, des Hasses, des Wehtuns. Jetzt in den Stürmen der Revolution konnte er seinen detraktiven und destruktiven Trieben aus sozialen Gründen, aus „Humanität", freien Lauf lassen. Er konnte aus Liebe zum Volk und zur Menschheit aus lauter edlen Motiven Böses tun. Da paßte er hin.[464]

Mit inquisitorischer Unerbittlichkeit und diabolischer Raffinesse ging der Diktator gegen seine Opponenten vor. Aber bald schlug das Pendel zurück: Je mächtiger er wurde und je höher er kletterte, um so zahlreicher schienen die Feinde um ihn herum aus dem Boden zu wachsen. Je mehr seiner Gegner aufs Schafott stiegen, umso schneller wuchsen die Köpfe der Hydra nach. Um seine politische Position zu sichern, mußte er sich an das System einer zunehmend tyrannischen Herrschaft klammern. Um seine eigene Macht zu behaupten, mußte er konkurrierende Macht brechen. Um selbst zu überleben, mußte er andere töten. Dieser zerstörerische Zirkel machte ihn zunehmend blind. Schließlich manövrierte er sich in einen Strudel der Gewalt hinein, der darin bestand, Rachsucht zu erregen, um Rachsucht zu befriedigen, Mordlust aufzustacheln, um Mordlust zu stillen – bis die Geister, die er gerufen hatte, über ihn selbst herfielen und ihn vernichteten:

Er hatte das Volk gelehrt, überall nach Tyrannen zu suchen. Jetzt war er der Tyrann. Wie Luther eines Tages der Wittenbergische Papst gescholten wurde, so war er der überall gesuchte Verschwörer gegen das Wohl des Volkes. Andere enthüllten über ihn ein furchtbares Geheimnis. Die ganze künstliche und verlogene Äußerlichkeit seiner Rhetorik fiel auf ihn zurück. Da sie auf jeden Inhalt paßte und nur eine Reihenfolge von geschickten Tricks gewesen war, konnte man sie mit jedem beliebigen Inhalt füllen wie alles, was nur Technik und Schablone ist. Alle aufgewühlte Furcht, die Gier, das maßlose Selbstgefühl, selbst das aggressive Mitleid – diesmal mit seinen Opfern –, zu dem er die Masse dressiert hatte, standen gegen ihn und wurden von seinen Feinden mit der gleichen mechanischen Leichtigkeit gehandhabt, wie einstmals von ihm. Er hatte bisher eine Bestie gezüchtet und auf andere gehetzt. Jetzt fraß sie ihn.[465]

In Erfüllung eines Schicksals, das fast dem Muster einer Shakespearschen Tragödie entspricht, wurde Robespierre das Opfer seines selbstherrlichen Wahns. Das Prinzip der Nemesis, für das er politisch stand, ereilte ihn selbst und vernichtete ihn. Er starb am 28. Juli 1794 durch just jenen Todesapparat, die Guillotine, die er als Terrorinstrument selbst so wirkungsvoll einzusetzen verstanden hatte. Es waren die dramatischen Ereignisse um Robespierre, die seeli-

---

464 Ebd., S. 32–33.
465 Hentig (1924), S. 91.

schen Abgründe dieses Menschen und die destruktiven Konsequenzen seines politischen Terrors, die Destutt de Tracy dazu veranlaßt hatten, nach „Ideologie" als einer erklärenden und präventiven Wissenschaft zu rufen.

Noch augenfälliger, da in ihrer Innen- und Außenwirkung zerstörerischer, war die fatale Verflechtung von Machttrieb, Neurose und Ideologie bei Adolf Hitler. Als Reaktion auf eine Jugend der persönlichen Enttäuschungen und unerfüllten Hoffnungen kehrte Hitler sein depraviertes, frustriertes Innen nach Außen und machte seinen unstillbaren Machthunger zum Ausgangspunkt der Errichtung eines menschenverachtenden Systems, das katastrophal endete. Sein politisches Programm war, psychologisch betrachtet, ein seelisches Kompensationsprogramm. Die Ohnmacht, die er am eigenen Leibe verspürte, projizierte sich in die Allmacht, zu der er Deutschland verhelfen wollte. Dadurch wurde das deutsche Volk symbolisch zur Extension des Hitlerschen Ichs und die Welt zum Experimentierfeld für seinen krankhaften Ehrgeiz. Ganz ähnlich wie bei Robespierre wohnten bei Hitler Minderwertigkeitsgefühl und Größenwahn in einem Schädel zusammen. Es müssen sein geringer Bildungsstand, die provinzielle Herkunft, die unscheinbare Statur in Verbindung mit emotionaler Labilität und weltanschaulicher Unsicherheit gewesen sein, die ihm den Traum von Größe eingaben und ihn dazu brachten, diesen Traum mit fanatischer Konsequenz zu verfolgen. Hitlers exzentrischer Lebenswandel, sein erratisches Verhalten, das messianische Sendungsbewußtsein, das groteske Imponiergehabe, der theatralische Redestil, der unauslöschliche Haß auf „Artfremdes" – all dies gehört zur Symptomatik eines Zukurzgekommenen, der sich in seiner krankhaft gesteigerten Machtgier mit nichts zufrieden gab als einer möglichst sofortigen Befriedigung. Bei Hitler bestand ein groteskes Mißverhältnis zwischen phantasierter Größe und realer Bedeutung. Gleichwohl hielt er sich für ein Genie und glaubte an seine eigene Mission. Es war eine eingebildete, angemaßte, behauptete, zur Schau gestellte Größe, kurzum: es war Größenwahn. Diese Spielart des Wahns ist in sozialer Hinsicht besonders gefährlich, weil er, wie Erich Fromm bemerkt, „die Tendenz zeigt, im Laufe des Lebens des Betroffenen immer schlimmer zu werden. Je mehr der Betreffende versucht, ein Gott zu sein, umso mehr isoliert er sich von allen anderen Menschen; diese Isolation jagt ihm eine wachsende Angst ein, jedermann wird sein Feind, und um der daraus resultierenden Angst Herr zu werden, muß er seine Macht, seine Skrupellosigkeit und seinen Narzißmus weiter verstärken.[466]

Hitlers kranker Geist trieb die faschistische Ideologie als Instrument der Verwirklichung seiner Machtgier aus sich hervor und begann, das Weltgeschehen ausschließlich danach zu deuten, sprich zu ‚vergewaltigen'. Seine Schrift *Mein*

---
[466] Fromm (1994), S. 68–69.

Kampf war die Ankündigung eines auf seinen persönlichen Ehrgeiz zugeschnittenen Programms zur Weltummodelung. Darin läßt sich beobachten, wie Rassenlehre, Gesellschaftsphilosophie, Geschichts- und Menschenbild, Wissenschafts- und Bildungssystem, Sozial- und Militärpolitik, Sprache und Rhetorik sämtlich von *einer* Ideologie infiziert wurden, die unter ihrer pseudo-rationalen Oberfläche eine furchtbare, der ‚Logik' der Macht folgende Verirrung des Denkens erkennen läßt. Die Gesellschaft war für den „Führer" nichts anderes als das große Übungs- und Betätigungsfeld für sein psychopathisches Streben, die Nazi-Ideologie nichts anderes als die politische Formel zur Umsetzung seines fehlgeleiteten Ehrgeizes. Nur daß er wie alle Machtmenschen der introspektiven Fähigkeit entbehrte, diesen Zusammenhang zu durchschauen und kritisch auf sich selbst zu beziehen. Denn ganz wie Robespierre und die meisten machtgierigen Potentaten war Hitler verblendet. Er verkannte sowohl die Schwäche seines Charakters als auch die Destruktivität seiner Weltanschauung. Statt dessen verstand und präsentierte er sich wie ein Prophet, gekommen, um das Volk ins gelobte Land des Nationalsozialismus zu führen – aus der Unordnung in die Ordnung, aus der Ohnmacht zur Macht, aus der Erniedrigung zur Erhöhung. Realitätsblind wie er war, glaubte Hitler an das Unglaubliche – die Weltherrschaft. Seine Ideologie war wesentlich eine Apologie der Macht.

Mithin wird deutlich: Eine Begriffsbestimmung der Ideologie kann überhaupt nicht als phänomenale, inhaltliche Bestimmung vorgenommen werden, sondern nur als Funktionalisierung von Weltdeutungs- und Gedankensystemen, denen verschleiertes Machtstreben und fragwürdig-egoistische Interessen nachgewiesen wird. Die Unfruchtbarkeit der Debatte um den Ideologiebegriff resultiert nicht daraus, daß er zu komplex oder diffus für eine akzeptable Definition wäre, sondern hängt wesentlich mit der Tatsache zusammen, daß die meisten Gelehrten das Konzept inhaltlich zu bestimmen suchen und dann auf die Schwierigkeit stoßen, Ideologie nicht befriedigend von Philosophie, Theorie, Utopie, Religion oder auch nur schlicht von Meinung, Lebensstil oder Weltanschauung abgrenzen zu können. Doch ideologisch sind Bewußtseinsinhalte und deren Ausdrucksform nicht *per se*, sondern als Ergebnis einer politischen oder weltanschaulichen Ortsbestimmung durch Ideologiekritik. Ideologie kann sich prinzipiell in jedes Weltbild einschleichen, das sich für Machtauseinandersetzungen hergibt, wie sie auch prinzipiell vom jedem Kritiker zurückgewiesen werden kann, der, die Machtansprüche durchschauend, sich der Macht verweigert. Die vielen bekannten *-ismen* (Imperialismus, Rassismus, Kommunismus, Kapitalismus, Klerikalismus, Faschismus, Szientismus etc.), die alltagssprachlich Ideologien kenntlich machen, sind nicht deshalb als solche kenntlich, weil sie bestimmte, mehr oder minder scharf definierte Weltbilder transportieren, sondern weil sie über die

Bilder Argwohn erweckende Herrschaftsansprüche durchzusetzen versuchen, ganz gleich, auf welchem Wege dies geschieht. Zum Beispiel: Läßt sich das biblische Welt- und Menschenbild, wie es im Neuen Testament (mit seinen Appellen an Friedfertigkeit, Versöhnungsbereitschaft, Vergebungswilligkeit) verkündet wird, als weitgehend unideologisch auffassen, ändert sich das Bild in dem Moment, da der Klerikalismus eine Doktrin daraus macht, die offensiv und mit Alleinvertretungsanspruch durchgesetzt wird (Stichwörter: Aufruf zu Kreuzzügen, Vernichtung von „Ketzern" und „Glaubensfeinden", gewaltsame Bekehrung von "Heiden", Unterordnung des „schwachen Geschlechts"). Hier schlägt die „Frohe Botschaft" in eine Ideologie um, die ihr ursprünglich nicht innewohnt. Sie wird – institutionell untermauert – als richtig, maßgeblich, vorbildlich, wahr, allein seligmachend ausgegeben und mehr oder minder militant durchgesetzt. Sie scheut selbst vor übelsten Verbrechen nicht zurück.467

Eine prägnante, in diesem Sinne gegebene Definition stammt von dem Philosophen Karl Jaspers. Er schreibt: „Ideologie heißt ein Gedanken- oder Vorstellungskomplex, der sich dem Denkenden zur Deutung der Welt und seiner Situation in ihr als absolute Wahrheit darstellt, jedoch so, daß er damit eine Selbsttäuschung vollzieht zur Rechtfertigung, zur Verschleierung, zum Ausweichen, in irgendeinem Sinne zu seinem gegenwärtigen Vorteil."468 Der Begriff definiert also keinen Bewußtseinsinhalt oder -gegenstand, sondern bezeichnet eher die Relation zu einem solchen. Ideologie ist sozusagen das Licht, das aus einem bestimmten Blickwinkel, mit bestimmter Farbgebung auf den Gegenstand geworfen wird und dessen Erscheinungsbild verändert, es als selbstsüchtig und machtbesessen entlarvt. Ideologie ist, so ließe sich sagen, *beanspruchte Macht hinter der Larve behaupteter Wahrheit*. Oder: *Ideologie ist die politische Formel für Gier nach Herrschaft unter dem Deckmantel einer als natürlich oder gottgewollt oder optimal ausgegebenen Ordnung.*

Seit Karl Marx sind die motivierenden Kräfte der Ideologie nicht mehr Ideen *qua* Ideen, sondern Ideen als Träger unerklärter Absichten, deren Ziel die Selbsterhöhung, der Macht- und Prestigegewinn darstellt. Doch jenseits von Marx kann die Ideologie heute nicht mehr ausschließlich auf das Bürgertum und dessen „falsches" Bewußtsein bezogen werden, sondern muß auf alle Weltdeutungssysteme angewandt werden, die motivational den Machttrieb ihrer Vertreter befriedigen – ganz gleich, ob in der hohen Politik oder in alltäglichen Disputen, die nur entfernt politisch sind. Dies heißt nichts anderes, als daß es nicht unbedingt der vom Machttrieb verführten Despoten bedarf, um das Phänomen

---
467 Siehe Deschner (1986 ff.).
468 Jaspers (1949), S. 169.

zu veranschaulichen. Es bedarf auch nicht irgendwelcher Programm- oder Kampfschriften, um Ideologien aufzupropfen und durchzusetzen. Traditionen und Konventionen, Überzeugungen und Meinungen genügen. Wer den Blick dafür geschärft hat, vermag fast jeden Tag um sich herum Ideologien und ideologisch infizierte Menschen zu entdecken, die den Konnex von primärem Trieb und sekundärer Rechtfertigung erkennen lassen. Dies auch dann, wenn es um ‚normal' erscheinende Meinungsverschiedenheiten geht, die weit von Terror, Unterdrückung, Militanz und Gewalt entfernt sind. Ideologische Auseinandersetzungen können sich relativ undramatisch, ja fast unbemerkt vollziehen. In der jüngeren Geschichte hat diesbezüglich eine bedeutsame Verlagerung stattgefunden: von den militärpolitisch begründeten Ideologien der Großmächte zur Zeit des Kalten Krieges zu einem wirtschaftlich ausgerichteten Konkurrenzkampf der Großkonzerne im Zuge der Globalisierung. Hier mag die Ideologie sowohl versteckter als auch humaner auftreten als ehedem, gleichwohl ist sie für den kritischen Blick erkennbar.

Es gibt unauffällige Ideologien des Alltags, die nicht auf die einschüchternd großen politischen Formeln Imperialismus, Kommunismus, Faschismus oder ähnlich geartete *-ismen* zu bringen sind. Machtausübung ist nicht auf Guillotine und Schwert angewiesen, sondern stellt ein das gesellschaftliche Leben durchdringendes Netz von Kräften dar, das unsere kleinsten Gesten und intimsten Äußerungen durchzieht. Macht ist als etwas zu denken, das auch unsere persönlichen Beziehungen und täglichen Verrichtungen prägen kann – nicht im Sinne einer wolkig-mysteriösen Allgegenwärtigkeit, sondern als Ausdruck einer konkret gegebenen Verteilung von Rollen und den damit unreflektiert wahrgenommenen Herrschaftsansprüchen. Sie kann in der Argumentationsweise liegen, derer wir uns bedienen, der Gestik und Mimik, die wir einsetzen, dem Umgangstil, den wir in Ehe, Familie und Gesellschaft pflegen, der Position, die wir im Beruf behaupten, den Konventionen, die wir praktizieren, dem Wertsystem, das wir verinnerlicht haben, der Religion, zu der wir uns bekennen usw. Zudem gibt es eine strukturell gefügte Macht der Institutionen, die sich unbemerkt entfaltet, weil sie büro-und technokratisch Fakten schafft, die wir schlicht als unveränderbar gegeben hinnehmen, auch wenn diese grundsätzlich veränderbar sind. Die von Michel Foucault so genannten „Dispositive der Macht"[469] beggenen überall. Wie Wasser einen Schwamm, so kann Macht jedes soziale Gefüge infiltrieren.

Aber: Trotz der Möglichkeit sehr subtiler, kaum merklicher Anwesenheit ideologischer Elemente im Leben, ist Ideologie – zum Glück – nicht omnipräsent. Nicht all unser Denken und Tun ist notwendig ideologisch, nicht jeder Mensch ist ein Ideologe. Es gibt herrschaftsneutrale Ideen und Verhältnisse, und

---

[469] Foucault (1978).

es gibt an Macht desinteressierte Individuen. Hatte Friedrich Nietzsche auch geglaubt, den „Willen zur Macht" in allen Deutungssystemen der abendländisch-bürgerlichen Gesellschaft (in Religion und Wissenschaft, in Recht und Moral) als Ausdruck von „schwachen" Menschen aufgespürt zu haben,[470] so hält seine Metaphysik keiner aktuellen psychologischen Prüfung stand. Es gibt Weltdeutungsentwürfe, die selbst von den versiertesten Ideologiekritikern nicht der Ideologiehaltigkeit überführt werden können. Aus Religion, Philosophie, Pädagogik, Kunst und Wissenschaft ließen sich dafür Beispiele nennen. Es kommt auf den Kontext und die geltenden Übereinküfte an. Eagleton bemerkt: „Ein Ehekrach am Frühstückstisch, der darum kreist, daß der Toast diese groteske schwarze Farbe angenommen hat, muß nicht unbedingt ideologisch sein. Er kann es jedoch werden, wenn die Machtverhältnisse zwischen den Geschlechtern oder Geschlechterrollen in den Streit mit hineinspielen."[471] Das ist gut beobachtet. Und zwar dürfte der Streit so lange unideologisch sein, wie die Beteiligten zwar schimpfen, aber ein Versehen anerkennen, das aus Unaufmerksamkeit eben passieren kann – *jedem* passieren kann. Er dürfte sich in dem Fall jedoch ideologisch aufladen, da eine spitze Bemerkung fiele wie: „Typisch – Frauen arbeiten so schusselig, daß sie nicht einmal genießbaren Toast rösten können." Dies wäre ein Ideologem aus der Ideologie des Patriarchats. Darin steckte im Prinzip die gleiche Herabwürdigung, mittels derer Napoleon die Ideologen mundtot machen wollte, und darin läge die gleiche Selbsterhöhung, die die Nationalsozialisten gegenüber „Nicht-Ariern" in Anspruch nahmen.

Ideologisches Denken und Streiten lassen sich nicht abschaffen; aber – und damit kehren wir zur These Alfred Adlers zurück – eine Gesellschaft oder Gruppe kann in dem Maße ideologische Konflikte eindämmen, in dem es ihr gelingt, machtgetriebene Individuen und Gruppen so zu assimilieren, daß ihr Trieb umgelenkt wird in produktiv-kreative Arbeit für sich selbst und altruistische Tätigkeit für die Gemeinschaft. Denn wie jeder Trieb ist der Machttrieb sublimierbar; es kommt darauf an, welchen Weg er dazu nimmt, und dies hängt wiederum davon ab, welche Pforten ihm durch Familie und Gesellschaft geöffnet werden. Ideologie ist nicht abschaffbar, somit ist eine ganz und gar ideologiefreie Gesellschaft auch kaum denkbar. Aber ein minimalisiertes Machtgefüge, das sich am Notwendigen statt am Möglichen orientiert, und eine sublimierte Triebstruktur, die seelische Energien umwandelt, sind realisierbar. Tröstlich mag hier die Erkenntnis sein, daß es ein machtvolles Antidot zur Macht gibt – die Liebe: Wo Liebe herrscht, gibt es keinen Willen zur Macht, doch wo der Wille zur Macht herrscht, fehlt die Liebe zu den Menschen.

---

470 Nietzsche (1901).
471 Eagleton (1993), S. 15.

4.4 Wege ins weltliche Paradies: Utopisches Bewußtsein

Blicken wir auf dem bisher zurückgelegten Weg noch einmal zurück – in die Gefilde der Apokalyptik und die der Schizophrenie. Ein solcher Rückblick ist angezeigt, um für den hier anstehenden Aspekt des utopischen Denkens eine thematische Verbindung knüpfen und einen psychologischen Kontrapunkt setzen zu können. Denn so läßt sich zeigen, wie – äußerlich – bestimmte Transformationen des Wirklichen zustande kommen, die – innerlich – von ganz verschiedenen Ideenbildungen ausgelöst sind:

Das Seelenleben von Apokalyptikern und Schizophrenen hat eine gemeinsame Komponente: den unbewältigten Affekt der Angst. Zwar lassen sich die zwei Seelenlagen phänomenologisch nicht unter *eine* Kategorie zwingen; denn apokalyptische Angst ist nicht gleich schizophrenem Wahn. Die jeweils beteiligten Phantasien sind nicht identisch, und es besteht ein ganz wesentlicher psychostruktureller Unterschied in den Erfahrungs- und Ausdrucksformen: die Fähigkeit der einen, ihre religiösen Erwartungen in vergleichsweise klare und kontrollierte Bildersprache, ggf. auch Handlungsanweisungen umzusetzen, was weitgehend intakte Ich-Funktionen voraussetzt, gegenüber der (relativen) Unfähigkeit der anderen, ihre innere Erlebniswelt kohärent und nachvollziehbar darzustellen, was auf eingetretenen Zerfall des Ichs hindeutet. Aber selbst wenn auf der sekundären Ebene der Verarbeitung und Mitteilung innerer Zustände diese wesentliche Differenz besteht, so finden wir auf der primären Ebene seelischen Erlebens die Gemeinsamkeit angstbesetzter Vorstellungen, die halluzinatorisch in Erscheinung treten können. Das Leiden an der Welt, das Leiden an sich selbst, das umzuschlagen droht in ein Irrewerden an Welt und Selbst, ist niemals frei von Angst als emotionalem Begleitumstand und enervierendem Faktor. Der Apokalyptiker entwirft aus seiner Erlösungssehnsucht heraus zwar ein grandioses Szenarium als Hort transzendierender Hoffnung, er ‚rettet' sich ins Jenseits, wozu der Schizophrene in der gleichen Weise gewöhnlich nicht imstande ist, aber die angstgetriebenen Impulse brechen sich in beiden Fällen Bahn und stiften ihr eigenes Chaos. Hier wie dort bestimmt ein negativer Erwartungsaffekt das konkrete Dasein. Ein Leben im Zeichen der Angst ist beiden beschieden – zumindest solange die Rettung durch Erlösung bzw. Heilung auf sich warten läßt.

Im Licht solcher Negativität ist es für die Menschheit unbedingt segensreich, daß es – als Kontrapunkt – den positiven Erwartungsaffekt irdischer Hoffnung und säkularer Zuversicht gibt. Es ist, als seien der Psyche in dieser Welt zwei spannungsreiche Extreme beschieden: Die Realität kann *negativ* als erdrückend, überwältigend, enttäuschend, sinnlos, qualvoll und so manches mehr empfunden werden, doch sie kann auch *positiv* als gegenteilig, nämlich erhebend, inspirierend, beglückend, erfüllend, Freude spendend, Hoffnung stiftend erlebt werden. Nur in seltenen Fällen ist das Leiden an der Welt dermaßen radikal und so aller Hoffnung beraubt, daß es auf den Weg totaler Verzweiflung gerät und sich weder für diese noch für eine andere Welt etwas verspricht. Bevor Hoffnungen gänzlich zunichte werden, bevor Selbstaufgabe und Tod unumschränkt herrschen, kann sich das Erleben immer noch in Wunschträume flüchten, wo eine verhaßte Wirklichkeit vom Vorstellungsvermögen in ersehnte Schönheit und Annehmlichkeit umgewandelt wird. Wunschträume begleiten, wie wir gesehen haben, von jeher das irdische Geschehen. Solange die Belange des Menschen als im Argen liegend empfunden werden, sind privates wie öffentliches Dasein von solchen Träumen durchzogen. Sie sind die Domäne der anarchisch ungebundenen Phantasie, potentiell aber auch die Wurzeln eines darüber hinaus führenden utopischen Denkens. In Wunschorte und -zeiten flüchtet sich die von der jeweils gegebenen Wirklichkeit nicht befriedigte Phantasie; doch in Utopia baut sich die Imagination zielstrebig eine bessere Welt. Hier gibt es verschiedene Stufen ideeller Vergegenwärtigung und gestalterischer Umsetzung.

In einem sehr weiten Wortsinn war das innere Leben des Menschen seit dem Verlust des Paradieses wahrscheinlich stets utopisch, ständig damit befaßt, allerlei *ou-topoi* („Nicht-Orte") zu entwerfen, die mental das zu kompensieren bestimmt waren, was real an Defiziten, Verlusten, Krankheiten, Unerträglichkeiten, Ungerechtigkeiten in Kauf genommen werden mußte. Es entstanden allerlei ‚Ersatzparadiese' – Gärten, Inseln, Landschaften, Paläste, Städte, wo imaginativ das schöne Leben wohnt. Schon solche Projektionen wie die Mär vom Tischleindeckdich oder der Mythos vom Schlaraffenland oder die Fiktionen vom Jungbrunnen und dem Garten der Lüste waren Ausdruck einer volkstümlichen Phantasie, die existentielle Entbehrungen und physische Gebrechlichkeiten symbolisch zu lindern suchte und dafür simple Utopien entwarf. „Das Leben, wie es uns auferlegt ist, ist zu schwer für uns", bemerkt Sigmund Freud, „es bringt uns zu viel Schmerzen, Enttäuschungen, unlösbare Aufgaben. Um es zu ertragen, können wir Linderungsmittel nicht entbehren."[472] Aus den Projektionen sprachen stets dieser transformative Wunsch nach Linderung und das artikulierte Nein zum Mangel. Bevor es Utopien im formalen Sinne, d. h. als literarische Entwürfe nach Art der *Utopia* des Thomas Morus oder als politische Gründungen nach Art der Sozialutopisten, gab, waren Mythen, Märchen, Reiseerzählungen u. dgl. immer schon wechselnder Ausdruck einer Sehnsucht nach Herstellung von Bedingungen, die das verwirklichte Leben nicht enthielt. „Utopisch ist

---

472 Freud (1948), *G. W.* Bd. 14, S. 432.

ein Bewußtsein, das sich mit dem es umgebenden ‚Sein' *nicht in Deckung befindet*", schreibt der Soziologe Karl Mannheim,[473] um aus dem Bewußtsein solcher Inkongruenz die seelische Matrix für Entwürfe vom besseren Leben abzuleiten. Sehnsuchtsprojektionen sind die wahrscheinlich wichtigsten und ‚ehrlichsten' Bausteine für die Konstruktion unserer inneren Welt. Es sind diejenigen Elemente, welche das Leben letztlich *intentional* machen, dem äußeren Dasein von Innen heraus Richtung und Ziel geben. Es sind die affektiven Triebkräfte für weiterführende kognitive Planungen und praktische Gestaltungen, für all das, was der neuzeitliche Utopiebegriff (in Unterscheidung vom tradierten Phantasiebegriff) abdeckt. Die Kräfte können sich auf alles erstrecken, was dem Individuum oder seiner Gruppe ersehnenswert erscheint, alles, was als Gestaltungsprinzip eines besseren Lebens vorschwebt und (noch) nicht verwirklicht ist: Glückseligkeit, Gerechtigkeit, Zufriedenheit, Gesundheit, Langlebigkeit, Weisheit, Unversehrtheit, Vollkommenheit, Tugendhaftigkeit, Schönheit, Liebe, Harmonie (als universal unverdächtige Attribute), aber natürlich auch Macht, Einfluß, Reichtum, Prestige, Genuß, Luxus, Müßiggang u. ä. (als eher fragwürdige ‚Segnungen' des Lebens).

Ihre ursprüngliche Energiequelle und archetypische Formung dürften diese Strebungen, wie angedeutet, im Paradiesesmythos finden, der mit Varianten in praktisch allen Mythologien der Welt auffindbar ist. Der Paradiesesmythos ist ein psychisches Erbe, auf das kein Mensch jemals wirklich verzichtet, auch wenn er die Wirkung seiner Verlockungen nicht ständig verspürt und meint, die Unwiederbringlichkeit dieses Wunschortes kraft Vernunft verarbeitet zu haben.[474] Stets lockt Utopia mit zwei Optionen: Entweder verhält sich der Mensch den davon ausstrahlenden Bildern und Vorstellungen gegenüber passiv, dann kann er immerhin zeitweilige Tröstung, Erquickung, Ablenkung, Entlastung für seine gequälte Seele empfangen dadurch, daß er von Utopia träumt. Allerdings bleiben seine Utopien in diesem Fall buchstäblich Nicht-Orte, denn über die Grenzen seiner Sehnsüchte gelangen sie nicht hinaus. Oder aber er verhält sich aktiv, dann empfängt er nicht nur innere Bilder, sondern Anreize zum planenden Handeln und Gedanken für praktisches Werk. Die Wünsche drängen auf Verwirklichung, und die Phantasiegrenzen werden gesprengt dadurch, daß er Utopia erst konkret plant und dann real erbaut. Der Utopist als Planer setzt den Utopisten als Träumer voraus, aber umgekehrt ist es nicht so. Ob und unter welchen Umständen die passive in eine aktive Haltung umschlägt, ersehnte oder gedachte zu erbauten Utopien werden, läßt sich niemals generell, sondern nur im Blick auf ein gegebenes Maß an Unbefriedigtsein und seine Veränderungschancen,

---

473 Mannheim (1978), S. 169.
474 Vgl. Börner (1984).

also psychohistorisch, bestimmen. Jedenfalls hat der Apokalyptiker, der seinen positiven Erwartungen für diese Welt aufgekündigt hat und seine Hoffnung ins Jenseits projiziert, einen weltlichen Gegenpart, den Utopisten, der sich seine positiven Erwartungen nicht nehmen läßt und sie auf das Diesseits richtet. Der Apokalyptiker setzt auf Weltzerstörung und -erneuerung durch überirdische Mächte – zu Bedingungen, die diese bestimmen; der Utopist hofft auf Weltverbesserung durch menschliches Wollen und Wirken – zu Bedingungen, die er selbst und seinesgleichen bestimmen. Beide leben in der Spannung von Wunsch und Wirklichkeit, Sollen und Sein, Idealität und Realität. Beide versuchen, die Spannung aufzulösen und sich auf das ersehnte Ideal hinzubewegen, jedoch auf verschiedenen Wegen: das eine Mal welttranszendent, das andere Mal weltimmanent, das eine Mal über phantasierte Akte übermenschlicher Eingriffe, das andere Mal über reflektierte Möglichkeiten menschlichen Tuns.

Es wäre deshalb nicht ganz unberechtigt, den Utopisten als einen säkularisierten Apokalyptiker zu bezeichnen, einen Hoffend-Planenden, der sein Vertrauen in die Erneuerbarkeit der Welt auf menschliche Ressourcen setzt. Nicht zufällig erfährt das utopische Denken seine erste historische Blüte in der Renaissance, zu einer Zeit also, da die Weltzugewandtheit des Menschen zu- und seine Fixiertheit auf die Transzendenz abnimmt. Dieser neue Zug der Zeit wäre nicht entstanden ohne ein wachsendes Selbstvertrauen und ohne ein ihm entsprechendes, schwindendes Gott- und Obrigkeitsvertrauen. Hier wird Schicksalsgläubigkeit langsam verdrängt von Gestaltungswillen, hier wird die Idee des gesellschaftlichen Fortschritts als geschichtsbestimmendes Moment geboren, und mit dieser Idee erfährt das utopische Denken einen vitalisierenden Schub. Anfang des 19. Jahrhunderts schreibt Johann Gottlieb Fichte:

Ich kann mir die gegenwärtige Lage der Menschheit schlechthin nicht denken als diejenige, bei der es nun bleiben könne, schlechthin nicht denken als ihre ganze und letzte Bestimmung. Dann wäre alles Traum und Täuschung; und es wäre nicht der Mühe wert, gelebt und dieses stets wiederkehrende, auf nichts ausgehende und nichts bedeutende Spiel mitgetrieben zu haben. Nur in wiefern ich diesen Zustand betrachten darf als Mittel eines besseren, als Durchgangspunkt zu einem höheren und vollkommeneren, erhält er Wert für mich; nicht um seiner selbst, sondern um des Besseren willen, das er vorbereitet, kann ich ihn tragen.... 475

Der Utopist hat also für den Erwartungsaffekt der Hoffnung, der sein Denken beseelt, seine Zwecke setzt und sein Handeln leitet, einen diesseitigen Fokus. Er projiziert seine Erwartungen anders als der Apokalyptiker, und stellt sich ihre Verwirklichung anders vor. Seine Idee vom Paradies ist auf jeden Fall die Auffassung von einem menschengemachten, terrestrischen Paradies (oder dessen

---

475 Fichte (1800), S. 104.

Äquivalent), mag das göttlich geschaffene Eden auch irgendwann danach wiedererstehen. Der Mensch will endlich als er selber in das Hier und Jetzt eingreifen, will ohne Aufschub und Ferne in ein volles Leben treten und nicht mit Jenseitsverheißungen abgespeist werden. Er sucht nach Alternativen außerhalb des Rahmens hergebrachter Dogmen und Konventionen. Er ist ein Umgestalter der Topographie des Bewußtseins, ein denkerischer, schöpferischer und/oder sozialpolitischer Innovator, ein Menschenfreund und -förderer, im Extremfall ein politischer Revolutionär. Doch wie immer er sich selbst versteht – für die Artikulation seiner Wünsche und Gedanken steht ihm eine ganze Palette an Möglichkeiten zur Verfügung, derer er sich je nach Lage und Absicht bedient. Das utopische Bewußtsein kann sich in den verschiedensten Erscheinungsformen objektivieren, die fast das gesamte Spektrum kultureller Leistungen umfassen: Literatur, bildende Kunst, Architektur, Stadt- und Landschaftsplanung, politische Philosophie, Gesellschaftstheorie – alles kann zur Domäne utopischen Wollens und Planens werden, alles kann auf Transformationen des Wirklichen drängen. Hier finden wir die sekundären Umsetzungen und Ausarbeitungen der primären sehnsuchtsvollen Impulse.

Der Philosoph Ernst Bloch hat in seinem monumentalem Werk *Das Prinzip Hoffnung* ein großangelegtes Plädoyer für die Kultivierung und Umsetzung positiver Erwartungsaffekte zur Gestaltung einer menschenwürdigen Welt gehalten. Die Hoffnung als Grundpfeiler utopischen Denkens und Handelns ist für Bloch das Humanum *per se*, denn ihre Alternative, die Hoffnungslosigkeit, kann auf Dauer von keinem Menschen ertragen werden, führt unausweichlich zu Abstieg, Selbstaufgabe und Tod. Hoffen, von einem besseren Leben träumen, die Zukunft vorwegnehmend planen, sich selbst und der Gesellschaft neue Sinnhorizonte entwerfen und die darin liegenden Versprechen aktiv einlösen – das ist die vornehmste Pflicht und edelste Tätigkeit des Menschen. Es ist das einzig wirksame Antidot für persönliche und gesellschaftliche Negativität, für um sich greifende Angst und drohende Verzweiflung. Was das Leben an positiven Erfahrungen zuläßt, kann nur dadurch gewonnen und gestaltet werden, daß sich unverdrossen dieser Affekt darauf richtet, unentwegt danach strebt, unmißverständlich das Versprechen für die Wirklichkeit einfordert.

Es kommt darauf an, das Hoffen zu lernen. Seine Arbeit entsagt nicht, sie ist ins Gelingen verliebt statt ins Scheitern. Hoffen, über dem Fürchten gelegen, ist weder passiv wie dieses, noch gar in ein Nichts gesperrt. Der Affekt des Hoffens geht aus sich heraus, macht die Menschen weit, statt sie zu verengen, kann gar nicht genug von dem wissen, was sie inwendig gezielt macht, was ihnen auswendig verbündet sein mag. Die Arbeit dieses Affektes verlangt Menschen, die sich ins Werdende tätig hineinwerfen, zu dem sie selber gehören. Sie erträgt kein Hundeleben, das sich ins Seiende nur passiv geworfen fühlt, in undurchschautes, gar jämmerlich anerkanntes. Die Arbeit gegen die Lebensangst und die Umtriebe der Furcht ist die gegen ihre Urheber, ihre großenteils sehr aufzeigbaren, und sie sucht in der Welt selber, was der Welt hilft; es ist findbar. Wie reich wurde allzeit davon geträumt, vom besseren Leben geträumt, das möglich wäre. Das Leben aller Menschen ist von Tagträumen durchzogen; darin ist ein Teil lediglich schale, auch entnervende Flucht, auch Beute für Betrüger, aber ein anderer Teil reizt auf, läßt mit dem schlecht vorhandenen sich nicht abfinden, läßt eben nicht entsagen. Dieser andere Teil hat das Hoffen im Kern, und er ist lehrbar. [...] Erwartung, Hoffnung, Intention auf noch ungewordene Möglichkeit: das ist nicht nur ein Grundzug des menschlichen Bewußtseins, sondern, konkret berichtigt und erfaßt, eine Grundbestimmung innerhalb der objektiven Wirk- lichkeit insgesamt.[476]

Der positive Affekt der Hoffnung ist, gleich dem negativen der Angst, mit der zeitlichen Dimension der Zukunft liiert. Alles, was erhofft, erträumt, konzipiert, geplant, versprochen werden kann, bindet sich an in die Zukunft, bedarf der Zukunft als Chance seiner Entfaltung und Verwirklichung. Utopisches Denken beginnt mit dem Hoffen über den gewordenen Tag hinaus; es ist hoffnungsvoll gerichtetes, also intentionales Denken. Sobald man in eine x-beliebige Philosophie der menschlichen Existenz die Kategorie der Intentionalität, des Wollens und Sollens, einführt, gelangt man zwangsläufig zur Frage der Zukünftigkeit der Intentionen. Wir denken selten darüber nach, aber daß es Zukunft überhaupt gibt, daß sie vorgestellt und anvisiert werden kann, ist tatsächlich die Grundbedingung für die Möglichkeit und Sinnhaftigkeit jedweden Strebens. Zukunftsbewußtsein ist das Bewußtsein des Noch-nicht-Seienden, aber bereits sichtbar Werdenden als des imaginativ Vorweggenommenen. Zukunftsgläubigkeit ist die Voraussetzung für die Erkämpfbarkeit von mehr Freiheit, Gerechtigkeit, Friedfertigkeit, Verständigungswilligkeit, Zufriedenheit usw. unter den Menschen. Deshalb hat das Attribut *utopisch,* im korrekten Wortgebrauch, notwendig die Bedeutungskomponente *zukünftig.*[477] Utopia ist das Land des Zukünftigen – wie immer sich dieses konstituiert, ob rein imaginativ, ob künstlerisch-symbolisch, ob konkret politisch. Nicht von ungefähr führen Bibliothekare utopische Romane häufig unter der Rubrik „Zukunftsromane". Hier verbindet sich der Affekt der Hoffnung mit der Kategorie der Zeit.

Verschließt sich das Bewußtsein jedoch der Dimension der Zukunft, verliert es die Hoffnung oder projiziert es gar negative Erwartungen in das Morgen, beraubt es sich damit der Chance zu fortschreitender Humanisierung des Lebens. Es wechselt von einer utopischen über eine zukunftsindifferente zu einer dysto-

---

476 Bloch (1978), Bd. 1, S. 1, 5.
477 Wenn es eine Minderheit utopischer Autoren gibt, die ihr Land Nirgendwo in der Vergangenheit ansiedeln, so widerlegt dies nur scheinbar das Prinzip der Zukunftsgebundenheit. Denn geschichtlich retrojizierte Utopien schöpfen aus dem Wunsch, daß das, was in der Vergangenheit (vorgeblich) einmal war, in der Zukunft wieder so sein möge: Utopia als Restauration. Hier führen Wege zur Zukunft über Umwege in die Vergangenheit. In der Psychologie ist solche Haltung als Vergangenheitsoptimismus bekannt.

pischen Perspektive. Es überläßt sich der Gleichgültigkeit oder dem Pessimismus. Es lebt entweder im Horizont eines teilnahmslosen Zeitgefühls oder in einer Welt unguter Zukunftsahnungen. Der Nicht-Ort ist dann kein Wunschort mehr, die Zukunft keine Wunschzeit, sondern beide weichen negativen Phantasien als Artikulation von Angst und düsterer Erwartung. Die Utopie wird dann zur säkularen Apokalyptik: Untergang ohne Perspektive der Rettung. Bloch führt aus:

Primär lebt jeder Mensch, indem er strebt, zukünftig. Vergangenes kommt erst später, und echte Gegenwart ist fast überhaupt noch nicht da. Das Zukünftige enthält das Gefürchtete oder das Erhoffte; der menschlichen Intention nach, also ohne Vereitlung, enthält es nur das Erhoffte. Funktion und Inhalt der Hoffnung werden unaufhörlich erlebt, und sie wurden in Zeiten aufsteigender Gesellschaft unaufhörlich bestätigt und ausgebreitet. Einzig in Zeiten einer niedergehenden alten Gesellschaft, wie der heutigen im Westen, läuft eine gewisse partielle und vergängliche Intention nur abwärts [478]

Es gibt auf dem Spektrum utopischen Denkens als des Erhofften zwei große Felder oder Facetten, die unabhängig vom jeweils gewählten Modus die zwei grundsätzlich bestehenden Funktionen von Utopia markieren. Wir können das eine Feld vorläufig als das der *Konzeption*, das andere als das der *Realisation* bezeichnen. Sie erscheinen auf dem Spektrum hintereinander, da das Gedankliche notwendig dem Tätigen vorangeht und das Tätige nicht ohne das Gedankliche auskommt. Alternativ dazu könnte man auch von einem *unverbindlichen* gegenüber einem *verbindlichen* Feld sprechen. Zwar ist keines ohne den positiven Erwartungsaffekt der Hoffnung möglich, und insofern haben beide einen gleichermaßen vitalen Bezug zu den affektiven Wurzeln; aber dem Utopisten steht es frei, den Modus seiner inneren Welt entweder so zu bestimmen, daß Utopia eine rein geistige Konstruktion bleibt, oder so damit zu verfahren, daß diese Konstruktion (zumindest tentativ) ein realer Ort wird. Literaten, Künstler und Philosophen besetzen gewöhnlich das erste Feld; sie begründen Utopia als (i.w.S.) denkerische, gesellschaftlich unverbindliche Leistung; für sie stellt die Konzeption des Wunschorts eine intellektuelle Herausforderung, eine philosophische Übung, eventuell auch ein ästhetisches Spiel dar. Sie sind Anreger, selten Erbauer. Ihre Gedankengebäude bleiben abstrakt.

Architekten, Technologen, Ökologen, Stadtplaner, Sozialutopisten besetzen eher das zweite Feld; sie entwerfen Utopia als soziales Experiment, als ein zu erprobendes Modell des besseren Lebens; für sie ist die Realisierung das ultimative Kriterium für Sinnhaftigkeit und Tauglichkeit ihrer geistigen Anstrengung. Ihre Utopien werden konkret. Austausch zwischen den beiden Feldern kommt natürlich vor, und so mancher ‚unverbindliche' Utopist wurde schon beim Wort

---

478 Bloch, Bd. 1, S. 2.

genommen und seine Blaupause für die ideale Gesellschaft für verbindlich erklärt.[479] Das begeisterte Publikum überquerte die Brücke vom Denken zum Handeln. Doch tendenziell besteht diese funktionale Dualität. Wir wollen die Funktionen durch zwei geeignete Beispiele veranschaulichen:

Das erste Beispiel entstammt dem Oeuvre des amerikanischen Erzählers Edgar Allan Poe und betrifft seine Geschichte „Der Park von Arnheim" (Orig. „The Domain of Arnheim", 1847).[480] Das kleine Werk illustriert den engen psychologischen Konnex von utopischer Träumerei und archetypischer Sehnsucht nach dem verlorenen Paradies. In einem Brief an Sarah Whitman bekannte Poe: „‚Der Park von Arnheim' bringt viel von meiner eigenen Seele zum Ausdruck." Der Text handelt von der hartnäckigen Weigerung eines Künstlers, eines Landschaftsgärtners namens Ellison, Eden als verlorenen zu betrachten, und seinem entschiedenen Willen, es ästhetisch nachzuschaffen. In eben dem Maße, in dem die reale Erfahrung vom Verlust primären Glücks unabweisbar wird, intensiviert sich – wie in einer Trotzhandlung – das Bestreben nach symbolischer Wiederannäherung. Der Nicht-Ort ist ein wunderschön gestalteter Phantasie-Ort – mythologisch betrachtet nur ein spätes fiktionales Surrogat, ästhetisch betrachtet eine originelle Perfektionierung Edens. Der paradiesische Park ist die literarische Nachgestaltung einer Innenwelt als Antithese zu einer Außenwelt, die das Paradiesische längst aus sich entlassen hat, aber den Verlust offenbar nicht verwinden kann. Geographisch gesehen sind wir in einem Niemandsland, das als reine Fiktion zu beeindrucken (entzücken, trösten, inspirieren) vermag; aber von vornherein keinen Anspruch erhebt, die Grenzen der Phantasie in Richtung auf irgendeine Verwirklichung zu überschreiten. Sie könnte als Tagtraum gelten, wäre sie sprachlich nicht dermaßen ausgefeilt und kompositionell so in Szene gesetzt, daß die Kunst den Traum weit überschreitet. Poe läßt den (auch als Erzähler fungierenden) Schöpfer des Gartens die These aufstellen, daß die harten Widerstände gegen die Seligkeit des Menschen überwindbar seien, wörtlich: „daß selbst heutzutage, in der gegenwärtigen Verdunkelung und Raserei alles Theoretisierens über die große Frage der sozialen Zustände, es nicht unmöglich ist, daß der Mensch als Individuum, unter gewissen, freilich sehr ungewöhnlichen und höchstlich zufälligen Voraussetzungen, glücklich sein könne." Das Prinzip Hoffnung wirkt hier über die Schöpferkraft des Menschen, seine Fähigkeit, imaginativ das zu schaffen, was reale Geschichte und Gesellschaft ihm

---

479 Ein berühmtes Beispiel dafür ist der utopische Roman *Looking Backward* von Edward Bellamy, der Ende des 19. Jahrunderts in den USA zur Gründung einer politischen Partei mit eigenem Programm und eigenem Präsidentschaftskandidaten führte.
480 Poe (1976), S. 597–623.

schmerzvoll vorenthalten. Ellison gelingt es, seinen Garten derart zu planen und künstlerisch so ins Werk zu setzen, daß das biblische Eden dagegen fast wie ein schwacher Abglanz anmutet. Das Werk ist extravagant schön und auf grandiose Art vollkommen. Mr. Ellison ist der Landschaftsgärtner als Poet, ein selbsternannter Erfüllungsgehilfe Gottes, der seinen Ehrgeiz in die Schöpfung dessen setzt, was in einer gefallenen Welt noch an Erhöhung möglich ist. Sein kreatives Talent zeichnet sich aus „durch volles Verständnis für den wahren Charakter, die erhabenen Ziele, die Würde und das alles überragende Primat des poetischen Empfindens."

Naturorte, mögen sie auf den ersten Blick auch paradiesisch anmuten, genügen den Ansprüchen des spätgeborenen Schöpfers nicht; sind sie doch zu häufig gekennzeichnet durch Entstellungen und Verwerfungen, die dem geschulten Auge nicht verborgen bleiben: „Auch in den bezauberndsten der natürlichen Landschaften wird stets ein Mangel oder eine Unmäßigkeit zu finden sein – meist viele Unmäßigkeiten und viele Mängel". Und dies ist unvermeidbar so, denn es handelt sich um jene Defizite, die als „Korrelate des Todes" den Sündenfall der Natur markieren. Mit dem Verlust des Paradieses ging ein Verlust der Vollkommenheit der Welt einher – ein Verlust, der sowohl die Brüchigkeit der Kreation als auch die Sterblichkeit der erstgeschaffenen Kreaturen zur Folge hatte. Ellison spekuliert: „Setzen wir voraus, daß die Erste Absicht die irdische Unsterblichkeit des Menschen gewesen sei. Dann wäre logischerweise die ursprüngliche Dekoration der Erdoberfläche solchem – zwar noch nicht eingetretenen, aber geplanten – glückseligen Zustand angemessen gewesen. Die Zerstörungen wiederum wären dann die Zubereitung der Kulisse für die nachträglich verhängte Sterblichkeit." Wenn der poetisch gestimmte Landschaftsgärtner es unternimmt, die Erdoberfläche zu verschönern, so kann seine edle Aufgabe also nicht darin bestehen, Naturlandschaft zu imitieren; denn solche Imitation wäre bloße Nachschaffung der Unvollkommenheit. Vielmehr muß sie darauf gerichtet sein, Kunstlandschaften zu konstruieren, die kein Signum des Todes tragen, sondern ästhetische Perfektion verkörpern. Natürlich gegebene Schönheit ist niemals so groß wie künstlerisch geschaffene. Kultur muß Natur übertreffen, das Ästhetische das Irdische transzendieren. So macht sich Ellison an das ehrgeizige Werk, einen Park zu gestalten, der das Stigma der gefallenen Welt tilgt und der Erde das Siegel einer ‚höheren' Natur aufprägt – „einer Natur, die weder Gott ist, noch eine Emanation aus Gott; die vielmehr immer noch ‚Natur' ist; aber im Sinne des Kunsthandwerks jener Engel, die zwischen Mensch und Gott schweben." Und so dient ihm die Naturerhöhung zur Selbsterhöhung, zur Schaffung eines Glücksgefühls, welches das verlorene Paradies durch die Freude am Selbstgeschaffenen wiedergewinnt.

Das *magnum opus,* der vollendete Park von Arnheim, ist ein ebenso weitläufiges wie komplexes Gebilde aus Naturelementen unter dem gestalterischen Zugriff hochkultivierten Schöpfertums. Es ist eine raffinierte Anlage aus Formen und Farben, die, auf das Phantasievollste kombiniert und mit den überraschendsten Effekten komponiert, jeden Besucher verzaubert. Durch vielgestaltiges Spiel mit Fauna und Flora, einfallsreiche Wechsel von Wasserläufen und Landschaftsformen, erhält der Wunschort eine Phantastik und Exotik, die den Betrachter nicht nur physisch in eine andere Welt versetzt, sondern mit dieser Versetzung auch psychisch entrückt. Wie immer die Glückseligkeit des paradiesischen Menschen beschaffen gewesen sein mag, sie kann kaum reichhaltiger und sinnenbetörender gewesen sein als das, was dem Besucher von Arnheim zuteil wird:

Die beim Beschauer ausgelösten Impressionen waren zusammengesetzt aus Üppigkeit, Wärme, Farbigkeit, Stille, Gleichförmigkeit, Weichheit, Köstlichkeit, Eleganz, Wollüstigkeit, und ein wundersames Äußerstes von Kultur allgemein, das Träume von einem neuen Geschlecht von Feen hervorrief, emsig geschmackvoll prachtliebend und wählerisch zugleich; aber wenn das Auge die Myriaden Farbtöne die Hänge aufwärts schweifend verfolgte..., dann wurde es wahrlich schwierig, sich nicht der Vision eines Rundkataraktes aus Rubinen, Saphiren, Opalen und Onyxen hinzugeben, der lautlos aus dem Himmel rollte.

Auf einem Boot dahingleitend wird der Besucher von Szene zu Szene geführt, berauscht von der wachsenden und sich wandelnden Schönheit multiform gestalteter Lokalitäten. Schließlich, als er sich zwischen gigantischen Torflügeln hindurch dem Zentrum Arnheims nähert, erlebt er ein Crescendo der Eindrücke und Gefühle, das die arg strapazierten Sinne über die Schwelle der Ekstase führt und die volle Pracht des Gartens wie in mystischer Erleuchtung präsentiert:

Ein Erguß zaubrischer Melodien ertönt; ein beklemmendes Gefühl von fremdsüßem Duft stellt sich ein; – ein traumgleiches Sichvermischen hochschlank nahöstlicher Baumgestalten nimmt das Auge wahr – buschiges Blühgesträuch – Herden von gold- und carminfarbenen Vögeln – liliengesäumte Teiche – Wiesen aus Violen, Tulpen, Mohnen, Hyazinthen, und Tuberosen – lange verheddernte Linien silbriger Wasserrillen – und, verworrengestaltig zwischen all dem aufschießend, eine halb-gotische, halb-sarazenische Architekturmasse, die sich wie durch Wunderkraft schwebend in den Lüften erhält, glitzernd im rotesten Sonnenlicht mit Hundertschaften von Erkern, Minaretten und Zinnen, und einer Geisterhandarbeit ähnelnd, die vereinigten Sylphen, der Feen, der Genien und Gnomen.

Wir sehen: dieser Wunschort, der Park von Arnheim, unterhält die in die Welt der Kunst transponierte Hoffnung, Eden sei menschlich machbar.[481] Der Text schafft den Rahmen einer Vorstellung, die traditioneller Erzählkunst gemäß darauf abzielt, die Illusion zu kaschieren, von der er lebt, d. h. das Vorstellbare als

---

481 Vgl. Volkmann (2000).

das Realisierbare auftreten zu lassen. Die utopische Hypothese, daß aus Wünschen Wirklichkeiten werden können, konkretisiert sich in einem ästhetischen Entwurf, der von dem Ehrgeiz motiviert ist, das Original nicht zu imitieren, sondern es an Einfallsreichtum und Schönheit zu übertreffen. Allerdings verläßt diese utopische Schöpfung an keiner Stelle den Bezirk, der ihr vom Medium der Poesie zugewiesen wird. Sie bildet sich in der Phantasie des Autors, konstituiert sich imaginativ mittels der Sprache, und findet beim Leser ihren Nachhall in dessen eigener Phantasie. Sehnsucht – Hoffnung – Schöpfung – Nachschöpfung: das sind die Bewußtseinsstationen im Prozeß der Kommunikation. Und in dieser Vermittlung bleibt der Nicht-Ort ein reines ‚Luftschloß‘, nie *realiter* geschaffen, nie von einem Sterblichen *in concreto* betreten. Es ist eine Fiktion, die von Sehnsucht, dieser untilgbaren Eigenschaft aller Menschen, gespeist ist und von der Freude an ihrer eigenen Erschaffung lebt. Ihre Formel ist die Annahme, daß Glückseligkeit durch Schönheit gestiftet werden kann, daß die Sterblichkeit des Menschen durch die ‚Unsterblichkeit‘ künstlerischer Leistung kompensierbar ist und daß die *äußere* Lieblichkeit einer Gartenlandschaft, auch wenn sie im Terrain rein mentaler Vergegenwärtigung verbleibt, ein ihr entsprechendes *inneres* Echo findet. So kühn und kreativ und konstruktiv sie erscheint, sie ist ‚nur‘ ein Symbol des unstillbaren Verlangens nach Glück, die hinter grandioser neuer Fassade den alten Urwunsch nach Rückkehr ins Paradies birgt. Insofern ist sie eher regressiv als progressiv.

Aufgrund der Dualität des utopischen Bewußtseins bleibt es nicht aus, daß Utopisten naus dem Lager der Verbindlichen über derartige ‚Wolkenkuckucksheime‘ die Nase rümpfen, sie als zwar ästhetisch reizvolle Schöpfungen wertschätzen mögen, aber als gesellschaftlich nutzlose Spielereien verwerfen. In ihrer Weltsicht sind derartige Sehnsuchtsprojektionen nur Seifenblasen des Denkens, die eine Zeitlang attraktiv schillernd in der Luft schweben, um alsbald zu zerplatzen. Leiden sie an solcher Folgenlosigkeit, sind sie auch von geringer Brauchbarkeit. Möglicherweise eilen sie ihrer Zeit gedanklich voraus, sind vielleicht ein geistiger Vorschein dessen, was eines Tages gesellschaftlich voll aufleuchtet, aber wenn sie praktisch darauf verzichten, die Lücke zwischen Kunst und Leben zu schließen, haben sie ein nur geringes utopisches Potential. „Der Zwiespalt zwischen Traum und Wirklichkeit ist nicht schädlich", bemerkt der russische Kritiker Dimitrij Pissarew, „wenn nur der Träumende ernstlich an seinen Traum glaubt, wenn er das Leben aufmerksam beobachtet, seine Beobachtungen mit seinen Luftschlössern vergleicht, und überhaupt gewissenhaft an der Realisierung seines Traumgebildes arbeitet. Gibt es nur irgendeinen Berührungspunkt zwischen Traum und Leben, dann ist alles in bester Ordnung."[482]

---

[482] Zit. nach Bloch, Bd. 1, S. 9.

Mit anderen Worten: Utopia verdient erst dann, ernst genommen zu werden, wenn der primäre, affektive oder bildhafte Impuls fortschreitet zu einer brauchbaren sekundären Ausarbeitung, und von dort zur gesellschaftspolitischen Tat. Die innere Topik muß auf ein Äquivalent in der äußeren Welt ausgerichtet sein. Was hier vorschwebt, ist die Schaffung idealer Lebensbedingungen in Form weiser und gerechter Regierungen, kluger Politik, kooperativer Gemeinwesen, kulturellen Reichtums, humaner Erziehung, sinnerfüllt schöpferischer Tätigkeiten, schöner und üppiger Natur, fruchtbarer Felder, menschenfreundlicher Architektur, umweltverträglicher Technik usw. – all dies als Voraussetzung von Glück und Harmonie unter den Menschen. An diesem Anspruch gemessen, wäre Poe ein ganz untauglicher Kandidat für Planungsarbeit an konkreten Utopien, denn er verbleibt bewußt im Lager der Unverbindlichen. An der Frage der Transposition, dem Wechsel vom Denken zum Planen, scheiden sich tatsächlich die Geister. Als Karl Marx seine berühmte Äußerung tat, die Philosophen der Vergangenheit hätten die Welt immer nur verschieden gedeutet, es käme aber darauf an, sie positiv zu verändern, legte er ein entschiedenes Bekenntnis ab zur verbindlichen Utopie, zur unbedingten Notwendigkeit, philosophische Einsicht in gesellschaftliche Praxis zu überführen.[483] Und als Ernst Bloch schrieb, die Arbeit des Affektes der Hoffnung verlange Menschen, „die sich ins Werdende tätig hineinwerfen", machte er sich den Marxschen Standpunkt zu eigen. Für die Veränderung der Gesellschaft genügt es nicht, ein utopischer Literat nach Art des Thomas Morus zu sein, der reflektiert und imaginiert, man muß ein Veränderer nach Art des Thomas Münzer oder Wladimir Iljitsch Lenin werden, der propagiert und agitiert. Man muß dafür Sorge tragen, daß aus gegebenen Zuständen neue Gedanken werden, und aus den Gedanken neue Zustände. Das ist Utopie nach marxistischer Dialektik: „... Utopisches auf die Thomas-Morus-Weise zu beschränken oder auch nur schlechthin zu orientieren, das wäre, als wolle man die Elektrizität auf den Bernstein reduzieren, von dem sie ihren griechischen Namen hat", kritisiert Bloch.[484]

Ergo: Ohne Transposition ins konkret Gestaltete und real Gelebte bleibt das Wort *utopisch* für Utopisten der Verbindlichkeit ein Synonym für *träumerisch, phantastisch, schwarmgeistig, eskapistisch, irreal, weltfremd* mit überwiegend negativen Konnotationen. In dieser Bedeutung ist das Wort in den Wortschatz derjenigen übergegangen, die sich selbst zu den Realisten rechnen, Menschen, die dezidiert zu wissen glauben, was im projektbezogenen Bereich des Lebens Chancen für Verwirklichung besitzt und was nicht, wie auch schließlich in das

---

483 Auch wenn Marxisten den Utopiebegriff für ihre Lehre nicht gern in Anspruch nehmen, weil sie höher greifen und lieber von „historischer Wissenschaft" sprechen. Vgl. Engels (1988).
484 Bloch Bd. 1, S. 14.

Vokabular derjenigen, die aus einer skeptischen Grundhaltung heraus das Wort fast zu einem Schimpfwort gemacht haben – *utopisch* als gleichbedeutend mit *lächerlich, versponnen, unsachlich, abwegig, weit hergeholt, unbrauchbar, unmöglich*. Auf dem Feld politischer Auseinandersetzungen wird es dann zu einem Kampfbegriff, wenn konservative, am Erhalt des sozialen Status quo interessierte Kräfte progressive, für Reform und Veränderung engagierte Kreise als „Utopisten" verunglimpfen. In der Tat: Wer mit sich und dem Zustand der Welt voll zufrieden ist, wird solche unruhigen Träumer, Denker und Planer bekämpfen, denn er muß sie fürchten. Das utopische Bewußtsein birgt Sprengstoff, und so manches vermeintlich stabile System wurde dadurch gesprengt. Ohne utopische Vordenker hätte weder die amerikanische Revolution von 1775 noch die französische von 1789, weder die europäischen Revolutionen von 1848 noch die russische Oktoberrevolution von 1917 stattgefunden – von Reformen ohne explosive Gewaltausbrüche ganz zu schweigen.

Das zweite Beispiel ist das Lebenswerk des britischen Sozialutopisten Robert Owen. Es exemplifiziert den Traum von Utopia im Lager der Verbindlichen: den Glauben an ein höheres Menschentum, das Eintreten für soziale Reformen, den Willen zur politischen Tat.[485] Owen wurde in die schlimmste Zeit der Exzesse der Industrialisierung und des Frühkapitalismus hineingeboren. Selbst Eigentümer einer Textilfabrik in Lanark (Schottland), konnte er die Exzesse aus nächster Nähe beobachten und als Zeitzeuge ihre Unmenschlichkeit beurteilen. Das Elend der ersten Generation der Fabrikarbeiter des heraufziehenden Industriezeitalters ist heute fast unvorstellbar. Ihre Arbeitsplätze waren denen der antiken Galeerensklaven nicht unähnlich: ein halb verhungertes, schlafloses, verzweifeltes Proletariat fand sich tagein tagaus fast buchstäblich an die Maschinen gekettet. Die Unternehmergier kannte für sie weder Schonung noch Pausen, 18 Stunden und mehr dauerte die tägliche Fron, eine Plackerei ohnegleichen, der sich auch Frauen und Kinder unterziehen mußten, wollten die Familien nicht verhungern. Das Durchschnittsalter der unter miserablen hygienischen und sozialen Bedingungen lebenden Bevölkerung hat man mit 34 Jahren ermittelt. Ob jemals eine so große Zahl von Menschen so unglücklich war wie in England um die Wende des 18. Jahrhunderts, läßt sich bezweifeln.

Die Initialzündung für die Aktivitäten seines utopischen Reformgeistes war Owens simple Beobachtung, daß ausreichend ernährte und zufriedene Arbeiter in der halben Zeit mehr und besser schaffen als ‚Galeerensklaven'. Sie wirkte wie ein ins Wasser geworfener Stein mit weitläufigen konzentrischen Wellen: Sie machte ihn zu einem brüderlich eingestellten Philanthropen, systematisch

---

485 Siehe Beke-Bramkamp (1989).

denkenden Gesellschaftsphilosophen, sozial engagierten Schriftsteller, öffentlich gehörten Redner und – einem zielstrebigen Planer und Organisator für Utopia. Owen hielt den Menschen für verbesserbar, um nicht zu sagen veredelbar, und deswegen das soziale Heil reformerisch für erreichbar. Er verwarf Streik und Militanz in Auseinandersetzungen um politische Freiheiten, wollte von Klassenkampf und Maschinenstürmerei nichts wissen, sondern suchte Versöhnung per Verständigung. Er erwartete, daß die Vertreter von Adel, Politik und Industrie aus lauter Einsicht und Menschliebe dem inhumanen System des Frühkapitalismus abschwören würden. Owens Vision von Utopia war die eines philanthropischen Kommunisten, und er war imstande, seine Projekte, wenn auch nur zeitlich und räumlich begrenzt, Wirklichkeit werden zu lassen.

Owen entwickelte eine Wirtschaftstheorie für Zukunftsgemeinschaften, deren Mitglieder in den vollen Genuß der von ihnen produzierten Wertmenge gelangen sollten – unter Wegfall des kapitalistisch-parasitären Profits von Unternehmern. Seine Blaupause für die ideale Gesellschaft sah die Errichtung von autarken Kommunen vor, in denen jeweils bis zu 1200 Personen auf 400 bis 600 Hektar Land leben und arbeiten sollten. Unter völliger Abschaffung des Privateigentums sollte in genossenschaftlichen Siedlungen ein neues Produktionssystem auf agrarisch-handwerklicher Basis und, daran gekoppelt, ein neues Gesellschaftssystem unter Verzicht auf die Institutionen der Ehe, Familie und Kirche gegründet werden. Eine freie, glückliche Gesellschaft bedurfte ihrer nicht. Die Trias von Privateigentum, Ehe und Religion nannte Owen die „Dreieinigkeit des Bösen", sie erschienen ihm als die für menschliches Unglück letztlich verantwortlichen „Dämonen".

Owens verwirklichter Traum, sein konkretes Utopia, war ein in Indiana, USA, 1825 geschaffenes Gemeinwesen mit dem programmatischen Namen New Harmony. Hier setzte er ins Werk, was ihn das Studium der Verhältnisse in England und seine sozialphilosophischen Reflexionen gelehrt hatten. Hier handelte er nach der Devise: Kommen erst die sozialen Verhältnisse in Ordnung, so kommt auch der einzelne Mensch in Ordnung: er wird gesund und heiter, kooperativ und gut. Seine ‚Heilung' läßt sich am besten in kleinen föderierten Gemeinschaften bewerkstelligen, ohne Arbeitsteilung, ohne Hierarchien, ohne Trennung von Industrie und Landwirtschaft, ohne Kirche, ohne Bürokratie. – Gut zwei Jahre lang existierte und prosperierte New Harmony. Dann zerfiel es wegen finanzieller Probleme, Meinungsverschiedenheiten unter den Mitgliedern und Abwanderung führender Köpfe. Owen kehrte nach Europa zurück, unbeirrt seine Träume weiterträumend und unverdrossen als Philanthrop bis zu seinem Tode tätig.

Trotz dieses Scheiterns: Die europäische Sozialgeschichte führt Robert Owen heute als einen der wichtigsten Denker und Reformer des 19. Jahrhunderts. Seine Biographie zeigt einen Menschen, dessen idealistisches Innere sich unter dem Druck eines widrigen Äußeren nicht entmutigen ließ. Karl Marx und Friedrich Engels hatten ein gespaltenes Verhältnis zu ihm, weil sie seinen Philanthropismus – gemessen an ihrer eigenen Philosophie – als zu schwärmerisch und wenig „wissenschaftlich" empfanden. Doch seiner sozialgeschichtlichen Bedeutung tat dies keinen Abbruch. Erwähnenswert ist, daß Owens System um ca. 150 Jahre vorwegnahm, was der Wirtschaftstheoretiker Ernst-Friedrich Schumacher 1973 mit der denkwürdigen Formel „Small is beautiful"[486] verkünden sollte: Herstellung kleiner, überschaubarer Sozialverbände zur Ermöglichung persönlicher Identifikation; Vorrang der Belange des Menschen gegenüber der Tyrannei der Maschinen und des Marktes; klassenloses Zusammenleben von Arbeitern und Intellektuellen, von Handwerkern, Bauern, Erziehern und Wissenschaftlern im Rahmen kollektiver Verantwortung und sozialer Solidarität. Jedoch: Die Dynamik der Globalisierung ging über Schumachers Entwurf ebenso hinweg wie ehedem die Dynamik der Industrialisierung über Owens. Und was aus dem Marxismus geworden ist, weiß man.

Das Fiasko, das Robert Owen mit seiner konkreten Utopie erlebte und von dem viele andere Utopisten seines Schlages nicht verschont blieben, führt zu einer bitteren Einsicht: Das Land Utopia kann nicht gefunden, die ideale Gesellschaft nicht gegründet werden. Wie immer man dieses Land ausfindig zu machen und seine Bewohner auszustatten versucht, es bleibt stets ein Wunschtraum, eine Idee, unter sehr günstigen Umständen eine vorübergehende Annäherung an ein Optimum, das dazu verdammt ist, suboptimal zu bleiben. Utopia ist die Artikulation einer Hoffnung, nicht die Realisation eines Ideals. Utopia stiftet Zuversicht, weist Wege und setzt Ziele, aber markiert keinen Ort und beschreibt keinen Zustand. Sie ist eine Welt im Kopf. Seit das Goldene Zeitalter passé ist, gilt die Erkenntnis der tragisch-ironischen Grundsituation des Menschen: *Es führt kein Weg zu Utopia, denn der Weg ist das Ziel.* Die Hoffnung muß damit leben, daß sie selbst ihre eigene Belohnung ist, und sich darin genügen, daß sie die Hoffnungslosigkeit verhindert. Der Philosoph George Santayana dürfte recht haben, wenn er schreibt: „Die ideale Gesellschaft ist ein Schauspiel, das ausschließlich in der Vorstellungswelt aufgeführt wird."[487] Denn die Geschichte zeigt, daß immer dann, wenn das Innen nach Außen gekehrt und Utopia konstruiert wurde, intervenierende Faktoren auf den Plan traten, welche die Utopisten nicht oder falsch kalkuliert hatten. Es sind im wesentlichen drei:
1. Die moderne Geschichte entwickelt sich zunehmend dynamisch und die

---

486 Schumacher (1985).
487 Santayana (1983), Bd. 2, S. 304.

Unwägbarkeiten ihres Verlaufs sind nur bedingt kalkulierbar. Die konkrete Utopie kann jedoch nichts anderes sein als das Resulat eines gezielten Kalküls und ist deshalb – der Tendenz nach – statisch. Im unruhigen Strom des Lebens Inseln der Stabilität und Harmonie und Ruhe zu schaffen, ist bestenfalls vorübergehend und begrenzt möglich. Die Geschichte geht schon übermorgen über das hinweg, was der Utopist für morgen plant. Die Rezeptologie für das Jetzt und Hier wird rasch untauglich für eine Soziologie der nahen Zukunft, und kein Utopist hat sich bislang als imstande erwiesen, dieser Dynamik angemesssen Rechnung zu tragen. Entweder fielen die utopischen Gemeinwesen in sich zusammen oder sie mußten ungeliebte Kompromisse mit einer widrigen Realität schließen.

2. Weder das Seelenleben noch das Gesellschaftsleben des Menschen ist konfliktfrei. Solidarisches, friedfertiges, kooperatives Gebaren sind Verhaltens-*möglichkeiten*, kein *-gesetz*. Die Tugenden und positiven Eigenschaften, die der Utopist zu fördern gedenkt, machen die Laster und negativen Eigenschaften der Menschen nicht durch einen Planungsakt irreal. Der Kulturmensch schafft den Barbaren in sich nicht einfach durch gute Vorsätze aus der Welt. Auch optimale äußere Bedingungen garantieren nicht *per se* den inneren Frieden, denn wir verwalten ein psychogenetisches Erbe, das labil ist und störanfällig bleibt. Eifersüchteleien, Rechthabereien und Richtungsstreit haben bislang noch jedes utopische Projekt begleitet und so manches ruiniert. Der Prozeß der Zivilisierung und Humanisierung des Menschen ist ein so langwieriger und schwieriger Vorgang, daß jede neu geschaffene Utopie im besten Fall einen kleinen Schritt auf einem sehr langen Weg darstellt. Das schlimme Los der Menschheit besteht darin, daß sie, auch wenn sie um eine ‚höhere' Bestimmung zu wissen scheint, immer wieder rückfällig wird und niederen Impulsen nachgibt.

3. Keine noch so grandiose Utopie kann, wenn sie in die Wirklichkeit transponiert wird, geschützt werden vor Ideologisierung. Bereits die Akte des Denkens und Planens, so menschenfreundlich-altruistisch sie sich geben mögen, sind anfällig für Verlockungen der Macht, die diejenigen reizen und verführen können, die sich im Besitz der Wahrheit wähnen – die Konstrukteure, Manager und Propagatoren des Systems. Wer heute mit wachem Verstand die *Utopia* (1516) des Thomas Morus liest, dieses klassische Werk, das einer ganzen Gattung den Namen gab, reibt sich verwundert die Augen über allerlei Konventionen und Zwänge, die ihm fragwürdig, wenn nicht absurd erscheinen müssen, und er erkennt: Dekretiertes Glück kann kein vollkommenes Glück sein. Als der Psychologe B. F. Skinner in seinem utopischen Roman *Walden Two* (1948)[488] die These aufstellte, nur sechs Voraussetzungen bedürfe es, um das gute Leben zu garantieren, nämlich

---

488 Dt. Fassung 1970 unter dem Titel *Futurum Zwei* bei Rowohlt.

- Gesundheit,
- ein Minimum an unangenehmer Arbeit,
- selbstbestimmte Wahl der Tätigkeiten,
- freie Ausübung von Talenten und Interessen,
- befriedigende soziale Kontakte sowie
- ausreichende Möglichkeiten zur Ruhe und Entspannung,[489]

erntete er vernichtende Kritik – nicht wegen der Bestimmung dieser Voraussetzungen, der man eine implizite Weisheit nicht absprechen kann, sondern wegen versuchter Implementierung im Rahmen seiner behavioristischen Theorie. Wenn Utopia ein Modell vom guten Leben in Szene setzt, muß damit gerechnet werden, daß alternative Modelle versuchen, ein ‚besseres' Leben zu inszenieren, so daß die Modelle in Konkurrenz zueinander treten. Des einen Utopie kann des anderen Dystopie sein, denn es gibt in der abendländischen Gesellschaft seit Zusammenbruch des mittelalterlichen Weltbilds keinen weltanschaulichen Monismus mehr, kein übergreifendes Gedankengebäude, das allenthalben Konsens garantierte. Man bedenke: In weiten Teilen der Welt sind selbst die Menschenrechte mehr als ein halbes Jahrhundert nach ihrer Verkündigung noch utopisch.

Das kardinale Problem ist dies: Wir wissen gewöhnlich, was wir wünschen und wollen, doch wir wissen nicht, ob andere gutheißen, was wir wünschen und wollen. Und wir wissen nicht, ob *wir* gutheißen, was *andere* wünschen und wollen. Je pluralistischer die Gesellschaft, desto geringer die Chancen für Utopia; je weiter der Weg in die Geschichte hinein, desto entfernter das utopische Nirgendwo. Wird ein bestimmtes Modell stark propagier, entsteht Opposition, und wo Opposition entsteht, gibt es Kämpfe und politische Opfer. Ob als Gottesstaat, Militärstaat, Sozialstaat, liberaler oder anarchistischer Staat proklamiert, ob als bescheidene Kommune oder als monumentales Imperium konzipiert – jedes System trägt Keime für Intoleranz und Dissens in sich. Die größte Gefahr der konkreten Utopie ist ihr Umschlagen in einen Totalitarismus, der den Traum vom guten Leben für diejenigen, die es leben *müssen*, in einen sozialen Alptraum verwandelt, den sie nicht leben *wollen*. Das lehrt die jüngere Geschichte, und das lehren die Behandlungen dieser Geschichte durch Autoren wie Samjatin, Orwell und Huxley. Faschismus und Kommunismus begannen als utopische Ideen, wie sie endeten, ist bekannt. Mit sarkastistischer Pointe formuliert Mohandas „Mahatma" Gandhi: „Die schrecklichste Tyrannei ist die bevorstehende Utopie, wo die letzten Sünden gerade getilgt werden und wo es morgen keine Sünden mehr gibt, weil alle Sünder vernichtet worden sind."[490]

---

489 Skinner (1990), S. 147 f.
490 Gandhi (1996), S. 97.

Literaturverzeichnis

Es erscheinen hier die jeweils benutzten, weil verfügbaren Werke der in den Fußnoten erwähnten Autoren oder Herausgeber, nicht unbedingt die (originalsprachigen) Erststausgaben oder inzwischen erfolgte Neuauflagen.

Abell, Walter (1957), *The Collective Dream in Art: A Psycho-Historical Theory of Culture Based on Relations Between the Arts, Psychology and the Social Sciences*. Cambridge, MA: Harvard U. P.

Adams, James L. (1984), *Ich hab's! Wie man Denkblockaden mit Phantasie überwindet: Anleitung zu phantasievollem Denken*. Braunschweig: Vieweg.

Addington Symonds, John (1986), *The Memoirs of John Addington Symonds*. Chicago: Chicago Univ. Pr.

Adler, Alfred (1997), *Über den nervösen Charakter: Grundzüge einer vergleichenden Individualpsychologie und Psychotherapie*. Neuaufl. Göttingen: Vandenhoeck & Ruprecht.

Alewyn, Richard (1982), „Die Lust an der Angst", in *Probleme und Gestalten: Essays*. Frankfurt/M.: Suhrkamp, S. 307–330.

Allegro, John Marco (1971), *Der Geheimkult des heiligen Pilzes: Rauschgift als Ursprung unserer Religion*. Wien: Molden.

Allman, William F. (1996), *Mammutjäger in der Metro: Wie das Erbe der Evolution unser Denken und Verhalten prägt*. Heidelberg: Spektrum Ak. Verlag.

Amiel, Henri-Frédéric (1986), *Intimes Tagebuch*. München: Matthes & Seits.

Arminger, Margret (1993), *Das innere Kind: Schlüsselerlebnisse, die uns befreien*. Genf: Ariston.

Arnheim, Rudolf (1969). *Visual Thinking*. Berkeley: U. of Calif. Pr.

Arnold, Wilhelm u. a., Hg. (1980). *Lexikon der Psychologie*. 3 Bde. Freiburg: Herder.

Asimov, Isaac (1982), *Die Apokalypsen der Menschheit: Katastrophen, die unsere Welt bedrohen*. Köln: Kiepenheuer & Witsch.

August, John u. Jane Hamsher (1994), *Natural Born Killers*. New York: Penguin.

Balint, Michael (1994), *Angstlust und Regression: Beiträge zur psychologischen Typenlehre*. 4. Aufl. Stuttgart: Klett-Cotta.

Ders. (1987), *Regression: Therapeutische Aspekte und die Theorie der Grundstörung*. Stuttgart: Klett-Cotta.

Bauman, Hans D. (1989), *Horror: Die Lust am Grauen*. Weinheim: Beltz.

Beck, Ulrich (2000), *Was ist Globalisierung? Irrtümer des Globalismus – Antworten auf Globalisierung*. Frankfurt/M.: Suhrkamp

Becker, Peter (1980), *Studien zur Psychologie der Angst*. Weinheim: Beltz.

Begley, Sharon (2001), „Searching for the God Within", *Newsweek*, Feb. 5, S. 54.

Beke-Bramkamp, Ralf (1989), *Robert Owen: Kommunitarismus als Weg zu einer gerechteren Gesellschaft*. Münster: Lit. Verlag.

Bender, Hans (1980), *Parapsychologie: Entwicklung, Ergebnisse, Probleme*. 5. Aufl. Darmstadt: Wiss. Buchgesellschaft.

Ders. (1983), *Zukunftsvisionen, Kriegsprophezeiungen, Sterbeerlebnisse: Aufsätze zur Parapsychologie*. München: Piper.

Benedetti, Gaetano (1983), *Todeslandschaften der Seele: Psychopathologie, Psychodynamik und Psychotherapie der Schizophrenie*. Göttingen: Vandenhoeck & Ruprecht.

Benetka, Gerhard (1997), „„Im Gefolge der Katastrophe...': Psychologie im Nationalsozialismus", in *Psychologie und Rassismus*, hg. P. Mecheril u. Th. Teo. Reinbek: Rowohlt, S. 42–72.

Bergson, Henri (1991), *Materie und Gedächtnis: Eine Abhandlung über die Beziehungen zwischen Körper und Geist.* Hamburg: Meiner.
Bleuler, Eugen (1988), *Dementia praecox oder Gruppe der Schizophrenien.* Neuaufl. Tübingen: Ed. Diskord.
Ders. (1979), *Lehrbuch der Psychiatrie.* 14. Aufl. Berlin: Springer
Bloch, Ernst (1978), *Das Prinzip Hoffnung*. 3 Bde. 5. Aufl. Frankfurt: Suhrkamp.
Blumenberg, Hans (1979), *Arbeit am Mythos.* Frankfurt/M.: Suhrkamp.
Boas, Franz (1932), *Rasse und Kultur.* Jena: G. Fischer.
Börner, Klaus H. (1984), *Auf der Suche nach dem irdischen Paradies: Zur Ikonographie der geographischen Utopie.* Frankfurt/M.: Wörner.
Bongartz, Bärbel und Walter (1999), *Hypnose: Wie sie wirkt und wem sie hilft.* Reinbek: Rowohlt.
Bongartz, Walter (2000), *Hypnosetherapie.* 2. Aufl. Göttingen: Hogrefe.
Brown, Norman O. (1959), *Life Against Death: The Psychoanalytic Meaning of History.* Middletown, CT: Wesleyan Univ. Pr.
Bucke, Richard M. (1988), *Die Erfahrung des kosmischen Bewußtseins: Eine Studie zur Evolution des menschlichen Geistes.* 2. Aufl. Freiburg: Aurum.
Bunge, Mario A. (1967), *Intuition and Science.* Englewood Cliffs. N.J.: Prentice-Hall.
Burnham, Sophy (1977), *The Ecstatic Journey: The Transforming Power of Mystical Experience.* New York: Ballantine Bks.
Busch, Eva (1985), *Der Tagtraum: Erkenntnisse aus der Kreativitäts- und Traumforschung u. ihre Bedeutung für die Persönlichkeitsentwicklung.* Hildesheim: Olms.
Campbell, Joseph (1978), *Der Heros in tausend Gestalten.* Frankfurt/M.: Suhrkamp.
Capra, Fritjof (1988), *Das Neue Denken: Die Entstehung eines ganzheitlichen Weltbildes im Spannungsfeld zwischen Naturwissenschaft und Mystik.* 3. Aufl. Bern: Scherz.
Cardeña, Etzel u. a., Hg. (2001), *Varieties of Anomalous Experience: Examining the Scientific Evidence.* Washington, D.C.: American Psychological Association.
Cash, Wilbur J. (1960), *The Mind of the South.* New York: Random House.
Castañeda, Carlos (1980), *Die Lehren des Don Juan: Ein Yakui-Weg des Wissens.* Frankfurt: S. Fischer.
Cassirer, Ernst (1997), *Wesen und Wirkung des Symbolbegriffs.* 8. Aufl. Darmstadt: Primus.
Cernovsky, Zack Z. (1997), „Pseudowissenschaftliche ‚Rassenforschung' der Gegenwart", in *Rassismus und Psychologie,* hg P. Mecheril u. Th. Teo. Reinbek: Rowohlt, S. 73–92.
Chrysler, Walter P. (1950), *Life of an American Workman.* New York: Dodd, Mead.
Damasio, Antonio R. (2000), *Ich fühle, also bin ich: Die Entschlüsselung des Bewußtseins.* München: List.
Deleuze, Gilles u. Felix Guattari (1981), *Anti-Ödipus: Kapitalismus und Schizophrenie.* 3. Aufl. Frankfurt/M.: Suhrkamp.
Deschner, Karlheinz (1986 ff.), *Kriminalgeschichte des Christentums,* 6 Bände. Reinbek: Rowohlt.
Dijkstra, Bram (1999), *Das Böse ist eine Frau: Männliche Gewaltphantasien und die Angst vor der weiblichen Sexualität.* Reinbek: Rowohlt.
Disch, Robert u. Barry N. Schwartz, Hg. (1970), *White Racism: Its History, Pathology and Practice.* New York: Dell.
Dixon, Thomas, Jr. (1970), *The Clansman: A Historical Romance of the Ku Klux Klan.* Lexington: Univ. Pr. of Kentucky.
Drewermann, Eugen (1985), *Strukturen des Bösen,* Bd. 2: *Die jahwistische Urgeschichte in psychoanalytischer Sicht.* Paderborn: Schönigh.
Duerr, Hans Peter (1983), *Traumzeit: Über die Grenzen zwischen Wildnis und Zivilisation.* Frankfurt/M.: Syndikat.

Dyson, Freeman J. (1979), *Disturbing the Universe*. New York: Harper & Row.
Eagleton, Terry (1993), *Ideologie: Eine Einführung*. Stuttgart: Metzler.
Einstein, Albert (1998), *Mein Weltbild*, hg. C. Seelig. 26. Aufl. Berlin: Ullstein.
Eliade, Mircea (1966), *Kosmos und Geschichte: Der Mythos der ewigen Wiederkehr*. Reinbek: Rowohlt.
Ders. (1973), *Die Sehnsucht nach dem Ursprung*. Wien: Europa-Verlag.
Engels, Friedrich (1988), *Die Entwicklung des Sozialismus von der Utopie zur Wissenschaft*. 24. Aufl. Berlin: Dietz.
Enzensberger, Hans Magnus (1964), *Bewußtseinsindustrie*. Frankfurt/M.: Suhrkamp.
Eppler, Erhard, Michael Ende u. Hanne Tächl (1982), *Phantasie/Kultur/Politik: Protokoll eines Gesprächs*. Stuttgart: Weitbrecht.
Erickson, Milton H. (1997), *Die Veränderung sensorischer, perzeptueller und psychophysiologischer Prozesse durch Hypnose*. Heidelberg: Carl Auer.
Ewald, Gunter (1999), *„Ich war tot": Ein Naturwissenschaftler untersucht Nahtod-Erfahrungen*. Augsburg: Pattloch.
Faludi, Susan (1991), *Backlash: The Undeclared War Against American Women*. New York: Doubleday.
Faust, Volker, Hg. (1986), *Angst, Furcht, Panik*. Stuttgart: Hippokrates Verlag.
Ferenczi, Sandor (1972), „Versuch einer Genitaltheorie", in *Schriften zur Psychoanalyse*, Bd. 2. Frankfurt/M.: S. Fischer; S. 317–400.
Feynman, Richard P. (1991), *Kümmert Sie, was andere Leute denken?* München: Piper.
Fichte, Johann Gottlieb (1800), *Die Bestimmung des Menschen*. Berlin: Bossische Buchhdlg.
Fischer, Klaus P. (1980), *Die Sache mit dem Teufel: Teufelsglaube und Besessenheit zwischen Wahn und Wirklichkeit*. Frankfurt/M.: Knecht.
Fischer, Michael W. (1991), *Politik als Dämonologie: Fanatismus in Denksystemen*. Frankfurt/M.: P. Lang.
Flemming, Johannes u. L. Radermacher, Hg. (1901), *Das Buch Henoch*. Leipzig: Hinrichs.
Foucault, Michel (1978), *Dispositive der Macht*. Berlin: Merve.
Frazer, James G.(1989), *Der Goldene Zweig: Das Geheimnis von Glauben und Sitten der Völker*. Reinbek: Rowohlt.
Freud, Sigmund (1940a), *Vorlesungen zur Einführung in die Psychoanalyse*. *Gesammelte Werke* Bd. 11. London: Imago.
Ders. (1940b), „Das Unheimliche", in *G. W.* Bd. 12. London: Imago, S. 23–268.
Ders. (1940c), „Eine Teufelsneurose im siebzehnten Jahrhundert", in *G. W.* Bd. 13. London: Imago, S. 317–353.
Ders. (1940d), *Totem und Tabu*. *G. W.* Bd. 9 .London: Imago.
Ders. (1941a), *Zur Psychopathologie des Alltagslebens*. *G. W.* Bd. 4. London: Imago.
Ders. (1941b), „Der Wahn und die Träume in W. Jensens *Gradiva*", in *G. W.* Bd. 7. London: Imago, S. 29–125.
Ders. (1941c), „Der Dichter und das Phantasieren", in *G. W.* Bd. 7. London: Imago, S. 213–223.
Ders. (1942a), *Die Traumdeutung. Über den Traum*. *G. W.* Bd. 2/3. London: Imago.
Ders. (1942b), „Psychische Behandlung (Seelenbehandlung)", in *G. W.* Bd. 5. London: Imago, S. 286–315.
Ders. (1942c), „Selbstdarstellung", in *G. W.* Bd. 14. London: Imago, S. 32–96.
Ders. (1942d), „Jenseits des Lustprinzips", in *G. W.* Bd. 13. London: Imago, S. 1–70.
Ders. (1943), „Eine Kindheitserinnerung des Leonardo da Vinci", in *G. W.* Bd. 8. London: Imago, S. 127–211.
Ders. (1948), „Das Unbehagen in der Kultur", in *G. W.* Bd. 14. London: Imago, S. 419–506.
Friday, Nancy (1980), *Die sexuellen Phantasien der Frauen*. Reinbek: Rowohlt.

Fromm, Erich (1994), *Die Seele des Menschen: Ihre Fähigkeit zum Guten und Bösen.* 5.Aufl. München: Dt. Taschenb. Verlag.
Ders. (1988), *Die Kunst des Liebens.* Frankfurt/M.: Ullstein.
Ders. (1980), *Anatomie der menschlichen Destruktivität.* Stuttgart: Dt. Verlagsanstalt.
Gandhi, Mohandas K. (1996), *Für Pazifisten.* Münster: Lit. Verlag.
Garfield, Patricia (1980), *Kreativ träumen.* Interlaken: Ansata.
Gebser, Jean (1986), *Ursprung und Gegenwart: Beitrag zu einer Geschichte der Bewußtwerdung.* Schaffhausen: Novalis
Gockel, Hans (1987), „Mythos und Angst", *Universitas* 11, S. 1142–1150.
Goldberg, Philip (1988), *Die Kraft der Intuition: Wie man lernt, seiner Intution zu vertrauen.* 3. Aufl. Bern: Scherz.
Goleman, Daniel (1984), *Die höheren Stufen des Bewußtseins: Praxis und Bedeutung der Meditationslehre des Buddha.* München: Hanser.
Grant, Madison (1925), *Der Untergang der großen Rasse: Die Rassen als Grundlage der Geschichte Europas.* München: J. F. Lehmann.
Greyson, Bruce (2001), „Near-Death Experiences", in *Varieties of Anomalous Experience,* hg. E. Cardeña u. a. Washington, DC: Am. Psychological Ass., S. 315–325.
Grof, Stanislav (2000), *LSD–Psychotherapie.* Stuttgart: Klett-Cotta.
Ders.(1999), *Das Abenteuer der Selbstentdeckung:Heilung durch veränderte Bewußtseinszustände.* Reinbek: Rowohlt.
Ders. (1998), *Topographie des Unbewußten: LSD im Dienst tiefenpsychologischer Forschung* 7. Aufl. Stuttgart: Klett-Cotta.
Ders., Hg. (1984), *Ancient Wisdom and Modern Science.* Albany, N.Y.: State Univ. of New York Pr.
Ders. u. Joan Halifax (1980), *Die Begegnung mit dem Tod.* Stuttgart: Klett-Cotta.
Gulian, C. I. (1972), *Mythos und Kultur: Zur Entwicklungsgeschichte des Denkens.* Wien: Europa Verlag.
Haag, Herbert (1990), *Abschied vom Teufel: Vom christlichen Umgang mit dem Bösen.* 8. Aufl. Düsseldorf: Benzinger.
Ders. (1980), *Teufelsglaube.* Tübingen: Katzmann.
Hahlweg, Kurt u. M. Dose (1998). *Schizophrenie.* Göttingen: Hogrefe.
Hall, Allan (1998), *Die geheimen Offenbarungen: Nostradamus.* Wien: Tosa.
Hampden-Turner, Charles (1983), *Modelle des Menschen: Ein Handbuch des menschlichen Bewußtseins.* 2. Aufl. Weinheim: Beltz.
Hand Clow, Barbara (1992a), *Das Auge des Zentauren: Eine visionäre Reise in frühere Leben.* 2. Aufl. Frankfurt/M.: Zweitausendeins.
Dies. (1992b), *Das Herz des Christos: Sternensaat von den Plejaden.* Frankfurt/M.: Zweitausendeins.
Hansen, Joseph (1983), *Zauberwahn, Inquisition und Hexenprozeß im Mittelalter.* Neuaufl. Aalen: Scientia.
Hartwig, Helmut (1986), *Die Grausamkeit der Bilder: Horror und Faszination in alten und neuen Medien.* Weinheim: Quadriga.
Heer, Friedrich (1990), *Abschied von Höllen und Himmeln: Vom Ende des religiösen Tertiär.* Berlin: Ullstein.
Heim, R. (1992), „Fremdenhaß und Reinheit – Die Aktualität einer Illusion: Sozialpsychologische und psychoanalytische Überlegungen", *Psyche* 46/9, S. 710–729.
Heinrich, Kurt, Hg. (1984), *Psychopathologie der Regression.* Düsseldorf: Schattauer.
Heller, Arno (1990),*Gewaltphantasien: Untersuchungen zu einem Phänomen des amerikanischen Gegenwartsromans.* Tübingen: Narr.

Hentig, Hans von (1924), *Robespierre: Studien zur Psycho-Pathologie des Machttriebs.* Stuttgart: Hoffmann.
Ders. (1971), *Terror: Zur Psychologie der Machtergreifung. Robespierre, Saint Just,Fouché.* Berlin: Ullstein.
Hentig, Hartmut von (2000), *Kreativität: Hohe Erwartungen an einen schwachen Begriff.* Weinheim: Beltz.
Hernton, Calvin (1965), *Sex and Racism in America.* New York: Grove Press.
Heuermann, Hartmut (1994), *Medien und Mythen: Die Bedeutung regressiver Tendenzen in der westlichen Medienkultur.* München: Fink.
Ders. u. Matthias Kuzina (1995), *Gefährliche Musen: Medienmacht und Medienmißbrauch.* Stuttgart: Metzler.
Ders. (2000), *Wissenschaftskritik: Konzepte, Positionen, Probleme.* Tübingen: Francke.
Hewitt, William W. (1998), *Das große Handbuch der Hypnose: Neue Wege zur Bewußtseinserweiterung.* Landsberg: mvg-Verlag.
Heydenreich, Ludwig (1985), *Leonardo, der Erfinder.* Darmstadt: Wiss. Buchgesellsch.
Hilken, Susanne (1996), *Schizophrenie: Betroffene berichten über den Verlauf ihrer Krankheit.* Göttingen: Institut für den wiss. Film.
Hitler, Adolf (1937). *Mein Kampf.* 241. Aufl. München: Zentralverlag der NSDAP.
Holland Norman N. (1985), *The I.* New Haven: Yale U. Pr.
Horney, Karen (1997), *Der neurotische Mensch unserer Zeit.* Frankfurt/M.: S. Fischer.
Housman, A. E. (1961). *Selected Prose.* London: Cambridge U. Pr.
Hübner, Kurt (1985), *Die Wahrheit des Mythos.* München: C. H. Beck.
Humboldt, Wilhelm von (1964), „Über den Geist der Menschheit", in *Anthropologie und Bildungslehre,* hg. W. Flitner. 2. Aufl. Düsseldorf: Küpper, S. 59–69.
Hunt, Morton (1984). *Das Universum in uns: Neues Wissen vom menschlichen Denken.* München: Piper.
Hutton, William (1996), *Coming Earth Changes: The Latest Evidence.* Virgina Beach, VA: A. R. E. Press.
Huxley, Aldous (1989), *Die Pforten der Wahrnehmung. Himmel und Hölle: Erfahrungen mit Drogen.* 13. Aufl. München: Piper.
Ders. (1987), *Die ewige Philosophie: Philosophia Perennis.* München: Piper.
James, William (1979), *Die Vielfalt religiöser Erfahrung: Eine Studie über die menschliche Natur.* Olten: Walter.
Jaynes, Julian (1988), *Der Ursprung des Bewußtseins durch den Zusammenbruch der bikameralen Psyche.* Reinbek: Rowohlt.
Jenkins, Garry (1997), *Empire Building: The Remarkable Real Life Story of Star Wars.* New York: Citadel Press.
Jewett, Robert u. J. S. Lawrence (1977), *The American Monomyth.* Garden City, N.J.: Doubleday.
Johnson, K. Paul (1998), *Edgar Cayce in Context: Truth and Fiction.* Albany, N.Y.: State U. of New York Pr.
Jünger, Ernst (1938), *Der Kampf als inneres Erlebnis.* 7. Aufl. Berlin: Mittler.
Jung, Carl Gustav u. a. (1988), *Der Mensch und seine Symbole.* 11. Aufl. Olten: Walter.
Ders. (1976), *Die Archetypen und das kollektive Unbewußte.* G. W. Bd. 9. Zürich: Rascher.
Ders. (1964), *Psychologische Typen.* G. W. Bd. 6. Zürich: Rascher, 1964.
Kamper, Dietmar, Hg. (1986), *Macht und Ohnmacht der Phantasie.* Neuwied: Luchterhand.
Kant, Immanuel (1968), *Kritik der reinen Vernunft.* Theorie Werkausgabe Bd. 3, hg. W. Weischedel. Frankfurt/M.: Suhrkamp.
Kausch, Michael (1988), *Kulturindustrie und Popularkultur: Kritische Theorie der Massenmedien.* Frankfurt/M:: S. Fischer.

Keller, Volker (1999), „Licht am Ende des Tunnels: Welche Bedeutung haben Nahtoderlebnisse?" *Evangelische Kommentare*, 19, S. 17–19.
Kertelge, Karl (1973), *Christlicher Glaube und Dämonologie*. Trier: Paulinus.
King, Stephen (2000), *Danse Macabre: Die Welt des Horrors*. München: Ullstein.
Klaus, Georg u. M. Buhr, Hg. (1972), *Marxistisch-Leninistisches Wörterbuch der Philosophie*, Bd. 2. Hamburg: Meiner
Klemm, Friedrich (1989), *Geschichte der Technik: Der Mensch und seine Erfindungen im Bereich des Abendlandes*. Reinbek: Rowohlt.
Knoblauch, Hubert (1999), *Berichte aus dem Jenseits: Mythos und Realität der Nahtod-Erfahrungen*. Freiburg: Herder.
Ders. u. Hans-Georg Soeffner, Hg. (1999), *Todesnähe: Wissenschaftliche Zugänge zu einem außergewöhnlichen Phänomen*. Konstanz: Universitätsverlag.
Koestler, Arthur (1966), *Der göttliche Funke: Der schöpferische Akt in Kunst und Wissenschaft*. Bern: Scherz.
Kohtes, Michael u. Kai Ritzmann (1987), *Der Rausch in Worten: Zur Welt- und Drogenerfahrung der Surrealisten und Beatniks*. Marburg/L.: Jonas.
Kovel, Joel (1984), *White Racism: A Psychohistory*. New York: Columbia U. Pr.
Kracauer, Sigfried (1974), *Kino*. Frankfurt/M. : Suhrkamp.
Kris, Ernst (1977), *Die ästhetische Illusion: Phänomene der Kunst in der Sicht der Psychoanalyse*. Frankfurt/M.: Suhrkamp.
Krishna, Gopi (1993), *Kundalini: Die Erweckung der geistigen Kraft im Menschen*. 5. Aufl. Bern: Barth.
Kübler-Ross, Elisabeth (1998), *Über den Tod und das Leben danach*. 25. Aufl. Neuwied: Verlag Die Silberschnur.
Dies. (1999), *Interviews mit Sterbenden*. 21. Aufl. Stuttgart: Kreuz Verlag.
LaBerge, Stephen u. Jayne Gackenbach (2001), „Lucid Dreaming", in *Varieties of Anomalous Experience*, hg. E. Cardeña u. a. Washington, DC: Am. Psychological Ass., S. 151–82.
Laing, Ronald D. (1981), *Das geteilte Selbst: Eine existentielle Studie über geistige Gesundheit und Wahnsinn*. Reinbek: Rowohlt.
Lakotta, Beate (2000), „Befehle von der Katze: Jeder hundertste Deutsche erkrankt an Schizophrenie", *Spiegel* Nr. 2, S. 156–159.
Lamszus, Wilhelm (1909), *Thomas Münzer: Eine Tragödie des Prophetentums*. Berlin: Dietz.
Langbein, Walter-Jörg (o. J.), *Magische Welten*. Rastatt: Moewig.
Lemesurier, Peter (1993), *The Armageddon Script: The Power of Prophecy*. Boston: Element.
Lévy-Bruhl, Lucien (1966), *Die geistige Welt der Primitiven*. Neuaufl. Darmstadt: Wiss. Buchgesellsch.
Lorenz, Konrad (1963), *Das sogenannte Böse: Zur Naturgeschichte der Aggression*. Wien: Borotha-Schöler.
Lovecraft, Howard P. (1972), *Chthulhu – Geistergeschichten*. Frankfurt/M.: Suhrkamp.
Lucas, George (1997), *The Star Wars Trilogy*. New York: Del Rey.
Mannheim, Karl (1978), *Ideologie und Utopie*. 6. Aufl. Frankfurt/M.: Schulte-Bulmke
Marcuse, Herbert (1995), *Triebstruktur und Gesellschaft: Ein philosophischer Beitrag zu Sigmund Freud*. 17. Aufl. Frankfurt/M.: Suhrkamp.
Maslow, Abraham W. (1977), *Die Psychologie der Wissenschaft: Neue Wege der Wahrnehmung und des Denkens*. München: Goldmann.
Masters, Robert E. L. u. Jean Houston (1971), *Psychedelische Kunst*. München: Droemer.
Maturana, Humberto R. (1990), „The Biological Foundation of Self-Consciousness and the Physical Domain of Existence", in Niklas Luhmann u. a., *Beobachter: Konvergenz der Erkenntnistheorien?* München: Fink, S. 47–117.

Matussek, Paul (1974), *Kreativität als Chance: Der schöpferische Mensch in psychodynamischer Sicht.* München: Piper.
Maupassant, Guy de (1985), *Die Totenhand.* Fankfurt/M.: Cenfa AG.
May, Rollo (1974), *Die Quellen der Gewalt: Eine Analyse von Schuld und Unschuld.* Wien: Molden.
Mecheril, Paul u. Thomas Theo, Hg. (1997), *Psychologie und Rassismus.* Reinbek: Rowohlt.
Michelet, Jules (1988), *Die Hexe,* hg. T. König. Wien: Promedia.
Miller, Henry (1957), *Lachen, Lieben, Nächte: Sechs Erzählungen.* Reinbek: Rowohlt.
Millett, Kate (1985), *Sexus und Herrschaft: Die Tyrannei des Mannes in unsererGesellschaft.* Reinbek: Rowohlt.
Mills, Antonia u. Stephen J. Lynn (2001), „Past-Life Experiences", in *Varieties of Anomalous Experience,* hg. E. Cardeña u.a. Washington, DC: Am. Psychological Ass., S. 283–314.
Moody, Raymond (1993), *Nachgedanken über das Leben nach dem Tod.* Reinbek: Rowohlt.
Müller-Sternberg, Robert (1969), *Die Dämonen: Wesen und Wirkung eines Urphänomens.* Bremen: Schünemann.
Mynarek, Hubertus (1991), *Mystik und Vernunft: Zwei Pole einer Wirklichkeit.* Olten: Walter.
Neumann, Erich (1956), *Die Große Mutter: Der Archetyp des großen Weiblichen.* Zürich: Rhein-Verlag.
Nietzsche, Friedrich (1899), *Die Geburt der Tragödie. Nietzsches Werke* Bd. 1. Leipzig: Neumann.
Ottomeyer, Klaus (1997), „Psychoanalytische Erklärungsansätze zum Rassismus", in *Psychologie und Rassismus,* hg. P. Mecheril u. Th. Teo. Reinbek: Rowohlt, S. 109–131.
Perkins, David N. (1984), *Der zündende Funke: Jeder ist kreativ.* Berlin: Ullstein.
Petersdorff, Egon von (1960), *Dämonen, Hexen, Spiritisten: Mächte der Finsternis einst und jetzt. Eine Dämonologie aller Zeiten.* Wiesbaden: Credo-Verlag.
Pietschmann, Ernst (1995), *Das Ende des naturwissenschaftlichen Zeitalters.* Stuttgart: Weitbrecht.
Pfister, Oskar (1985), *Das Christentum und die Angst.* Frankfurt/M.: Ullstein.
Pflüger, Peter, Hg. (1985), *Apokalyptische Ängste und psychosoziale Wirklichkeit.* Fellbach: Bonz.
Piaget, Jean (1975), *Der Aufbau der Wirklichkeit beim Kinde.* Stuttgart: Klett-Cotta.
Ders. (1973), *Einführung in die genetische Erkenntnistheorie.* Frankfurt/M.: Suhrkamp.
Platon (1958), „Das Gastmahl" in *Platons Hauptwerke,* hg. W. Nestle. Stuttgart: Kröner, S. 113–142.
Poe, Edgar Allan (1976), „Der Park von Arnheim", in *Edgar Allan Poe: Das gesamte Werk in 10 Bänden,* Teil II, hg. K. Schumann u. H. D. Müller. Olten: Walter, S. 597–623.
Poincaré, Henri (1947), *Science et méthode.* Paris: Flammarion.
Popitz, Heinrich (2000), *Wege der Kreativität.* Tübingen: Mohr.
Preiser, Siegfried (1986), *Kreativitätsforschung.* 2. Aufl. Darmstadt: Wiss. Buchgesellschaft.
Quekelberghe, Renaud von u. Dagmar Eigner (1996), *Trance, Besessenheit, Heilrituale und Psychotherapie.* Berlin: Verlag für Wiss. u. Bildung.
Quint, Josef, Hg. (1977), *Meister Eckhart: Deutsche Predigten und Traktate.* 4.Aufl. München: Hanser.
Radhakrishan, Sarvepalli (1992), *Eastern Religions and Western Thought.* New Delhi: Oxford Univ. Pr.
Rahner, Karl (1989), *Visionen und Prophezeiungen: Zu Mystik und Transzendenzerfahrung,* hg. J. Sudbrack. Freiburg: Herder.
Rank, Otto (1970), *Der Mythus von der Geburt des Helden: Versuch einer psychologischen Mythendeutung.* Nendeln: Kraus Reprint.
Reti, Ladislao, Hg. (1996), *Leonardo: Künstler, Forscher, Magier.* Köln: Parkland.

Riesman, David u. a. (1950), *The Lonely Crowd: A Study of the Changing American Character.* New Haven, CT.: Yale Univ. Pr.

Ring, Kenneth (1999), *Im Angesicht des Lichts: Was wir aus Nahtod-Erfahrungen für das Leben gewinnen.* Kreuzlingen: Hugendubel.

Röhricht, Frank (1998), *Körpererleben in der Schizophrenie.* Göttingen: Hogrefe.

Rodewyk, Adolf (1988), *Dämonische Besessenheit heute: Tatsachen und Deutungen.* 4.Aufl. Aschaffenburg: Pattloch.

Roland, Paul (1997), *Die größten Prophezeiungen.* Wien: Tosa.

Root-Bernstein, Robert S. (1985), „Visual Thinking: The Art of Imagining Reality", *Transactions* 75, S. 50–67.

Rousseau, Jean Jacques (1978), *Die Bekenntnisse. Träumereien eines einsamen Spaziergängers.* München: Artemis & Winkler.

Sade, Marquis de (1995), *Juliette oder die Wonnen des Lasters.* 2 Bde. Köln: Könemann.

Saint-Claire, Marisa (1998). *Das Geheimnis des Todes: Nahtod-Erfahrungen.* Augsburg: Bechtermünz.

Salaquarda, Jörg (1979), „Nietzsche und Mythos", in *Philosophie und Mythos. Ein Kolloquium,* hg. H. Poser. Berlin: de Gruyter.

Sale, Kirkpatrick (1991), *Das verlorene Paradies: Kolumbus und die Folgen.* München: List.

Santayana, George (1983), *The Life of Reason,* Bd. 2: *Reason in Society.* New York: Dover.

Saussure, Ferdinand de (1986), *Grundfragen der allgemeinen Sprachwissenschaft.* 5. Aufl. Berlin: de Gruyter.

Scherf, Dagmar (1990), *Der Teufel und das Weib: Eine kulturgeschichtliche Spurensuche.* Frankfurt/M.: S. Fischer.

Schindelholz, Georges (1984), *Exorzismus: Ein Priester berichtet.* Altstätten: Panorama.

Schneemelcher, Wilhelm, Hg. (1987), „Das koptische Thomasevangelium", in *Neutestamentliche Apokryphen* Bd. 2: *Evangelien.* 5. Aufl. Tübingen: Mohr.

Schröter- Kunhardt, „Nah-Todes-Erfahrungen: Psychologisch-biologische Grundlagen und Spekulationen über ein Leben nach dem Tod", *Ars medici,* 87 (1997), S. 868–876.

Schumacher, Ernst-Friedrich (1985), *Die Rückkehr zum menschlichen Maß: Alternativen für Wirtschaft und Technik.* Reinbek: Rowohlt.

Schulz, Barbara (1974), *Das Problem der Besessenheit aus medizinischer Sicht.* Diss. Bonn.

Schwartz, Barry N. u. Robert Disch, Hg. (1970), *White Racism: Its History, Pathology and Practice.* New York: Dell.

Sebald, Hans (1996), *Hexenkinder: Das Märchen von der kindlichen Aufrichtigkeit.* Frankfurt: S. Fischer.

Sèchehaye, Marguerite (1990), *Tagebuch einer Schizophrenen.* Frankfurt/M.: Suhrkamp.

Seligmann, Kurt (1988), *Das Weltreich der Magie: 5000 Jahre Geheime Kunst.* Eltville: Bechtermünz.

Skinner, B. F. (1990), *Walden Two.* 22. Aufl. New York: Macmillan.

Sprenger, Jakob u. Heinrich Institoris (1982), *Der Hexenhammer (Malleus maleficarum).* München: Dt. Taschenb. Verlag.

Stevenson, Robert Louis (1924), *Further Memories.* London: Heinemann.

Stamadiadis-Smidt, Hilke (1998), *Das Genom-Puzzle: Forscher auf der Spur der Erbanlagen.* Berlin: Springer.

Strauch, Inge (1992), *Den Träumen auf der Spur: Ergebnisse der experimentellen Traumforschung.* Bern: Huber.

Tart, Charles T. (1975), *States of Consciousness.* New York: Dutton.

Ders. (1969), *Altered States of Consciousness: A Book of Readings.* New York: Wiley.

Thackeray, William M. (1980), *Jahrmarkt der Eitelkeit: Ein Roman ohne Held.* 2 Bde. Frankfurt/M.: Insel Verlag.
Theleweit, Klaus (1989), *Männerphantasien.* 2 Bde. Reinbek: Rowohlt.
Theresia von Jesu (1984), *Die Seelen-Burg der heiligen Theresia von Jesu.* München: Kösel.
Trevor, Jeremy (1897), *My Quest for God.* London: Heinemann.
Tylor, Edward B. (1913), *Primitive Culture: Researches into the Development of Mythology, Philosophy, Religion, Language, Arts and Custom.* London: Murray.
Urban, Klaus (1992), *Neuere Aspekte in der Kreativitätsforschung.* Hannover: Arbeitsstelle Hochbegabtenerziehung.
Vax, Louis (1974), „Die Phantastik" in *Phaicon* 1, hg. R. A. Zondergeld. Frankfurt/M.: Suhrkamp, S. 11–43.
Vaughn, Frances E. (1979), *Awakening Intuition.* Garden City, N.Y.: Prentice-Hall.
Vermorel, Fred u. Judy (1985), *Starlust: The Secret Fantasies of Fans.* London: W. H. Allen.
Volkamer, Klaus (1996), *Intuition, Kreativität und ganzheitliches Denken: Neue Wege zum bewußten Handeln.* Frankfurt/M.: Suhrkamp.
Volkmann, Helga (2000), *Unterwegs nach Eden: Von Gärtnern und Gärten in der Literatur.* Göttingen: Vandenhoeck & Ruprecht.
Wagner, Hildebert (1970), *Rauschgift – Drogen.* 2. Aufl. Berlin: Springer.
Walther, Gerda (1976), *Phänomenologie der Mystik.* 3. Aufl. Olten: Walter.
Watts, Alan (1986), *Die sanfte Befreiung: Moderne Psychologie und östliche Weisheit.* 3. Aufl. München: Goldmann.
Weber, Eugen (1999), *Apocalypses: Prophecies, Cults, and Millennial Beliefs.* Cambridge, MA: Harvard U. Pr.,
Weizmann, F. u. a. (1990), „Differential K Theory and Racial Hierarchies", *Canadian Psychology*, 31, S. 1–13.
Wells, Herbert George (1980), „Die Tür in der Mauer", in *Der Apfel vom Baum der Erkenntnis: Erzählungen.* Wien: Zolnay, S. 141–166.
Welzel, Dieter (1993), „Die Erbschaft des Daedalos: Technik als Kunst, Kunst als Technik", in *Technikgläubigkeit – Technikkritik: Ihre Darstellung und Bewältigung in Kultur und Gesellschaft,* hg. P. Drexler u. H. Heuermann. Braunschweig: Pressestelle der TU, S. 61–71.
Wilber, Ken (1990), *Halbzeit der Evolution: Der Mensch auf dem Weg vom animalischen zum kosmischen Bewußtsein.* Berlin: Goldmann.
Wise, Michael u. a. (1997), *Die Schriftrollen von Qumran: Übersetzung u. Kommentar mit bisher veröffentlichten Texten.* Augsburg: Pattloch.
Wullf, David M. (2001), „Mystical Experience", in *Varieties of Anomalous Experience,* hg. E.Cardeña u. a. Washington, DC.: Am. Psychological Ass., S. 397–440.
X, Malcolm (1993), *Malcolm X: Die Autobiographie.* München: Heyne.
Zaleski, Carol (1995), *Nah-Todeserlebnisse und Jenseitsvisionen: Vom Mittelalter bis zur Gegenwart.* Frankfurt/M.: Insel-Verlag.

Personenregister

Acton of Aldenham, John 453
Addington Symonds, John 320, 322,335
Adler, Alfred 222 f., 451 f.
Adonis 57
Alighieri, Dante 181, 262, 326, 373
Alexander, der 220
Amiel, Henri-Frédéric 314 f.
Antonius, heiliger 13, 14, 395
Archimedes 407, 410, 411
Aristophanes 175
Aristoteles 61
Arnold, Wilhelm 406
Attenborough, Richard 21
Attila 453
Augustin (Kirchenvater) 297, 391

Balint, Michael 108
Baum, L. Frank 22
Baumann, Hans D. 73, 205, 206, 209, 216
Bellamy, Edward 467 Fn. 479
Bender, Hans 35, 338, 347
Benedetti, Gaetano 110
Bergson, Henri 364 f.
Best, George 242
Blake, William 326, 354
Blatty, William P. 208, 277
Bleuler, Eugen 119, 130, 133
Bloch, Ernst 143, 146, 168 f., 171, 173, 183, 464 ff., 471
Blumenberg, Hans 45, 58
Boas, Franz 247 f.
Böhme, Jakob 326, 357
Bohm, David 332
Bohr, Niels 332
Bonaparte, Napoleon 343, 443 f., 445, 453
Bongartz, Bärbel u. Walter 84, 95
Braid, Charles 82 Fn. 60
Brentano, Clemens von 185
Brown, Norman 102, 107
Bruegel, Pieter 262
Bucke, Richard 324, 325, 326 f., 327
Burnham, Sophy 326

Caligula (Kaiser) 453
Calvin, Melvin 411
Campbell, Joseph 58
Capra, Fritjof 333 f., 335
Carroll, Lewis 73 f.
Cassirer, Ernst 61, 65
Castañeda, Carlos 37 ff., 340
Castiglioni, Angelo 21
Cayce, Edgar 348 ff.
Chrysler, Walter P. 437
Churchill, Winston 417 f.
Close, Glenn 190, 191
Coleridge, Samuel Taylor 354
Como, Perry 21
Copperfield, David 21
Corea, Nicholas 21
Cromwell, Oliver 453

Daedalos 432 f., 434
Damasio, Antonio 16
Dean, James 57
Deleuze, Gilles 155
Destutt de Tracy, Antoine 442 f., 444 f., 455
Dickens, Charles 35
Dietrich, Marlene 42
Dijkstra, Bram 191, 233
Dixon, Thomas Jr. 245 f., 247
Dragaea, Alexia 261
Drewermann, Eugen 267, 289, 296
Douglas, Michael 190, 191
Dschingis Khan 453
Duerr, Hans Peter 11, 40

Eagleton, Terry 448, 450, 451, 459
Eco, Umberto 66 f.
Eddington, Arthur 332
Edison, Thomas Alva 420
Einstein, Albert 332 f., 414, 426, 437 f.
Eliade, Mircea 286
Ende, Michael 22, 151
Enzensberger, Hans Magnus 11
Eppler, Erhard 152
Eysenck, Hans-Jürgen 340

Ferenczi, Sandor 185
Ferguson, Eugene 431 f., 433 f., 436, 441
Feynman, Richard 437 f.
Fichte, Gottlieb 463
Flaubert, Gustave 181
Frazer, James 26 Fn. 14
Freud, Sigmund 36, 72, 82, 100 ff., 142 f.,
　150, 157 ff., 166 f., 200 f., 213 ff.,
　252 f., 256, 266, 295, 451, 461
Friday, Nancy 179, 192 ff.
Friedman, Serge 21
Fromm, Erich 223 f., 455
Fuchs, Ernst 392
Fulgentius (Bischof) 271
Foucault, Michel 452, 458

Gandhi, Mohandas 476
Garfield, Patricia 173 ff.
Gautama, Siddharta (der „Buddha") 52, 391
Gebser, Jean 34, 48, 51
Ginsberg, Allen 392
Goebbels, Joseph 257 f.
Goethe, Wolfgang von 35, 266
Golan, Menahem 21
Goldberg, Philip 408, 415
Golding, William 210
Gowdie, Isobel 261
Goya, Francesco 153
Grant, Madison 244
Grof, Stanislav 327, 361 ff.
Grünbein, Durs 421
Guattari, Felix 155
Guevara, Ernesto 57

Haag, Herbert 270
Haggard, Henry Rider 187 ff.
Haider, Jörg 251
Hand Clow, Barbara 112 ff.
Hansen, Joseph 265
Heer, Friedrich 177 f., 262, 265
Hegel, Georg W. F. 326, 447
Heidegger, Martin 200
Heine, Heinrich 35
Heinrich II. (König v. Frankreich) 342
Heisenberg, Werner 332
Heisterbach, Cäsarius von 207
Hendrix, Jimi 57

Hentig, Hans von 453 f.
Hentig, Hartmut von 406, 426
Hitler, Adolf 224, 453, 455 f.
Hoffmann, E.T.A. 35, 153
Hogue, John 345
Homer 136, 373
Horkheimer, Max 440 Fn. 450
Horney, Karen 223
Housman, A. E. 418
Humboldt, Wilhelm von 372
Huxley, Aldous 12 f., 354 ff., 365, 410

Innozenz II. (Papst) 353
Institoris, Heinrich 259 f., 264
Iwan IV. (Zar) 453

James, Henry 35
James, William 309 ff., 319, 330 f.
Jaspers, Karl 457
Jaynes, Julian 15, 86, 96 f., 132, 136 ff.
Jeffries, Carson 418, 419
Jesus von Nazareth 43, 52, 57, 63, 216, 221,
　301, 326, 390, 391, 399
Jewett, Robert 56, 58
Joel (Prophet) 293, 390, 391, 397
Jörns, Klaus-Peter 399
Johanna, heilige 57, 136
Johannes (Apokalyptiker) 293 ff., 399
Johannes Paul II. (Papst) 370
Johannes vom Kreuz 326
Johnson, Earvin „Magic" 21
Jordan, Pascual 332
Jünger, Ernst 229, 230 f.
Jung, Carl Gustav 8, 12, 51, 53, 62 f., 65,
　162 ff., 239, 409 f., 416

Kafka, Franz 123
Kamper, Dieter 150 f., 154
Kant, Immanuel 7, 99
Kennedy, John F. 57, 344, 349
Keynes, John Maynard 414
Kibweteere, Joseph 301
King, Stephen 35, 147, 208
Kirkegaard, Søren 200
Klemm, Friedrich 435
Knoblauch, Herbert 376 f., 386
Kobain, Curt 57

Koestler, Arthur 409
Kolumbus, Christoph 298
Konfuzius 9, 391
Koresh, David 301, 392
Kracauer, Siegfried 212
Kris, Ernst 112
Krishna, Gopi 316 f., 318, 322 f.
Kübler-Ross, Elisabeth 379 f.

Laing, Ronald 205
Laotse 326
Leary, Timothy 392
Lem, Stanislaw 347
Lemesurier, Peter 352 f., 354
Lenin, Wladimir Iljitsch 471
Lersch, Heinrich 185
Levine, Leah 23
Lévy-Bruhl, Lucien 30
Lindsay, Hal 303
Loewi, Otto 425 f.
Lorenz, Konrad 224 f.
Lovecraft, Howard P. 35 f., 206, 209
Lucas, George 54 f., 58
Ludwig II. (König v. Bayern) 42
Luther, Martin 392
Lyne, Adrian 190, 191, 192

Machiavelli, Niccolò 452
Mailer, Norman 179
Mannheim, Karl 462
Mantegazza, Paolo 254
Marcus, Greil 56
Marcuse, Herbert 224
Marx, Karl 51, 445 ff., 457, 471
Maslow, Abraham H. 440 Fn. 450
Maturana, Humberto 15
Matussek, Paul 427 Fn. 434
Maupassant, Guy de 203 f.
May, Rollo 225
Meadows, Dennis 285
Meister Eckhart 390
Meyrink, Gustav 30
Michelet, Jules 268
Miller, Henry 185 f.
Miller, William 299 f., 302
Millett, Kate 179
Milosevic, Slobodan 252, 453

Milton, John 287
Minsky, Marvin 15
Mohammed (Prophet) 326, 391
Monroe, Marylin 13, 184
Moody, Raymond 378 f.
Morin, Edgar 45 ff., 50, 54
Morus, Thomas 461, 471, 475
Münzer, Thomas 298 f., 471
Mussolini, Benuto 453
Myranek, Hubertus 308 f.

Naegeli, Hans 277, 281
Narcissus 71 f.
Nasmyth, James 437
Nero (Kaiser) 453
Neumann, Erich 28 Fn. 16
Newton, Isaac 414
Nietzsche, Friedrich 58 f., 459
Noah (bibl. Patriarch) 241, 243
Norman, Donald 412
Nostradamus, Michel 341 ff.
Nystrom, C. 442

O'Morgair, Malachias 353
Orwell, George 449 Fn. 456, 476
Osmond, Humphrey 356, 360
Osiris (ägypt. Gott) 45, 57, 114, 115
Ottomeyer, Klaus 253
Ovid 71 f.
Owen, Robert 472 ff.

Parker, Alan 75
Pascal, Blaise 326
Paul VI. (Papst) 270
Paulus (Apostel) 397
Paxson, Gregory 112 f., 116
Perón, Eva 57
Petrus (Apostel) 293, 391
Pfister, Oskar 263
Piaget, Jean 33, 413 Fn. 416
Pietschmann, Herbert 335
Pinker, Steven 15
Pinochet, Augusto 453
Pissarew, Dimitrij 470
Planck, Max 332
Platon 175 f., 180, 373 f.
Plotin 326

Poe, Edgar A. , 153, 467 ff.
Popper, Karl 414
Postman, Neil 441
Presley, Elvis 54, 56 f., 196 f.
Proust, Marcel 67

Rahner, Karl 393 ff., 399
Ramakrishna 326
Reagan, Ronald 271
Riesman, David 11
Ring, Kenneth 380
Robertson, Morgan 346 ff.
Robespierre, Maximilien de 453 ff.
Roddenberry, Gene 55
Root-Bernstein, Robert 438
Rousseau, Jean Jacques 171 f.
Rowling, Joanna K. 22
Russell, George 354
Russell, Ken 211

Sade, Marquis de 179 f.
Sander, Friedrich 249
Santayana, George 474
Sartre, Jean-Paul 200
Saussure, Ferdinand de 61 f.
Schelling, Friedrich von 326
Scherf, Dagmar 276
Schindelholz, Georges 277 ff., 281
Schrödinger, Erwin 332
Schumacher, Ernst-Friedrich 474
Schwanitz, Dietrich 152
Sebald, Hans 272
Sèchehaye, Marguerite 121 Fn. 103
Seligmann, Kurt 22
Shakespeare, William 35, 204, 237
Skinner, B. F. 475 f.
Sontag, Susan 179
Spencer, Diana 57
Sperry, Elmer 437
Spinoza, Benedict de 326
Sprenger, Jakob 259 f., 264 f.
Stalin, Jossif 453
Stevenson, Robert Louis 74, 423 ff.
Stoker, Bram 195
Stone, Oliver 235 ff.
Swanson, Donald 21
Swedenborg, Emanuel 326

Tävibo (Prophet) 291
Tart, Charles 88 ff., 97
Teilhard de Chardin, Pierre 326, 332
Thackeray, William 186 f.
Theleweit, Klaus 183
Theresia von Àvila 316 f.
Thoreau, Henry D. 326
Tolkin, John R. R. 22
Torquemada (Inquisitor) 453
Trevor, Jeremy 312 ff.
Tundal (Mönch) 262 f.
Tylor, Edward 33 f.

Updike, John 22

Vax, Louis 208
Vergil 373
Verne, Jules 347
Vinci, Leonardo da 434 f., 442
Visconti, Luchino 21
Vollrat Hilprecht, Hermann 421 f.

Wagner, Richard 58 f., 59, 290, 291
Watts, Alan 327, 380
Weber, Max 21
Weizsäcker, Carl Friedrich von 332
Wells, Herbert George 105 f., 153, 347
Wetti (Mönch) 374 f.
Whitman, Sarah 467
Whitman, Walt 390, 326
Wilber, Ken 28, 327 f.
Wilde, Oscar 74 f.
Wittgenstein, Ludwig 312
Wovoka (indian. Messias) 291

Yeats, William Butler 354

Zaleski, Carol 386 f.
Zimmer Bradley, Marion 22
Zoroaster (Prophet) 289 f.

Peter Lang · Europäischer Verlag der Wissenschaften

Friedrich Roehle
Die Struktur des Bewußtseins
Bearbeitet, ergänzt und herausgegeben von Arnulf Rieber

Frankfurt/M., Berlin, Bern, Bruxelles, New York, Oxford, Wien, 2001. 408 S., zahlr. Abb., 5 Faltbl.
Schriften zur Triadik und Ontodynamik.
Herausgegeben von Heinrich Beck und Erwin Schadel. Bd. 20
ISBN 3-631-38415-7 · br. € 50.10*

Im ersten Hauptteil werden die Bewußtseinsfunktionen des naiven, vorsprachlichen und die des sprachbestimmten, personalen Bewußtseins analysiert. Dabei gliedert sich die Struktur des Bewußtseins in drei aufeinander bezogene Spannungsfelder: das genetische, das intentionale und das aktivierende Spannungsfeld. Das grundlegende genetische Spannungsfeld entfaltet die beiden anderen Spannungsfelder in die vier Schichten der innewerdenden, der erinnernden, der vorstellenden und der begreifenden Bewußtseinsebene. Der zweite Hauptteil analysiert die Konsequenzen, die sich aus diesem Ansatz für die affinen Strukturen des kommunikativen Bewußtseins, das kein Selbstbewußtsein entwickelt, ergeben. In Exkursen werden die Positionen Kants, Adolf Portmanns, Humberto Maturanas und Francisco Varelas, Othmas Spanns und Hoimar von Ditfurths sowie Johann Wolfgang von Goethes diskutiert.

Aus dem Inhalt: Gegebenheiten des Bewußtseins · Methoden der Strukturdarstellung · Triadische Systemeigenschaften · Schichten und Stufen des Bewußtseins · Bereiche des Bewußtseins · Menschliches Bewußtsein in ontodynamischer Sicht · Grundlagen der Kommunikation · Die kulturellen Institutionen

Frankfurt/M · Berlin · Bern · Bruxelles · New York · Oxford · Wien
Auslieferung: Verlag Peter Lang AG
Jupiterstr. 15, CH-3000 Bern 15
Telefax (004131) 9402131

*inklusive der in Deutschland gültigen Mehrwertsteuer
Preisänderungen vorbehalten
Homepage http://www.peterlang.de